사범대
다니면서
임용
걱정 없이

사범대생들이 알고 싶었지만
듣을 수 없었던 모든 것

사범대
다니면서
임용
걱정 없이

황순찬·이준건
지음

글항아리

사범대라 쓰고
백수 양성소라 읽는다

백수 양성소. 검색 포털에 이 단어를 입력하면 어떤 내용이 나올까? 사범대가 나온다. 수많은 이가 교사를 희망하지만 실제로 교사가 될 수 있는 숫자는 그에 한참 못 미친다는 뜻이다. 중등교사 임용후보자 선정경쟁시험(이하 임용)의 경쟁률은 다년간 10대 1 정도였다. 어떤 해에는 20대 1이기도 했다. 20~30대 1 정도의 경쟁률에 달하는 과목도 매해 있어왔다. 다른 시험이나 취업 시장도 마찬가지거나 오히려 경쟁률이 더 높다고? 임용시험은 예비 졸업자도 볼 수 있다는 점, 사범대의 목표는 교원 양성이라는 점, 사범대생은 교사가 아니면 다른 진로로 나아가기 매우 어렵다는 점을 고려했을 때 결코 낮은 수치가 아니다. 힘들다고 찡얼거리는 것이 아니라, 교사가 되기를 간절히 바라는 사람들이 실제로 교사가 되는 경우는 그렇게 많지 않다는 뜻이다. 실제로 졸업과 동시에 합격하는 '초수 합격자'는 한 학번에 한 명 있을까 말까. 교과마다, 지역마다 분위기는 좀 다르겠지만, 이게 평균적인 현실이다. 재수는 필수, 삼수는 기본이라는 인식이 팽배하고 삼수에 붙어도 '공부 열심히 했다'는 평을 받는다. 이러니 백수 양성소라는 이야기가 나올 수밖에 없다.

그러나 놀랍게도 수많은 초·중·고등학교 학생이 교사를 희망한다. 교육부가 한국직업능력개발원과 함께 조사한 2017년 진로교육 현황조사[1]에 따르면 10년 동안의 조사에서 한 번(2012년 초등학생 대상 2위)을 제외하고 교사가 초·중·고 모두에서 1위를 차지했다. 실제로 IMF 이후 사범대의 입시 결과(입결)는 계속 올라갔으며 2000년대 후반 정점을 찍었다. 2019년 조사[2]에 따르면 크리에이터와 같은 새로운 직업도 초등학생들의 인기 희망 진로가 되기 시작했지만, 초·중·고등학생의 희망 직업 1, 2위는 여전히 교사가 차지하고 있다. 적체되는 사범대 백수가 가시화되고 임용의 암울한 경쟁률 현실이 대중 심리에 반영되면서 사범대의 입시 커트라인은 정점을 찍고 살짝 내려와 있다. 하지만 임용 현실이 아무리 나빠져도 입결은 특정 선 이하로 내려가지 않고 있다. 다시 말해, 교사라는 직업에 대한 인기는 시대가 변해도, 암울한 경쟁률에 대한 체감이 여러 해에 걸쳐 전해져도 일정 수준 이하로 떨어지지 않는다는 것이다. 아무 교실에서 아이들의 진로 희망을 물어봐도 교사라는 직업은 반드시 나온다.

안정을 위해서든, 자아실현을 위해서든 어렵게 사범대에 진학한 학생들은 잿빛의 임용 현실에 적잖이 당황하고 방황한다. 사범대에 진학해 학년이 올라갈수록 말로만 듣던 현실을 체감하고 고민의 무게와 깊이는 쌓여간다. 사범대에서 어떤 선생님이 되고 싶은지를 생각하고 고민할 수 있다면 좋겠는데 그럴 겨를이 없다. '내가 임용에 붙을 수 있을까?' '임용을 봐야 할까?' '지금이라도 다른 진로를 알아볼까?' '임용을 몇 번까지 봐야 할까?' '몇 학년 때부터 어떻게 공부해야 붙는 걸까?' 등의 고민이 사범대생을 압도한다. 4년, 아니 그것보다 오래 '임용 걱정'을 달고 사는 것이다.

정말 임용 걱정 없이 사범대를 다닐 수는 없을까? 임용 합격자들은, 교사들은 모두 임용에 대한 고민을 나처럼 달고 살았을까? 좋은 교사가 되기 위한 과정으로 임용 공부에 몰입하면서도 합격에 대한 부담감 없이 사범대를 다닐 순 없을까? 좋은 교사가 되기 위한 다양한 경험을 하면서 사범대를 다닐 순 없을까?

사실 사범대에서는 아무도 위와 같은 질문을 던지지 않는다. '어떻게 공부해야 임용 붙나요?' '1학년 때부터 이렇게 공부하면 초수 합격할 수 있나요?' '사립학교는 어떻게 해야 가나요?'라는 질문만 만연하다. 사범대생들의 잘못은 아닐 것이다. 사회가 사범대생들을 그렇게 만든 것이다. 이 책은 이러한 고민에서 출발했다. 우리가 당장 거시적 환경을 바꿀 수는 없지만, 사범대를 다니면서 단순히 '임용 응시생'이 아닌 '예비 교사'로 살고 싶은 마음에서 우러나온 글이다.

'사범대 다니면서 임용 걱정 없이' 지낼 수 있을까에 대한 질문에 두 가지 관점으로 글을 쓰고자 한다. 첫째는 '정보'다. 사범대는 여러 단과대학 중 정원이 가장 소수인 데다 합격 사례도 매우 적다. 합격한 사람들도 N수생인 경우가 대다수다. 진로 또한 제한적이다. 학교별, 학과별로 정보 편차도 심하다. 사범대는 타단과대에 비해 정보를 얻기가 힘들다. 합격자의 절대적인 숫자가 적고, 분야도 한정되어 있기 때문이다. 겨우 찾은 정보들도 내 고민을 속 시원히 해결해주지 못한다. 이 책에서는 '카더라' 통신으로만 듣던 정보들을 구체적으로 정리해서 제공하고자 한다. 인터넷에서 흔히 찾을 수 있는 정보는 줄이려 했고, 최대한 실질적이고 진정성 있는 것들을 제시하려 했다. 임용고시, 사립학교 채용은 물론 사범대 생활 전반에 관한 정보를 제공해 막연함에서 벗어나고 '임용 걱정'을 덜도록 돕고자 한다. 방향을 알고 나면 걱정 없이 나아갈 수도 있을 것이다.

둘째는 '고민하는 힘'이다. 질문에 대한 하나의 답이 모든 사람에게 해결책

이 되지는 않는다. 사람마다 꿈이 다르고 길이 다르다. 개인마다 삶에서 맞닥
뜨리는 문제도 다르고 그에 따른 해답도 다 다르다. '나처럼 사는 것'이 해답
이라고 말하는 것은 어쩌면 폭력적인 태도일 수 있다. 이 책은 사범대 생활
의 여러 모습과 다양한 경험을 풀면서 사범대생으로서 임용, 사범대 생활, 진
로 등에 관하여 '스스로 고민할 수 있는 힘'을 길러주기 위해 쓰였다. 아마 학
교에는 진지하게 사범대 생활과 임용에 관한 고민을 터놓을 선배가 많지 않
을 것이다. 그들도 잘 모르며, 당장 코앞의 임용에 대한 불안감에 휩싸여 있
기 때문이다. 임용에 합격해 임용 강연을 하는 선배들도 공부법은 얘기해주
지만 그것을 안다고 해서 내 합격이 보장되는 것은 아니기 때문에 불안감은
여전할 뿐이다. 대부분의 임용 불합격생들은 공부법을 몰라서 합격하지 못하
는 게 아니다. 그들도 중·고등학교 시절을 성실하게 보내 사범대에 진학했을
것이다. 어떤 면에서는 대한민국 입시 제도에 잘 적응한 인재였다는 뜻이기도
하다. 하지만 그 순응적인 태도와 관성으로 인해 꺼내지 못했던 깊은 고민들
을 일깨워주고, 그것에 정면으로 맞설 수 있게 도와주고자 한다.

　나는 지금 근무하고 있는 이화여자고등학교를 비롯해 총 세 군데의 사립고
등학교 정교사 채용에 동시 합격했다. 한 군데도 힘든 세상인데 거의 무경력
에 가까운 이력으로 합격했다. 왜였을까? 추측건대 내가 예비 교사로서 '임용'
보다 '좋은 교사'가 되는 것에 집중하며 충실히 지냈던 모습을 긍정적으로 평
가해준 덕분인 것 같다. 수십 개 학교에 지원한 결과 이런 가치관을 알아봐준
곳이 있었던 것이다.
　사실 나는 임용을 포기했었다. 어느 순간 딱 결심한 것은 아니지만 2~3학
년 즈음 마음 한편에 그런 생각이 자리 잡은 듯하다. 사범대생치고 다소 빠
른 결정이었던 것 같다. 그래서 임용을 준비하는 수많은 사범대생의 삶에 대

해 이야기하는 것에는 한계가 있을 듯해 2016학년도 서울 중등 수학 교사 임용에 초수 합격하고 교직 생활을 거쳐 현재 서울대 대학원에서 수학 공부를 하고 있는 동기 이준건에게 함께 글을 쓰자고 권유했다. 다른 합격생들도 있었지만, 이준건에게 제안했던 이유는 '서울 지역 초수 합격'이라는 타이틀이 주는 무게감이 컸기 때문이다. 그런데 이야기를 나누다 보니 누구보다 빠르게 합격했던 이준건도 '임용 걱정 없이' 대학 시절을 보냈다는 사실을 점점 알게 되었다. 임용 초수 합격자는 누구보다 임용 걱정을 하면서 살았을 것 같은데, 참 모순적이지 않은가? 이 때문에 이준건은 책을 쓰는 데 좋은 동료가 되었고 '사범대 다니면서 임용 걱정 없이'라는 메시지를 다른 사범대생들에게 더욱 전파하고 싶어졌다.

내 꿈은 '사람을 통해 세상을 바꾸는 행복한 교육자'다. 나는 사범대생들이 임용 걱정 때문에 많은 것을 잃기보다 교사의 삶을 준비하는 한 인격체로서 지냈으면 좋겠다. 그리고 그들이 선생님이 되어 더 나은 세상을 만드는 동료가 되었으면 좋겠다. 이 책에는 그 바람이 간절히 담겨 있다. 이상적인 얘기로 치부되기 쉽고, 현실이 힘들다는 것 또한 누구보다 잘 알기에 그 현실에 정면으로 부딪히며 글을 썼다.

사범대라 쓰고 백수 양성소라 읽는다. 임용의 큰 벽이 너무나 크게 다가온다. 하지만 그 와중에도 한편에 뜨거운 마음을 갖고 지낸다면 이 예비 교육자 시절이 훗날 선생님으로서의 삶 또는 그 외의 각자의 삶을 더욱 풍요롭게 해주리라 기대해본다.

글쓴이를 대표하여 황순찬

차 례

3장 後悔 없는 사범대 생활을 위하여

1장

사범대 다니면서
임용 걱정 없이

사범대생의 굴레,
임용고시

임용고시에 불합격했다. 많은 사범대생처럼 나 역시 임용고시에 떨어졌다. 하지만 이상하게 미래가 기대됐다. 사실 사범대를 다니는 동안 임용에 대한 걱정은 어느 시점 이후로 확연히 줄었던 것 같다. 그건 내가 사립학교를 염두에 두고 있어서가 아니었다. 그 어렵다는 서울 중등교사 임용에 초수 합격한 동기 이준건도 딱히 임용에 대한 걱정 없이 사범대 생활을 하다 졸업했다.

교사가 됐다. 이화여자고등학교에서 교직을 시작한 지 4년이 되어간다. 여러 생각이 드는 와중에, 내가 아직도 대학 시절의 향수에 빠져 있다는 것을 알아차렸다. 그것 때문에 교직 생활이 힘든 것 같기도 했다. 나이가 더 들기 전에 무언가가 필요했다.

'사람을 통해 세상을 바꾸는 행복한 교육자'가 되고 싶다는 소망을 떠올려 봤다. 교사란 많은 이에게 영향을 주는 직업이니, 교사를 꿈꾸는 사범대생들에게 긍정적인 영향을 미친다면 내 꿈에 크게 다가가는 일 아닐까? 고민이 많으면서도 행복했던 나의 사범대 생활을 글로 정리해보고 싶다는 생각이 들었다.

대학 생활을 돌이켜보면 고민투성이였다. 물론 다른 대학생들도 비슷하겠지만, 사범대생이라면, 교직 이수를 하는 학생이라면 4년(혹은 그 이상) 동안 반드시 하게 되는 고민이 있다.

'임용 볼까, 말까?'

임용고시라고 불리는 교사 임용후보자 경쟁시험은 사범대 생활의 처음부터 끝까지 따라다니는 문제다. 입학할 때부터 우리 학과의 임용 현황이 어떻게 되는지에 관해 오가는 이야기, 임용된 선배들이 와서 하는 강연, 임용시험을 염두에 두지 않을 수 없는 수업들, 임용에 불합격한 수많은 이를 감춰둔 채 연말 연초에 내걸리는 임용 합격자 현수막. 어찌 보면 이는 당연하다. 사범대의 핵심적인 존재 이유는 교사 양성이고 (공립학교) 교사가 되기 위해서는 임용시험을 관문을 통과해야 하기 때문이다. 그래서인지 교수님들은 4년 동안 이렇게 질문하셨다.

"너 임용 볼 거냐?"

나를 힘들게 할 의도가 아니었음은 그때나 지금이나 알고 있으며, 나 또한 후배들의 안부를 물을 때 늘 던지는 질문이다. 어쩌면 이 질문은 모든 사범대생의 생활을 관통하는 질문인지도 모른다.

나도 한양대 수학교육과에 1학년으로 입학하기 전후로 싸이월드에 2016학년도 서울 지역 임용 경쟁시험에서 수석을 하겠다는 글을 써놓고 그것을 거듭 다짐했다. 물론 그 꿈은 몇 년 지나지 않아 포기했지만 말이다.

임용에 대해 고민하는 이유는 크게 두 가지다.

• 임용고시의 높은 경쟁률
• 교사라는 일이 나에게 정말 맞는지에 대한 고민

만약 임용시험이 쉽다면 두 번째 사항에 대한 고민 없이 교사가 되려는 사람도 많을 것이다. 그렇지만 시험은 통과하기 어렵다. 매년 졸업과 동시에 합격하는(일명 초수 합격) 인원은 거의 없고 삼수쯤 돼야 슬슬 합격자가 나오는 걸 보면 말이다. 이런 상황에서 교사라는 일이 정말 나에게 맞지 않는다면(2번 고민), 맞지 않는 일에 경쟁률이 높다는 위험까지 감수(1번 고민)하는 것은 더욱 꺼릴 만하다. 그런데 문제는 막상 사범대를 다니면서 교사라는 일이 나에게 맞는지 진지하게 고민해본 적이 많지 않으리라는 것이다.

우리는 어쩌다 사범대에 오게 되었을까? 자신에게 좀더 진솔하게 질문을 던지고, 그에 대한 답을 이어가다 보면 스스로를 조금씩 의심하게 된다. 가령 사범대 수학교육과에 가려는 이유를 물으면 대부분 이런 답이 돌아온다.

- 수학이 좋아서
- 교사가 안정적인 직업이어서
- 딱히 뭘 할지 모르겠고 부모님이나 주변 사람들이 권하는데 나쁘지 않은 것 같아서

사범대에 오기 전까지 '무엇what'이 되고 싶은가라는 질문에는 '교사'라고 답해왔겠지만, '어떤how' 교사가 될지 생각해본 적은 드물 것이다. 나는 어떤 교사가 되고 싶은가? 고등학교에서 사범대, 교대를 꿈꾼다고 말하는 아이들에게 '어떤' 교사가 되고 싶냐고 물어보면 멈칫한다. 사범대생이라면(혹은 사범대생이 되고 싶다면) 그 멈칫한 지점에 주목해볼 필요가 있다.

어떤 교사가 되고 싶은지에 대한 뚜렷한 목표 없이는 '임용을 볼지 안 볼지'도 언제 무너질지 모르는 나약한 고민이 될 수밖에 없다. 극악의 임용 경쟁률에서 내 목소리에 귀 기울이지 않은 채 오로지 안정성과 직업의 특성만

을 바라보고 20대를 바친다는 것은 쉽지 않은 일이기 때문이다(그러한 삶을 폄하하는 것은 아니다. 인간이란 존재가 이것을 해내기 어렵다는 말이다).

나는 임용을 포기했었다. 대신 '어떤' 교육자가 되고 싶은지에 좀더 귀 기울이며 사범대를 다녔다. 자연스럽게 다양한 경험을 하게 되었고, 남들은 임용 준비에 정신없을 3학년 무렵부터 나는 임용 걱정 없이 대학을 다녔던 것 같다. 왜냐하면 전공 수학, 교육학 강의실을 벗어나 내 목소리에 귀 기울이는 시간들이 나를 더 탄탄한 '예비 교육자'로 만들어주었기 때문이다. '임용 응시 생'이 아닌 '예비 교육자'. 세상 편한 소리처럼 들리겠지만 어쨌든 고시생 신분 보다는 예비 교육자 신분이 더 좋지 않은가?

물론 세상으로부터 '임용 응시생'이라는 타이틀과 그와 관련된 걱정을 끊임없이 강요당하곤 했다. 그즈음 '너 임용 볼 거냐?'라는 질문은 매우 공격적으로 다가오기도 했다. 그럴수록 나는 내가 '어떤' 교육자가 되고 싶은지에 집중했고 그런 교육자가 되기 위해 노력했다.

고민의 시작과 끝을 정리하여 써내려간 이 책은 사범대생과 사범대를 꿈꾸는 이들을 위한 책이 될 것이다. '사범대 다니면서 임용 걱정 없이'라는 다소 건방지지만 두근거리는 말로 이어지는 모든 이야기를 관통해보려 한다.

임용시험과 사립학교 취업은 물론 사범대 및 수학교육과 생활에 대한 모든 것, 그리고 이것이 교직과 어떻게 연결되는지에 대한 이야기까지 해보려 한다. 나아가 2016학년도 임용 경쟁시험(서울, 수학)에서 초수 합격한 이준건(한양대 수학교육과 10학번)의 도움을 받아 임용을 준비하는 마음가짐과 구체적인 전략도 담고자 한다(나는 학과 공부는 참 열심히 했지만, 임용 공부를 제대로 해본 적이 없다). 더 재미있는 것은 서울 임용에 초수 합격했기 때문에 누구보다 임용에 대한 걱정을 안고 살았을 것 같은 이준건도 어느 시점부터는 임용에 대한 큰 걱정 없이 사범대를 다녔다는 점이다.

임용을 보지 말자고 말하려는 게 결코 아니다. 임용 응시생이건 아니건 예비 교육자로서 사범대를 다녀보자는 것이다. 그리고 결국 스스로에 대한 고민과 확신이 있다면 '임용 걱정 없이' 사범대를 다닐 수 있다고 믿는다. 그 길을 걸었던 사람으로서 나보다 멋진 길을 걸어갈 예비 교육자들을 응원하는 마음으로 이 책을 시작한다.

사람을 통해
세상을 바꾸는
행복한 교육자

나는 수학을 못 하고 게임을 좋아하던 아이였다. 어릴 적 만난 은사님의 영향으로, 교사라는 직업의 영향력을 깨닫고 수학에 큰 흥미를 갖게 되었다. 고등학교 시절 노력한 결과 원하던 학과인 수학교육과에 입학하게 되었다.

선생님이 되고 싶어서 사범대에 진학하긴 했다. 고등학교 때는 그것을 목표로 정말 많이 노력했다. 하지만 스무 살의 나는 아직 미숙했다. 어떤 선생님이 될지 고민이 없었던 것은 물론이고, 그냥 선생님이 되려는 노력도 거의 하지 않았다. 평범하게 대학 새내기 시절을 보내고 정신 차려보니, 내가 '왜 대학에 왔는가?' '나는 어떤 삶을 살고 있는가?'에 대해 자신 있게 대답하지 못하는 나를 발견했다. 그때 느꼈던 위기감은 꽤 컸다. 질문을 다시 던졌다.

'나는 왜 선생님이 되려 했을까?'

교사를 꿈꾸게 된 건 나에게 긍정적인 영향을 주었던 양정중학교의 김광섭 선생님 덕분이었다. 선생님께서는 게임만 하던 아이에게 '꾸준함'을 강조하시면서 나름대로 노력하는(그렇지만 성적은 안 나오는) 나를 응원해주셨다. 그 시절 보통의 선생님이었다면 나를 게임이나 하고 공부는 못 하는 평범한 학생으로 여겨 '공부 좀 해라'라고 나무라셨을 텐데, 선생님은 한 번도 그러신 적이 없었다. 공부 잘하는 친구들은 엄하게 나무라기도 하셨던 것 같은데 말이다. 만약 그때 선생님께서 흔히 그러듯 나를 공부 못 하는 평범한 학생으로 단정하고 공부 좀 하라는 식으로 대했다면, 나는 '꾸준함'을 유지하지 못한 채 금세 공부를 포기했을 것이다.

나도 선생님과 같은 선생님이 되고 싶었다. 다양한 학생을 포용하고 각 학생의 잠재력을 믿는 그런 사람.

'다양한 학생을 포용할 수 있는 선생님이 되자!'

고등학생 때 했어야 할 생각을 스무 살, 스물한 살 한창때에 해 허송세월을 했다. 그래도 이 질문을 통해서 자연스레 다음 질문을 이어가게 되었다.

'다양한 학생을 포용하는 선생님이 되기 위해 지금 나에게 필요한 것은 뭘까?'

군대도 안 가고 빈둥거리던 스물한 살 무렵, 진지하게 고민하기 시작했다. 이즈음까지도 나는 여전히 내성적이고 세상 경험이 적은, 게임 속에 사는 아이였다. 물론 나름 노력은 했지만, 여전히 좁은 세상을 살던 대학생 아닌 대학생이었고, 이런 상황을 타파하고 싶었던 것도 같다.

'다양한 학생에 대한 포용력을 갖기 위해 지금껏 하지 못한 경험들을 다 해보자!'

단순한 것처럼 보이지만 나름 진지한 고민으로 얻어낸 결론이었다. 문제는 대학생으로서 다양한 경험을 하기에는 벌써 2학년이 끝나가고(이때는 몰랐다. 고학년이 되어서도 다양한 경험이 가능하다는 걸) 있었기에 대학 생활을 되돌리고 싶다는 마음이 간절했다. 그래서 지금까지의 스토리를 발판 삼아 입학사정관(현재 학생부종합전형의 원형) 전형에 지원해 한양대학교 수학교육과에 합격하게 되었다.

스무 살 1학년. 스물한 살 2학년 재입시. 스물두 살 군대. 스물세 살 군대. 스물네 살 다시 1학년.

그렇게 되었다. 군대에 있는 동안 '다양한 경험'에 대한 의지를 다졌고 그런 마음으로 새 대학에서 늦깎이 1학년을 맞게 되었다. 다시 들어간 대학이기에 '삶'과 '대학 생활'에 대해 고민할 수 있는 힘이 있었다. 본격적으로 경험을 쫓아나갔는데, 아래는 대학 생활 7학기 동안 했던 것들을 나열한 것이다.

활동

- 대학 재학 중 120일, 총 730시간 봉사 활동(주로 교육 봉사)
- 유럽, 중국, 일본, 타이, 필리핀, 대만, 방글라데시 등 여행 및 탐방
- 짧은 연애, 긴 연애(연애가 '활동'이라기보단, 이렇게 살면서도 연애를 했다는 의미다)
- 스노보드 라이딩 고수 되기
- 2015. 7~2015. 8 신지휴 모험가 서포터로 투르 드 프랑스 한국인 최초 완주
- 2015. 6~2015. 7 송일국 팀장과 함께하는 청산리 역사 대장정 14기
- 2015. 5. 6~5.29 도시형 대안학교 이우학교 교육실습
- 2015. 3.20 올댓캠퍼스 아웃캠퍼스 페스티벌 대학생 멘토링 박람회 멘토
- 2015. 2~2015. 6 2015 교육부장관 임명 세계교육포럼 서포터즈
- 2014. 11~2015. 2 LG 드림챌린저 주니어멘토 6기, 대학교 새내기 대상 멘토링

- 2014. 9~2015. 1 현대 하이스코 글로벌 에코 디자이너, 교육 봉사, 타이탐방
- 2014. 8.13~8.21 국제수학자대회(ICM-2014) 행사 진행 요원 자원봉사
- 2014. 7/2013. 9 일본 나가사키 교육대학 교류 프로그램 참여
- 2014. 4~2014. 8 한국과학창의재단 STEAM 교육 기부 홍보대사 및 기부단
- 2014. 2~2015. 2 한양대학교 전공알림단, 고등학생 진로 프로그램 운영
- 2014. 2~2014. 12 한국교직원공제회 The-K SNS 기자단
- 2014. 2~2014. 3 유니텔연수원 '미래를 그리는 STEAM 연구소' 연수
- 2014. 1~2014. 8 휴먼라이브러리 위촉교사, 등명중학교 과학진로동아리 운영
- 2014. 1/2013. 8/2013. 1 한국과학창의재단 쏙쏙캠프 운영
- 2014. 1/2013. 1 전국수학 교사직무연수 매스페스티벌 행사 진행 요원
- 2013. 10/2013. 5/2012. 10 국립과천과학관 제2, 3회 수학문화축전, 대전 무한상상 플러스 수학체험전 수학 전시 및 체험 부스 운영
- 2013. 7~2013. 8 교보생명 대학생 동북아대장정, 중국 황하강 5000킬로미터 탐방
- 2013. 7/2013. 2 한국대학사회봉사협의회 방글라데시 해외 봉사 단원 파견 및 부인솔자 파견
- 2013. 5~2014. 7 장충고등학교 수학동아리 창의적 수학 수업 운영

및 멘토링

- 2013. 1~2013. 12 한양대학교 수학교육과 부학생회장, 교육학회장 교육학회 매스머지션스 창설 및 수포자를 위한수학 토크콘서트 기획
- 2012. 7.10~ 7.14 국제수학교육자대회(ICME-2012) 행사 진행 요원 자원봉사

수상

- 졸업 성적우수상(학과 수석, 성적 장학금 7회, 7학기 조기 졸업) 총장상 2015. 8
- 한양대학교 졸업 공로상(사랑의 실천, 건학이념 실천) 총장상 2015. 8
- 한양대학교 개교 75주년 자랑스러운 한양인 선정(총장상) 2014. 5
- 한양대학교 학술 연구 프로그램(연구 주제: 융복합 교육 프로그램 연구) '한양대학교 타우너' 우수상(총장상) 2014. 1
- 전국 대학생 리더십 실천사례 공모전 장려상(한양대학교 총장상) 2014. 10
- 교육부장관 임명 2015 세계교육포럼 서포터즈 팀 부문 대상 2015. 6
- LG 드림챌린저 주니어 멘토 우수활동상 2015. 2
- 한국대학사회봉사협의회 26기 청년 해외 봉사단 부인솔자 감사장 2013. 8
- 환경부 주관 2012 환경도서 독후감 공모전 입선 2012. 7

이 경험 중 일부는 뒤에서 자세히 다룰 예정이다. 누군가 이걸 보고 '난 글렀네'라는 생각은 하지 않았으면 한다. 나는 대학을 다니면서 수학 때문에 늘

고생했고 남들 다 가는 해외여행을 스물네 살 때 처음 갔다. 스물세 살까지는 아무것도 안 하고 산 것 같다. 나도 처음에는 아무것도 몰라 방황을 많이 했기에 이 책에서 그런 이들을 도와주려는 것이다.

처음에는 교육, 수학과 관련된 경험들을 쫓아다녔다. 먼저 본격적으로 했던 것은 교육 봉사다. 대학에서 배우는 것들도 나를 깨우쳐줬지만, 학교 현장의 느낌을 생생하게 전해주진 못했다. 현장에 대한 갈증을 느껴 시작한 것이 교육 봉사. 솔직히 말해 따뜻한 봉사 정신, 헌신하는 마음으로 시작한 것은 아니었고, 경험 쌓기가 첫째 목표였다. 덕분에 정규 수업은 아니지만 아이들을 만날 기회가 주어졌고 어느덧 730시간이 쌓였다. 숫자는 그 시간 속에 누적된 경험치를 다 보여주지 못한다.

'교육과 수학'으로 시작했던 다양한 경험은 '사람'으로 확장되어갔다. 대내적으로도 그렇지만 특히 대외적으로 활동하면서 꿈을 가진 청년들, 나름의 가치관을 갖고 사는 멋진 사람들을 만날 수 있었고, 그들로부터 자극과 영감을 받아 성장할 수 있었다. 그들을 통해 나의 성장 가능성을 발견했던 순간들은 이후 내 모든 계획과 일상의 지속적인 에너지원이 되어주었다.

애초에 학생들, 즉 사람들을 포용하기 위해서 다양한 경험을 시도했던 것이기 때문에 경험의 방향은 자연스레 '수학과 교육'에서 '사람'으로 나아갔다. 꿈에 대한 고민은 의식적으로든 무의식적으로든 행동에 영향을 미치기 마련이다.

교사가 되어 영향을 미치고 싶은 대상이 단지 학생에만 머물지 않고 '사람'으로 확장됐다. 사람들과 함께하는 과정에서, 그들을 뒤에서 응원하며 잠재력을 이끌어내고, 그들이 세상을 변화시키는 것을 목격하는 경험은 나를 두근거리게 했다. 그리하여 대학교 3, 4학년 즈음 내 꿈은 진화했다.

다양한 학생을 포용하는 선생님 → 사람을 통해 세상을 바꾸는 교육자

사람을 통해 세상을 바꾸는 교육자가 되겠다는 꿈과 이에 대한 확신은 '임용 걱정 없이 사범대를 다니는' 태도를 더욱 강화시켰다. 임용을 봐도 그런 교육자가 될 수 있지만, 나한테는 임용시험이 아닌 다른 것들이 더 진정성 있어 보였다. 사람을 통해 세상을 바꾸는 교육자에 대한 열망이 가득해지자 임용 걱정은 점점 없어졌고, '저는 임용 안 보려고요'라고 확실하게 말하고 다니게 되었다.

이런 교육자가 되기 위한 노력의 일환으로 생각하고, 공부하고, 경험했던 것들이 차근차근 쌓여갔다. 이후에 그것들을 사립학교 취업 시 자기소개서와 면접에서 진솔하게 털어놨을 때, 공부를 소홀히 한 학생이 아닌 꿈꾸는 청년으로 바라봐준 세 곳의 사립학교로부터 최종 합격 통보를 받았다. 임용(시험) 걱정 없이 사범대를 다니면서 사립에 임용된 것은 참 감사한 일이다.

한편 교사 임용 경쟁시험에 임해 열심히 공부해서 합격한 친구들을 보면 내가 갖고 있지 못한 종류의 꿈과 확신이 있었다. 학업에 매진하며 수학에 뜨거운 열정을 품는 것은 내가 감히 따라갈 수 없었다. 그들은 그것 자체에 몰두해 있었고, 전문가가 되고자 했다. 임용에 합격한 선후배, 동기들 또한 임용 자체에 대한 걱정은 흔히 예상하는 것만큼 크지 않았다.

결과적으로 '나는 왜 선생님이 되려 했을까?'에서 시작된 고민은 꼬리에 꼬리를 물고 이어져 다양한 경험으로 나를 이끌었으며, '사람을 통해 세상을 바꾸는 교육자'라는 꿈을 만들어주었다. 이 꿈은 교직 생활을 하는 지금도 내게 대들보가 되어주고 있다.

물론 위기는 늘 있었다. '교사 말고 좋은 교사'라는 모토로 대학 생활을 바쁘게 하지만 시험에는 관심을 두지 않는 내 모습을 보고 교직에 있는 한 선

배님은 이렇게 말씀하셨다.

'먼저 교사부터 돼야 좋은 교사가 될 수 있어.'

교사가 되어서도 좋은 교사가 될 기회는 충분히 만들 수 있다는 매혹적인 말까지 덧붙이셨다. 내가 중요한 걸 놓치고 있다는 지적이었고 이성적으로 틀린 말은 아니었지만, 내 마음을 울리지는 못했다. 내가 언젠가 임용고시생이 되더라도 적어도 대학 생활은 '예비 교육자'로서의 삶을 살고 싶었다. 무엇보다 결과적으로 나는 좋은 교사가 되기 위한 꿈 덕분에 교사가 될 수 있었다.

나는 어떤 교사가,
어떤 사람이
되고 싶은가?

나는 24~27세에 겪었던 대학 생활을 성공적이었다고 자평한다. 시간을 되돌리라고 하면 돌아가기 싫을 정도로 알차게 살았다. 그 시절의 기억과 경험은 앞으로도 평생의 자산으로 남을 거라 생각된다.

만족스러운 대학 생활을 할 수 있었던 가장 큰 이유는 바로 '어떤 교사가, 어떤 사람이 되고 싶은가?'라는 질문을 나 자신에게 계속 던졌기 때문이다. 이 질문은 내가 무엇을 할 것인지, 대학 생활을 어떻게 해나갈지 고민하고 움직이게 했다. 무엇보다 대학 생활에서의 모든 것에 대한 동기 부여를 넘어 지구력을 가져다주었다. 그 덕분에 대학을 다니는 7학기 동안 알차게 살아올 수 있었다.

물론 나도 처음에는 교사가 되는 것 자체에 매몰되어 있었다. '어떻게 공부해야 빨리 임용될까?' '나도 열심히 하면 교사가 될 수 있을까?' '임용이 어렵다는데 1학년 때부터 준비를 해야 할까?' '만약 떨어지면 몇 수까지 해야 할까?' 이런 생각을 많이 했다. 동기와 선후배 다 마찬가지 고민을 하는 듯했다.

이런 질문에 대한 답은 너무 간단했는데, 그냥 열심히 공부하면 된다는 것이었다. 그 간단한 진리를 알면서도 이상하게 불안감은 컸는데, 임용에 대한 의지와 자신감을 오랫동안 지켜내는 게 쉽지 않겠다는 생각 때문이었다.

재미난 것은, 정작 합격한 사람들은 합격이 참 쉬운 듯이 말했다는 점이다. 사실 진리는 간단하기 때문이었다. 열심히 공부하면 되니까. 그들의 얘기를 들어보면 뭔가 할 만하겠다는 생각이 들다가도 현실로 되돌아오면 내가 해낼 수 있을까라는 막연한 불안감이 내면 깊은 곳에서 고개를 들었다. 나중에야 깨달은 것은 임용 합격자들이 자신에 대한 이해와 확신을 기반으로 '임용 걱정 없는 사범대 생활'을 해왔다는 사실이었다.

서울 지역 임용이 유독 어려웠던 2016학년도 서울 중등 수학 교사 임용[1]에 초수 합격한 이준건은 '내가 임용에 붙을 수 있을까?' '언제부터 열심히 해야 할까?'라는 불안감에서 기인하는 질문과 고민보다는 자기 자신과 대학 수학에 대한 고민과 이해를 기반으로 답을 얻은 후, 공부에 집중했다. 1학년 때부터 착실히 임용을 준비해온 것도 아니고 사범대 부학생회장 등 많은 활동을 하면서도 초수 합격을 해냈다. 하지만 임용 공부를 어떻게 할까를 4년 내내 고민하진 않았다. 일찌감치 '임용 걱정 없는 사범대 생활'을 해온 듯했다. 진로(취직, 사립 교원, 임용시험, 대학원 등)와 수학에 대한 자신의 적성 등을 고민한 끝에 가장 가능성 있는 길이 임용이라고 결론 내린 후 효율적으로 공부에 집중했기 때문이다. 선택은 신중하게, 실천은 효율적으로 말이다. 여기서 중요한 점은 진로와 적성과 관련하여 자신에 대한 이해가 뚜렷했다는 것이다. 더 중요한 것은 고민이 끝났다면, '얼마나 공부해야 합격할까?'를 고민하지 않고 '어떻게 공부해야 오늘 하루 학습량을 늘릴 수 있을까?'를 고민했다는 것이다. 작은 차이지만 결과적으로 큰 변화를 만들었다고 할 수 있다. 수험 생활 동안 흔들리지 않을 수 있었던 가장 큰 원동력은 자신에 대한 명확한 이해와 분명한 확신에서 나왔다. 실제 문제는 많은 사범대생이 진로를 결정한 이후에도 가능성이나 방법 등에 대한 고민에 많은 에너지를 소비한다는 데 있다. 이 문제는 자신에 대한 이해도가 떨어지는 데서 기인하곤 한다. 결과적으로 이준건이 공부만 한 사범대 생활을 하지 않으면서도 임용에 빨리 합격한 것은, 자신에 대한 이해를 바탕으로 누구보다 고민을 빠르고 정확히 한 뒤 '임용 걱정 없이' 공부에 집중하며 지냈기 때문이 아닐까?

내 경우 수많은 대외 활동과 교육 관련 경험, 그리고 학과 공부를 착실하게 해내면서 꽤나 빠르게 임용을 포기했다. 나 또한 이준건과 마찬가지로 나름 뚜렷한 '나에 대한 이해'를 기반으로 임용에 대한 판단을 내린 것이었다. 임용 걱정 없이 사범대 생활을 하다가 8월에 졸업하고 그해 겨울 세 군데 사립학교 정교사직에 동시 합격했다.

사범대를 다니면서 우리를 가장 힘들고 지치게 만드는 것은 결국 임용 걱정이고 그 합격 가능성에 대한 고민이다. 반면 '임용 걱정 없는 사범대' 생활은 오히려 임용으로 가는 튼튼한 길, 혹은 다른 진로로 나아가는 힘이 되어줄 수 있다.

그렇다면 도대체 '사범대 다니면서 임용 걱정 없는 생활'은 어떻게 가능한 것일까? 가장 중요한 점은 '자신에 대한 이해'이고, 이해 과정에서 가장 중요한 질문은 바로 '나는 어떤 교사가 되고 싶은가?' '나는 어떤 사람이 되고 싶은가?'라는 것이다. 이 질문에 대한 답을 찾아나가는 과정에서 자연스레 나 자신에 대한 이해를 얻게 되고, 이는 임용 걱정 없는 사범대 생활의 근간이 되어준다. 또한 임용 합격이든 무엇이든 스스로 그리는 자신의 모습으로 나아가는 데 아주 강력한 원동력과 지구력이 되어준다.

우리는 항상 '어떻게 해야 임용에 붙는가?' '얼마나 해야 임용에 붙는가?'라는 질문을 던져놓고 좋은 답을 찾기에 급급했다. 그런데 사실 좋은 답은 좋은 질문에서 나온다. 그렇다면 나에 대한 이해도를 높이는 좋은 질문은 무엇일까? 교사가 되기를 바라는, 적어도 교사를 한번쯤은 생각해본 우리에게 가장 좋은 질문으로 '나는 어떤 교사가 되고 싶은가?', 나아가 '나는 어떤 사람이 되고 싶은가?'를 제시하고 싶다. 이 책의 어느 페이지에서든 이 질문에 대한 해답의 단초를 얻기를 바란다. 또한 그 단초와 함께 사범대 생활을 이 질문에 답하는 과정으로 삼았으면 한다. 결국 나에 대한 이해를 얻고 '사범대 다니면서 임용 걱정 없이' 지내길 바란다.

이어지는 글에서는 교사가 되는 과정에 대한 세세한 정보를 제공하고, 더불어 예비 교사로서 자신의 이해 과정에 대한 고민을 도와줄 수 있는, 고민의 재료와 영감이 될 수 있는 이야기를 들려주고자 한다.

나는 어떤 교사가 되고 싶은가?

나는 어떤 사람이 되고 싶은가?

2장

교직으로
가는
다양한 길

이 장에서는 교직으로 나아가는 길과 관련된 구체적인 정보를 다루고자 한다. 이미 전공이 선택된 대학생보다는 교육자를 희망하는 중·고등학생들에게 더 도움이 될 것도 같지만, 이미 교사가 되길 마음먹고 사범대에 진학한 학생들에게도 도움이 될 것이다. 제도적 교사 양성 과정과 그 환경을 이해하는 것은 과거의 내 선택을 돌아보며 나 자신과 나를 둘러싼 환경을 이해하는 과정이 되기 때문이다. 결국 교직과정에 대한 이해는 내가 어떤 교사가 되고 싶은지와 밀접한 연관을 갖는다. 교사를 희망하는 중·고등학생은 물론 교직이수를 고민하는 비사범대생, 교육대학원 진학을 고민하는 대학생, 교직 복수전공을 고민하는 사범대생, 전과를 고민하는 사범대생, 훗날 제자와 후배들에게 교직에 관한 유익한 정보와 조언을 제공하는 멘토가 되고 싶은 모든 사람에게 유의미한 글이 되길 바란다.

사범대와
교직 이수는
무슨 차이일까?

나(황순찬)도 고등학생 때 수학과를 갈지 수학교육과를 갈지 고민을 많이 했다. 지금은 사범대에 백수 양성소라는 이미지가 씌워져서인지, 수학교육과와 수학과의 입학 성적은 별로 차이 나지 않는데, 2000년대 중후반에는 자연계열에서 의-치-한(의대, 치대, 한의대) 다음으로 입학 점수가 눈에 띄게 높았던 곳이 수학교육과였다(서울대와 같은 일부 학교를 제외하고). 게다가 수학교육과가 없는 대학이 꽤 많았기 때문에 좀더 좋은 대학을 가기 위해 수학과를 선택할지, 아니면 스스로 교사가 되는 것에 관심이 있으니까 수학교육과를 갈지 고민이 있었다.

이 모든 고민은 교직 이수라는 제도 때문이었다. 교직 이수란 비사범 계열(예를 들면 자연과학대의 수학과)에서 별도의 교원 자격 취득 과정을 밟아 사범대와 마찬가지로 정교사 2급 자격증을 받으며 졸업하는 제도다. 정교사 2급 자격증이 생기면 공립학교 교사가 되기 위한 임용 경쟁시험과 사립학교의 교사 채용에 응시할 수 있게 된다.

'수학과에서 교직 이수를 할까, 사범대의 수학교육과를 갈까' 많은 고민을 했다. 어렸을 때는 둘의 차이를 잘 몰랐다. 결국 나름의 결론을 내려 수학교육과에 진학했지만 당시의 선택은 그저 교사가 되고 싶다는 추상적인 소망에 따른 불분명한 판단일 뿐이었다.

그러면 본격적으로 교직 이수와 사범대의 차이에 대해 이야기해보자. 주로 수학과와 수학교육과를 기준으로 얘기해보겠다. 다른 학과들과는 미묘한 차이가 있을 수 있으니 이를 염두에 보고 여기서 제시하는 관점을 토대로 비교해보길 바란다. 가령 영어영문학과-영어교육과, 국어국문학과-국어교육과가 그렇고, 심지어 공대에서도 기술이나 공업 관련 교직 이수가 있기도 하다. 우선 교직 이수 절차부터 살펴보자.

교직과정 이수 절차 예시(한양대 서울캠퍼스)

교직과정 이수 신청	교직과정 이수 예정자 선발	교직과정 이수
2학년 2학기 수강 신청 기간에 신청	3학년 1학기 개강 1개월 전 학과에서 선발	교원자격 무시험검정 합격 기준 충족

교육실습	교원자격무시험검정원서 제출	교원자격증 취득
4학년 1학기	졸업 예정 마지막 학기 (5월 초 또는 11월 초)	학위수여식 당일 학과에서 수령

비사범 계열에서 교직 이수를 원한다고 무조건 할 수 있는 것은 아니다. 일단 해당 학과에 교직 이수 과정이 개설되어 있어야 한다. 교직과정이 없는 대학 또는 학과가 있다는 뜻이다. 만약 내가 한양대학교 수학과에 교직 이수 과정이 개설되어 있는지 알고 싶다면 대학교 홈페이지 혹은 사범대학 홈페이

지[1]를 확인하거나 '한양대학교 교직 이수'로 검색하면 된다. 보통 대입 과정에서 교직 이수를 염두에 두고 비사범 계열로 진학하는 이들도 많기 때문에 대학 입학처 홈페이지, 전공 가이드북에 이를 정리해두기도 한다. 전국적으로 확인해보고 싶다면 대입 정보 포털 '어디가' 홈페이지를 확인하면 된다. 참고로 '어디가'에는 정말 알찬 대입 정보가 많다. '어디가' 홈페이지에서 대입정보센터-대입전략자료실에서 '교직 이수'를 검색해보면 매년 업로드된 전국의 교직 이수 개설 학과 현황을 볼 수 있다.[2]

서울 비사범대 교직과정 개설 대학

대학명	인문	자연
가톨릭대	국어국문, 철학, 국사학, 영어영문, 중국언어문화학, 일어일본문화학, 심리학, 사회학	화학, 수학, 아동학, 식품영양학, 생명과학, 간호학, 신학
건국대	국어국문, 중어중문, 철학, 사학, 지리학, 정치외교학, 경제학, 행정학, 국제무역학, 경영학	물리학, 화학, 건축학(건축학 전공), 컴퓨터공학, 줄기세포재생공학, 생명과학특성학, 동문자원과학
경희대	국어국문, 사학, 영어영문, 응용영어통번역, 스페인어학, 중국어학, 일본어학, 글로벌커뮤니케이션학, 경제학, 경영학, 식품영양학	수학, 물리학, 화학, 생물학, 지리학, 환경학, 응용수학, 응용물리학, 응용화학, 간호학
고려대	국어국문, 철학, 심리학, 사회학, 한문학, 영어영문, 독어독문, 불어불문, 중어중문, 노어노문, 일어일문, 정치외교학, 경제학, 통계학, 행정학	수학, 물리학, 화학, 생명과학, 지구환경과학, 간호학

국민대	국어국문, 영어영문(영미어문/글로벌커뮤니케이션영어), 중국어문, 한국역사학, 행정학, 정치외교학, 교육학, 법학(공법학/사법학), 경제학, 국제통상학	기계시스템공학, 융합기계공학, 융합전자공학, 자동차공학, 나노전자학, 물리학, 식품영양학
덕성여대	국어국문, 영어영문, 독어독문, 불어불문, 중어중문, 일어일문, 스페인어, 경영학, 문헌정보학, 심리학, 유아교육	컴퓨터공학, 수학, 화학, 식품영양학
동국대	불교학, 국어국문, 영어영문(영어문학/영어통번역학), 중어중문, 철학, 사학, 법학, 정치외교학, 경제학, 통계학, 경영학	수학, 물리학, 화학, 통계학, 생명과학, 식품생명공학
동덕여대	국어국문, 국사학, 영어, 일본어, 중어중국학, 아동학, 국제경영학, 경영학, 문헌정보학	컴퓨터학, 식품영양학
명지대	국어국문, 영어영문, 중어중문, 일어일문, 아랍지역학, 사학, 아동학, 청소년지도학, 행정학, 경영학, 문헌정보학, 국제통상학, 법학	수학, 물리학, 화학, 전기공학, 화학공학, 컴퓨터공학, 토목환경공학, 기계공학, 식품영양공학
삼육대	신학, 영어영문, 중국어학, 일본어학, 상담심리학	간호학, 식품영양학
서강대	국어국문, 사학, 철학, 종교학, 영미문학, 미국문화, 유럽문화, 중국문화, 심리학	수학, 물리학, 화학, 생명과학, 컴퓨터공학
서울과기대	-	신소재공학, 식품공학, 정밀화학
서울대	국어국문, 영어영문, 독어독문, 불어불문, 중어중문, 노어노문, 서어서문, 국사학, 동양사학, 서양사학, 철학, 종교학, 외교학, 사회학, 지리학, 소비자아동학, 의류학	수리과학, 물리학, 화학, 간호학, 식물생상과학, 산림과학, 식품/동물생명공학, 조경/지역시스템공학, 바이오시스템/소재학, 식품영양학

서울시립대	행정학, 경영학, 영어영문학, 철학	화학공학, 신소재공학, 토목공학, 환경원예학, 건축학(건축공학), 건축학(건축학), 조경학, 환경공학
서울여대	국어국문, 영어영문, 중어중문, 일어일문, 문헌정보, 아동학, 경영학	원예생명조경학, 식품응용시스템학
성균관대	유학/동양학, 국어국문, 영어영문, 프랑스어문, 독어독문, 중어중문, 한문학, 러시아어문, 사학, 문헌정보학, 행정학, 아동/청소년학, 경제학, 통계학, 경영학	생명과학, 수학, 물리학, 화학, 전자전기공학, 화학공학/고분자공학, 신소재공학, 기계공학, 건설환경공학, 바이오메카트로닉스학
성신여대	국어국문, 영어영문, 독일어문/문화, 프랑스어문/문화, 일본어문/문화, 중국어문/문화, 심리학, 지리학, 경영학	수학, 통계학, 화학, 컴퓨터공학, 바이오생명공학, 간호학, 식품영양학
세종대	국어국문, 영어영문, 일어일문, 교육, 역사, 행정, 경제통상, 경영학, 호텔관광경영	화학
숙명여대	한국어문학, 역사문화학, 독일언어/문화, 프랑스언어/문화, 중어중문, 일본학, 문헌정보학, 가족자원경영학, 아동복지학, 정치외교학, 경제학, 경영학, 영어영문학, 테슬	수학, 응용물리, 생명시스템학, 화학, 컴퓨터과학, 의류학, 식품영양학
숭실대	국어국문, 영어영문, 독어독문, 불어불문, 중어중문, 일어일문, 철학, 사학, 경제학, 글로벌통상학, 경영학, 회계학	수학, 물리학, 화학, 화학공학, 전기공학, 컴퓨터학, 전자공학, IT융합
연세대	국어국문, 영어영문, 독어독문, 불어불문, 중어중문, 노어노문, 철학, 사학, 문헌정보학, 심리학, 사회학, 아동가족학, 교육학	수학, 물리학, 화학, 지구시스템과학, 컴퓨터과학, 시스템생물학, 생화학, 신학, 의류환경학, 식품영양학, 간호학, 융합보건학

이화여대	국어국문, 영어영문, 독어독문, 불어불문, 중어중문, 기독교학, 철학, 사학, 문헌정보학, 심리학, 사회학, 정치외교, 경영, 의류산업학	수학, 물리학, 화학/나노과학, 생명과학, 컴퓨터공학, 환경공학
중앙대	국어국문, 영어영문, 독일어문, 러시아어문, 중국어문, 일본어문, 철학, 역사학, 문헌정보학, 심리학	수학, 물리학, 화학, 생명과학, 식품공학(식품영양), 간호학
한국외대	영어, 영미문학/문화, EICC, 프랑스어, 독일어, 스페인어, 노어, 아랍어, 베트남어, 중국언어문화, 중국외교통상학, 일본언어문화, 융합일본지역, 경영, 철학, 영어통번역, 독일어통번역, 스페인어통번역, 중국어통번역, 일본어통번역, 아랍어통번역, 프랑스학, 러시아학, 국제금융학	수학, 전자물리학, 환경학, 화학, 컴퓨터/전자시스템공학
한양대	국어국문, 영어영문, 중어중문, 사학, 관광학	수학, 물리학, 식품영양학, 간호학

*2020수시요강 또는 학사 홈페이지를 통해 해당 모집 단위 명시한 대학 중 일부(교육부 승인 결과에 따라 변동 가능)
*예체능 계열 제외
*출처: 대입 정보 포털 어디가

이와 같은 교직 이수 관련 정보는 반드시 공식 홈페이지를 통해 직접 확인해야 한다. 교직 이수 과정 개설은 교육부 승인 여부에 따라 달라질 수 있기 때문이다. 최근의 교원양성기관평가에 의해 교직 이수 과정이 감축되거나 폐지된 대학도 있으니 주의를 요한다.

교직 이수 과정이 개설되어 있어도 가장 중요한 문제가 남아 있다. 절차에서 볼 수 있듯 '선발' 과정이 있다. 대개는 입학 정원의 10퍼센트로 제한한다. 예를 들어 수학과 (한 학년) 정원이 40명이라면 4명만 교직 이수 과정을 신청할 수 있다. 대학에 가서도 학점 관리를 고등학생 때의 내신 관리처럼 해야 한다는 뜻이다. 대체로 학점이 교직 이수 선발에 절대적인 기준으로 작용하는 편이나 교직 인적성 확인의 취지에서 다수의 학교에서 면접을 보기도 하며 공인 영어나 기타 요소를 선발 과정의 한 요소로 포함시키기도 한다.

이 10퍼센트마저 대학에 따라 더 적을 수도 있으며, 나아가 교직 이수 과정이 계속 유지될 거라는 보장도 없다. 고질적으로 지적되는 임용 티오와 교원자격증 취득자 수의 불균형 문제로 인해 언제 이 과정이 축소·폐지될지 모른다(2018학년도 초등 임용의 모집 인원이 갑자기 줄어든 것처럼 언제 불시에 변할지 모른다). 그럴 가능성은 매우 낮지만 가령 1학년 때 교직 이수를 마음먹고 입학했는데 군 복무 사이 교직 이수 선발 인원이 축소되어 있다면 얼마나 황당하겠는가? 사범대의 교원 수급 문제가 오랫동안 이슈가 되어온 터라, 만약 교육 당국에서 교직 이수 폐지를 본격적으로 추진하면 수년 안에 그것이 이뤄질지도 모른다. 가능성이 높진 않지만 말이다. 사범대는 당연히 이런 교직 이수 신청, 선발 과정을 거치지 않는다. 엄밀하진 않으나 쉽게 표현하면, 사범대생은 이미 교직 이수로 선발된 학생으로 봐도 무방할 것이다.[3]

제도적 차이를 제외하면 사범대와 교직 이수의 가장 중요한 차이는 '분위기와 인프라'가 아닐까 싶다. 수학교육과는 '교사'를 염두에 둔 학생들이 상대적으로 많이 진학한 학생들이 많을 것이고, 수학과는 '수학'에 대한 적성과 흥미로 진학한 학생이 많을 것이다. 교사가 되려는 학생들 사이에 있는 것과 수학을 좋아하는 학생들 사이에 있는 것 사이의 차이는 생각보다 크다. 교육에 대한 관심을 공유할 수 있는 인적·물리적 인프라를 상대적으로 더 갖추고 있는 곳은 수학교육과라 할 수 있다.

가령 교육에 관한 문제를 고민하는 학술 모임이나 동아리는 사범대에 더 많을 것이다. 타교과교육과, 교육학과, 교육공학과 등 교육에 관심 있는 다른 학과 학생들과 '사범대'로 묶여 있다는 점은 크고 작은 영향을 줄 수 있다. 수학과에서 교직 이수를 하며 사범대의 각종 교육 관련 행사에 참여하거나 교류하는 모습은 거의 보기 힘들다. 사범대 학생들이 교직 이수를 하는 학생들에 대해 배타적인지 여부는 잘 모르겠다. 대체로 그런 것 같지 않지만, 속으로는 교원자격증 취득 자격을 사범대생으로만 한정했으면 하는 이들도 있지 않을까?

더불어 같은 전공 과목의 수업이라도 수학과 교수님이 수학과 학생을 가르칠 때와 수학교육과 교수님이 예비 교사인 수학교육과 학생을 가르칠 때도 미묘한 차이가 있을 것이다. 본질적인 교육 목표가 다르다는 뜻이다. 같은 수학이라도 교육 목표가 다르면 교육과정, 교육 방법, 내용 면에서 조금씩 차이가 있을 수 있다. 물론 학교나 학과마다 그 정도는 매우 다르다. 수학교육과에서 수학을 전공한 교수님이 수학과 교수님과 다른 점이 없는 경우도 있다.

현실적인 관점에서 사범대와 교직 이수의 중요한 차이를 꼽자면, 교직 이외의 진로에 대한 개방성과 가능성이다. 이 책의 제목은 '사범대 다니면서, 임용 걱정 없이'다. '교직 이수하면서, 임용 걱정 없이'라고 지을 수도 있다. 하지만 그러지 않은 이유는 '임용 걱정을 안고 사는 학생'은 주로 '사범대생'이기 때문이다. 왜냐하면 그들은 교사 아니면 할 일이 거의 없기 때문이다. 반면 교직 이수생들은 교직 이수를 본전공에 '덤'으로 했다는 느낌이 있다. 당신이 기업의 인사 담당자라고 생각해보라. 사범대생이 입사 지원을 하면 어떤 시선으로 보겠는가? '여기 왜 왔지? 임용 떨어지고 왔나?'와 같은 시선으로 보지 않을까.

실제로 일반적인 취업 시장(사교육 제외)에서 사범대생은 정말 메리트가 없다. 특히 학과마다 그 경향은 조금씩 다른데 수학교육과는 진로 다양성 측면에서 국어교육과나 영어교육과에 비해 메리트가 더 떨어진다. 물론 수학교육과 학생이 공학이나 자연계 쪽 혹은 금융 쪽 능력을 더 계발한다면 얘기가 달라지지만, 수학 교육을 전공하면서 다른 전공을 같이 하는 학생이 흔하진 않다. 본전공도 힘들기 때문이다. 대부분의 사범대생은 본전공만 했을 때 취업 시장에서 경쟁 우위를 차지하지 못하는데, 더 큰 문제는 타전공을 복수전공 하기도 쉽지 않다는 점이다.

반면 비사범 계열은 교직 이수를 하더라도 중간에 관두거나 교원자격증을 따놓고도 다른 일을 하는 사람이 많다. 교직 이수를 하는 대학생 중에는 '교사가 될진 잘 모르겠지만 학점도 좋고, 앞날에 대한 예비로 일단 따두자'라고 생각하는 사람이 꽤 있다. 여기에는 교직 이수 신청 시기가 보통 2학년 2학기, 즉 비교적 가능성이 많이 열려 있는 때라는 점도 작용한다. 더불어 입학할 때 교직 이수를 확실히 염두에 두고 진학한 비사범계 학생들은 치솟는 임용 경쟁률을 보면서 교사가 아니어도 다른 길은 있다는 마음을 품을지도 모른다. 물론 철저한 계획과 진로에 대한 강한 확신을 갖고 교직 이수를 하는 비사범 계열 학생들도 있다.

그 외 사범대와 교직 이수의 미미한 차이라면 교직을 시작할 때 사범대가 교직 이수보다 1호봉(9호봉과 8호봉. 군필 남자는 11호봉, 10호봉) 더 높게 시작한다는 점이다. 가끔 사범대 가산점을 언급하는 이도 있는데, 이는 옛날 얘기다. 아주 옛날에는 임용 경쟁시험에서 사범대 가산점이 있어 교직 이수생들에 비해 유리했는데 이 제도는 사라진 지 오래다.

가장 중요하지만 간과하기 쉬운 '무엇을 배우는지'와 관련된 차이를 좀더 세부적으로 알아보자. 사범대, 교직 이수 과정은 크게 세 가지를 공부한다고 보면 된다. 교과전공, 교과교육론, 교육학, 이 세 영역이 임용시험의 과목들이다.

- 교과전공: 말 그대로 대학 전공이다. 수학으로 치면 고등학교 수학 아니라 대학 수학이다.

- 교과교육론: 중·고등학교 해당 교과를 어떻게 하면 잘 가르칠 수 있을지에 대해 배운다. 의외로 이론적인 것이 많다.
- 교육학: 교육심리, 교육행정 및 경영, 교육사회, 생활지도 및 상담, 교육철학, 교육사 등 교육학 전반에 대해 배운다. 일반적인 관점에서 접근하는 내용으로, 특정 교과의 관점은 배제되어 있는 편이다.

위 설명에서 예상되는 대로 교육학은 과목이 많을뿐더러 교과가 달라도 같이 수업을 듣는 경우가 많기 때문에 비사범 계열 교직 이수 학생들도 대개 사범대 교직 과목을 함께 듣는다. 그러나 교과전공과 교과교육론은 주로 자신이 속한 학과에서 듣게 된다. 같은 과목이라도 사범대 과목과 교직 이수 과목의 교수님들은 다른 경우가 많다. 사범대 교수님들은 대개 비사범 계열 교과교육론 수업을 하지 않는다.

네이버에 '사범대와 교직 이수 차이'를 검색하면 지식인이나 카페에서 이런 말을 많이 한다. '수학과에서는 수학을 더 넓게 배운다. 수학을 넓게 배운 후 교직 이수를 해서 선생님이 되면 좋을 것이다.' 맞으면서 틀린 말이다. 심지어 '수학과가 순수수학을 더 많이 한다' '수학을 더 깊게 공부한다'는 말도 한다. 이건 더 틀린 말일 확률이 높다. 다음은 관련 사실 또는 의견이다.

- 수학과가 수학교육과보다 더 많은 수학 과목을 개설하고 있는 것은 사실이다. 그러나 실제로 수학과에서 교직 이수를 하는 학생들은 교직 이수를 위한 전공 과목 이수도 벅차기 때문에 수학교육과에서 개설되지 않는 수학과의 전공 수학 과목을 많이 듣는 경우는 흔치 않다. 즉, 수학과 교직 이수생이나 수학교육과 학생이나 졸업 때까지 듣게 되는 전공 수학 과목'명'들은 생각보다 큰 차이가 없다.

- 수학교육과에 설치된 수학 과목도 이미 충분히 많다. 원한다면 수학과의 특정 과목을 들을 수 있기도 하다. 수학교육과에서 배우는 수학이 학부 수학의 60~80퍼센트 이상을 차지한다.

- 수학교육과에서 배우는 수학은 대부분 해석학, 대수학, 위상수학 등의 '순수수학'이다. 반면 수학과는 순수수학을 포함해 응용통계학, 수리통계학, 미분방정식, 자연과학 기초 과목들, 수학적 모델링, 전산 수학, 컴퓨터 관련 과목 등 다양한 '응용' 수학 과목이 있다. 예상컨대 취업 때문에 이런 교과에 대한 수요는 꾸준히 있을 것이다. 따라서 수학과가 순수수학을 더 많이 듣는다는 것은 대개 틀린 말이다.

- 수학교육과 학생들은 대부분 임용고시를 염두에 두기 때문에 전공 과목을 이수할 때 좀더 진지한 듯하다. 실제로 임용에서 전공 수학의 반영비율은 매우 높다. 반면 수학과 학생들은 수학 계열 연구 분야로 진출하길 희망하는 일부 학생을 제외하고는 대개 취업을 목표로 하므로 전공과목을 이수할 때의 마음은 약간 다를 수밖에 없다. 수학과 지인들에 따르면 실제로 과목 '이수'와 '학점 관리'에 초점을 두는 경향이 있다고 한다. 마치 고등학교에서 해당 선택 과목을 수능 선택 과목으로 택한 학생이 내신 공부하는 것과 수능 선택 과목으로 선택하지 않은 학생이 내신 공부하는 것의 차이랄까?

위에서 언급한 내용은 대학에 따라, 학과에 따라 조금씩 차이가 있을 것이다. 또한 교과마다 차이도 클 것이다. 국어, 영어, 과학, 사회 등 여러 과목에서 교과교육과와 비사범 계열의 학업 사이의 차이는 분명히 있을 것이다. 본인의 학과와 교직 이수의 차이도 이와 비슷한 점이 있거나 혹은 다른 점이 있는지 확인해볼 필요가 있다. 가령 영어영문학과의 교직 이수생과 영어교육과의 차이 같은 것 말이다. 어느 국어교육과 재학생이 제시한 국어교육과와 국어국문과의 차이는 다음과 같다.

"솔직히 국어국문학 전공자들의 원론적인 지식을 국교인들이 따라가기는 쉽지 않다고 생각합니다. 이것은 교수님과 학생들 모두의 의견입니다. 이 차이를 메우기 위해 국교생들이 많은 노력을 하고 있긴 하죠. 국어는 워낙 영역도 많고 내용이 방대한 편입니다. 심지어 화법, 작문, 독서는 지문이 수천 개, 아니 당장 오늘 아침 라디오에 나온 내용까지도 교육 텍스트로 활용되므로 국어교육과에서는 이런 실생활적 텍스트를 분석하고 재구성해 교육적으로 접근하죠! 이 텍스트를 활동에 넣는다면 어떤 영역에 반영할 것인가, 활동지는 어떻게 활용할 것인가를 고민합니다. 반면 국어국문학과에서는 수많은 지문과 텍스트를 보기보다는 상대적으로 원론적인 지식과 개념으로 접근하는 편이라 할 수 있습니다."

이제 교직 이수와 사범대 사이의 차이점을 세 가지로 요약해보자. (만약 대학생이라면, 내가 어떤 부분을 능동적으로 더 보완해야 할지 알아보자. 혹은 미래의 제자나 후배를 위해서도 멘토, 진로 지도를 하는 교사의 입장이 되어보자.)

- 교직 이수 가능성
- 교직에 대한 확신과 취업에 대한 관심
- 주변의 여러 환경

앞의 두 가지와 같은 현실적인 부분을 무시하기는 힘들다. 그러나 만약 교직에 확신이 있다면 사범대와 교직 이수의 '여러 주변 환경'에도 관심을 가졌으면 한다. 사범대와 교직 이수의 환경적 차이는 결국 아래 질문과 관련이 깊다.

나는 무엇을 하고 싶으며, '어떤 사람'이 되고 싶은가?
(교직에 확신이 있다면) '어떤 교사'가 되고 싶은가?'

다시 말해, 사범대와 교직 이수의 환경적 차이 및 그에 대한 바른 인식은 '나는 수학과(또는 수학교육과)에서 이렇게 생활해 이런 사람(수학 교사)이 되고 싶다'로 이어진다. 다시 말해 대학 생활의 방향이 보이고 자기 독려가 된다. 꼭 교사가 아니어도 좋다. 수학과든 수학교육과든 내가 '어떤 사람'이 되고 싶은지는 사범대와 교직 이수 선택에 있어 중요한 단서가 될 것이고, 그것이 대학 생활에도 방향성을 줄 것이다.

만약 내가 '어떤 사람'이니 하는 고민보다 앞의 두 가지와 같은 현실적인 조건들을 더 고려한다면, 스스로에게 계속해서 묻길 바란다. 나는 정말 현실적인 조건이 중요한 사람인가? 실제로는 현실적인 것만 추구하는 부류는 아닌데, 그렇게 길러져서 스스로가 그런 사람인 줄 아는 이들도 있기 때문이다. 현실적인 부분만 좇다가 스스로에 대해 점점 알아가면서 뒤늦게 방황하지 말라는 뜻이다. 그리고 현실을 좇는 방식이 자신에게 맞다고 판단되면, 다시 말해 현실적인 제반 요소가 내 삶의 선택에 가장 중요한 기준이라면 그 또한 하나의 삶이다. 그 과정에서도 의미 있는 가치들이 발현된다. 삶에 있어 정답이나 본질적으로 좋은 선택이란 없다. 내 선택을 좋은 선택으로 만들어갈 뿐이다. 사범대, 교직 이수도 마찬가지다.

한편 조금 다른 얘기를 하자면, 사범대 학생들은 비사범 계열 학생들에 대해 배타적인 태도를 보일 필요가 없다. 교직 이수 과정 폐지를 주장할 수는 있어도, 그들을 시기하거나 단순히 경쟁자로 여기진 말자. 우리는 교육자다. 현장에는 사범 계열만큼이나 비사범 계열 선생님들도 많이 계시고, 어떤 계열이 더 낫다는 것은 없다.

비사범대에서
교직 이수를 하려면?

비사범대에서 교직 이수를 하려면 어떻게 해야 할까? 구체적인 경험담을 하나씩 들어보도록 하자.

일어일문학과에서 교직 이수하기

본인의 본전공과 함께 언제, 어떻게 교직 이수 및 복수전공을 하게 됐는지 소개해주세요. 경쟁률, 학점 등 교직 이수로 선발되는 것과 교직 이수 과정 자체가 얼마나 어려운지 등에 대해서도 이야기해주세요.

안녕하세요. 울산대학교 07학번 일어일문학과 졸업생 김영채라고 합니다. 지금은 학원 강사입니다. 재학 중에 일어일문학과에서 교직 이수를 했습니다. 학교에 사범대가 없어 2학년 올라가기 직전 겨울방학 때 학교 홈페이지에서 교직 이수 신청 공고를 보고 지원하게 되었습니다. 현재 1차 예비 신청자는 최종 인원 선발의 3배수를 뽑습니다(예컨대 수학과 교직 최종 선발이 4명이면 최대 12명까지 예비 선발을 받을 수 있음). 1, 2학년 때 학점 관리 잘해야 3학년 올라가기 직전에 교직 이수 과정에 최종 선발이 되며 신청자끼리 경쟁한다고 보면 됩니다. 복수전공은 정치외교학과를 선택했고, 국제기구나 국제관계학에 관심이 많아서 주전공과 더불어 공부를 했습니다.

교직 이수 선발은 학과별로 뽑는 방식이 다른데, 특히 국·영·수가 수능 필수 과목인 만큼 국어국문학과, 영어영문학과, 수학과는 교직 이수를 생각하는 학생이 많아 다른 학과보다 경쟁이 훨씬 더 치열한 편이고, 학과 자체에서 별도의 심사 기준을 마련할 정도로 교수님들께서 면접 진행을 꼼꼼하게 합니다. 다른 일반 학과들은 학점을 주로 많이 보는 편입니다.

교직 이수 과정은 사범대생들처럼 교육학 과목들을 똑같이 수강합니다. 보통 교직 이수생들은 2학년 때 교육학개론부터 듣기 시작해 교직에 필요한 과목을 하나하나 이수합니다. 특히 교직 이수자는 자기 전공뿐만 아니라 교직 이수도 해야 되는 상황이라서 일반 학생들보다 학점 이수할 것이 더 많으며, 그런 탓에 도중에 교직 이수를 포기하는 학생도 간혹 있습니다.

교직 이수자 가운데 학기 중에 교직 과목을 못 들었으면 계절학기로 학점을 메워야 하는 일이 일어납니다. 제가 다니는 대학에서는 계절학기 때 교직 과목이 개설되지 않았기 때문에 다른 대학의 교직 수업을 들어 학점 인정을 받을 수 있었고, 국내 대학 학점 교류라는 제도를 활용해 본교에서 학점 이수 신청 절차를 밟고 교육학 관련 과목을 추가로 이수할 수 있었습니다(학기 혹은 계절학기 중 다른 대학의 교직 과목 수업 신청 및 학점 인정 여부는 자신이 재학 중인 학교의 학사과나 교직과에 물어보는 편이 빠릅니다). 저는 4학년 1학기를 마치고 여름 계절학기에 서울대 사범대로 가서 '특수 아동의 이해와 교육'(교육부에서 09학번부터 교직 필수 과목으로 지정함)이라는 과목을 2학점 수강하는 방법으로 교육학 관련 학점을 채우기도 했습니다.

고민이 많이 있었을 것 같습니다. 교직 이수 계기에 대해 얘기해주세요.

교직 이수를 한 계기는 당시 꿈이 교사인 만큼 사범대를 가고 싶었기 때문입니다. 원래는 사범대 일어교육과를 가고 싶었지만 수능 성적이 예상보다 낮아 제가 지원할 대학교 홈페이지를 살펴본 뒤 일반학과 교직 이수 쪽으로 눈을 돌렸습니다.

현재의 진로에 만족하고 있나요? 교직 이수와 복수전공을 한 것은 주전공만 할 때와 어떤 점이 다른가요?

교직 이수를 통해서 교육학에 관심이 많이 생겼고, 교육학 과목을 접한 덕분에 학원에서 학생들을 가르치는 일을 할 때도 강사로서 학생들을 어떻게 가르쳐야 할지 방향이 생겼습니다. 또한 복수전공을 통해 세상을 보는 눈이 많이 달라졌고, 한 가지 전공만 공부하기보다는 다른 공부를 다양하게 함께 할 수 있어서 좋았습니다.

단점은 교직 이수를 하는 학생이 복수전공을 함께 공부하게 된다면 제가 학교 다닐 때의 기준으로 주전공은 42학점, 복수전공은 39학점 정도 채워야 했다는 것입니다(다만 학교별로 이수 학점을 채우는 방식이 다를 수 있음). 즉, 교직 이수를 하면 일반 학생보다 학점을 더 채워야 합니다. 그리고 주전공과 복수전공을 거의 절반씩 들어야 하는 만큼 주전공을 많이 듣지 못하는 점이 아쉬웠습니다.

해당 과정의 구체적인 전략과 더불어 정보를 얻을 수 있는 방법을 알려주세요.

교직과정에 대해서는 학교 학사 관리 혹은 교직과 홈페이지에서 주로 정보를 얻었는데, 다른 방법으로는 해당 학과가 교직 이수 가능한지 교직과에 전화로 문의하는 것입니다. 전략이라고 할 만한 건, 학점 관리. 꼭 잘해주세요. 학점 관리는 기본 중에 기본이어서 이것이 잘 안 되면 교직 이수 기회에서 멀어집니다.

현재 본인의 관심 분야나 꿈은 무엇이며 어떤 노력을 하고 있는지요? 또 어떤 사람으로 살고 싶나요?

요즘 일반 사회에 관심을 두고 있습니다. 복수전공으로 정치외교학을 택해서 그런지 일반 사회 과목에 관심이 많이 생겼습니다. 법, 정치, 사회문화, 경제, 교과교육론에 관심이 생겨 시간 날 때마다 교수님들의 논문을 한 편씩 읽고 있습니다. 최근에는 한국교육과정평가원에 들어가서 교육과정 연구원이 되고자 하는 꿈이 생겼으며, 제가 공부한 분야를 토대로 직접 논문을 써보고 싶었습니다. 작은 소망이지만 사회 과목에 관심 있어 하는 학생들을 대상으로 강의하며 길잡이가 되는 사람이 되고 싶습니다.

교직 이수를 꿈꾸는 일반대생들과 교직 이수와 사범대를 고민하는 고등학생들에게 해주고 싶은 말, 또 현재 교직 이수 과정생, 사범대생에게 해주고 싶은 말이 있다면요?

교사를 꿈꾸는 이들이라면 우선 교직 이수를 '왜 하고 싶은가?'에 대해서 고민해봤으면 합니다. 우선 교사가 되고 싶다는 일차적인 목표를 세운 만큼 학생들에게 애정이 있어야 하고 가르치는 것을 정말 좋아해야 합니다. 대학을 다니면서 교직 이수를 하는 것이 많이 힘들겠지만, 졸업하면서 중등 정교사 자격증 2급을 받았을 때 정말 기뻤고, 그 순간이 잊히지 않습니다. 비록 교직과정은 힘든 길이지만 그만큼 많이 남습니다.

교직 이수자, 사범대생 가운데 교사가 아닌 다른 길을 가려는 사람들도 있을 거라고 생각합니다. 교직 또한 학문의 소양을 쌓는 과정이기 때문에 잘 배우고 익혀 무사히 졸업만 한다면 축복은 자기 것이 됩니다. 교직과정이라는 힘든 선택을 한 이들에게 다시 한번 응원의 메시지를 남깁니다.

불어불문학과에서 교직 이수하기(유치원 임용)

본인의 예전 전공 및 현재 전공과 더불어 현재 몇 학년인지, 언제 어떻게 교직 이수 및 복수전공을 하게 되었는지 소개해주세요. 그 과정에 대해서도 설명 부탁드립니다.

안녕하세요. 저는 현재 불어불문학과에 재학하며 유치원 임용고시를 준비 중인 대학생입니다. 저는 미래에 대한 불확실성 때문에 교직을 신청했습니다. 그러다가 주전공인 불어를 살려서 활동할 수 있는 진로 중 국제기구에 관심을 갖게 되면서 아동복지학과를 복수전공 하게 되었고 이후 아동복지학과 교직을 복수 이수하면서 불어불문과 유치원 교직 두 가지를 수행 중에 있습니다(복수 교직).

불어 주전공+불어 교직 이수+아동복지 복수전공+유치원 교직 이수
(내가 졸업을 못 하는 이유)

제 글이 교직 이수에 관심을 가진 학생들에게 도움이 되기를 바라며 충북대학교를 기준(2017년)으로 하는 교직 이수 과정 내용을 조금 설명하도록 하겠습니다. 충북대학교는 교직을 할 수 있는 학과와 할 수 없는 학과로 나뉘어 있습니다. 예를 들어 사회학과는 교직이 불가능하지만 불어불문학과

나 수학과는 가능합니다. 사범대가 아닌 일반 대학의 학과에서 교직 이수를 선발하는 인원은 많지 않습니다. 최근 들어 교직 이수 선발 인원을 더 축소하고 있는 추세입니다. 보통 일반 대학의 한 학과당 교직 이수 대상자를 1~2명 선발하고 있습니다. 충북대학교의 교직 이수자는 신청 기간 내에 학생들의 지원을 받아 선발합니다. 선발 기준은 학과마다 다르지만 성적과 면접 등을 공통으로 평가하고 평가 점수가 높은 순서부터 차등으로 교직 이수 자격을 부여합니다. 충북대학교는 2학년을 대상으로 교직 이수 대상자를 선발하고 있습니다. 신입생(1학년)과 3학년생은 지원이 불가능합니다. 또 1년에 한 번 교직 이수 대상자를 선발합니다. 위 내용은 크게 달라지진 않겠지만, 매년 약간의 제도나 티오에 변화가 있을 수 있으니 꼭 학사과에 문의해서 확인하시길 바랍니다.

고민이 깊었을 것 같습니다. 교직 이수 및 복수전공의 계기에 대해 얘기해주세요.

처음 교직 이수를 지원한 것은 꼭 선생님이 되고 싶어서는 아니었습니다. 취업이 어렵고 미래에 대한 막연한 불안감 때문에 교직 이수를 신청했습니다. 그러던 중 세이브더칠드런이나 유니세프와 같은 아동을 대상으로 하는 국제기구 단체에 관심을 가져 아동복지학과 복수전공을 신청하게 되었고 이후 다시 아동복지학과의 교직 이수를 신청하고 3학년 2학기에 시행하는 참관 실습을 하면서 유치원 정교사라는 꿈을 갖게 되었습니다.

현재 본인의 관심 분야와 꿈은 무엇이며 어떤 노력을 하고 있는지요?

아동과 교육에 대한 여러 봉사 활동을 하면서 다양한 경험을 하고 있습니다. 대표적인 예시로는 한국대학봉사협의회에서 진행하는 월드프렌즈코리아 단기 봉사 활동과 프랑스 유치원 및 국공립 초등학교 참관 활동이 있었습니다.

교직 이수를 꿈꾸는 일반대생들과 교직 이수 과정생, 사범대생에게 해주고 싶은 말이 있다면요?

교직 이수를 신청하기 전에 내가 정말로 아이들을 좋아하는지, 또 내가 가진 지식을 아이들에게 전달하고 나누는 데서 얼마나 기쁨을 느끼는지를 미리 경험해보고 교직을 선택했으면 합니다. 주변에서 교직이 달콤해 보여 도전했다가 적성이나 흥미와 맞지 않아 포기하는 사람을 많이 봤기 때문입니다.

따라서 교육 봉사 등의 활동을 단기가 아닌 장기로 하면서 내가 아이들과 상호작용을 하는 데 얼마나 보람을 느끼는지 그리고 내가 선생님 역할을 함에 있어 아이들이 이해하기 쉽도록 전달할 능력이 있는지를 미리 경험한다면 교직 이수와 사범대 진학에 많은 도움이 될 거라고 생각합니다.

간호학과에서 보건교사 되기

자기소개해주세요.

저는 서울 소재 고등학교에서 근무하고 있는 보건교사로, 한양대학에서 간호학을 전공했습니다. 간호학과 졸업 후 서울아산병원 외과 병동 간호사로 근무하다가 3교대, 부족한 의료인 수, 태움 문화 등 열악한 근무 환경 탓에 1년을 채우지 못하고 퇴사했습니다. 일을 그만둔 뒤 제가 제일 행복했던 때를 돌이켜보니, 대학 4학년 교생 실습 때였습니다. 병원이 아닌 학교에서 선생님으로 근무한다면 어떨까 하고 막연하게 가졌던 생각이 점점 커졌고, 마침 서울의 한 사립고등학교에서 보건교사를 뽑는다는 공고를 보게 되었습니다. 병원 경력은 짧고 교직 경력도 없지만 한번 도전해보자는 마음으로 응시했는데 운 좋게 한 번에 합격했습니다. 아직 스스로 선생님이라 호칭하는 것이 어색한 교직 생활 2년 차입니다.

보건교사가 되는 가장 전형적인 방법이 궁금합니다.

보건교사가 되려면 간호사 면허증을 가지고 있어야 합니다. 즉, 대학에서 간호학과를 전공하고 교직 이수를 함께 하면 됩니다. 교직 이수는 대학 2학년 때 신청할 수 있고, 성적 상위 10퍼센트 이내의 학생만 이수할 수 있기 때문에 보건교사를 희망한다면 간호학과 1학년 때의 성적 관리가 중요합니다. 4학년 때 간호사 국가고시를 보고 교직 이수를 완료하면 졸업할 때 간호사 면허증과 교원자격증을 받게 됩니다. 임용고시에 응시하려면 간호사 면허증, 교원자격증, 한국사 능력검정 3급 이상이 필요하기 때문에 보건교사를 준비하는 분은 한국사 공부도 미리 해두면 좋습니다.

언제부터 간호사가 아닌 보건교사가 되고 싶었나요?

신입생 때 보건교사는 전혀 생각하지 않았습니다. 졸업 후 당연히 병원에서 간호사로 근무할 계획이었고 수간호사가 되고 싶다는 당찬 포부도 있었습니다. 1학년 1학기가 끝날 때쯤 모임에서 만난 과 선배가 교직 이수를 하고 있다며 2학년 때 꼭 신청하라고 권해서 그때 교직 이수에 대해 찾아봤습니다. 전공 과목만 해도 벅찬데 교직 과목까지 이수해야 한다는 게 부담스러웠지만, 나중에 병원 일이 힘들면 이직할 수 있게 미래 대비용으로 교직 이수를 생각했습니다. 성적 상위 10퍼센트 안에 드는 학생만 신청할 수 있는데 다행히 1학년 때 성적이 좋아서 2학년 1학기 때 교직 이수를 신청할 수 있었습니다.

교직 이수를 신청하려면 학점 관리가 필수라는 이야기네요.

네. 한양대학교 간호학과를 수석으로 졸업했습니다. 스스로 공부를 잘했다고 말하려니 민망하지만, 교직 이수를 신청하려면 학점 관리는 필수입니다. 신입생 때는 자체 휴강을 하며 대학 생활을 만끽하는 학생이 많습니다. 저는 1학년 때부터 그런 일 한 번 없이 학교에 다녔습니다. 성적이 좋으면 나중에 원하는 병원에 갈 수 있으니 공부를 했던 건데 뜻밖에 교직 이수를 신청할 기회가 주어졌습니다. 한양대학교 간호학과는 한 학년에 약 40명의 학생이 있어서 성적이 4등 안에 들어야 합니다. 1학년 1학기, 2학기 합산 평점이 4.12로 2등을 해서 교직 이수 신청을 할 수 있었습니다. 간호학과 전공 과목만 해도 커리큘럼이 빽빽하지만 이왕 신청한 교직 이수도 잘해내고 싶었습니다. 전공, 교양, 교직 과목 어느 하나 포기하지 않고 열심히 공부했고 결국 누적 평점 4.18로 수석 졸업을 했습니다.

교직 이수를 하면서 일반 간호학과 학생과는 다르게 추가로 이수해야 하는 과목은 어떤 게 있나요? 그런 과목이 힘들지는 않았나요?

교직 이론 영역 14학점(교육학개론, 교육심리, 교육사회, 교육철학 및 교육사, 교육과정, 교육 방법 및 교육공학, 교육행정 및 교육경영, 생활지도 및 상담, 교육 연구 방법, 교육평가 중 7과목), 교직 소양 영역 4학점(특수교육학개론, 교직 실무), 교육실습 영역 4학점(학교 현장 실습, 교육 봉사 활동)을 이수해야 했습니다. 간호학과는 이론 수업과 병원 실습이 함께 이뤄집니다. 3, 4학년 때 병원 실습을 하는데 이때 하루에 8시간을 병원에 있으면 시간표가 맞지 않아 들을 수 있는 교직 수업이 많지 않습니다. 교직 이수를 하는 학생은 병원 실습을 하지 않는 1, 2학년 때 되도록 많이 들어놓으면 좋습니다. 저는 미리 듣지 않아 부족한 학점은 방학 때 계절학기를 이용해 채웠습니다. 그리고 4학년 때는 한 달간 한양대학교 사범대학 부속고등학교에서 교생 실습을 했기 때문에 이 기간에 못 한 병원 실습은 방학 때 나와서 해야 했습니다. 방학 때도 쉬지 못하고 교직 수업을 듣고 병원 실습을 했던 점이 가장 힘들었습니다.

졸업 후 바로 보건교사가 된 것은 아닌데 진로 선택할 때 어떤 고민이 있었나요? 원래 원했던 직업을 바꾼 이유가 궁금하고, 현재 직업에 만족하는지요?

네, 맞습니다. 저는 2016년 2월에 졸업하고 3월에 바로 서울아산병원에 입사했습니다. 서울아산병원에서 병원 실습을 했고 인턴십도 했기 때문에 익숙한 곳에서 근무하고 싶었습니다. 그리고 간호사 연봉이 가장 높은 곳으로 알려져 있기도 해서 이 병원으로 선택했습니다. 간호학과를 졸업하고 모두 병원에서 근무하는 것은 아니지만 저는 대형 병원에서 근무하고 싶었고, 그렇게 원하던 간호사가 되었습니다.

병원으로 진로를 선택할 때는 5년 이상 근무할 것으로 계획했는데, 사실 제 병원 경력은 1년이 채 되지 않습니다. 짧은 시간이었지만 하루하루가 고비였습니다. 간호사 한 명당 12명의 환자가 배정됩니다. 서울아산병원은 환자 중증도가 높기 때문에 일반 병실에서도 인공호흡기를 구비해두고 있습니다. 상황이 항상 급박하게 돌아가 잠자거나 밥 먹을 시간도 허락되지 않았습니다. 입사할 때 가졌던 환자를 위한 마음은 줄어들었고 몸과 마음이 피폐해졌습니다. 원하던 대학병원 간호사가 되었지만 행복하지 않다는 생각에 미련 없이 사직서를 썼습니다.

퇴사 후 제일 행복했던 때를 돌이켜보니, 대학 4학년 교생 실습 때였습니다. 그때 담당했던 반 학생들과 인연이 되어 대학 졸업하고 나서도 계속 연락하고 있었습니다. 학생들은 제 퇴사 소식에 위로를 하며 학교 선생님 되었으면 좋겠다는 메시지를 보내왔습니다. 그때 진지하게 보건교사로의 진로 변경을 고민했습니다. 그리고 보건교사를 선택한 데에는 아버지의 몫도 큽니다. 아버지가 서울의 한 사립고등학교에서 보건교사를 뽑는다는 공고가 서울시교육청 홈페이지에 떴다고 알려주셨습니다. 고등학교 교사였던 아버지는 학교가 병원보다 근무 환경이 훨씬 나을 거라시면서 적극 추천하셨습니다. 많은 분의 응원을 받아 용기 내 응시했고 지금은 이렇게 학교에서 보건교사로 근무하고 있습니다. 직업을 바꾼 것에 대해서는 현재 매우 만족하고 있습니다. 환자들의 항의가 아닌 밝고 활력 넘치는 아이들의 웃음소리가 들려서 일할 때 힘이 납니다.

보건교사의 장단점으로 어떤 게 있는지요?

학교에 보건교사가 한 명이라는 점이 장점이자 단점입니다. 학교 내 유일한 의료인이며 라이선스를 두 개 소지하고 있기 때문에 자부심을 갖고 일하고 있습니다. 병원에서는 의사의 지시에 따라 움직이기에 소극적으로 일하게 됩니다. 하지만 보건교사는 보건실이라는 독립적인 공간에서 자체적인 판단하에 간호 업무를 합니다. 원하는 간호 방향이 있다면 보건 사업을 계획·운영할 수도 있습니다.

반면 주어진 자율성만큼 책임감도 큽니다. 아픈 학생이 보건실에 왔을 때 어떤 질환인지, 병원 이송이 필요하지는 않은지 스스로 판단하기 어려울 때가 있습니다. 병원이었다면 선배 간호사에게 물어봤겠지만 보건실에서는 자문할 사람이 없습니다. 행여 내 잘못된 판단으로 학생의 질병을 악화시킬까봐 보건교사 1년 차 때는 자주 당황하기도 했습니다. 지금은 요령이 생겼지만, 보건교사가 되려는 분은 처음에는 저처럼 당황할 때가 있을 겁니다.

또 소외감을 느끼기도 합니다. 교무실에서 거리가 떨어진 보건실에서 혼자 하루의 대부분을 보내기 때문에 다른 선생님들과 교류가 적습니다. 승진이나 성과급에서도 소외감을 느낍니다. 보건교사는 부장, 교감 등으로 승진할 기회가 적고 성과급 평가 항목에서도 해당되지 않는 항목이 많아 S등급에서 제외됩니다. 일반 교사와 다른 업무 환경이지만 평가 면에서는 같기 때문에 승진이나 성과급 면에서 애로 사항이 있습니다.

흔히 보건교사는 수업도 없고, 시험 기간에 일도 없어서 편하겠다는 인식이 있는데 실제로 그런가요? 학생들이 다쳐서 왔을 때 처치하는 일 외에 다른 업무는 어떤 게 있나요?

그런 말을 많이 들었습니다. 보건교사 하면 '편하겠다' '하는 일이 없겠다'와 같은 편견이 있습니다. 저 또한 보건교사가 되기 전까지 그렇게 생각했습니다.

보건교사의 주 업무는 보건실에 온 교직원, 학생들의 건강 상태를 확인하고 처치하는 일입니다. 증상에 따라 필요한 약과 건강 정보를 제공합니다. 우리 학교는 보건실에 하루 평균 100명의 학생이 찾아옵니다. 전교생이 600명인 것을 고려했을 때 굉장히 많은 편입니다. 그 때문에 쉬는 시간마다 보건실이 학생들로 가득 차 정신없는 와중에도 실수하지 않고 신속하게 처치해야 합니다. 매일 100명의 학생을 간호하다보니 자연스레 처치 속도가 빨라졌고 학생들은 그런 저를 '치료의 신'이라 부릅니다.

두 번째 업무는 보건 수업입니다. 보건 수업을 하지 않는 학교도 있지만 제가 근무하고 있는 학교는 교양과목으로 보건 수업이 있습니다. 1학년 대상으로 8개 반에 일주일에 한 시간씩 수업합니다. 100명의 학생을 처치하고 일주일에 8시간의 보건 수업을 하면 오늘 하루가 어떻게 지나갔는지 모를 때가 많습니다. 교과 시간 외에도 창의적 체험 활동 시간에 성폭력 예방 교육, 흡연 예방 교육, 심폐소생술 교육 등을 담당해 실제로 해야 하는 보건 수업은 매우 많습니다.

그 외의 업무는 학교 상황에 따라 다릅니다. 우리 학교는 상담 선생님이 안 계셔서 정서·행동특성검사 실시, 관심군 관리와 같은 상담 업무도 제가 담당하고 있습니다. 그리고 제가 속한 부서가 생활지도부서여서 아침에 정문 지도하는 일을 하고 있습니다. 정문에서 선도부 학생들과 함께 복장 등 생활지도를 합니다(물론 옛날 방식과는 많이 다릅니다). 마지막으로 학교 홍보 업무입니다. 작년에는 학교 홍보 모델을 했고, 올해도 중학생 대상으로 학교 홍보 설명회를 하고 있습니다. 진로로 보건교사를 정했을 때 모두 예상하지 못했던 업무입니다. 간호학과 전공과 관련이 없는 업무와 생전 처음 해보는 업무들 속에서 고군분투 중입니다. 내년에는 예상하지 못한 또 다른 업무가 저를 기다리고 있을지도 모릅니다. 하지만 어려울 때 도움을 주는 든든한 동료 선생님들이 있어 항상 그래왔듯이 잘 헤쳐나갈 수 있을 겁니다.

앞으로도 보건교사를 계속할 생각인가요? 다른 진로를 꿈꾸기도 하는지요?

앞으로도 보건교사를 하고 싶습니다. 대형 병원에서 근무할 때와 비교하면 지금 하는 일이 훨씬 더 매력적으로 느껴집니다. 단순히 의사의 지시에 따라 움직이던 소극적인 모습보다 스스로 더 많이 고민하고 탐색해 더욱 폭넓게 간호를 펼칠 수 있는 지금이 좋습니다. 진로로 보건교사를 택한 것에 대해 크게 만족하고 있으며, 앞으로도 학교에서 선생님으로서 하루하루 성장하는 제 모습을 보고 싶습니다.

경영학과에서 특성화고 교사 되기

본인의 본전공 및 현재 전공과 더불어 현재 몇 학년인지, 언제, 어떻게 교직 이수 및 복수전공을 하게 되었는지 소개해주세요. 그 과정에 대해서도 알고 싶습니다.

저는 경영학부를 졸업하고 현재 서울에 있는 공립 특성화고등학교에 재직 중입니다. 대학 2학년 때 복학하면서 바로 교직 이수를 신청했습니다. 부전공이나 다중전공을 해서 다른 교과의 교직 자격을 더 받고 싶었지만, 상업 교과의 티오가 예측 불가능이라 빠르게 졸업하는 것을 우선순위로 두고 다른 전공은 신청하지 않았습니다.

일단 파이낸스 경영에서는 교직이 불가능하기에 제외하고, 일반 경영학부 정원은 250명 정도이며, 교직은 10퍼센트 이내 학생들이 가능하지만 한 학번에 1~2명 정도밖에 없습니다. 경영학부에서 교직이 가능하다는 사실을 아는 학생도 많이 없을 뿐 아니라 굳이 상경 계열을 전공해 교사가 되겠다고 마음먹는 사람이 많이 없는 듯합니다. 학교 다닐 때는 경영학부에서 교직 이수하는 학생들이 누군지 다 알 수 있을 정도로 신청 인원이 적어 신청만 하면 다 합격하는 편입니다.

교직 이수와 복수전공의 계기에 대해 얘기해주세요.

저 역시 특성화고를 졸업했기에 특성화고 자체에 대해 이미 잘 알고 있었습니다. 고등학교 시절 전문 교과 선생님들이 너무 좋았고, 그런 선생님들처럼 되고 싶다는 마음이 교직 이수를 하게 된 가장 큰 이유인 듯합니다.

사실 대학을 다니면서 교육 봉사도 꽤 오래했지만 교직에 대해서는 막연한 꿈만 꾸고 있었습니다. 상업 교과 특성상 티오가 0명인 해도 많아 'NGO 단체 취업 혹은 교직' 두 가지를 모두 염두에 두고 대학 생활을 하다가 최근 몇 년간의 상업 티오를 보고 이쪽으로 결정했습니다. 사실 가티오(가상 티오)가 나오기 전까지 전국적으로 상업 티오에 대한 불안이 컸기에 준비하면서도 교육학은 가장 나중으로 미뤄두고 전공을 먼저 공부했습니다. 만약 티오가 없다면(임용 준비를 못 하게 되면) 교육학 공부보다 전공 공부가 더 유의미하기 때문이었습니다.

지금 진로에 만족하는지요?

학교에서 근무한 지 1년도 안 되긴 했지만, 지금의 학교에 아주 만족하고 있습니다. 특성화고만의 매력이 저한테 너무 잘 맞았고, 학생들이 한 명 한 명 취업하고 성장하는 모습을 보는 게 너무 즐겁습니다.

상업 교과에 대해서 소개해주세요.

상업 교과는 간단히 말하면 경영학 전반을 고등학생들에게 가르치는 과목입니다. 예전까지는 '상고(상업고등학교)'라고 많이 알려져 있는 학교에서 중심이 되는 과목입니다. 서울 시내에 상업학교는 총 37개 있으며, 그중 공립학교는 6개입니다. 또한 2015 개정교육과정에서 제시된 교과목은 약 40개입니다. 큰 갈래로는 경영학 일반, 회계, 마케팅, 무역, 인사조직, 금융(재무)의 여섯 가지로 나눌 수 있습니다.

상업 교과 임용은 어떤 과목으로 이뤄져 있나요?

상업 임용은 정말 많은 분야를 다뤄야 합니다. 40여 개의 과목을 아우르는 전공 지식을 가져야 합니다. 대신 시험 내용은 다른 과목들에 비해 깊지 않은 편입니다. 저는 임용 준비할 때, 회계·경영학 일반·무역·마케팅·인사조직·금융(재무)·경영정보시스템MIS의 7가지 갈래로 나눠 기출 분석을 했고, 교과서나 예상 문제도 이 갈래를 토대로 공부했습니다. 회계는 원가회계와 세무회계, 재무회계 세 과목을 다 공부해야 하며, 요즘 임용 추세는 MIS 분야가 많이 나오는 편이라 MIS에도 투자를 많이 했습니다.

임용을 결심한 것과 실제로 준비를 시작한 것은 각각 언제인지요? 많은 사범대 지망 고등학생과 사범대 신입생은 어릴 적부터 '취업이 어렵다' '임용이 어렵다'는 이야기를 들으며 자라온 세대입니다. 일찍부터 고민을 시작하는 학생들에게 1학년 때부터 임용을 준비해야 하는지 등 해주고 싶은 말씀이 있다면요?

고등학교 시절에 만났던 선생님들처럼 되고 싶다는 마음을 일찌감치 먹었고, 대학 1학년 때 교육 봉사를 하면서 선생님이 되겠다고 결심했습니다. 마침 한양대 경영학부에서 교직 이수가 가능했고, 실제로 준비한 것은 3학년에서 4학년 넘어가는 12~1월에 한국사를 준비하고, 2월부터 본격적으로 뛰어들었습니다.

상업 교과에서 다루는 전공 공부는 기업 취업 필기시험을 볼 때 활용도가 굉장히 높습니다. 또 교육학에서 사람들이 제일 어려워하는 교육행정 파트도 경영학과 많이 겹쳐 쉽게 준비할 수 있습니다. 그래서인지 임용 티오가 얼마나 났는지에 따라, 임용을 준비하다가 공기업 취업으로 돌리거나, 공기업 취업을 준비하다 임용으로 돌리곤 합니다. 2017, 2018학년도에는 티오가 꽤 있었던 반면 2019학년도에는 전국의 상업 티오가 0명이었습니다. 그래서 많은 수험자가 기업 취업이나 9급 교육행정직으로 방향을 전환했습니다.

'준비된 자에게 기회가 온다.' 제가 요즘 학생들에게 가장 많이 하는 말입니다. 임용 티오가 많건 적건, 준비된 사람에게는 기회가 될 것이고 기회를 보고 그제야 준비한다면 늦는다는 말을 해주고 싶습니다.

참고로 상업 교과는 2016~2018학년도까지 서울에서만 매년 10~11명씩 30명 정도 뽑았는데요, 저도 막상 현장에 와보니까 좀 비정상적으로 많이 뽑은 거더라고요. 제가 재직 중인 학교만 봐도 정규직으로 20대 선생님 10명 이내에서 갑자기 30대 후반 소수, 40대 중후반 다수로 포진되어 있는 구조라 아마 퇴직 교원을 예상하고 30명 정도를 뽑았으나 요즘 추세가 특성화고, 특히 상업 교과목이 하락하는 추세이기에 2019학년도에는 아예 뽑지 않는 것 같습니다. (그리고 이전에도 5~6년간 뽑지 않았던 암흑기가 있었습니다)

공식 교과 명칭은 2018년도 시험부터 '상업'으로 변경되었습니다. 이전까지는 '상업·정보'였지만 정보 교과목이 정보컴퓨터에 흡수된 것으로 알고 있습니다. 몇 년 전 임용 기출만 봐도 프로그래밍 등이 나왔는데, 요즘에는 안 나오는 게 이런 이유에서겠죠. 상업·정보 교원자격증을 가지고 있는 사람은 상업 임용에 응시가 가능하지만 정보컴퓨터에는 불가능합니다.

9학기 동안 교육 봉사를 하셨다고 했는데 교직 이수로 바쁜 와중에 어떤 이유로 그렇게 꾸준히 했나요?

저는 서울 동행프로젝트를 9학기 동안 500시간 넘게 진행했습니다. 첫 1~2학기는 호기심에 시작했다가 학생들과 만나는 일이 점점 좋아져서 계속했습니다. 그러다보니 이것이 제게 가장 잘 맞는 길인 것 같아 학교에서 교육 봉사 동아리도 운영하고, 해외 봉사도 다녀오고, 졸업 때는 서울시장 표창도 받았습니다.

사실 제 대학 생활의 전부는 교육 봉사라고 말해도 될 정도로 매 학기 빠지지 않고 참여했습니다. 시간표 짤 때도 봉사 시간을 최우선으로 고려했고, 휴학 중에도 교육 봉사는 꼭 했습니다. 또, 24학점을 들어야 하는 학기에도 교육 봉사는 빠뜨리지 않았습니다. 지금도 그렇지만 학생들과 함께하는 것이 너무 좋았습니다. 아이들과 같이 있다 보면 저도 모르게 에너지를 얻고, 제가 더 즐거워졌습니다.

임용 외에 다른 진로에 관해서 생각해보거나 실제로 다른 분야로 나가기 위한 노력을 해봤나요? 이와 관련해 임용을 결심하게 된 계기는요?

상업 교과 티오가 나지 않으면 비영리단체나 공적개발원조$_{ODA}$ 분야로 취업하려고 마음먹었습니다. 일반 기업에서 사무 업무를 하며 컴퓨터만 바라보는 것이 제 적성에 안 맞았고, 아이들과 함께하는 게 좋았기에 임용되지 않거나 티오가 없으면 비영리단체에 취업을 하고자 했습니다. 그 분야에 취업한 선배들을 만나기도 했고, 채용설명회에도 참여했습니다. 비영리단체에 있는 분들 중 교직 자격을 가지고 있는 이들이 굉장히 많았고, 인턴도 해볼까 고민했지만 7~8월경 가티오가 발표된 뒤로는 임용시험에만 몰두했습니다.

초수 합격을 염두에 두고 공부를 했는지요? 그렇다면 남다른 각오가 있었을 것 같은데요. 그리고 떨어지면 재수할 생각까지 했는지요?

지난 3년간 서울에서만 총 30여 명을 선발했기에 이번에 합격하지 않으면 내년에 기회는 없을 거라는 각오로 공부했습니다(실제로 제가 합격한 이듬해 상업 티오는 전국 0명이었습니다). 사실 가티오가 나오기 전까지는 우스갯소리로 상경 계열 전공, 고학점, 교직 자격증이면 로스쿨 입학에 큰 메리트가 있다는 말을 들어서 임용에 떨어지면 로스쿨 준비하겠다는 소리도 친구들에게 했지만, 그만큼 들쭉날쭉한 티오 속에서 플랜 B, C, D를 생각하다가 가티오가 나온 후에는 임용에만 신경을 썼습니다.

경영학과에서 교직 이수를 하는 학생으로서 겪는 어려움은 없었나요? 상업 교과 임용을 준비하면서 어떤 어려움이 있었나요?

경영학부에서 교직 이수를 하는 학생이 많이 없기에 교생 실습 기간에 전공 수업에서 어려움이 좀 있었습니다. 저는 교생을 나가는 학기는 전공을 제외하고 모두 교직 수업만 넣었기에 교생 실습 앞뒤 학기에는 전공 수업만 빽빽하게 채워야 했고, 제 후배는 전공 수업은 출결만 인정해주고 중간시험이나 기말시험은 수업도 못 들은 채 시험만 봐야 했으며, 팀 플레이가 많은 전공 특성상 팀원들에게 많은 민폐를 끼치기도 했습니다. 그리고 상업 임용을 준비하는 사람도 전국적으로 많이 없어서 '상업 임용에 대한 정보'가 절대적으로 부족했습니다. 그래도 지난 몇 년간 인원을 많이 뽑은데다 그분들이 후기를 남겨주어서 도움이 됐지만, 여전히 다른 교과목에 비하면 정보가 턱없이 부족합니다. 게다가 과목 수도 엄청나게 많아 초반에 어떤 것을 공부할지 감을 잡는 데 어려움을 겪었습니다.

초수 합격의 가장 큰 원동력 하나를 꼽는다면요?

저한테는 교육 봉사 때 만났던 학생들, 교생 때 만났던 학생들이 가장 큰 원동력이었습니다. 하루에 자는 시간과 밥 먹는 시간 빼고 독서실에만 있으면서 내가 준비하는 이 길이 정말 가야 하는 길일까라는 생각이 들 때, 교육 봉사나 교생 때 찍었던 사진들을 보면서 마음을 다잡았습니다. 컴퓨터 앞에 앉아서 허리디스크를 고민하는 것보다 학생들하고 어울리면서 성대결절을 고민하는 게 적성에 더 맞는다고 되뇌며 임용 준비를 했습니다.

해당 코스의 구체적인 전략과 더불어 정보를 얻을 수 있는 곳을 알려주세요.

다음daum 포털에 유일하게 '학교가자!—상업정보, 상업교육'이라는 상업 임용을 위한 카페가 있습니다. 저도 이곳에서 후기를 보는 등 도움을 많이 얻었지만, 가장 질 좋은 정보는 실제 임용에 합격한 현직자들에게서 얻을 수 있지 않을까요. 제가 지금 이 글을 쓰고 있는 이유이기도 합니다.

임용 합격 후 특성화고로 가는 길에 대해 얘기해주세요. 본인이 직접 선택했나요?

상업 교과는 갈 수 있는 곳이 특성화고밖에 없습니다. 가끔 학교마다 과티오가 있으면 기술, 가정 과목으로 중학교에 가기도 합니다. 전국적으로 공립 상업학교는 몇 곳 없습니다. 서울 6개, 부산 1개, 강원 4개 등 경기를 제외하곤 10개가 넘지 않습니다. 달리 말하면 그만큼 좁다고 할 수 있습니다. 보통 교과 선생님들 중에서 높은 성적으로 합격하면 특성화고교로 발령 나기도 합니다. 보통 임용 발령 시 성적순으로 '고등학교→중학교'로 발령 내는데, 제 추측으로는 고등학교 발령 중에서도 성적대로 '특목고→ 특성화고' 순으로 발령 나는 것 같습니다.

특성화고 교사여서 좋은 점과 힘든 점이 있다면요?

다른 인문계 고교나 중학교에 근무해본 적이 없어서 상대적인 장단점은 잘 모르겠지만, 특성화고교는 교과목 특성상 실습 교과목이 많기에 학생들과 선생님이 교실에 앉아서 수업하는 게 아니라 실습실에서 부딪치고 만들면서 수업을 진행합니다. 경제 수업을 하면서 학생들하고 뛰면서 수업하는 선생님도 있고, 실제 회사 유니폼을 입고 전화 예절을 실습해보거나,

가끔은 회사 사장이 되어 아르바이트생을 채용해보는 수업도 합니다. 정적인 수업이 거의 없다 보니 학생들이랑 더 친해지고 이야기도 더 많이 할 수 있는 게 장점입니다.

힘든 점으로는 거친 학생들이나 상처가 깊은 학생이 많아 생활지도에 많은 노력이 요구되고, 특성화 고교만의 행정 업무가 많은 것 또한 힘든 점입니다.

그 외에 특성화고가 일반고와 다른 점 중 주목할 만한 것은 무엇이 있나요?

우선, 특성화고라고 해서 급여의 차이가 있진 않습니다. 하지만 특성화고는 실습실이 많기 때문에 학교가 외부 시험의 시험장으로 쓰이곤 합니다. 이때 학교 선생님들이 시험 감독으로 들어가기 위해 주말에 출근하고 수당을 꽤 많이 받는 편입니다. 방과후 수업은 일반계 고등학교도 많이 진행하니까 시험 감독 수당을 제외하고는 급여 차이는 크게 없는 것 같습니다.

둘째, 특성화고 자체의 행정 업무가 굉장히 많습니다. 특성화고는 학생들이 지원해서 오는 학교이기 때문에 11월쯤이 되면 모든 특성화고에서 학교 홍보에 열을 올립니다. 모든 교사가 중학교에 출장을 나가고 학교 홍보물을 제작하며, 입학설명회를 준비하는 등 엄청난 노력을 합니다. 저도 지난달부터 중학교 홍보 출장만 열 번은 나간 것 같아요. 홍보가 부족해 학생 모집이 안 되면 그만큼 학생 수도 줄고 수업 진행에도 많은 문제가 생기기 때문에 홍보는 특성화고에서 가장 큰 업무 중 하나입니다.

셋째, 특성화고는 진학이 아닌 취업 위주의 학교다 보니, 진학 관련 업무보다 취업 관련 업무가 굉장히 많습니다. 저도 학생 취업 업무를 총괄하고 있어 여기저기 회사의 채용 공고를 알아오고, 학생들 자기소개서를 봐주며 면접 지도까지 하고 있습니다. 여기에 추가로 학생들이 스펙이 될 다양한 자격증도 딸 수 있도록 독려해야 합니다. 홍보와 취업이 겹치는 11월에 많은 선생님이 야근으로 힘들어합니다.

전공 교직 수업을 들으면서 교수님이 이런 말씀을 했습니다. "특성화고 교사는 모든 방면에 능숙해야 하고 곧 모든 방면에 능숙해진다." 학교에 근무하면서 이 말씀을 백번 이해할 수 있었습니다. 수업뿐만 아니라 홍보, 실습, 취업, 진학, 각종 사업 등 마치 중국의 변검 공연처럼 업무마다 새로운 가면을 꺼내 쓰며 다방면에서의 역량을 키울 수 있습니다. 이게 바로 특성화고의 매력이 아닐까 싶습니다.

특성화고 교사가 되는 것을 고려하고 있는 사범대생, 일반대 교직 이수 과정생들에게 해주고 싶은 말이 있다면요?

특성화고에 대한 안 좋은 인식이 여전히 많은 것 같습니다. 심지어 웹툰에서도 소위 일진이나 양아치들은 상고·공고 출신이고, 공부 못 하는 학생들이 가는 곳이라는 인식이 팽배해 무척 아쉽습니다. 선생이 한 걸음 다가가면 학생들이 세 걸음 다가와주는 곳이 특성화고입니다. 또 자기 진로에 대해 확고한 뜻을 갖고 있고, 누구보다 열심히 하는 학생이 많은 학교입니다. 교육부에서 특성화고에 투자하고 있는 사업 중 가장 큰 사업이 '매력적인 직업학교'입니다. 이 사업의 이름처럼 특성화고만의 매력은 아주 다양합니다. 그래서 저는 언제까지나 특성화고에 재직하고 싶습니다. 특성화고 교사가 될 기회를 잡을 예비 선생님이 계시다면, 꼭 놓치지 않았으면 합니다.

현재 관심 분야나 꿈은 무엇이고 이를 위해 어떤 노력을 하고 있는지요? 어떤 교사, 어떤 사람이 되고 싶나요?

요즘 대학에서 경영학 전공은 단일 전공이 아닌 다른 전공과의 융합이라고 합니다. 이런 트렌드는 상업 교과에서도 적용되고 있습니다. 요즘 상업 고등학교들도 경영이나 회계뿐 아니라 디자인, 영상 촬영, 조리 등 다양한 분야와 결합한 학과를 많이 만들고 있습니다. 제가 근무하고 있는 학교도 학과 개편을 하면서 상업 분야의 전공만이 아니라 다른 전공의 역량까지 융합해야 하는 교과목이 많아져서, 이것들을 배워보려 합니다. 상업을 주 교과목으로 하되 다른 부전공을 융합해 더 창의적인 교과나 수업을 시도해보기 위해 고민하고 있습니다.

사실 전부터 「위대한 선생님 오니즈카Great Teacher Onizuka」라는 만화에 나오는 오니즈카 같은 선생님이 되는 게 꿈이었습니다. 누구보다 상처 받은 학생들을 잘 이해해주며 유쾌하고 재미있는 선생님이 되는 게 제 미래의 꿈입니다.

교직 이수를 꿈꾸는 일반대생들과 교직 이수와 사범대를 고민하는 고등학생들에게 해 주고 싶은 말이 있다면요? 이외에도 현재 교직 이수 과정생, 사범대생에게도 이야기를 나눠주세요.

사실 제가 이렇게 진지한 성격은 아닌데, 여기서는 그런 모습만 보여주는 것 같네요. 가끔 선생님이란 직업은 서비스직의 최고봉이 아닐까 하고 생각합니다. 학생을 상대하면서 상처도 많이 받지만 그만큼 큰 보람을 얻습니다. 가끔은 학교 업무에 밀려 아이들을 못 챙겨줘서 미안하지만 저를 보러 아이들이 교무실에 찾아와주면 너무 고맙기도 합니다. 학교는 이처럼 너무 재미있는 곳입니다. 또 정말 예측할 수 없는 곳이기도 해 학교에 매력을 느끼는 것 같습니다. 지금 선생님이 되고자 하시는 분들이 있다면, 꼭 도전해봤으면 합니다. 그리고 마지막으로 임용을 준비하는 분들에게 준비된 사람에게 기회가 찾아온다는 말을 전하고 싶습니다. 임용시험이 며칠

남지 않아서 불안해할 분들, 곧 꽃피는 봄이 오고 학생들과 함께 웃을 날이 얼마 남지 않았어요! 마지막까지 힘내세요.

전자공학과에서 특성화고 교사 되기

본전공 및 현재 전공과 더불어 현재 몇 학년인지, 언제, 어떻게 교직 이수 및 복수전공을 하게 되었는지 등 소개해주세요. 그 과정에 대한 설명도 부탁드립니다.

저는 부산의 모 국립대학 전자공학과 06학번입니다. 학부 졸업은 2013년 8월에 했고, 2013학년도 2학기부터 대학원 생활을 하던 중 대학원 3학기 (2014년 2학기) 때 우연한 기회에 제 출신교(A 전자공업고등학교)의 실습수업 시간강사를 잠깐 했습니다. 그 후 2015~2017년 3년간 B 전자공업고등학교에서 기간제 교사 생활을 했고, 지금은 부산의 C 공업고등학교(사립)에서 근무 중입니다.

제가 다닌 대학은 2학년 1학기를 마치고 2학기 때 교직 이수 희망자를 모집했습니다. 당시 학점은 3점 후반대였는데, 일반적으로 학과 정원의 10퍼센트 이내로 모집하기에 성적순으로 상위 10퍼센트 이내에 들어야 교직 이수가 가능하다고 알려져 있지만, 졸업 요건을 맞추고 스펙 쌓기 바쁜 공대생 중 교직 이수를 하려는 사람은 실제로는 거의 없다고 보면 됩니다. 그 이유는 공대에서 졸업하려면 졸업 요건을 맞춰야 함은 물론이고, 그 외에 '공학인증제' 요건을 맞춰야만 졸업이 가능했는데, 우리 학교는 공학인증제가 의무였기에 사실상 졸업 요건이 두 가지였고, 그로 인해 저는 졸업이 한 학기 늦어졌습니다(졸업 요건과 공학인증 요건이 겹치는 부분도 많지만 다른 부분도 있어 신경을 좀 써야 합니다). 게다가 교직 이수를 하려면 교직 학점

20학점을 추가로 이수해야 하는 것이니 공대생들 입장에서는 이미 공대라는 타이틀에 대한 사회적 수요가 있는 상황에서 졸업이 늦어질 우려가 있는 위험부담을 감수해가며 교직 이수를 해 교원자격증을 취득하는 것에 매력을 잘 못 느낍니다. 물론 매년 교직 이수 지원자가 다를 테고, 공대에서도 학과마다 인기는 다를 것이기에 제 설명이 절대적이라고 할 순 없지만, 제가 교직 이수를 지원했을 당시 100명이 넘는 학과 인원 중 지원자는 저를 포함해 겨우 3명이었습니다.

앞서 말씀드린 것처럼 졸업 요건+공학인증제 요건+교직 이수 모두를 만족시켜야 하는 만큼 신경도 많이 써야 할 뿐 아니라, 계절학기까지 최대한 활용하지 않는다면 졸업이 늦어지기도 합니다. 예를 들면 제가 학교 다닐 당시 졸업 요건은 140학점에 전공 과목 85학점 이상 이수였는데, 공학인증 요건은 학점이 동일하긴 했으나 3개의 전공 필수 과목(공업수학 3학점, 응용수학 3학점, 컴퓨터개론 2학점)이 전공 학점으로 인정되지 않는다는 규정이 있었습니다. 따라서 졸업 요건+공학인증 요건을 만족시키려면 전공 과목 93학점 이상을 이수해야 했습니다. 게다가 교직 이수를 위해 20학점이 더해졌으니 최종적인 졸업 요건은 160학점 이상, 전공 93학점 이상, 교직 이수 20학점이라는 결론이 나왔습니다(단, 이 내용은 2010년 이전 기준입니다. 큰 변화는 없겠지만 2010년 이후는 교직 이수 학점과 세부 이수 과목이 변경된 것으로 알고 있습니다).

교직 이수 및 복수전공의 계기에 대해 듣고 싶습니다.

교직을 생각하게 된 것은 고등학생 때였습니다. 중학생 때 공부를 너무 안했더니 일반계 고등학교를 갈 수 없는 성적이었습니다. 중학교 3학년 때 뒤늦게 공부를 해야겠다고 마음먹어 나름 노력을 했지만 바닥이던 성적을 확 끌어올리지 못하고 결국 제가 사는 지역 내의 전자공업고등학교에 입학하게 되었습니다. 막연히 여기서라도 열심히 공부해야겠다는 생각으로 입학했지만 입학식 첫날 담임 선생님께서 이런 말씀을 하셨습니다. '나도 공고 출신이라 너네들 마음 다 안다.' 그 한마디가 제 입장에서는 교사라는 진로를 결정하게 해준 계기였습니다. 막연하게 '열심히 해야겠다'는 생각이 '열심히 해서 성공한 분이 내 앞에 있다'는 현실로 다가온 거죠. 그 후 담임 선생님을 바라보며 교사를 꿈꾸게 되었습니다. 그래서 대학 원서를 쓸 때 교직 이수 가능 여부를 우선순위에 두고 학과를 선택했습니다. 그리고 고등학교와 대학 시절 배운 실험·실습 과목이 제 적성에 잘 맞았던 것이 제 진로를 보통 교과 교사가 아닌 전문 교과 교사로 결정하는 데 큰 참고가 되었습니다.

현재 진로에 만족하고 있는지요?

개인적으로 교사라는 직업이 최고라고 생각합니다. 학생들을 통해 최신 트렌드나 다양한 분야의 정보를 접하게 되는데, 항상 제 주변에 젊은 에너지가 솟아나는 기분이 듭니다. 가르치는 입장이기에 늘 제 자신이 먼저 역량을 키워야 한다고 생각하는데, 이런 생활은 실제로 제 자신이 점점 더 나아지고 있다는 느낌을 줍니다. 저는 현재 전기전자과에서 근무하며 전기전자 관련 전문 교과·실습을 담당하고 있으며 학생들에게는 학교 수업뿐만 아니라 국가기술자격증(기능사)을 취득하게끔 하고 있습니다. 하지만 학생들을 가르치기 위해 제가 공부하다 보면 어느새 저 스스로 그 자격증을 취득하는 식이 되어 이젠 자격증 취득이 취미가 돼버렸습니다. 그리고 방학이면 연수를 다니며 최신 기술을 배우는데 제가 배우고 싶어하는 걸 배우는 데다 연수 시간도 인정되고 출장비까지 받으니 이런 좋은 직업이 또 어디 있나 싶어요.

전문 교과에 대해서 소개해주세요.

공업계 전문 교과의 대표적인 것으로 전기, 전자, 통신, 화공, 건설, 기계, 재료 등이 있습니다. 일반고에서 문과와 이과로 나뉘어 있는 것처럼 특성화고에는 이런 식의 학과가 존재합니다. 우리 학교는 기계과, 전기전자과 2개학과를 운영하고 있는데 둘은 수업 과목이나 실습 내용이 다릅니다. 우리학교에서는 보통 교과(인문 교과)는 공통이지만 전문 교과의 경우 기계과는 전문제도, 자동화설비, 산업설비, 기계수동조립, 컴퓨터활용생산, 자동차섀시정비 등의 과목을 운영하고, 전기전자과는 전기기기, 디지털논리회로, 자동화설비, 3D모델링실무, 내선공사, 가전기기 하드웨어개발 등을 운영합니다. 고등학교 전문 교과는 공대에서 배우는 전공 과목을 축소해 고교 과정으로 만든 것이라 보면 됩니다. 그래서 공고를 졸업하고 공대를 간 제 입장에서는 고등학생 때 배운 교과목을 심화해서 배운다는 느낌을 많이 받았습니다. 하지만 전공 과목은 기초 학문인 수학, 과학이 바탕이 되어야하는 학문인데도 불구하고 기초가 안 되는 학생들을 대상으로 기초를 배우는 과정 없이 전문 교과 수업을 해야 한다는 것은 다소 아쉬운 현실이라 생각합니다.

전문 교과 임용은 어떤 과목으로 이뤄져 있나요?

제 교원자격증 표시 과목은 2급은 전기·전자·통신(이하 전전통)이고, 1급은 전기입니다. 1급과 2급의 표시 과목이 다른 이유는 최근 표시 과목에 따른 교사 자격 기준이 변경되었기 때문인데, 뒤에서 자세히 말하겠습니다. 전기·전자·통신 임용은 지금은 분리되었지만 제가 응시할 당시 전전통이

하나의 표시 과목으로 묶여 임용고시를 치렀습니다. 전전통 교과의 임용고시 1차 필기시험은 다른 과목과 마찬가지로 100점 만점에 교육학 20점+전공 80점으로 나뉘어 있으며 전공은 크게 전기, 전자, 통신 세 영역으로 나뉘어 있었고 각각은 또 세부 과목이 있었습니다. 지금은 바뀌었지만 기출 문제 등 과거 학습 자료 등을 볼 때 참고가 될까 하여 이야기하자면 아래와 같습니다.

전기: 전자기학, 회로이론, 제어공학, 전력공학, 전기기기
전자: 전자회로, 디지털논리회로, 프로그래밍
통신: 신호 및 시스템, 아날로그통신, 디지털통신, 이동통신, 데이터통신, 컴퓨터네트워크, 안테나공학

2차 시험은 지역마다 조금씩 다른데 수업 실연, 지도안 작성, 면접은 동일하나 실기시험이 있는 지역이 있습니다. 실기시험 역시 지역마다 세부 내용이 조금씩 다른데, 제가 시험을 본 부산에서는 전기(시퀀스), 전자(납땜) 두 과목의 실기를 봐야 했습니다. 흔히 2차 시험은 변별력이 없다고 말하지만, 전문 교과의 경우 실기시험이 있기 때문에 1차 점수에서 월등히 높은 사람도 최종에서 떨어지는 일이 있습니다. 반대로 제 지인 중 한 명은 1차 점수를 커트라인에 걸쳐 가까스로 합격했지만 2차에서 뒤집혀 합격했습니다. 이처럼 실기가 존재하는 전문 교과는 실기에 더 많은 신경을 써야 최종 합격을 노릴 수 있습니다.

하지만 제가 시험을 봤을 당시 기준으로는 위와 같았지만 2020년부터 전문 교과 교원자격증의 표시 과목이 합쳐져 있는 것을 전부 쪼개겠다는 지침이 내려왔습니다. 그래서 제가 1급 정교사 연수를 받을 당시에도 전기·

전자·통신 3과목 중 원하는 하나를 선택하라 했고 저는 전기를 택했기 때문에 전기가 1급 표시 과목이 되었습니다. 마찬가지로 2020년부터 임용 고시도 분리시켜 운영하겠다고 했으니 최신 변경 내용을 정확히 확인하길 바랍니다.[4]

교원자격증 표시 과목 변경 내용

기존	변경
전기·전자·통신	전기, 전자, 통신
화공·섬유	화공, 섬유
기계·금속	기계, 재료
자원·환경	자원, 환경공업
항해·기관	항해, 기관
디자인·공예	디자인, 공예

구분	전기직	전자직	통신직
공통 과목	회로이론, 전자회로 I, 디지털 시스템, 전기자기학, 전기전자일반, C언어		
개별 과목	전기일반 전기기기 제어공학 전력전자공학 전기설비법규	전자기기 반도체공학 통신이론 디지털통신 마이크로프로세서 전자회로 II	안테나공학 전자파응용 통신이론 디지털통신 마이크로프로세서 마이크로공학

- 표시 과목에 따라 교사 자격 기준 변경
- 공통 과목과 전기직, 전자직, 통신직에 따른 준비 과목 구분

임용을 결심한 것과 실제로 준비를 시작한 것은 각각 언제인지요? 특히 공대생으로서 취업이 잘 되는 환경에 있었는데도 임용을 결심한 것이 궁금합니다.

저는 공대에 진학했지만 교직에 뜻을 품고 온 것이라 신입생 때부터 임용에 대한 결심은 서 있었습니다. 하지만 대학 1, 2학년 때는 학교생활에만 충실했고, 군대를 다녀와 1년 휴학한 뒤 3학년으로 복학했을 때는 사실 임용 준비가 돼 있지 않았습니다. 대학 4학년 때 임용고시 준비를 위해 학원을 다니기도 했는데 졸업 유보 상태라 임용시험을 칠 수조차 없게 돼버렸습니다. 그뿐만 아니라 법이 바뀌어 한국사능력검정 3급 이상을 취득해야만 임용고시 응시 자격이 된다는 현실에 일단 임용은 보류하고 대학원 진학으로 진로를 변경했습니다. 석사과정을 밟으면서 한국사도 취득하고 임용고시 준비도 하자는 생각이었지만 대학원 생활은 만만치 않았고 임용과는 거리가 멀어지는 듯했으나, 대학원 3학기 때 우연히 출신교에서 시간강사를 하게 된 후 역시 교사가 되어야겠다는 생각이 강하게 들었습니다. 그후 기간제 교사로 일하며 임용고시 준비를 했는데, 임용고시를 준비하는 과정에서 이 시험은 공부하면 답이 보인다는 느낌을 받았습니다. 언제 될지 모른다는 막연함과 불안감보다는 꼭 합격할 거라는 확신이 있었습니다. 그래서 공부할 때마다 '난 반드시 합격할 수 있다'는 생각을 수없이 되새겼습니다. 물론 지금 돌아보면 당시에는 근거 없는 자신감만 가득했던 것 같기도 하지만, 자신감이 바탕에 있었기에 더 의욕적으로 공부할 수 있었습니다. 전공마다 차이가 있을 테지만 전문 교과 교사를 희망하는 이들은 교사를 정말 자신의 진로로 생각한다면 최대한 빨리 임용고시 준비를 할 것을 권합니다. 특히 공대는 대학에서 배우는 전공 과목과 임용고시 과목이 겹치는 게 많습니다. 학교 수업을 착실히 듣고 내용 정리를 잘 해두는 것만으로도 임용고시 준비를 하기 위한 밑바탕은 마련된 것이나 다름없습니다.

임용 외에 다른 진로에 관해 생각해보거나 실제로 다른 분야로 나아가기 위한 노력을 해본 적은 없는지요? 이와 관련해 임용 또는 사립학교 취업을 결심하게 된 계기는 무엇인가요?

대학생 때 졸업이 미뤄지고 대학원에 진학했을 때는 석사, 박사까지 마치고 연구 쪽으로 나가볼까 하는 생각을 잠시 했습니다. 그래서 석사과정 때 연구 논문을 쓰고 해외 학회에서 발표를 한 적도 있습니다. 하지만 시간강사 일을 하며 진로를 교직으로 다시 결정한 뒤로는 더 이상 흔들리지 않았습니다.

저는 임용고시 사립 위탁 제도로 임용고시에 응시했습니다(사립 위탁에 관해서는 뒤에 자세히 서술하겠습니다). 근무지 선택에 있어 국공립이 아닌 사립을 택한 이유는 우선 제가 주변 환경이 바뀌는 것을 별로 좋아하지 않고, 인간관계에서도 깊고 오래된 관계를 좋아하기 때문입니다. 국공립 교사가 되면 주기적으로 학교를 옮겨다녀야 한다는 점이 마음에 걸렸습니다. 반면 사립학교는 한곳에 정착할 수 있다는 점이 장점이었고, 이것은 근무지가 저의 또 다른 집이며 동료 교사들은 또 다른 가족이나 다름없다는 점에서 제 성격과 잘 맞았습니다. 물론 만약 동료 교사와 관계가 틀어지면 불편한 관계가 평생 지속된다는 점에서 단점일 수도 있는데, 그런 점 때문에 항상 동료 교사들과의 관계에 불편함이 없도록 생활하고 있습니다.

전자공학과에서 교직 이수를 하는 학생으로서 겪는 어려움은 없었나요? 공업 교과 임용 또는 사립을 준비하면서 어떤 어려움이 있었나요?

(1) 전자공학과에서 교직 이수를 하며 어려웠던 점

일단 제가 다닌 대학에는 사범대가 없습니다. 교육대학원이 있긴 하지만 전자공학과에는 교육대학원도 없습니다. 그렇다보니 교직 이수가 상당히 비주류였습니다. 어느 정도냐면 학교 측에 기대할 만한 교직 관련 정보가 거의 없다고 보면 됩니다. 저랑 함께 교직 과목을 들었던 같은 학과 학우들이 결과적으로는 대부분 합격했지만, 다 맨땅에 헤딩하는 느낌으로 스스로 모든 것을 찾아야 했습니다. 뿐만 아니라 교수님들도 별로 좋게 보지 않습니다. 몇몇 예를 들자면, 제가 3학년 때 수강 신청이 꼬이는 바람에 전공 과목 교수님 한 분에게 그분 수업에 넣어주십사 부탁드리러 찾아간 적이 있습니다. 사정을 설명했더니 '그러게 뭐 하러 교직 이수하나? 요새 취업도 안 되는데 전공 수업이나 듣지'라는 대답이 돌아오더군요. 물론 강의에도 넣어주지 않으셨습니다. 같이 교직 이수를 하던 학우 한 명은 4학년 학기 초에 교생 실습 관련해서 전공 교과 교수님께 교생 실습을 가야 한다고 말씀드렸더니 '난 그런 거 모르고, 교생 실습 가는 것은 자네 선택이니, 난 규정대로 내 수업에 참석하지 않으면 결석 처리할 것이다'라는 답변을 받았다더군요. 결국 그 학우는 해당 수업을 듣지 않고 다른 교수님의 전공 수업으로 수강 변경을 했습니다. 이처럼 교직과정 자체가 워낙 비주류인 상황이고 하려는 사람도 극소수였기 때문에 학과 내에서 교수님들로부터 이해받지 못한 채 쓸데없는 짓 한다는 식으로 인식되는 게 힘들었습니다.

(2) 전문 교과 임용 준비와 관련해 어려웠던 점

2015년 즈음부터 부산 지역 공업계 고등학교들은 사립학교에서도 정교사 채용에 있어 교육청 위탁을 실시하고 있습니다. 더군다나 우리 교과는 2차 시험에 실기(부산 기준으로 전기, 전자 2과목)도 있었는데, 지금 근무 중인 학교는 면접만 자체적으로 보았기에 1차 임용고시, 2차 실기, 수업 실연, 지도안 작성 등 모든 것을 준비해야 했습니다. 문제는 기간제 교사로 일하면서 이 모든 과정을 준비해야 한다는 것이었죠. 그나마 다행인 점은 제가 공고 출신인 데다 실습수업 담당이었기에 2차 실기를 달리 준비할 필요가 없다는 것이었습니다. 그렇기 때문에 1차 시험에 더 많은 신경을 쓸 수 있었습니다. 나름대로 시간을 쪼개서 공부했지만 2015년, 2016년 2년간은 스스로 만족스러울 만큼 공부하지 못했다고 판단돼 시험 원서조차 쓰지 않았습니다. 다시 말해 일과 공부를 병행하는 것이 큰 어려움이었습니다.

재수를 염두에 두고 있었나요? 기간제 교사 근무를 선택하게 된 계기가 궁금합니다.

기간제 교사로 근무하게 된 것은 그야말로 우연이었습니다. 2014년 대학원을 다니던 중인 그해 겨울, 출신 학교에서 교생 실습 당시 제 담당을 하셨던 선생님으로부터 시간강사를 해보지 않겠냐는 연락을 받았습니다. 실습 담당 선생님 한 분이 병가를 내는 바람에 시간강사 공개 채용 공고를 올렸지만 납땜 실습(전자 실습)을 할 수 있는 사람을 구하기 어려워 저에게 연락이 온 것이었습니다. 출신 학교에서 납땜 실습을 배웠으니 수업하는 것 자체는 문제가 안 될 것이라고 생각해 잠깐 시간강사 일을 했고 이후 아쉬운 마음을 간직하며 대학원으로 복귀했습니다. 그러다가 이듬해에 대학원 마지막 학기에 접어들었는데, 2월쯤 우연히 B 전자공고에서 전기전자통신 기간제 교사를 구한다는 공고문을 봤습니다. 며칠간의 고민 끝에 원서를 작성했고, 면접에서 시퀀스 실습(전기 실습)을 맡아줄 수 있겠냐는 질문에 할 수 있다고 답했습니다. 대학원을 휴학하고 그렇게 2015년부터 B 전자공업 고등학교에서 기간제 교사를 맡게 되었습니다. 이렇듯 특성화 고등학교에서는 실습 위주의 수업이 많지만 현실적으로 실습을 할 줄 아는 기간제 선생님을 구하는 데 많은 어려움이 있습니다. 제가 시간강사를 하게 된 것은 우연히 은사님으로부터 권유가 들어온 게 계기였지만, 그런 기회가 주어진 것도 제가 실기를 할 줄 알기 때문이 아니었나 하는 생각이 듭니다. 기간제 교사 생활을 시작하고 나서부터 교사로 제 진로를 확정을 했고, 초수에 안 되면 재수는 물론 될 때까지 해보겠다는 마음으로 임했습니다.

기간제 교사로 3년 동안 재직하다가 사립학교 정교사로 채용됐다고 들었습니다. 어려웠던 점은 없는지요? 자신의 가장 큰 강점은 무엇이었다고 생각하는지요?

먼저 제가 기간제 교사로 근무했던 학교와 현재 근무 중인 학교는 둘 다 사립이지만 다른 학교입니다. 기간제 교사로 근무할 때는 아무래도 제 학업보다 학교 업무를 우선시해야 하는 점이 가장 힘들었습니다. 공식 퇴근시간은 정해져 있지만 업무를 처리하다 보면 초과 근무는 기본이고, 3학년 학생들의 필기면제자검정(이하 의무검정) 준비를 하는 동안에는 저녁 9시까지 학생들 실기를 지도하는 게 일상이었습니다. 저녁 늦게 퇴근해 집에 오면 자느라 바쁘지 공부할 정신이 남아나지 않았습니다. 담임도 맡고 있어 학급 운영도 해야 했으며 행정 업무 처리도 하는 등 여러모로 힘들었습니다. 틈틈이, 꾸준히 공부했지만 1년 차와 2년 차 때는 스스로 공부가 부족하다고 판단해 임용고시 시험을 응시하지 않았습니다. 하지만 결과적으로 기간제 교사 3년 차에 그동안의 노력이 결실을 맺어 현재 근무 중인 학교에 최종 합격했습니다.

저는 뭔가를 배우는 것을 좋아하고 한번 목표로 삼으면 흔들림 없이 나갑니다. 그래서 임용고시 공부를 할 때 물론 지겨웠던 적도 있지만 대개는 공부 자체를 즐겼습니다. 전전통 임용고시를 준비하는 대부분의 사람들은 '전자기학' 과목을 어려워하고 싫어하는데, 저는 그 과목이 가장 좋았습니다. 어려운 수식을 통해 원하는 답이 나오는 과정 자체가 너무 즐거웠죠. 또 공부 자체를 즐기다 보니 공부를 하면 할수록 머릿속에서 '이 시험은 답이 보이는 시험이다. 공부하면 될 거다'라는 확신이 생겼습니다. 그리고 저는 2차 실기에 관한 한 솔직히 별다른 준비를 하지 않았습니다. 실기에 자신 있었고, 그 시간에 지도안 작성, 수업 실연, 면접 준비를 하는 게 더 낫겠다고 판단했기 때문입니다.

공업교사 임용, 사립학교 등 해당 코스의 구체적인 전략과 더불어 정보를 얻을 수 있는 방법을 알려주세요.

전문 교과 임용에서는 희망하는 곳이 국공립인가 사립인가를 정하는 게 우선이라고 생각합니다. 임용에서도 공립과 사립을 선택하게 됩니다. 사립 위탁이라고 해서 사립학교가 1차 필기시험을 자체적으로 운영하지 않고, 교육청에 위탁하는 제도가 있습니다. 사립 임용고시는 공·사립 동시 지원 또는 사립 단독 지원 두 가지 방식이 있습니다. 둘의 차이는 예시로 설명드리겠습니다.

- K 사립고등학교: 1차 임용고시에서 전전통 교사 3명 선발 예정
- 국공립 임용고시 1차 시험 합격 커트라인: 60점

위의 상황에서 아래의 수험자 5명이 있다고 해봅시다.

- 수험자 A: 공·사립 동시 지원(사립은 K고등학교 지원) 1차 공립 임용고시 합격. 1차 점수 65점. K고등학교 사립 임용 대상자 아님.
- 수험자 B: 공·사립 동시 지원(사립은 K고등학교 지원) 1차 공립 임용고시 불합격. 1차 점수 59점(과락 없음). K고등학교 사립 임용 대상자.

1차 사립 3순위 합격.

- 수험자 C: 공·사립 동시 지원(사립은 K고등학교 지원) 1차 공립 임용고시 불합격. 1차 점수 57점(과락 없음). K고등학교 사립 임용 대상자. 1차 사립 불합격.
- 수험자 D: 사립 단독 지원(K고등학교만 지원) 1차 점수 55점(과락 없음). 1차 사립 1순위 합격.
- 수험자 E: 사립 단독 지원(K고등학교만 지원) 1차 점수 45점(과락 없음). 1차 사립 2순위 합격.

(다른 수험자는 없다고 가정.)

위 상황에서 B, D, E 세 명이 K 사립고등학교 1차 임용고시 합격자로 선발됩니다. A는 1차에 공립 임용고시를 통과했으므로 사립학교 1차 시험 대상자에서 제외됩니다. B, C는 1차에 공립 임용고시가 불합격했으므로 동시 지원한 사립학교 1차 시험 대상자가 됩니다. 하지만 둘 다 D, E보다 1차 점수가 높지만 사립만 지원한 D, E에 비해 우선순위에서 밀려납니다. 그래서 D가 1순위로 선발되고, E가 2순위, B가 3순위로 선발되는 것입니다. 이런 시스템이기 때문에 만약 본인이 사립학교에서 근무하기를 원한다면 사립만 지원하는 것도 좋은 방법일 것입니다.

교육청 위탁을 통해 임용고시를 보는 학교라면 사립학교에서 정교사를 선발하는 것도 교육청에서 공지를 하기 때문에 교육청 홈페이지를 참고하면 됩니다. 그 밖에 전전통 임용고시 관련 정보나 채용 정보를 얻을 만한 곳은 다음 카페 '전기/전자/통신 임용고시(http://cafe.daum.net/qnxwk)', '강교수의 전기전자통신임용고시(http://cafe.daum.net/gangedu)' 이 두 곳을 추천합니다.

특성화고 교사여서 좋은 점과 힘든 점을 얘기해주세요.

(1) 특성화고 교사여서 좋은 점

특성화고에서는 최신 기술이나 변화를 누구보다 빨리 알아차려야 합니다. 급격히 변화하는 요즘 세상에 가만있다는 것은 뒤처지는 것이나 다름없습니다. 하루가 다르게 발전하여 나타나는 결과물에 대해 교사가 먼저 알고 있어야 학생들에게 전달할 수 있습니다. 다시 말해 교사 스스로가 더 노력해 세상의 변화를 탐구해야 수업 시간에 학생들에게 전달이 가능합니다. 그래서 우리 학교 전문 교과 선생님들은 한번씩 모여 최신 기술이나 트렌드에 대해 토론을 하기도 합니다. 뭔가 거창하게 연구하는 것은 아니고 자신의 관심 분야나 알고 있는 정보를 공유하는 정도이지만 말입니다. 사소한 것이라도 하루하루 쌓이다 보면 어느덧 방대한 양의 지식이 됩니다. 이는 특히 전문 교과이기 때문에 가능한 듯합니다. 최근 학교 선생님들과 태양광 발전에 대해 이야기를 나눈 적이 있습니다. 태양광 관련 교과는 없기 때문에 당장은 큰 도움이 되진 않더라도 나중에 관련 교육과정이 생긴다면 쓸모가 있겠지요. 또한 학생들을 취업시켜야 하는 입장이기에 업체 사정이나 현장에 대한 이해가 있어야 합니다. 지식 중심의 수업이 아닌 현장 중심의 수업이 가능하다는 게 저한테는 특히 좋은 점입니다.

(2) 특성화고 교사여서 힘든 점

특성화고 학생들의 성적은 대개 좋지 못한 편입니다. 별의별 학생이 다 모여 있으니 그들에게 기본 인성과 예절 교육부터 해야 하는 게 현실입니다. 뿐만 아니라 학생들의 수준이 상대적으로 떨어져 교사가 수업 준비를 100만큼 하더라도 실제로 학생들이 받아들이는 건 10 이하일 때가 많아 '내가 이렇게 수업하려고 그 어려운 공부를 했나?'라는 생각이 밀려들기도 합니다. 더욱이 대부분 학생이 의욕이 없습니다. 뭔가 시도해보려 해도 그냥 안 하고 싶어합니다. 학생들이 안 하는 데는 이유가 없습니다. 그냥 학교에서 뭘 하겠다 하는 것 자체를 싫어합니다. 그런 학생들을 어르고 설득해서 뭔가 하나라도 하게 만드는 것이 특성화고 교사의 일입니다. 그렇게 의욕 없는 학생들의 마음을 어떻게든 돌려 학생 스스로가 성취감을 느끼려 하고 열심히 하려는 모습을 보이면 정말 모래사장에서 진주를 발견한 기분이고, 교사여서 다행이라는 생각이 듭니다.

그 외에 특성화고가 일반고와 다른 점 가운데 주목할 만한 것은 무엇이 있나요?

급여는 국가에서 정해진 규정대로 나오니 별 차이가 없을 거라 생각합니다. 저는 일반고를 다녀본 적이 없어서 잘 모르지만 제가 생각하는 둘의 차이점을 설명해보겠습니다.

⑴ 특성화고는 이론 수업보다는 실기 위주의 수업이 많습니다. 그래서 실기를 잘하는 사람을 선호하는 경향이 크고 현직 교사들도 실기 관련 연수를 많이 다닙니다. 그런 이유로 학교에는 실습을 위한 장비나 기자재가 많습니다. 가령 우리 학교는 지게차 실습장이 있어서 학생들이 '지게차운전기능사' 시험을 준비할 수 있습니다. 뿐만 아니라 전기, 전자, 기계와 관련된 여러 실습장이 마련돼 있어 학생들이 여러 기능사 자격증 시험에 대비할 수 있습니다. 그리고 기능사 실기시험은 종목마다 필요한 장비나 기자재가 정해져 있기 때문에 해당 장비를 보유하고 있는 특성화 고등학교에서 기능사 실기시험을 치르기도 합니다.

(2) 특성화고는 정부 지원 사업을 통해 예산을 받는 경우가 있는데, 하나 예를 들자면 중소기업 특성화고 인력양성사업(일명 중기청 사업)이라는 게 있습니다. 해당 사업을 통해 몇천만 원에서 1억 원가량의 예산을 지원받는데, 이 예산을 법적 근거에 맞게 집행하여 학생들의 취업 역량 강화 및 취업률 향상을 위한 일을 합니다. 이 지원금을 활용해서 학생들을 데리고 업체 견학을 가거나 우수 학생에게 장학금을 주기도 합니다. 우리 학교는 매년 우수 학생을 선발해 일주일 정도 해외 연수를 보내는데, 비용 전체를 지원합니다. 지원금을 쓰는 일은 항상 근거 자료를 갖춰야 하며 회계 감사도 받습니다. 제가 그 업무를 담당해본 적이 있는데 한 해 동안 집행한 금액이 제 연봉보다 훨씬 더 많더군요. 정부 지원 사업을 모든 특성화고가 하는 것은 아니고 사업계획서를 제출한 학교들 중 기준에 맞는 곳에 한해서만 예산이 집행됩니다.

(3) 진학보다는 취업을 우선으로 생각하기 때문에 취업처를 확보하는 것이 필수입니다. 따라서 취업 관련 부서 선생님들은 마치 영업사원을 생각나게 할 만큼 업체를 자주 방문해 학교와의 협약을 맺고자 많은 노력을 합니다. 실제로 취업처에 나가면 잡상인 취급을 받거나 문전박대당하기도 일쑤입니다. 특성화고에서 고졸 취업에 성공한 학생들 중 일부는 병역 특례를 받기도 합니다. 아무나 받을 수 있는 것은 아니고 학생이 취업한 곳이 병역 특례 지정 업체여야 하는데, 특례를 받을 수 있는 인원은 매년 다르기 때문에 무조건 다 되는 것은 아닙니다. 병역 특례를 받기 위해선 반드시 국가기술 자격증을 취득해야만 하는데, 특례가 가능한 자격증이 따로 있습니다. 그리고 학생들을 취업시켰다고 끝나는 게 아니라 학교에서 사후 관리를 지속적으로 해야 합니다. 학생

이 계속 회사에 잘 다니고 있는지, 문제는 없는지 등등을 말입니다. 보통 졸업 후 1년까지는 학교에서 사후 관리를 하라고 지침이 내려옵니다. 말하자면 고등학교 4학년을 관리하는 것이라 볼 수도 있죠.

(4) 특성화고 학생들은 3학년이 되면 필기면제자검정시험이라 불리는 일명 의무검정을 치를 자격이 주어집니다. 의무검정은 특성화고 3학년 학생들을 대상으로 해 기능사 시험을 필기시험 없이 실기시험만으로 자격증을 취득할 수 있게 하는 제도입니다. 우수한 학생은 상관없겠지만 그렇지 않은 학생들 입장에서는 3년 학교생활에서 자격증 하나라도 딸 수 있는 기회인 셈이죠. 그래서 특성화고 선생님들은 의무검정에 많은 투자를 합니다. 실기시험 날짜는 학교와 산업인력공단이 협의하여 결정하는데, 시험 날 학생들은 자신이 연습하던 장소(학교 실습장)에서 자신들이 사용하던 도구를 가지고 실기시험을 보게 됩니다. 물론 공단에서 검사관이 나와 매의 눈으로 감시를 하지만 홈그라운드에서 시험을 친다는 사실 하나만으로 마음의 안정감은 확보되는 셈입니다.

(5) 특성화고에는 기능반(기능부라고도 불림)이라 불리는 것이 있습니다. 기능반은 별도의 훈련을 통해 기능경기대회에서 입상하는 것을 목표로 합니다. 기능경기대회는 크게 지방기능경기대회, 전국기능경기대회 두 가지인데, 지방대회에서 입상하면 전국대회 출전이 가능하고, 입상한 학생들에게는 나름의 혜택이 있습니다. 지방대회에서 입상하면 소정의 상금, 전국대회 참가 자격 부여, 해당 직종 국가기술 자격(기능사) 시험 면제라는 혜택이 주어집니다. 가령 우리 학과 학생이 지방경기대회에서 입상한다면 '전기기능사'자격증이 지급됩니다. 전국대회는 지방대

회와 비슷하지만 더 큰 혜택이 주어집니다. 어쨌든 결과적으로 입상했다는 사실 자체가 학교 입장에서는 명예가 되고, 학생 입장에서는 취업 때 장점이 됩니다. 물론 이러한 훈련 과정은 매우 혹독하며 학교에 따라서는 주말 및 휴일을 모두 반납해가며 훈련하는 학생들도 있고, 기능반 담당 교사 역시 휴일을 반납하고 학생 지도에 임해야 합니다.

(6) 산학일체형도제학교(이하 도제반)라는 것이 있습니다. 도제반은 도제 교육 시스템을 학교에 적용한 것으로 사전적 의미는 장인이 되고자 하여 장인으로부터 훈련받는 사람을 뜻하는데, 예를 들면 대학원생이 지도 교수의 연구실에서 직접 가르침을 받으며 성장하는 것과 같다고 할 수 있습니다. 도제반을 운영하기 위한 예산은 국가에서 지급되며 대략 몇억 원의 예산이 내려온다고 알고 있습니다. 그 예산을 정부 지원 사업과 마찬가지로 법적 근거에 맞게 집행해 학생들을 성장시키는 데 씁니다. 정부 지원 사업은 학교의 모든 학생을 대상으로 사용되는 예산이지만 도제반 예산은 도제반만을 위해 사용해야 합니다. 우리 학교는 기계과에서 한 학급을 도제반으로 운영하는데 1학년 때 학생들의 실력, 재능 등을 눈여겨보고 본인 및 학부모의 동의하에 2학년부터 도제반으로 선발될 수 있습니다. 성적 처리에서도 도제반만 별도로 처리되며 일주일 중 하루는 학교가 아닌 협약 업체에 가서 현장에서 실무를 배웁니다. 즉, 학교와 회사를 오가며 교육을 받는 것이 도제반입니다. 도제반 담당 선생님들은 학생들이 회사에 나가는 요일이면 해당 회사에 학생들이 빠짐없이 출근했는지 일일이 출장을 나가 확인합니다. 그래서 도제반 선생님들은 분명 동료 교사임에도 불구하고 학교에서 얼굴을 보기가 힘듭니다. 도제반 학생들은 2학년과 3학년 2년 동안 학교와 회사

를 오가며 졸업 후 협약 업체에 바로 취업하는 시스템입니다. 학교 입장에서는 학생들을 키워 취업시키는 것이고 업체 입장에서는 2년 동안 데리고 있던 학생이 졸업 후 직원으로 들어오는 것이니 어느 정도 검증된 직원을 받는다는 점에서 장점이라 할 수 있습니다.

특성화고 교사가 되는 것을 고민하고 있는 사범대, 일반대 교직 이수생들에게 해주고 싶은 말이 있다면요?
몇 가지 드릴 말씀이 있습니다.

⑴ 기능사 자격증을 취득하길 바랍니다

특성화고는 실기가 중요합니다. 실기를 할 줄 안다는 것을 증명할 가장 손쉬운 방법은 기능사 자격증을 취득하는 것입니다. 대학생에게 기능사라고 하면 '고등학생들이나 따는 거 아니야?'라고 반문하는 이들이 있지만 특성화고 교사는 바로 그런 고등학생을 가르치는 사람입니다. 기사 자격증으로도 충분히 실력을 어필할 수는 있겠지만 당장 학생들에게 필요한 것은 기사가 아닌 기능사 수준의 실기입니다. 본인의 교원자격증 표시 과목에 해당되는 분야의 기능사 자격증을 취득하시길 바랍니다. 현재 제가 몸담고 있는 전기전자에서는 전기기능사, 전자기기기능사가 대표적인 자격증입니다. 그 외에 학교별로 어떤 기능사 자격증을 중점적으로 취득하는지는 홈페이지에 학과 소개에 나와 있으니 참고하길 바랍니다. 기능사를 취득하기 위해 실기 연습을 한다는 것은 결국 임용고시 2차 실기시험에 대비하는 것과 같습니다. 요즘은 기능사 실기를 위한 학원이 많아져서 이용하면 도움이 될 것입니다. 하지만 학원비가 만만치 않을 것이며 현실적으로 대졸자가 기능사 자격증을 취득한다는 것은 일반 사기업에 들어가기 위해서는 큰 도움이 되지 않는 만큼 자신의 진로를 명확히 결정하는 것이 우선이라 생각합니다.

(2) 기간제 교사는 양날의 검입니다

임용고시가 어려워 우선 기간제 교사로 눈을 돌리는 이들도 있습니다. 하지만 기간제 교사는 양날의 검입니다. 당장 경제적인 도움은 되고, 본인이 어떻게 하느냐에 따라 돈도 벌고 경력도 쌓고, 공부도 하는 결과가 될 수도 있지만 성공 사례보다는 실패 사례가 훨씬 많습니다. 기간제 교사를 하더라도 담임을 맡기도 하고, 학급 운영과 수업 연구, 행정 업무를 처리하다 보면 공부할 시간은 기하급수적으로 줄어듭니다. 공부 시간이 줄어드는 만큼 임용고시 합격은 멀어집니다. 거기다 기능반 담당을 맡게 되면 공부는커녕 휴일조차 없어지는 불상사가 일어날 수도 있습니다. 따라서 경제적 여건이 된다면 공부에 온 힘을 쏟는 것이 좋습니다. 하지만 기간제 교사를 하게 된다면 같은 직종의 인맥이 생기기 때문에 추후 기간제 교사 자리를 알아보기에는 훨씬 수월해지며 자신의 실력이 어느 정도 입증되면 사립 정교사를 노릴 때 기간제 교사 경력이 면접에서 장점으로 작용할 것입니다.

(3) 기간제 교사를 할 생각이라면 그 학교에 남을 생각이 없더라도 맡은 일은 다 끝내고 다른 학교로 떠나시기 바랍니다

인문 교과는 어떤지 모르겠지만 전문 교과는 바닥이 좁습니다. 그래서 기간제 교사 면접을 보러 가거나 임용고시 시험을 치르러 가면 안면이 있는 사람들이 대부분입니다. 그리고 전국적으로 실시되는 전문 교과 관련 연수를 몇 번 다녀보면 다른 지역에서 오는 전문 교과 선생님들도

결국 늘 보던 사람들입니다. 그러니 입소문이 잘못 퍼지면 기간제 교사 자리를 구하기도 힘들어집니다. 지역을 바꿔서 자신이 누군지 모르는 곳에 가더라도 이력서에 나와 있는 이전 근무지에 전화해 '이 사람 어떠냐'고 물어보는 일이 흔합니다. 물론 '나는 임용고시 봐서 국공립을 갈 거다'라고 하면 큰 상관은 없지만 국공립에 가더라도 퍼진 소문은 막을 수 없고, 나쁜 소문은 더 빨리 퍼집니다. 실제로 제가 근무한 학교의 기간제 선생님 한 분은 학기 중에 출신 학교에서 기간제를 뽑는다고 하여 계약 기간이 끝나기 전에 그만두고 출신 학교로 갔지만 이듬해에 다시 우리 학교 기간제에 원서를 넣었고 결국 채용되지 않았습니다. 그 선생님 입장에서는 한 학교와 완전히 척을 지게 된 것이지요. 척을 지면 정식으로 임용고시를 통해 해당 사립학교에 정교사 지원을 하더라도 부적격자로 불합격할 가능성이 생깁니다. 무책임한 사람을 반겨 줄 학교는 어디에도 없습니다.

(4) 합격한다고 끝이 아닙니다

'합격하면 모든 게 다 잘 풀릴 것이다'라고 생각하겠지만 합격은 또 다른 시작입니다. 마이스터고나 일반계 고등학교의 사정은 모르겠으나 특성화고 학생들을 단순히 본인의 학창 시절이나 당시 주변 친구들의 모습을 떠올리며 대하려 한다면 크게 뒤통수 맞습니다. 예비 선생님은 멘털 관리를 잘 하시길 바랍니다. 요즘 학생들은 상상을 초월합니다. 무슨 사건 사고가 벌어질지 알 수 없고, 또 절대 교사의 생각대로 따라주지 않습니다. 학생들과 부딪치는 일이 생각보다 많습니다. 단순히 의견 충돌이 아니라 상상도 못 할 일로 대드는 학생도 많습니다. 실제로 나이 드신 선배 선생님들 중 학생들과의 갈등으로 인한 스트레스 때문에 그만두시는 분이 많습니다. 그런 아이들을 관리해야 하는 것이 교사의 일이지만 스트레스가 크면 못 버틸 수도 있습니다. 하지만 이런 이야기를 남들한테 하면 배부른 소리 한다는 말을 들을 뿐이니 자기 스스로 멘탈 관리를 잘 해야 합니다.

현재 관심 분야 혹은 꿈은 무엇이며 어떤 노력을 하고 있는지요? 어떤 교사가 되고 싶고, 나아가 어떤 사람으로 살고 싶나요?

우리 학교에는 기계과, 전기전자과과가 있습니다. 나중에 기계교육 대학원에 진학해 기계 분야도 제대로 배워보고 싶다는 생각이 있고 기계 교원자격증을 부전공하는 것이 현재의 목표입니다. 역량을 키우기 위해 늘 무엇이든 배우고 탐구하는 자세를 갖고 살고자 합니다. 지금은 태양광발전에 푹 빠져 있습니다. 태양광 관련 책을 읽고 있고 얼마 전에는 기사 자격증을 취득했습니다. 이런 제 역량 증진이 학생들이 자신의 미래를 설계하는 데 조금이라도 도움이 되기를 바랍니다.

교직 이수를 꿈꾸는 일반대생들과 교직 이수와 사범대를 고민하는 고등학생들에게 해주고 싶은 말이 있나요? 현재 교직 이수 과정생, 사범대생에게 해주고 싶은 말이 있다면요?

우선 교직 이수를 꿈꾸는 공대생들에게 진로를 명확히 결정하라고 말하고 싶습니다. 공업계 고등학교 교사가 되고 싶다는 확실한 결심이 있어야 이후의 준비가 가능합니다. 특히나 공대는 더 그렇죠. 목표가 사기업인지, 공기업인지, 교사인지 결정돼야 그에 맞는 전략을 세우고 준비를 할 수 있습니다. 공기업이나 사기업을 가려면 기사 자격증을 따야겠지만 공업계 교사가 목표라면 기능사 실기가 오히려 도움이 되듯이 준비해야 할 부분이 다릅니다.

현재 고등학생들 중 자기 꿈이 명확하게 특성화고 교사라는 학생이 있다면 사범대로 진학하길 바랍니다. 전문 교과에 대한 사범대학이 있는 곳은 충남대와 안동대입니다. 이 학교들은 말 그대로 전문 교과 교사를 양성하기 위한 학과이므로 학과 자체나 선배들로부터 정보를 얻기가 수월할 것입니다. 시험은 곧 정보력이니까요. 저는 공업계 교사가 되겠다는 목표를 세웠지만 전문 교과 사범대가 있다는 사실을 몰라서 일반 공대에서 교직 이수를 했습니다. 만약 제가 그런 학교가 있다는 것을 알았다면 아마 그쪽으로 진학했을 것입니다.

공업계 사범대생들에게 드릴 말씀은, 본인들은 사범대라는 특수성 때문에 진로가 교사밖에 없다고 부정적으로 생각할 수 있지만 교사는 정말 괜찮은 직업입니다. 힘든 일도 많지만 그만큼 보람도 있습니다. 반드시 '좋은 선택이었다'는 생각이 들 것입니다.

하지만 이 모든 과정은 결국 교사가 되어야 경험할 수 있는 일이므로 임용고시 준비는 어쨌든 최대한 빨리 시작하기를 권장합니다.

모든 것을 바꾸자,
전과!

전과는 아예 학적을 바꾸는 제도로 두 전공을 같이 이수해 졸업하는 복수전
공과는 크게 다르다. 어떻게 해서 그런 선택을 하게 됐을까? 아예 사범대 내
학과로 전과해 임용에 합격한 두 선생님과 사립학교에 합격한 한 선생님의 이
야기를 들어보자.

자연과학대→수학교육과

**예전 전공 및 현재 전공이 무엇인지, 언제 어떻게 옮기게 되었는지, 지금 하는 일은 무
엇인지 소개해주세요.**
저는 대학 1학년 때 자연과학부(수학과, 화학과, 생명과학과, 물리학과)로 입학
했으며 2학년 때 수학교육과로 전과했습니다. 지금은 서울의 한 중학교에
서 수학 교사로 일하고 있습니다.

자연과학부로 진학하게 된 계기와 사범대로 전과한 계기에 대해 얘기해주세요. 교직 이수 생각도 있었나요?

제가 입학 당시 자연과학부는 1학년 때 학부 형식으로 학생을 선발하고 2학년 올라가면서 학과 성적과 희망에 따라 수학과, 화학과, 생명과학과, 물리학과를 선택하는 방식이었습니다. 처음 대학에 진학할 때 저는 모두 생명과학과를 지원했습니다. 생명과학과에 진학하여 약학대학입문자격시험PEET, 의학교육입문검사MEET 등을 준비해 의학 계열로 갈 생각이었습니다. 그런데 대학 1학년 생물 수업 때 많은 실험을 하면서 생물이 적성에 맞지 않는 것을 깨달아 1학년 2학기 때는 수학과로 진학해야겠다고 마음먹었습니다. 그때는 막연히 생물이 안 맞으니 수학 쪽으로 진로를 바꾸자는 생각에 학교 내의 금융학회도 가보고, 교직 이수도 고려했습니다. 금융학회에 가서 선배들을 만나 조언을 들으니 제게는 수학 교사가 맞다고 여겨져 교사의 길을 가기로 선택했습니다.

수학과는 교직 이수 정원이 3명이었습니다. 열심히 하면 받을 거라는 기대가 있었지만, 정말 교사가 될 거라면 사범대에서 전문적인 교육을 받는 게 낫지 않나 싶어 전과에 도전했고 남은 3년을 사범대학에서 교사가 되는 과정을 준비하며 지낼 수 있었습니다.

현재 전공에 만족하는지요? 이전 전공과 다른 점은 무엇이 있나요? 자연과학부에서 학과를 옮긴 것에 대해 아쉽거나 후회되는 점은 없는지요?

먼저, 전과 당시에는 몰랐는데 사범대에 와보니 임용고시를 준비하는 학생이 많지 않았습니다. 제 개인적인 생각으로는 터무니없게 높은 임용고시 난이도와 경쟁률 때문인 듯합니다. 그래서 대학 3학년 무렵에는 전과한 것을 후회하기도 했습니다. 그리고 누구나 가보지 못한 길에 대한 미련이 남듯 저도 자연과학부 때의 선배, 동기들이 MEET, PEET로 원하는 길을 빠르게 가는 걸 보면서 조금 흔들리기도 했습니다. 그러나 이제 와 돌이켜보면 수학 교사를 꿈꿨던 제가 전과를 한 건 탁월한 선택이었습니다.

수학교육과에서는 임용에 맞춰 커리큘럼이 짜여 있습니다. 그리고 임용 기출 문제 등도 수업 시간에 많이 다뤄주니 교직 이수를 하는 것보다 훨씬 더 빠르게 임용에 합격할 기회가 주어진다고 생각합니다.

일반대에서 교직 이수를 하는 것과 수학교육과로 전과하는 것은 어떤 차이가 있나요?

교직 이수를 하는 것보다 전과해서 수학교육과의 커리큘럼을 따르는 것이 정보의 양과 질 면에서 훨씬 좋다고 생각합니다. 수학과는 순수수학과 응용수학을 공부하기 때문에 임용 출제 범위가 아닌 과목까지 이수해야 합니다. 특히 4학년 때 출제 범위가 아닌 과목들을 들어야 하는데 임용고시에 집중해야 하는 이들에게는 부담이 됩니다(이런 과목이 다소 어려움). 수학교육과 교수님들은 임용 상담도 해주십니다. 반면 수학과 교수님들은 임용고시에 대해 정보가 상대적으로 부족하지 않을까 싶습니다. 수학과에서 교직 이수를 한 친구들이 있는데 이들은 수학교육과 과목을 청강도 하면서 스스로 정보를 수집해나갔습니다.

비사범대에서 사범대로 전과하는 구체적인 전략과 더불어 정보를 얻을 수 있는 방법을 알려주세요. 티오는 늘 있나요?

제가 학생이던 당시에는 사범대에 티오가 있어야만 전과가 가능했습니다. 제가 신청할 때는 티오가 두 자리 있었습니다. 네이버 카페에 전과를 희망하는 사람들의 커뮤니티가 있어서 학점과 면접 팁 등을 나눌 수 있습니다. 전과 때 가장 중요한 것은 학점이고 그다음이 면접인 것 같습니다. 면접에서는 전공 지식을 물어보고 전과에 대한 의지를 물어봤습니다. 저는 전공 지식에 대해서는 제대로 답변하지 못했는데 전과에 대한 확고한 의지로 합격한 것 같습니다.

사범대로 전과, 편입, 교직 이수 등을 고민하고 있는 대학생에게 해주고 싶은 말은요? 이외에도 사범대로 진학할지 일반대로 진학할지 고민하고 있는 고등학생에게 해주고 싶은 말이 있다면요?

먼저 전과, 편입, 교직 이수 사이에서 선택의 기로에 놓인 대학생들에게는 각각의 경우에 대해 장단점을 적어보라고 하고 싶습니다. 적다 보면 내가 막연히 머릿속에서만 생각한 것과는 다르게 더 두드러지는 점이 있을 것입니다. 충분히 고민하고 주변 사람들에게 도움을 얻으며 현명한 선택을 하길 바랍니다.

대학 진학을 고민하는 고등학생들에게는 먼저 점수에 맞는 학교가 아니라 자신의 적성을 고민해보라고 하고 싶습니다. 주변에서 좋다고 하는 것과 자기에게 좋은 것은 확연히 다릅니다. 제 고등학교 시절을 돌이켜보면 적성을 찾기에는 경험이 부족했습니다. 요즘 고등학생들은 저보다는 경험을 많이 하는 것 같습니다. 행여 자기 선택을 후회하더라도 나중에 되돌아갈 방법은 정말 많습니다. 저 역시 고등학교 시절까지 한 번도 진로 희망 사항에 교사를 써본 적이 없습니다. 그런 제가 지금 학교에서 일하고 있는 것을 보면, 대학에 오고 다양한 사람을 만나는 과정에서 하고 싶은 일이 바뀌기도 하고 환경은 그에 따라 다양한 길을 제시해줍니다. 신중하게 선택하되 스트레스 받지 말고 고민하길 바랍니다.

영어교육과 → 수학교육과

예전 전공 및 현재 전공과 더불어 언제, 어떻게 옮기게 되었는지 말씀해주세요. 지금은 무슨 일을 하고 있는지요?

저는 현재 경기도 모 고등학교에서 근무하고 있는 수학 교사입니다. 저는 영어교육과에 입학하고 1년을 다닌 뒤, 2학년 올라가면서 수학교육과로 전과를 했습니다.

전과를 신청하기 전 여름방학에 고등학생들과 함께 수학특강 학원을 다니며 공부했습니다. 제가 고등학생일 때는 고등학교에서 문과 학생들은 미적분을 배우지 않았기 때문에 전과 전에 공부를 해야 했습니다. 그렇게 열심히 공부하고도 2학기에도 대학에서 '미적분학의 기초'라는 강의를 들은 뒤 전과를 신청할 수 있었습니다. 전과를 신청하고는 1차로 대학 1학년 학점 성적을 보는 서류 전형이 있었고, 그 뒤로 통과되어서 2차로 수학교육과 교수님들과 심층 면접을 봤습니다.

영어교육과에서 수학교육과로 전과를 결심하게 된 계기는 무엇인가요?

저는 외고에 다니면서 교사의 꿈을 갖고 영어교육과에 입학했지만, 사실 고등학교 때 수학을 무척 좋아했습니다. 다만 막상 전과하려 하니 영어교육과를 떠나면 더 이상 영어를 많이 사용하지 않을 것 같아 아쉬웠습니다. 어렸을 때 외국을 다녀와서 영어를 좋아했고 나름 자신 있었거든요. 하지만 영어보다 수학을 더 좋아해 결국 전과를 했습니다. 물론 영어교육과의 전망이 좋다는 지인들의 만류가 있어 살짝 고민하긴 했습니다.

지금 전공과 현재 하는 일에 만족하고 있나요?

하고 싶은 일을 마음껏 하면서 지낼 수 있어서, 체력이 달리더라도 정신적으로 정말 즐겁습니다. 지금도 즐겁지만, 대학교 2학년 때 수학교육과로 전과한 뒤에도 제가 기대했던 수학 공부를 마음껏 할 수 있어서 하루하루가 행복했습니다.

전과한 뒤에 어려움은 없었는지요?

수학교육과로 전과하고 나서 어려웠던 점은 첫째, 저와 다른 학생들의 출발점이 다르다는 사실이었습니다. 저는 대학생이 되어서야 미적분을 배웠고, 수학교육과 1학년이 배우던 미적분학 1, 2 및 정수론 강의를 수강하지 못하고 2학년 때 다른 과목들과 동시에 수강해야 하는 처지였습니다. 그래서 기초가 채워지지 않은 상황에서 선형대수, 미분기하학, 해석학 등 전공 과목들을 수강할 때 어려움이 많았습니다. 증명하는 방법도 모르겠고, 뭐가 뭔지 정리가 안 됐습니다. 그래서 2학년 때 정말 열심히 공부했고, 3학년 때는 어느 정도 정리가 되고 안정됐습니다.

둘째, 새로운 학과에서 새로운 인맥을 형성하는 과정에서 어색함과 낯선 점도 많았습니다. 영어교육과 동기들과 달리 처음에는 수학교육과의 모든 학생이 낯설었어요. 다른 학과에서 전과한 나를 어떻게 생각할까, 이방인 같지 않을까 싶어 눈치도 많이 보고 걱정도 많이 하면서 지냈습니다. 그런데 다행히 따뜻한 사람이 많아 잘 적응할 수 있었어요. 지금 생각해도 감사한 점입니다.

임용에 대한 고민은 없었는지요?

전혀 없었어요. 저는 교사에 대한 꿈이 확고한 상태로 대학을 진학했고, 전과도 했습니다. 제가 전부터 계획하고 실천하고 선택해온 제 인생이기 때문에 공부를 바로 시작했고 주저함이 아예 없었습니다.

사범대 내에서 전과하는 구체적인 전략과 더불어 정보를 얻을 수 있는 방법을 알려주세요.

사범대 내에서 전과하는 예가 드물긴 합니다. 보통 복수전공을 많이 하니, 정보를 얻기 어려웠습니다. 우선 전과 티오는 결원이 생겨야 나는데, 티오는 사범대 교직과 수학교육과(해당 학과)에 전화해서 자세히 알아봤어요. 그렇게 전과하기 전에 학과 전과가 가능한 티오가 발표 나고, 우리 학교 전과 정보 공유 인터넷 카페에서 저 말고 또 다른 지원자가 있는지 알아봤습니다. 그리고 다른 지원자의 1학년 학점은 어떻게 되는지 공유했어요.

이후에 알게 된 사실인데, 티오가 2명 발표 나도 다 뽑는 것이 아니라 2명 이내로 뽑는다고 하더라고요. 그리고 교수님들께서 심층 면접까지 보고 판단하시기에 전과하지 않는 것이 낫겠다 싶으면 아예 전과 인원이 안 뽑힐 수도 있다고 해요. 제가 신청한 때도 티오가 2명 났는데, 지원자가 2명인 상황이라서 얼마나 조마조마했는지 모릅니다.

참고로 결원이 생길 확률은 일반화하기 어려우나 전과, 반수, 자퇴 등을 하는 학생이 조금씩은 있는 편입니다. 그러나 그게 전과 티오로 이어지는지 여부는 확실치 않으므로 사범대 교직과에 문의해서 미리 확인해야 합니다.

현재 관심 분야나 꿈은 무엇이며 어떤 노력을 하고 있는지요?

저는 고등학교 수학 교사로서, 고등학생들의 수학 체험 활동에 관심이 많습니다. 중학교에 비해 고등학교에서는 학생들에게 대부분 주입식 교육이 이뤄집니다. 즉 창의적이고 폭넓은 생각을 할 기회나 시간이 많이 주어지지 않습니다. 그래서 아이들이 중학교 때 다양한 활동을 했던 것처럼, 그 연장선상에서 고등학교 수학 수업에서도 가끔 여러 체험 활동을 할 수 있도록 수업을 계획, 시행하고 있습니다. 고등학교에서 '모든 학생이 행복하고 즐겁게 참여할 수 있는 수학 수업을 체계화시키는 것'이 제 꿈입니다.

사범대에서 다른 전공을 선택하는 것에 대해 고민하고 있는 사범대생들에게 해주고 싶은 말은요? 이외에도 사범대생에게 해주고 싶은 말이 있다면요?

우선 전과를 고민하는 학생들에게 딱 한 가지만 이야기할게요. '자신의 꿈을 좇으세요.' 주위의 권유, 학과의 전망 등도 물론 살펴봐야겠죠. 하지만 그보다 먼저 자신이 하고 싶은 일을 생각해보세요. 그렇게 하고 싶은 것으로 전과해도 미래에 대한 두려움이 사라지는 것은 아니에요. 하지만 확실한 것은, 공부하면서 느끼는 행복과 즐거움이 두려움보다 훨씬 크다는 사실입니다.

임용을 준비하고 있는 사범대생에게는 임용 공부를 하면서 좌절도 겪고 우울하기도 하겠지만, 그럴 때마다 꿈을 생각하라는 말을 하고 싶습니다. 즐거울 때는 즐기면서, 힘들면 울기도 하면서 대학 생활을 잘해나갔으면 좋겠습니다. 저도 임용을 준비했지만, 지금 임용고시를 준비하는 모든 학생 여러분은 정말 멋지고 대단한 사람들입니다. 항상 응원하겠습니다.

인문대 반수, 공대→수학교육과

본인이 경험했던 전공과 더불어 언제, 어떻게 전과하게 되었는지 등과 함께 자기소개를 해주세요. 그 과정에 대해서도 설명 부탁드립니다.

현재 서울 소재 사립고등학교에 재직 중인 1년 차 수학 교사입니다. 저는 기존에 인문학을 전공했고, 반수 끝에 공대로 진학했습니다. 1학년 2학기가 끝나고, 겨울방학 때 전과를 하게 됐는데, 대부분의 대학에서 전과를 하는 데 가장 중요한 요소는 학점이기 때문에 학점 관리를 나름 열심히 했습니다. 아주 높은 학점이라고 할 순 없겠지만 4점 정도를 받아 괜찮은 편이었고, 어떤 과로 전과하든 간에 학점 때문에 발목 잡힐 정도는 아니었습니다. 또한 수학교육과가 선호도가 아주 높은 학과는 아니어서 여유 있는 학점이었죠. 이후 면접을 보게 되는데 저는 수학교육과 전과에 입학할 때부터 희망해왔고 어느 정도 저만의 교육관이나 교직에 대한 가치관이 정립돼 있어서 면접에서도 좋은 평가를 받지 않았나 싶습니다.

고등학교를 졸업하고 어떤 이유로 인문학을 전공하게 됐나요? 더불어 문과에서 이과로 전향한 계기도 궁금합니다. 교사에 대한 관심은 언제, 어떻게 생겼요? 사범대로의 전과를 어느 정도 마음먹고 공대에 진학했나요?

사실 인문학을 전공한 이유는 딱히 없습니다. 진로에 대해 생각을 깊이 하는 철든 학생이 아니었고, 문과로 간 애초의 이유는 법조인이 되고 싶었기 때문이지만 당시 로스쿨 제도가 신설되면서 상위권 대학에서는 법학과가 없어졌거든요. 목표를 잃어버려, 점수 맞춰서 인문학과에 진학해 당시에는 교사나 언론인이 돼보자 정도로 생각했던 것 같습니다.

군 입대 이후 진로를 진지하게 고민하기 시작했습니다. 사실 대부분의 학생이 대학에서 4년 이상 공부하게 되는데, 4년간 인문학을 공부하면서 얻을 수 있는 전공 지식이 나중에 취업했을 때 실용적으로 사용될 수 있어야 (인문학뿐만 아니라 대부분의 학문이, 심지어 공학마저 그렇지 못한 경우가 대부분이긴 합니다) 그 시간이 의미 있다고 생각했는데 현실적으로 인문학은 그렇지 않다고 여겨졌습니다(물론 인문학의 존재 가치나 이유가 실용성에 있는 것은 아닙니다). 또한 전공했던 학문이 저와 잘 맞지 않았고, 저 자신이 학문에 대한 흥미가 아예 없었습니다.

그래서 전공을 바꿔야겠다고 생각했는데, 당시 너무나 활발한(?) 대학 생활을 해 전과를 하기엔 현실적으로 불가능한 상황이었고, 학교에 대한 아쉬움도 있어서 다시 수능을 보기로 결심했습니다. 그 와중에 저처럼 진로에 대해 고민하고 있을 수많은 중·고등학생이 있을 거라 생각했고, 교사가 되어 학교 현장에 나가 직접적으로 도움을 주리라 마음먹게 되었습니다. 그리고 가장 좋아했던 과목이 수학이어서 수학 교사가 되기로 결심했습니다. 쉽진 않지만 이과로 전과해 수능을 보기로 결정했던 거죠. 수능 이후 수학교육과에 진학하기에는 점수가 약간 애매해 공대에 진학한 뒤(단순 입결로만 따졌을 때를 이야기한 것이니 오해하지 않았으면 합니다) 전과하자는 마음을 80퍼센트 이상 갖고 공대에 진학했습니다.

비사범대에서 사범대로 전과는 어렵나요? 전과를 하기 위해 언제부터 어떤 계획을 세우고 노력했는지 전략을 구체적으로 알려주세요. 이에 대한 정보는 어디서 얻을 수 있나요?

전과의 난이도는 매년 다르고, 과마다 다르기 때문에 일반화할 순 없습니다. 인기 학과(기계공학, 전자공학, 특성화학과, 경영학과, 경제학과)는 매년 경쟁률이 꽤 높은 편입니다. 반면 사범대는 평균적으로 봤을 때 그리 어렵지 않습니다. 그렇지만 매년 과마다 전과의 난이도는 다를 수 있기 때문에 1학년 때 학점 관리를 열심히 했던 것 같습니다.

전과를 준비하고 있다면 1학년 때의 학점 관리가 중요합니다. 이런 이유로 저도 학점 관리에 가장 신경을 많이 썼던 것 같습니다. 동시에 왜 그 학과에 지원하려는지에 대한 자신만의 이유를 명확하게 정립하는 것이 중요합니다. 대부분의 학교에서 면접을 볼 테니까요. 과마다 다르겠지만, 사범대는 교직 전반에 대한 질문이 나올 수 있고 전공과 관련된 질문이 나올 수도 있기 때문에 전과 시즌이 되어 단기간에 준비하기는 쉽지 않습니다. 그러니 전과를 하려는 진짜 이유가 무엇인지를 스스로에게 묻고, 그것을 바탕으로 많이 생각해보고 사람들과 이야기도 나눈다면 점차 내공이 쌓일 것입니다. 이런 것들이 면접을 좌우하는 중요한 요소가 되리라 생각합니다. 그럼에도 불구하고 전과의 당락을 좌우하는 가장 결정적인 요소는 학점이기 때문에 학점 관리를 잘 해야 합니다.

또 알아둬야 할 것이 사범대로의 전과가 허용되는 학교가 있지만, 그렇지 않은 학교도 꽤 많기 때문에 사범대 전과를 염두에 두고 대학에 진학하려 한다면 입학 전에 정보를 미리 알아두어야 합니다(전과 제도가 없는 학교들도 꽤 있습니다). 저는 이런 정보를 미리 알아보고 대학에 진학했고, 전과할 때의 경쟁률이 2대 1이었기 때문에 그리 어렵지 않게 전과할 수 있었습니다.

학교마다 다르겠지만 제가 다녔던 학교에는 전과 제도에 관심 있는 사람이 많아 매년 전과 카페가 개설되었습니다. 여기서 대단한 정보를 얻을 수 있다기보다는, 어느 과에 몇 명이 지원했고 지원하려는 사람들의 학점을 바탕으로 자신의 위치를 가늠하는 정도의 정보를 얻는 정도입니다.

일반대에서 교직 이수(수학과에서 수학교육)하는 것과 수학교육과로 전과하는 것에는 어떤 차이가 있나요?

4년간의 커리큘럼 순서가 조금 다를 뿐, 교사 임용을 염두에 두고 답변하자면 별 차이 없습니다. 다만 수학교육과로 전과하면 졸업장도 수학교육학 전공으로 받고 수학교육과 학생이 되는 거라서 임용에 대해 얻는 정보에의 접근성은 수학과 교직 이수 학생들보다 좋겠죠.

수학교육과를 다니면서 전과생으로서 어려움은 없었나요?

저는 동기들과 나이 차이도 꽤 나는 편이고, 사람들과 친해지기 위해 먼저 나서는 성격도 아니었기에 동기들과 편하다거나 친하게 지내는 편은 아니었습니다. 그렇지만 학교 내 동아리나 전과하기 전 동기들과 나름 재미있게 지냈고, 그 외 관계에 크게 신경 쓰는 성격은 아니라서 큰 어려움은 없었습니다.

산업공학을 부전공했다고 들었습니다. 어떤 계기로 하게 됐나요?

학생들이 하는 질문 가운데 가장 답하기 어려운 것 중 하나가 수학을 배우는 이유입니다. 사실 미적분을 몰라도 살아가는 데는 아무런 지장이 없죠. 물론 여러 수학 교육 관련 서적에 실려 있는 이상적인 답변들이 있지만, 이러한 답변은 학생들의 의문점을 전혀 해결해주지 못합니다.

그런 까닭에 수학을 배우는 이유에 대해 뜬구름 잡는 답변만이 아닌, 구체적인 사례나 지식을 통해 답변할 수 있는 능력이 수학 교사에게 꼭 필요하다고 생각해왔습니다. 그래서 이와 관련된 경험을 하기 위해 많은 노력을 했는데 그중 하나가 산업공학 부전공이었습니다. 수학 교육을 전공하게 되면 대부분 순수수학, 이론 위주로 학습하다 보니 응용수학을 공부할 기회는 많지 않은데, 공학을 부전공하면서 조금이나마 응용수학을 공부할 수 있었고, 이로써 수학을 배우는 이유에 대해 좀더 현실적인 대답을 해줄 수 있었습니다.

확률과 통계로 예를 들자면 수학교육과에서 공부하는 확률통계는 이론 위주입니다. 그러나 공학을 부전공하면서 확률통계에서 배운 이론을 바탕으로 데이터를 수집하고, 그 데이터들을 가지고 R이라는 통계 프로그램 등 컴퓨터 프로그램을 활용해 개봉 예정 영화의 관객 수를 예측하는 프로젝트를 진행하는 경험을 했는데 이런 것이 풍성한 이야깃거리가 되어 학생들을 지도할 때도 도움이 됩니다.

인문학과 공학 공부는 어떤 도움이 됐나요? 앞으로도 도움이 될까요?

최근 교육에서 중요시하고 있는 요소 중 하나가 창의융합 능력입니다. 과거에 인문학과 공학을 전공했던 경험이 학생들의 창의융합 능력을 기르는 활동을 하는 데 있어 큰 도움이 될 거라 생각합니다. 예를 들면 (아직 교직에 몸담은 지 얼마 안 돼 직접적으로 많은 활동은 못 했지만) 공학을 전공하며 다뤘던 여러 컴퓨터 프로그램이나 3D 프린터를 활용해 창의융합적인 학습 활동을 구상할 수 있을 것 같고, 나아가 에세이나 소논문을 쓰는 인문학적인 활동도 수학과 융합하여 지도할 수 있을 것 같습니다.

임용고시 응시, 미응시에 대한 고민은 없었나요? 사립교사 채용에 도전하기로 마음먹은 계기를 알려주세요.

수학교육과를 비롯한 사범대 학생들은 대부분 임용고시에 응시합니다. 저 또한 당연히 임용고시에 응시할 예정이었죠. 그렇지만 학년이 올라가면서 임용고시 합격을 위한 공부가 '좋은 교사'를 뽑기 위한 시험인가에 대해 의문이 들기 시작했습니다.

학생들이 처음 사회를 바라보는 시선은 교사의 눈을 통해 형성됩니다. 정말 많은 것을 경험할 수 있는 20대 초반에서 중반의 나이에, 대체 왜 도서관에만 틀어박혀서 임용 공부를 해야 하는지 의문이 들었고, 내가 공부하는 전공 수학과 교육학을 공부하는 것이 실제로 아이들을 가르치는 데 별 도움이 되지 않는다는 생각을 했습니다(물론 도움이 아예 안 되는 것은 아닙니다. 최소한의 전공 수학에 대한 소양을 갖춰야 합니다).

임용고시는 졸업하고도 언제든지 볼 수 있고, (다소 불편한 소리로 들리겠지만) 결국 누군가를 뽑고 누군가를 떨어뜨리기 위한 이 시험은 준비만 잘하면 언제든 붙을 수 있을 거라는 자신감이 있었습니다. 손에서 학업을 놓지는 않았지만 대학생으로서 할 수 있는 최대한의 경험을 하자는 목표를 설정했고, 이후 다양한 활동을 하며 보냈습니다. 졸업 시기가 되고 나서 스스로를 되돌아보니 교사로서의 역량에 부합하다 할 만큼 다양한 스펙이 쌓였고, 이러한 경험은 제가 사립학교에 임용되는 데 큰 자양분이 되었습니다.

또한 중학교 교사와 고등학교 교사는 역할이 굉장히 다르다고 생각합니다. 저는 제 역량이 고등학교 교사에 더 특화돼 있다고 생각했기 때문에 고등학교 교사를 하고 싶었는데, 실제로 공립 임용고시에 합격되면 대체로 중학교에 먼저 가서 교직 생활을 시작하게 된다고 들었습니다. 이 점도 임용고시가 아닌, 사립학교 임용을 준비하게 된 큰 이유입니다.

그럼에도 불구하고 사립학교 채용의 투명성에 의문이 많이 제기되기 때문에 많은 예비 교사가 지원을 주저하고 있는 것으로 알고 있고, 저 또한 그랬습니다. 그러나 학교 선배들 중 졸업하자마자 여러 사립학교에 동시 임용된 것을 봤고, 능력만 있으면 누구든 투명한 채용 과정을 통해 임용될 수 있다는 것을 믿게 돼 자신감을 가지고 사립 채용에 도전할 수 있었습니다.

대학 생활 중 기억에 남는 활동 몇 가지를 이야기해주세요.

대학 생활을 하면서 전공알림단 활동을 한 적이 있습니다. 전공알림단이란 서울, 경기 소재 고등학교들을 다니며 자기 전공을 소개하고 학생들의 진로 및 학업에 대한 상담을 해주는 활동인데, 학교 현장에서 학생들과 직접 소통할 수 있어서 좋았습니다. 뿐만 아니라 교사로서 다양한 전공에 대한 지식을 갖고 있는 것이 진로 상담을 하는 데 굉장히 큰 도움이 된다고 생각하는데, 여러 전공의 친구들과 정보 공유를 할 수 있어서 예비 교사로서 매우 유익한 활동이었습니다.

삼성드림클래스 활동도 좋았습니다. 이는 삼성에서 진행하고 있는 사회공헌활동으로서, 대학생이 강사가 되어 중학생들에게 방과후 수업을 진행하는 활동입니다. 10여 명의 학생 앞에서 직접 판서하며 수업하는 경험을 대학생으로서는 쉽게 할 수 없는데, 학교 현장을 경험하며 수업을 할 수 있어 예비 교사로서 정말 좋은 경험이었습니다.

자격증이 있다고 들었는데, 어떤 것인가요? 왜 땄고 어떤 도움이 됐나요?

한국사 1급 자격증, 실용수학 2급 자격증, 레크리에이션지도자 자격증을 가지고 있습니다.

한국사 자격증은 임용고시를 보기 위한 자격 조건이어서 땄고, 한국사에 대한 기본 소양을 쌓을 수 있어 도움이 되었습니다.

실용수학 자격증은 2015 개정 교육과정에 실용수학이라는 과목이 생겨 이에 대해 준비할 수 있는 것이 뭘까 고민하다가 취득했습니다. 1급은 대학수학 내용이 범위이고, 2급은 고등수학 내용이 범위라서 2급을 취득했는데, 실용수학의 교육과정을 보면 크게 관련 있는 것은 아니라 큰 도움이 되지는 않았습니다. 그럼에도 전공 과목에 대한 자격증이 있는 것만으로도 사립학교 채용에 있어서는 메리트가 될 것입니다.

레크리에이션 지도자 자격증은 대부분의 학생에게 지루할 수 있는 수학 수업을 조금이나마 더 유쾌한 분위기에서 이끌어나갈 역량을 갖게 되지 않을까라는 생각과 선배님의 추천으로 취득했습니다만 아직까지 현장에서 큰 도움이 되지는 않았습니다. 다만 채용 과정에 있어서 어느 정도 이목을 끌 수는 있는 자격증이라 생각합니다.

사립교사 채용 과정에서 기억에 남는 에피소드가 있다면요?

지금 재직 중인 학교 외에도 최종 면접까지 올라간 곳이 몇 군데 있었는데, A학교 최종 면접에서 제 앞에 앉았던 선생님과 지금 제가 재직 중인 학교 면접장에서 만났습니다. 알고 보니 그 선생님은 우리 학교에 기간제 교사로 재직하다가 A학교에 최종 합격한 것이었습니다. 서로 축하도 하고 이야기를 나누던 일이 아직도 기억에 남아 있습니다.

사립 정교사 채용 과정에서 본인의 어떤 점이 부각돼 합격한 것 같요? 자신의 강점이나 스펙이 있다면요?

우선 제 단점을 보완하기 위해 노력했습니다. 사립학교에 도전하는 대부분의 선생님들은 기간제 경력을 보유하고 있는데, 저는 졸업 예정자 신분이어서 내세울 만한 경력이 전무했죠. 교사로서 기본 역량인 수업과 관련된 것이기 때문에 이 점이 가장 치명적일 수 있다고 생각했습니다. 하지만 개인적으로 학원 아르바이트, 과외, 삼성드림클래스 활동, 다양한 교육 봉사 활동을 바탕으로 수업 경험이 그 어떤 대학생보다 많았고, 과외를 3년여간 똑같은 3명의 학생에게 했던 점이 제 수업 역량을 키우는 데 굉장히 큰 역할을 했습니다. 3명의 학생은 학업 역량도 다양했습니다. 최상위권 학생, 중위권 학생, 하위권 학생이 다 있었고 3년간 하다 보니 고등학교 1, 2, 3학년 과정을 전부 지도하게 됐습니다. 최상위권 학생을 지도했던 경험은 저 자신도 크게 성장시켰고 실제로 수업 시연 때도 제 장점을 발산시키는 데 커다란 도움을 주었습니다. 실제로 제가 합격한 학교의 수업 시연 주제는 즉석에서 발표됐고 제대로 수업하기 만만치 않은 주제였지만, 수업 시연을 하고 나서 스스로 정말 잘했다는 것을 체감할 정도로 완벽히 해낼 수 있었습니다. 무경력자임에도 불구하고 이 정도 수업을 단시간 안에 해내는 모습을 보여준 게 합격의 중요한 요소가 아니었나 싶습니다.

또한 다가오는 개정 교육과정, 변화하는 교육 트렌드에 좀더 빠르게 적응할 수 있는 창의융합적인 인재임을 강조했습니다. 다양한 전공을 경험했던 이력을 바탕으로 말이죠. 칼럼멘토단 활동을 바탕으로 온라인에 칼럼을 게재해왔는데, 이러한 지속적인 글쓰기 활동은 인문학과 수학을 융합한 수업을 창의적으로 이끌어나갈 역량을 갖추고 있음을 구체적으로 보여주는 데 도움이 되었던 것 같습니다. 전공알림단 활동, 한국대학생교육협의회 전공멘토단활동을 바탕으로 진로 진학에도 강점이 있음을 부각시키는 자기소개서를 썼습니다. 그리고 경제금융교육 봉사 활동을 했던 경험을 되살려 새로 도입되는 '경제수학'이라는 교과목의 전문성을 피력하고, 자격증을 바탕으로 '실용수학'이라는 교과목의 전문성에 대해서도 강조했습니다. 실제 면접에서도 이와 관련된 질문을 받았는데 누구보다 구체적인 사례를 제시하며 역량 있는 예비 교사라는 모습을 강조할 수 있었습니다.

이외에 다양한 공학적 도구를 활용할 수 있는 능력, 여타 자격증, 해외의 수학 교육에 궁금증이 생겨서 지원했던 해외 봉사 활동, 국내 출판사에서 출판되는 수학 교재를 검토했던 경험, 다양한 사람과 어울릴 수 있음을 보여줄 수 있었던 여러 동아리 활동, 문과에서 이과로 전과해 다시 수학 교육과에 진학했던 근성 있는 모습, 지속적인 교직관에 대한 성찰 등이 복합적으로 작용해 역량 있는 예비 교사임을 당당히 어필할 수 있었고, 결국 합격이라는 함숫값을 도출해냈다고 봅니다.

사립 정교사 채용과 관련해 더 해주고 싶은 말이 있다면요?

자신의 목소리에 귀기울이세요. 결국 내가 '좋은 교사'가 되기 위해 무엇을 해야 하는지, 어떤 교육관을 정립해야 하는지, 수업은 어떻게 해야 하는지, 어떻게 하면 수업을 잘할 수 있는지, 아이들과의 관계와 선생님들과의 관계는 어떻게 만들어나가야 하는지, 급변하는 학교 현장에서 무엇을 준비해야 하는지, 내가 교사로 채용될 만한 역량을 정말 갖추고 있는지 등은 다른 사람이 말해주거나 가르쳐주는 것이 아닙니다. 끊임없는 자아성찰과 함께 직접 발로 뛰며 경험해야 합니다. 이렇게 나 자신을 성장, 발전시킨다면 내 가치를 알아봐주는 학교는 반드시 있을 것입니다.

현재 관심 분야 혹은 꿈은 무엇이며 어떤 노력을 하고 있나요? 어떤 교사가 되고 싶나요?

EBS 강사가 되는 것이 가장 가까이 있는 꿈입니다. 올해 처음 교직에 들어오다 보니, 수업 준비, 행정 업무, 동아리 준비, 방과후 학교, 동료 선생님 및 학생들과의 소통만으로도 벅차서 뭔가를 특별히 준비할 여유는 없지만, 온라인 강의도 결국 수업과 관련된 실력이 가장 중요하다고 판단하고 매일 하게 되는 수업 준비를 열심히 하고, 모의고사 문제를 풀면서 수능 문제에 대한 감각을 유지하기 위해 노력하고 있습니다. 업무가 좀더 익숙해지면 수업 실력 향상을 위해 본격적으로 공부를 더 할 생각입니다. 수업 잘하고 소통하는 교사, 학생들의 꿈을 찾아주고 학생들에게 좋은 기억으로 남는 교사가 되고 싶습니다.

재수, 문이과 전향, 사범대로 전과, 편입, 교직 이수, 부전공 등을 선택하는 것에 대해 고민하고 있는 대학생에게 마지막으로 해주고 싶은 말이 있다면요?

단순히 답변할 수 있는 내용은 아닌 것 같아 핵심 두 가지만 말씀드린다면 첫째, 하고 싶으면 일단 하세요. 둘째, 자신의 목소리에 귀를 기울이세요.

대학원은
어떤 곳일까?

사범대, 교직 이수와 더불어 중등 교원이 될 수 있는 방법으로 교육대학원 진학이 있다. 일반대에서 교직 이수를 하지 않고 교육대학원으로 진학한 선생님의 이야기를 들어보자.

신문방송학과에서 교육대학원 국어교육 진학

학부 전공, 석사 전공과 더불어 자신이 밟았던 과정을 소개해주세요.

학부는 서울 소재 대학에서 신문방송학과를 본전공으로 국어국문학과를 복수전공했습니다. 석사는 교육대학원에서 국어교육을 전공했고요. 원래 목표는 영화감독이었고 학부 2학년을 마치고 입대했습니다. 전역 후 3학년 1학기까지 본전공(신문방송학) 수업 수강 후 진로를 고민하면서 진로 변경을 고려하기 시작했습니다. 우연한 계기에 접한 윤동주의 시로 현대 시에 관심을 갖게 되었고, 시와 관련된 직종을 알아보던 중 교사를 떠올렸습니다. 학부에 교직 이수 과정이 없어 막막해하던 중 교육대학원을 알게 되어 대학원 입학 준비를 시작했습니다. 3학년 2학기부터 국어국문학 전공 수업 5개, 본전공 1개, 교육학 1개씩 수강했습니다(3학년 1학기 때까지 전공 수업을 많이 들어두어 가능한 점도 있습니다. 본전공 졸업 요건에 미달되었다면 불가능한 시간표겠죠). 4학년 2학기까지 교육대학원에서 요구하는 국어국문학 전공 학점과 교육학 학점을 달성했습니다. 졸업 학기에 교육대학원 면접을 보러 다니고 최종적으로 서울 상위권, 중위권 교육대학원 네 군데에 합격해 가장 좋은 학교를 골라 입학했습니다. 2년 반 동안의 과정을 마치고 논문이 통과돼 28세에 대학원을 졸업했습니다(학부 4년, 군대 2년, 대학원 2년 반).

교육대학원에는 어떤 사람들이 진학하나요? 교육대학원은 왜 가는지 부류를 나누어 설명해주세요.

개인적인 생각으로 교육대학원을 진학하는 최우선 목적은 교원자격증 취득에 있는 것 같습니다. 교육대학원의 본래 취지인 현직 교원 재교육으로서의 기능은 현저히 떨어져 보입니다. 제 경우, 입학 동기 중에 40대 현직 선생님도 계셨지만 30대 초반 국문과 남학생(서울 중위권 대학), 본인(26세), 20대 중반 역사과 여학생(서울 하위권 대학), 20대 중반 국문과 여학생 2명(수도권 대학) 이렇게 5명이었습니다. 현직 교원은 등록금 지원이 많고 야간 수업이기 때문에 다니는 데 부담은 없어 보였습니다. 현직 교원이 교육대학원을 다니는 경우는 더 좋은 학벌을 원하거나 순수히 공부에 대한 동기, 또는 승진 가산점을 목표로 입학하는 것 같습니다.

교사가 되기 위해 교육대학원에 가는 비율은 어느 정도이고, 교육대학원에서 교사를 하는 사람이 많은지도 궁금합니다.

교육대학원 입학을 준비하는 단계에서 만난 스터디원 대부분은 교사가 목표였습니다. 학벌을 높이기 위해 교육대학원에 입학하는 사람은 소수였습니다. 사립 교원을 목표로 입학하는 사람도 소수 있는 것 같습니다.

입학 후엔 수업과 임용고시 공부를 병행하며 열심히 준비하는 사람도 있지만, 졸업이 임박했을 즈음엔 대부분의 사람의 진로가 바뀌어 있었습니다. 사교육(학원) 쪽으로 전환한 사람도 있고, 일반대학원 박사과정으로 입학하는 사람도 선후배 포함해 상당수 있었습니다. 아무래도 임용고시에 대한 철저한 대비 없이 입학했거나, 3학기 때 교생 실습, 4학기 때 졸업 시험, 5학기 때 학위 논문 등의 현실적인 벽(?)에 부딪혀 공부가 느슨해지고 단순히 졸업이 목표가 돼버린 경우를 많이 봤습니다.

교육대학원 진학은 언제, 어떻게 결심하게 됐나요?

군대 전역을 앞둔 시점, 그리고 3학년 1학기 무렵에 진로에 대해 진지하게 고민하기 시작했습니다. 아주 사적인 것이지만, 군대 시절 병영도서관에서 읽었던 '윤동주 시집'에 감명 받아 시에 흥미가 생겼고 국문학에 관심을 갖게 됐습니다. 또 본전공이 신문방송학이라 언론 계통이나 방송 계통 진로를 고려하고 있어 국문과 수업을 청강할 계획도 있었습니다. 진로를 바꾼 계기는 본전공인 신문방송학에 대한 열정과 흥미가 부족하고, 취직이 된다 하더라도 제가 꿈꾸었던 미래(특히 생활 패턴이나 수입 부분에서)와는 상당한 괴리가 느껴져서 교사라는 직업이 더 매력적으로 다가온 듯합니다. 결과적으로 현실적인 여건(대학원 학비에 대한 부담이 크게 없음)+국문학에 대한 호감과 호기심(본전공인 신문방송학은 학문이란 느낌보다는 취업을 위한 교육에 가까운 느낌?)+직업관(전문직에 대한 갈망)이 합쳐져 교육대학원 진학을 결심한 것 같습니다.

교육대학원에서 해당 전공을 선택하게 된 계기는 무엇인가요? 지금 전공(진로)에 만족하고 있는지요?

상당히 만족하고 있습니다. 현재 목표는 정교사이지만, 정교사 목표 달성 후 시 부문에서 등단해 작가가 되고 싶습니다. 등단 후 시집을 내고 문예 창작이나 비평 쪽으로 박사과정을 밟아 교육자이자 문학인으로서 살아가는 삶을 꿈꾸고 있습니다.

교육대학원에 진학하는 데 관련 정보를 얻을 수 있는 곳을 알려주세요.

다음 카페 '교육대학원 준비생(http://cafe.daum.net/GraduateSOfEdu)'이 매우 유용합니다. 준비 과정이 상세히 나와 있고, 스터디 모임이 활성화되어 있어서 저도 많은 도움을 받았습니다.

교육대학원은 대학별로 어떤 차이가 있나요? 어떤 기준으로 대학을 선택하나요?

기본적으로 학부 수준에 따른 대학 인지도가 있습니다. 다만 특수대학원이기 때문에 이러한 이름값이 절대적인 선택 기준이 될 수는 없겠죠. 저는 입학을 원하는 교육대학원의 학부 과정에 사범대가 있는지, 사범대가 있다면 내가 지원하는 전공 과정이 있는지, 학부생과 교육대학원생의 교류 및 지원 유무(임용 특강, 스터디룸 대여 등등) 등이 있는지 고민했습니다. 이런 기준에 따라 사범대와 교육대학원 모두 국어교육 전공이 있는 대학에 입학했습니다. 실제 교육대학원 재학 중 학부 국어국문과 수업과 국어교육과 수업을 청강해 많은 도움을 얻었습니다. 참고로 제가 교육대학원 입학을 준비하며 정리한 사범대 관련 자료를 아래에 첨부하겠습니다.

의외로 사범대가 있는 대학이 많지 않고 사범대가 있어도 학과 수가 교육대학원에 비해 현저히 적어서 교육대학원과 사범대가 일치하는 곳은 얼마되지 않습니다. 학부에 사범대가 있다 해도 사범대에 자신이 원하는 과가 없다면 사범대가 없는 거나 마찬가지겠죠? 서울에 있는 29개 대학을 조사했습니다. 앞으로 교육대학원에 지원하는 이들은 참고하길 바랍니다.

아래 자료는 대학별 사범대 유무 및 사범대(학부)와 교육대학원 모두 개설된 학과를 알려주는 자료입니다. 교원 양성 기관 평가로 인해 인원 감축, 폐지가 있을 수 있습니다. 공식 홈페이지에서 꼭 재확인하길 바랍니다.

사범대 유무와 교육대학원 해당 학과
가톨릭대 / 사범대 없음
건국대 / 사범대 있음 / 영어교육, 수학교육, 일어교육, 체육교육, 음악교육, 교육공학과
경희대 / 사범대 없음
고려대 / 사범대 있음 / 교육학과, 국어교육, 영어교육, 수학교육, 체육교육, 가정교육, 지리교육, 역사교육, 컴퓨터교육
광운대 / 사범대 없음
국민대 / 사범대 없음
단국대 / 사범대 있음 / 수학교육, 과학교육, 체육교육, 한문교육, 특수교육
덕성여대 / 사범대 없음
동국대 / 사범대 있음 / 국어교육, 수학교육, 역사교육, 지리교육, 가정교육, 체육교육
명지대 / 사범대 없음
삼육대 / 사범대 없음 / 교육대학원 없음
상명대 / 사범대 있음 / 교육학과, 국어교육, 영어교육, 수학교육, 불어교육, 일어교육
서강대 / 사범대 없음
서경대 / 사범대 없음 / 교육대학원 없음

서울대	사범대 있음 / 교육학과, 국어교육, 영어교육, 수학교육, 독어교육, 사회교육, 역사교육, 지리교육, 윤리교육, 불어교육, 물리교육, 화학교육, 생물교육, 지구과학교육, 체육교육
서울시립대	사범대 없음
서울여대	사범대 없음
성균관대	사범대 있음 / 교육학과, 수학교육, 컴퓨터 교육, 한문교육
성신여대	사범대 있음 / 교육학과, 한문교육, 사회교육, 윤리교육, 유아교육
세종대	사범대 없음
숙명여대	사범대 없음
숭실대	사범대 없음
연세대	사범대 없음 / 체육교육학과
이화여대	사범대 있음 / 교육학과, 국어교육, 영어교육, 수학교육, 유아교육, 초등교육, 사회교육, 과학교육, 특수교육, 교육공학과
중앙대	사범대 있음 / 교육학과, 영어교육, 유아교육, 가정교육, 체육교육
한국외대	사범대 있음 / 교육학과, 영어교육, (한)국어교육, 체육교육, 불어교육, 독일어교육
한성대	사범대 없음
한양대	사범대 있음 / 교육학과, 국어교육, 영어교육, 수학교육, 미술교육, 교육공학과
홍익대	사범대 있음 / 교육학과, 국어교육, 영어교육, 수학교육, 역사교육

표를 설명하자면, 연세대는 학부에 사범대학은 없으나 교육과학대학이란 단과대에 체육교육학과가 있습니다. 다른 교과교육과 사범대는 없습니다. 하지만 교육대학원에는 웬만한 교과교육 전공이 다 설치되어 있습니다.

주요 전공별 사범대 및 교육대학원 중복 개설 대학

학부에 사범대 ○○교육과가 있고 동대학원에도 해당 전공이 설치된 대학의 목록입니다. 마찬가지로 공식 홈페이지에서 확인해보길 바랍니다. 한문교육처럼 사범대와 교육대학원이 모두 설치된 곳이 3개 미만인 학과는 소개하지 않았습니다.

- 교육학과: 고려대, 상명대, 서울대, 성균관대, 성신여대, 이화여대, 중앙대, 한국외대, 한양대, 홍익대
- 가정교육: 고려대, 동국대, 중앙대
- 국어교육: 고려대, 동국대, 상명대, 서울대, 이화여대, 한국외대, 한양대, 홍익대
- 사회교육: 서울대, 성신여대, 이화여대
- 수학교육: 건국대, 고려대, 단국대, 동국대, 상명대, 서울대, 성균관대, 이화여대, 한양대, 홍익대
- 역사교육: 고려대, 동국대, 서울대, 홍익대
- 영어교육: 건국대, 고려대, 상명대, 서울대, 이화여대, 중앙대, 한국외대, 한양대, 홍익대
- 체육교육: 건국대, 고려대, 단국대, 동국대, 서울대, 중앙대, 한국외대

교육대학원 재학 중 임용고시를 고민하지는 않았나요?

많이 할 수밖에 없었습니다. 어찌 됐든 교육대학원은 목표로 가는 과정 중 한 단계일 뿐이니까요. 대학원 장학금도 1회 받고(졸업 학점 4.4), 행정실 조교를 하며 주간에는 등록금을 벌고, 야간에 수업 들으며 임용고시 스터디 모임을 병행했습니다. 하지만 일하면서 임용고시를 준비하는 것은 현실적으로 제약이 많아 연속성 있게 공부하지 못했고 띄엄띄엄 공부하면서는 지식을 내 것으로 만들기가 상당히 어려웠습니다. 그리고 사범대 출신에 비해 임용시험에 대한 정보나 주변 인프라가 부족해 졸업 때까지 정보를

모으고 특강을 듣는 데 많은 시간을 들였던 것 같습니다.

비사범대 출신의 교육대학원 졸업생을 사립학교에서 어떻게 바라보나요?

기간제 교사를 준비하면서 동료 교사나 인사권자가 교육대학원 출신에 대해 좋지 않은 선입견이 있을 거라 생각했고, 저 또한 비사범대 출신이라는 것에 대한 상당한 콤플렉스가 있었습니다. 하지만 저의 학부 본전공이 국어국문학이 아닌 신문방송학이었다는 점, 또 일반대학원 학위에 비할 바는 아니지만 교육대학원 석사 출신이라는 점은 채용에 있어 분명한 메리트로 작용하는 듯했습니다. 오히려 '비사범대 출신인데 이렇게 수업을 하네? 괜찮은데'라는 긍정적인 반응을 면접 때 느낄 수 있었습니다(수업 능력과 전공에 대한 지식이 제일 중요하겠죠). 기간제 교사나 사립 정교사에 지원할 때는 비사범대 출신이라는 것보다는 경력이 얕은 것이 가장 큰 걸림돌이라 생각됩니다. 학교마다 다르겠지만 공립에 비해 사립은 비사범대 출신을 보는 시선이 훨씬 관대하다는 것이 느껴집니다(공립 중학교 1년, 사립고등학교 2년 근무 중). 물론 개인적으로 얘기하다 보면 대학원 출신이나 교직이수 출신에 대한 안 좋은 선입견을 가진 교사도 분명 있습니다. 교원자격증 남발이나 티오와 관련해 사적인 자리에서 말씀하시더라고요. 하지만 개인의 가치관에 따라 차이가 있고, 민감한 문제이기 때문에 공론화하거나 대놓고 말하는 경우는 없었습니다.

비사범대, 교육대학원 출신으로서 교사가 되었을 때의 장단점은 무엇인가요?

정형화돼 있지 않은 개성 있는 수업을 할 수 있는 것 같습니다. 저는 국어 수업을 할 때 본전공이었던 신문방송학 관련 영상이나 이론을 많이 활용하는 편입니다(시 수업을 할 때는 영화를 활용하거나 광고를 활용합니다). 개인적으로 교사의 수업 역량은 삶의 경험에서 나오는 것이라 여기기 때문에 어떤 면에서는 비사범대 출신 교사가 더 강점을 갖고 있다고 봅니다.

현재 관심 분야나 꿈은 무엇이며 어떤 노력을 하고 있는지요? 어떤 교사가 되고 어떤 사람으로 살고 싶나요?

현재 사립학교 기간제 교사로 재직 중이고 임용고시 공부도 꾸준히 하고 있습니다. 1차 목표는 정교사, 2차 목표는 시인, 3차 목표는 관심 분야(문학, 역사, 철학)의 권위자가 되는 것입니다. 바라는 교사상은 배움을 넓히는 교사, 나만이 할 수 있는 수업을 설계하고 실행하는 교사, 겸손하되 자존감을 가진 인간이 되는 것입니다.

교육대학원을 희망하는 비사범대생과 더불어 사범대생 등 모든 예비 교사, 예비 교육자들에게 해주고 싶은 말은 무엇인가요?

2년 혹은 2년 반의 교육대학원 생활을 의미 있게 보내길 바라며, 자신만의 청사진을 머릿속에 그리며 끊임없이 정진하는 사람이 되었으면 합니다. 대충 다니면 한없이 대충 다닐 수 있고, 얻으려면 얼마든지 얻을 것이 있는 곳이 교육대학원입니다. 주위를 둘러보시고 선배들에게 자문을 구해 최종 목표에 알맞은 대학원을 선택하길 바랍니다.

연수 휴직하고 일반대학원 수학교육과 진학

학부 전공, 석박사 전공 등 현재 자신이 밟고 있는 과정을 소개해주세요.

고려대학교 사범대학에서 수학교육을 전공했고 교직에 있다가 지금은 서울대학교 일반대학원에서 수학교육을 전공하고 있습니다.

어떤 사람(교사)들이 일반대학원에 진학해 교육 분야의 세부 전공을 하게 되나요? 또 어떤 이유로 진학하는지요?

우선 일반대학원은 대학의 연장선상으로 보는 것이 가장 맞는 개념입니다. 즉, 학문 자체의 연구를 목적으로 하며 연구생 생활을 하는 곳이에요. 그래서 교사들 중에는 교직 생활을 하다가 본인의 담당 교과에 대한 학문적 연구의 필요성을 느끼는 분들이 진학하는 것 같습니다.

어떤 계기로 교직에 있다가 연수 휴직 후 일반대학원에 진학하게 됐나요?

저는 학부 때 전공 공부를 하면서 흥미를 느껴 공부를 계속하고 싶다는 생각을 갖고 교직에 들어왔어요. 그래서 교직 생활 2년 차에 대학원에 입학해 공부와 일을 병행했습니다. 하지만 공부에 많은 시간 투자하기가 어려워 연수 휴직을 결정했어요.

일반대학원과 교육대학원의 차이는 뭔가요? 주로 어떤 사람들이 일반대학원에 진학하나요? 일반대학원생 중 현직 교사 대 학부 졸업생의 비율도 궁금합니다.

우선 대학원 정규 과정 및 생활은 상황마다 차이점이 있을 수 있다는 것을 전제로 이야기할게요. 같은 대학원이라도 지도 교수에 따라 연구 주제가 다른 것은 물론이고 대학원 생활에서도 크게 차이가 납니다. 제가 하는 답변은 제 경험에 근거한 것이라 대학원, 지도 교수에 따라 차이가 있을 수 있습니다.

두 대학원의 가장 큰 차이는 목적에 있는 것 같습니다. 우선 일반대학원은 대학의 연장선상에 놓여 있습니다. 즉, 학문 연구 자체를 목적으로 하며 연구생 생활을 하는 곳이에요. 그래서 정규 수업은 주로 주간에 이루어지며 리서치를 하거나 논문을 작성하게 됩니다.

교육대학원은 특수대학원의 한 종류에 속한다고 보는데요. 특수대학원은 직장인들이 직장 생활과 병행할 수 있는 곳으로 알고 있어요. 그래서 대부분의 수업도 주로 야간에 이루어지고(물론 학교마다 다를 수 있겠죠) 주로 교사 양성 및 교사들의 전문성 향상을 목적으로 합니다. 수업도 학술 연구보다 현실적인 상황 및 사례에 적용 가능한 내용 위주로 진행되는 것으로 알고 있습니다.

일반대학원에는 학술 연구에 대한 관심과 흥미가 있는 이들이 많습니다. 우리 대학원은 교직 생활을 하고 온 분들과 학부 졸업생의 비율이 1대 1쯤 됩니다.

현직 교사의 연수 휴직과 그 방법에 대해 소개해주세요.

우선 많은 사람이 헷갈려하는 점을 말씀드리자면, 현직 교사의 연수 휴직은 파견과 다릅니다. 가장 큰 차이점은 연수 휴직은 연수를 위해 휴직(일을 쉰다)하는 것으로 급여를 받지 않습니다. 반면 파견은 업무의 연장선상으로 해당 기관에서 근무하는 것이기에 각종 수당을 제외한 급여를 받습니다. 또한 경력 인정 또한 차이가 나는데, 연수 휴직은 연수 기간에 50퍼센트 인정되는 반면, 파견은 100퍼센트 모두 인정됩니다.

연수 휴직을 신청하는 데 어려움은 없었나요?

서울시 교육청에서는 교육 경력이 3년 이상인 경우에 한해서만 연수 휴직 신청이 가능한데요, 그 외에는 절차상의 큰 번거로움이나 어려움은 없습니다.

사립학교에서는 공립학교에 비해 상대적으로 자율성이 떨어진다던데 연수 휴직을 한 사립학교 선생님도 있는지요?

연수 휴직을 하고 온 사립학교 선생님은 아직 못 뵈었습니다. 사실 대학원은 주로 지도 교수님 아래의 팀 단위 생활이라 다른 팀원들에 대해 모두 알지는 못하지만, 우리 팀원들은 공립학교에 있다가 오셨거나 학부를 졸업하고 온 분들입니다. 아마도 사립학교 선생님들은 학교 업무 및 교원 수급 사정과 더 밀접한 관련이 있다 보니 일반대학원 진학을 많이 하지 않는 것 같습니다. 교육대학원에 진학한 사립학교 선생님은 많이 봤습니다.

현직 중에 일반대학원에 진학하려면 어떤 준비를 하고, 어떤 자격을 갖춰야 하나요? 관련 정보를 얻을 수 있는 정보처가 있다면 알려주세요.

대학원 자체를 놓고 보면 진학 이유와 목적을 고민하는 것이 첫 번째로 준비해야 할 사항입니다. 또한 일반대학원에 진학하려면 학술 연구에 대한 관심과 흥미를 최우선시해야 할 것입니다. 그 외에 특별히 준비할 것은 없습니다.

한편 서울대 대학원 수학교육과는 지원 자격으로 텝스 점수(551점 이상)를 요구합니다. 석사과정은 학위 소지자라면 누구나 지원 가능하며(교원자격증이 없어도 지원 가능) 박사과정은 석사학위(수학, 통계, 수학교육 중 하나)가 있어야 합니다. 정보처는 각 대학원의 해당 학과의 입학처 홈페이지가 가장 정확할 것입니다.

일반대학원은 대학별로 어떤 차이가 있나요? 특히 서울대 대학원에 진학하는 사람이 많을 것 같습니다. 어떤 진로로 나아가기 위해 서울대 대학원에 진학하나요?

대학별 차이는 잘 모르겠고, 대학원 생활은 학교마다 다양해서 직접 경험하지 않고는 잘 모릅니다. 서울대 수학교육과 대학원은 우리나라 수학교육 연구의 중심이 되는 곳 중 하나입니다. 그래서 실제로 대학원에서 공부한 후 연구소나 대학의 전문 연구자로 진출하는 이들이 있습니다.

일반대학원에서 해당 전공을 선택한 계기는 무엇인가요? 지금 전공(진로)에 만족하고 있는지요? 수학교육과이지만 수학 논문을 쓰게 된 이유는 무엇인가요?

우선 저는 교직 생활 동안 단위 학교의 영재학급을 운영했고 영재 교육에 관심이 많습니다. 영재 교육의 핵심은 영재 교육 대상자의 연구 능력 개발이라고 생각합니다. 그래서 영재 교육과정에는 창의적인 산출물 대회가 반드시 있는 것이고요.

저 또한 연구 능력을 갖춰야 더 좋은 영재 교육을 할 수 있다고 판단했습니다. 그래서 수학 교육의 방법론보다는 수학 자체를 공부해 연구 지도 역량을 갖추고 싶었고, 수학 중에서도 영재 수업에 적용이 많이 되는 그래프 이론을 중심으로 공부하고 있습니다. 끝으로, 이 분야는 기존 지식이 많지 않은 상황에서도 창의적인 풀이가 빈번히 나올 수 있기에 흥미로우며 다양한 활용 가능성을 갖추고 있습니다. 이를 대학원에서 공부할 수 있어 만족스럽고 연수 휴직을 통해 좀더 전문성을 키울 기회를 얻어 감사한 마음으로 생활하고 있습니다.

일반대학원에서 해당 분야를 연구한 후 진출 가능한 분야, 직종으로 어떤 것들이 있는지요?

보통은 전문 연구자, 교직으로 가는 것 같습니다. 우리 팀원들 중에는 연구소나 대학에서 교수로 근무하고 있는 분들이 있습니다.

일반대학원으로 진출하는 (모든 교과의) 선생님들은 대학원 졸업 후 어떤 진로로 나아가게 되나요?

다른 교과는 잘 모르지만, 수학교육과와 비슷할 거라고 생각합니다. 교직에서 일하다가 오는 분들은 거의 교직으로 복직합니다. 그리고 학부 졸업생들은 교직에 진출하거나 전문 연구원이 되기도 합니다.

졸업 후 관심 있는 진로나 꿈은 무엇이고 어떤 노력을 하고 있는지요? 어떤 교사가 되고, 어떤 사람으로 살고 싶나요?

제 꿈은 세상을 더 좋은 곳으로 만드는 것입니다. 이를 위해 교직에서 최선을 다하면 결국 제 꿈을 실현시킬 초석이 되리라 믿습니다. 저는 교육자이면서 연구자가 되고 싶습니다. 연구 없는 교육자는 그 내실이 공허해지며 교육 없는 연구자는 한정적인 발전에 갇힌다고 생각합니다. 이를 위해 교육과 연구를 계속해나갈 것입니다. 실생활에서 할 수 있는 노력으로는 연수 참여, 교재 연구, 독서를 꼽을 수 있겠습니다.

그리고 학생들의 기억 속에 열심히 노력했던 선생님으로 남고 싶습니다. 학생들이 갖춰야 할 가장 중요한 자질은 교과 지식의 습득보다는 삶에 대한 충실한 태도라고 믿기 때문입니다. 그리고 이를 말보다 제 삶의 모습으로 전할 수 있다면 좋겠습니다.

간단하게는 제가 원하는 삶을 주도적으로 살고 싶습니다. 이루려는 것들, 하고 싶은 것들을 누리는 삶이 되길 바랍니다. 제 성취와 성공들이 다른 사람들에게 혜택과 긍정적인 영향을 줄 수 있다면 좋겠어요.

사범대생을 비롯한 모든 예비 교사, 예비 교육자들에게 해주고 싶은 말이 있다면요?

모든 일은 직접 겪어보기 전에는 그 실체를 알기 매우 어려운데, 교직도 마찬가지입니다. 겉에서만 봐온 모습들에 현혹되지 않고 진로를 결정했으면 좋겠습니다. 예를 들어 방학과 연금으로 인해 '교사는 좋은 직업이구나'라는 생각, 뉴스에서 심심치 않게 접하는 교권 몰락에 대해 '교직은 정말 힘든 곳이구나'라는 생각에 휘둘리지 않았으면 합니다. 그래서 예비 교사들에게 가장 중요한 것은 교생 실습인 것 같습니다. 교생 실습을 하나의 의무 과정으로서가 아니라 성심을 다해 수행한다면 이 분야에 대해 미리 알 수 있을 것입니다.

제가 생각하는 교사의 가장 중요한 자질은 '사람의 변화 가능성에 대한 믿음'인 것 같습니다. 알다시피 교직이란 학생들을 잘 성장시키는 것을 목적으로 합니다. 그런데 사람은 변할 수 없다는 생각이 지배적이면 담임 업무에서도, 교과 수업에서도 자기 역량을 발휘하기 어렵습니다. 따라서 학생들이 긍정적으로 성장할 수 있다는 믿음을 갖고 이를 보호하는 것이 교직 생활을 잘하는 비법일 것 같습니다. 그럼 앞으로 교직 현장에서 만나게 될 여러분을 기대하며 기다리고 있겠습니다.

교육학과는
임용고시를
볼까?

교육학과 학생들은 교사를 희망할까? 교육학과에서는 어떤 것을 배울까? 교육학과 분들의 이야기를 들어보자.

교육학과에서 역사교육 복수전공 하기

교육학과에 어떻게 입학하게 되었는지와 함께 교육학과에 대해서 소개해주세요.

저는 교육학과에 재학 중인 4학년 학생입니다. 사범대에 관심 있는 분들도 교육학과는 좀 생소하게 여길 수 있는데, 저도 고등학교 2학년 말에 교육학과를 처음 알게 되었고 실제로 교육학과가 있는 대학은 많지 않아요.

저는 처음부터 교육학과를 희망하진 않았습니다. 교사를 꿈꾸며 교대를 준비했는데 수능 성적이 잘 나오지 않았습니다. 재수를 고민하며 수능 후 몇 주간 공부도 해봤지만, 고3 때 이미 많이 지쳤기에 더 공부할 자신이 없더라고요.

교육에 관심이 있고 교사가 되고 싶은 마음이 커서 사범대 입학을 고려하게 됐고 사범대 학과 중 제 성적으로 입학할 수 있는 곳이 교육학과였어요(제가 입학할 당시 수능 커트라인으로 보면 교육학과가 사범대의 영어, 국어과보다는 낮고 역사과랑 비슷했던 것으로 기억합니다). 사범대 내에서는 복수전공이 가능하다는 이야기를 들었고 교육학과에 진학해서 영어교육과를 복수전공할 생각이 있었어요. 어떻게 보면 성적을 맞춰서 입학했던 것이지만 전공 수업을 너무 재미있게 듣고 있습니다.

교육학과에서는 교육 정책, 행정, 사회, 철학, 문화, 심리, 통계 등 교육에 대한 모든 것을 배워요. 교직 과목과 비슷한데, 교직과 다른 점은 교직이 전반적인 내용을 다루는 반면 전공에서는 세세한 내용을 다룬다는 것입니다. 예를 들어 교육학 전공 과목에는 교육철학이 있고 교직에는 교육철학 및 교육사라는 과목이 있는데요, 이 두 과목은 이름도 비슷하고 배우는 내용도 다르지 않습니다. 하지만 교직 과목인 교육철학 및 교육사에서는 고대부터 현대까지의 교육철학과 교육 역사 전반의 내용을 다루고 진보주의 교육철학은 교재에서 2장 정도 다루는 데 반해, 전공 과목인 교육철학에서는 진보주의 교육철학에 대해 한 권의 책을 가지고 한 학기 동안 공부했어요. 또 교직에서는 교육사를 교육철학과 함께 다루지만, 교육학 전공에는 교육사를 세 과목을 나누어(서양 교육사, 한국 교육사, 동양 교육사) 별도로 개설하는 점이 다르다고 볼 수 있죠. 즉 교육학 전공에서는 교직보다 더 깊이 있는 내용을 다룬다고 보면 됩니다.

교직은 지식의 전달과 정보 습득의 측면이 크겠지만, 교육학 전공에서는 스스로 생각을 많이 하게 됩니다. 실제 제 교육관을 정립하는 것에도 도움을 많이 받았던 거 같아요. 교육학과에 진학하지 않더라도 교육에 관심 있다면 교육학 전공 수업을 듣길 추천합니다. 분명 교직이나 사범대의 다른 교과교육 전공 과목과는 다른 매력을 느끼실 겁니다.

언제, 어떻게 복수전공을 하게 됐는지요? 그 과정에 대해서도 설명해주세요.

영어교육 복수전공을 희망하면서 교육학과에 입학했다고 말씀드렸는데요, 결론적으로 영어가 아닌 역사를 복수전공 하고 있어요. 대학에 입학한 뒤 영어를 학문으로 배우고 싶지 않다는 생각이 커졌고 교사를 원하는가에 대해서도 확실하지 않았어요. 하지만 교직 자격증이 있으면 없는 것보다 낫겠다는 생각에서 사범대 교과 중 하나를 택했는데, 그게 바로 역사였어요. 그래서 2학년 2학기부터 역사교육 복수전공을 시작했습니다.

우리 교육학과의 한 학번 정원은 14명이에요. 동기 중 4명은 국어교육, 1명은 영어교육, 1명은 영문학, 1명은 국문학, (저 포함) 2명은 역사교육학과를 복수전공 하고 있어요. 총 9명이 복수전공을 하는 건데, 이 중 1명을 제외한 8명이 임용시험을 보려 하고 있어요.

우선 국어와 영어를 제일 선호해요. 사범대 중 다른 과에서도 영어, 국어는 지원을 많이 하는 편이어서 복수전공 신청 전에 선수 과목도 수강해야 하고 선수 과목의 학점도 일정 수준을 넘어야 복수전공 신청에 합격하더라고요. 그에 비해 역사교육이나 사회과는 지원자가 많지 않아서 어렵지 않아요.

그리고 교육학과에서는 인문대 과목을 복수전공 해도 교원자격증을 취득할 수 있어요. 그래서 영어교육 대신 영문학, 국어교육 대신 국문학을 복수전공 하는 거예요. 영어와 국어가 복수전공 과목으로 인기가 많지만 최근 이 두 과목의 정원이 많이 줄고 경쟁률이 높아져서 그 외 과목에 관심을 두기도 합니다.

복수전공 과목은 51학점을 이수해야 해요. 저는 역사교육학과 전공 과목 중 필수로 45학점, 선택 과목으로 6학점을 수강해야 해요. 복수전공을 신청하고 해당 학과 사무실에 가서 필수 과목이 적혀 있는 표를 요청하면 주신답니다. 수강해야 하는 과목을 모두 이수해야 복수전공으로 교원자격증을 취득할 수 있으니 표를 참조해서 수강 계획을 수립합니다.

복수전공을 하며 어려운 점은 없었나요?

많았죠(농담). 저는 동기가 역사교육 복수전공을 하긴 하나 그 친구가 2년간 휴학하는 바람에 수업을 저 혼자 들어야 했어요. 선배 중에도 역사교육을 복수전공 하는 사람이 2명 있어서 다행히 도움이 많이 됐는데, 혼자 수업 듣는 게 쉽지는 않더라고요. 또 저는 역사라는 과목을 원래 좋아했다기보다 다른 과목보다 그나마 재미있게 들을 수 있을 거라는 생각에 선택했어요(너무 현실적인가요).

역사라는 과목이 교육학 전공을 듣는 것처럼 익숙하지 않아 초반에는 아주 어려웠어요. 공부를 열심히 한 거 같은데도 성적은 잘 안 나오고……. 그래도 역사 과목에 조금씩 익숙해지다 보니 어떻게 공부하는지 감이 오고 내공도 생기더라고요. 이번 학기를 수강하면 역사교육에서 이수해야 하는 과목은 딱 한 과목 남는데 스스로가 대견하고, 의미 있는 과정이었다고 생각해요.

지금 진로에 만족하나요? 이전의 전공만 할 때와 다른 점은 무엇이 있나요?

처음 역사 교사를 꿈꾸며 복수전공을 시작하진 않았지만 지금은 역사 교사를 꿈꿉니다. 교사가 되고 싶다는 마음이 컸는데 다행히 복수전공을 해 역사 임용고시를 준비하게 됐어요.

제가 만약 교육학만 공부했다면 교육학이 활용되는 방법에 관해서는 추상적인 생각에 그쳤을 거 같아요. 교육과정이나 공학 등을 복수전공 하고 있는 역사 교육에 대입해 수업에서 어떤 식으로 활용할지 생각해볼 수도 있으니까요.

사실 저는 역사학보다 교육학 공부가 더 재미있어요. 복수전공을 하지 않았다면 교육학 과목을 더 많이 수강할 수 있었겠죠. 그렇지만 제가 교육학에서 배운 학문과 나름대로 형성된 교육철학이 학교 현장에서는 어떤 의미가 있을지 궁금하고 기대됩니다. 또 교육학만 전공했다면 학교 현장에서 교사로 일할 기회를 얻기 매우 어려웠을 거예요. 역사 교사가 되기도 쉽지는 않지만, 복수전공을 한 덕분에 교사를 꿈꿀 수 있어 복수전공을 택한 것에 만족합니다.

사학과에서 교직 이수를 하는 것과 교육학과에서 역사교육을 복수전공 하는 것은 어떤 행정적, 실질적 차이가 있나요?

사학과에서 교직 이수를 하는 건 사학과 과목에 교직 이수 과목을 수강하는 것이기에 공부하는 비중이 교육보다는 역사 자체에 많이 집중될 거예요. 교직 과목은 22학점만 이수하면 되거든요.

역사교육과의 전공 과목은 크게 다섯 갈래로 나뉘어요. 한국사, 서양사, 동양사, 역사학, 역사 교육인데, 이 중 역사교육학과의 특징이 보이는 과목은 역사 교육이지요. 나머지 과목은 사학과에서도 배울 수 있는 내용입니다. 주로 통사를 설명하는 수업 위주였어요.

역사 교육 과목은 세 가지로, 역사교육론, 역사교육논술, 역사교재연구 및 지도법입니다. 이 세 과목은 역사 교육에 대한 이론을 공부하고 직접 소논문도 써보고 교생 실습을 준비해서 수업 시연도 연습하는 과정을 포함하고 있어요. 교사를 꿈꾸는 학생들끼리 역사를 어떻게 가르칠 것인가를 함께 고민할 수 있어 다른 역사 교육 과목보다 재미있게 들었어요. 사학과에서 교직 이수를 하더라도, 위 세 과목을 이수하겠지만 교사를 꿈꾸는 사범대 학생들과 공부하는 분위기와는 조금 다를 것 같습니다.

현재 본인의 관심 분야나 꿈은 무엇이며 어떤 노력을 하고 있는지요?

제 꿈은 대한민국의 적절한 교육 정책 수립에 기여하는 거예요. 교육학과 수업을 들으며 핀란드 교육에 대한 얘기를 많이 들었어요. 학과에서 핀란드 교수님을 추천하셔서 그분이 말하는 핀란드 교육에 대해 들었는데, 우리가 좋다고 생각하는 교육도 그들은 나름 문제점을 지적하고 계속해서 수정·보완해나가고 있다고 하더라고요. 궁금해져서 직접 핀란드를 가봤어요. 학교를 찾아간 것은 아니고 워크캠프에 참여해서 일주일간 작은 마을에서 생활하며 마을 사람과 학생들을 만났습니다. 거기서 느낀 점은 그들과 우리는 너무 다르다는 거였어요. 핀란드는 공항에서 시내로 오는 거리에도 커다란 나무가 많고요, 날씨는 몹시 추워요. 여름에도 얇은 패딩을 입을 정도로. 이런 자연환경이 교육과 무슨 상관이 있느냐고 말하겠지만 저는 그 작은 차이가 중요하다고 느꼈어요. 배워야 하는 건 배워야 하지만 맹목적으로 그들의 것을 따라하는 것보다는 우리 것을 만들어야겠다는 생각이 들었어요. 우리 것을 만들려면 우리 학교 교실의 모습이 어떤지를 먼저 파악해야 할 거예요. 그래서 원래는 정말 피하고 싶었던 임용고시지만 시험을 준비해 교사가 되겠다는 목표를 세웠습니다. 교사가 된 후 우리 교육 현장을 제대로 알고 싶어요. 아직 경험하지 않아서 어떤 분야를 더 공부하고 무엇을 어떻게 하겠다는 구체적인 계획은 없어요. 다만 학생들이 중심이 되는 학교, 함께 살아가는 사회를 배우고 그 방법을 터득할 수 있는 교육을 하고 싶습니다.

교직 복수전공을 꿈꾸는 교육학과 학생들과 교육학과로의 진로를 고민하는 고등학생들에게 해주고 싶은 말이 있나요? 이외에도 현재 교직 이수 과정생, 사범대생에게 해주고 싶은 말이 있다면요?

교사라는 업은 결코 쉽지 않다고 생각해요. 교사가 되는 과정도 어렵지만, 된 후에도 결코 쉽지 않습니다. 학생들은 자꾸만 변하고 사회 또한 빠르게 변하기에 자신의 철학을 가지고 교육에 임하려면 큰 노력을 투여해야 합니다. 그렇지 않는다면 '19세기 교실에서 20세기 교사가 21세기 아이들을 가르치고 있는 지금의 현실'에서 벗어나는 것은 어렵겠죠. 힘든 일이지만 그만큼 의미 있는 일이에요. 모든 변화의 시작은 교육으로부터 출발할 수 있다고 봅니다. 자신의 권리를 존중 받는 경험 있는 학생이 타인의 권리도 존중할 수 있을 테고, 민주적인 교실을 경험한 학생이 민주적인 사회를 이뤄 나갈 수 있을 거예요. 쉽지 않은 길이지만 함께 걸어 나가요.

교육학과에서 역사교육 복수전공 하기 (2)

자기소개와 함께 교육학과에 어떻게 입학하게 됐는지 이야기해주세요. 그리고 교육학과에 대한 소개도 부탁합니다.

교육학과 17학번 재학생입니다. 저는 역사교육과를 목표로 했지만 현실의 벽에 부딪혀 교육학과에 지원했습니다. 역사교육과보다 다소 낮은 교육학과에 입학해 다전공(복수전공) 하는 것을 목표로 했고, 현재 제2전공으로 역사교육과를 다전공 중입니다.

교육학과는 역사교육과, 국어교육과처럼 '과목'을 중점적으로 배우는 것이 아닌 '교육'에 대해 배우는 학과입니다. 학교마다 배우는 과목에 차이가 있겠지만, 우리 학교에서는 교육철학, 교육사회학, 교육학개론, 교육교과교육론 등을 수강합니다. 교육에 대해 어떤 학자가 어떤 언급을 했는지, 교육이 사회·환경에 따라 어떤 성격을 갖는지, 교육은 언제부터 시작했으며, 현재 어떻게 이뤄지는지 등에 대해 배웁니다.

교육학과에 합격할 수 있었던 이유는 무엇이라 생각하는지요?

지원 학과에 적합한 내신, 자기소개서와 생활기록부, 철저한 면접 준비, 다전공을 부정적으로 보지 않는 학과 특성 덕분이라고 생각합니다. 저는 애초에 정시가 아닌 수시에 지원하기로 목표를 잡았기 때문에 3학년 1학기 내신이 종료된 이후 자기소개서, 생활기록부, 면접에 집중했습니다. 자기소개서와 생활기록부를 분석하고 질문 받을 수 있는 모든 경우의 수를 정리했습니다. 이를 바탕으로 교대, 사대를 목표로 하는 학생들과 함께 면접 준비를 했습니다. 자기소개서, 생활기록부를 바탕으로 서로 질문해주고, 교육과 관련된 이슈로 토론, 토의하는 방식으로 이뤄졌습니다. 또한 선생님께 면접 지도를 받기도 했습니다. 학생들끼리 면접을 준비하는 것에는 한계가 있기 마련이라 기회가 된다면 학교 선생님 등에게 지도받는 것을 추천합니다. 저의 이러한 준비뿐만 아니라 학교의 특성도 합격에 한몫했다고 봅니다. 제가 알기로 다전공을 목표로 교육학과에 입학하는 것을 부정적으로 보는 학교가 있고, 긍정적으로 보는 학교가 있습니다. 제가 지원한 학교는 후자였기 때문에 3년 내내 교사가 목표였고, 교사와 관련된 활동을 해온 저를 부정적으로 보지 않았다고 여겨집니다.

언제, 어떻게 복수전공을 하게 되었는지 소개해주세요. 그 과정에 대해서도 설명 부탁드립니다.

저는 2학년 1학기부터 역사교육과 다전공을 하고 있습니다. 우리 학교는 1학년 2학기 말에 다전공을 신청해 2학년 1학기부터 수업에 들어갑니다. 성적 제한은 없고, 국어, 영어, 수학, 역사 중 하나를 택해 다전공할 수 있습니다. 물론 사범대 이외의 다른 학과를 다전공 하는 것도 가능합니다. 성적의 제한 유무 및 기준은 학교마다 다를 테니, 학과 홈페이지에서 확인하는 것이 제일 정확합니다. 다전공 과목인 국어, 영어, 수학, 역사의 인기도는 매년 달라지지만, 국어와 역사를 다전공하는 학생이 항상 많았습니다. 하지만 인기도를 보고 판단하기보다 그저 참고만 하는 게 좋을 듯합니다.

이전 학기가 다전공으로 수업을 들은 첫 학기였는데, 주변 대부분의 동기가 힘들어했습니다. 다전공 하는 과의 학생들은 1학년 때부터 함께 지냈기 때문에 이미 서로 친했고, 그 학생들과 새롭게 친해지는 데는 한계가 있었습니다. 그래서 정보를 얻는 데 어려움이 있었죠. 그러나 포기하지 않고 더 열심히 공부한다면 충분히 따라잡을 수 있을 겁니다.

교육학과에서 교직 복수전공을 하게 된 계기가 궁금합니다.

저는 애초에 다전공을 목표로 입학했기 때문에 다전공 선택에 고민은 없었습니다. 다만 어떤 과목을 택할지 약간 고민이 됐는데, 역사에 뜻이 있어 최종 결정을 내렸습니다.

만약 어떤 과목의 교사가 되고 싶은지 확신이 적다면 교육학과에서 1년 동안 공부한 뒤 선배님들의 경험을 들어보며 선택하는 것도 좋은 방법이겠지만, 학교마다 상황이 달라 보편적으로 적용되지는 않습니다.

또 다른 어려움을 꼽자면, 저는 역사에 대한 지식이 적어 교수님 질문에 바로바로 대답하지 못했습니다. 물론 역사교육과 학생들도 그런 경우가 있지만 1년 동안 역사 공부를 한 상태이기 때문에 저보다 수월하게 공부했을 것입니다. 이 부분이 다전공을 선택하기 전에 두려워했던 점입니다. 그리고 실제로도 차이가 느껴졌지만, 시험에 직접적으로 연관되는 부분은 아니기 때문에 저처럼 기본 기식에 부족함이 있더라도 기죽을 이유는 없습니다. 모르는 부분을 하나둘 채워가면 되니까요.

사학과에서 교직 이수를 하는 것과 교육학과에서 역사교육을 복수전공 하는 것에는 어떤 차이가 있나요?

저는 교직 이수보다 다전공을 추천하고 싶습니다. 사학과에 입학하면 역사에 관한 지식은 많이 얻을 수 있습니다. 그러나 역사 교사를 목표로 한다면 교육학과에 입학했으면 좋겠어요. 역사 교사에게 역사 지식도 중요하지만 그 전에 교육에 대해 알고, 교수학습적인 면을 배우는 것도 매우 중요하다고 봅니다. 1년 동안 교육학과를 다니면서 확실히 교육에 대한 가치관, 발표에 대한 자신감 등 여러 부분에서 전보다 나아졌습니다. 이는 역사교육과에서 수업을 받으면서 기를 수 있는 역량으로, 개인적으로 이런 경험은 꼭 필요하다고 생각합니다. 또한 사학과에서 교직 이수를 하는 것은 소수 인원에 제한되기 때문에 약간 위험성이 있습니다(물론 교육학과에도 인원 제한을 두는 학교가 있습니다). 제가 듣기로는 교직 이수를 목표로 사학과에 들어가진 않았지만, 입학 후 교직 이수를 원하는 학생이 많다고 합니다.

개인적인 견해입니다만, 사학과 학생과 함께 역사학개론을 들어본 경험으로 미루어보자면, 확실히 교육학과 학생보다 역사 지식이 풍부했고, 교수님 질문에도 수월하게 대답했습니다. 또 수업 내용도 흥미로웠고요.

교육학과 학생 중 복수전공을 하는 비율은 어떻게 되는지 등 교육학과의 전반적인 분위기도 궁금합니다.

교육학과의 모든 학생이 다전공을 합니다. 사범대 안에서 다전공을 하는 학생도 있지만, 행정학과, 아동복지학과 등 사범대 전공이 아닌 전공을 다전공 하는 이들도 많습니다. 행정학과를 다전공하면 교육행정으로 나가고, 아동복지학과를 다전공하면 유치원은 불가능하더라도 어린이집에서 일할 수 있다고 들었습니다. 이처럼 교육학과에 들어온 모든 사람이 교사를 목표로 하지는 않습니다.

1학년 때는 함께 수업을 듣기 때문에 동기들과 많은 시간을 보내지만, 2학년이 되어 다전공을 하면 같은 다전공 동기들하고만 만나고, 연락하게 됩니다. 그 때문에 동기 간의 친밀도가 조금 떨어지는 것 같아요.

현재 본인의 관심 분야나 꿈은 무엇이며 어떤 노력을 하고 있는지요?

제 꿈은 행복한 사람이 되는 것입니다! 당황하셨나요? 저는 꿈을 직업으로 설정하면 안 된다고 생각합니다. 그 직업을 갖게 되면 꿈을 이루는 동시에 꿈을 잃게 되기 때문이죠. 그리고 상대방에 의해 좌우되는 것이 아니라 (예를 들어, 꿈이 '학생들을 즐겁게 해주기'라고 할 때 아무리 노력해도 학생들이 즐거워하지 않으면 나의 꿈을 이루지 못하는 것임) 저만을 위한 것이어야 한다고 봐요. 제 꿈을 이루기 위해 학생들과 함께하는 것이죠. 제 행복을 위한 또 다른 목표는 대안학교를 설립하는 것입니다. 그리고 현재는 첫 번째 단계로 대안학교 교사가 되는 것을 목표로 삼고 있고요. 이를 위해 영어 공부를 하고 있고, 내년에 교환 학생으로 유학을 가서 해외 교육은 어떻게 이뤄지는지, 그 나라 학생들은 어떤 생활을 하는지 배우려 합니다. 역사와 관련이 없는데도 말씀드리는 이유는, 역사교육과라고 하면 역사만 공부하고, 역사 교사만 된다는 생각을 조금 전환시켜보고 싶기 때문입니다. 목표를 단순히 '역사 교사가 되는 것'에 두지 않고 더 넓게 생각했으면 좋겠습니다.

교직 이수 과정생, 사범대생에게 해주고 싶은 말이 있다면요?

"사범대는 힘들다. 교사 아니면 갈 길이 없다. 교사 뽑는 정원이 줄어들고 있다"는 말을 많이 들으셨을 겁니다. 현실적으로 힘든 길이 맞습니다. 그런데 이런 현실 때문에 당신의 꿈을 포기한다면, 그것은 애초에 꿈이 아닌 거예요. 꿈은 생각만 해도 가슴 뛰고, 어떤 힘든 상황이어도 극복해나갈 수 있는 원동력이 되는 것입니다. 만약 해당 학과에 입학해 '앞으로 나아갈 길을 생각만 해도 설렌다'라고 한다면 고민하지 않고 선택하라고 말씀드리고 싶습니다. 그런데 그게 아니라면 빨리 다른 길을 찾아보세요. 늦지 않았습니다. 요즘 어느 길을 가든 힘들지 않은 선택은 없습니다. 어차피 모두 힘들 거라면 자신이 하고 싶은 일을 하면서 힘든 것이 훨씬 낫지 않을까요?

교육학과에서 영어교육 복수전공 하기

본인 소개와 함께 교육학과에 어떻게 입학하게 됐는지 이야기해주세요. 또 교육학과에 대해서도 소개해주세요.

저는 교육학과에 재학 중인 4학년 학생입니다. 교육학과에 입학한 친구들을 보면 보통 부모님이 사범대를 원하셔서, 복수전공을 통해 교사가 되려고 등등 교직과 관련된 이유에서 이곳에 진학한 경우가 대부분입니다. 하지만 저는 교사가 되려는 생각이 없었고, 중·고등학생 때부터 교육 복지나 평생교육, 국제 구호 분야에 관심이 있어서 관련 학과인 사회복지과와 교육학과에 지원했습니다.

사범대의 다른 학과들이 교과교육학(전공)+교육학(교직)을 공부하는 반면 교육학과는 교육학이라는 학문을 교직 과목보다 더 깊이 공부하게 됩니다. 교육학과의 전공 과목들은 임용시험의 교육학을 포함하긴 하나, 교육철학, 교육공학, 평생교육, 교육평가 등으로 범주가 더 세분화되어 있고 다루는 범위 역시 넓습니다.

우리 학교 교육학과의 특징을 말씀드리자면 학생들이 백이면 백 복수전공을 합니다. 졸업과 함께 교육학교사 2급 자격증, 교과교사 2급 자격증 이렇게 두 개의 자격증을 취득하는 것입니다. 추가적으로는 전공 수업을 수강하면서 평생교육사 자격증까지 취득하기도 합니다. 이 중에서 저는 평생교육사 자격증을 취득하기 위한 과정에 있고, 영어교육을 복수전공 하고 있으며, 교육학이 주전공입니다.

언제, 어떻게 복수전공을 하게 되었는지요? 그 과정에 대해서도 설명 부탁드립니다.

제가 다니는 학교는 복수전공을 1학년 말에 신청하고 2학년이 시작되는 겨울방학에 결과가 나옵니다. 학과마다 휴학생, 군 휴학 등으로 복수전공이 가능한 티오가 나면 학생들의 신청을 받고 신청 인원이 모집 인원에 비해 많으면 1학년 1학기 성적으로 자릅니다. 우리 학교에서는 복수전공 신청 인원이 티오보다 적을 때도 있어 간혹 미달이 생깁니다.

복수전공을 신청하는 인원을 보면 그즈음의 임용고시 경쟁률이나 국가 교육 정책으로부터 큰 영향을 받습니다. 제가 입학했던 2015년도에는 국어와 영어에 많은 신청자가 몰렸고, 2016년도에는 한국사가 필수 과목으로 되면서 역사에 많이 몰렸으며, 2017년도에는 전국적으로 모든 과목의 경쟁률이 치솟았습니다. 그중에 기술가정교육과의 비교적 낮은 경쟁률과 전국에 몇 개 없는 과라는 희소성 때문에 기가교의 복수전공 신청이 많았던 것으로 알고 있습니다. 실제로 제 동기(15학번) 중에는 영어가 7명 정도(총 16명 중 거의 절반)인 반면 17학번에는 영어가 1명(총 17명쯤)입니다.

교육학과에서 교직 복수전공을 하게 된 계기에 대해 얘기해주세요.

제가 복수전공을 선택한 이유는 앞서 말씀드린 점도 있지만 재학생 모두가 복수전공을 하는 점도 크게 작용했습니다. 선배들도 자연스럽게 어떤 과목을 복수전공 할 것인지 물어봤고, 동기들도 여러 과목을 놓고 고민하거나, 입학 전부터 국어를 복수전공 하려 했다는 동기도 있었습니다. 굳이 임용고시 치를 생각이 없어도 흔히 '자격증은 여러 개일수록 좋지 않겠니? 어디든 써먹을 데가 있을 거야' 하는 말을 하며 복수전공을 당연시하는 분위기였습니다. 또한 교육학교사 자격증으로는 교사가 되기 어려운 것도 그 이유 중 하나입니다. 그래서 교직에 생각이 없는데도 불구하고 '모두 하니까' 하는 흐름을 따라 복수전공을 신청하게 됐습니다.

복수전공을 하며 어려운 점은 없었나요?

어려운 점은 크게 다섯 가지 정도 되는 것 같습니다.

(1) 시간표 짜기

복수전공의 시작은 시간표와의 싸움을 의미합니다. 전공이 하나라면 시간표를 비교적 자율적으로 짤 수 있지만, 복수전공을 하게 되면 전공 필수(이하 전필)와 복수전공 필수(이하 복필)가 겹치는 눈물 나는 상황이 생깁니다. 때로는 고작 한 시간 겹치는 것 때문에 두 수업 중 하나를 택해야 하는 상황이 발생합니다.

본전공 학점과 복수전공 학점을 남은 학기 내에 모두 채워야 하기 때문에 시간표를 짜는 게 제일 어려웠던 것 같습니다. 전혀 정보가 없는 새로 생긴 과목이라든가, 있던 수업이라도 미리 들어본 선배가 없거나, 심한 경우 정보를 알려줄 선배가 없다면, 수업에 대한 정보는 거의 없는 채로 일단 수강 가능 학점에 맞춰 끼워넣게 됩니다.

(2) 수강 신청

어떤 과목들은 복수전공생, 즉 타과생 제한을 걸어두어서 몇 명 이상의 타과 학생이 신청하는 것을 막아놓기도 합니다. 이때 번거롭긴 하지만 학과나 교수님께 직접 찾아가 수업을 들을 수 있게 해주십사 부탁하면 대부분 승인해주십니다.

(3) 수강하기

보통 2학년부터 복수전공 과목을 수강하기 시작하며, 2학년 전공 과목 +1학년 복전 과목으로 시간표를 많이 만듭니다. 물론 꼭 학년 순서대로 들어야 하는 것은 아니므로 관심 있는 과목이나 맞는 시간표에 따라서 짤 수도 있습니다. 하지만 보통 고학년으로 갈수록 어려운 과목이나 임용고시를 준비하기 위한 난도 있는 수업을 진행하기 때문에 학점 관리를 하고자 한다면 순서대로 듣는 것이 낫습니다. 그럼에도 불구하고 지옥 같은 시간표로 인해 들어야 하는 수업을 다 듣지 못했거나 그럴 가능성이 농후하면 계절학기를 듣습니다(사실 많은 복수전공생이 계절학기에 목을 맵니다). 계절학기를 꽉꽉 채워 들으면 4학년 때 그나마 적은 학점을 들으며 학교를 다닐 수 있습니다.

(4) 스터디

어느 학과든 같이 모여 공부하는 모임들이 생기기 마련인데요, 저처럼 다수의 동기들이 같은 과목을 복수전공 한다면 공부하기에 편하겠지만, 몇몇이 휴학하고, 군대를 가다 보면 스터디를 함께 할 멤버가 마땅히 없습니다. 각각 다른 과에서 온 복수전공생끼리 모여 스터디를 구성하는 경우도 많고, 여러 학번이 섞여 공부하기도 합니다.

(5) 타과생의 설움

아무래도 본래 소속된 전공이 아니기 때문에 교수님께 정보를 얻는다든지, 해당 과목으로 교직 생활을 하고 있는 선배들의 도움을 얻는다든지 하는 소소한 부분에 불편이 생깁니다. 임용 특강을 하더라도 해당 학과 학생들을 주로 챙기므로 정보를 얻는 면에서는 불리하다고 볼 수 있습니다. 심하게는 수업에서 타과생을 차별하는 일이 있기도 하고, 간혹 수업을 듣지 말라고 하는 경우도 있었습니다.

지금 진로에 만족하는지요? 본전공만 할 때와 다른 점은 무엇이 있나요?

저는 제 전공에 만족하고, 수업을 들을 때도 적성에 맞는다고 느낍니다. 그러나 영어교육과 수업중 순수하게 영어와 관련 과목(영어독해, 영문법, 영어학개론, 영문학 등)외에 교과교육론(영어과교육론, 말하기지도법, 듣기지도법, 문법지도법 등) 수업을 들을 때는 내가 미래에 영어를 가르칠 것도 아닌데 왜 배울까 하는 생각에 공부를 하는 데 동기 부여가 잘 안 됐습니다. 그래서인지 학점도 본전공이 높고 복수전공은 상대적으로 학점이 낮은 편입니다.

장점은 원서 수업 때문에 꾸준히 영어를 공부할 수 있는 것입니다. 보통 대학에 와서 영어를 따로 공부하지 않으면 자연스레 잊게 되면서 수험생 시절의 실력이 많이 퇴화되는데 수업을 통해서 계속 영어를 접하다 보니 외국어 시험을 준비할 때 약간 도움이 됩니다.

영어영문과에서 교직 이수를 하는 것과 교육학과에서 영어교육을 복수전공 하는 것은 어떤 차이가 있나요?

똑같이 자격증을 취득할 수 있다는 점에서 행정적인 차이는 없다고 봅니다. 하지만 교육학과는 전공 특성상 여러 관점에서 교육에 대해 고민할 기회가 더 풍부하게 주어지지 않을까 싶습니다. 그리고 영어영문과의 경우 교직 이수 가능 여부가 가변적이며 근래 들어 여러 정황상 티오 또한 불안정하다고 들었습니다.

교직 복수전공을 꿈꾸는 교육학과 학생들과 교육학과를 고민하고 있는 고등학생들에게 해주고 싶은 말이 있다면요? 이외에도 현재 교직 이수 중인 학생, 사범대생에게 한마디 해주세요.

높아져가는 경쟁률과 줄어드는 티오를 보면서 좌절하는 학생이 많습니다. 정말 교사가 꿈인 분들은 잘되었으면 좋겠고, 혹시 안 되더라도 다른 여러 길을 찾아갔으면 하는 마음이 있어요. 더불어 교육학과의 진로 역시 임용보다는 교육학을 살리는 방향의 다양한 진로가 학생들에게 안내되었으면 좋겠습니다.

교육공학과는
분필 만드는
학과?

교육학과만큼 많지는 않지만, 몇 개 대학의 사범대에는 '교육공학과'라는 학과가 있다. 교육공학? 처음 이름을 들은 이들 가운데는 '교육을 공학적으로 접근하는 공대 같은 건가'라고 생각하는 사람도 더러 있다.

교육공학과가 설치된 대학은 건국대, 이화여대, 한양대, 안동대 정도로 전국에 몇 개 되지 않는 만큼, 무엇을 배우는 곳인지 대개 잘 알지 못한다. 교육공학과에서 역사교육 교직 복수전공을 하고 현재 교직에 계신 분의 이야기를 통해 교육공학과에 대해 알아보자.

자기소개 부탁드립니다.

저는 2017년에 교육공학과를 졸업하고 현재 고등학교에서 역사 교사로 일하고 있는 김민혁입니다.

교육공학과에 진학한 것과 교육공학과에서 교직 복수전공을 하게 된 계기에 대해 얘

기해주세요.

어릴 때부터 역사를 좋아해 고고학과에 진학하려고 했는데 설치된 학교가 별로 없더라고요. 그래서 역사 관련 직업이 뭐가 있을까 하고 찾던 중 마침 교사가 눈에 들어왔어요. 워낙에 아이들도 좋아하고 남을 가르치는 것도 곧잘 해서 선생님들도 저에게 진로로 교사를 많이 추천해주셨습니다. 고등학교 1, 3학년 때 담임이 역사 선생님이었는데 그분들을 보면서 역사 교사의 꿈을 키워나갔습니다. 그래서 역사교육과 진학을 계획했지만, 원하던 학교에 들어갈 수능 점수를 받지 못했습니다. 그래서 일단 사범대로 방향을 틀고 교육학과를 찾아보던 중 교육공학이라는 전공이 있다는 걸 알게 되었고, 취업이 잘된다고 해서 진학했습니다. 대학에 입학해서는 집안 사정 등 여러 이유로 취업을 해야겠다고 마음먹었지만, 역사를 포기하기는 싫어서 일단 사학을 다중전공하면서 교직 이수도 함께 했습니다.

교육공학과는 무엇을 배우는 학과인가요?

기본적으로는 기업 혹은 학교 현장에서 어떤 문제가 발생했을 때 이를 해결하기 위한 교육과정을 설계하는 방법을 배운다고 보면 됩니다. 이를 위해 다양한 교수 설계 방법이나 매체 활용법, 이러닝 등을 학습합니다. 한양대 교육공학과는 기업 교육 쪽에 특화되어 있고, 이대 교육공학과는 이러닝 쪽이 특화되어 있습니다. 취업을 목표로 한다면 기업 교육과 관련된 수업을 좀더 많이 듣고, 경영학과를 다중전공하는 것이 일반적입니다.

교육공학과와 사범대 내 타학과의 차이점으로는 무엇이 있나요? 그 차이점에서 비롯되는 장단점이라면 어떤 게 있나요?

다른 사범대 학과의 구성원 대부분은 교사를 목표로 하지만, 교육공학과

학생들은 대부분 취업을 원하고 있습니다. 제 동기들 중에서도 교사를 하거나, 하려고 생각하는 사람은 4명 정도입니다. 그렇기 때문에 사범대의 여느 학과와는 달리 인턴, 공모전 등 다양한 경험을 해볼 수 있다는 장점이 있습니다. 이러한 경험은 실제 교직 생활에서도 많은 도움이 됩니다. 사범대를 졸업했거나, 교사만을 목표로 교직 이수를 한 대부분의 선생님이 막연히 알고 있는 부분도 저는 인턴 등을 통해 회사를 직접 경험해봤기 때문에 학생들에게 좀더 현실적으로 조언해줄 수 있었습니다. 단점은 과에서 교직을 준비하는 사람이 적어 교직에 대한 정보를 얻기 힘들다는 것과, 대부분 교육 직무로 취업을 준비하는데 교육 직무 선발은 아주 소수만 이루어지기 때문에 취업이 생각만큼 쉽지 않다는 것입니다.

교육공학과 졸업생들은 무슨 일을 하고 있나요?
학과 졸업생 중 50~60퍼센트는 기업(인사, 교육 등)에서 일하고 있고, 약 20퍼센트가 교사, 15퍼센트가 자영업을 하고 있다고 보면 됩니다. 기타 대학원 과정을 밟고 있거나 학원 등으로 진출한 이들도 있습니다.

교육공학과에서 교직 복수전공을 하는 방법에 대해 알려주세요. 교육공학과에서 교직 복수전공을 하는 학생들의 비율은 어느 정도인가요?
교육공학과는 기본적으로 사범대 소속이어서 다중전공을 신청해 합격한 후 필요 서류를 제출하면 교직 복수전공이 가능합니다. 비율은 학번마다 다른데 적으면 10퍼센트, 많으면 30~40퍼센트 정도 됩니다.

현재 관심 분야 혹은 꿈은 무엇이며 어떤 노력을 하고 있나요?
저는 역사 교사로서 더욱 전문성을 갖추고, 좀더 다양한 수업 방법을 활용해 학생들이 역사에 대해 갖고 있는 막연한 두려움을 없애고 역사를 더 친숙하게 느낄 수 있도록 하는 수업을 하고 싶습니다. 이를 위해 교육청에서 실시하는 연수를 듣고, 공부하고 있습니다. 추후 대학원에 역사교육 전공으로 진학해 스스로 부족한 부분을 채울 수 있도록 하고, 세계사 교육을 주제로 논문을 쓸 계획입니다.

교육공학과에서 교직을 선택한 것에 대한 어려움은 없었는지요?

일단 선배들 중에 교사를 하는 사람이 별로 없어서 정보를 얻는 게 어려웠습니다. 그래도 요즘은 인터넷이 발달해 있어서 카페를 통해 정보를 얻었고, 역사 교직 수업을 해주시는 교수님을 통해서도 도움을 많이 받았습니다.

사학과에서 교직 이수를 하는 것과 역사교육과의 차이는 무엇이 있나요?

둘은 근본적으로 다르다고 생각합니다. 역사교육과는 가르치는 것을 목표로 역사를 공부하는 곳이기 때문에 수업도 서양고대사, 서양중세사, 동양고대사 등 시대사별로 진행되지만 사학과는 '역사'라는 학문을 연구하는 곳이기 때문에 볼셰비키와 시민혁명, 제노사이드의 역사 등 주제별로 수업이 개설되고 이뤄집니다. 따라서 역사교육과보다 역사 교사로서의 전문성을 갖추는 것이 어렵습니다. 4학년 때 교생 실습을 나가서 역사교육과 학생들과 함께하면서 지식 면에서 부족함을 많이 느꼈습니다. 사범대 교육공학과에 다니면서 '교육' 분야에 대해서는 생각해볼 기회가 많았지만, '역사 교육' 부분에 대해서는 깊이 있게 고민할 기회가 드물었기 때문입니다.

교육공학과에 관한 정보를 얻을 수 있는 방법을 알려주세요.

교육공학과 홈페이지나 인터넷에 올라온 학과 소개를 참고하거나, 우리 과

유영만 교수님이 쓰신 『MT 교육공학』이라는 책을 읽어보는 것도 괜찮을 듯합니다. 또 가능하다면 교육공학과 학생과 직접 연락해서 정보를 얻는 방법도 좋습니다.

교육공학과에 관심 있는 수험생, 교직에 관심 있는 교육공학과 학생, 그리고 사범대생에게 해주고 싶은 말이 있다면요?

교육공학의 장점은 가능성이라고 생각합니다. 취업을 하든, 교사를 하든 교육공학과에서 배운 지식은 다방면에 적용 가능합니다. 그렇기 때문에 의지를 갖고 열심히 대학 생활을 한다면 여러 분야의 길이 열릴 것입니다.

특수교육과는
특별한 교육을 하는
학과일까?

사범대를 졸업하려면 학과에 상관없이 특수교육 관련 수업을 이수해야만 한다. 이는 특수교육 대상 학생에 대한 이해가 모든 교과 교사에게 필요하다는 의미다. 세부로 들어가면, 특수아동 대상 수학 교육 같은 이론도 있지만, 의무적으로 학습해야 하는 범위는 아니다. 일반 교과교육에서는 특수교육개론 정도의 이해만 요하고 있으나, 특수교육에 대한 전문가를 양성하는 학과가 있다. 바로 특수교육과다.

특수교육도 크게는 중등특수, 초등특수, 유아특수교육과가 있으나, 여기서는 중등특수, 초등특수를 다루고자 한다. 참고로 특수교육과는 대표적으로 이화여자대학교, 단국대학교, 가톨릭대학교에 개설되어 있으며 전국적으로 개설된 학교가 많지 않은 편이다.

교과교육을 희망하더라도 현장에서 어떤 형태의 학생을 만날지 모르는 일. 특수아동이라는 개념을 떠나서 다양한 학생을 이해해보자는 관점에서 일반 교과교육 전공이라도 이 부분을 잘 읽어보기를 권한다.

학과 및 자기소개를 부탁드립니다.

단국대학교 특수교육과 17학번 김예진입니다.

특수교육과에 진학하게 된 계기가 궁금합니다.

저는 원래 특수교육과가 아닌 교대를 가고 싶었습니다. 고등학생 때 교대에 진학해서 교재 편찬하는 것을 꿈꿨는데, 성적이 안 돼서 차선책으로 선택했던 학과입니다. '초등학생'을 '가르칠 수 있는 학과'를 찾다보니 이 선택을 하게 됐어요. 그런데 아예 경험이 없는 채로 진학한 것은 아니고, 고등학교 때 교육 봉사로 특수학교를 찾아가 토요활동 지원을 했는데 무척 행복했던 기억으로 남아 있었습니다. 주위에서 다들 걱정했지만, 그 기억에 의지해 두려움 없이 입학했습니다.

특수교육과는 무엇을 배우는 학과인가요?

제가 생각하는 특수교육과는 '특수교육 대상 학생'에게 '개인에게 맞는 교육과정'과 '이와 관련된 서비스'를 어떻게 하면 효율적, 효과적으로 제공할 수 있을지에 대해 다양하게 배우는 학과입니다. 한마디로 말하면, 교육을 받을 학생에게 알맞은 맞춤식 교육(교육과정 및 서비스 관련 지원)을 어떻게 제공해줄 수 있을지를 고민하는 학과라고 하면 더 이해하기 좋을 듯합니다. 관련 서비스란 상담 지원부터 시작해 가족 지원, 치료 지원, 통학 지원, 보조공학기기 지원, 보조학습 지원, 보조인력 지원 등 학생이 교육을 받는 데 도움이 될 것들을 다방면으로 제공하는 활동입니다.

초등 특수교육과 중등 특수교육의 차이점에 대해 얘기해주세요.

일단 제가 다니는 학교를 기준으로 말하자면 초등 특수교육과 중등 특수교육의 가장 큰 차이점은 교육과정이 다르다는 것입니다. 초등 특수교육은 공통 전공(장애 유형 42학점)+초등 전공(38학점: 초등 과목 10과목[30학점]+교과 교재/논술[8학점])을 듣고, 중등 특수교육은 공통 전공(장애 유형 42학점)+자신이 선택한 부전공 교과 과목(자신이 선택한 부전공 학과의 과목[38학점])을 들어야 해요.

중등 특수교육의 부전공 제도를 좀더 설명드리자면 '반드시' 자신이 전공할 '교과'명을 정해야 해요. 대체로 자신이 선호하는 과목을 따라갑니다. 저도 중등 특수교육을 복수전공 하고 있는데 제 부전공은 사회이고, 수업은 법대 강의를 듣고 있어요.

반면에 초등과목 수업은 기본 교육과정과 초등 교육과정에 나오는 과목대로 수업을 하므로 중등 부전공 과목보다는 체감상 난도가 쉽다고 할 수 있습니다. 다만 초등 과목은 수업 시연 기회가 굉장히 많습니다. 중등 부전공은 우리가 타과생이 되어 해당 학과의 수업을 들으러 가기 때문에 '교과 수업'에 가깝고, 수업 시연을 하지 않습니다.

따라서 수업으로만 비교했을 때 수업 시연 기회는 초등이 훨씬 많습니다. 중등은 소모임에 따로 참여하지 않는 이상 수업 시연 기회가 잘 없는 것으로 알고 있습니다(저도 법대에서 수업 시연을 한 적은 없습니다. 공통 전공이나 초등 과목에서는 했지만요).

우리 과에서는 16학번까지는 중등을 훨씬 더 많이 선택했습니다. 임용 티오도 무시할 수 없기 때문인 것 같아요. 분위기는 학번마다 약간 차이 나는데 제가 속한 17학번은 초등, 중등을 선택하는 학생의 비율이 비슷합니다. 자신의 선호도와 임용 티오를 복합적으로 고려해 선택 기준으로 삼습니다.

진로의 차이는 좁게는 초등 특수교사와 중등 특수교사가 있고, 넓게 본다면 교구를 개발·연구하는 기업으로 들어갈 수도 있으며, 치료 분야 쪽으로 나갈 수도 있습니다(물론 부가적으로 준비해야 하는 것은 기본). 그런데 여기서 저는 '어느 학생'들을 대상으로 하는지 외에는 차이점을 크게 못 느낍니다.

우리 학과에서는 복수전공을 초등 특수+중등 특수 형태로 많이 합니다. 저도 이런 형태의 복수전공을 하고 있고요. 그런데 복수전공을 하면 들어야 하는 학점이 늘어나는 게 어쩔 수 없는 사실입니다. 중등 특수를 복수전공 할 때는 부전공 38학점이 늘어나고요, 초등 특수를 복수전공 한다면 초등 학점 38학점이 늘어납니다. 그 외의 복수전공은 42학점을 들으면 됩니다. 타학과를 교직 복수전공을 하면 '해당 학과'의 교원자격증이 나옵니다. 반면 '그냥 그 학과를 복수전공' 한다면, 즉 전공 필수 과목과 전공 선택 과목, 학과 기초 과목을 포함해서 42학점을 들으면 졸업장에 해당 학과를 복수전공 했다고만 표기됩니다.

자신의 관심 분야와 관련 있는 학과를 복수전공 하겠다고 마음먹었다면 서류상으로 신청하기 전에 먼저 들어보는 것도 괜찮은 방법입니다. 수업을 따라갈 수 있어야 학점 이수도 수월해질 테니까요.

특수교육과 임용시험은 어떤 내용으로 구성되어 있나요?

우리 과는 초등 특수교육과 중등 특수교육으로 나뉘어 있어서 이 둘을 중점으로 말씀드릴게요. 우선 초등 특수 임용시험은 총 3교시로 구성되어 있는데, 1교시는 교직논술(논술형), 2교시는 교육과정 A, 3교시는 교육과정 B(2, 3교시는 기입형, 서술형)를 봅니다.[5]

좀더 설명드리자면 교직논술의 출제 범위는 '특수교육학'입니다. 우리 학교에서는 1학년 전공으로 배우는 과목이었는데, 이때 꼼꼼히 공부해두면 임용 공부할 때도 편하고 모든 장애 영역을 공부할 때 기초가 되므로 열심히 해야 합니다. 다음으로 교육과정 A, 교육과정 B는 특수교육학, 특수교육과정(기본/공통), 초등교육과정, 필수 암기 사항(특수교육법[장특법이라고도 부릅니다], 교육과정 총론, DSM-5[자폐성 장애 진단 기준표], 수업모형) 중에서 골고루 섞여서 나옵니다. 그리고 추가로 점자(한글, 숫자, 문자, 영어), 수화(지문자, 숫자, 알파벳)도 출제되므로 결론적으로 말해 많이 외우는 사람이 승자가 됩니다.

구분	일자	시험 과목	시험 시간	시험 장소	대 상
제1차 시험	2019. 11. 9.(토)	교직논술	09:00~10:00 (60분)	2019. 11. 1.(금) <홈페이지 안내>	선발 예정 분야별 응시자
		교육과정 A	10:40~11:50 (70분)		
		교육과정 B	12:30~13:40 (70분)		
		한국사	한국사능력검정시험으로 대체		
제2차 시험	2020. 1. 8.(수) ~ 2020. 1. 10.(금) [3일간]	교수·학습 과정안 작성	제1차 시험 합격자 발표 시 안내 <홈페이지 안내>		선발 예정 분야별 제1차 시험 합격자
		교직적성 심층 면접			
		수업 실연			
		영어수업 실연 및 영어 면접			초등학교 교사 제1차 시험 합격자

초등 특수교사 임용시험 형태 및 일정

다음으로 중등 특수 임용시험은 1교시에는 교육학 논술을 보고 2, 3교시

에는 전공 시험을 봅니다.[6] 교육학 논술(교직)을 본다는 것이 초등과 차이
점입니다. 나머지는 비슷하고 사범대 교과교육과 임용시험과도 형태는 크
게 다르지 않습니다. 중등 특수를 생각하시는 분들은 교직 수업도 잘 들어
둔다면 나중에 임용시험 준비할 때 한결 수월할 것입니다.

구분	시험 과목	대상	일자	시간	시험 장소
제1차 시험	교육학	제1차 시험 응시자 전체	2019.11.23. (토)	09:00~10:00(60분)	• 시험 장소 공고 : 2019.11.15.(금) 10:00 예정 • 서울특별시교육청 홈페이지 공고(행정정보-시험안내)
	전공 A			10:40~12:10(90분)	
	전공 B			12:50~14:20(90분)	
제2차 시험	실기· 실험평가	제1차 시험 합격자 중 실기·실험 평가 실시과목 응시자	2020.1.15. (수)	09:00~	• 시험 장소 공고 : 2019.12.31.(화) 10:00 예정 • 서울특별시교육청 홈페이지 공고 (행정정보-시험안내)
	교직적성 심층 면접	제1차 시험 합격자 전체	2020.1.21. (화)	12:00~ 【평가 시간: 15분】	
	교수·학습 지도안 작성	제1차 시험 합격자 중 교수교과 합격자(비교수 교과 제외)	2020.1.22. (수)	09:00~10:00(60분)	
	수업 실연			12:00~ 【평가 시간: 20분】	

중등 특수교사 임용시험 형태 및 일정

각 시험의 배점 및 더 자세한 내용은 한국교육과정평가원 홈페이지 '주요
사업-중등교사 임용시험/초등교사 임용시험'에서 확인할 수 있습니다. 매

년 세부적인 임용시험 시행 계획은 각 시도 교육청 시험안내 게시판에 올라옵니다.

특수교육과와 사범대 내 타학과의 차이점은 무엇인가요? 또 그 차이점에서 비롯되는 장단점은 무엇인가요?

제가 생각하는 사범대 내 타학과와의 차이점은 교구 개발과 제작 시간이 굉장히 많다는 것입니다. 초등 특수교육 수업에서는 수업 시연을 기말고사로 대체하는 과목도 있기에 학생들이 교구를 만드는 쪽으로 시간을 많이 투자하는 편입니다. 또한 중등은 여러 교과 중에서 하나를 부전공으로 필수로 선택하게 되어 있어 타학과의 수업을 이수해야 합니다. 이것이 나중에 수업할 때 교과 지식으로 연결되어 학생에게 맞는 교육과정을 운영할 때 큰 도움이 됩니다. 그리고 소모임도 굉장히 활성화되어 있어서 어떤 것을 하더라도 현장을 나가면 도움이 됩니다. 그래서 학과가 전반적으로 '현장'을 중시하는 분위기인 것 같습니다. 기회만 잘 잡는다면 졸업한 선배들의 현장 체험 보조로 활동할 수 있고, 수업 지원을 할 수 있기도 합니다.

대략의 분위기가 이렇기에 장단점이 다 있는데, 우선 장점은 '특수교사'에 대한 생각이 정말 깊어집니다. 단순한 직업으로 여기는 것을 넘어 '다양한 장애 유형과 정도'의 학생들을 '어떻게' 중재하고 수업을 진행할지, 어떻게 수업 지원을 해야 학생들에게 좀더 다가갈 수 있을지 자신만의 답을 찾아갈 수 있습니다. 자신에게 맞는 수업 방식을 찾는 것은 교사로서의 정체성을 찾는 문제이기도 해서 이 점은 특수교육과만의 특별한 장점 같습니다. 저도 이 점을 매우 좋아하고요.

다만 '서로 간의 관계'가 매우 중요시된다는 것이 단점일 수도 있습니다. 서로 간의 교류는 곧 서로에 대한 관심을 뜻하기에 이로 인해 종종 스트레스를 받습니다(그래서 저는 그냥 수업만 듣고 정보는 알아서 찾는 쪽으로 생활하고 있습니다).

특수교육과에서 다른 교과교육을 교직 복수전공 하는 방법에 관해 알려주세요. 이런 학생들의 비율은 얼마나 되나요? 반대로 다른 교과교육과 학생들이 특수교육을 복수 전공 하는 경우의 비중도 궁금합니다. 이게 가능한지, 할 만한지, 어떤 장점이 있는지 알려주세요.

우리 과에서 다른 교과교육을 교직 복수전공 하는 사례는 드문 반면, 사범대 내 타과에서 우리 과를 복수전공 하는 사례는 많습니다. 한문교육과에서 특수교육과를 복전하는 경우를 많이 봤습니다. 이번에 제가 중등 특수교육 복수전공 면접을 볼 때 우리 과 복전을 신청한 한문교육과 언니 한 명을 만났고, 제가 활동하고 있는 중앙동아리의 선배들 중에도 한문교육과생으로 우리 과를 복전해 특수교사가 된 선배가 있습니다. 이외에도 사례는 더 많을 것입니다.

그리고 우리 과는 초등 특수교육과 중등 특수교육(표시 과목 선택) 이렇게 복수전공을 하는 경우가 종종 있습니다. 16학번까지 중등 특수교육(체육)을 복전하는 경우가 많았는데 17학번은 복전하는 사람이 저 혼자라서 (중등특수 사회를 복전하고 있습니다) 학번마다 상황은 다릅니다. 학사 제도상 얼마든지 가능하지만 1학기 정도 더 다닐 각오는 해야 합니다. 물론 계절학기를 꼬박꼬박 듣고 평점을 높게 받아서 초과 학점으로 과목을 더 신청해 학교를 다니면 4년 내로 졸업할 수도 있습니다. 기본적으로 메리트는 2개의 교원자격증이 나온다는 것이므로 최소한 '선택권'이 생긴다는 것입니다. 자신이 하고 싶은 과목으로 복수전공 해서 임용시험도 볼 수 있으니까요.

특수교육과 졸업생들은 무슨 일을 하고 있나요?

우리 과 학생들도 거의 임용을 생각하고 있습니다. 그 비율이 워낙 압도적이어서 다른 직업을 생각하는 것이 분위기상 어려울 정도입니다(체감상 95퍼센트 이상). 물론 다른 직업으로 진출한 선배들도 있습니다. 작년 직업 설명회 때 치료사로 일하고 있는 10학번 졸업생이 왔고, 공무원 쪽으로도 진출한 선배도 있습니다. 그런데 교사 이외의 직업을 준비하고 싶어도 정보가 거의 없기 때문에 스스로 알아서 해야 합니다. 이 또한 우리 과의 단점으로 꼽을 수 있겠네요.

현재 관심 분야나 꿈은 무엇이며 어떤 노력을 하고 있는지요?

학과 분위기가 이런 만큼 교사가 될 생각을 하고 있지만 정말로 되고 싶은 것은 교육공학 전공 연구원입니다. 교육 콘텐츠에 관심이 많기 때문입니다. 더 크게 꿈을 갖는다면 교육 미디어를 활용해서 특수교육 현장에서 적용 가능한 IT 콘텐츠를 새롭게 제작하고 싶습니다. 이를 위해 현재 컴퓨터학원을 다니면서 파이선과 프런트엔드 과정을 배우고 있습니다. 앞으로 더 배울 것은 많긴 하나 내년에 홈페이지 제작에 성공했으면 좋겠네요.

미래를 생각했을 때 영어를 절대 무시할 수 없어, 교내에서 영어 신문 스터디를 하고 있습니다. 제 영어 실력이 모자라다는 것을 절감하지만 꾸준히 공부해 조금씩 실력을 향상시키는 것을 목표로 하고 있고, 틈틈이 교육공학 분야의 논문들을 읽으면서 최근 동향을 최대한 알아가려 노력하고 있습니다.

덧붙이자면, 대외 활동으로 개인 국회의원 소속 의정지원단을 하고 있고, 교내에서는 교수학습개발센터 소속 학생 자문단으로 활동하고 있습니다.

특수교육과에 관한 정보를 얻을 수 있는 방법을 알려주세요.

다음 카페 '특수교사를 꿈꾸며'가 그나마 공식적인 정보통입니다. 여기에 임용 수기부터 시작해 구인 구직, 아르바이트 공고, 봉사 활동을 모집하는 글 등이 활발하게 올라와 분위기도 파악할 수 있고, 실제 임용 경쟁률과 같은 통계를 알 수 있습니다. 그리고 '국립특수교육원' 홈페이지에서 교수 학습 자료들을 볼 수 있고, '에듀에이블'이라는 사이트에서는 특수학교, 특수학급 목록을 확인할 수 있습니다.

특수교육과에 관심 있는 수험생, 교직에 관심 있는 특수교육과 학생, 그리고 사범대생에게 해주고 싶은 말이 있다면요?

요즘 후배들을 보니 교대를 준비하다가 차선책으로 특수교육과에 들어오는 사람이 점차 늘어나고 있더라고요. 특수교육과의 특성을 알고 싶다면 자원봉사로 직접 체험해보는 것을 추천합니다. 특수학급 학생을 돕는 사소한 것에서부터 특수학교로 방문해 봉사하는 것, 체험 활동 보조로 봉사하는 것의 경험이 이 학과의 특성을 이해하는 가장 빠른 방법이라 생각합니다. 체험이 많은 생각을 불러일으킬 겁니다.

그리고 매너리즘에 빠지지 않았으면 합니다. 교사 역시 공무원인 까닭에 '임용되면' 미래가 보장되는 게 사실입니다. 그래도 요즘은 변화가 빠른 세상이다 보니 특수교사의 역할이 더 중요해지고 있습니다. 학생들의 수준을 고려해 교육과정과 개별화 교육계획(학생들의 1년간 교육 목표를 제작하는 것)을 세우는 '특수교사'로서 학생들이 사회에 잘 적응하고 자립할 수 있게 하려면 사회 동향을 누구보다 먼저 파악해야 합니다. 나태해지지 말고 최대한 여러 활동을 해보세요, 무엇이든.

그 밖에 사범대생을 비롯한 예비 교육자들에게 해주고 싶은 말이 있다면요?

특수교육과가 특수교육 대상자(학생)를 주로 대하는 학과이긴 하지만 교과 능력을 발휘해서 일반 학급과 통합해 운영할 수도 있고, 더 크게 꿈을 가진다면 우리 사회를 긍정적인 방향으로 이끄는 데 크게 기여할 수 있는 학과이기도 합니다. 너무 다르게만 생각하지 말고, 그저 같은 교사라고 생각해주시면 좋을 것 같아요.

Teacher of Teachers, 한국교원대학교 대탐방

Teacher of teachers, 전국 유일의 종합교원양성대학인 한국교원대학교! 그렇지만 비사범 계열은 물론 사범 계열 사람들도 생각보다 이 학교에 대해 잘 알지 못한다. 그래서 교원대에서 수학 후 임용에 초수 합격한 현직 선생님에게 교원대 생활에 관해 직접 물어봤다.

자기소개 부탁드립니다.

한국교원대학교 수학교육과를 졸업하고 올해 임용에 합격해 중학교 수학 교사로 근무 중입니다.

수학교육과에 진학하게 된 계기는 무엇인가요?

수학 교사라는 꿈을 갖게 된 계기부터 말해야 할 것 같은데, 조금 길어요. 저는 초등학생 때부터 꾸준히 공부하긴 했는데, 전교 1~2등에 속했던 것은 아니고 300명 중 50등 정도였습니다. 과목 중에는 수학을 가장 좋아했고요. 그러다가 중학교 2학년 때 수학 한번 제대로 파보자고 마음먹고 혼자 공부할 책을 사서 종일 풀어보던 중 수학에 재미를 붙였습니다. 결국 수학 성적이 좋아졌고, 그러다 보니 주위 친구들이 모르는 문제가 생기면 저한테 물어보기도 했습니다.

하루는 제일 친한 친구가 계속 저한테만 문제를 물어보길래 "전교 1등 놔두고 왜 자꾸 나한테 물어?"라고 했더니 그 친구 말이 "쟤는 자기만 풀 줄 알지 무슨 소리 하는지 하나도 모르겠어. 네가 말해야 이해돼"라는 거였어요. 그 말 덕분에 제가 무언가를 설명하는 데 능력이 있다는 걸 알게 됐고, 제가 가장 잘하는 '수학'을 가르치고 싶다는 마음도 생겼어요.

고등학교에 입학해서는 성적도 확 오르고, 친구들이 모르는 문제를 물어보는 일도 많아졌습니다. 아주 열심히 가르쳐줬는데 그게 그렇게 기분 좋더라고요. 계속 이렇게 질문 받고 학생들이 모르는 것을 함께 고민해주면서 살고 싶다는 생각이 점점 더 강해졌습니다.

더불어 입시 때문에 겪는 진로 고민이나 자기 자신에 대한 여러 고민도 제겐 흥미로웠고, 이 고민을 고등학교 때 하고 끝내기보다는 끊임없이 하자, 학교에 남아서 아이들이랑 끝까지 해보자 하는 생각을 했습니다. 그런 생각이 수학 교사가 되려는 마음으로 이어졌고, 고3이 되어서 수시 전형에 지원할 때 6군데 모두 수학교육과로 지원하게 됐습니다.

전국의 여러 사범대 중 특별히 한국교원대학교에 진학하게 된 계기는 무엇인가요?

고등학교 시절에는 대학 입시에 대한 정보를 그리 많이 알지 못했고, 아는 대학이라고 하면 서울 지역의 유명한 대학이 전부였습니다. 그러다가 고2 때 뒤늦게 한국교원대학교를 알게 됐는데요. 국립대학이라 저렴한 학비, 교원양성전문대학이라는 타이틀, 전국 최고 수준의 임용 합격률 등의 홍보

문구가 굉장히 매력적으로 다가왔습니다.

그 후 고3이 되고 대학 입시 결과가 나왔는데 한양대학교 수학교육과와 한국교원대학교 수학교육과 두 군데를 수시로 합격했습니다. 둘 중 하나를 선택할 때 당시 제 기준은 '임용 합격을 위한 곳'이었습니다. 교사가 되는 것 외에 다른 진로를 고민해본 적이 없기 때문에 임용 준비에 전적으로 몰입할 수 있는 곳을 원했고, 교원대 생활이 학비나 생활비 면에서 경제적으로 비용 절감이 많이 되겠더라고요. 이 모든 것을 고려했을 때 한국교원대가 제 기준에 좀더 부합했습니다.

한국교원대학교는 국내 유일(혹은 특수한)의 타이틀이 몇 가지 있다고 들었습니다. 관련 내용을 소개해주세요.

첫 번째로는 교원양성대학이라는 이름에 걸맞게 굉장히 다양한 교육과가 설치되어 있다는 점입니다. 유아교육과, 초등교육과를 비롯해 각종 중등교육과가 설치되어 있어 유치원, 초·중등 모든 분야의 교원을 양성하고 있습니다. 학과 수만 해도 24개로 이렇게 많은 교육학과가 개설된 학교는 교대, 사대를 통틀어 없을 겁니다.

설치된 학과 현황

제1대학	교육학과, 유아교육과, 초등교육과
제2대학	국어교육과, 영어교육과, 독어교육과, 불어교육과, 중국어교육과, 윤리교육과, 일반사회교육과, 지리교육과, 역사교육과
제3대학	수학교육과, 물리교육과, 화학교육과, 생물교육과, 지구과학교육과, 가정교육과, 환경교육과, 기술교육과, 컴퓨터교육과
제4대학	음악교육과, 미술교육과, 체육교육과

두 번째로는 현직 교사들의 대학원 파견 제도가 있습니다. 예비 사범대생들에겐 생소할 수 있는 얘기인데, 사실 한국교원대는 학부보다는 대학원 위주의 교육이 더 강화되어 있습니다. 현직 교사들의 연수나 재교육 등이 타대학보다 훨씬 활발하게 이뤄지고 있는데, 일정 경력 이상의 교사들을 선발해 대학원 교육의 기회를 주는 파견 제도가 그 대표적인 예입니다. 파견 제도는 교사 신분으로 대학원 과정을 수료하는 것으로, 기간 중에는 월급도 나오고 학위를 얻으면 호봉까지 인정되어 학업에 관심 있는 교사들에게 굉장히 인기가 있습니다. 이러한 파견 제도는 서울대학교와 한국교원대학교 두 군데에서만 운영되고 있고, 교원 양성 및 교육 연구 분야에 특화돼 있다는 점에서 한국교원대는 꽤 인기 있습니다.

한국교원대학교는 사범대 내 복수전공(즉 다수의 교원자격증 취득)에 대한 접근성이 보통의 사범대들보다 더 좋다고 들었습니다. 이에 대해 소개해주세요. 특히 얼마나 많은 학생이 복수전공을 하는지 실제적이고 통계적인 관점에서 알고 싶습니다.

교원대에서의 복수전공은 수강한 학점이 30학점 이상이기만 하면 원하는 학과에 지원을 할 수 있습니다. 선발 기준은 학과마다 다르기 때문에 본인이 원하는 학과의 기준만 살펴본 다음 거기에 맞추면 되고요. 그렇다 보니 복수전공을 지원하는 학생이 꽤 많은 편입니다.

특히 몇몇 학과를 제외하고는 거의 매번 복수전공 지원자가 선발 예정 인원보다 미달입니다. 실제 예시를 보면 다음과 같습니다.[7]

복수전공 학과		2019 정기 선발 현황			복수전공 여석 (중도 포기, 제적 등) (D)	추가 선발 가능 인원 (F=C+D)
		모집 인원 (A)	선발 인원 (B)	미선발 인원 (C=A-B)		
교육학과		9	8	1	0	1
유아교육과		19	15	4	2	6
초등교육과		11	11	0	0	0
국어교육과		35	9	26	0	26
영어교육과		25	5	20	0	20
독어교육과		9	1	8	0	8
불어교육과		9	2	7	2	9
중국어교육과		9	0	9	0	9
윤리교육과		20	20	0	1	1
일반사회교육과		20	17	3	4	7
지리교육과		19	0	19	0	19
역사교육과		20	7	13	1	14
수학교육과		25	13	12	1	13
물리교육과		20	0	20	0	20
화학교육과		20	4	16	1	17
생물교육과		20	9	11	0	11
지구과학교육과		20	15	5	2	7
가정교육과		19	12	7	1	8
환경교육과		19	1	18	0	18
기술교육과		20	11	9	1	10
컴퓨터교육과		19	9	10	1	11
음악교육과		20	3	17	0	17
미술교육과		19	2	17	0	17
체육교육과		20	0	20	0	20
연계 전공	통합사회	제한 없음	14	-	6	제한 없음
	통합과학	제한 없음	1	-	1	제한 없음
합 계		446	189	272	24	296

복수전공 학과		2018 정기 선발 현황			복수전공 중도 포기 인원		추가 선발 가능 인원 (F=C+D+E)
		모집 인원 (A)	선발 인원 (B)	미선발 인원 (C=A-B)	이수 포기 인원(D)	중도 탈락 인원(E)	
교육학과		9	9	0	7	0	7
유아교육과		19	7	12	5	1	18
초등교육과		11	11	0	0	0	여석 없음
국어교육과		35	13	22	10	1	33
영어교육과		25	5	20	3	0	23
독어교육과		9	0	9	0	0	9
불어교육과		9	0	9	1	0	10
중국어교육과		9	4	5	6	0	11
윤리교육과		20	16	4	11	0	15
일반사회교육과		20	19	1	10	1	12
지리교육과		19	5	14	2	0	16
역사교육과		20	8	12	5	0	17
수학교육과		25	19	6	11	0	17
물리교육과		20	5	15	1	0	16
화학교육과		20	4	16	2	0	18
생물교육과		20	7	13	2	1	16
지구과학교육과		20	15	5	2	0	7
가정교육과		19	12	7	6	0	13
기술교육과		20	9	11	6	0	17
컴퓨터교육과		19	10	9	4	0	13
환경교육과		19	0	19	0	0	19
음악교육과		20	1	19	0	0	19
미술교육과		19	0	19	1	0	20
체육교육과		20	2	18	0	0	18
연계 전공	공통사회	제한 없음	16	-	-	-	제한 없음
	공통과학	제한 없음	3	-	-	-	제한 없음
합 계		446	200	265	95	4	364

복수전공 학과		2017 정기 선발 현황		복수전공 여석(C)	추가 선발 인원 (D=A-B+C)
		모집 인원 (A)	선발 인원 (B)		
교육학과		9	9	1	1
유아교육과		19	11	2	10
초등교육과		11	11		0
국어교육과		35	25	2	12
영어교육과		25	17	2	10
독어교육과		9	0		9
불어교육과		9	1	1	9
중국어교육과		9	9	1	1
윤리교육과		20	11		9
일반사회교육과		20	17		3
지리교육과		19	2		17
역사교육과		20	13		7
수학교육과		25	25	2	2
물리교육과		20	7		13
화학교육과		20	1		19
생물교육과		20	9		11
지구과학교육과		20	7	2	15
가정교육과		19	8		11
기술교육과		20	16		4
컴퓨터교육과		19	2		17
환경교육과		19	0		19
음악교육과		20	0		20
미술교육과		19	1		18
체육교육과		20	1		19
연계 전공	공통사회	제한 없음			**제한 없음**
	공통과학	제한 없음			**제한 없음**
합 계		446	203	13	256

지난 3년간 교원대 내 복수전공 선발 결과입니다. 초등교육과를 제외한 모든 과에서는 선발 시 거의 매번 지원자가 미달이었음을 알 수 있습니다. 따라서 본인이 원하기만 하면 복수전공은 가능하다고 볼 수 있습니다.

다만 초등교육과 복수전공은 상당히 힘듭니다. 각 학과에서 지원자 선발 때 대부분 학점 평점을 계산해서 순위를 매기는데, 초등교육과는 학점이 4.5 만점이 아니면 대부분 탈락할 정도로 경쟁이 치열합니다. 혹시 교원대 초등교육과를 지원하고 싶은데 성적이 못 미쳐 복수전공을 계획 중인 고3 학생들은 진지하게 다시 생각해볼 것을 권합니다. 1~2년간 학점을 모두 만점 받는 것과 재수하여 수능을 다시 준비하는 과정이 별반 다를 게 없다고 생각하기 때문입니다.

이와 별개로 보통 컴퓨터교육과, 환경교육과, 독어교육과, 불어교육과 등의 학과의 복수전공 비율이 가장 높은 것으로 알고 있습니다. 국어교육과, 수학교육과, 영어교육과 등에서는 복수전공 지원자가 거의 없는 편이고요.

또한 복수전공을 하기로 마음먹은 순간 대학 5학년을 할 준비는 해야 합니다. 대학 4학년 때 주전공과 복수전공의 졸업 요건을 모두 갖추는 게 가능하긴 하지만, 교원대학생끼리 농담으로는 헤르미온느가 아니면 불가능하다고 입을 모아 얘기합니다. 복수전공을 하면 그만큼 이수해야 할 강의 수가 많아지고, 졸업 요건을 충족시키는 것도 힘듭니다. 이런 모든 고려 사항을 충분히 고민해 본 뒤 결정해야 후회가 없을 것입니다.

한국교원대학교의 지리적 특성에 따른 대학 생활은 어땠는지요? 4년 동안의 기숙사 생활도 궁금합니다. 만약 서울이나 대도시의 사범대학을 갔다면 대학 생활이 어떻게 달라졌을까요?

솔직히 말해 교원대의 기숙사 생활은 정말 무료하고 따분한 나날들입니다.

4월이면 학교 근처에서 거름 냄새가 나고 기숙사에서 3분만 걸어 나가면 논밭이 보입니다. 버스는 40분에 한 대씩 오는 터라 밖에 놀러 나가려고 하면 버스 시간표에 자신의 하루를 맞춰야 하고요. 성안길, 충북대 대학가와 같은 청주 시내의 번화가는 버스를 타고 40분 동안 나가야 갈 수 있습니다.

학교 근처에 상가도 발달해 있지 않아서 술집은 서너 군데가 전부입니다. 맛집이라고 할 만한 식당은 당연히 없고, 식당 자체가 그리 많지 않습니다. 대학가라고 부를 만한 곳이 없어요. 방학이면 사람을 찾아보기 힘들고, 방학 때 기숙사에 살면 기숙사 식당에서 밥도 제대로 안 나옵니다. 방학 시작하고 처음 3주 정도만 식당을 운영하기에 그 후에는 밥 먹을 식당 찾으러 한여름, 한겨울에도 밖으로 나돌아야 합니다.

그래서 교원대에 온 걸 후회하느냐 하면 그렇지는 않습니다. 전혀 안 하는 건 아니지만, 후회가 적은 이유는 일단 할 게 없는 만큼 임용 준비에는 최적화된 곳이기 때문입니다. 공부의 집중을 흩뜨릴 만한 유혹 거리가 전혀 없습니다. 공부하러 절에 온 느낌이랄까요. 수도권에 있는 대학을 다녔다면 전 아마 공부랑은 거리가 먼 학생이 됐을 거 같아요. 온종일 공연 보러 돌아다니고, 쇼핑하고, 맛집 찾아다녔을 텐데, 그런 게 없으니 할 건 공부뿐이었습니다. 어쩌면 이게 초수 합격의 비결이었는지도 모르겠네요.

그리고 학비가 저렴해 기숙사에서 타지 생활을 했어도 생활비의 부족함을 거의 느끼지 않았습니다. 서울에서 생활했다면 방값, 교통비, 등록금까지 어마어마한 금액을 감당해야 했겠지만, 교원대라서 부족함 없이 대학 생활을 할 수 있었습니다.

대학 재학 중에 문제집 검토 아르바이트를 많이 했다고 들었습니다. 하게 된 동기와 그

를 통해 배우고 느낀 점이 있다면 무엇인가요?

고등학교 시절에 수학 가르치는 게 재미있어서 수학 관련 인터넷 카페에서 활동을 많이 했어요. 별다른 건 없고 질문이 올라오면 꼬박꼬박 답을 다는 정도였는데, 그게 너무 재미있어서 아주 열심히 했습니다. 그러다가 카페 운영진이 수학 교재를 집필한다는 소식을 들었는데, 카페에서 활동을 열심히 했던 게 눈에 띄었는지 교재 검토진으로 뽑혔어요. 그 일을 계기로 실력을 인정 받아 운영진들이 집필하는 교재 검토에 꾸준히 참여할 기회를 얻었습니다. 총 6권의 교재를 검토하고 책에 이름을 실었습니다.

이 일을 하면서 느낀 건, 정말 제 성격과 안 맞는다는 것이었죠. 제가 수학 교사로서 꿈꿨던 것은 나만의 수업 콘텐츠를 만들고, 그걸로 나만의 수업을 하는, 창작에 가까운 일이었거든요. 단순히 주어진 문제를 열심히 풀고 맞는지 확인하는 일에는 흥미가 없었어요. 물론 시험 문제를 만들 때 어디까지 고민을 해놓아야 하는지, 또 교육과정을 잘 지킨 문제인지를 검토할 때는 무엇을 따져봐야 하는지 등등 경험을 통하지 않고는 알 수 없는 부분도 많이 배웠습니다. 책에 이름이 실린다는 성취감도 있어서 꾸준히 일을 이어갔지만요. 그러니 제가 창의적인 작업을 선호하는 것과 달리 완벽주의적 성향이 있거나 꼼꼼하고 세심한 면에서 남에게 뒤지지 않는다 하는 사람들은 출판업계에서 일해도 괜찮겠다는 생각이 들었습니다.

교원대 내 재학생들을 위한 프로그램들로 무엇이 있으며 참여를 통해 얻은 것은 무엇인가요?

(1) THC(Teacher-Healer-Counselor) 프로그램

교원대에서 시행하는 집단 상담 프로그램입니다. 초급, 중급, 고급으로 나뉘어 있는데 보통 한두 달 과정을 거칩니다. 집단 상담만 하는 것이

아니라 참여자들이 상담자로서의 역량을 갖출 수 있도록 여러 강의와 실습도 진행합니다. 저는 초급 과정만 참여해 강의보다는 집단 상담을 경험하는 데 초점을 맞춰 과정을 수료했는데요. 집단 상담이라는 것을 처음 경험해봐서 신선했고 기억에도 많이 남습니다. 사람들을 만나는 일반적인 자리에서는 듣기 힘든 진솔하고도 속 깊은 얘기가 많이 오가고, 저도 그에 힘입어 어두운 얘기나 속 얘기를 털어놓으니 홀가분함을 느꼈습니다. '상담은 어떻게 해야 하는 건가?' 궁금하다면 반드시 경험해보길 바랍니다.

(2) 교원대 교육학 특강

교원대에는 타대학 사범대에서는 듣기 힘든 임용 교육학 특강이 많이 열립니다. 임용 1차 시험에 관해서는 각종 인터넷 강의 업체의 스타 강사들이 특강을 많이 열어요. 그분들은 오서서 그해의 중요한 출제 예상 내용을 짚어주기도 하고, 본인들이 자체 제작한 교육학 모의고사 등을 무료로 배포해 답안 작성 요령도 많이 알려줍니다. 뿐만 아니라 임용 교육학 논술 강의가 따로 개설돼서 한 학기 동안 이뤄기도 합니다. 일반 사범대였다면 수요가 적어서 하지 못할 특강인데 교원대라서 가능한 것이죠. 이처럼 임용 준비에 만전을 기할 수 있도록 학교 차원에서 제공되는 프로그램들이 교원대에는 많이 있습니다.

(3) 스터디 지원금 사업

교원대 학생들 사이에 스터디 문화가 정착되어 있다 보니 학교에서 스터디를 장려하는 사업도 진행합니다. 스터디별로 계획서를 작성해 제출하면 이를 평가하여 우수 스터디 그룹에게 지원금을 지급합니다. 일반적으로 스터디 그룹당 약 70만 원에서 50만 원까지 차등 지급되고, 이 지원금으로 인터넷 강의을 구매하거나 필요한 교재를 구매하는 등 임용 준비에 도움을 받을 수 있습니다. 임용 준비를 하다 보면 생각보다 금전적인 부담이 생기는 부분이 많은데 학교 차원에서 이를 제공해주는 것이 꽤 큰 보탬이 됩니다.

교원대학교 수학교육과는 임용고시 응시에 어느 정도 관심을 갖고 있나요? 졸업생들은 임용고시 외에 어떤 진로를 많이 택하는지 궁금합니다.

대부분의 학생이 임용 합격을 목표로 하고 있습니다. 저학년 때부터 진로를 바꿔서 학원이나 사립학교, 혹은 공무원 시험을 목표로 하는 학생은 거의 없습니다. 그리고 교원대는 특성상 학교 차원에서 임용 합격에 관심을 쏟고 지원도 많이 해줍니다. 거대한 임용 학원 같은 모습입니다. 그런 분위기 탓에 소수의 학생을 제외하고는 대부분이 임용 외의 진로를 고려하지 않습니다.

그러다가 4학년이 되어 임용을 처음 응시해보고 합격의 벽이 얼마나 높은지 실감하면 슬슬 사립학교 정보를 찾아보는 학생들이 생겨납니다. 학원 일에 몸담기 시작하는 학생도 종종 있고요. 결국 크게 네 부류로 나뉩니다. 임용시험에서 끝장을 보든지, 사립학교나 기간제 교사 정보를 찾든지, 학원가에 몸을 담든지, 혹은 다른 공무원의 길로 빠지든지.

교원대학교 수학교육과에는 어떤 모임이 있나요? 그 외 타대학 수학교육과나 교원대학교 내 다른 학과와 대비되는 특징이 있나요?

'분과 모임'이라고 해서 수학 교육의 분야별로 탐구 주제를 정해 정기적으로 만나 활동하는 모임이 있습니다. 수학 교육 분과, 수학사 분과, 수학 퍼즐 분과, 공학적 도구 분과 네 개로 구성되어 있습니다. 아주 체계적으로 운영되는 것은 아니고, 학생들끼리 자체적으로 하다 보니 조금 파행적으로 운영되는 부분도 있습니다.

타대학과 비교했을 때의 특징을 꼽자면, 전공별 교육학 교수님들이 출중하다는 것입니다. 제가 신규 동료인 수학 교사와 대화를 해봤을 때, 그 선생님이 다닌 대학에는 수학 교육 분야 교수님이 따로 없고 매번 강사를 초빙해서 한 학기 강의가 진행된다 하더라고요. 반면 교원대는 교육에 있어 전문성이 높은 만큼 수학 교육 전공 교수님이 두 분이나 있고, 여기에 초등수학 교육 전공 교수님이 한 분 더 있었습니다. 다른 학과도 마찬가지로 전공마다 교육 관련 교수님들이 있는 반면, 타대학 사범대는 전공 교육 분야 교수님이 아예 없는 경우도 있다는 얘기를 들었습니다.

또 임용 출제 경험이 있는 교수님도 적지 않은 편이어서 임용시험의 방향과 맞는 강의를 들을 수 있다는 점도 특징입니다. 수학교육과만 해도 출제 경험이 있는 교수님이 두 분인데, 그분들 강의가 도움이 많이 됐습니다. 꼭 우리 학과만이 아니더라도 출제 경험이 있는 분들이 다수 재직 중입니다.

임용고시 응시는 언제, 어떻게 마음먹었나요? 초수 합격을 목표로 하셨나요?

저는 어렸을 때부터 교사가 되겠다는 마음이 확고해서 입학 당시부터 임용 합격만 생각했습니다. 다른 얘기에 흔들려본 적도 없고요. 처음부터 그렇게 마음먹었기에 목표도 초수 합격이었습니다. 빨리 결심했으니 빨리 합격하자는 생각이었습니다.

초수 합격의 원동력을 몇 가지 꼽는다면요?

첫 번째로는 좋은 스터디원을 만나서 공부할 수 있었던 점입니다. 임용 준비를 할 때 교원대생이어서 얻을 수 있는 최고의 장점 중 하나인데요, 교원대 학생들은 대부분 임용 준비생이다보니 서로 스터디 그룹을 만들어서 공부하는 문화가 정착되어 있습니다. 그중에는 N수생도 많은데 초수생들이 N수생들과 스터디를 하면 굉장히 많은 것을 배울 수 있습니다. 어디서 임용 정보를 얻고, 시기별로는 어떤 공부를 하고, 스터디를 어떻게 운영해야 하고 등등. 저 또한 N수생 스터디원을 만나서 믿고 의지하며 공부할 수 있었는데 이게 굉장히 큰 원동력이 됐습니다. 그리고 이와는 별개로 제가 대학에서 가장 친한 친구가 딱 두 명 있는데, 그 친구들과 4년 내내 같이 공부하면서 서로 참 많이 배웠습니다. 놀 때는 같이 놀고 공부할 때는 또 집중해서 열심히 하는 친구들을 만나게 된 것이 저한테는 참 행운이었습니다.

두 번째는 꾸준한 공부 시간입니다. 어떤 수학 전공자가 인터넷에 쓴 글을 하나 본 적이 있는데, 그분이 수학 전공 박사님과 대화하면서 들은 말이 "대학교 수학 공부를 감당하려면 하루에 최소 5시간씩은 해야 한다. 석사과정은 최소 7시간이다"라고 하더라고요. 당시에 저는 대학교 수학 공부에 허덕이고 있던 때라 잘하고 싶다는 욕망이 강했는데, 그 글을 읽고 저도 행동으로 옮겨야겠다고 마음먹었습니다. 5시간은 좀 무리이고, 3시간만 해보자고요. 당시 군대 갔다가 학교에 혼자 복학해서 마침 친구도 없었겠다, 강의 마치면 곧장 도서관으로 가서 매일 3시간씩 수학 공부를 했습니다. 그때 잡힌 수학 공부 습관이 제 실력을 크게 향상시켰습니다. 대학 4년 내내 전공 학점이 B+ 밑으로 나온 적이 없을 정도로 실력이 좋아졌고, 이를 발판으로 초수 합격도 할 수 있었다고 생각합니다.

세 번째는 심리적인 안정을 취하는 방법을 찾으려고 노력한 점입니다. 저는 타고난 성향이 독종과는 거리가 멀어요. 그래서 합격 의지를 불태우며 스톱워치로 열 몇 시간씩 공부 시간을 재면서 앉아 있지 못합니다. 스스로의 성격을 잘 아는 터라 4학년 때 임용 준비하면서도 7시간의 공부 시간을 채우면 바로 쉬었고요. 또 심적으로 스트레스가 많을 때는 교내 상담센터를 찾아가서 3개월간 심리 상담도 받았습니다. 그리고 내가 뭘 할 때 쉬었다는 느낌을 받고, 다시 충전돼서 공부할 힘을 얻는지도 일기장에 메모해두면서 참고했습니다.

교원대 임용고시생들은 어디서, 어떻게 공부하는 편인가요?

2018년 하반기쯤에 교원대 도서관이 새로 완공돼 학생들에게 개방됐습니다. 공부하기 매우 좋은 환경으로 바뀌었는데, 학생들에게도 반응이 좋아 대부분의 학생이 학교 도서관을 이용합니다.

도서관에는 혼자서 자습하는 공간만 있는 게 아니라 스터디룸이 많이 구비돼 있는데요, 학생 계정으로 온라인상에서 예약해 사용합니다. 같이 공부하는 스터디원들과 그 공간에 모여 문제 풀이를 하거나 서로 암기한 것을 점검해주고, 과제나 보고서도 함께 작성하면서 공부하는 문화가 어느 정도 자리 잡혀 있습니다.

이외에 학생회관에도 도서관과 비슷한 스터디룸 및 자습 공간이 마련되어 있어서 도서관에 사람이 많으면 이곳을 이용하고, 학교 후문 근처가 인적이 드문 편이어서 그곳 카페에서 공부하는 학생들도 종종 볼 수 있습니다.

이외에도 다른 대학의 사범대와 비교해 한국교원대학교만의 특별한 점을 이야기해주신다면요?

저는 도서관 공간을 참 좋아했습니다. 책을 읽지도 않으면서 늘 갔는데, 교원대 도서관에는 다른 학교라면 찾아보기 힘든 교육 관련 책이 아주 많아요. 과제를 위해 자료를 찾다 보면 흥미로워 보이는 교육 서적들을 곳곳에서 발견할 수 있었습니다. 도서관 열람실에서 공부하다 지치면 서재로 올라가서 그런 책들을 뒤적이다가 몇 자 읽어보면서 쉬었던 기억이 납니다. 교육에 관심이 많은 학생이라면 꼭 도서관 여기저기를 돌아다녀보길 추천합니다.

그리고 교원대 특성상 현직 교사들을 위한 연수나 교육 관련 학술 대회 등이 많이 개최됩니다. 타대학 학부생은 경험해보기 힘든 대회도 많이 열려 조금만 관심을 기울이면 상당히 질 높은 세미나를 참관할 수 있습니다. 저도 대한수학교육학회에서 개최하는 학술대회의 보조 요원으로서 여러 강의를 참관했는데, 매우 새로운 경험이었고 수학교육의 새로운 분야에 대해서도 알아갈 기회여서 만족스러웠습니다.

교원대학교 생활 중 지금 이 순간 생각나는 에피소드가 있다면 어떤 것인가요?

사람 사는 집단은 그 규모가 작을수록 유언비어가 빨리 퍼집니다. 가장 대표적인 집단이 학교라 할 수 있고, 교원대는 특히 시골 한적한 곳에 고립돼 있어 유언비어가 속출하는 집단입니다. 사람 사는 곳에 갈등과 다툼이 없을 수 없지만, 교원대 생활 중에는 누군가 다투거나, 연인끼리 헤어지고 새로 만나는 소식들이 듣기 싫어도 들리고 때로는 와전되기도 합니다. 이처럼 고립돼 있고 폐쇄적인 곳이라는 특성상 빚어질 수 있는 일이 종종 일어납니다. 사람들 사이에서 부대끼며 이런저런 경험하기를 좋아하는 사람이라면 대학 생활 중 마음에 상처 하나는 생길 거라고 조심스럽게 예측해봅니다. 마냥 나쁜 점이라기보다 규모가 작은 집단의 특성으로 생각해주세요.

제가 워낙 도서관 아니면 기숙사에 틀어박혀 있어 특별한 에피소드는 없는데, 임용 준비생들 사이에 '학교에서 고라니를 보면 합격한다'는 괴소문이 있어요. 학교가 촌동네에 있다 보니 종종 학교 길 한복판에 고라니가 뛰어다니는 게 목격되거든요. 저도 저녁 먹으러 식당 가는 길에 고라니 한 마리가 차 하나 없는 도로 위에서 통통 뛰어다니는 걸 본 적이 있습니다. 4학년 때였는데, 그걸 보고 이렇게 교사가 되었네요. 여러분도 근거 없는 그 미신의 주인공이 되어보시길 기원합니다.

현재 관심 분야나 꿈은 무엇이며 어떤 노력을 하고 있는지요?

수업, 평가, 생활지도, 학생상담 등 교사가 신경 써야 할 것이 참 많은데요. 교사로서 제 최대의 관심사는 수업입니다. 매일매일 수업을 위한 학습지를 저만의 방식으로 창작해내는 게 재미있고, 늘 원하는 수업에 실패하지만 '그만두고 싶다'보다는 '어떻게 하면 다음에는 성공한 수업이 될까?'라는 고민이 먼저 떠오릅니다. 그래서 혼자서 수업 자료집도 뒤적거리고, 다른 수업 영상도 찾아보곤 합니다. 올해에는 '배움의 공동체'라는 수업연구회를 알게 돼서 집중 연수를 받기도 했습니다. 배움의 공동체의 수업 철학, 수업 디자인 방식을 나름대로 연구해 제 수업에 적용해보려 합니다.

이런 삶이 계속돼 나중에는 교사들의 수업을 컨설팅하는 일에 몸담고 싶습니다. 배움의 공동체 같은 수업연구회 일원이 되어 도움을 필요로 하는 선생님들과 같이 수업에 대해 고민하고, 더 좋은 수업이란 무엇인지 얘기 나누면서 수업 전문가로 거듭나고 싶습니다. 먼 미래의 일이겠지만, 그런 미래는 분명히 있을 거라고 믿으면서 현재를 살아나가려고 합니다.

한국교원대학교에 관한 정보를 얻을 수 있는 방법을 알려주세요.

당연히 입학처를 먼저 둘러봐야 합니다. 입학처 홈페이지에서 성적 산출 프로그램도 제공하고, 전년도 면접 기출 문제 등도 제공하기 때문입니다.

또 '수만휘'와 같은 수험생 커뮤니티에서 사범대 게시판 등을 눈여겨보는 것도 방법입니다. 현재 교원대 재학생들이 자소서 컨설팅을 해주거나 입시 관련 질문 답변 등을 상시로 진행 중입니다. 이런 자잘한 정보를 놓치지 않고 잡아내시면 도움이 될 것입니다.

사범대에 관심 있는 수험생 그리고 사범대생에게 해주고 싶은 말이 있다면요?

현실적으로 말하자면, 교사가 될 수 있는 길은 점점 좁아지고 있습니다. 이미 정부에서는 교원 중장기 수급 계획[8]을 발표하면서 2030년까지는 지속적으로 교원 임용 규모를 줄이겠다고 밝혔고, 임용고시 경쟁률은 나날이 높아지고 있으며, 학생 수는 점점 줄어들고 있습니다. 교사가 된다 하더라도 교사는 점점 3D 직종이 되어가고 교권은 자꾸만 지키기 힘들어지고 있습니다. 학교에서는 사건이 끊이질 않는데, 책임은 고스란히 교사들에게 돌아갑니다.

저는 올해 교사가 되고 나서 정시 퇴근을 해본 날을 손에 꼽을 정도입니다. 집에 와서 저녁 먹고 8시 30분에 기절하듯이 잠들었다가 새벽 3시쯤에 일어나 그때부터 수업 준비를 하고 학교에서 할 업무를 준비합니다. 솔직히 너무 힘듭니다. 정말 원했고 하고 싶은 일이었는데도 그렇습니다. 교사가 되고 싶다는 학생들이 있으면 말리고 싶은 게 솔직한 심정입니다. 특히 교사라는 직업이 안정적이고 편하지 않냐고 하는 학생들한테 정색하고 한마디하겠습니다. 정신 차리라고요. 그런 생각으로 교사 돼봤자 본인이나 미래에 제자가 될 학생들 모두에게 득 될 게 하나도 없다고요. 교사가 편해지면 학생은 망가집니다. 교사는 처음부터 끝까지 힘들고 불편한 일입니다.

하지만 지금 여기까지 읽으면서도 "난 그래도 교사가 하고 싶은데요"라고 생각한 학생이 있겠죠? 제가 이렇게까지 말했는데도 그렇게 생각했다면, 부디 그 생각이 꺾이지 않았으면 합니다. 그 정도 각오가 돼 있다면 그때부터는 몸소 부딪치면서 깨달아야만 합니다. 내가 왜 이 일을 하고 싶어하고, 무엇을 위해 이 일을 하려 하며, 어떤 교사가 되고 싶은 건지를 깨달아야 합니다. 그 어떤 말, 글, 강의도 그것을 알려줄 순 없습니다. 직접 교사가 돼서 아이들을 만나고, 아이들과 마주 보며 대화하면서 깨달아야 합니다. 부디 그 깨달음을 얻으실 수 있기를 기원합니다.

사범대와 교육대,
한 끗 차이가
불러오는 차이는
얼마나 될까?

사범대와 교육대. 사실상 큰 차이가 있지만 가끔 비슷한 것으로 묶여 그 차이를 간과하게 되곤 한다. 사범대와 교육대(이하 교대)는 둘 다 교사를 양성하는 대학이지만 우선 제도적으로 사범대 졸업생은 초등학교 교사가 될 수 없고, 교대 졸업생은 중·고등학교 교사가 될 수 없다. 학교가 거기서 거기라고 생각하겠지만, 초등학교와 중·고등학교 사이에는 커다란 차이가 있다. 그렇지만 고등학교 시절 충분한 고민 없이 교대 혹은 사범대를 선택하는 학생이 많다. 대학에 와서도 '교대 갈걸' '사범대 갈걸' 하면서 미래에 대해 충분히 고민하지 못한 것을 후회하기도 한다.

　여기서는 사범대와 교대의 차이에 대해 구체적으로 이야기해보겠다. 이를 위해, 나를 포함해 서울 중등 임용 초수 합격자인 공저자 이준건과 서울교대를 졸업하고 현직 생활을 하고 있는 인플루언서 초등교사 정대준(유튜브 채널 DREAM TV 운영자), 채수빈 네 명의 청년 교사가 모였다. 사범대와 교대를 다니면서 공부뿐 아니라 이런저런 고민과 함께 여러 활동을 한 친구들이 모여 각자의 사범대, 교대 생활에 관해 얘기를 나눠봤다.

정교사 자격증의 차이

사범대를 졸업하면 해당 교과의 중등 정교사 2급 자격증, 교대 혹은 초등교육과를 졸업하면 초등 정교사 2급 자격증이 나오고 이는 각각 중등 임용, 초등 임용 응시 자격이 된다(참고로 임용에서의 '중등'은 중·고등학교, '고등'은 대학교를 말한다). 따라서 사범대 졸업생은 초등교사가 될 수 없고, 교대 졸업생은 중등교사가 될 수 없다. 다만 교원대와 같이 초등교육과를 복수전공 할 수 있는 조건에서는 초등+중등 자격증을 둘 다 지닌 사람도 극히 일부 존재한다(정말 극히 일부). 한편 중등교사 자격증을 갖고도 초등학교에서 일하는 특수한 경우가 있다. 가령 사범대 영어교육과를 졸업하고 초등학교에서 영어 시간강사나 기간제로 일하는 사람이 있다. 그러니 엄밀히 표현하자면 초등 복수전공을 하지 않은 사범대 졸업생은 초등 '정'교사가 될 수 없다.

초등, 중등 임용고시의 차이

(1) 중등 임용

중등 임용은 초등 임용과 다르게 '교과'별로 다른 시험을 치르게 된다.

1차: 전공+교과교육학(전공과 합쳐 80점)+교육학(20점), 1.5배수 선발
2차: 수업 실연(45점)+교수학습지도안(15점)+교직 인적성 면접(40점)

(일부 교과의 경우 실기 추가)

기본적인 틀은 위와 같으나 지역마다 세부적인 차이가 있다. 임용고시 또한 대입만큼이나 세부적인 사항이 자주 바뀌는 경향이 있는 듯하다. 2020학년도 시험부터는 문항 유형과 수가 약간 달라졌다(자세한 것은 이 책의 '임용시험의 현재와 미래'를 참고).

교과별로 차이가 있을 수 있으나 중등 임용은 초등 임용에 비해 전반적으로 교과의 학사(대학) 수준 전공의 비중이 매우 크다. 예를 들어 중등 수학 임용에서는 '대학' 전공 수학이 임용시험의 60~70퍼센트 이상을 차지한다. 수학교육과를 다닐 때도 대학 수학(수학과에 비해서도 수학 공부량은 절대 뒤처지지 않는다. 아니 어쩌면 순수수학을 더 많이 하는지도 모른다)을 공부하느라 애먹는다. 대학 수준의 수학을 아는 것이 중·고등학교 수학을 가르치는 데 도움이 된다는 말 자체는 맞는 말이다. 하지만 고생한 만큼의 도움이 되는 것은 아니다. 수학 비전공자들도 중·고등학교 수학 사교육에 많이 종사한다. 더욱이 다른 고시도 비슷한 상황이겠지만, 교사가 되면 대학 수학을 공부할 일이 거의 없기 때문에 '따로' 노력하지 않는 한 많은 내용이 금세 증발하기 일쑤다. 임용 제도야 개선될 여지는 충분히 있지만, 교사 '선발'이라는 문제 때문에 학부 수준의 내용이 강조되는 것은 일정 부분 어쩔 수 없어 보인다. 사범대에서 대학 수학을 배우면서, 중·고등학교 수학과 관계되는 부분이 나왔을 때 이를 연계해서 가르쳐주는 교수님을 만나면 정말 큰 행운일 것이다. 그런 연관 관계에 대해서 모른 채 그냥 대학 수학만 공부하는 경우가 흔하기 때문이다. 중등 임용 과정의 세부 사항은 이 책의 '아무나 말해줄 수 없는 공립 임용과 사립 임용'을 참고하면 된다.

(2) 초등 임용

초등 임용은 중등 임용이 전공 교과별로 차이가 있는 것과는 달리 동일한 내용으로 진행된다. 응시 지역마다 근소한 차이는 있으나 서울을 기준으로 하면 대략의 내용은 다음과 같다.

> 1차: 교직논술(20점)+교육과정(80점)+내신(20점)+지역가산점(6점), 1.5 배
> 수로 선발
> 2차: 교수학습과정안 작성(10점)+교직적성 심층 면접(40점)+수업 실연
> (40점)+영어수업 실연 및 영어 면접(10점)

각각에 대해 개략적으로 설명하면 다음과 같다.

- 교직논술: 교직 실무과 관련된 내용으로 교육학적 이론이 조금씩 반영되고 있는 추세다.
- 교육과정: 초등 전 교과의 교육과정에 대한 내용이다.
- 내신: 시도교육청별 환산 공식에 의해 학점이 반영된다.
- 교수학습과정안 작성: 중등 수업지도안과 같은 말이다. 고사장에서 발표된 단원에 대한 교수학습과정안을 작성하면 된다.
- 교직적성 심층 면접: 교직 적성에 관한 내용이다.
- 수업 실연: 중등과 마찬가지로 수업 구상 시간이 주어진 후 면접관들 앞에서 가상의 짧은 수업을 진행한다.
- 영어수업 실연 및 영어 면접: 말 그대로 영어 교과에 대한 수업 실연과 교직(또는 개인적 경험)에 대한 영어 면접이다.

초등 임용에 관한 더 자세한 사항은 정대준(서울 초등 임용 18년도 합격)의 블로그 게시물[9]을 참고하라. 자신의 경험을 기반으로 구체적이고 실효적으로 내용을 정리해놓았다. 내가 본 초등 임용 블로그 중 가장 내용이 알차다.

중등 임용 또한 1차 시험에서는 전공별로 세부적으로 나뉘어 출제되기 때문에 초등, 중등 두 시험 다 양적 부담이 크다. 하지만 2차에서 중등 임용은 해당 교과의 수업 실연으로 한정되는 반면, 초등 임용은 전 교과가 수업 실연의 범위이기 때문에 양적 부담이 더 클 수 있다. 모든 시험이 그렇겠지만 초등 임용에서는 내가 공부를 꼼꼼히 한 것이 나와야 유리하다. 결론적으로 초등 임용은 범위가 많고 주관식이라 운이 따르는 경향이 없잖아 있다. 심지어 본 적도 없는 문제가 나올 수도 있다. '뻘소리 스터디'라 하여 임용에 출제되지 '않을 것' 같은 내용만 정리하는 스터디가 있었는데, 심지어 거기서 다룬 내용도 출제된 적이 있다.

2차 시험의 교수학습과정안에서는 중등 임용과 마찬가지로 주어진 조건을 반영하는 것이 중요하다. 교수학습과정안의 틀에 맞춰 채워넣는 훈련이 필요하다. 2차에서 변별력이 가장 큰 것은 교직적성 심층 면접이라고 한다. 2차 시험에서 초등과 중등 임용의 큰 차이 중 하나는 영어수업 실연 및 면접 유무인 듯하다.

처음에 나는 초등 임용이 중등 임용과 다르게 상위 등급 교과에 해당되는 내용을 많이 다루지 않기 때문에 임용 공부의 현장 활용 가능성이 높을 것이라 예상했다. 쉽게 말해, 중등 수학 임용에서는 대학 전공 수학을 많이 다루는데, 초등 임용에서는 초등 교과 내용을 잘 전달하는 것에 집중하기 때문에 임용시험의 내용이 현장에 곧잘 연결되지 않을까 기대했다. 하지만 초등 임용 또한 중등 임용과 마찬가지로 학교 현장에서의 실질적 활용도는 낮은 편이라고 한다. 초등 임용에서 가장 큰 비중을 차지하는 것은 교육과정이다. 하지만 사실 현장에서 교육과정은 필요할 때 찾아보면 된다. 교육과정을 그대로 암기하는 것이 아니라 해석하고 활용하는 것이 실질적인 문제일 텐데 임용시험에서는 이런 부분에 대한 평가가 부족하다. 도움이 되는 부분은 '필요한 교육과정을 찾을 때, 알고 찾는다'는 느낌 정도랄까? 교과 내용, 학년간 위계를 숙지하게 되기 때문이다. 초등이나 중등이나 시험이 '교사 선발'을 위한 정량화의 문제를 안고 있을 수밖에 없다는 것에 공감하긴 하지만 정작 중요한 것이 빠져 있는 듯한 느낌이 든다.

결국 초등 임용과 중등 임용 둘 다 신규 교원을 선발한다는 점에서 내용의 본질이 크게 다르진 않다. 그나마 큰 차이라면 중등은 해당 전공의 비중이 높으며 초등은 전 교과 교육과정의 비중이 높다는 것이다. 그렇다면 초등 임용과 중등 임용의 가장 큰 차이는 무엇일까? 바로 '경쟁률'이다. 현재의 임용 경쟁률이 형성된 이유는 복합적이다. 하지만 큰 이유는 개방성과 폐쇄성이다. 사범대는 국가로부터 각 사립대학에 설립 권한이 주어지고, 교직 이수, 교육대학원 등의 다양한 경로를 허용하게 됐다. 반면 교대는 일부 초등교육과를 제외하고는 지역별로 국공립 교육대학 외에는 다른 루트를 허용하지 않았다. 여기에서부터 초등과 중등 임용의 경쟁률은 큰 차이가 나기 시작했다.

임용 경쟁률의 차이가 큰 만큼 그로 인해 파생되는 임용 응시에 대한 고민, 대학 생활, 진로 선택 등의 양상이 매우 달라진다. 사범대에서는 큰 위험 부담을 안고 중등 임용을 결심하는 반면 초등에서는 '교대 왔으니 초등 임용은 일단 따놔야지'라고 생각한다. 교대 내에서 이뤄지는 '스터디만 잘 따라가면 합격'이라는 생각이 비현실적인 것은 아니다. '사범대 다니면서 임용 걱정 없이'와 '교대 다니면서 임용 걱정 없이'가 의미하는 바는 확연히 다르다. 초등 임용이 쉽다고 힐난하는 것은 결코 아니다. 초등 임용의 경쟁률이 '비교적' 정상인 것이고 중등 임용 경쟁률이 기형적이라는 것이다. 한편 사범대에서 반수를 해서 교대로 가는 이들도 간혹 있다. 반면 교대 다니다가 사범대에 온 사람은 아직 못 봤다.

초등 임용이 가볍다는 말이 아니다. 초등 임용과 중등 임용 모두 무게감이 있다. 내가 임용 공부 하는 것을 주변에서 다 알고 있는데, 불합격하면 어떻게 될지 걱정하는 것도 자연스러운 일이다. 어쩌면 초등이 이런 부담은 더 클지도 모르겠다. 물론 위의 모든 얘기는 점점 과거의 이야기가 되어가고 있는지도 모른다.

교대에서는 근래에 임용 정원 문제가 불거진 적이 있었다. 티오는 하반기나 돼서야 알게 되는데, 이때를 기점으로 부담이 더 커지거나, 덜어질 수 있다. 2017년도 초등 임용에서는 생각보다 티오가 많아서 부담이 조금 덜어졌다고 하는 반면 2018년도 서울 초등 임용에서 갑자기 사전 티오가 전년도의 8분의 1로 토막 나서 말이 많았다. 그나마 정상적이었던 초등 임용마저 교사 수급에 점점 실패해가고 있는 실정이다.

사범대에서 임용 때문에 어려움을 겪는 장면은 아주 흔히 볼 수 있다. 교수님들도 에이스라 칭찬하고 누가 봐도 전공 실력이 뛰어나다고 평이 자자한 선배가 불합격하는 장면 말이다. 얼마 전까지만 해도 내 질문을 잘 받아주던 선배가 떨어지면 '아, 저렇게 열심히 해도 떨어질 수 있구나'라는 생각을 흔히 하게 된다. 이러한 무게감에 대해서도 서울 지역 중등 수학 임용 초수 합격자인 이준건은 다음과 같이 말했다.

"중등 임용이 주변에서는 어려운 길이라 하지만 내 자아실현을 위해서는 가장 쉬운 길이었다. 얼마나 무겁든 간에 해야 할 일이니까 했다. 한편 임용의 무게에 대해서 고통을 느끼지 않는 성격이기도 했다."

달리 말해, 사범대에서는 '내가 교직에 맞는가?'를 고민하는 비중보다 '내가 임용에 합격할 수 있을까?' '몇 번 만에 붙을 수 있을까?'를 고민하는 비중이 큰 반면, 교대에서는 '내가 임용에 붙을 수 있나 없나?'만큼이나 '내가 교직에 맞는가?'를 고민하는 경향이 있다. 일반화할 수는 없지만 상대적으로 그렇다는 얘기다. 그러나 앞서 언급했듯이 최근 초등 임용 티오가 줄면서 1학년부터 임용 공부 커리큘럼에 관해 적극적으로 묻는 학생들이 나오기 시작했다고 한다. 물론 사범대에는 예전부터 그런 학생들이 있었다.

어쩔 수 없는 정원 제한으로 인해 사범대에서는 교사 이외의 진로로 나가는 사람들이 통계적으로 매우 많다. 교대에서는 학교마다 학번마다 차이는 있겠지만, 대부분이 초등 교사의 진로를 택하게 된다(경쟁률 때문이기도 하지만 다른 곳으로 가고 싶어도 가기 어렵다). 아래 글에서 더 자세히 언급하겠다.

임용 합격 커트라인, 응시 지역 선택에서의 차이

교대는 지역 간 임용 합격 커트라인 차이가 큰 편이다. 10점 이상 나기도 한다. 교대는 심지어 과락만 면하면 되는 곳이 있기도 하다. 어떤 지역의 초등 임용에는 2차 면접에서 교사 부족 문제로 전체적으로 가능한 한 점수를 주는 방향으로 진행하는 경우도 있다고 한다. 어느 지역에서는 우수한 임용 성적으로 3월에 발령받기 싫어서(졸업 후 바로 일하기 싫어서) 적당히 공부한다는 농담도 있다. 물론 이러한 문화 또한 시간이 지날수록 어떻게 바뀔지는 모른다.

사범대는 지역 간 임용 합격 커트라인 차이가 상대적으로 크지 않다. 물론 서울, 경기, 인천이 대체로 높지만 수학 교과의 경우 1차 합격 커트라인의 지역별 차이가 5점 이상 나지 않는 편이다(물론 모집 인원이 너무 적어 두드러지게 합격 커트라인이 높은 경우가 발생할 수도 있다). 초등 임용은 지역 간 임용 합격 커트라인 차이가 크기 때문에 교대생이 타지역 임용 응시를 더 고려할 것이라 생각할지 모르나 오히려 그 반대다. 경쟁률 때문이다. 사범대는 합격의 확률을 높이기 위해 몇 점이라도 낮을 지역을 선택하려는 이들이 종종 있다. 서울에서 대학을 나왔더라도 지방 응시를 고려한다는 뜻이다. 특히 서울에서 대학을 나온 지방 출신들이 이런 고려를 하는 편이다. 교대는 출신 지역이 아닌 지역에 응시를 희망하는 이들이 사범대에 비해 '상대적으로' 많지는 않다. 그러나 향후 교대 수급 문제가 점점 안 좋아지면 지방 초등 임용 합격 커트라인도 높아질 테고 그러면 이런 양상은 교대도 사범대처럼 비슷해질 수도 있다.

한편 교대는 임용에 지역가산점이 있다. 더욱이 2019학년도 초등 임용시험부터 지역가산점이 상향 조정되었다. 지역가산점과 지역 선호 등의 이유로 서울 출신의 서울 교대생이 지방 임용을 응시하는 경우는 사실상 드물다. 서울 소재 초등학교 교사 중 서울교대 출신이 60~80퍼센트쯤 된다고 한다. 어딜 가나 선배가 흔한 것이다. 결과적으로 중·고등학교는 초등학교보다 현장에서 '상대적으로' 다양한 지역, 다양한 대학 출신의 선생님들을 만날 수 있다. 하지만 최근 서울 초등 임용 합격자를 보면 서울 교대 절반, 타교대 절반 정도라고 한다. 사범대는 2000년대 초중반까지 가산점 제도가 있었으나 사라진 지 오래다. 대체로 사범대나 교대 모두 응시 지역 선택의 기준으로 합격 가능성, 자신의 연고가 가장 크게 고려되는 편이다. 실제로 블로그와 유튜브(DREAM TV)를 활발하게 운영 중인 정대준 선생님은 최근 초등 임용 응시 지역 선택에 있어 지역별 합격 커트라인, 향후 지역별 경쟁률 등에 관한 질문을 많이 받는다고 한다.

교직 이외 진로에서의 차이

기본적으로 사범대와 교대는 교직 이외의 진로가 좁은 편이다. 사기업에서 사범대, 교대생을 선호할 리가 없다. 하지만 사범대는 일반대 수준의 학부 전공을 다루므로 본인의 노력에 따라 교직 이외의 진로로 진출하는 이들이 많다. 정확히 말하면, 많은 사범대생이 교직 이외의 진로로 '진출해야만' 한다. 임용 티오와 경쟁률을 볼 때 수요, 공급이 맞지 않기 때문이다. 사범대에서는 '내가 임용시험 몇 번이나 봐야 붙을 수 있을까?'라는 고민이 보편적인 반면, 초등의 경우 '언젠가 합격하겠지' '교대 왔으니 일단 초등 임용은 붙어놔야지'라는 생각이 보편적이므로 교대에서 '교직 이외의 진로'를 생각하는 이들은 사범대에 비해 적다. 통계도 마찬가지로 나온다. 게다가 교대에서 배우는 내용이 대부분의 사기업의 업무 내용과 동떨어져 있어(초등 교육과정, 초등 각종 실기 등) 교대생들이 취업을 선택할 때는 사범대생보다 더 큰 벽에 부딪히게 된다.

사범대는 통계적 상황 탓인지, 학교 입장에서도 임용고시 외의 진로에 대해서 지원하려는 경향이 있다. 사립학교 임용 특강, 취업 특강 같은 것이 꽤 있다. 이러한 상황 속에서 사범대 교수님들의 고민은 '임용으로 밀자니 통계가 폭망이고' '임용이 아닌 진로를 권장하자니 사범대의 원래 목표에서 멀어지는 것 같고'와 같은 모순적 상황에 빠진다는 것이다. 이런 맥락에서 사범대에서는 '임용고시를 볼지 말지'에 대한 질문이 아주 흔하다(그럼 도대체 '사범대에서는 교사 안 하면 뭐 먹고 살까?'가 궁금하다면 이 책의 '그 많던 사범대생들은 다 어디로 갔을까?'를 참고하면 된다). 반면 교대는 전체적으로 '임용'을 적극 권장하고 있으며 다른 진로에 대한 정보가 정리되어 있지 않은 편이다. 만약 초등 임용도 경쟁률이 계속 높아져 어려워진다면 교대에서도 다른 정보를 찾는 데 나서지 않을까 싶다.

'교직 이외의 진로'에 관해 신경 쓰는 정도는 총장이나 사범대 교수들의 성향에 의해서도 달라질 수 있다. 가령 모 교대의 전 총장은 고시반도 챙겨줬지만 현 총장은 임용 중심으로 지원한다고 한다. 사범대 내에서도 교수마다 임용을 전폭적으로 지지하거나 다른 진로를 적극 권장하는 등 생각이 다르다.

기간제 교사와 사립학교에 대한 인식 차이

교대에서는 일단 사립학교라는 선택지에 큰 관심을 두지는 않는 반면 사범대에서는 사립학교에도 큰 관심을 둔다. 이러한 차이에는 여러 이유가 있는데, 정리해보면 다음과 같다.

(1) 임용 경쟁률

통계적으로 불합격 확률이 높은 중등 임용에서는 임용 이외의 경로지만 교사가 될 수 있는 사립학교에 관심을 가질 수밖에 없다. 임용의 벽을 실감하는 고학년이 될수록 사립학교에 관심 갖는 비율이 점점 높아진다.

(2) 사립학교 수

2019년 10월 기준 전국 국공립학교, 사립학교 수는 다음과 같다.[10]

	국립	공립	사립	사립 비율(%)
초등학교	17	6009	74	1.21
중학교	9	2575	635	19.73
고등학교	19	1391	946	40.15

대략 훑어도 알 수 있듯이 학교급이 높을수록 사립의 비중은 높아진다. 지역에 따라서도 국공립 대 사립의 비율 차이는 크게 달라지는데, 심지어 서울 지역은 국공립고등학교가 120개인 반면 사립고등학교가 무려 200개로 오히려 사립이 더 많다. 비율은 62.5퍼센트로, 전국의 사립 비율 40.15퍼센트보다 훨씬 높다. 만약 서울 소재의 고등학교에서 근무하고 싶다면 이런 통계를 고려하지 않을 수 없다. 결론적으로 중·고등학교의 사립 비율이 높은 만큼 사범대에서는 사립학교 진로를 고려하는 경우가 교대에 비해 더 많다.

(3) 정보의 차이

사범대는 사립학교 교사로 재직 중인 졸업생이 많은 만큼 학교 차원에서도 사립학교 진출에 관한 정보가 잘 갖춰져 있다. 반면 교대에서 사립학교로 진출하는 이들은 많지 않기 때문에 정보가 흔치 않다. 데이터상으로도 사립초등학교 비율은 1.21퍼센트에 불과하다. 사립초등학교 교사인 졸업생도 내 눈앞에 안 보이고 정보도 흔치 않으니 동기 부여가 강하게 생기기는 어렵다.

이런 배경들로 인해 사범대와 교대에서 기간제 교사로 진출하는 비중과 기간제 교사의 생활상 또한 매우 다르다. 초등학교에서 기간제를 하는 경우는 대개 합격 후 발령 대기할 때다(요즘 서울 지역 초등 임용에서 1년 내외의 발령 대기가 거의 필연적인데, 기간제로 재직하는 것도 좋지만 날씨 좋은 봄가을에 여러 곳을 다니며 교직에서는 얻을 수 없는 경험과 역량을 쌓아가길 바란다. 교직 생활을 시작하면 학기 중에 절대 못 쉰다). 혹은 초등 임용 재수를 할 때 1학기까지만 기간제를 하는 경우도 있다. 그러나 초등은 공립학교 비율이 높고 사립학교 비율이 낮기 때문에 중등과 달리 기간제 교사로 재직하면서 임용을 준비하는 이들이 상대적으로 더 많고, 기간제 교사 생활을 열심히 하며 재직 중인 사립학교의 정교사를 준비하는 이들은 거의 없다.

반면 사범대에서는 임용에 낙방할 때마다 고민한다. '1년 더 공부해볼 것인가?' '기간제로 일해볼 것인가?' '기간제로 일하면서 공부해볼 것인가?' '사립 기간제로 일해 사립 정교사를 준비할 것인가?' 이 모든 고민은 경쟁률에서 기인한다. 이는 초수, 재수, 삼수 때마다 무게감이 점점 더 커지는 고민이 된다. 이 고민에 있어서만큼은 정말 정답이 없다. 자신의 질문에 대한 답은 자신이 제일 잘 알고 있어야 한다.

현실적인 상황들로 인해 초등과 중등 사립학교 기간제 교사의 생활상은 다를 수밖에 없다(여기서 기간제 교사는 국공립에도 있으나 여기서는 사립학교로 한정지어 이야기하겠다. 사립학교 정교사가 되기 위해서 보통은 사립학교에서 경력을 쌓고자 하기 때문이다). 사립초등학교에서는 기간제로 일하면서도 임용 공부를 하는 경우가 많고 사립 채용에 대한 부담은 중등만큼 크지 않다. 쉽게 말해 초등 기간제 교사가 학교에서 '을'의 입장이 되는 경우는 중등에 비해 많지 않다.

반면 중등은 학교에 따라 기간제 교사에게 갑질하는 곳이 많다. 실제 사립학교에서 기간제로 일하면서 중등 임용에 합격하는 비율은 높지 않기 때문에 (비율은 높지 않지만 몇몇 사례는 주변에 꽤 있다) 해당 학교를 떠나기 어려운 상황이다. 그런 까닭에 기간제 계약 연장을 위해서, 해당 학교 정교사 공채에서 타지원자보다 유리함을 가져가기 위해서는 관리자의 시선을 의식하지 않을 수 없다. 입사가 어려운 사기업에서 정규직 전환 평가나 공채를 앞둔 인턴의 입장이라고 생각하면 된다. 흔히 '팽' 당한다고 하는데, 사립학교에 따라서 열심히 일하고 능력 있는 기간제 교사를 채용하지 않고 또다시 열심히 일할 새로운 사람을 채용하는 일을 반복하는 곳이 있다. 사립학교 공략에서 자세히 서술했는데, 이런 현실 때문에 사립중·고등학교에서 기간제 교사로 재직하고자 할 때는 학교 선택을 잘 해야 한다.

그러나 이런 차이는 과거에 비해 점점 줄어들 것으로 예상된다. 초등 임용 경쟁률도 제법 체감될 만큼 올라가고 있기 때문이다. 실제로 최근 서울교대에서 사립초등학교 설명회를 진행했을 때, 상당히 많은 재학생이 설명회에 참여했다. 3~4년 전만 해도 상상하기 어려웠던 일이다. 향후 교대생들도 사립초등학교에 대한 관심이 과거에 비해 조금씩 늘어날 것으로 예상된다.

그래도 아직까지는 교대 학생들 사이에 사립초등학교에 대한 인식이 거의 없기 때문에 사립초등학교에 대해서 좀더 서술하고자 한다. 먼저 채용 형태는 중등 사립과 유사하다. 시간강사-기간제 교사-정교사의 패턴이다. 초등에서도 해당 사립학교에서 일하면서 능력을 인정받아 정교사가 되는 이가 많다. 반면 중등에서는 능력을 인정받아도 여러 이유로 정교사가 되지 못하는 이가 수두룩하다.

사립초등학교에 대한 시선은 분분할 수 있으나 기본적으로 진정한 '사립'의 의미를 갖는 것은 고등학교보다 초등학교이지 않을까 싶다. 사립중·고등학교는 우후죽순 생겨난 반면 사립초등학교는 그 숫자도 적을뿐더러 교육 환경도 남다른 곳이 많기 때문이다. 중등 사립과 다르게 명문 사립초등학교는 복지가 잘돼 있고, 교사의 다양한 연구를 장려하며 강사 초빙도 잘 해준다고 한다(강사 초빙을 잘 해준다는 것은 티오가 많다는 뜻이 아니라 필요하다면 영어 전담 교사를 채용해주는 것을 뜻한다). 각종 수당도 있다고 한다. 고등학교로 치면 누구나 알 만한 명문 특목고, 자사고와 비슷한 느낌일 것이다. 만약 초등 임용이 자신의 기질에 '극단적으로' 맞지 않으면 사립초등학교를 고려해봐도 좋다.

학점 관리와 그 의미

중등을 지원하려는 이들은 사립학교나 기타 취업, 복수전공 등을 고려해 학점에 더 많은 신경을 쓰곤 한다. 인기 있는 학과의 교직 이수를 신청하려는 비사범대생들은 치열하게 학점 관리를 한다. 반면 초등 지원자들은 사립이나 취업을 염두에 두고 학점을 관리한다는 개념이 흔치 않다. 물론 교대생들이 학점을 관리하는 것처럼 보일 수도 있지만 기본적으로 고등학교 생활로부터의 관성과 더불어 그들이 갖춘 성실함과 내적 동기에서 기인한 것일 가능성이 높다.

임용시험과 학점은 어떤 상관관계가 있을까? 중등 임용의 경우 학점은 응시 자격을 얻는 것 외에는 임용에 아무런 영향을 미치지 않는다. 대입으로 치면 정시에서 수능 100퍼센트, 내신 0퍼센트라고 보면 된다. 다만 졸업 요건을 충족시키는 데 문제가 없어야 교원자격증을 받을 수 있을 테니, 당연한 얘기지만 교직 졸업 요건에 지장을 줄 정도로 학점에 문제가 있으면 안 된다. 사범대의 졸업 요건은 2013학년도 입학자부터 전공 과목 평균 성적 75점(4.5 만점에 2.0에 해당), 교직 과목 평균 성적 80점(4.5 만점에 2.5에 해당)이다.[11] 4년 평균치인데 이 정도는 문제없으리라 본다. 중등에서는 이처럼 학점이 가벼운 졸업 자격 요건 정도로 활용될 뿐, 임용시험에 직접적으로 반영되지는 않는다.

반면 초등 임용은 학점이 1차 시험에 반영된다. 서울의 경우 정확한 환산 공식은 아래와 같다.[12] 시도교육청별로 차이가 있는데 서울은 아래 표처럼 등급 간 차이가 0.3점이지만 경기도는 0.5점이다.[13]

등급	석차 백분율(%)	반영 점수	등급	석차 백분율(%)	반영 점수
1	0.01~5.00	20.0	6	50.01~65.00	18.5

2	5.01~12.00	19.7	7	65.01~78.00	18.2
3	12.01~22.00	19.4	8	78.01~88.00	17.9
4	22.01~35.00	19.1	9	88.01~95.00	17.6
5	35.01~50.00	18.8	10	95.01~100	17.3

결론적으로, 초등 임용에서 학점은 영향력이 크지 않다는 것이 일반론이다. 2차 시험에는 정량적으로 반영되지 않을뿐더러 1차 시험에서도 점수가 극단적으로 차이 나지 않기 때문이다.

사범대생이나 교대생이 사립학교 재직을 고려했을 때 학점은 어느 정도 의미를 지닐까? 중등의 경우 사립학교를 고려한다면 학점을 관리하지 않을 수 없다. 사립학교 이력서에는 대체로 학점란이 있으며 이는 서류 전형, 면접 전형에서 평가 요소 중 하나다. 물론 사립학교마다 학점을 중요하게 보는 정도는 차이가 있겠지만, 학교는 기본적으로 일반 기업들보다 성적을 가지고 평가하는 보수적인 성향이 강하다고 할 수 있다(학생을 성적으로 평가하는 시대는 많이 지났지만, 사립교원 선발에서는 아직 중요하게 작용하는 것 같다. 일부 공기업은 블라인드 채용을 하기도 하지만 사립학교 중 블라인드 채용을 하는 곳은 아직 보지 못했다). 초등의 경우 사립 준비를 따로 하는 경우가 흔치 않아 사립을 위해 학점을 관리한다는 개념이 다소 낯설긴 하나, 실제 사립초등학교 정교사 채용 시 제출 서류에는 중등과 마찬가지로 성적증명서가 포함되어 있다. 사립초등학교가 적은 만큼, 사립초등학교 정교사 채용에서 학점이 미치는 영향력을 평균적으로 살피기 어렵다. 학교마다 분위기가 다르니 해당 학교에 대한 정보력이 중요해 보인다.

대학원 진학 때에는 학부 학점이 대체로 중요하게 작용하므로 대학원 진학을 고려하고 있다면 중등, 초등 모두 학점을 관리할 필요가 있다. 사실 연구직으로 진출하려면 학부 공부가 기본 바탕이 되어야 하므로 학점 관리는 자연스레 이루어진다고 보면 된다. 물론 대학원도 워낙 교수의 재량에 달려 있기에 학점의 반영 정도는 경우에 따라 다르다고 할 수 있다.

그렇다면 사범대, 교대에서의 학점 관리는 할 만할까? 그렇지 않다. 일단 교사를 희망하는 학생들의 평균적인 성향은 '성실함' '체제에 순응함(저항하는 성향을 동시에 갖는 경우도 있음)'과 같은 것이기 때문에 기본적으로 학점을 따기 어려운 편이다. 사범대는 학년이 올라갈수록 전공의 비중이 커져 성실함은 물론 전공 실력의 영향이 점점 커진다. 반면 교대에서는 다양한 실기 수업으로 인해 학점 관리가 더 까다로울 수 있다. 교대신이라 불리는 이미지를 보면 대강 짐작할 수 있다.

사범대의 수학교육과를 예로 말하면, 중등에서는 대학 수학만 잘해도 어느 정도 학점 관리가 된다. 물론 대학 수학도 그 세부 분야가 매우 다양하지만 수학에 대한 자신감과 실력이 늘 기초 체력으로 작용하니 A라는 전공 수학 과목을 잘하는 학생이 대체로 B라는 전공 수학 과목도 잘한다. 그래서 모든 전공을 좋은 성적으로 휩쓰는 학생이 있다. 반면 교대 수업은 좀더 다이내믹하다. 모든 영역의 교과군을 잘해야 하며, 예체능의 수많은 영역까지 더해지면 흔히 말하는 만능인이 되어야 모든 과목을 잘할 수 있다.

만능의 교대신

이 책은 기본적으로 사범대생을 위한 책이므로 사범대에서의 학점 관리

전략, 의미 등에 관한 것은 3장 '사범대생도 학점이 중요한가요?'에서 더 자세히 다루기로 한다.

교육실습의 차이

흔히 교생 실습이라 불리는 교육실습에서의 차이는 꽤 크다. 먼저, 교육실습을 할 학교를 선정하는 데서 차이가 있다. 교대에서는 해당 시도교육청에서 실습 학교를 모집하고 여기에 선정된 학교에서만 실습이 가능하다. 참고로 초등학교가 실습 학교를 자처하는 이유는 학교에도 이점이 있기 때문인데, 학교 평가에 유리하게 반영되거나 특별 보조금 등을 받을 수 있다. 그래서인지 교대 실습 신청 학교 중 3분의 1은 혁신 학교다. 교대생들은 실습 학교로 선정된 곳 중 하나로 배정받는다. 서울교대를 기준으로 예를 들면 학사 시스템을 통해 12~13 지망(어떤 학기는 6지망 등 선택권이 더 적을 수도 있다)을 선택하고 그 가운데서 배정받는다. 스스로 학교에 직접 접촉하는 것은 불가능하다.

반면 사범대는 사범대학 부속학교나 지역 내 몇 군데의 협업 중·고등학교 중에서 선착순으로 수강 신청처럼 진행한다(대학마다 차이가 있을 수 있다. 실제로 일부 교대는 선착순 방식을 택하기도 한다). 보통 4학년 1학기에 실습하므로 3학년 2학기 말쯤에 이런 신청이 대대적으로 이뤄진다. 교대와는 달리, 자신의 출신 학교나 어떤 특정 학교를 개별적으로 선택해 접촉할 수 있는데 이 경우 군이 사범대 학사과에서 마련해주는 실습 신청은 하지 않아도 된다. 나(황순찬)는 대안 교육과 정규 교육의 균형점을 이루고 있는 이우학교를 체험해보고 싶어 직접 이우고등학교에 신청해 교생을 했다. 흔한 경우는 아니지만 부속학교, 협업학교 신청에 실패하면 빠르게 알아서 잘 찾아야 한다. 개별 접촉

(신청)을 할 경우 3학년 초중반부터 알아봐야 한다. 교생 모집 공고를 일찌감치 내고 마무리하는 학교가 많기 때문인데, 학교 업무 처리상 그럴 수밖에 없다. 개별 접촉을 하려면 3학년 초에 해당 학교로 전화해 교생 선발 여부와 일정을 파악해둬야 한다. 참고로 중·고등학교는 교생을 받는 것에 대한 이득이 크게 없기 때문에 해당 학교 출신 졸업생이 아닌 이상 교생을 받는 걸 꺼리는 경향이 있다. 일반 학교에서 교생을 받는 것은 도의적 차원에서 하는 일이기에 해당 학교 출신만 받는 학교가 많은 것이다.

또한 교육실습 시기와 횟수에서 두드러진 차이가 난다. 교대마다 시작 시기가 다르나 교대의 교육실습은 전반적으로 빨리 이뤄진다. 이르면 1학년 여름방학 때부터 시작하며 사범대에 비해 단계적·체계적으로 이뤄진다. 간단한 것부터 시작해 좀더 복잡하고 실제적인 것으로 나아간다. 수업 시수 또한 실습 때마다 단계적으로 늘어난다. 학교별로 세부 사항에는 차이가 있지만 실습 과정의 총량은 교대라면 거의 같다. 최근 서울교대를 기준으로 실습 일정을 살펴보면 다음과 같다.

[2학년 1학기] 관찰실습(1주)
[2학년 2학기] 참가실습(2주)
[3학년 1학기] 수업실습 1(2주)
[3학년 2학기] 수업실습 2(2주)
[4학년 1학기] 실무실습(2주)
졸업 전까지 총 9주간의 실습
(수업실습 2는 운영실습, 실무실습은 종합실습이라고도 불림)

한 번의 실습 기간이 2주 이내로 짧기 때문에 스케줄이 실제로는 굉장히 촘촘하다. 짧은 시간 안에 굉장히 많은 것을 배우고 온다. 반면 사범대는 대체로 다음과 같다.

[4학년 1학기] 실습(4주)

단 1회인 데다, 시기도 늦다. 교생 경험을 토대로 교직으로의 진로 결정, 임용 응시 여부를 고민하는 이가 많은데, 4학년 때 교생을 한 이후 진로를 바꾸거나 임용 응시 포기를 결심하는 이가 적지 않다. 교대는 실습을 마친 뒤 여러 학습과 다양한 기회, 능동적인 경험과 성장을 통해 다음 실습이 개선될 여지가 있는 등 경험+이론+성장의 상호작용이 이뤄지기 좋은 반면, 사범대는 4주라는 기간에 압축적으로 진행되기 때문에 경험+이론+성장의 상호작용이 이뤄지기 어렵다. 교대에서는 일찌감치 현장감을 조금씩 느끼고 이를 토대로 대학 생활을 하는 데 반해 사범대는 이론만 배우다가 4학년이 돼서야 처음 학교 현장에 가본다. 제도적 자격 요건을 갖추기 위해 한 번에 뭔가를 해치우고 오는 느낌이다. 현실이 이렇기에 사범대생들에게 교육과 관련된 경험, 현장을 조금이라도 느껴볼 수 있는 경험(여러 형태의 대외 활동), 현직 교사와의 교류 등을 저학년 때 따로 해볼 것을 권장한다.

더욱이 교대 실습은 일반적으로 실습 때마다 배정되는 학교가 달라진다. 따라서 다섯 곳의 학교를 경험하며 상대적으로 풍부한 환경을 접할 수 있는 반면, 사범대는 고작 한 곳의 학교만 경험하게 된다. 이따금 중·고등학교가 같은 재단이면 재단 내 다른 급의 학교를 경험하기도 하나 직접적인 경험을 하기는 어렵다.

교육실습을 하러 가게 되면 담당 교사가 정해진다. 초등은 담임교사 1명, 중등은 담임교사 1명과 교과교사 1명이 붙는다. 중등 담당 교사는 되도록 담임이면서 해당 교과인 사람을 배정하려 하지만 수급에 따라 담당이 달라 2명이 담당 교사가 될 수도 있다.

담당 교사의 영향력은 교대 교생이든 사범대 교생이든 경우에 따라 다르다. 심지어 같은 학교에서도 담당 교사에 따라 배움이 다르다. 하지만 다른 '정도'는 교대와 사범대 간에 차이가 있다. 초등학교에서 교육실습으로 온 교대생에게 수업 기회를 주지 않는 곳은 없다. 초등학교가 교육청으로부터 이득을 얻는 것이 주요인인 듯하다. 초등 교육실습생들은 수업 실습을 정해진 횟수만큼은 반드시 해야 한다. 이따금 수업을 더 하길 원하면 그런 기회를 주는 곳도 있다. 그리고 정해진 수업 횟수(실습당 3~4회) 외에 창의적 체험 활동, 동아리 활동, 체육 활동 등을 지도하는 경우도 있다. 내가 아는 사람은 4학년 1학기에 창의적 체험 활동, 동아리 활동 지도, 과학 행사 지도를 했다.

반면 중등 교육실습은 담당 교사에 따라서, 때로는 실습생의 의사에 따라서 수업을 거의 안 하기도 하고 반대로 아주 많이 떠안거나 독려받기도 한다. 사실 교직 진출 의사가 전혀 없는 이라도 교육실습은 참여하기 때문에 담당 교사와 실습자, 그리고 학생들까지 서로의 사정을 고려해 교생에게 수업을 배정하지 않기도 한다. 반대로 담당 교사가 독려 차원에서 많은 수업 기회를 주거나 혹은 자신의 부담을 덜려고 많은 수업을 떠안기기도 한다.

꽤 유의미한 차이를 하나 더 발견했는데, 그것은 수업지도안(교대에서는 수업과정안)이다. 사범대생은 교육실습을 하면서 수업지도안 작성 방법을 제대로 배울 수도 있지만 대부분은 그렇지 못하다. 담당 교사들은 대개 실제적인 문제를 언급하지, 수업지도안을 형식적으로 작성하는 데에는 크게 관여하지 않는 듯하다(물론 잘 지도해주는 선생님도 있다). 오히려 학교 수업이나 임용을 준비하는 과정에서 많이 배운다. 반면 교대생들은 실습 담당 교사가 학교 선배일 때도 많고, 교육실습의 체계적인 시스템 덕분인지 교육실습 과정에서 수업과정안 작성 방법을 잘 배울 수 있다.

군대, 연애 등의 차이

군대 문제에 있어서는 판도가 완전히 다르다. 사범대생은 60~80퍼센트 이상이 1~2학년에 입대하지만 교대는 반대다. 즉 20퍼센트 정도만 2학년 즈음 입대하고 나머지는 임용 이후에 입대한다. 이 모든 것은 임용 경쟁률에서 기인한 듯하다. 한편으로는 여학생 비율이 높은 교대에서 군 휴학 후 '복학'하는 게 다소 부담스러운 일일지도 모르겠다. 사범대의 남자 동기들은 다 같이 입대를 하는 분위기지만, 교대에서 '나 혼자 군 복무하고 오면 그 이후가 좀 걱정된다'는 분위기랄까. 실제로 복학 후 같이 공부하는 데 좀더 노력이 필요하다고 한다. 휴학 또한 이와 같은 맥락에서 고민하게 된다.

참고로 초등교사가 된 후 늦게 입대하면 군대 내에서 (연장자 대우와 선생 대우의 중간이겠지만) 교사 대우를 해준다고도 한다. 내가 군 복무하던 시절 부대 안에 초등교사인 ROTC 출신 장교가 있었는데 그는 인사·교육 관련 보직을 맡았다. 그러나 '초등교사가 좋은 보직을 받는다'는 것은 몇 개 사례로 관찰된 것일 뿐 일반화할 수 없다. 실제로 초등교사가 좋은 보직을 받는 것처럼 보이는 이유는 해당 보직으로 입대하려고 정보를 알아보고 노력했기 때문일 가능성이 높다.

예전에는 교대 졸업생이 입대 시기를 고민할 때 '교사로 얼마나 일하고 입대할까?'의 관점에서 고려했다. 하지만 근래에는 발령 대기가 생기기 때문에 '발령 전 입대냐 발령 후 입대냐'의 관점에서 고민한다. 한편으로는 교사로 일하다 중간에 휴지기(군대가 절대로 쉬는 곳은 아니지만)를 두는 느낌으로 입대하기도 한다.

한편 교대의 이른 입대자들의 입대 사유는 대체로 다음과 같다. 남중, 남고 졸업 후 여학생이 많은 교대 분위기에의 적응 문제, 캠퍼스 커플 후유증(?), 주변의 친한 남동기의 입대, 기타 자신을 둘러싼 여러 문제 등등. 사범대생은 '빨리 군대 문제를 해치우고 임용 볼지 말지 결정하자' '임용 볼 확률이 높으니 빨리 갔다 오는 게 낫겠다'와 같은 생각을 하는 반면, 이른 입대를 하는 교대생은 이런 이유로 군대에 가는 비율이 적다는 뜻이다. 임용 응시에 대한 고민이 있다면 일반 휴학을 하지 군 휴학을 하는 경우는 많지 않다. 하지만 만약 수급 정책이 계속 실패해 초등 임용 경쟁률이 치솟는다면, 교대생들의 입대 고민은 사범대생과 양상이 점점 비슷해질 것으로 예측된다.

언급했듯이, 사범대에서는 군대를 무조건 먼저 해치워야 할 문제로 보기 때문에 일찍 가는 편이다. 학교마다 분위기가 조금 다르겠지만 대부분 1학년 마치고 간다. 군대를 가지 않고 임용 공부를 하기에는 리스크가 너무 크다. 실제로 사범대 1학년생이면 아직 임용고시에 대한 막연한 자신감이 있기에 임용을 목표로 두는 비율이 고학년보다 높아 임용을 위해 일찍 복무를 하는 편이다. 그러나 졸업 때까지 입대하지 않고 임용 합격 후 입대하는 사람도 없지는 않다. 그런 존재는 사범대에서 모두의 존경과 놀라움을 자아낸다. 희귀하기 때문이다. 교대와 다르게 나만 늦게 입대하면 남자 동기 없이 지내야 할지도 모른다. 한편 사범대생에게 군대 생활은 임용 응시, 각종 진로 고민의 장이 된다. 나도 군대에 있을 때는 임용 초수 합격하겠다고 다짐하고 임용고시 공부 트랙을 알아봤다. 결국 임용은 포기했지만.

사범대, 교대에서의 연애는 어떨까? 연애 관련해서 대학생에게 가장 핫한 키워드는 캠퍼스 커플(이하 CC)일 듯싶다. 사범대, 교대 모두 작은 단위기 때문에 CC를 하는 것에 부담감이 있다. 그나마 사범대는 종합대에 포함되어 있어 물리적·정신적으로 공간을 좀더 넓게 잡을 수 있지만, 교대는 헤어진 사람과도 자주 마주칠 수밖에 없는 구조다.

교대 내 CC와 사범대 내 CC의 실질적인 차이는 '커플의 동반 임용 합격 가능성에서 기인한 불안감'이지 않을까 싶다. 교대에서는 '누가 먼저 합격하더라도 결국 둘 다 합격하겠지'라고 생각하지만, 사범대에서는 '둘 중 하나가 임용 안 돼서 언젠가 헤어지지 않을까' '나는 부산 지역에 응시하고 싶은데 여자친구는 서울로 시험 본다고 하면 어떻게 하지?' '남자친구의 교과 티오는 괜찮은데 내 교과 티오는 망했어' 등의 고민이 뒤따른다. 물론 사범대에서도 동반 합격자가 드물게 있긴 하다. 이런 상황에서 '연애하면 같이 임용고시 못 붙나요?'라는 질문은 썩 유쾌한 질문이 아니다. 연애의 잘못이라기보다 사회 시스템의 문제이기 때문이다. 붙을 사람은 연애를 해도 임용에 붙고, 안 해도 붙는다.

지금까지 교대와 사범대의 차이에 관해서 알아봤다. 교육으로 같은 범주에 묶일 것 같지만 의외로 차이가 크다. 가르칠 대상이 각각 초등학생, 중·고등학생이라는 점 등등 실제로 다양한 지점에서 세부적인 차이가 있을 텐데, 이는 한없이 늘어날 주제다. 내가 처한 환경의 개성이 크다는 것(다른 곳과 차이가 있다는 것)은 나를 이해하는 데 특별한 단서가 될 수 있다는 뜻이라는 사실 정도를 기억해두자.

교대와 사범대를 자세히 비교·대조했는데, 더 나아가 교육 대상의 관점에서 질문이 더 필요할 것이다. '나는 왜 초등학생을 가르치려 하는가?' '나는 왜 중·고등학생을 가르치려 하는가?' '이 두 대상은 어떻게 다르며 나는 무엇을 준비해야 하는가?' 이 질문에 답할 수 있는 대학 생활이 되었으면 한다. 중·고등학생들은 교대와 사범대에 대한 진지한 정보와 고민 없이 한쪽을 선택하곤 하는데, 둘의 차이점을 이해함으로써 어느 곳이 내게 잘 맞을지 생각해보며 자신을 알아가는 계기가 되길 바란다.

3장

후회 없는
사범대 생활을
위하여

좋은 교사가 되기 전에
교사부터 돼야 할까?

늦깎이 대학생이 되기로 결심했다. 수많은 대학생이 알찬 20대 초반을 보내고 있을 때, 나(황순찬)는 위기감 가득한 대학 생활을 했다. 스무 살, 수학 선생님이 되고 싶어 수학교육과에 왔는데 좋은 교사가 되기 위한 생활을 하지 못한 것 같고, 열심히 공부도 못 했으며, 그렇다고 원 없이 놀지도 못한 것 같았다. 당시에는 그게 인생의 커다란 위기감이었다. 이렇게 선생이 되기에는 젊음이 아까웠고, 대학 생활을 리셋하고 싶었다. 천운인지 그때 처음 대입 입학사정관 제도(지금의 학생부종합전형의 원형)가 생겼는데, 일반고 학생들이 특기자 전형의 또 다른 형태라고 여기며 관심을 갖지 않았던 반면, 나는 이것이 나를 위한 전형이라 여겨져 지원했다. 수학 부진아였던 중학교 시절 담임 선생님을 잘 만나 공부를 시작하고 교사의 꿈을 키운 과정, 수학 꼴찌에서 결국 수학 1등을 하게 된 이야기, 꿈을 갖고 대학에 입학했지만 계속되는 갈증과 갈등……. 교사라는 꿈을 향한 일련의 서사로 입학사정관제에 합격하게 되었다. 어차피 선생님이 되면 어느 대학을 나오든 마찬가지일 거라 생각했던 부모님과 주변 사람들은 수학교육과를 그만두고 다시 다른 대학의 수학교육과로 입학하는 나를 이해하지 못했다. 나는 그렇게 20대 초반의 등록금, 시간, 젊음을 날렸다. 늦은 나이로 대학에 합격하자마자 군대에 다녀왔고, 스물네 살이 되어서야 다시 대학 생활을 시작했다.

사범대에는 학번마다 꼭 고령자가 있다. 재수, 삼수생은 흔하고, 20대 중후반도 10퍼센트 내외 되는 것 같다. 나도 그중 한 명이었다. 이들의 위치는 두 그룹으로 나뉜다. 확실한 '인싸'이거나 확실한 '아싸'이거나. 어쨌든 늦은 나이에 사범대에 온 데에는 저마다 삶의 무거운 이유들이 있다. 단순히 고등학교 때 수학을 잘했다는 이유만으로 수학교육과를 왔다고 볼 순 없는 것이다. 내게는 '좋은 교사'에 대한 갈증, '청춘이라는 시간에 대한 위기감'이 이유였다. 만약 내가 스무 살의 나이로 대학 생활을 다시 한다면, 이미 갈증과 위기감을 겪어본 20대 중후반의 동기 형, 누나들의 이야기를 들으려 할 것이다.

스물에서 스물한 살은 내겐 '잃어버린 2년'이다. 역설적이게도 그 2년은 이후의 삶을 더 풍성하게 만들어줬다. 사범대생으로서 후회 없는 대학 생활을 하는 데 커다란 기준이 되었고, 실패 경험이 교육자로서의 삶에 평생 자산이 되었다.

날아간 등록금과 20대 초반의 세월을 생각하며 '후회 없는 사범대 생활'을 하고자 수백 번 다짐하고 스물네 살 때 대학 생활을 시작했다. 살면서 후회를 하지 않는 건 불가능할 테지만 이를 최소화하고 만족을 최대화하는 20대를 보내고 싶었다. '무엇을 해야 할까?' '언제부터 임용을 준비해야 할까?' 하는 생각이 가득했다. 하지만 이런 생각은 금방 바뀌거나 일차적인 것에 머문다는 느낌이 들었다. 스무 살 때도 이런 생각은 했기에 뭔가 대학 생활 전체를 관통할 더 큰 목표가 필요했다.

'교사 말고 좋은 교사!'

나는 좋은 교사가 되고 싶었다. 교사가 되고 싶다는 생각은 어릴 때부터 했지만, 어느샌가 찾아온 것은 갈증과 위기감이었다. 좋은 교사가 되려는 생각은 '좋은 교사가 되려면 무엇을 해야 할까' '어떤 대학 생활을 보내야 할까' 라는 질문을 연이어 낳았고, 대학 생활 내내 나침반이 되어주었다.

나는 '좋은 교사'라는 것을 더 구체적으로 문장화해 마음속에 새겼는데, '다양한 학생을 포용할 수 있는 다양한 경험이 있는 교사'였다. 경험치가 누적되면서 고학년 때는 '어떤 사람으로, 어떤 삶을 살고 싶은가'로 질문이 확장되었고, '사람을 통해 세상을 바꾸는 행복한 교육자'를 꿈꾸게 되었다. 이즈음 깨달은 점은, '꿈'을 구체적이고 명료하게 만드는 것만이 꿈에 다가가는 길은 아니라는 것이었다. 오히려 더 넓고 일반적인 범위에서 질문을 던질수록 '꿈'으로 나아가는 힘이 강해지기도 했다.

사실 대학 생활을 본격적으로 시작하기 전에는 '좋은 교사'와 같은 단어가 뚜렷한 형태로 마음에 자리 잡진 않았고, 추상적인 느낌만 있었다. 표현되지 않은 갈증은 수학교육과에 없던 '학회'를 만들고자 결심하고 행동하면서 뚜렷한 문장으로 다가왔다. 행동하지 않았다면 오랫동안 '느낌'만 강했을 테다. 그 구체적인 '행동'들을 여기서 함께 나누고자 한다.

한편 신기한 것이 있었다. 나는 '교사'가 되기 위해 어떻게 해야 하는지는 이미 알고 있었다. 그건 단지 임용 공부를 열심히 하면 되는 것으로, 시작과 끝이 분명했다. 그런데 문제는 그걸 알면서도 흔들렸다는 것이다. 특히 목표가 뚜렷하고 흔들림 없는 다른 사람들을 보면서 그 혼란은 더 커졌다.

반면 좋은 교사가 되기 위해서는 무엇을 해야 할까에 대한 답은 찾기 어려웠다. 늘 과정 속에 있어 처음과 끝이 보이지 않았다. '좋은 교사가 되기 전에 일단 교사부터 되는 게 맞는 걸까'라는 생각을 하지 않은 것도 아니다. 하지만 역설적이게도, '좋은 교사'가 되기 위한 고민과 그에 대한 답을 찾아가는 일련의 과정은 대학 생활 내내 나의 중심과 방향을 잡아주었고, 궁극적으로 교사가 되는 데에도 강력한 동력이 되었다.

국내 학부 최초로
수학 교육 행사를
기획하다

좋은 교사가 되려면 어떻게 해야 할지 고민을 나누고 싶은 갈증이 있었지만, 대학 생활에서 이는 '저절로' 해소되지 않았다. 대학은 그런 곳이었다. 고등학교와 다르게 기회가 저절로 나에게 찾아오거나 누군가 나를 챙겨주는 경우는 없었다. 내가 스스로 기회를 만들어가야만 했다.

스물네 살, 1학년이 끝나갈 무렵인 2학기 중반, 위기감이 몰려왔다. 좋은 교사가 되려고 대학을 다시 들어왔는데, 스무 살 때와 크게 달라진 것이 없었다. 수학교육과에서는 '임용을 보나, 안 보나' '임용을 언제부터 해야 합격한다'라는 이야기만 있을 뿐 '좋은 교사'에 관한 고민을 나눌 '장'은 없었다. 하지만 '장'이 없을 뿐 그런 사람들이 어딘가 존재할 거라 생각했고, 이에 무턱대고 '수학교육 학회'를 만들 결심을 했다. 학회 이름은 매스머지션스 Mathemagicians. 수학을 마술처럼 신기하고 재미있게, 그러면서 원리도 정확하게 가르쳐보자는 뜻을 담았다. 2012년 1학년 2학기 말의 일이다.

'교사 말고 좋은 교사'라는 모토로 시작한 학회에는 아무도 관심을 보이지 않았다. 임용 공부만으로도 바쁜 사범대 생활이니까. 선배들과 재학생보다는 아무것도 모르는 신입생들을 타깃으로 삼았다. 신입생들에게 동아리, 학회 홍보를 그럴듯하게 하면 많이 들어온다는 것을 알았기 때문이다. 이 전략은 나름 성공을 거둬, 20여 명의 13학번 신입생 중 일고여덟 명을 확보(?)할 수 있었다.

초반에는 멋모르는 신입생들을 학회에 가입시킨 책임감으로 활동했다. 그들에게 다양한 경험을 제공하고 싶었다. '좋은 교사'라는 교직에 대한 진지한 접근뿐만 아니라 여행 등의 다양한 즐길 거리를 통해 유쾌함과 재미를 주고 싶었다. 동기 엠티나 흔해 빠진 술자리와는 질적으로 다르게. 그래서 개강하기도 전인 삼일절에 신입생들과 함께 강원도 정선으로 발대식 엠티를 다녀왔다. 2학년 4명, 1학년 4명이었다. 지금 생각해보면 어린 친구들끼리 정말 호들갑이긴 했다. 개강 전에 신입생을 학회에 가입시켜 강원도로 엠티를 다녀오다니…… 어쩌면 그들에게 이런 점이 매력적으로 다가갔는지도 모른다.

학회에 가입한 신입생들과 개강 전에 떠난 강원도 여행

돈이 필요할 거라 예상했다. 활동을 하려면 일단 학회원들을 먹여야 하고 교육 봉사를 하더라도 교구 등의 재료가 필요했다. 이에 여러 사기업, 공기업의 동아리 지원 사회 공헌 사업에 지원했다. 누구의 도움도 없이 처음 작성해본 터라 다 탈락했지만, 진정한 의도를 알아봐준 곳이 한 군데 있었다. 2013년 KT&G 협력동아리에 선정되었고, 지금까지도 후배들이 그 협력동아리 관계를 이어오고 있다.

학회 내 신입생들에 대한 책임감은 유지하면서 내 교육적 목표를 달성하고 싶었다. '좋은 교사'에 대한 고민 말이다. 가장 먼저 떠오른 교육 봉사부터 시작했다. 그러나 봉사 대상을 찾으려니 학회 타이틀로 단체 봉사할 곳을 찾는 게 쉬운 일만은 아니었다. 그러던 중에 알게 된 것이 한국과학창의재단 교육 기부 프로그램인 '쏙쏙캠프'였다. 서류를 제출하고 통과하면 단체로 초등학교나 중학교에 2박3일 동안 교육 봉사를 할 수 있었다. 자율적으로 프로그램을 기획해 다양한 형태의 수업을 시행착오 속에서 경험해볼 수 있었다. 서울뿐만 아니라 시골 지역에서 학회 구성원들과 함께 숙박하며 아이들과 수업하는 것은 신선한 경험이었다. 쏙쏙캠프 봉사는 학회의 대표 프로그램으로 자리 잡아 지금까지 이어지고 있다.

그 외에 2013년 1기 때 대전수학체험전 부스 운영, 수학문화축전 부스 운영을 진행했다. 문제는 참여 인원이 고정적이지 않아 사람 모으는 일이 어렵다는 점이었다. 또 뭔가 뜻을 함께하고 고민을 나누는 장을 마련하는 것도 어려운 일임을 알게 됐다. 그래서 진지한 느낌보다는 밝고 유쾌한 '노는 활동'도 많이 하려고 했다. 학회 구성원들과 학기 중에는 에버랜드에 가고 여름방학 때는 제주도도 다녀왔다(제주도는 보통 졸업 여행지다). 나도 나이가 많지 않은 상황에서 더 어린 후배들과 여행하는 과정은 쉽지 않았는데, 희열감은 그런 부담감을 훨씬 넘어섰다. 멤버가 점점 고정되었고, 겨울에는 스키장에 가서 나의 인생 취미인 스노보드를 가르쳐주기도 했다. '좋은 교사'라는 거창하고 추상적인 모토가 있었지만, 오히려 이런 분위기로 우회하는 것이 더 설득력 있었다. 학회는 진지함과 유쾌함 사이에서 줄타기를 하며 성장해갔다. 학과 내에서 학회의 영향력이 점점 커지면서 자연스럽게 복학생들도 합류했고, 이에 따라 연령대가 더 다양해지며 인적 자원이 풍성해졌다.

이 과정에서 모두가 힘이 되었지만 유독 한 사람이 큰 힘이 되었다. 나와 교육철학 등에서 고민의 결이 비슷한 동생이었다. 1학년이고 스무 살이었지만 교육에 관해서는 나보다 생각이 깊었다. 그가 있어서 학회 운영을 포기하지 않을 수 있었고, 나중에는 그의 출신 고등학교인 장충고등학교 수학동아리에 정기적인 교육 봉사를 가게 되었다. 그 과정에서 장충고 박상의 선생님으로부터 큰 도움과 격려를 받기도 했다. 시간이 흘러 지금은 내가 교사가 되어 운영하는 이화여고 수학동아리를 대상으로도 매스머지션스 학생들이 찾아와 교육 봉사를 하고 있다. 그리고 나의 동반자였던 친구는 최근 임용에 합격해 초임 교사가 되었다.

문득 이렇게 바깥 활동에 집중하다가 '임용 공부할 시간을 뺏는 학회' 이미지가 덧씌워질까 걱정됐다. 내가 멋모르는 신입생들을 데리고 임용과는 동떨어진 일을 한다며 비꼬듯 말하는 선배도 있었다. 그의 공격적인 말은 오히려 학회 생활의 강한 원동력이 됐고, 결과적으로 학회 생활은 내 평생 자산이 되었다. '쓸데없는 학회'라는 말을 듣기 싫어 나부터 공부를 열심히 했다. 4년 동안 (다리 깁스로 인해) 지각을 딱 한 번 했을 뿐이고, 학과 특성상 끝없이 이어지는 과제도 한 번도 기한을 놓치지 않고 했다. 겉만 번지르르하다는 평을 듣고 싶지 않았고, 나 또한 수학, 수학 교육, 교육학 공부도 제대로 안 하면서 활동만 많이 하는 사람이고 싶지 않았다. 내가 생각하는 '좋은 교사'의 정의에는 다양한 수학 개념에 관한 풍부하고도 깊은 고민과 실력이 포함되었기 때문이다. 이런 동기부여로 인해 결국 나는 수석 졸업과 조기 졸업을 했고, 역대 학회 대표들도 학과 1~2등을 하곤 했다.

학회 활동은 나에게 잠재적 교육과정이었다. 나는 수학, 수학교육에 관한 직접적인 활동으로 좋은 교사에 대한 경험치를 쌓으려 했으나 그보다 더 큰 것을 얻었다. 무無에서 시작해 구성원들을 모아 시행착오를 겪으며 함께 만들어나가는 경험은 인간관계에 대한 통찰을 주었다. 무엇보다 항상 질문하고 고민할 수 있는 힘을 얻었다.

2013년, 학회 1기가 점점 성장해 2학기를 맞이했다. 이런 분위기에 힘입어 본격적으로 '교사 말고 좋은 교사'라는 모토에 걸맞은 활동을 하고 싶었다. 그즈음 수학교육에 관한 내 고민 주제는 '수포자'였다. 나도 중학교 때 수학 꼴찌 수준이었다가 수학교육과에 진학한 사람으로서 수포자 문제에 공감했다. '왜 학생들은 수학을 포기하게 되는 걸까?' '국제성취도평가에서는 상위권 점수를 받는데 어째서 정의적 영역(흥미, 자신감, 태도, 교과에 대한 가치관 등)에서는 최하 점수를 받을까?' '수학을 왜 싫어할까?' '이런 문제를 당장 해결하긴 어려워도 어떤 방향으로 개선해나갈 수 있을까?'와 같은 생각이 몰려왔다. 그게 국내 사범대 최초 '수포자를 위한 수학 토크 콘서트' 행사의 시발점이 되었다.

더 넓은 관점과 실질적인 이야기를 나누기 위해 고등학생, 현직 교사를 초청하기로 한 이 일은 만만치 않았다. '한양대 수학교육과 학회'라는 타이틀을 내걸고 고등학생들을 초청하는 것이어서 행사는 빈틈없이 준비돼야 했다. 생각을 기획으로, 기획을 운영으로 옮기는 데는 많은 변수가 뒤따랐다. 모르는 것 투성이어서 일을 벌인 것을 후회도 했다.

당시 나는 학회를 만들고 학회 대표로서 구성원을 끌어모으는 경험을 하면서 '리더십'에 대한 생각을 자연스레 많이 했다. 그때는 '좋은 교사'보다 '좋은 리더'에 대한 고민이 더 많았다. 사실 '좋은 교사'와 '좋은 리더'는 같은 말일 수도 있다. 어쨌든 수학 토크 콘서트는 리더로서 자질을 평가받는 중요한 행사였다. 이때 1학년 겨울에 다녀왔던 해외 봉사 경험이 주요하게 작용했다. 30여 명이 함께 방글라데시에서 봉사를 했는데, 그때 느낀 것 중 하나는 '능력이 뛰어난 리더 한 명이 구성원 전체를 이끄는 것보다 구성원 개개인이 자신의 잠재력을 최대한 발현시키는 것이 더 유의미한 경험과 성장이 된다'는 것이었다. 이에 나는 대표로서 구성원들이 스스로의 잠재력을 발견하고 키워내는 경험을 제공하고자 했다. '총괄'로서 내 역할은, '교수님께 교사 섭외 의뢰' '기조연설', 그리고 '구성원들에게 적절한 역할과 단계적인 성취의 경험을 제공하는 것'이었다.

토크 콘서트다 보니 행사 전반을 진행할 위트와 센스는 물론 행사 취지에 맞는 개념과 지성을 발휘할 사회자를 물색하는 것이 관건이었다. 1학년 학생 두 명에게 과감하게 맡겼고, 그들은 누구보다 그 역할을 잘해냈다. 사회자뿐만 아니라 모든 구성원이 역할을 맡도록 했다. 고등학생들의 고민에 귀 기울이려는 친구들에게는 고등학생 선발을 위한 자소서 양식 제작, 공문 발송, 홍보, 참여 명단 확정 후 연락 등의 역할을, 발로 뛰는 거라면 뭐든 잘해낼 친구들에게 기념품과 다과 준비, 센스가 넘치는 친구들에게는 오엑스 퀴즈 제작, 미적 감각이 있는 친구들에게는 앙케트 발표 자료를 부탁했다. 그 밖에 질문지 제작, 사진, 영상, 기록, 예산 담당, 보고서 및 설문 등을 적절히 분배했다. 결국 모든 구성원이 자신의 성향과 관심사에 맞게 역할을 맡았다.

행사 당일 긴장한 탓에 구성원들에게 역할에 대한 재확인을 하지 못했음에도 각자의 자리에서 역할을 알아서 수행하면서 행사가 순조롭게 시작됐다. 수포자를 위한 수학 토크 콘서트의 취지를 이야기하는 기조연설을 마친 후 나의 직접적인 역할은 끝났지만 긴장은 더 커졌다. 행사가 본격적으로 시작

가장 큰 활약을 한 사회자

됐을 때 사회자를 비롯해 구성원들이 행사를 잘 마칠 수 있을까 하는 불안이 엄습했다. 어느새 행사를 무사히 잘 마치는 것이 가장 큰 목표가 되어 있었다.

고등학생들의 표정은 밝았고, 행사 당일 현장에서 현직 선생님들과 수포자에 대해 문답하는 랭킹 토크, 오엑스 퀴즈, 대학 생활과 수학교육과에 관한 토크, 재학생 멘토링 등의 프로그램이 무사히 진행됐다. 모든 것이 구멍 하나 나지 않고 완벽한 그림을 만들어 나갔다.

참여한 고등학생들은 수학 잘해서 꼭 수학교육과에 오고 싶다는 얘기를 하며 밝은 얼굴로 떠났다. 순간 행사의 모든 과정이 파노라마처럼 스쳐 지나갔고, 말로 표현할 수 없는 감정들이 차올랐다. 행사장에서 동아리방으로 오는 길, 우리는 서로 말은 안 했지만 다들 성취감에 가득 차 있음을 느낄 수 있었다.

임용 공부를 어떻게 해야 합격하는지 알면서도 계속 그 고민에만 빠지게 되는 학과에 이상한 바람이 불었다. 학회도 생기고, 어쩌면 임용과 아무 상관 없는 수학 토크 콘서트를 여니 말이다. 하지만 이런 학회는 더 이상 임용 공부를 방해하는 활동이 아니었고, 좋은 교사에 대한 고민을 나누는 장이 되었다. 이건 나름의 '문화'와 새로운 '정신'의 흐름이 생겨난 것이라 할 수 있다.

대학 생활에서 하나의 경험은 기하급수적이고 폭발적인 '후속' 경험을 만들어낸다. 한 가지 경험에서 비롯된 자신감이 더 큰 것에 도전하도록 만들기 때문이다. 게다가 스펙은 또 다른 스펙을 낳았다. 이 일련의 스토리를 '대학생 리더십 실천사례 공모전'에 공모해 총장상을 받기도 했다. 이 상은 또 다른 성과로 나아가도록 계속 재촉했다.

가장 크게 깨달은 것은 때로는 '이유를 알고 실행하는 게 아니라 하고 나서야 이유를 알게 된다'는 사실이었다. 교사가 된 지금도 하고 나서야 이유를 알게 되는 것들이 계속 생겨난다. 어쩌면 지금 이 순간 굳이 무언가를 아이들에게 전달하지 않더라도 아이들은 나의 내적·외적 변화를 통해 무언가를 배우고 있을지도 모른다는 기대를 가져본다.

학과 수석하면서
하고 싶은 거
다 하는 법

자기 자랑으로 들리겠지만, 어쩔 수 없이 팩트로 시작해야겠다. 그래야 이런 제목을 달고 글을 쓸 수 있을 것 같아서다.

수석 졸업에다 조기 졸업까지! 그러면서도 다양한 활동을 했다. 다시 말해

전공 [주전공(제1전공)] ▼

학번	2010027866	성명	황순찬	학년/기수	4	학적상태	졸업생
주전공(제1전공)	서울 사범대학 수학교육과 (서울 사범대학 RC 행정팀)						

이수학점	140	졸업학점	140	잔여학점	0	학위번호	2014(학)4945

▶ 학기별 성적조회

년도·학년·학기	신청과목	신청학점	취득학점	총명평점	평점(F포함)	장학평점	석차	누적총명평점	누적평점(F포함)	누적석차	환산점수	총명환산점수	누적총명환산점수
2012년·1학년·1학기	11	22	22	4.40	4.40	4.40	2/22	4.40	4.40	2/22	98.9	98.9	98.9
2012년·1학년·2학기	9	22	22	4.23	4.23	4.23	1/20	4.31	4.31	2/20	96.9	96.9	97.8
2013년·2학년·1학기	9	23	23	4.00	4.00	4.00	3/20	4.20	4.20	2/20	94.3	94.3	96.6
2013년·2학년·여름계절학기	1	1	1	0.00	0.00	0.00	/	4.20	4.20	/	00.0	00.0	96.6
2013년·2학년·2학기	11	27	27	4.22	4.22	4.22	2/22	4.21	4.21	2/22	96.8	96.8	96.7
2014년·3학년·1학기	6	17	17	3.88	3.88	3.88	5/20	4.16	4.16	2/20	92.9	92.9	96.1
2014년·3학년·여름계절학기	1	2	2	0.00	0.00	0.00	/	4.16	4.16	/	00.0	00.0	96.1
2014년·3학년·2학기	6	16	16	4.09	4.09	4.09	5/19	4.15	4.15	2/19	95.3	95.3	96.0
2015년·4학년·1학기	4	10	10	3.75	3.75	3.75	8/17	4.12	4.12	1/17	91.4	91.4	95.7

나의 성적표: 졸업 평점 4.12(학과 수석 졸업), 7학기 조기 졸업

학점이 제일 높았지만, 하고 싶은 것을 다른 누구보다 많이 했다. 사범대생이 학점을 잘 받은 게 무슨 의미일까? 실제 임용고시에 전력을 쏟아붓는 사범대생에게 학점은 큰 의미가 없다. 하지만 다른 진로로 나아갈 때나 다른 전공을 공부할 때, 무엇보다 예비 교사로서의 역량 강화라는 부분에서 개인적인 성취감이 크다. 이에 대한 자세한 언급은 이 장의 '사범대생도 학점이 중요한가요?'에서 자세히 서술하겠다.

학점을 잘 받았다는 것의 의미를 좀더 일반화해서, '할 일 하면서 하고 싶은 것 다 하는 법'의 관점에서 글을 읽어도 좋다. 이는 대학생은 물론이고 특정 시기에 누구에게나 필요한 것이다. 어떻게 두 가지를 동시에 해낼까? 알고 보면 사실 간단하다.

(1) 학점은 실력이 아니라 관리하는 힘과 노력이다

나는 4.5 만점에 4.12로 17명 중 1등으로 학과 수석 졸업을 했다. 우리 학과는 전공에서 학점 따기가 만만치 않아 4.12면 높은 것이다. 학과에 따라서 4.5를 받는 일이 흔한 곳도 있으며 4.0을 넘기는 사람이 거의 없는 학과도 있다. 전공(수학, 수학교육), 교육학, 교양 중에서 전공의 이수 학점 비중이 가장 컸다. 그렇다면 나는 17명 중 수학을 제일 잘했던 걸까? 결코 아니다. 수학을 잘하는 친구들을 따로 있었다.

중·고등학교의 내신, 수능, 그리고 다른 모든 시험과 마찬가지로 학점도 결코 실력대로 주어지지 않는다. 실력이 좋아도 학점이 낮을 수 있고, 실력이 부족해도 학점이 좋을 수 있다. 나는 후자에 속한다. 물론 실력과 학점은 어느 정도 관련이 있다. 특히 우리 학과에서는 철저히 공부하지 않으면 학점을 잘 주지 않는 교수들이 있어 학점과 실력 사이에 상관관계는 있었다. 그런 과목에서는 나도 학점을 잘 받기 어려웠다.

그러나 대체로 학점은 실력이 아니며, 관리하는 힘과 노력의 산물이다. 고등학교 때 모의고사 성적에 비해 유독 내신 관리를 잘하는 아이들이 있다. 그들의 특성이 어땠는가? 자, 이제 학점 관리란 무엇인지 구체적으로 생각해보자.

(2) 수강 로드맵을 잘 설계하고 수강 신청을 한다

수강 신청하는 동기들을 보고 나서야 수강 신청 기간인 줄 안다면, 참 멋진 삶이긴 하다. 얼마나 재미있는 일이 많으면 그러겠는가. 하지만 학점 관리를 위해서는 짧게는 1학기, 1년, 길게는 4년까지 수강 로드맵을 설계해둬야 한다. 나름대로 정보를 수집해서 계획한 뒤 수업을 찾아 듣는 것과 닥치는 대로 듣는 것은 다르다. 우선 자율성과 능동성에서 기인하는 동기 부여가 가장 차이 난다. 학교 수업이 싫으면 차라리 휴학할 것을 권장한다. 학점도 이수 못 하고 등록금과 젊은 나날을 허비하며 부정적인 경험을 쌓는 것보다 낫다. 언젠가는 열심히 무언가를 하고 싶은 때가 찾아오기 때문이다. 로드맵이 있으면, 다음 과정으로 나아가기 위해서라도 학점은 이수하게 된다. 계획이 없으면 '될 대로 돼라' 하기 쉽다. 나는 1학년 1학기 입학할 때부터 7학기 조기 졸업 계획을 세웠다. 언제 무엇을 수강할지 다 정해놓은 것이다. 저학년 때는 커리큘럼과 졸업 요건, 각 전공의 수업 내용에 대해 잘 모르기 마련인데, 이럴 때는 선배를 찾아보자. 마음 맞고 따를 만한 선배 1~3명이면 충분하다. 간혹 선배들도 정보를 잘 못 갖추고 있기도 한데, 이럴 때는 학사과, 교학과를 찾으면 친절하게 알려준다. 학부생들이 커리큘럼을 이해하게 하는 것이 바로 그들의 업무다.

수강 신청을 잘 한다는 건 여러 의미가 있다. 가장 중요한 점은 '내 계획대로 수강 신청을 해야 한다'는 것이다. 계획대로 신청했다면 달성하려는 의지도 뒤따르기 때문이다. 그런데 수강 계획을 짤 때, 우리는 'A+ 폭격기'라 불리는 학점 잘 주는 교수님을 쫓아다니기 쉽다. 한 학기 한 과목 정도면 몰라도 그런 수업만 쫓아다니면 껍데기만 있는 학위를 받게 될지도 모른다. 물론 자기 가치관에 따른 선택이니 정답은 없다. 대학을 다니며 해야 할 다른 일들이 많으니 편안한 수업을 선호하는 사람도 있겠지만, 내게 수강 신청을 잘 한다는 의미는 '노력한 만큼, 수업에 성실히 임한 만큼 성적을 잘 받을 확률이 높은 수업'을 찾아다니는 것이었다. 자주 결석하고 퀴즈(쪽지 시험을 퀴즈라 부르곤 한다) 응시도 안 하며 과제 제출도 제때 안 했는데 시험 기간에 열심히 공부했더니 학점을 잘 주는 수업이 제일 싫었다. 기본적인 태도와 성실성부터 평가해주는 수업을 찾아 들으려 했고, 결국 나한테 최적화된 이로운 수업들을 들을 수 있었다.

(3) 시험에 나올 것은 놓치지 않고 공부한다

물론 학문을 추구하는 지성인으로서 시험과 무관하게 공부하는 것이 옳고, 또 그렇게 공부하는 만큼 자신한테 남는 것이 있으리라 생각한다. 그렇지만 일단 '학점을 관리한다'는 입장에서 시험에 나올 것은 잘 체크해둬야 한다. 넓게만 공부하기보다 핵심적인 내용을 중심으로 공부하면서 확장해나가는 것이 바람직하다. 뭐가 시험에 나올지 어떻게 아냐고? 수업 때 교수님이 알려주신다. 뻔하고 지루한 이런 얘기들이 '진리'다. 이런 걸 다 떠나서 사범대의 수업 대부분은 임용시험의 강력한 초석이 되므로 수업 내용을 놓치지 않아야 한다. 이는 공립 임용에 관한 글에서 자세히 언급하겠다.

또한 흔히 '족보'라 불리는 기출 문제를 잘 확보해놓는다. 기출 문제를 제공해준 선배나 동기한테는 꼭 보답하자. 도움을 준 사람이 어떤 보람도 못 느끼도록 하면 씁쓸한 기억만 안겨주게 된다. 퀴즈를 봤던 것을 잘 모아뒀다가 정기고사를 준비할 때 다시 보는 것도 좋은 방법이다. 퀴즈는 기본 내용이므로 공부의 대략적인 방향을 잡아줄 수 있다.

요령이 생기면 시험에 뭐가 나올지 자연히 알게 된다. 그것은 타고난 전공 실력으로 얻어지기보다는 꾸준함과 성실함에서 생기는 것이다.

(4) 포기하는 것은 사소한 게으름일 뿐이다

지금 내 대학 시절을 돌아보면 어떻게 그 모든 것을 다 해냈을까 하고 놀라게 된다. 당시 페이스북에 이런 제목의 글을 쓴 적이 있다. '포기하는 것은 고작 사소한 게으름이다.' 그랬다. 임용을 보든 안 보든, 예비 교사로서 학업을 내팽개치지 않고 싶었다. 전공 지식을 쌓는 것을 넘어 삶을 배우는 과정이라고 생각했기 때문이다. 하지만 전공 수학은 너무 어려웠다. 사실 수학교육과는 이과의 고통과 문과의 고통을 다 겪는 학과였다. 매 시간 새로운 세계가 열리는 전공 수학 때문에 공대생만큼 이과 공부를 했고, 다양한 교직 수업 때문에 인문대생만큼 팀 과제와 발표 수업을 했다. 어느 것 하나 놓치기 싫었지만 다 해내기란 만만치 않았다.

당시 내가 포기했던 것은 사소한 게으름이었다. 딴짓을 거의 안 했고, 특별한 사유 없이 지각, 결석을 하지 않았다. 학과 특성상 매우 잦았던 퀴즈도 백지 상태로 제출한 적은 없었다. 수많은 과제도 마감 기한 내에 꼭 제출했다. 내 머리로 해결되지 않는 영역이면, 정보를 더 찾고 수학을 잘하는 친구에게 물어서라도 했다. 이런 것을 위해 내가 포기한 것은 여행이나 연애 같은 거창한(?) 것들이 아니었다. 그저 사소한 게으름만 포기하면 됐다.

(5) 무엇이든 항상 미리 한다

마감 기한에 가까워져서야 일의 효율성이 올라가고, 폭발적인 생산력을 낼 수 있다고 말하는 사람이 많다. 틀린 말은 아니지만 대학 생활에서 할 일은 한두 가지가 아니다. 게다가 마감 기한이 다 되어 일을 하면 '수행' 자체가 목표가 되기 쉬워 원래의 목적을 상실한다. 미리 하면 짧은 시간 안에 해내야 한다는 압박감과 불안감을 최소화할 수 있다.

나는 해야 할 일이 생기면 일이 주어진 직후 바로 시작했다. 과제 제출이 두 달 남았든 이틀 남았든 과제가 생긴 즉시 하려고 했다. 무슨 차이일까? '능동적인 삶'과 '쫓기는 삶'의 차이다. 미리 하면 '능동적이고 계획적으로' 하게 된다. 내가 능동적으로 생활할 수 있었던 것은 '미리 해결한다'는 단순한 가치관 덕분이었다.

이런 자세는 학업에 있어서도 특히 중요하다. 미리 하면 시간을 벌 수 있다. 매 시간 새로운 내용이 펼쳐지는 전공 수학은 제때 복습하지 않으면 까먹기 마련이다. 오늘 수업 들은 내용을 다음 주에 퀴즈 본다고 할 때, 다음 주에 하면 2시간 걸릴 것을 제때 공부하면 1시간 안에 해결된다. 나는 공부를 미친 듯이 좋아하는 사람이 아니며, 좋아서 제때 미리 한 것이 아니었다. 하기 싫으니까 덜 하려고 제때 미리 한 것이었다. 필기량이 많은 수업 특성상 연습장에 마구 필기하며 수업을 들었는데 정말 피곤하거나 다른 할 일이 아주 많은 날을 제하고는 당일이나 이튿날 휘갈겨 쓴 필기를 깔끔하게 복기하면서 복습했다. 스스로 더 생각해볼 것과 이해되지 않는 부분을 추가하면서 했는데, 이는 수업과 복습의 시간 간격이 좁을수록 효율적으로 이뤄졌다.

(6) 고등학생 때의 관성으로 계절학기를 듣지 말자. 아프니까 청춘이라지만 F는 절대로 안 된다

고등학생 때의 관성으로 방학 때마저 수업을 듣지는 말자. 특히 저학년 때 계절학기를 많이 듣는데, 이는 기회비용이 크다. 나는 계절학기 수강 한 번

없이 조기 졸업을 했다(성적표에 나온 계절학기는 봉사 활동과 해외 교류 활동이었다). 방학 때 공부 말고 하고 싶은 재미있는 일이 얼마나 많겠는가. 하지만 계획 없이 있다가는 방학 때 할 일이 없어서 계절학기를 듣는 수가 있다.

계절학기를 듣는 이들 중에는 정규 학기 수업에서 F를 받은 사람이 많을 것이다. 하지만 사전 계획 수립과 정보 수집만 잘 해도 F를 피하는 데 큰 도움이 된다. 일단 신청했다면 어떻게든 도움을 얻어서라도 해내자. '포기하지 않아도 될 것을' 포기하는 경험은 20대 초반에 하지 않았으면 좋겠다. 습관이 되기 쉽기 때문이다. 이는 할 일을 하면서 하고 싶은 일을 하는 사람이 되는 데 장애물이 된다.

(7) 사람이 재산이다

해야 할 일에 지나치게 몰입하면 관계를 잃기 십상이다. 관계는 여러모로 중요하다. 내 삶에 어떤 영향을 줄지 모른다. 일을 수행할 때 나 혼자만의 힘으로 하기 어려운 경우가 많고, 같이 하면 더 효율적으로 할 수 있기도 하다. 족보를 구하거나 문제를 물어보는 수준을 말하는 게 아니다. 자기 자신에게만 심취하지 말고, 혹은 자기 이익을 취하는 데만 재빠르지 말고 타인을 내 안에 받아들이자. 그게 자기 삶을 이루는 근간이 된다.

뒤늦게 새 대학으로 진학하다 보니 동급생들이 나보다 어렸고, 그들에게 내 허송세월 경험을 바탕으로 실질적인 도움을 주려 했다. 동급생들이 군대에서 복학해 2학년이 될 때 나는 4학년이 되었다. 그런데 4학년 1학기를 마지막으로 조기 졸업을 하려는데 문제가 있었다. 기하학개론 과목을 수강해야 졸업이 가능한데, 임용고시에 출제되지 않는 기하학개론의 수강생이 적어 수업 개설이 이뤄지지 않을 수도 있었던 것이다. 학과 특성상 다양한 선택권이 없는 데서 기인한 문제였다. 기하학개론을 못 들으면 2학기 때 다른 과목을 들어 졸업해야 했다. 3년간 조기 졸업을 위해 쌓아온 노력이 물거품이 되려는 순간이었다. 그때 나는 2학년으로 복학한 동생들에게 기하학개론을 같이 들어달라고 했다. 그들에게 임용 과목도 아닌 과목을 같이 듣자는 말도 안 되는 부탁(?)을 할 수 있었던 것은 그간 쌓아온 관계 때문이었다. 그 덕분에 조기 졸업할 수 있었고, 백수 신분의 삶을 수개월 즐겨볼 수 있었다(반어법 아니다).

(8) 여유는 생기는 것이 아니라 만드는 것이다

윗글과 맞물린다. 바쁘다고 사람을 안 만나는 방향으로 가다가 극단으로 치우치면 '바쁜 척 심하게 하는' 사람이 되기 쉽다. 무엇보다 내가 뭔가를 하고자 할 때도 스스로 '바빠서 못해'라는 핑계를 만들어 자기 한계를 너무 낮게 설정하게 된다. 학점 따느라, 공부하느라, 노느라, 스펙 쌓느라, 인간관계 맺느라, 취업 준비하느라 바쁜 대학생에게는 여유는 저절로 생기지 않는다. 시간 관리를 하면서 만들어가는 것이다. 바쁘다고 모든 것을 쳐내며 자기 일을 겨우 해내는 사람보다 할 일을 하면서 여유를 만들어내는 사람이 결국 행복할 것이다.

(9) 멘토를 찾자

할 일을 하면서 하고 싶은 일을 하려면 이미 그렇게 살고 있는 사람을 찾아가야 한다. 밑바닥부터 혼자 해내기는 쉽지 않기 때문이다. 그의 삶이 어떤지 살펴보고, 그가 어떤 원동력으로 그렇게 살고 있는지, 어떤 방식으로 효율을 끌어올리는지 알아야 한다. 그에게 조언을 구하고, 할 수 있다면 그와 함께 무언가를 해보는 것도 좋다. 그렇다면 그가 어떻게 할 일을 하면서 하고 싶은 것을 다 하는지 알게 될 것이다. 그가 꼭 선배이거나 연장자일 필요는 없다. 동기나 후배들 중에도 그런 사람이 있다.

사람을 만날 때도 '그걸 한다고?' '쓸데없이 그런 걸 왜 해' '왜 사서 고생해'라고 말하는 사람은 피하자. 실제로 꿈들은 현실의 벽보다 충고의 벽에 부딪혀 무너진다. 물론 삶에서 하지 말라는 조언이 필요한 순간이 있지만, 이는 '해야 할 일을 하면서 하고 싶은 일들을 하고 싶을 때' 필요한 조언은 아니다. 내 생각과 계획 그리고 실행하는 모습을 격려해주는 사람을 만나라.

(10) 정보 수집은 평소에 해둔다

아무리 바빠도 그다음 하고 싶은 것을 설계하는 작업은 계속 이뤄져야 한다. 그렇지 않으면 해야 할 것을 해치운 뒤 하고 싶은 것을 못 찾아 헤매기 쉽다. 가령 열심히 대학 생활을 하다가 방학을 맞으면, 이것저것 해보고 싶어도 막상 그러지 못한다. 일단 정보가 부족하기 때문인데, 따라서 정보 수집은 평소에 해두도록 한다.

특히 대학생을 위한 매력 있는 대외 활동 중에는 방학 때 진행되는 것이 많다. 이런 대외 활동의 공고는 종강하기 한참 전(4~5월, 10~11월)에 올라온다. 저명한 활동일수록 사전 준비 작업이나 모임이 많아서 그렇다. 그러니 공고 일정은 미리 확인해야 한다.

저명한 대외 활동일수록 공고 시기는 고정적이다. 올해도 작년과 비슷한 시기에 공고가 날 확률이 높다. 하고 싶은 활동이 생기면 작년 공고를 찾아보고 '나만의 대외 활동 캘린더'를 만들어둔다. 가령 LG 드림챌린저라는 프로그램에 멘티로 참여하는 것은 오직 1학년 때만 할 수 있다. 게다가 모집 기간이 생각보다 짧을 수 있으니 미리 봐둬야 한다. LG 글로벌챌린저처럼 유명한 공모전은 공고가 나기 전에 이미 팀을 꾸려 준비하는 이들도 많다. 실세로 수상자들 대부분이 그렇게 준비한다.

(11) 함께 하는 일은 특히 미리 계획한다

하고 싶은 일이 '함께 하는 일'이라면 더욱더 미리 준비하는 것이 맞다. 나만 바쁜 게 아니며, 능력자일수록 더 바쁘다. 갑자기 툭 던져서 실행될 가능성은 높지 않으니, 여행이든 공모전이든 팀플이든 함께 하는 일은 미리 계획하고 일정을 맞춰두자.

특히 실질적인 실행 계획과 준비 과정을 언급해야 한다. 안 그러면 말을 바꾸는 멤버가 생기기 때문인데, 가령 함께 여행할 계획이 있다면 계모임을 하고, 공모전을 하기로 했으면 그때부터 사례 조사를 '분담해' 차근차근 진행하도록 한다.

누군가에게 도움을 청할 때에도 다급하게 부탁하는 것은 기본 예의가 아니다. 충분한 기간을 두고 해야 부탁을 들어줄 확률이 높고, 성심성의껏 응할 확률이 높다. 총학생회 선거에 출마하는 이들이 언제부터 팀을 꾸리는 물밑 작업을 하는지 잘 살펴보라.

(12) 일정, 할 일 등을 기록하는 습관을 들인다

다이내믹한 일상이 내 머릿속에 정제된 형태로 있긴 어렵다. 기록의 힘을 잘 이용하길 바란다. 사소한 일정이라도 기록해야 놓치지 않는다. 단순한 일정뿐만 아니라 다음의 내용들도 '평소 그때그때' 기록했으면 한다. 아래 목록 외에도 평소에 기록하는 것들을 분류하는 나만의 카테고리를 만들어나가자.

- 과제와 제출 마감 기한, 그리고 '나 스스로의 마감 기한'
- 대외 활동 예상 공고 시기
- 내가 도움을 받은 사람들
- 만나야 하는 사람들

- 누군가에게 연락해야 할 일과 시기
- 버킷 리스트
- 먹고 싶은 것, 사고 싶은 것 등의 리스트
- 추가적으로 정보 수집이 필요한 것
- 각종 아이디어

(13) 자투리 시간을 무시하지 말자

뻔한 얘기지만 진리다. 자투리를 시간을 활용해야 하고 싶은 것을 할 수 있다. '해야 할 일에 따로 시간을 넉넉히 내는 것'에 익숙해지면 하루 24시간은 하고 싶은 일보다 '해야 할 일'로 가득 차게 된다. 특히 통학 시간이 길다면 이 시간을 잘 활용하자. 공강 시간도 무시하지 말자. 자투리 시간을 죽이는 것도 유의미할 때가 있고 무의미할 때가 있다. 자신의 자투리 시간을 반드시 점검해보자.

(14) 신경 써야 할 일은 줄이고, 신경 쓰이는 일은 먼저 해결한다

스티브 잡스나 마크 저커버그 같은 사람이 똑같은 디자인의 옷을 매일 입는 이유는 아침에 옷을 고르는 데 에너지를 소모하고 싶지 않아서라고 한다. 우리가 신경 쓰는 항목은 개인차가 있지만 신경을 쓰는 행위의 총량에는 한계가 있다. 일상에서 신경 써야 할 것을 줄여야 하는 이유다. 매일 옷을 똑같이 입을 수는 없더라도, 자기 전에 내일 입을 옷을 꺼내놓는 것만으로도 하루를 시작할 때 신경 쓰는 일이 하나 줄어든다. 주로 밤보다 아침에 신경 쓸 것이 많으므로 뭔가를 놓치지 않으려면 신경 쓸 일은 미리 처리할 필요가 있다.

공부나 다른 무언가를 할 때, 신경 쓰이는 것이 있을 수 있다. 신경 끄고

하던 일을 하는 게 말처럼 쉽지는 않은데, 차라리 신경 쓰이는 것을 해치우는 것도 하나의 방법이 된다. 어느 심리학 실험에서 A, B 두 그룹의 사람들에게 코끼리가 생각날 때마다 버튼을 누르라고 했다. A 그룹은 코끼리를 생각하지 말라고 했고, B 그룹은 코끼리를 마음껏 생각하라고 했다. 아이러니하게도 코끼리를 생각하지 말라고 했던 A 그룹의 사람들이 평균적으로 버튼을 더 많이 눌렀다. 인간은 신경 쓰지 않으려 할수록 더 신경 쓰게 되는 존재인 셈이다. 해치워버리는 게 가능한 일이라면 억지로 신경 쓰지 않으려 하기보다, 먼저 말끔히 해치우고 하던 일에 집중하는 게 좋을 수 있다. 내가 과제 수행을 미리 했던 데에는 이런 이유도 있었다. 해야 할 일을 쌓아두는 것은 우리의 정신 건강과 지구력에 부정적인 영향을 주곤 한다.

(15) 대외 활동 고수들을 무조건 따라하기보다 성취 가능한 것부터 단계적으로 수행한다

지난 학기에 학사 경고를 받았는데, 이번 학기부터 도서관에 상주하며 성적 우수 장학금을 받기란 쉽지 않다. 대외 활동도 마찬가지다. 고수들만 뽑히거나 수상하는 대외 활동부터 도전하면 탈락의 쓴맛부터 보기 쉽다. 실제로 고수들이 독식하는 활동들이 있다. 그들도 처음부터 그런 것을 해낸 것은 아니다. 접근성이 좋고, 비교적 내가 수행할 만한 일부터 찾도록 한다. 그러려면 전공과 관련된 것부터 찾는 것이 맞다. 외부의 유명 프로그램에 비해 완성도가 떨어지지 않지만 상대적으로 경쟁률이 낮은 교내 프로그램 등을 잘 활용하는 것도 좋다. 성취감은 인간을 계속 움직이게 만들므로 내가 익숙하거나 좋아하거나 잘하는 것부터 하는 것이 좋다. 좌절과 실패가 젊음에 필요하다고는 하나, 그걸 맛보지 않으려 최대한 노력해도 최소한의 실패는 맛보는 게 젊음이다. 게다가 우리는 해야 할 것과 하고 싶은 일이 너무나 많지 않은가?

(16) 제일 중요한 것은 내적 동기 부여다

'해야 할 일을 하면서 하고 싶은 것을 다 하려면?'이라는 질문에 여러 메시지를 나열했지만 이 모든 것을 압도하는 것은 내적 동기 부여다. 나는 학업 면에서 예비 교육자로서의 역량을 쌓고 싶었고, 다양한 경험을 통해 다양한 학생을 포용하는 교육자, 나아가 사람을 통해 세상을 바꾸는 행복한 교육자가 되고 싶다는 열망이 강했다. 그 마음이 안으로부터 일어났기 때문에 모든 것을 감당해낼 수 있었다. 27학점을 들었던 2학년 2학기, 학과 부학생회장, 학회 대표를 맡고 각종 수많은 대외 활동에 참여하면서도 버텨낸 데에는 내적 동기 부여의 힘이 가장 컸다. 그 힘으로 바쁠 때는 과방에서 숙식도 하면서 버텨냈다.

학점이라는 것이 사범대생에게 얼마나 큰 의미겠냐마는 예비 교육자로서의 학업 역량을 쌓아나간다는 성취감은 분명 얻을 수 있을 것이다. 우리는 대학에 가기 위해 공부하는 것이 아니라, 공부하기 위해 대학에 가는 것이다. 우리가 들어왔던 거짓말을 우리 아이들한테도 그대로 반복할 것인가? 지금 열심히 해서 대학만 가면 재미있는 것만 하면서 살 수 있다고? 우리는 아이들이 현실을 살아나가는 능력뿐만 아니라 더 많은 지식과 경험을 얻기 위해 대학에 가는 것이라는, 대학에 대한 바른 관점을 갖도록 독려해야 할 것이다. 그러려면 나부터 해야 할 일은 하면서 하고 싶은 일을 찾아다니는 사람이어야 할 것이다.

사범대생은 학년이 올라가면서 '임용 공부 때문에'라는 말을 자주 한다. 개인주의적 성향이 더 강해지며 때로는 해보고 싶은 것을 다 포기한다. 그런데 이는 시간 관리 하기 나름이고, 집중하기 나름이다. 서울 중등 수학 임용에 초수 합격한 이준건도 3학년 때 사범대 부학생회장을 맡았고 재학 중에 하고 싶은 것을 많이 했다. 공부 외에 아무것도 안 하고 임용 공부에만 열중해 초수 합격한 사례와 분명히 다르다.

어쩌면 대학 생활 중에는 하고 싶은 것을 좀더 해보고 재수를 결심하는 것도 하나의 방법일 수 있다. 그런 사례를 꽤 여럿 봤다. 대학 생활을 재미있게 하고 재수, 삼수로 타이트하게 공부해서 임용고시에 붙는 사례는 많이 봤다. 물론 수업을 잘 듣는 등 기본적인 성실함이 바탕에 있어야 재수도 할 수 있다.

우리는 행복을 미루는 것에만 익숙하다. 미루면서 나이만 들어간다. 물론 때에 따라 행복을 미루는 것도 필요하지만 우리는 미루는 능력만 탁월하다. 훗날 아이들에게도 우리처럼 행복을 미루라고만 말하게 되지 않을까 우려된다.

단순히 공부나 학점 관리 따위 등을 넘어서, 해야 할 일을 잘 하면서 하고 싶은 것을 찾아다니는 것은 살면서 평생 요구되는 능력이다. 교사가 되면 과연 인생에 대한 모든 질문이 끝날까? 직장인이 되면 더 어렵다. 해야 할 일 자체가 '생업'이기 때문이다. 20대 대학 시절에 해야 할 일을 하면서 하고 싶은 것을 해내는 경험을 하길 응원한다.

서울 임용 초수 합격자,
사립 중복 합격자의
사범대 생활 연대표

임용 초수 합격자의 사범대 생활 연대표

나(이준건)는 초수 합격을 했지만, 입학할 때부터 철저히 임용 합격을 위한 계획을 짜두었던 것은 아니다. 다른 모든 요소를 배제하고 1학년 때부터 오로지 임용 합격을 위한 루트를 설계한 초수 합격자의 4년 연대표를 기대했다면 실망할지 모른다. 그저 여느 사범대생처럼 매해 새로운 것들에 부딪히며 지나왔는데, 조금 다른 점이라면 임용 응시에 대한 강한 결심을 빠르게 하게 되었다는 것이다. '사범대에 왔으니 임용 봐야지' 정도가 아니라, '나는 반드시 임용 준비를 잘 해서 (시간이 걸리더라도) 결국 해낼 것이다'라는 강한 결심 말이다. 결국 그 결심이 바쁜 사범대 생활 중에도 '임용 걱정 없이' 지낼 수 있게 해준 힘이 되었던 것 같다. 이제 그 과정을 살펴보자.

(1) 2010년 1학년(20세): 흘러가는 1학년

1학기	여름방학
• 대학생 된 첫 학기라서 술 마시고 놀았음. 성인이 되었다는 해방감과 대학생이 되었다는 근거 없는 자신감에 취해 생각 없이 놀러 다님. 이 시간을 낭비해서 아깝냐라고 물으면 그건 또 그렇지 않음. 이후에 이렇게 생각 없는 시간도 없었기 때문에 생각 없이 사는 기간을 1학년 1학기에 겪은 것이 잘했다는 생각이 듦. • 한양 사회봉사: 은평 도서관에서 서가 정리 작업. 의무적으로 했음. 어쩌다가 이수함. 해야 하는 과목이어서 했을 뿐 봉사를 하면서 느낀 점은 특별히 없었음. • 집합론, 미적분 1 등 수학 과목은 남들 하는 만큼만 공부함. 그래서 성적도 딱 그만큼만 나옴. • 재수 학원에서 조교 아르바이트를 시작함.	• 한양 사회봉사: 교수님의 권유에 따라 한양대학교 사범대학 부속중학교 2학년 학생들 방과후 수업을 진행함. 미숙한 수업 진행과 허접한 수업 구성으로 폭망함(그때 아이들은 이제 20대 중반이 되었다). • TV를 보다가 부산까지 시내버스만 타고 가는 방법이 있다고 해서 인터넷 검색을 통해 하루 동안 준비하고 바로 시행해봄. 당시에는 스마트폰도 없던 시절이라 철저하게 검색하고 가야 했으나, 귀찮아서 특유의 '어떻게든 되겠지' 하는 마음가짐으로 출발해 이틀에 걸쳐 도착함. • 학원 아르바이트 하면서 그럭저럭 시간을 보냄.
2학기	겨울방학
• 입대를 앞두고 마음이 갈피를 못 잡던 시기. 학교에서 기억에 남는 일이라면 교양 과목 '관광과 문화 행동'을 수강한 것. 이 과목에서 과제는 임의로 편성된 조원들과 여행을 다녀오는 것이었는데 그때 03, 05학번 공대생 형들이 잘 이끌어줘서 좋은 기억으로 남아 있음. • 진학, 진로에 대한 고민을 안 한 건 아니지만 군대를 먼저 다녀오겠다고 마음먹은 뒤라 '군대에서 고민해도 되겠지, 복학한 뒤 2학년에 고민해도 되겠지'라고 생각하며 뒤로 미룸. • 재수 종합 학원 아르바이트는 수능 날까지 꾸준히 진행함. 1만5000원이라는 당시로서는 높은 시급으로 큰 돈을 벌었음.	• 입대를 준비함. • 2011년 신입생이 들어온다고 해서 '새내기 배움터(새터) 기획단(새기단)'에 자원해서 들어감. 새기단에서 새터OT와 각종 프로그램을 준비했으나 새터는 가지 못하고 논산으로 훈련하러 들어감. • 이때 연말연시와 '입대'라는 일생일대 이벤트가 겹쳐 술을 많이 마심. • 진로, 진학, 임용을 볼지 여부는 전혀 관심이 없었음. 임용에 관심 없다는 것이 아니라 내 미래에 대해 크게 고민이 없었음.

1학년 때는 자료도 많이 남아 있지 않고 기억도 가장 흐릿하다. 친구의 추천으로 재수 종합 학원에서 수학 보조 강사로 일한 것 외에는 친구들과 만나고 수업 듣고 학교 행사에 적당히 참여하는 평범한 새내기였다. 이 시기는 진로 고민이 거의 없었고, 있었다 하더라도 군대에서 고민해도 될 거라는 낙관적인 마음가짐으로 살았다. 임용을 준비한다는 선배들이 가끔 과방에 들어와서 도시락만 후다닥 먹고 나가는 모습을 보면서 '4학년은 저렇게 열심히 공부해야 하는구나' 정도만 생각했다.

(2) 2013년 2학년(23세): 다양한 경험과 임용 결심

1학기	여름방학
• 황순찬을 만나 수학교육과 학회에 가입함.	• 스팀 교육(서울대 사대 부설중학교): 한국과학창의재단에서 진행한 STEAM 교육에 참여함. 방학 중에 재단에서 연결해주는 학교로 가서 수업 중 보조교사 역할을 수행함. 같은 수업에 서울대학교 화학교육과 학생들도 매칭이 되었는데 타대학 타학과 학생과 수업을 같이 준비해보고 무사히 마무리함. 뭔가 크게 얻었다기보다 처음으로 교육 관련 대외 활동의 물꼬를 텄다는 것에 의의를 둠.
• 수학교육과 학생회 총무로 일함. 굵직한 일들은 회장을 맡은 동기가 해결해주어서 나는 돈 계산 정도의 일만 함.	
• 생활지도 및 상담, 교육사회학: 졸업을 위한 이수 과목이어서 듣기는 했지만, 전공 수학에 비해 사실 흥미도 재미도 못 느낌. 공부하고 암기할 게 많아서 고통 받음.	• 장곡초등학교에서 쑥쑥캠프(8월 12~14일)로 교육 기부 활동을 함. 황순찬의 권유로 얼떨결에 대표 역할을 맡아 진행한 캠프. 모임에 폐 끼치지 말자는 생각으로 진행했고, 사람들을 이끄는 요령을 배운 좋은 기회가 됨.
• 장애 학생 도우미 활동: 장애 학생을 도와 함께 '중국 역사와 문명 수업'을 들으면서 타인을 돕는 것의 의미와 보람을 느낌.	• 수학교육과 학회 제주도 여행: 1학기 동안 학과 학회 사람들과 돈을 모아 제주도로 여행을 다녀옴.
• 수학교육론, 선형대수학, 해석학, 미분방정식 등 전공 수학 수업에 재미를 느낌. 그렇다고 잘한 것은 아님. 전공 수학을 하면서 수학을 더 많이 공부해도 재미있을 것 같다는 생각을 어렴풋이 함.	• 탈락: 삼성 드림클래스, 한양창의캠프, 스팀 교육 홍보대사, 사회봉사 장학생 팀상, 장애 학생 도우미 체험 수기 공모전 등에는 선발되지 못함.
• 고등학교 2학년 학생 과외를 6개월 정도 함.	
• 중학교 1학년 학생 과외를 했으나 시간이 잘 맞지 않아 오래하지는 못함.	

2학기	겨울방학
•국제교육실습(아이스텝): 일본 나가사키 교육대학 학생들의 한양대학교 사범대학 방문에 맞춰 한국을 안내하는 역할을 맡음.	•KT&G 지역아동센터 일일 산타: 동기 한 명을 졸라 지역 아동센터에서 일일 산타 봉사를 함께 진행함.
•장애 학생 도우미 활동: 지난 학기에 이어 한 번 더 장애 학생 도우미를 지원함.	•강원 현남중학교에서 쏙쏙캠프, 부산 삼덕초등학교에서 스팀교육 프로그램을 진행하고, 오가는 길에 안동을 여행함. 지난 여름방학에 진행한 쏙쏙캠프와 스팀 교육의 감동(?)을 잊지 못해 겨울에도 한 번 더 진행함. 여름보다 더 능숙하게 진행하지 않았나 자평함.
•학회 창의 수학 수업(장충고등학교): 학회 활동으로 후배 두 명과 팀을 이뤄 창의 수학 수업을 준비하고 실행에 옮김. 관련 자료가 저장되지 못해 아쉬움.	
•제1회 한양대학교 수학교육과 수학 토크 콘서트 참석함.	•제15회 전국수학 교사직무연수 매스페스티벌 행사 진행 요원. 대학생 도우미를 하며 연수의 여러 면을 구경함.

군대에서 진로에 대해 충분히 고민한 뒤 복학하면서 무엇보다 '전공을 살려 다양한 경험을 해보자'고 결론을 내렸다. 그리고 나름대로 성공적인 해였다고 평가한다. 단순히 나열만 해도 수학교육과 학회 매스머지션스 가입, 수학교육과 학생회 총무, 장애 학생 도우미, 과외 3건, 서울사대부중 스팀 교육, 장곡초 쏙캠, 학회 제주도 여행, 국제 교육실습, 장충고 창의 수학 수업, 수학 토크 콘서트 '너의 목소리가 들려', 일일 산타, 현남중 쏙캠, 삼덕초 스팀 교육, 매스페스티벌Math Festival 대학생 도우미, KT&G 발표 수업 등 스스로 다짐을 잘 지킨 해였다.

물론 이것들을 하느라 다른 많은 활동에서 탈락하기도 했다. 지금도 아쉽게 생각하는 삼성 드림클래스 주말 강사, 한양창의캠프, 스팀 교육 홍보대사, 사회봉사 장학 팀장, 장애 학생 도우미 수기 공모전 등이 그것이다. 이제 대학생도 아니어서 더는 지원조차 할 수 없으니 아쉬움이 크지만 탈락 역시 진로 탐색 과정에서 일어난 부수적인 결과물이라고 생각하면 또 괜찮다. 모든 시도가 성공적일 수는 없으니까 말이다.

진로를 살린 직업을 갖고 싶었고 가르치는 직업 이외의 분야 가운데 내 전공을 필요로 하는 게 어떤 것이 있는지 알아보고 싶었다. 다양한 경험을 하면서 그런 경험들 속에서 '내가 임용시험을 견딜 수 있는 사람인지'와 '교사 역할을 맡았을 때의 내 모습'을 알아내고 싶었다. 어쩌면 절반 이상의 마음을 임용에 기울이고 나머지 활동은 이를 확인하려는 점검의 과정이었는지도 모른다. 아니면 본격적으로 임용에 뛰어들기 전에 2학년으로서 할 수 있는 대학생다운 활동을 찾아다녔던 것이거나. 단 활동에 초점을 맞췄고, 임용시험을 위한 공부는 하지 않았다. 수업에 빠지지 않고 집중해 들었으며 시험을 앞두고 전공 공부를 열심히 하기는 했으나 임용을 위한 공부는 아니었고 학점을 위해 며칠 공부했을 뿐이다(물론 이때의 학과 공부가 훗날 임용 공부의 강력한 기초가 되었다). 2학년은 온전히 다양성에 집중한 시기였다.

이 기간에 다양한 사람과 학생들을 만나면서 관계를 조율하는 법을 배웠다. 어떤 활동에서는 대표를 맡으면서 일을 효율적으로 처리하고 기한에 맞춰 최고의 결과물을 만드는 요령을 배웠고, 상대방의 요구를 파악해 들어주면서 나에게 필요한 것들을 얻어내는 협상의 기술을 배울 수도 있었다. 다양한 활동을 동시에 진행하면서 연관 있는 일을 한꺼번에 처리한다거나 특정 업무를 더 잘하는 사람에게 적절히 배분하는 법도 배웠다. 공교롭게도 2학년 때 얻은 능력은 임용시험을 통해서는 배울 수 없지만, 학교 현장에서 꼭 필요한 자질이었다. 결국 교사가 하는 수업은 다수의 학생을 상대하는 것이므로 다양한 사람을 만나는 일이 꼭 필요하다. 다만 이때는 교사가 되겠다는 마음을 확실히 정하지 않았을 때였기에 언젠가 내 미래에 이 능력이 쓰일 거라고만 생각했다.

(3) 2014년 3학년(24세): 과외마스터 부학생회장

1학기	여름방학
•한양대학교 사범대학 부학생회장. 사범대 학생회를 운영하며 농활, 사범대학 축제 외 각종 사범대학 행사 총괄 운영. •재수생 과외를 시작함.	•재수생 과외와 고등학생 과외 추가. 과외 준비와 과외 수업으로 대부분의 일과가 구성됨.
2학기	**겨울방학**
•재수생 과외가 소문이 퍼져 다섯 팀으로 늘어남. 고등학생 과외 추가. •1학기와 마찬가지로 본격적으로 임용 공부를 하고 싶었으나 전공 수업을 소화해내기 바빴음.	•제주도 졸업 여행. •초5, 초2 과외 추가. •본격적인 임용 수험 생활 시작.

2학년 때 여러 경험을 하면서 결국 임용시험에 응시하기로 결심했다. 2년 뒤 졸업과 동시에 합격하겠다는 원대한 꿈을 세우고 이를 이루기 위해 공부 계획을 수립한 상태로 3학년이 되었다. 그러나 3학년 생활은 계획과 현실의 격차가 매우 컸다. 2학년 때 전공을 살려 다양한 활동을 하기 위해 노력했고 그 과정과 결과도 비교적 성공적이었다면 3학년 때는 임용시험에 전념하기 위해 노력했지만 결과는 철저한 실패였다. 임용시험을 위한 공부를 전혀 하지 못했다.

이유는 크게 두 가지였는데, 첫째는 친구의 간곡한 부탁을 거절 못 해 사범대학 부회장을 맡은 것이고, 두 번째는 과외를 너무 많이 한 점이다. 결국 3학년 생활은 '과외 많이 하느라 바쁜 단과대 부학생회장'이었다. 부학생회장 일은 어마어마하게 많진 않았지만 그래도 부담이 됐다. 대부분의 중요한 의사 결정은 회장을 맡은 친구가 도맡았지만, 그래도 이름을 올리고 책임 지는 위치에 있다는 것만으로도 에너지가 들어갔다. 과외는 처음에 재수생 과외를 시작했는데 하반기에 들어서 이 학생의 성적이 예측 이상으로 크게 오르고, 이 사실이 학생이 다니던 학원에 소문나면서 과외 문의가 자꾸 들어왔다. 수능을 앞둔 10월에는 재수생 과외만 5팀을 하게 되었고(전부 그룹 과외였다) 학생들이 아는 동생들을 연결지어주면서 어떤 주에는 과외 스케줄이 13회에 달했다. 게다가 3학년이 됐으니 늘어난 전공들과 어려워진 시험까지 감당해야 하는 것은 물론이었다. 지금 다시 하라고 한다면 감당 못할 스케줄이다. 임용시험에 대한 걱정이 계속돼 2학기에는 사범대학 독서실을 신청해서 들어갔는데 하루 의무 사용 시간을 채워야 했다. 결국 전공 과제를 하거나 부족한 수면을 보충하는 시간으로 변질되었다. 스터디는 동기들과 겨우 하나 조직했지만 체력의 한계로 몇 회 참여하지 못하고 그만뒀다.

내 생애 가장 바쁘고 치열하게 살았던 해지만 그럼에도 견딜 수 있었던 것은 주 단위로 통장에 들어오는 과외비와 꼭 임용시험에 합격하겠다고 강하게 마음먹은 결심 때문이었다. 지금 과외로 임용이 한 해쯤 미뤄진다 해도 인생 전체로 봤을 때 크게 늦는 것은 아니라고 생각했다. 3, 4학년 2년 동안 공부해서 졸업과 동시에 합격하겠다는 목표에는 차질이 생겼지만, 의외로 재수를 통해 합격해도 괜찮겠다는 생각이 들었다.

다행히 수능이 끝난 후 재수생 과외가 전부 끝났고(수리 논술 과외는 거절했다), 학생회 임기가 끝나가면서 자연스레 임용시험에 집중할 환경이 조성됐다. 겨울방학 시작 즈음엔 4학년 스터디에 온전히 참여할 수 있었는데 1년 사이 동기와 실력 차이가 벌어져 있어서 난감했었다. 스터디를 통해 그 격차를 줄이고자 마음먹었다.

(4) 2015년 4학년(25세): 고시생

1학기	여름방학
•교육실습: 한양대학교 사범대학 부속고등학교. •과외는 단 한 건.	•2학기에 가능한 적게 등교하기 위해 계절학기 (교직 실무)를 신청함.

2학기	겨울방학
•기하위상특론, 해석학특론. •독서실, 학교를 오가며 임용 준비에 최선을 다함.	•어쩌다 보니 1차 시험 합격. •또 어쩌다 보니 2차 시험 최종 합격.

학년이 올라갈수록 표의 내용은 빈약해지고 있다. 그만큼 뭔가에 몰입했다는 뜻이다. 3학년이 임용에 마음만 둔 시기였다면 4학년 때는 임용시험에 박차를 가했다. 3학년에 벌어둔 과외비를 생활비로 사용하고 시험 준비와 관련 없는 일정들은 전부 취소했다.

2학년에 다양한 활동을 하면서 교사가 되어도 좋겠다는 확신을 다졌고, 3학년 때는 (과외) 학생들과 실제로 만나면서 교수법을 활용했다. 4학년이 되자 졸업해서 교사라는 직함을 얻으려면 당장 책상 앞에 앉아 있는 시간을 늘려야 한다는 것을 깨달았다. 따라서 과외들은 서서히 정리하고 이동 시간을 최소화하는 것까지 고려해 꼭 필요한 과외만 했다.

1학기까지는 동기들과 스터디를 했지만 스터디를 준비하는 시간과 갑론을박 과정이 나와 맞지 않는다고 판단해 그만뒀다. 여름방학부터는 이동 시간을 줄이기 위해 대학교 독서실이 아닌 집 앞 독서실을 이용했고, 2학기 때는 임용시험을 앞두고 수업을 적게 듣기 위해 여름방학 계절학기를 신청했다. 여름방학에는 시험 자료를 인쇄하기 위한 장소가 필요했고, 2학기에는 학교에 가능한 한 적게 나가고 싶었기에 이는 매우 적절한 선택이었다. 머릿속으로는 이번 주 학습 계획, 어제와 오늘의 공부 내용, 내일 공부할 계획으로 나누어 내가 아직 외우지 못한 내용을 곱씹으며 다녔다.

임용시험을 어떻게 1년 만에 합격했는지 질문을 많이 받는다. 전공 수업을 착실하게 듣고 자신에게 맞는 공부 방법으로 매일 꾸준히 오랜 시간 공부하는 것이 표면적인 비결이다. 내 대학 생활을 돌이켜보면, 2, 3학년 동안 다진 확신이 있었기 때문에 가능했던 것 같다. 4학년이 되어서 뭘 할지 갈팡질팡하고 '주변에서 다들 하니 임용시험에 응시해볼까?'라는 생각으로 준비했다면 좋은 결과를 얻지 못했거나 중도에 포기했을 것이다. 충분한 경험과 고민을 거치고 갈 길을 정했기 때문에 엉덩이를 붙이고 앉아 있을 수 있었고, 진로에 대한 동기가 내면화되었기 때문에 고통스러워도 이겨낼 수 있었다. 힘들어도 내가 제대로 가고 있다는 믿음 덕분에 흔들림 없이 준비할 수 있었다. 어떤 책으로 공부했는지, 하루에 몇 시간 공부했는지, 서브 과목은 포기했는지, 면접 준비를 위해 따로 읽은 책은 무엇인지 등등의 질문이 많고 이런 질문들에 답변하는 것은 크게 어렵지 않지만, 좀더 중요한 것은 시험 준비에 대한 확신일 것이다. 확신을 얻는 경로는 다양하지만 내겐 2학년과 3학년 시기 책 바깥에서의 경험이 주효했다.

교사가 되어서 보니 아이러니하게도 교사로서 필요한 능력은 2학년 때 가장 많이 배우고, 학년이 올라가 3, 4학년이 될수록 적게 배웠다. 특히 4학년 때 임용시험을 준비하며 얻은 전공 수학을 푸는 능력, 각종 교육청의 방침과 시책에 대한 지식, 수학교육 이론 등이 교실에서 활용되는 느낌은 적었다.

여전히 '교사'가 되어야 '좋은 교사'가 될 수 있다는 의견과 '좋은 교사'가 되어야 '교사'로서 역할을 다할 수 있다는 의견이 있고 나는 앞의 의견에 좀더 공감하지만, 내 경우 임용을 준비하지 않았던 시간이 준비하는 시간을 밀도 있고 단단하게 만들어줬다는 사실을 부인할 수 없다.

사립 중복 합격자의 사범대 생활 연대표

'취업하기 어렵다'는 소리를 아주 어릴 때부터 들어온 요즘 대학생들은 '빠르고 철저한 계획을 통한 빠른 취업(임용) 성공'을 목표로 하고 있는지도 모르겠다. 그래서인지 요즘은 '1학년 때 임용 공부를 시작해야 하나요?' '1학년 때 임용 공부를 어떻게 시작해야 하나요?' 등의 질문을 자주 접한다. 뻔한 말이긴 하나 인생에 정답은 없다. 스스로 정답을 찾아갈 뿐이다. 내 인생을 정해 달라는 듯한 질문은 대부분 우문에 그친다.

나(황순찬) 또한 스무 살에 대학에 입학하면서 임용고시를 단번에 통과하는 상상을 했다. 하지만 공부도 잘 안 했고, 제대로 놀지도 못했다. 더욱이 '교사가 되는 과정'으로서 의미 있게 대학 생활을 하고 싶었기에 그 시기는 큰 후회로 다가왔다. 대학 생활을 리셋하고 싶었고, 스물한 살에 다시 입시를 통해 새로운 대학에 합격했다. 그리고 군대 다녀온 스물네 살에야 나는 1학년 생활을 시작할 수 있었다.

나의 사범대 생활 연대표가 결코 모범인 것은 아니다. 따라 하라는 의미는 더더욱 아니다. 나는 임용고시는 물론 진로, 인간관계, 삶의 의미 등 많은 고민과 갈등을 겪었다. 그럼에도 고민 속에서 나름 성장하는 모습을 보여주고 싶어 작성해봤다. 고등학생 때 '열심히 해서 좋은 대학 가자'라는 단순한 생각만 하고 살았다면, 대학 생활하며 겪게 되는 고민은 그 깊이와 다양성 때문에 감당하기 어려울 수 있다. 그 과정에서 자기 길을 찾아가는 데 조금이나마 도움이 되길 바란다.

(1) 2012년 1학년: 마음과 의욕은 앞섰지만 많은 것을 몰랐던 시기

1학기	여름방학
• 전년도 10월 군 전역 후 학기 초까지 과외를 많이 함. 학교에 가기 전 과외로 번 돈을 쓰며 엉성하게 놂. 그래서 대학 생활 중에는 생산적으로 놀고 싶은 마음이 커짐.	• 넓은 세상에 대한 뒤늦은 동경으로 첫 해외여행, 세계로 뭉게구름이란 단체에서 2주간 유럽여행을 다녀옴. 여행을 통해 인간관계에 서툰 자신을 발견. 상대를 통해 나를 발견할 수 있다는 것을 깨달음.
• 구체적으로 학습 계획을 세운 것은 아니지만 공부해서 서울 중등 임용 초수 합격하리라 다짐함.	• 국제수학교육자대회(ICME-2012) 행사 진행 요원 자원봉사.
• 네 살 차이의 1학년 동기생들과 어울리려고 이를 물고 노력. 학과 행사 참여, 동기생들과 떠난 소소한 소풍과 국내 여행 등 여느 1학년처럼 무난한 학교생활을 함.	• 환경부 주관 환경도서 독후감 공모전 입선.
• 학교 의무 사회봉사로 성동복지관 방과후 학교 보조 교사.	• 총학생회 주관 섬진강 인문학 기행. 김용택 시인으로부터 '가르치겠다는 마음이 아닌 배우겠다는 마음으로 교단에 서라'는 이야기를 들음.
• 총학생회 주관 5.18 역사기행. 사회 문제와 그 문제를 둘러싼 사람들의 정서에 관심을 갖게 됨.	• 여름방학 때 스스로 기대한 것보다 한 것이 없어서 앞으로는 계절학기를 들을까 고민했음. 되돌아보면 안 듣길 잘함.
• 나이가 많아 조기 졸업 계획 수립.	• 에너지는 넘쳤는데 생산적인 활동을 찾지 못하고 있다는 기분이 종종 들었음.
• 각종 기초, 교양 수업에서 스스로 점점 더 똑똑해지고 있다는 느낌을 받음. 내 삶에서 전공 수학보다 더 유용한 것들을 배우고 생각했던 시기.	
• '다양한 경험을 통해 다양한 학생을 포용하는 교사'가 되고 싶었으나 방법을 몰랐음. 멘토도 없고 심지어 멘토를 찾아야겠다는 생각도 못 함.	

2학기	겨울방학
• 학회 구성원들과 국립과천과학관 제2회 수학 문화축전 수학 전시 및 체험 부스 운영. • 성적우수 장학금. • 조기 졸업을 위한 선수강 시작. • 학교 주관 강화도 명저의 문화답사 참여. • 전국사범대연합 교육특강 수강. • 나이키 위런 서울 참가. • 학과 동생들과 여행. • 학과 최초 수시 응원 기획. 인생 최초(?)로 내가 사람들을 주도해서 새로운 문화를 만든 것에 대한 성취감을 느낌. • '좋은 교사'에 대한 고민을 나눌 수 있는 모임에 대한 갈증을 크게 느낌. • 성취감과 갈증이 만나 학과에는 없는 학회 창설 계획 수립.	• 제15회 전국수학 교사직무연수 매스페스티벌 행사 진행 요원. • 한국대학사회봉사협의회 방글라데시 25기 해외 봉사 단원. 다양한 활동을 한 대외 활동 고수들을 처음으로 만나봄. 여러 간접 경험으로 인해 넓은 세상에 대한 동경이 커짐. 2학년이 되어 더 흥미로운 경험들을 찾아보고자 하는 의욕이 커짐. • 서울 경동초에서 한국과학창의재단 쏙쏙캠프 교육 봉사를 함. 사범대생으로서 초등학생을 만난 경험 자체로 신선했음. • 다일복지재단 주관 서울 노숙인 성탄절 행사 도우미. • 스노보드가 본격적으로 인생 취미가 됨. • 방학 중 여러 경험을 하면서 앞으로도 계절학기는 듣지 않고 방학 때는 하고 싶은 경험과 모험을 하기로 결심.

(2) 2013년 2학년: 인생에서 가장 바쁘게 지냈고, 그만큼 성장한 시기

1학기	여름방학
• 한양대학교 수학교육과 부학생회장. 학생회장과 함께 학생회 운영과 학과 행사를 총괄함.	• 교보생명 대학생 동북아대장정(중국 황하 5000킬로미터 문명 탐방) 동북아 프론티어 12기.
• 과내 수학교육학회 매스머지션스 창설(초대 대표) 및 졸업할 때까지 활동.	• 너무 진지하기보다는 삶에서 힘을 조금 빼기로 함. 특히 인간관계에서 균형감 있는 모습이 필요하다는 것을 느낌.
• KT&G 협력동아리 선정 및 연계 활동.	
• 학회 여행 기획.	• 장충고 수학동아리 학생들을 대상으로 학회 창의수학 수업.
• 대전 무한상상 플러스 수학체험전 수학 전시 및 체험 부스 운영.	• 한국대학사회봉사협의회 방글라데시 26기 해외 봉사 부인솔자로 대학생들의 해외 봉사 참여를 기획, 운영함.
• KT&G 복지재단 주관 북한 국립공원 생태복원 활동.	• 홍성 장곡초등학교에서 한국과학창의재단 쏙쏙캠프 교육 봉사, 세종국제고등학교 스팀 교육 기부. 서로 다른 특징들을 가진 다양한 학교 현장을 접함.
• 한양대학교 학술 연구 프로그램(연구 주제: 고등학교 수학동아리를 위한 융복합교육 프로그램 연구) '한양대학교 타우너' 우수상(총장상).	
• 레크리에이션 지도사 2급 자격증 취득.	• 학과 소풍, 학회 제주도 여행 기획.
• 성적우수 장학금.	• 부학생회장, 학회장, 해외 봉사 부인솔자 등 다양한 경험 속에서 리더십과 나 자신에 대해 고민하기 시작. 특히 구성원들의 잠재력을 끌어내는 리더가 되는 데 관심을 두고 노력하게 됨.
• 다양한 활동을 하면서도 전공 공부를 놓치고 싶지 않아 1년 동안 200여 일간 과방에서 쪽잠 자며 생활. 아무리 바빠도 해낼 수 있다는 자신감을 얻음.	

2학기	겨울방학
• 국내 학부 최초 고등학생 수포자를 위한 수학 토크 콘서트 개최.	• 제16회 전국수학 교사직무연수 매스페스티벌 행사 진행 요원.
• 방한한 일본 나가사키 교육대학생 교류 프로그램 참여.	• 양양 현남중에서 한국과학창의재단 쏙쏙캠 캠프 교육 봉사, 부산 삼덕초에서 교육 기부. 여러 지역의 다양한 학생과 교사를 만남.
• 국립과천과학관 제3회 수학문화축전 수학 전시 및 체험 부스 운영.	• 장충고 수학동아리 학생들을 대상으로 학회 창의수학 수업
• 성적우수 장학금, 학부리더십 장학금.	• 등명중에서 과학진로동아리 운영(3학년 여름 방학까지).
• 1학기에 얻은 바쁨에 대한 자신감이 도져서 27학점 수강.	• 휴먼 라이브러리 위촉교사(겨울방학까지).
• 2학기 종강 날 긴장이 풀리며 원인 모를 열병을 앓음. 스스로 '정말 열심히 살긴 했구나'를 느낌.	• '미래를 그리는 STEAM 연구소'에서 스팀 교육에 관한 온라인 연수를 들음.
• 과방 생활 등으로 건강이 많이 악화됨.	• KT&G 지역아동센터 일일 산타 봉사 활동.
• 뚜렷이 마음을 정한 것은 아니나 임용 공부에서 마음이 멀어짐을 느낌. 다양한 활동에서 성장하는 자신의 모습이 가장 만족스러웠음.	• 학회 등에서 각종 스노보드 캠프 기획.
	• 부산, 안동 여행, 10년 지기와 전라도 여행.
	• 필리핀 여행.
	• 다양한 경험을 통해 뒤늦게나마 부쩍 성장한 자신을 발견.

(3) 2014년 3학년: 새로운 한계를 느끼며 좋은 교사에 대한 고민을 확장한 시기 (임용과 점점 멀어짐)

1학기	여름방학
• 재학 중 임용 미응시로 마음을 굳힘.	• 장충고 수학동아리 학생들을 대상으로 학회 창의수학 수업.
• 부학생회장, 학회장, 각종 여러 대외 활동 등 임기가 끝나 허무감이 들고 방향성을 잃기도 함.	• 국제수학자대회(ICM-2014) 행사 진행 요원 자원봉사.
• 한국과학창의재단 STEAM 교육 기부 홍보대사(여름방학까지).	• 일본 나가사키 교육대학 부속학교 실습, 참관, 탐방 교류 프로그램 참여.
• 600여 명 대상 STEAM 교육 기부 사전연수 우수 사례 발표.	• 정선, 전라도 여행.
• 한국과학창의재단 STEAM 교육 기부단(여름방학까지).	• 등명중에서 진로의 날 강연.
• 한국교직원공제회 The-K SNS 기자단 교육 기자(2학기까지).	• 교육 기자단 연수.
• 한양대학교 전공알림단HUMM, 고등학생 진로 탐방 프로그램 운영, 11개 고등학교 방문(겨울방학까지).	• 교생을 어디로 갈지 고민. 일반 학교에는 교육 봉사나 여러 활동으로 많이 찾아간 터라 대안 학교인 이우학교에 교생 신청.
• 전공알림단 진로박람회 운영.	• 대외 활동에서 얻는 성장의 변화가 한계치에 달함을 느끼며 '다양한 학생을 포용하는 다양한 경험이 있는 교사가 되기 위한 대학 생활'이라는 목표에 한계를 느낌.
• 자랑스러운 한양인 선정 사회봉사상 수상.	
• 성적우수 장학금.	

2학기	겨울방학
• 현대 하이스코 글로벌 에코 디자이너 환경 교육 봉사, 충남 지역아동센터(겨울방학까지). • 수학교육 토크 콘서트 운영. • 대한민국 인재상 도전과 탈락. • 기업 인사팀 특강 참여. 청년 시절의 성장으로 인해 교육이 아닌 인사에도 관심을 가져보려 했음. • 한양대학교 리더십 우수 사례 공모전 참여, 총장상 수상. • 나이키 위런 서울 참가. • 남이섬 에코 트립. • 포기하진 않았지만 전공 수학 공부가 점점 힘들어짐. 임용고시 제도에 대한 회의감이 강하게 들었기 때문. 졸업 이후 생각이 바뀌어 재수를 하더라도 재학생 신분으로 임용 준비는 따로 하지 않겠다고 마음을 거의 굳힘. • 성적우수 장학금.	• LG 드림챌린저 주니어 멘토 6기. • 글로벌 에코 디자이너 우수팀 타이 환경, 문화 탐방. • 크리스마스이브 독거노인 방문 봉사. 대학 시절 세 번의 크리스마스가 모두 인생에 남는 기억이 됨. • 대외 활동 친목 스노보드 캠프 기획. • 각종 대외 활동, 학과 송년회, 신년회. • 천안 여행. • 서천 서남초등학교 한국과학창의재단 쏙쏙 캠프 교육 봉사 운영 • 5킬로미터 마라톤 완주. • 교육부 장관 임명 세계교육포럼 서포터즈(내년 1학기까지). 팀 활동 대상. • 더 넓은 세상에서 자신의 길을 걷고 있는 청년들을 만나며 새로운 꿈을 키워감. • 사람을 보거나 기억할 때, 출신대학 따위의 것들 말고 그 사람의 꿈과 스토리로 기억하게 됨.

⑷ 2015년 4학년: 여러 모험을 통해 새로운 꿈을 만들어나간 시기

1학기	여름방학
• 도시형 대안학교 이우중·고등학교 교생. 이우학교에서 근무하면 좋겠다고 생각함.	• 신지휴 모험가 서포터로 한국인 최초 대회 기간 내 투르 드 프랑스 완주. 사람을 통해 세상을 바꾸는 교육자로서의 첫걸음.
• 한양대학교 전공알림단HUMM-M, 중학생 자유학기제 대학 탐방프로그램 운영(2학기까지), 7개 중학교 캠퍼스 투어 인솔.	• 청산리 역사 대장정(항일 역사 탐방) 14기.
• 올댓캠퍼스 아웃캠퍼스 페스티벌 대학생 멘토링 박람회 멘토.	• LG 드림챌린저 주니어멘토 테드첼 강연.
• 나가사키 교육대학생 서울 투어 가이드.	• 대학 생활을 마쳐가며 '사람'이 제일 중요하다고 결론 내림.
• 페입랩 코리아 참가(1차 통과 후 탈락).	• 전라도(담양, 곡성, 순천, 여수) 여행.
• 대명투어 황산 서포터즈 지원 탈락.	• 전국 여행(여주, 제천, 영월, 속초, 강릉, 삼척, 영덕, 김해, 남해).
• 하프 마라톤 완주.	• 졸업 성적우수상(총장상).
• 조기 졸업 신청.	• 사랑의 실천 졸업 공로상(총장상).
• 3년 통학 신세에서 벗어나 친한 동생과 자취.	• 조기 졸업과 함께 교원자격증 2급 취득.
• 사범대생치고 대외 활동 고수라고 착각했지만, 다시 겸손함을 가지며 내 본질에 집중하고자 함.	• 임용, 사립, 취업을 따로 준비한 것은 없었지만 1년 뒤 내 모습에 대한 기대가 컸음.
• '무엇이 될까'를 넘어 '어떻게 살고 싶은가'의 고민 속에서 '사람을 통해 세상을 바꾸는 교육자'라는 새로운 꿈을 꾸게 됨.	• 백수로 지내며 과외 시작.

2학기	겨울방학
•주니어멘토 워크숍.	•'황순찬 팝니다' 식으로 모든 사립학교에 포트폴리오를 뿌려 인재상이 나와 들어맞는 학교를 찾으려 했으나 결국 추진하지 못함. 아직도 후회로 남음. 이를 응원해주는 사람을 만나지 못한 것도 아쉬움.
•포토클래스 참여.	
•순례자길 걷기 등 더 큰 모험을 기획 하거나, 모험에 대한 욕구는 충분히 채웠기에 교직 생활 또한 해보고 싶어 한두 달짜리 기간제 교사 검색.	•최종적으로 10여 개 사립중·고등학교 수학 정교사 채용에 응시.
•교사 이외의 일에 대해 오래 고민해왔지만 결국 '사람을 통해 세상을 바꾸는 교육자'의 최전방은 교사라고 결론 내림.	•총 3개의 고등학교 정교사 최종 합격.
	•이우학교는 정교사 공고가 매우 늦게 나서 고민 끝에 지원하지 않음.
•임용 공부는 동기 부여가 되지 않고 나와 가치관이 맞는 학교를 만나고 싶어 사립 채용 응시 결정.	•고민 끝에 이화여자고등학교 선택 후 교직생활 중.
•10월 말부터 사립 정교사 채용 응시, 1차 필기시험에서 줄줄이 탈락.	•'이제 내 인생은 결정된 것인가' 하는 생각도 들었지만 여전히 모험하듯 살아가는 교사로 지내고자 노력함.
•꾸준히 공부해 1차 필기시험에서 합격하는 학교들이 생김. 면접에만 올라가면 거의 최종 또는 그 직전까지 올라감.	

지난 시절을 되돌아보니 청춘은 참 소중하다는 생각이 다시 한번 들었다. 설령 교사가 되지 않았더라도 감사한 시간이었을 것이다. 내가 어떤 사람이고 어떻게 살고 싶은지 파악하는 과정이었기 때문이다.

어쩌면 현실에 부딪혀 임용고시를 포기한 대학생처럼 보였을지도 모른다. 하지만 길도 모르고 안내자도 없고, 능력도 없는 데다 나이까지 많지만, 세상을 알고 싶어하던 1학년, 다양한 학생을 포용하는 교사가 되기 위해 내 모든 에너지를 끌어내 수많은 경험을 쫓아다녔던 2학년, 성장 이후에 찾아온 정체된 느낌을 극복하고 새로운 성장과 꿈에 대한 갈증을 느끼며 재학 중 임용 준비를 하지 않기로 다짐했던 3학년, 스스로에게 더욱 집중하며 사람을 통해 세상을 바꾸는 교육자라는 꿈을 키워 이뤄냈던 4학년, 남들이 보기에는 임용 준비 안 된 노답 사범대 백수였지만 스스로의 삶에 대한 희망과 자신감은 가득 찼던 졸업 이후의 나, 이 모든 것이 지금 돌아보면 신기할 따름이다. 그때의 에너지가 교사가 된 지금 아이들에게 전해지고 있길 바란다.

사범대생의 계륵,
스펙

사범대생들은 대체로 임용고시를 목표로 한다. 따라서 소위 스펙이 임용에는 도움이 되지 않는다. 물론 스펙을 키워가는 과정에서 얻은 능력은 영향을 미치겠지만 말이다. 실제로 교사가 되어서도 다양한 능력은 유의미하게 활용될 수 있다. 게다가 모든 사범대생이 임용고시로 교사가 되는 게 아니고, 교사 이외의 진로로 나가려면 스펙을 쌓아야 하기 때문에 스펙은 진로가 정해지지 않은 (특히 저학년) 사범대생에게는 계륵이 되곤 한다. 임용 공부를 하기로 마음먹은 상태에서 스펙을 쌓자니 시간이 아깝고, 그렇다고 임용에만 몰두하자니 불안과 함께 여러 생각이 든다.

따라서 구체적으로 이야기하려면 '스펙'의 정의부터 살펴볼 필요가 있는데, 여기서는 일반적으로 취업 시장에서 통용되는 스펙의 의미로 활용하겠다. 예컨대 학벌, 학점, 자격증, 외국어, 대외 활동, 봉사 활동, 어학연수, 교환학생, 각종 경력과 경험, 여행 등등을 말한다. 임용고시를 준비하는 학생과 그렇지 않은 학생에게 스펙이 갖는 의미는 아주 다르기 때문에 임용고시 준비생과 임용고시 외 진로를 희망하는 학생으로 나눠서 이야기해보고자 한다.

임용고시 준비생에게 스펙이란

임용고시에 응시하고 합격하는 데는 교원자격증 2급과 한국사검정능력시험 3급만 있으면 스펙은 아무런 문제가 되지 않는다. 대학 등급과 유형에 상관없이 사범대를 졸업하거나 교직 이수를 하면 교원자격증 2급이 주어져 사실상 한국사 자격증만 취득하면 된다. 그마저도 사범대에 진학할 정도의 역량이면 어렵지 않게 취득할 수 있다. 참고로 사범대 교육과정상 필수로 수행해야 하는 교육 봉사 60시간이 있지만, 4년간 이뤄지므로 결코 부담스럽지 않다. 결론적으로 학벌, 학점, 자격증, 외국어, 대외 활동, 해외 경험, 봉사 활동, 각종 경력과 경험, 여행 등의 경험이 없거나 부족해도 임용에 합격하는 데는 아무런 지장이 없다고 봐도 된다.

하지만 위와 같은 관점은 사범대생을 예비 교사가 아닌 '수험생'의 관점으로 바라봤을 때로 한정된다. 결국 우리는 교사가 되어 다양한 아이를 만나게 된다. 내가 학생들에게 다양한 삶을 들려주거나 보여주고 싶다면, 이러한 스펙이나 경험들은 평생 자산이 된다. 그렇다, 사실상 스펙이라기보다 예비 교사로서의 자산을 얻게 되는 것이다. 물론 '교사가 되는 것에 집중하는 것'과 '좋은 교사가 되기 위한 노력을 하는 것'에는 옳고 그름이 없다. 하지만 현장에서는 교과 내용의 단순한 전달만 이뤄지는 것이 아니라, 인간 대 인간으로 학생들을 만나는 일이 훨씬 많다. 다른 글에서도 언급했지만, 나는 좋은 교사가 되기 위한 노력 덕분에 교사가 되었고, 많은 임용고시 합격생도 임용고시 공부의 이외의 경험을 소중히 여기는 글을 써줬다. 아이들이 살아갈 세상을 치열하면서도 다각도로 겪으면 그만큼 다양한 아이들의 삶을 함께 풍부하게 그려나갈 수 있지 않을까?

현실적인 의미를 좀더 생각해보자면, 임용고시 준비생에게 스펙은 오히려 임용에 떨어지는 상황을 고려했을 때 실질적 의미가 생긴다. 통계적인 관점에서 보면 모든 학생이 임용을 통과할 순 없다. 실제로 기간제 교사, 사립학교, 취업 등으로 길을 돌리는 이가 많고, 그럴 때는 스펙이 커다란 영향을 미친다.

그렇게 되면 '내가 임용고시에 합격하지 못하는 상황에 대비해 스펙을 쌓아두자'라고 생각할지도 모른다. 그러나 같은 행동이라도 마음가짐에 따라 그 행동이 갖는 힘과 의미는 다르다. 단순히 임용 불합격을 고려한 스펙 쌓기는 내적 동기가 잘 생기지 않을뿐더러 임용 준비를 하는 데 쓸 힘만 분산시킨다. 이런 태도보다는 좀더 멀리 보고 더 나은 삶을 위해 스펙과 경험을 쌓는 것이 좋다. 사범대 나온 사람의 인생은 그렇게 쉽게 무너지지 않는다. 특히 저학년 때는 더 그렇다. 이제 갓 고등학교에 입학한 1학년이 나는 학교 활동, 수능과 관련 없는 학업은 다 접고 정시에만 집중하겠다고 하면 어떤가? 요즘 학생들은 워낙 대학 1학년부터 모든 걸 접고 공부해야 할 것처럼 생각하는데 이는 '아무것도 안 하고 정시에만 집중한다고 선언하는 고등학교 1학년생'과 크게 다르지 않다. 비슷하게, 사범대 고학년이라도 자신의 뜻에 의해서 경험을 더 쌓아나갈 수도 있으며, 이는 때로 임용 준비를 하는 데 지구력과 흔들리지 않는 중심이 된다. 임용 초수 합격자들을 보면, 3, 4학년 때 다양한 활동을 한 사람이 꽤 많다. 그들에게 그 활동은 과연 어떤 의미였을까? 시간을 빼앗기는 활동이었을까? 고등학교 시절을 즐겁고 알차게 보낸 뒤 재수, 삼수 해서 좋은 대학 가는 친구들이 있는 것처럼, 임용의 세계에서도 될 사람, 즉 뜻이 있는 사람은 결국 된다.

임용고시 이외의 진로를 준비하는 학생에게 스펙이란

임용고시를 애초에 포기했든, 초수·재수를 하고 포기했든, 다른 진로에 큰 관심을 두었든, 임용을 보지 않는 사범대생에게 스펙은 평생 자산 차원을 넘어 강력한 실질적 의미를 갖는다. 사립학교도 다른 사기업과 마찬가지로 이력서상에 스펙을 적어야 한다. 요즘 사기업, 공기업에는 블라인드 채용이라 하여 출신 대학 등이 가려지는 채용이 꽤 있지만, 사립학교는 대부분 옛 형식의 이력서를 그대로 사용한다. 사립학교 이력서 항목에는 인적 사항, 사진, 학력, 학점, 전공, 수상 경력, 경력 사항, 교과지도 경력, 업무 경력, 특별활동 교육 역량, 종교, 병역 사항, 외국어, 컴퓨터, 자격증, 가족 사항, 봉사 활동, 학회 및 연구 활동, 취미, 특기 등이 있다. 스펙이 고스란히 드러나고, 필기시험과 면접 및 수업 실연 점수만큼이나 강력한 요소로 작용한다. 더 자세한 내용은 '아무나 말해줄 수 없는 공립 임용과 사립 임용'을 참고하면 된다.

한편 사범대생은 출신 자체만으로 일반 사기업, 공기업 취업에서 영향을 받는다. 교육과 관련 없는 기업의 인사 담당자들은 대체로 '사범대 출신'을 선호하지 않는다는 점 때문이다. 하지만 위기 속에 기회가 있는 법이니 '사범대생인데 어떻게 지원하게 됐어요?'라는 뻔한 예상 질문에 '매력적인 답변'을 준비할 만한 삶을 살도록 노력하면 오히려 비사범대생보다 더 큰 메리트를 얻을 수 있다. 대학생이 가질 수 있는 실무 능력에는 한계가 있기 때문에 사범대에서 진로를 바꾸면서 밟아온 과정이 오히려 다른 대학생들보다 더 큰 자기주도성을 보여줄 수도 있다. 자기주도성과 더불어 타인과 잘 어우러지는 모습까지 겸비한다면 사범대생이어도 매력적으로 보는 인사 담당자가 어딘가에는 존재할 것이다.

실제로 많은 사범대생은 취업을 한다. 워낙 사례가 다양해 일반적으로 말하기 어렵지만, 적어도 다들 철저한 준비를 거쳤다. 준비 없이 교육과 관련 없는 곳으로 취업하긴 어렵다. 시기상 취업 결정을 조금 늦게 하는 이들이 있다. 어떤 이들은 입학 때부터 복수전공을 준비하지만 4학년 때 교생을 다녀오고 나서야 진로를 바꾸는 사람도 있다. '누가 성공했고 실패했다'의 잣대로 볼 것이 아니다. 이 모두가 우리 삶이다. 사범대에서 교사 이외의 진로를 택하는 것은 어쩌면 두려운 일이지만(특히 고학년이거나 임용고시 공부를 많이 했다면), 나름의 과정을 거쳐 다 각자의 길로 간다. 1~2년 늦는다고 해서 삶이 무너지지 않는다.

해당 교과의 교사까지는 아니더라도 전공을 살리는 사람도 많다. 사교육계는 물론 수학교육과에서 금융계 취업, 영어교육과에서 외국계 기업 취업 등등. 임용 외의 일반 취업과 관련해서는 사범대 내 학과마다 방향과 특성, 심지어 가능성도 매우 다르다는 점을 인식하고 있어야 한다. 애초에 취업을 염두에 두고 있는 학생의 비율이 높은 대학과 학과들이 있다. 처음부터 전공을 살리지 않는 이들도 많은데, 대체로 정보 면에서 소외받게 된다. 이때는 도움을 얻을 수 있는 곳으로 빨리 진출하는 것이 좋다. 가령 사범대생 중 임용 외 다른 국가고시를 보는 이들도 있는데, 해당 고시를 준비하는 사람이 많은 곳으로 가야 한다. 한편 단기간에 준비하기 어려운 사항들이 있기도 한데, 국가고시 자격 기준으로서 어학이나 자격증을 요하는 부분 등은 미리 확인해야 한다.

그 밖의 의미

대외 활동 관련 글에서 언급했지만, 경험은 경험을 낳고 이는 나와 주변을 이해하는 기초가 된다. 그 과정에서 임용 응시에 대한 결정, 자신에 대한 이해, 궁극적으로 '임용 걱정 없는 사범대 생활'을 하는 데 기초가 될 수 있다. 나(황순찬)는 여러 경험(스펙)을 하면서 임용 미응시를 일찍 결정했고, 좋은 교사가 되는 삶에 더 집중할 수 있었다. 운 좋게도 그 집중이 실제로 교사가 되는 데 가장 주요한 역할을 했다. 한편 여러 경험 속에서 교사가 되는 것에 확신을 갖게 되어 내적 동기로 무장한 사람들은 합격 가능성을 염려하지 않고 임용고시에 집중해 교사가 되는 경우가 많다. 또, 자신만의 경험을 통해 교사 이외의 진로를 결정하는 사람들에게는 임용고시 지옥에 쫓겨 마지못해 진로를 바꾸는 이들에게는 없는 눈빛이 있다. 이처럼 스펙은 스펙을 낳기 때문에 이것이 궁극적으로 어떤 형태와 가치로 발현될지는 미지수다. 따라서 스펙을 도구적 의미로만 한정 짓기는 어렵다.

나는 결정론자는 아니다. 즉, 과거의 경험이 지금의 나를 결정해버리는 식으로만 내 삶을 이해하지 않는다는 뜻이다. 과거의 경험은 내가 살아가는 순간마다 그 의미가 달라진다. 내가 경험했던 것들은 만나는 학생마다, 내가 나이를 먹음에 따라, 교직에서 겪는 상황마다 조금씩 다른 의미로 다가온다. 그렇기 때문에 교육자로서 예비 교사 시절에 대학교 안팎에서 다양한 경험을 했던 4년은 교사 경력 4년보다 훨씬 더 값지다고 느낀다.

사범대 가면 전공으로
고등학교 내용
배우는 거 아니야?

사범대에서 배우는 내용은 크게 세 가지로 나눌 수 있다. 교과전공, 교과교육론, 교육학. 이 가운데 이수해야 할 학점도 많고, 각 과목을 이수하는 데 겪는 고통도 제일 크며, 임용에도 가장 많이 반영되는 교과전공은 사범대생에게 어떤 의미일까?

교과전공의 분류

교과전공이라 함은 말 그대로 해당 교과와 관련된 학부 수준의 내용을 말한다. 가령 수학교육과는 중·고등학교 수학을 배우는 것이 아니라 대학교 수학을 배운다. 교과전공은 크게 전공 필수, 전공 핵심, 전공 심화로 나뉜다(대학마다 사용하는 용어는 다를 수 있다). 전공 필수는 해당 교과 내용의 기초라할 수 있다. 수학교육과로 말하면 미분적분학, 집합론 정도가 해당된다. 전공 핵심은 대부분 2, 3학년 수준으로 임용시험 범위에 해당된다. 수학교육과의 경우, 해석학, 정수론, 선형대수, 해석학, 확률과 통계, 조합론, 현대대수, 복소함수론, 위상수학, 미분기하학 등이 있다. 대부분 해석학 1, 해석학 2처럼 두 학기에 걸쳐 배우고, 현대대수 2, 위상수학 2 등 상위 과목은 전공 심화로 분류되곤 한다. 간혹 임용 범위에는 해당되지 않지만 전공 핵심으로 분류되는 과목도 있는데, 이는 해당 교과 교사로서 필수 역량과 관련된 과목이다. 전공 심화 중 일부는 임용에 포함되기도 한다. 다른 일부는 임용 과목의 상위 과목이거나 다른 영역을 다루는 과목이다.

교과전공의 의미

전공은 졸업을 위해 넘어야 할 큰 산이다. 임용을 보든 안 보든 졸업하기 위해서는 어마어마한 전공 과목들을 이수해야 한다. 내가 수학 교사가 될 생각이 없더라도 졸업하기까지 수많은 수학 증명 문제를 접해야 한다. 가령 나는 140학점 중 졸업을 위해 66학점의 전공을 들어야 했고 결과적으로 70학점에 해당되는 과목을 전공 수학과 관련된 것으로 이수했다. 140 중 70 수치상으로는 딱 절반인데, 임용고시에서의 출제 비중은 절반을 훨씬 넘어선다. 더불어 같은 학점이라도 이수하기 위한 체감 난도는 확연히 다르다. 2학점짜리 교양 수업 2개보다 3학점짜리 전공 수업 하나가 더 버거웠다.

처음에는 그 과목을 좋아해서 해당 학과에 왔겠지만, 고등학교 때 배웠던 것과 큰 차이를 느끼면서 충격을 여러 번 받게 된다. 수학의 경우 고등학교 수학은 값을 구하는 문제풀이 중심이었다면 대학교 수학은 정의, 정리, 증명의 무한 반복이다. 그래서 대부분의 사범대생은 교과전공을 극복하는 과정에서 임용 응시에 대한 고민을 시작하곤 한다.

교과전공은 중등 임용 공부의 핵심적인 기초가 된다. 내용적 기초를 쌓는 것은 물론, 해당 영역을 스스로 공부할 힘을 얻게 되는 과정이다. 실제로 대부분의 합격자가 합격 수기나 강의에서 하는 말 중 하나는 '학교 수업을 잘 듣고 따라가라'다. 우리는 어렵게 전공 과목을 듣고도 한두 학기 지나면 많이 잊어버리며 감도 잃는다. 하지만 어쨌든 4년 동안 학기마다 충실히 전공을 이수하고 임용 준비를 시작한 사람과 4년 동안 이수만 겨우 하고 임용 준비를 시작한 사람은 시작부터 천지 차이다. 잊어버린 것을 되살리는 것과 밑바닥에서 처음 시작하는 것은 격차가 매우 크다.

성취감, 곧 자신감에도 강력한 요소가 된다. 교과전공을 넘어야 할 산이라고 표현했는데, 내가 A+를 받고 넘은 산과 C를 받고 겨우 넘은 산은 그 과목을 대하는 느낌을 미묘하게 다르게 만든다. 어떤 임용 과목에서 A+를 받았다고 해서 실제 임용에서 그 과목을 잘 보게 된다는 보장은 없다는 걸 알면서도, A+ 받은 과목은 임용 공부를 할 때도 실제 자신감이 더 붙고, 성의 있게 이수한 과목과 그렇지 않은 과목은 실력 차이가 분명히 드러난다. 교과교육론의 산, 교육학의 산보다 교과전공을 해냈다는 성취감이 분명 더 클 것이다. 그만큼 쉬운 과정이 아니기 때문이다. 교사가 되든 안 되든 이 과정을 성실히 마치는 것은 스스로에게 커다란 영향을 미친다.

진로가 확고히 정해지지 않았더라도 사범대에 온 이상 전공은 열심히 해둬야 한다. 임용을 볼지 안 볼지, (꼭 미리 할 생각은 아니지만) 임용을 본다면 몇 수까지 할지에 대한 생각은 매년 달라질 수 있기 때문이다. 임용 생각을 품고 1, 2학년을 보내다가도 임용을 접거나, 반대로 임용 생각을 일찍 접었지만 다시 임용으로 돌아오기도 한다. 그러니 전공은 열심히 해두는 게 바람직하다.

또한 당연하게도 이후 교과 교사로서 교과전공은 강력한 무기가 된다. 수학의 경우 고등학교 개념을 가르칠 때 깊이 있는 배경적 이해를 바탕으로 가르칠 수 있고, 일반화되거나 특수한 케이스를 다룰 때도 교과전공 내용이 도움이 된다. 다른 교과도 비슷할 것이다. 예를 들어 학부 수준의 내용을 모른다면, '선생님 이거 어떻게 풀어요?'라는 질문에는 답할 수 있을지는 모르나, '선생님 이 정리는 이때도 성립하나요?' '이렇게 생각하면 왜 안 되나요?' '이 개념은 왜 다루는 거죠?' 등의 질문에는 답하기 어려워질 수 있다. 실제 수학 교과서에는 간혹 '~임이 알려져 있다'라는 표현이 있는데 이는 학부 수준의 이해를 요한다. 만약 관련 지식이 없다면, 나도 '왜 그런지는 모른 채' 가르치게 된다. 교과별로 해당 전공 내용이 중·고등학교 내용을 가르치는 데 어떻게 도움이 될지 고민해보는 것도 유의미한 일이다.

게다가 사실 일선 고등학교에서는 교사보다 해당 교과 문제를 더 잘 푸는 학생들이 늘 있다. 나 또한 고등학생 때 내가 선생님보다 수학 문제를 더 빨리, 잘 푼다는 느낌을 받았다. 그러나 상위 영역의 수학은 당연히 학생이 한참 모자란다. 요즘은 영어 회화를 잘하는 학생들이 참 많다. 그러나 그 학생들이 영어를 전공한 것이 아니므로 선생과의 지식 격차는 분명 있다.

교과전공은 교사가 되거나 교육계 쪽으로 취업하지 않고 다른 분야로 진출할 때 기초 소양이 되거나 발판이 되기도 한다. 가령 수학의 경우, 금융 쪽으로 나가는 발판이 된다. 교과마다 특징을 살려서 진출할 수 있는 분야는 다 있을 것이다. 또한 전공 공부를 하면서 매력을 느낀 이들은 해당 전공의 석사, 박사과정으로 나아가기도 한다. 수학과뿐만 아니라 수학교육과에서도 졸업 후 수학 쪽으로 석사, 박사를 하는 이들이 종종 있다.

전공을 이수할 때 정말 힘겹다. 그래서 의미를 생각할 겨를도 없이 그 힘겨움에 매몰되는 것 같다. 하지만 지나고 보면 전공을 공부했던 그 시간이 평생 자산이 된다고 하면 뻔한 이야기일까. 나는 성실히 이수하려고 노력했음에도 수업을 듣지 않은 과목이 아쉽고, 전공을 좀더 열정적으로 공부할 수도 있었을 것 같다는 생각을 지금도 한다. 사실 교사가 돼서 전공 공부를 따로 하긴 쉽지 않다. 그래서 많은 선생님이 대학원을 다니는 것 같다. 학부 시절, 준비된 교사가 되기 위한 과정에 온전하게 집중할 수 있는 시기에, 전공 공부를 힘겨워만 한 나 자신이 안타깝기도 하다. 대학에 다시 돌아간다면, 그때는 전공 과목들에 푹 빠지고 싶다.

잘 가르치는
방법이
이론적으로 있을까?

사범대생에게 교과교육론은 어떤 의미일까? 어찌 보면 교과전공보다 교사에게 더 중요한 것 아닌가라는 생각도 드는 데 정말 그럴까?

교과교육론의 분류

　교과교육론은 해당 교과를 중·고등학교에서 어떻게 가르칠지에 대한 이론적 내용과 고민, 그 실제를 다루는 영역이다. 크게 해당 교과 교육과정 및 교육사, 해당 교과 교수·학습론, 해당 교과의 교과 영역별 교육론, 해당 교과 학습 지도 및 평가로 나눌 수 있다. 이론적 속성이 강한 순서대로 나열한 것으로 실제 대학에서도 대체로 이 순서를 따라 배운다. 기본 교과교육에 대한 이론적 바탕을 근간으로 교과 지도의 방향을 잡아나가는 과정이라 할 수 있다. 대학마다 수업명과 내용이 조금 차이가 있으나 수학교육과를 기준으로 말하면 대략 다음과 같다. 다른 교과는 수학 대신 해당 교과명을 넣어 이해하면 되겠다.

- 수학과 교육과정 및 교육사: 우리나라 수학과 교육과정의 이해, 수학과 교육과정의 국제적 동향, 수학교육사, 수학교육철학 등
- 수학 영역별 교육론: 수와 연산 교육, 대수 교육, 기하 교육, 함수 교육, 확률과 통계 교육, 수학 교과서의 이해 등
- 수학 교수·학습론: 수학 학습 심리학, 수학 교수·학습 원리와 방법 등
- 수학 학습 지도 및 평가: 수학적 문제 해결, 의사소통, 추론의 지도, 수학 교육에서 도구(공학적 도구, 교구 등)의 활용, 수학사의 교육적 이해 및 적용, 수학과 수업 설계, 실행 및 분석, 수학과 평가, 학생의 이해 및 오개념 분석 등

대학에서는 위와 관련된 과목들이 개설되어 있으며 임용에 직접 출제되는 내용뿐만 아니라 출제되지 않은 내용도 가르칠 때가 종종 있다. 임용 범위에 속하지 않더라도, 교사로서 필요한 역량과 연관 있기 때문이다.

교과교육론의 의미

수학이 좋아서 수학교육과에 진학하는 학생도 많지만, 수학 교사가 되고 싶어 수학교육과에 진학하는 학생도 많다. ○○교사가 되고 싶어 ○○교육과에 진학한 학생들은 해당 교과를 잘 가르치는 방법을 배우는 데 관심이 있을 것이다. 중·고등학교에서 해당 교과를 가르치는 데 교과전공보다 교과교육론

이 더 크게 연관이 있다고 할 수 있다. 즉, ○○교육과에 진학한 일차적인 이유와 밀접하게 연관성을 가진 영역이라 할 수 있다.

교과전공과 마찬가지로 교과교육론 또한 ○○교육과를 졸업하기 위해 넘어야 할 산인데, 관련 분야에 관심 있다면 전공에 비해서 높은 산은 아닐 것이다. 실제 임용고시에서 비중이 아주 높은 편은 아니다. 이론적으로, 전공을 다 맞으면 교과교육론을 다 틀려도 임용 1차 합격이 가능하다. 그러나 아예 포기하는 사람은 없고 효율성 측면에서 교과교육론의 핵심만 공부하는 사람은 종종 있다. 달달 외우는 것에 한계를 많이 느끼는 사람들이 그렇다. 그런 이들에게는 높은 산인 게 맞지만, 거꾸로 말하면 외우기만 해도 기본 점수를 얻고 시작한다는 뜻이다. 실제로 임용 1차에서 배점은 교과전공 64점, 교과교육론 16점, 교육학 20점이다. 따라서 교과교육론을 달달 외우고 시작하는 것이 다양한 범위와 높은 난도의 교과전공 과목에서 높은 점수를 얻는 것보다 더 수월하고 가성비 좋다는 게 임용 수험생들의 일반적인 생각이다. 교과에 따라 정도가 많이 다르겠지만 어떤 교과에서는 임용시험에서 교과교육론의 전 범위가 교과전공 한 과목 정도 분량이라고 느끼는 사람도 있다.

교사가 되지 않더라도 교과교육 분야에서 일한다면, 교과교육에 대한 지식과 경험은 도움이 될 수 있다. 교과전공과 마찬가지로 교과교육을 공부하면서 매력을 느낀 이들에게는 해당 전공의 석·박사과정으로 나아가는 발판이 되기도 한다(참고로 한국교육과정평가원 같은 기관이나 해당 연구 분야는 석·박사 이상의 학력을 요구하곤 한다). 반대로 비교육계 취업을 생각한다면, 교과교육론은 단지 졸업을 위해 넘어야 하는 과정이다. 교과교육론은 교육 관련 속성이 지극히 강하고, 수업 실연과 팀플 등의 과제가 주어지기 때문이다.

사범대생의 수입 실연은 교과교육론과 관련된 수업 시간에 이뤄신다. 따라서 교과교육론은 그나마 수업을 직간접적으로 체험하는 영역이라 할 수 있다. 간혹 교육학 시간에 수업 실연을 요하는 경우가 드물게 있긴 하지만 대개 실질적으로 도움이 되고 피드백이 유의미한 수업 실연은 교과교육론 관련 수업에서 이뤄진다. 교육론의 이론을 배우고 해당 이론에 따른 수업 실연을 하거나, 교육과정을 차례로 배우며 영역별, 단원별로 수업 실연을 하기도 한다. 수학교육과를 예로 들자면, 수학사를 배우고 난 후 수학사를 활용한 수업을 실연한다. 임용에서 직접 다루지 않더라도 현장에서 필요한 소프트웨어, 공학용 도구를 다루고 이를 활용한 수업 실연을 하기도 한다. 이런 과정이 임용 2차 시험과 실제 교직 현장에서 도움이 되곤 한다.

　하지만 위에서 언급했듯이 이수 학점 자체가 높지 않기 때문에 수업 실연을 많이 해본다는 느낌이 들진 않는다. 교생도 4학년 1학기 때나 돼서야 한 번 있고, 수업 실연조차 기회가 많이 없어 아쉬운 느낌을 남긴다. 실제로 나는 140학점의 졸업 학점 중 15학점만 수학교육과 관련된 수업을 들었다. 만약 임용과 교직에 관심이 아주 뚜렷하다면, 수업 실연 기회를 최대한 많이 가져보는 것이 좋다. 그러려고 노력해도 몇 번 못 하기 때문이다. 이수 학점도 적을뿐더러 모든 인원이 수업 실연을 할 수 없어서 팀 단위로 이뤄지며, 팀원 모두가 아닌 대표가 수업 실연을 하는 경우가 많기 때문이다.

　교과교육론 시간의 수업 실연 경험은 임용 2차에서 도움이 된다. 물론 1차 합격 후 따로 수업 실연을 많이 해보는 게 맞지만, 공식 석상에서 여러 학생과 교수님 앞에서 수업을 하고 계획서를 내며 피드백과 평가를 받아본 경험은 또 다르다. 교사가 돼서 도움이 되는 것은 말할 필요도 없다. 수업 구성 원리의 기본이 되기도 하고, 교수학습 과정에서 학생이 어떤 과정을 거쳐 개념을 이해하고 학습하는지에 대한 이해도를 갖고 수업을 준비·진행할 수 있다. 어떤 경우에는 학생들의 예상 오개념을 알게 된다. 무엇보다 교육과정을 이해하고 있다면, 어떤 내용에 방점을 둬야 할지, 어떤 것이 교육과정 밖의 내용인지, 교수학습 과정에서 어떤 부분에 유의해야할지 등 교육과정상의 위계를 잘 알고 수업을 진행할 수 있다.

현장 교사들은 별도로 노력하지 않는 이상 교육과정을 따로 공부할 기회가 '저절로' 주어지지 않기 때문에 오히려 임용 공부를 하는 사범대생들이 현장 교사들보다 빠르게 바뀌는 교육과정에 대한 이해도가 훨씬 높다. 예를 들면 실제로 수학 교육과정상에서 복잡한 계산은 하지 않는다고 바뀐 영역인데도 과거 교육과정에서처럼 여전히 복잡한 계산을 가르치는 이들이 종종 있다. 교사가 되어서도 계속 공부해야 하는 이유를 보여주는 장면들은 학교에서 흔히 목격된다.

교과교육론은 교과 교사로서 실제로 도움이 많이 되는 영역이다. 하지만 사범대를 다니면서도 교과전공 쪽으로 무게중심이 기운다. 교과교육론을 공부하는 것도 예비 교사의 마인드로 접근한다기보다 수험생 입장에서 공부하는 것이 대부분의 사범대생의 현실이다. 게다가 교사가 되어서도 지속적으로 교과교육론을 공부하는 것은 참 어려운 일인 듯하다. 온전히 개인의 문제라기보다 환경의 문제가 클 것이다. 그런 현실이기에 교과교육의 이론적 배경과 그로부터 오는 교과교육에 대한 순수한 고민은 대학생일 때 제대로 경험해야 할 것이다.

교사가 되면 어릴 적 품었던 교육에 대한 이상이 적절히 균형감을 찾아가는 것을 넘어서 아예 소멸되는 경우가 흔하기 때문이다. 실제로 교사가 되면, 교수학습 문제로 교실 상황을 이해하기보다는 현실적인 학생 지도, 입시 지도 등의 관점에서 상황을 이해하게 된다. 교과교육론에서 배웠던 것은 이상적인 얘기가 되고 내 교실 상황과는 딴판인 것만 같다. 그런 점에서 교사가 된 지금도 교과교육의 본질과 멀어져가는 스스로를 돌아볼 때가 많다. 하지만 교직에서 이런 위기의식을 느낀다는 것 자체가 교과교육론을 잘 배웠다는 것이 아닐까 싶다. 학부 시절 교과교육 공부와 경험들은 교과 교사로서의 문제를 스스로 인식하고 돌아보는 데 큰 역할을 하고 있다.

교육에 관해
어디까지
알아야 할까?

사범대생에게 교육학은 어떤 의미일까? 교육학은 모든 사범대생이 공통으로 배운다. 그만큼 기초가 된다는 의미가 아닐까?

교육학의 분류

교육학은 교사 또는 교육 관련 분야의 모든 이를 대상으로 교육 전반에 대한 기초 이해를 도모하는 영역이다. 교과교육과 직접적으로 연결되기도 하지만 대개는 거시적이고 일반적인 관점에서 교육을 이해하는 영역이라고 할 수 있다. 학과에 상관없이 사범대 내 모든 학생이 배우는 영역이며 전공, 교과교육학과 마찬가지로 사범대 졸업, 즉 교원자격증 취득에 있어 필수 이수 과정으로 포함된다. 교육학은 크게 교직이론, 교직소양, 교육실습의 세 영역으로 나눌 수 있다. 교직이론이 실제로 임용에서 말하는 교육학에 주로 해당되고,

교직소양과 교육실습은 현장에서의 실무 경험을 위한 영역이다. 아래는 구체적인 과목명이다. 이는 일반 교과교육과에서 배우는 교육학에 해당되며 교육학과, 교육공학과는 교육 전반에 관해 더 깊이 있게, 세분화해서 배우게 된다.

- 교직이론 영역: 교육학개론, 교육심리, 교육사회, 교육철학 및 교육사, 교육과정, 교육평가, 교육행정 및 교육경영, 교육 방법 및 교육공학, 생활지도 및 상담, 교육연구 방법
- 교직소양 영역: 특수교육학개론, 교직실무, 학교폭력예방의 이론과 실제
- 교육실습 영역: 교육실습, 교육 봉사 활동

일반적으로 교직소양과 교육실습은 교직 필수 과목으로 구분이 되어 있는 영역으로 반드시 이수해야 한다. 교직이론 영역은 학교마다 개설되는 교과명이 미세하게 다를 뿐 큰 차이는 없다. 또한 이수 구분이 교직 필수가 아닌 교직 선택으로 분류되어 전부를 듣지 않아도 교원자격증 취득이 가능하다. 하지만 임용 교육학에 모두 출제되므로 거의 이수하고 졸업한다고 보면 된다. 구체적인 이수 기준은 각 사범대 교직과에서 확인할 수 있다.

한편 교육학은 분야가 다양한 만큼, 그리고 해당 과목에 대한 교육학적 관점이 교수님마다 다른 만큼 수업 방식도 천차만별이다. 예비 교사로서의 태도 중심, 이론 중심, 팀플 중심, 토론 중심, 임용 중심 등등 다른 교과목끼리는 물론 같은 교과목이더라도 교수님 성향의 차이가 크게 드러나는 영역이다. 전공, 교과교육학과 다르게 사범대의 모든 학과생을 대상으로 열리는 수업이므로 같은 교과목이더라도 교수님이 다른 여러 개의 수업이 열린다. 따라서 교육학 과목들을 수강할 때는 사전 정보가 필수다.

교육학의 의미

수학이 좋아서, 혹은 영어가, 국어가 좋아서 사범대에 온 학생도 많다. 교사가 되고 싶어서 온 학생도 많다. 어떤 경우든 간에 교육에 관한 진지한 생각이나 교육적 가치관, 철학을 갖고 입학하는 이는 많지 않을 것이다. 고등학교 공부를 하면서 갖는 관심은 대개 막연한 수준이다. 그런 의미에서 교육학은 학생들에게 4년 동안 다양한 과목을 들으며 교육관을 정립하는 과정이 된다고 할 수 있겠다(이마저도 없고 임용이 오로지 교과전공으로만 이뤄진다면 어떻겠는가).

물론 교육 분야에 관심이 없고 모든 과목의 이수가 졸업을 위해서 하는 과정이라면 교육학 또한 쉽지 않다. 팀플도 많고, 교육 문제를 계속 생각하게 만들기 때문이다. 관심 없는 사람이 교육실습(교생)같이 실무적인 경험까지 해야 하는 것은 정말 번거로운 일이다.

그래도 전공, 교과교육학, 교육학 3개 영역 중 학부 수업에서의 이수 부담은 '상대적으로' 가장 적은 편에 속한다. 교육학 과목에서 F를 받는 비율은 전공, 교과교육학에서 F를 받는 비율보다 확실히 적다. 교육학이라는 이름과 부합하는 사실 아닌가.

사범대는 타단과대에 비해서 수업 선택권이 적은 편에 속한다. 졸업을 위해 들어야 하는 과목만 들어도 졸업 이수 학점이 대부분 채워지기 때문이다. 게다가 학과 학생들만 듣는 수업도 많다. 그만큼 수업에서 타학과 학생을 만나고 교류하는 경험 자체가 상대적으로 적다. 그러나 교육학은 사범대 내 모든 학과생이 수강해야 하므로 타학과생을 만날 기회가 된다. 타학과생이라봤자 사범대생, 교직 이수생이지만. 그래서 대부분 사범대생은 사범대 내의 타학과생 친구나 지인이 있는 편이다. 다른 단과대도 단과대 내 교류 관계가 강하지만 학년이 올라가고 전공이 세분화됨에 따라 사범대생만큼 서로 자주 만나긴 어렵다. 사범대생끼리는 4학년이 되어서도 교직 수업으로 만나고, 교생으로 같은 학교에서 활동하곤 한다. 그만큼 사범대생은 비사범계 학생들과 만날 일이 많지 않다. 이 때문에 다양한 분야의 지성인들과 만나는 여타 학과에 비해서 갖는 한계점은 분명 있을 텐데(물론 장점도 있겠지만), 다른 분야 사람들을 만나고 싶다면 교양 수업을 잘 활용해야 할 것이다.

한편 전공, 교과교육학, 교육학 중 가장 이론적인 영역은 어떤 순간에 교육학'일지도 모른다'. 이름은 마치 가장 실용적일 것 같은데 말이다. 교육실습과 같은 것은 매우 실무적이지만 흔히 교육학이라 하면 비중 있게 느껴지는 것은 임용에 출제되는 '교직이론 영역'이다. 교직이론 영역은 정말 이론적인 경향이 강하다. 교육학은 예비 교육자에게 많은 생각거리를 제공하기도 하나, 여전히 교실의 현실과 동떨어진 얘기를 하는 것 같기도 하다. 다시 말해, 잘 배우고 접근하면 교육의 많은 문제를 다양한 관점에서 이해할 수 있지만, 교육학을 잘못 배우고 접근하면 지나치게 원론적인 느낌을 받게 된다. 학창 시절 국어 수업 시간에 현대 시를 잘못 배울 때의 느낌이랄까? 시는 참 좋은 것인데, 그것을 낱낱이 이론적으로 해석할 때 드는 느낌과 비슷한 듯하다. 특히 이는 학부 수업보다 임용으로 넘어갈수록 더 강하게 느껴질 것이다. 시험은 대체로 이론적이니까.

원론적이라는 느낌은 아마 임용을 위해 '수많은 암기를 해야 하는' 데서 기인하는 듯하다. 과목 수도 많고 임용에서는 어떤 부분이 출제될지 예상하기 어렵다. 지엽적으로 출제되는 경향도 강한 편이다. 그래서 더 세밀한 부분까지 암기해야 한다. 운에 좌우된다는 느낌마저 든다. 과락은 40퍼센트, 즉 전공과 교과교육학을 다 맞더라도 교육학 20점 중 8점 이상 받지 못하면 불합격된다. 암기가 취약인 사람에게는 고통스러운 영역일 것이다.

교육실습이나 교육 봉사 활동은 지극히 실무적인 경험을 제공하는 영역으로, 교생과 교육 봉사 등을 통해 학생을 만나며 교사라는 진로에 대해 결정적인 고민과 선택의 계기가 되기도 한다. 하지만 위에서 말했듯, 교육학이라 하면 흔히 교직이론부터 떠오르는 것이 사범대의 현실이다. 임용고시 때문에 말이다.

그렇지만 교육학 지식은 어떤 형태로든 자신에게 남아 교사가 되고 나서 학생들을 지도하거나 교육을 둘러싼 문제를 이해할 때, 일반인보다 더 깊고 다양한 관점으로 이해할 수 있게 된다. 수없이 암기했던 지식들을 거의 잊어버리더라도 '관점'은 남아 있으며, 학생들을 대할 때도 기술적인 섬세함으로 다가갈 수 있도록 한다.

한편 교육학은 교과교육학과 마찬가지로 교사가 아닌 다른 교육 분야로 진출할 때 타단과대생에 비해 강점이 되어주는 영역이기도 하다. 또한 교사들에게는 각종 연구대회를 준비하거나 승진을 위해 필요하기도 하다. 다른 영역과 마찬가지로, 교육학 공부에 매력을 느낀 사람들에게는 해당 전공의 석·박사과정으로 나가는 발판이 되기도 한다. 교과교육과에서 교육학 전공으로 진출하는 사범대생이 흔하진 않으나, 교육학과, 교육공학과 학생들은 종종 교육학의 세부 영역을 전공하기도 한다.

교육학. 이름은 참 실용적이고 교사에게 필요한 영역인 것 같지만 임용을 통해 만나는 교육학은 아주 이론적이다. 하지만 그 이론이란 것도 현실의 문제를 기반으로 만들어진 것이다. 이론을 현실에 그대로 대입할 순 없겠지만, 학생들을 대할 때, 교육 문제를 바라볼 때 도움이 된다. 어떤 부분에서는 세부 지식이 그대로 남아 섬세한 교사가 되는 데 힘이 되기도 한다. 설령 세밀한 것이 기억나지 않더라도, 전체적인 교육의 방향을 고민할 수 있는 힘을 길러주었을 것이다. 그런 의미에서 교단이라는 교육 최전방에서 전공과 교과교육은 미시적 전투 방법을 배우는 것이라면, 교육학은 교육 분야에서의 전쟁을 거시적으로 이해하고 전쟁의 방향을 설정하는 과정이라고 할 수 있지 않을까?

사범대생에게도
학점이 중요한가요?

사범대생도 학점을 챙겨야 하는 걸까? 사범대생에게 학점은 어떤 의미일까? 계륵이라면 계륵이다. 학점은 진로에 따라 의미가 달라지기 때문에 임용고시 준비생, 그 외의 진로를 준비하는 학생으로 나눠 얘기를 해보고자 한다.

임용고시 준비생에게 학점이란?

우선 임용고시를 준비하는 사범대생에게 학점은 임용시험에 반영되지 않기에 실질적 가치는 없다. 졸업에 지장만 없으면 된다. 하지만 이는 대학 수업이 의미 없다는 뜻이 전혀 아니다. 대부분의 임용 합격생은 임용 공부의 기반이 되는 것이 학교 수업이므로 여기에 충실해야 한다는 것을 강조한다(여기서 말하는 수업은 교과전공, 교과교육론, 교육학이다). 비유하자면, 내신 공부를 하나도 안 하고 수능을 공부하겠다는 태도가 바람직해 보이지 않는 것과 같다.

기본 개념을 다년간 충실히 다져온 사람이 임용 공부를 시작하기 좋다는 데는 임용 합격생 대부분이 동의한다. 다른 전공도 크게 다르지 않겠지만 전공 수학은 확실히 그렇다.

한편 학점은 성취감에 영향을 준다. 이는 임용고시 응시를 결심하는 데 강한 영향을 미친다. '내신 2~3등급도 못 받는데, 수능 1등급을 받을 수 있을까?' 하는 것과 비슷한 느낌이다. 실제로 많은 사범대생이 전공 공부를 하면서 자신이 임용 공부를 해낼 수 있는지 가늠하게 된다. 물론 대학, 학과, 수업마다 해당 교과목과 임용시험 내용의 연관성에는 큰 편차가 있지만, 수업을 제대로 이수하는 데서 오는 성취감과 자신감, 반대로 수업을 제대로 이수하지 못하는 데서 오는 좌절감, 불안 등은 무시하기 힘들다.

조금 현실적인 이야기를 덧붙이자면, 통계상 수많은 임용고시 준비생이 임용 합격의 꿈을 이루지 못한다. 그러니 임용 볼 거라서 학점이 상관없다고 생각했다가도 결국 사립학교, 취업, 대학원 진학, 복수전공, 전과 등으로 방향 전환을 하게 되는데, 이때 학점은 꽤 큰 영향을 미친다.

임용고시 이외의 진로를 준비하는 학생에게 학점이란?

임용고시를 통해 공립학교 교사가 되는 것 외의 진로는 (비사범계에 비할 정도는 아니지만) 무궁무진하다. 이때 학점이 어떤 영향을 줄지 아무도 모른다. 사범대생에게 임용 이외의 진로 가운데 가장 대표적인 것으로 사립학교가 있다(임용에서 사립 위탁 시험은 여기서 논외로 하겠다). 정교사든, 기간제 교사든 이력서를 써야 하는데, 학점란은 반드시 있다. 요즘 일반 기업(주로 공기업)에서는 스펙을 기재할 수 없는 블라인드 전형이 많이 생겼지만 사립학교가 그런 전형을 도입할 가능성은 거의 없다. 그렇다면 사립학교 교사 채용 과정에서는 학점을 얼마나 볼까. 그건 학교마다, 교과마다, 시기마다, 관리자마다 다르다. 하지만 전혀 안 보는 학교는 거의 없다. 연차가 어느 정도 되는 교사가 이직하는 것과 같은 특수한 상황을 제외하고는 말이다. 대체로 사립학교는 보수적이기 때문에 성실함의 지표라 할 학점을 무시하지 않을 것이며, 어떤 이들은 실력의 강력한 지표로 보기도 한다. 하지만 실제로는 학점보다 학벌이 영향을 미치는 정도가 더 크다. 다르게 표현하자면 학과 수석, 차석 혹은 반대로 학사 경고를 맞은 정도가 아니라면 일반 취업과 큰 차이가 없다. 숫자로 치면 4.5 만점에 2점대 정도는 불이익이, 4점대 정도는 이익이 있을 확률이 그나마 있지만 3점 후반대와 3점 초중반대 사이, 4점 초반대와 3점 후반대 사이에는 드라마틱한 차이가 없을 것이란 뜻이다. 실제로 학점이 안 좋은 상태로 면접까지 올라가면 학점 관련 질문을 받을 확률이 있지만 3점 중후반대인데 왜 더 열심히 못했는가라는 질문을 듣지는 않을 것이다. 만약 이미 고학년이라 학점이 정해져 있는데 사립학교에 관심이 있다면 어떻게 해야 할까. 위기 속에 기회가 있다 했으니, 예상 안 되는 질문보다는 예상 질문이 낫다고 생각하고 겸허히 준비하자.

일반 사기업, 공기업에 취업할 때는 당연히 학점의 영향을 받는다. 기업은 워낙 다양하니 학점의 중요도에는 차이가 있지만 대체로 3점 중후반대 이상이 될 것을 권고하는 편이다. 그러나 학점은 기업 인사 담당자에게 있어서 실무적인 능력을 평가하는 지표가 되지는 못한다. 일반대 졸업생들도 실무 능력이 떨어진다는데 사범대생이라면 더할 것이다. '사범대에서 좋은 학점을 받았으니 일을 잘할 것이다'라는 상관관계는 별로 신빙성이 없다는 얘기다. 그러나 회사의 인사권자들이 보수적 성향이 강할수록 학점으로 성실성과 능력을 평가할 수도 있기 때문에 학점 관리를 안 할 수는 없다. 그러나 블라인드

채용도 늘고 있는 추세이며 예측건대, 다소 진보적인 성격의 회사 또는 인사
담당자를 만난다면 학점이 큰 의미를 띠지 않을 듯싶다.

마찬가지로 일반대학원에 진학해 더 공부할 뜻이 있을 때도 학점은 의미
있다. 그 중요도는 편차가 있겠지만 경쟁률이 높은 곳이라면 해당 전공의 학
점은 중요한 영향을 미치기도 한다.

그 외 학점의 의미

학점이 좋으면 장학금을 받을 수 있다. 소득 분위와 상관없이 주는 것이 성
적우수 장학금이다. 등록금을 벌기 위해 아르바이트를 하느라 학기 내내 피
곤한 것보다, 학점에 집중해서 등록금을 면제·감면받는 편이 훨씬 낫다. 물
론 말은 쉽다는 것을 안다. 게다가 많은 대학이 성적우수장학금을 박하게 책
정해두고 있다. 하지만 예컨대 나는 학년이 올라가면서 과외 등 아르바이트를
거의 하지 않았던 데 대한 죄책감(?)에서 기인한 간절함으로 학점을 관리해
매 학기 차석 50퍼센트 감면 또는 수석 100퍼센트 면제를 받았다. 배수의 진
을 치는 위험한 전략이 때로 효과를 발휘한다.

교직 이수, 복수전공, 전과 등을 원하면 학점이 필수다. "그 전공이 싫을수
록 그 전공을 열심히 해라"라는 말이 있다. 전과, 복수전공, 교직 이수 등을
하려면 학점이 좋아야 하기 때문이다. 극단적인 예로, 내가 한국교원대 일반
중등 교과교육과에 진학한 후 초등교육을 복전하고 싶어졌다고 하자. 그러려
면 거의 매 학기 모든 과목 A+를 목표로 해야 한다. 교직 이수를 하려면 대
개 해당 학과의 상위 10퍼센트 성적을 받아야 한다. 쉽지 않은 점수대다. 사
범대 내 복수전공이나, 비사범대 복수전공, 전과 등의 루트를 밟으려 할 때도

학점이 발목을 잡곤 한다. 이런저런 진로를 염두에 두고 있다면, 내 전공이 너무 싫다면 혹은 내 전공에 확신이 없다면 아이러니하게도 더 열심히 공부해서 학점을 따놓아야 한다. 좋아서 열심히 하는 게 아니라, 싫어서 혹은 미래를 몰라서 더 열심히 해야 한다는 뜻이다.

그 외에도 교환학생 등 각종 교내 프로그램의 인원 선발 과정에서 학점을 활용하기도 한다. 내가 하고 싶은 일에서 학점의 중요도가 얼마나 되는지 꼭 미리 확인해두자.

결과적으로 사범대생에게 학점의 의미는 임용고시 응시 여부가 결정되고서야 비로소 뚜렷해지기 시작한다. 하지만 여기서 말하는 의미란 '실질적' 의미일 뿐, 임고를 응시하든 안 하든 학점을 통해 얻은 '정신적' 의미는 모두에게 중요하다. '학점을 버릴 것이냐, 챙길 것이냐'를 고민하는 것은 다소 소모적이라는 뜻이다. 물론 4학년 임용고시 준비생이 졸업을 앞두고 듣는 마지막 교양 수업을 임용 공부만큼 철저히 하라는 얘기는 결코 아니다. 반대로 임용고시를 준비하지 않는 경우라도 모든 과목이 중요하다고 일반화하기는 어렵다. 평점이나 특정 과목의 학점이 내 진로에 크게 영향을 미치지 않을 수도 있기 때문이다. 하지만 청년 시절에 얻은 지식과 성취감은 '평생 자산'이 된다.

강조하고 싶은 것은 학점은 나에 대한 이해 과정에서 중요한 재료가 된다는 점이다. 학업은 대학 생활에서 비중이 크다. 비중이 큰 만큼 학점을 관리하면 나에 대한 이해를 높일 수 있다. 무엇보다 사범대생에게는 기본 학업에 충실한 만큼 학업에 관한 스스로의 모습을 알게 되고, 임용고시 응시와 같은 고민을 하는 데 큰 도움이 된다. 실제로 학과 공부를 제대로 해본 사람이 자신의 임용고시 합격 가능성에 대해 객관적으로 판단할 수 있게 된다. 또한 학과 공부를 통해 그 학문의 본질을 더 잘 이해하게 되고 나의 교사상이나 다른 진로에 대한 관심, 더 나아가 삶의 가치관들이 형성되기도 한다. 대학 생활에서 무엇을 통해 나에 대한 이해를 도모할지 당장 모르겠다면 학과 공부부터 잘해보라고 말하고 싶다. 학점은 임용 걱정 없는 사범대 생활에 있어 기초가 된다.

학업에서는
얻을 수 없는 무언가,
대외 활동

사범대생에게 대외 활동이란? by 황순찬

　앞서 표현했듯이 수많은 사범대생에게 대외 활동은 '계륵'처럼 여겨질 것이다. '사범대생에게 대외 활동이란?' 말고 '고시생들에게 대외 활동이란?'이라고 표현하면 어감이 많이 달라진다. 그렇다면 사범대생은 고시생일까? 임용고시를 포함한 여러 고시 합격에 대외 활동이 직접적으로 도움이 되진 않는다. 그렇다고 사범대생이 대학 생활을 공부와 고시 준비로만 보낼 수도 없고, 반대로 타단과대생들처럼 대외 활동을 하자니 시간을 빼앗기는 것 같아 고민에 빠진다.

　이런 상황에서는 우리가 '임용 응시생'인지 '예비 교육자'인지 고민해볼 필요가 있다. 둘 중 하나만이 모두에게 정답이라고 말하려는 게 아니다. 다만 중노적인 입장에서 바라보면, 임용 응시생과 예비 교육자 중 이도 저도 아닌 상태로 대학 생활을 한다면 대외 활동은 계륵이 된다. 반면 내가 어떤 사람으로 대학 생활을 하고 싶은지에 대한 고민은 임용 응시생과 예비 교육자 사이에서 어떤 것에 집중할지 그 비중을 정하는 데 도움이 된다. 가장 이상적인 모습은 예비 교육자와 임용 응시생 사이의 줄타기를 잘하며 시기마다 필요한 모습으로 생각하고 행동하는 사람이다. 이것은 자신에 대한 이해에서 비롯된다. 물론 대학 생활에 대한 고민과 그에 대한 답이 이분법적으로 나타나는 것은 아니며, 둘의 인과관계가 뚜렷이 나타나지도 않는다. 답을 찾아나가는 과정은 제각각이겠지만, 어쨌든 고민을 하면 애매한 입장에서 벗어나 스스로를 믿을 수 있는 상태로 나아갈 수 있다.

저학년 때부터 착실히 임용을 준비해 초수나 재수로 합격해 교직 생활을 일찍 시작하는 것이 맞다고 확신하는 이에게는 그것이 최선이다. 하지만 그 확신은 어디서 올까? 혹시 어렸을 때부터 나도 모르게 주입된 사회적 확신은 아닐까? 우리는 선배들로부터 수많은 임용 전략을 듣지만 그들의 삶이 어땠고 교사로 살고 있는 '현재'의 고민은 무엇인지에 대해 들어본 적은 별로 없다.

- 내가 착실히 준비해서 빨리 임용되었을 때 얻는 것과 잃는 것은?
- 빨리 임용된 후 나는 어떤 삶을 살 것인가? 인생에서 달라지는 부분은?
- 그 달라진 부분이 내 삶의 가치들 중 어디쯤 위치하는지?

이런 질문에 답하고자 한다면, 결국 내 삶의 '우선적인 가치' 내지 '최종 가치'가 무엇인지 반드시 알아야 할 것이다. 거기서 진로의 방향성이 정해질 것이다. 좁게는 대학 생활과 대외 활동에 대한 가치관이 뚜렷해질 것이다. 내가 인생에서 중요시하는 것이 무엇인지 모른 채 진로를 설계하는 것은 무엇을 살지 생각하지 않고 쇼핑하러 가는 것과 비슷하다. 그 자체가 모험이고 즐거움일 수 있지만, 그러기에는 주어진 시간이 너무 짧다.

대외 활동을 하려는 이유가 무엇이든, 혹은 이유가 없더라도(이유는 나중에 찾아질 수도 있으니까! 이준건은 그랬다) 대외 활동을 하고 싶다면 자연스레 이런 질문을 하게 된다. '그러면 어떤 대외 활동을 해야 할까?'

자, 이제 이 질문으로 엄청난 모험이 시작될 것이다. 모두에게 적용될 답은 없다. 내가 무엇을 하고 싶은지 찾아보면 된다. 좋은 대외 활동이란 없다. 대외 활동에서 내가 좋아하는 것을 경험할 뿐이다. 그렇지만 대다수의 사범대생은 여전히 막연해할 것이다. 주변 사범대생을 보면 뭘 하는 것 같으면서도 딱히 뭘 하는지 모르겠고, 누구한테 물어봐야 할지는 더더욱 모르겠다. 그렇다고 대외 활동을 많이 하는 상경 계열, 인문 계열, 사회 계열 사람들에게 물어보자니 그것마저 쉽지 않다.

그렇다면 교육·교과와 직접적인 관련성이 높은 것부터 시작해보는 게 어떨까? 우선 나 또한 '다양한 학생을 포용하기 위한 다양한 경험이 있는 교사'를 모토로 시작했으나 처음에는 막연했다. 그래서 전공과 직접적인 관련성이 있는 교육과 수학(수학교육과니까) 관련 활동부터 했다. 그런 시기였던 2012년은 마침 올림픽처럼 4년마다 개최되는 국제수학교육자대회가 서울에서 열리던 해였다. 그해 여름, 국제수학교육자대회에서 사이클로이드를 만들어 찾아오는 국내외 교사, 학생들에게 설명하고 체험시켜주는 부스를 운영했다. 나는 영어를 잘하는 편이 아니지만, 부스의 체험 내용과 관련된 문장을 암기해서라도 외국인 교사들에게 설명하려 노력했다. 대학 1학년이 수학 교사에게 수학 교구를 설명하는 것만으로도 긴장되는 일인데 영어로 하니 더 긴장되는 일이었다. 하지만 직접 부딪혀서 맛본 성취는 내게 커다란 자산이 되었다. 무언가를 '낯선' 이에게 제대로 설명해보는 첫 경험이기도 했다. 남들에게는 별것 아니셨지만 내게는 전공과 관련된 고민과 성취의 씨앗이 되는 경험이었다.

그러면서도 한편으로는 요즘 1학년들처럼 '도서관에서 공부만 하는 1학년'

생활을 어쭙잖게 했다. 고등학교 때의 관성으로 말이다. 그래서 공부도 제대로 하지 않으면서 공부에 방해된다는 핑계로 대외 활동도 거의 안 했다.

국제수학교육자대회 체험 부스 운영을 하고 유럽 여행(스물네 살 때 난생처음 가본 해외 여행) 다녀온 것 말고는 1학년 내내 특별히 한 것이 없이 보낸 것 같았다. 스무 살 때 겪었던 실수를 반복하는 듯해 이대로는 안 되겠다 마음먹고 겨울방학을 앞두고 이것저것 찾아봤다. 학교 벽보였던 것 같다. 교내 사회봉사단이란 기관에서 인원을 추린 뒤 한국대학사회봉사협의회에서 주최하는 해외 봉사자를 선발한다는 공고였고, 유료였다. 지금 돌이켜보면 무료 프로그램 중에도 유익한 게 많은데, 당시 나는 스스로 자격이 불충분한 것 같고 유료라면 선발 가능성이 조금 높지 않을까 싶어 지원했다(2주 해외 봉사에 60만 원이었나?).

해외 봉사를 처음 지원하던 시기에는 몰랐지만 깨달은 중요한 사실이 있었다. 바로 '스펙이 스펙을 낳는다'는 것. 해외 봉사를 운영하는 팀 입장에서 봉사가 원활히 운영되는 것을 우선순위에 둔다면(실제로 대부분은 그렇다) 해외 봉사 관련 경험이 있는 지원자를 선호하는 것은 당연하다. 수상도 마찬가지다. 경험도 없던 사람이 갑자기 어떤 활동을 아주 잘해서 수상하기도 하지만, 여러 경험이 쌓이다 보면 자연스레 수상 기회가 주어지는 경우가 더 많다.

대부분 대외 활동에 관한 한 무경험이거나 빈약한 경험을 가진 사범대생들이 대외 활동 이력이 화려한 사람에게 '벽'을 느끼는 이유는 바로 이것이다. 나도 대외 활동을 많이 했지만, 1학년 때는 고작 국제수학교육자대회에서 며칠간 수학 교구 부스를 운영하고 겨울방학이 돼서야 해외 봉사와 교육 봉사를 해본 게 전부였다. 그마저도 버겁게 느껴졌다. 대외 활동 고스펙자들도 첫 대외 활동은 마찬가지로 쉽지 않았을 것이다. 수치로 예를 들어보자. 대외 활동 20개를 한 A가 있다고 하자. 대외 활동을 4개 한 B가 A를 바라볼 때, '우와! 나는 4개 하기도 힘들었는데, 저 사람은 나의 5배나 했네. 내가 따라갈 수 있는 영역이 아닌 것 같다'라는 식으로 바라보기 쉽다. 하지만 대외 활동이나 그 외 스펙은 '가속도'가 붙는다. 어느 시점 이후로는 별로 힘들이지 않고 참여할 수 있고, 앞서 말했듯 스펙이 스펙을 낳는다.

그런데 이보다 더 중요한 깨달음이 있었다. 나보다 어린 이들의 화려한 이력에 벽을 느끼기도 했지만 반대로 그들을 통해 넓은 세상을 보기 시작한 것이다. 한국대학사회봉사협의회 해외 봉사단으로서 방글라데시에서 2주간 진행한 교육 봉사에서는 정말 많은 것 배웠다. 해외 봉사 활동 자체에서 배운 것도 있지만 함께했던 30여 명의 팀원들로부터 많은 것을 배울 수 있었다. 내겐 첫 해외 봉사였지만 팀원 중에는 이미 다섯 번째인 사람도 있었고, 리더의 경험과 자기 분야의 전문성, 여러 분야에서의 대외 활동 이력을 보유한 사람이 많았다. 그런 '가시적' 이력뿐만 아니라 성실함, 따뜻함, 추진력, 기획력, 감화력 등 사람마다 각자의 빛을 발하고 있었다. 뭔가 경험하고 배우려고 떠난 해외 봉사였기 때문인지 모든 사람에게서 빛이 보였다. 그 후 나도 넓은 세상에 대한 기대와 두근거림을 갖게 됐고 실제적인 계획을 구상하는 데 영감의 원천이 됐다. 나는 그렇게 대외 활동에 본격적으로 입문하게 되었다. 넓게 보기 시작하자 세상은 일차적으로 '재미'있는 것으로 다가왔다(이준건의 스토리와도 맞물리는 부분이다). 학업 이외의 모든 대외 활동은 재미와 함께 다양한 경험과 시각을 가져다주었고, 결국 삶의 방향을 찾고 질문하는 힘을 길러줬다.

겉으로는 내가 취업을 위해 스펙을 쌓은 것처럼 보일 것이다. 하지만 모두 재미로 한 일이었고 그게 새로운 갈증과 도전 의식을 불러일으켰다. 돌이켜보니 그 경험들은 사범대생 중에선 거의 독보적인 수준이었다. 이런 일련의 경험은 훗날 세 곳의 사립학교 정교사 채용에 동시 합격의 결과를 가져다준다.

힙합에도 이런 비슷한 가사가 있지 않은가? "나는 돈을 좇지 않아, 돈이 나를 따르지." 좋은 래퍼가 되기 위해 랩을 열심히 하다 보니 많은 돈을 벌게 된 것처럼 말이다. 이런 경험은 교직을 시작한 이후에도 내 가치관을 끊임없이 갱신하는 힘의 원천이 되었다. 학업적 성취에서 얻는 힘과는 또 다른, 내 인생에서 내가 무엇을 좇을지 생각하게 하는 힘. 내 인생을 관통하는 무언가를 생각하는 힘 말이다.

사범대생에게 대외 활동이란? by 이준건

　사범대생이란 타이틀을 떨쳐낸 지도 시간이 꽤 지났다. 얘기를 시작하기 전에 대외 활동이란 무엇일까를 정의부터 해야 하지 않을까 싶다(수학 전공자는 모두 정의하기를 좋아한다). 문자 그대로 대학 바깥의 활동으로, 각종 기업에서 대학생 이름을 달고 하는 활동, 봉사 활동, 캠페인 등등 수없이 많다. 내가 지원하거나 활동한 대외 활동이 전 영역을 포괄하는 게 아니듯 내가 모든 사범대생의 활동을 묶어서 이야기할 순 없으니 내 이야기를 해보겠다. 같이 글 쓰는 황순찬과 비교했을 때 내 대외 활동의 개수, 방면, 활동의 깊이는 압도적으로 차이 난다. 나에겐 대외 활동에 있어 뚜렷한 목적도, 방향도 없었다. 누군가 하자고 해서 했고, 해보니까 기대 이상으로 재미있었고, 재미있어서 주변에 적극 추천을 했을 뿐, 그게 다였다.

　이제는 누가 어떤 맥락에서 했던 말인지 기억나질 않지만 '사범대 학생'이라고 하면 상당히 폐쇄적인 이미지가 떠오른다고 한 얘기를 들은 적이 있다. 이 말에 어느 정도 동의하는가? 나는 적어도 절반 이상은 확실히 동감한다. 사범대는 그 특성상 폐쇄적일 수밖에 없다. 다른 단과 대학과 비교했을 때 단출한 인원수, 전공 간의 뚜렷한 구분으로 (교직을 제외하고는) 교과전공에서 다른 과와 섞여서 듣는 수업이 거의 없는 특성(왜 사범대는 항상 구석에 있을까. 우리 학교는 사범대가 높은 지대에 있어서 일단 올라가 틀어박히면 나오기 쉽지 않은 위치상의 이점까지 있다)까지 다른 과와 굳이 섞이지 않아도 거의 모든 사람을 알고, 친해지고, 외로움 없이 다닐 수 있는 단과대학이라고 생각한다. 그로 인해 이런 이미지가 생긴 것이리라. 그래서인지 대외 활동 또한 타단과대 학생들에 비해서 관심도가 떨어지는 편이다.

내가 첫 대외 활동을 시작한 계기는 진로에 대한 고민에서였다. 이제는 수학교육과에 입학했으면 정해진 수업대로 임용고시를 준비하면 되는 것 아니냐고 반문하는 사람이 없기를 바란다. 수학 교사를 희망해서 입학한 것은 맞지만 20대 초반에 5년 안팎의 시간 동안 진로에 대한 고민이 없을 리가 없다. 군대를 갓 제대한 2학년의 내가 그랬다. 이대로 시간이 흐르면 나도 등 떠밀리듯이 임용 고시생이 될 것 같았다. 그 물살이 무섭기보다는(수영에는 근거 없이 자신감이 넘친다) 일단 물에 들어가고 나면 주변 풍경을 관찰할 수 없는 점이 마음에 걸렸다. 많이 걸렸다. 스물세 살의 나는 인생에 대한 고민이 필요했다. 눈앞의 해석학과 미분기하가 벅찬 것은 사실이지만 그렇기에 더욱 활력소 같은 다른 존재가 필요했다. 내겐 그것이 대외 활동이었다. 일련의 사고 과정을 거쳐 '대외 활동을 해볼까'라는 결론에 도달한 것은 결코 아니다. 아마 전공이 힘들었고, 다른 재미있는 일이 없을까 눈을 돌리다가 우연히 한 전단지를 발견한 것이 아닐까 싶다. 하지만 실제 많은 사범대생과 대학생들이 계획적으로 무언가 실행하기보다 우연찮게 시작하게 되는 일이 많을 것이라 생각한다. 그 우연 속에서 또 기회를 얻어내고 나 자신을 발견하는 건 내 몫이다. 돌이켜보면, 사범대생 시절의 대외 활동이 내 역량을 강화시켜준 것, 결국 임용에 대한 생각을 더 확고하게 만들어준 것은 맞다. 그럼에도 불구하고 만약 내가 초수 합격을 하지 못했더라면, 내가 했던 대외 활동의 의미는 어떻게 되었을까? 어떤 대답이든 나름의 가치관과 근거를 갖고 이 질문에 답할 수 있다면, 자기 자신에 대한 이해도가 높은 것이다.

사범대생은
어떤 대외 활동을 하면
좋을까?

자, 그렇다면 대외 활동을 하기로 마음먹었다면 자연스레 다음 질문이 나온다. '그러면 무슨 활동을 해야 할까?' 앞서 대외 활동의 의미를 얘기하면서 언급한 내용이지만 한 번 더 전제를 깔고 시작하려 한다. '사범대생은 어떤 대외 활동을 하면 좋을까?'는 마치 '추천'의 뉘앙스가 있다. 그러나 '추천'이란 말은 좀 거북하다. 왜냐하면 사람은 다 다를뿐더러 누구에게나 좋은 대외 활동이라는 것은 없기 때문이다. 하지만 사범대생에게 '계륵'과도 같은 대외 활동이니 이왕이면 '괜찮은 계륵'을 가져야 하지 않겠는가? 그래서 이번 장에서는 사범대생들에게 유익할 만한, 예비 교육자로서 고민의 재료를 얻을 만한 대외 활동을 소개하고자 한다. (저자의 경험이 있는 것은 * 표시)

(1) 교육 관련 분야

전공 수학, 교육학, 수학교육론이 공부를 포기할 정도로 싫지는 않았다. 하지만 내가 아이들을 가르칠 건데 '아이들을 만나는 경험' 없이 강의실이나 책상에서 공부하는 것이 어느 순간 공허하기도 했다. 그래서 아이들과 직접 현장에서 만나는 경험을 최대한 하고자 했다.

- 한국과학창의재단 쏙쏙캠프, 각종 교육 기부 프로그램 *
- 교육 관련 기관 홍보대사 *
- 학과, 단과대, 대학교 내 (교육)봉사 동아리, 연합 동아리 *
- 동아리 교육 관련 기획 행사 *
- 교내 사회봉사 기구의 교육 봉사 프로그램
- 사범대, 대학교 내 해외 사범대학, 교육대학 교류활동 *
- 중·고등학교 각종 동아리 자체 기획 멘토 활동 *
- 삼성 드림클래스
- KB 학습 멘토링
- 대기업 사회 공헌 사업 교육 기부, 봉사 프로그램 *
- 한국대학사회봉사협의회 단기 해외 봉사 등 각종 대기업, 공공기관의 해외 교육 봉사 프로그램 *
- 서울시 동생 행복 도우미(동행)
- 중앙일보 공부의 신 프로젝트
- 한국장학재단 청소년교육지원사업 나눔지기
- 지역 교육청 대학생 멘토링 프로그램
- 한국대학교육협의회 전공상담기부단
- 한국대학생멘토연합
- 전공 알림단, 진로 강연단 *
- 교내 중·등학생 관련 활동(홍보대사, 수시합격생 모임 등)
- 휴먼 라이브러리 *

- 각종 교육 관련 기관 봉사 및 행사 *
- 각종 청소년 관련 기관 행사 인솔
- 배움을 나누는 사람들 등 야학 단체
- 각종 사회복지센터, 복지관 프로그램 *
- 각종 교육 기부 축제, 교과별 축제 *
- 교육 관련 행사 서포터즈 *
- 교육부, 교육청, 교육정책, EBS스토리, 한국교직원공제회 등 교육 관련 기관의 기자단 *
- 현대차 정몽구 재단 온드림스쿨 다빈치교실 교육 프로그램 공모전
- 목정미래재단 교육혁신 공모전

(2) 사람 중심의 대외 활동

많은 경험과 성장은 '사람'으로부터 비롯된다. 그 사람이 바로 나 자신이기도 했지만, 다른 사람일 때가 더 많았다. 특히 흔히 '좁다'고 여겨지는 사범대 밖으로 나가니 세상을 넓게 바라보고 경험하는 대학생이 많았다. 마치 넓은 세상을 향해 나아갈 미래의 내 제자들처럼.

- LG 드림챌린저 *
- 교보생명 대학생 동북아 대장정 *
- 청산리 역사 대장정(대학생 모집은 잠정 중단 상태) *
- 대기업, 공공기관 사회공헌 사업 *
- 학과/단과대/대학 학생회 *
- 각종 홍보대사, 서포터즈, 마케디, 기자단 등등 *
- 각종 해외 봉사 *

- 각종 해외 탐방 *
- 각종 공모전 *
- 자체 기획 모험 *
- 청년 중심의 여행 단체 *

(3) 수학교육 관련 활동

교과교육학 전공이라면 당연히 교과교육에 관한 이론과 경험은 필수다. 전공을 완전히 배제하고 관련 경험만 하면 언젠가 중심이 흔들리며 관심 분야, 진로에 관한 고민이 더 크게 다가올 가능성이 크다. 전공에 대한 강력한 불신이 있는 상태가 아니라면, 결국 모든 경험을 자신의 전공을 강화시키기 위한 경험이라고 생각하는 것이 대학 생활을 효율적으로 하는 방법이다.

- 대한수학교육학회, 대한수학회 등 각종 대학, 기관 세미나, 컬로퀴엄 *
- 전국수학 교사모임 등 교사 모임 활동 *
- 동아리 내 수학교육 학술 연구, 수학교육 봉사 *
- 대학교 내 학술 연구 지원 프로그램 *
- 수학 교사 직무연수 매스페스티벌 스태프 봉사 *
- 국립과천과학관 수학문화축전 수학체험 부스 운영 봉사 *
- 대전국립과학관 수학체험전 수학체험 부스 운영 봉사 *
- 각종 수학 행사 스태프 *

그렇다면 이런 정보를 어디서 얻을까? 무슨 활동이 좋은지는 어디서 알고 누구한테 물어보는 것일까? 가장 중요한 출처는 경험자다. 해본 사람이 제일 잘 안다. 그리고 해본 사람으로부터 간접 경험을 얻기도 한다. 대외 활동 고수들은 대외 활동에 대해서 물어보는 것을 대체로 싫어하지 않으니 서슴없이 물어보길 바란다. 그래도 내가 직접 여기저기서 알아보고 싶다면 어디서 알아봐야 할까? 그래서 목록을 정리해봤다.

대외 활동 정보처

- 대외 활동을 많이 하는 선배 및 지인
- '사범대 다니면서 임용 걱정 없이' 블로그
- 교내 게시판
- 대학교 사회봉사단 홈페이지
- 각종 대학 생활 관련 페이스북 페이지, 인스타그램, 대외 활동을 활발히 하는 대학생 팔로우 및 좋아요
- 아웃캠퍼스 http://cafe.naver.com/outcampus
- 스펙업 http://cafe.naver.com/specup
- 대학내일 페이스북 https://www.facebook.com/UNIVtomorrow/
- 신대장의 대학 생활노하우 페이스북 https://www.facebook.com/campusknowhow/
- 신대장의 쓸만한 대외 활동 https://web.facebook.com/everyoutcampus/
- 오마이캠퍼스 페이스북 https://www.facebook.com/ohmycampus/
- 한국과학창의재단 교육 기부 포털 https://www.teachforkorea.go.kr/
- 한국과학창의재단 대학생 교육 기부단 페이스북 페이지 https://www.facebook.com/univ.dofe

각종 해외 봉사 관련 기구 홈페이지

- 코이카 http://kov.koica.go.kr
- 굿네이버스 해외자원봉사단 http://gnvol.goodneighbors.kr/gnvolIndex
- 코피온 http://copion.or.kr/
- 한국대학사회봉사협의회 http://www.kucss.or.kr/

추천 대외 활동

 구체적으로 몇 가지 활동에 대해서 각 내용 요약 및 추천 이유를 서술하고자 한다.

(1) 쏙쏙캠프

 나(이준건)는 2013년도에 두 번의 쏙쏙캠프(이하 쏙캠)를 팀장을 맡아 진행했다. 황순찬이 내게 팀장을 해보면 어떻겠냐고 해서 발을 들였던 것이다. 지금 돌이켜보면 아주 좋은 선택이었다. 활동 개요를 얘기하자면 교육에서 상대적으로 소외된 지역에 대학생 모임이 찾아가서 그곳 학생들에게 스스로 구성한 창의적인 수업을 진행하는 내용이다. 수업 내용은 기존에 이뤄졌던 잘 짜인 수업도 괜찮고, 자신이 꿈꿨지만 무대와 기반이 부족해서 잠시 접어두었던 수업도 괜찮다. 어쨌든 아이들에게 창의적인 경험을 전달할 수 있는 것이라면 무엇이든 가능하다. 돌이켜봤을 때 내가 쏙캠으로 얻을 수 있었던 것은 아주 많다. 새로 사귄 친구들과의 추억, 교육 봉사 시간, 교육자로서의 경험, 팀장으로서의 스펙 등등. 하지만 진정 자산이 되었던 것은 사람을 끌어모아 어색한 사이를 동고동락할 수 있는 동료로 만든 경험, 아이들을 위해 고민했던 시간과 마음가짐, 처음 교단에 설 용기 또는 그런 용기를 북돋아주는 능력, 주변 사람들과 부드럽게 지내는 능력을 얻는 그 일련의 과정들이었다. 48시간의 봉사 시간보다 단체 사진을 찍던 순간이 더 짙은 기억이다. 모든 일을 마친 뒤 최종 보고서를 제출하고 우리 이야기가 다음 쏙캠 기수를 위한 사례집에 실렸을 때, 캠프를 마친 뒤 봉사했던 동료들과 투합하여 떠난 영종도 엠티에서 일출을 바라볼 때 다른 곳에서는 느끼지 못한 감정을 느꼈다.

쏙쏙캠프는 한국과학창의재단에서 진행하는 창의적 교육 캠프로, 대학생이 개인 또는 단체로 신청하면 재단에서 적절한 지역을 매칭해주고 캠프 진행을 위해 필요한 경비를 지원해준다. 사범대생 한정 대외 활동은 아니지만, 사범대생인데도 교단에 설 기회가 적어서 교직에 자기 적성에 맞는지 고민되는 사람에게 적극 추천한다. 기획력을 키워 더 큰 사람이 되고 싶다면 팀장 역할을 맡는 게 좋지만 그렇지 않다면 부원이 되어서 팀원들을 보조하거나 자신만의 수업을 기획하는 역할을 하는 것으로도 충분하다는 것이 쏙캠의 매력이다. 수업을 기획하는 것이 어렵다고 생각될 수 있지만 좋은 수업 샘플이 많이 개발되어 있고, 또 책자로 배부되니 자기 취향에 맞게 적절히 변형하여 만들면 된다.

이 캠프에서 좋은 점은 수업을 마친 뒤(학교급별로 다르지만 보통 오후 3시 이후다)가 완전한 자유시간이라는 것이다. 10명 안팎으로 이뤄진 팀에서는 오후 3시부터 다음 수업에 지장이 없는 선에서 자유롭게 주변을 탐방하러 다닐 수 있고, 아니면 엠티에 온 것처럼 레크리에이션을 즐길 수도 있다(이튿날 수업을 위해 음주는 권하지 않는다). 숙박비, 교통비, 수업 재료비, 이 모든 것을 지원해주기에 수업 기획에 온전하게 집중할 수 있다는 것이 이 활동의 큰 장점이다.

참고로 한국과학창의재단은 정부 주도 교육 사업을 가장 많이 하는 공기업으로 이 기관의 프로그램을 자주 확인하는 것이 좋다. 아래 홈페이지에서 자세한 공지를 확인할 수 있으며, 매년 교육 기부자(봉사자) 모집 시기는 크게 달라지지 않는다.

> • 한국과학창의재단 교육 기부 포털
> https://www.teachforkorea.go.kr/
> • 한국과학창의재단 대학생 교육 기부단 페이스북 페이지
> https://www.facebook.com/univ.dofe
> • 한국과학창의재단 교육 기부 인스타그램
> https://instagram.com/edukofac?igshid=bzl5wamta2hi

(2) 사범대학 학생회

나(이준건)는 사범대 학생회에서 2년 정도 활동을 했다. 1학년이던 2010년에는 멋모르고 수습부원으로 있었다. 군대 다녀온 뒤 3학년인 2014년에는 사범대 부학생회장직을 맡았다. 지금도 자주 듣는 질문인데 왜 맡았냐고 하면 사실 특별한 이유가 있진 않았다. 1학년 때는 어떤 선배(누군지 기억도 안 난다)가 권했는데 재미있어 보여서 하게 됐고, 2014년에는 회장 자리에 뜻이 있던 친구가 내게 러닝메이트가 돼달라고 부탁해 고민 끝에 마음먹었다. 멋모르던 1학년 때와 꽤나 알던 3학년 때 모두 내가 학생회 활동을 한 이유는

재미있어 보여서였다. 풍부한 경험으로 교사가 되기 위한 단초를 쌓으려던 것도 아니었고 '사범대 학생들의 권익 보호를 위해 힘쓰겠다'는 정의감도 아니었다. 주변 친구들은 나한테 권력욕이 있는 거 아니냐고 말했지만 나는 스스로 권력욕이 없는 사람이라고 생각한다. 그럼 나에게 학생회란 어떤 기억이었을까?

부학생회장직을 달고 있으면서 내가 맡은 일은 주로 회장(오재우)을 돕는 일이었다. 오재우는 열정적으로 회장직을 수행했고 나는 의사 결정 과정에서 그의 결정에 도움을 주거나 회장이 참석하지 못하는 자리를 대행하는 등의 업무를 했다. 활동하며 깨닫게 된 점은 학생회장은 정말 바쁘다는 것이었다. 사범대 행사를 주도적으로 기획해서 진행하는 일, 총학생회와 연계해서 모든 단과대학 학생회 회장들이 모이는 회의에 참석하는 일, 학생들 건의 사항을 수합해서 행정실에 학생들을 대표해 건의하는 일, 타대학 사범대 학생회와 연계해서 예비 교사의 권익을 보호하는 일 등등. 모든 대학 생활이 그렇겠지만 벌이자면 끝이 없고 자신을 아끼자면 편안하게 보낼 수 있었던 1년이었다. 모든 일을 제대로 하려면 몸이 열 개라도 부족하고 편안하려면 지위만 유지할 수 있었던 자리였다. 그 갈림길에서 재우와 나는 최대한 할 수 있는 것을 다 하는 쪽을 택했다.

처음 재우가 메이트를 제안했을 때 고민이 많이 됐다. 당시 나는 2학년을 마치고 3학년부터 본격적으로 임용시험 준비에 돌입하기 위한 자료 수집을 하고 있었다. 2학년 때의 많은 교육 관련 대외 활동 덕분에 교사가 되어도 좋겠다는 확신에 차 있었고 하루빨리 교사가 되면 좋겠다고 생각하며 지내던 중 재우의 제안을 받은 것이다. 처음엔 거절했다. 왜냐하면 3학년 때 학생회 활동하고 난 후 4학년 때 1년간 공부해서 임용에 합격할 자신이 없었기 때문이다. 그 어렵다는 임용시험 아닌가? 당장 시작해도 졸업 후 합격은 불투명한

데 부학생회장 일을 겸하면 절대적인 시간이 부족할 것이었다. 그럼에도 불구하고 하게 된 데는 몇 가지 이유가 있는데, 그중 관건은 친구의 설득이 집요했다는 것이다.

사범대 학생회는 사범대의 '모든' 행사를 주관했다. 대학교 행사는 특성상 새내기들에게 초점이 맞춰져 있는데 당시 오재우와 나는 새내기들의 요구를 수렴해서 행사를 기획하는 데 집중했다. 사범대 학생들의 권익 보호를 위해 힘썼다. 여러 일을 했지만 가장 기억에 남는 것은 당시 스터디 룸에 필요하다고 논의됐던 물품(멀티탭과 가방 보관함 등)을 비치한 것이다. 또 당시 한양대학교의 학생 수업 평가 정책이 절대평가에서 상대평가로 바뀌려 했는데 이는 소수 인원으로 이뤄진 사범대에게는 맞지 않는 평가 방법이었기에 학생들을 대표해서 학생들의 의견을 전달하고 절충안이 나오도록 했다. 예비군을 가는 학우들을 위해 예비군에 꼭 필요한 준비물과 아침밥을 준비하기도 했다.

① 학생회 활동의 장점

이렇게 크게 성장할 기회는 흔치 않다. 2014년 3학년 때 가장 기억에 남는 일을 꼽으라면 단연코 부회장직을 하겠다고 마음먹은 순간일 것이다. 대학이라는 조직에 대해 더 구체적으로 알 기회이기도, 여러 사람을 아우르는 리더십을 기를 수 있는 기간이기도 했으며 사람이라는 재산을 남길 수 있는 시간이었다. 사범대 학생회로서 다양한 사람을 만나고 그들과 친밀해질 수 있었던 1년이란 시간은 지금 돌이켜봐도 내 인생 중 가장 빛나는 시간으로 여겨진다.

만일 내가 학생회를 하지 않고 교사가 되었다면 이렇게 풍부하고 열정적인 성격을 갖지는 못했을 것이다. 교사가 되겠다는 목표를 빨리 이룰 수 있었을지언정 교사가 된 이후를 지금처럼 내실 있게 채우지는 못했을 것이다. 첫 시험에서 합격했다는 것 외에는 내세울 게 없는 그저 그런 교사였을 것이다. 지금의 나를 있게 해준 것은 대학 시절 재미있어 보인다는 이유로 달려들었던 수많은 활동이었고 그 활동의 절반은 학생회를 하면서 만난 기회였다. 이런 많은 일을 하고 얻은 학비 감면 혜택은 덤이다.

② 학생회 활동의 단점

어쨌거나 절대적인 공부 시간이 부족하다. 지역마다 차이가 있긴 하지만 수학 과목의 경우 20대 1의 경쟁률을 뚫어야 한다. 결국 머리 좋은 사람들 사이에서 오랜 시간 시험을 준비해 시험 날 자신의 역량을 최대한 발휘해야 합격할 수 있는 시험이다. 이런 시험에서 준비 기간을 1년 미룬다는 것 자체가 내게는 도박이나 다름없었다. 결과적으로야 3학년 학생회, 4학년 시험 준비를 성공적으로 해내서 이런 글을 잘난 체하듯 쓰고 있지만 둘 중 어느 하나만 잘못 했어도 내 커리어는 상당히 평범해졌을 것이다.

사람과 더불어 일을 한다는 것은 많은 스트레스를 동반한다. 완전히 새로운 사람들을 만난다는 것, 마음에 들지 않는 정책에 대해 학생들과 규합하여 항의하는 것, 일을 벌이는 것, 이런 일을 싫어한다면 하지 않길 바란다. 나는 재미있어 보여서 했지만 결국 학생회는 학생을 대표하고 학생들을 위해 일하는 봉사직이다. 개인주의 성향이 강한 사람이라면 스트레스를 많이 받을 것이다.

학생회에 몸담을지 결정하는 것은 본인에게 달려 있다. 다만 '하고는 싶은데 임용시험 준비에 방해될까봐 못 하겠어요'라는 생각은 하지 않기를 바란다. 하고 싶다면 없는 시간을 할애해서라도 해낼 수 있고 실제로 그걸 해낸 사람이 여기 있다. 하루는 어떻게 세어봐도 24시간이므로 여러 활동이 시험 공부 시간을 뺏는다는 것은 분명한 사실이다. 하지만 그런 한정된 시간을 얼마나 잘 활용할지는 전적으로 자기 역량에 달려 있고, 그 역량을 기르는 데 여러 사람을 만나면서 자극받는 것도 하나의 방법이기 때문이다.

(3) 한국대학사회봉사협의회, 월드프렌즈 청년봉사단

나(황순찬)는 1학년 겨울방학과 2학년 여름방학 때 한국대학사회봉사협의회(이하 대사협)의 월드프렌즈 청년봉사단에 참여해 해외 봉사를 다녀왔다. 활동 개요와 봉사 활동 경험을 나누고자 한다.

봉사단원 공고를 보면 여름방학 파견은 4~5월경에, 겨울방학 파견은 9~10월경에 모집하는 것을 알 수 있다. 즉, 활동 시기는 방학 중이지만 모집 시기는 그보다 훨씬 전이다. 방학이 돼서야 '뭐하지?' 하고 대외 활동 공고를 찾는다면 이미 다 끝나 있다. 특히 규모 있는 대외 활동일수록 사전 준비 사항이 많아 활동 시기와 모집 시기의 간격 차가 크다. 월드프렌즈 청년봉사단처럼 40기에 걸쳐 활동이 이뤄진 공신력 있는 활동들은 매년 모집 시기가 비슷한 편이다(물론 최근 코로나19와 같은 특수한 사태에서는 예외적이겠지만). 따라서 최근 모집 공고(작년이나 지난 학기)를 보고 미리 나만의 대외 활동 달력을 만들어놓는 것이 좋다.

한편 현대자동차 해피무브, LS 해외 봉사, 기아 글로벌 워크캠프, 포스코 대학생봉사단 비욘드 등등 대기업의 사회 공헌 사업 중에는 무료로 지원되는 프로그램이 많다. 하지만 대외 활동 초보에게는 이조차 벽이 되곤 한다. 초보자에게는 이처럼 경쟁률이 높은 대외 활동은 지원조차 힘들다. 하지만 대사협 단기 봉사단(월드프렌즈 청년봉사단)은 모집 인원도 많고, 참가 비용이 있어서 경쟁률이 아주 높진 않은 편이다(비용은 시기마다 달라질 수 있다). 돈 내고 하는 봉사 활동이었지만, 월드프렌즈 청년봉사단 활동이 좋았던 이유는 다음과 같다.

- 대외 활동 초보자에게는 경쟁률 높은 대기업 해외 봉사 합격이 쉽지 않다.
- 2주 정도 해외 파견, 교육 기간의 숙식, 프로그램을 생각하면 비싼 비용이 아니다.
- 원래 '진정한 봉사'는 자비로 부담한다.
- 사회 공헌뿐만 아니라 '대학생의 성장을 강력하게 도모'한다(가장 중요한 이유).

마지막 이유가 가장 중요한 까닭은 다음과 같다. 쟁쟁한 대기업들의 해외 봉사 프로그램도 유익하지만 결국 그것의 궁극적인 목표는 대학생의 성장보다는 사회 공헌 사업을 통한 기업 이미지 제고에 가깝다. 반면 월드프렌즈 봉사단의 특징은 다음과 같다.

- 2020년 기준 40기로 전통 있는 해외 봉사 프로그램이다.
- 여러 파견 대상 국가 중 자신의 지망을 선택할 수 있다.
- 파견국마다 프로그램이 다른데 특히 교육 봉사 프로그램이 주가 된 파견이 많아서 사범대생에게 유의미한 경험을 제공한다.
- 대사협은 준비 기간에 현지어 공부를 강조한다. 봉사 활동 중 방글라데시 아이들에게 (그들에게) 낯선 영어로 얘기하지 않고, '발로바시'(벵갈어로 사랑해라는 뜻)라고 얘기한다. 현실적인 어려움으로 문자까지 배우지는 않는다. 그래서 말을 통째로 외운다. 현지어를 열심히 공부한 덕에 현지 아이들에게 가까워질 수 있었다.
- 우수 단원을 선발한다.
- 대표가 다 하는 형태가 아니다. 1인 1역할로 서로 갈등하면서도 협력을

이뤄내는 경험을 할 수 있다.

- 우수 활동자는 이후 부인솔자 등으로 차출되어 해외 봉사 업무를 경험할 수 있다. 사회복지, NGO 기관의 인턴과 유사하다.
- 어린 청년들이 동고동락하기에 부정적인 상황도 발생할 수 있지만, 이것은 수많은 학생을 마주하게 될 예비 교육자들에게는 성장의 기회다.
- 인솔자의 말을 잘 따르면 더 많은 성장의 기회가 주어진다.
- 최근에 예기치 못한 파견 취소로 인터넷 기사가 나온 적이 있지만, 거기에는 좀더 복잡한 사안들이 얽혀 있는 듯하다. 어쨌든 취지가 좋은 곳은 맞다.

- 대사협 페이스북 페이지 https://web.facebook.com/kucss1996
- 대사협 인스타그램 https://www.instagram.com/kucss_1996

나는 1학년이었던 2012년에 별다른 대외 활동을 하지 못했다. 그해 겨울 방학 때 우연히 월드프렌즈 청년봉사단 공고를 보고 지원했다. 대학 내 사회봉사단 기관에서 1차 서류 및 면접을 보고 2차로 대사협에서 선발을 하는 식이었다. 난 교육 봉사가 위주인 파견 프로그램을 희망했고 방글라데시의 수도 다카에 있는 여아 보육원에 파견되는 교육 봉사 프로그램에 참여하게 되었다.

가장 마음에 들었던 점은 1인 1역할이라는 것이었다. 대표, 조장 타이틀을 가진 사람이 대부분의 업무를 수행하고 나머지는 따라가는 것이 아니라 모두에게 역할이 있었다. 나는 수학 전공이라 회계를 담당하게 되었다. 단순히 돈 계산과 영수증 처리만 하는 것이 아니라, 실제 물품을 구입하는 역할까지 거의 다 했다(해외 봉사는 물품 구비가 꽤 번거로운 일이다). 최선을 다한 만큼 좋은 성장의 기회였다.

교육 봉사를 준비하는 과정은 수학 수업을 준비하는 것과는 다른 경험을 제공했다. 말도 안 통하는 방글라데시 아이들에게 미술, 영어, K-POP을 가르쳤다. 영어가 아닌 벵갈어를 통째로 외워서 스크립트를 가지고 수업했다. 나는 80명을 대상으로 야외에서 원더걸스의 Nobody를 가르치는 활동을 했다(여기서 연령대가 밝혀진다). 학교에서 수업 실연도 거의 안 해봤는데 익숙하지 않은 벵갈어로 연령대가 다양한 낯선 사람 80명을 대상으로 내가 잘하지도 못 하는 춤을 가르치는 일은 너무 떨렸다. 말과 춤을 다 외워서 했고, 그때의 K-POP 수업은 내 인생 수업이 되었다. 그 이후 어떤 수업이나 면접에서도 떨어본 적이 없다.

K-POP 수업을 마치고 학생들 어울리는 모습

하지만 수업에서의 성장보다 큰 소득은, 사랑을 주러 가서 사랑을 받고 사
랑을 배우고 왔다는 것이다. 이때까지만 해도 내 성격은 진취성이 강한 편이
아니어서 이를 극복하려고 더 도전하고 다양한 일에 뛰어들었다. 그 덕분인
지 인솔자(대사협 직원) 분들의 눈에 띄어 26기의 부인솔자로 2013년 여름에
다시 파견되었다. (한편 우수 단원에는 선발되지 못해 아쉬웠다.) 이 활동 이후로
여러 모험을 하기 시작했다.

(4) 대학생 아시아 대장정

대학생 아시아 대장정은 사범대생 추천 대외 활동이기 전에 모든 대학생에
게 추천할 만한 활동이다. 구체적으로 살펴보자.

① 특징

- 연 1회 실시: 대장정 7월 말~8월 초(5월경 모집)
- 2017년까지 대학생 '동북아' 대장정이었으나 2018년부로 대학생 아시
  아 대장정으로 바뀌었다. 동북아는 갈 만한 곳을 다 갔다는 뜻인 듯
  하다.
- 기수마다 다른 지역을 다른 테마로 탐방한다. 그런데 이 테마와 규모
  가 여행사를 통해서는 경험하기 힘들다. 나(황순찬)는 2013년에 다녀
  왔는데, 그 때 당시 중국 황허강 5000킬로미터를 따라 문명의 발원지
  를 탐방하는 내용이었다. 공식 홈페이지에서 지난 대장정의 내용을 상
  세히 확인할 수 있다.
- 선발 방식이 특이하고 '사회 공헌적'이다. 1차 접수가 순전히 '임의 추
  첨'이라는 점 때문. 대외 활동 고수들이 독식하지 않는다. 나는 운이
  좋아 한 번의 시도로 됐지만, 4년 내내 추첨에서 탈락하는 이들도 있

다고 한다.
- 1차 추첨 약 15배수, 2차 서류 약 3배수, 마지막 3차 면접으로 진행된 다. 제일 어려운 것은 1차 추첨이라 생각된다. 2차 서류와 3차 면접에 관한 정보는 인터넷에 흔하다. 하지만 필터링된 정보이므로 2차, 3차 까지 간다면 꼭 참가자의 이야기를 들어볼 것을 권장한다.
- 합격자들에게는 대장정 전에 리더십 캠프가 국내에서 이뤄진다. 팀별 사전 과제가 있다.
- 여자 대표/부대표, 남자 대표/부대표를 선발한다.
- 이후에 우수 단원을 선발하는데, 참가자끼리의 평가는 없고 관리자 들이 뽑는다. 상장과 기념품을 준다. 성실함을 높이 사고, 여러 단원 에게 상이 돌아가게 한다.
- 단체 생활이 강조된다. 특히 스케줄이 짜여 있으니 늦지 않도록 주의 하자.
- 방송 프로그램 PD들과 동행하는 경우가 많다. 다큐멘터리가 제작되 는 것이다. 이후에 팀원 중 대표가 내레이션을 하기도 한다.
- 현지에서 팀별로 미션을 수행한다.
- 테마에 따라 이동 시간이 많다.
- 기수마다 내용이 달라서 더 기대된다.

② 추천하는 이유
- 2019년이 18기로 오래된 활동이다. 자리를 잘 잡았고, 교보생명과 대 산문화재단이 주최한다.
- 2019년 기수는 60명을 선발했다. 그 전에는 기수당 100명씩 선발했 으니, 다양한 대학생을 만날 수 있다. 게다가 중간에 조를 바꿔주기도

해 새로운 사람과 접촉할 가능성이 높다. 전공, 사는 곳, 관심사, 희망 진로 등 모든 것이 다양하다. 예비 교사로서 다양한 전공과 희망 진로를 아는 것 자체가 나중에 학생들을 이해하는 데 도움이 된다. 지금은 초등 교사인 정대준(유튜브 채널 DREAM TV 운영자)을 이때 만났는데, 그는 당시 나를 포함해 모든 사람을 인터뷰하면서 소통의 기술을 익혀나갔다.

• 선발 방식 중 1차 전형이 '임의 추첨'이라서 대외 활동 초보에게도 좋은 기회가 된다.

• 전액 무료다. 그래서 경쟁률이 높다. 서류와 면접이 있지만 이 정도 혜택을 주는 다른 대외 활동에 비하면 진입 장벽이 낮은 편이다.

• 혜택과 규모에 비해 사전 준비가 부담스럽지 않다(단점이 될 수도 있다). 해외 탐방이나 해외 봉사 프로그램들은 대체로 사전 준비가 굉장히 많은 것과 차이가 난다.

황허강 발원지에 찍은 단체 사진

2013년, 내가 다녀온 기수는 황허강을 따라 중국 문명을 탐방하는 내용이었다. 희한한 먹거리를 파는 야시장 등 번화가를 비롯해, 압도적인 역사 유적, 대자연 등 신기한 곳을 두루 다녔다. 나의 좁은 견문과 생각들이 점차 확장되는 듯했다. 가령 옛날에는 중화사상을 전혀 이해 못했다. 그런데 동네 어디를 가도 거대하고 화려한 유적들이 있는 데다 규모가 압도적이어서 그들이 중화사상을 갖게 된 배경이 조금은 이해가 됐다. 눈앞에 놓인 것을 목격하면서 상대방의 문화를 이해한다는 것은 머릿속으로만 생각하는 것과는 질적으로 달랐다.

황허강 발원지로 가는 길 초입부인 중국의 중동부 지역에서 번잡한 문화와 유서 깊은 역사를 느낄 수 있었다면, 동쪽으로 가면서 발원지에 가까워질수록 대자연이 펼쳐졌다. 이것이 황허 문명의 발원이라 생각하니 장면 하나하나가 인상 깊었다.

당시를 떠올리면 타인에 대한 기억보다 나 자신에 대한 부끄러움이 더크다. 너무 진지하기만 해 무거운 존재였다. 그런 미숙한 모습인데도 그들과잘 지내다 왔으니 팀원들에게 고마울 뿐이다.

(5) 삼성 드림클래스

혜택도 좋고 활동도 유익한 교육 봉사인 삼성 드림클래스는 워낙 유명하고, 프로그램이 잘 구성되어 있는 것으로도 소문나 있다. 나는 재학 중에 참여하지 못해 드림클래스에 참가했던 사범대생으로부터 경험담을 들어봤다.

자기소개와 함께 삼성드림클래스는 언제, 왜 하게 됐는지 얘기해주세요.

저는 영어교육과 3학년에 재학 중입니다. 드림클래스는(이하 드클) 1학년 겨울방학에 충남대 겨울캠프, 2학년 겨울방학에 성균관대 겨울캠프, 두 차례 참여했습니다. 방학 때 할 수 있는 대외 활동을 알아보다가 드클을 알게 됐는데 선배들의 평도 좋아 지원했습니다. 사범대생으로서 교사라는 직업을 미리 체험해볼 수 있다는 것도 지원 이유 중 하나입니다.

삼성드림클래스에는 주중주말클래스와 방학캠프로 두 가지 활동이 있라고 했습니다. 대략적인 활동 내용 및 방법 등에 대해 듣고 싶습니다.

저는 방학캠프에 참여해서 주중주말클래스에 대해서는 잘 모르지만, 주중주말클래스는 학기 중에 배정 받은 중학교로 가서 학생들을 가르친다고 들었습니다. 방학캠프는 대학 캠퍼스에서(성균관대 자연캠퍼스, 한국외대 용인캠퍼스, 한양대 안산캠퍼스 등) 대학생과 중학생들이 3주간 합숙하며 영어와 수학 수업을 비롯한 다양한 프로그램을 진행합니다. 대학생 강사 3명이 한 반을 맡아 수업하는 형식인데, 강사는 영어 2명, 수학 1명으로 이뤄져 있고, 약 10명의 학생이 한 반을 이룹니다(이번 여름캠프부터는 코딩 강사가 추가되었다고 합니다). 중학교 1, 2학년 학생들이 전국 각 지역에서 모이게 됩니다. 여자 대학생들은 여학생 반을 맡고, 남자 대학생들은 남학생 반을 맡는데, 보통 여자 두 반, 남자 두 반이 한 조가 되어 '액티비티'라 부르는 활동을 함께 합니다. 액티비티는 한 조가 3주 동안 춤이나 노래, 치어리딩, 뮤지컬 등 어떤 한 분야를 정해서 함께 하며 스트레스를 해소하는 프로그램인데, 캠프 마지막 주에 각 조가 결과물을 발표합니다. 수업과 액티비티 외에도 학생들의 진로 탐색을 돕는 전문가들의 강연과 골든벨 비슷한 퀴즈 프로그램인 '드림문답'도 열리고, 대학생 강사들이 부스를 열어 자기 전공을 소개하는 전공박람회 또한 진행됩니다. 그리고 수업을 진행하는 수업 강사 외에 삼성 임직원들과 함께 캠프 운영의 전반적인 것을 담당하는 진행 강사가 있습니다. 수업 강사는 어느 대학에 다니든 상관없이 지원할 수 있지만, 진행 강사는 캠프가 열리는 학교 출신만 지원할 수 있습니다(가령 성균관대 캠프의 진행 강사는 성균관대 학생만 지원 가능).

주중주말클래스가 아닌 방학캠프를 선택한 이유는요?

주중주말클래스는 학기 중 평일과 주말에 이뤄지기 때문에 수업 시간표를 조정하는 데 큰 어려움이 있었습니다. 보통 21학점을 듣는데, 우리 과는 전공 시간표가 거의 정해져 있어서 이를 변경하기 어려웠기 때문입니다. 반면 방학캠프는 3주 정도의 시간만 투자하면 되므로 큰 무리 없이 참여할 수 있었습니다.

삼성드림클래스는 어떤 장점이 있나요? 다른 교육 봉사와의 차별점이 있다면 무엇인가요? 어렵거나 불편한 점은 없었나요?

사실 드클은 장학금을 받으면서 하는 대외 활동이기에, 정확히 봉사 활동이라고 말하긴 어렵습니다. 그래서 따로 교육 봉사 시간도 주어지지 않습니다. 드클 활동 후 250만 원(방학캠프의 경우)이라는 장학금 명목의 아르바이트비가 주어집니다. 드클 장학금으로 오랫동안 계획했던 유럽 배낭여행을 간다든가 학비에 보태든가 하는 식으로 활용할 수 있었습니다. 다만 3주간 삼성 측에 속해 일을 하는 것이기 때문에 여러 제약이 따릅니다. 그 기간에 밖에 자유롭게 나가지 못하며, 매일 수업을 진행해야 하기 때문에 금주를 해야 합니다.

삼성드림클래스 활동이 특히 영향을 준 점이 있다면 무엇일까요?

저는 사범내에 새학생이지만 교직에는 큰 뜻이 없었습니다. 제가 누군가를 가르치는 것을 잘하는지, 흥미를 갖고 있기는 한지조차 잘 몰랐습니다. 그렇게 진로 때문에 고민이 많던 와중에 드클에 참여하면서 가르친다는 것에 대해 다시 생각하게 됐습니다. 전공인 영어를 중학생들에게 직접 가르치면서 학생들의 실력이 조금씩 늘어가는 모습을 봤고 보람을 느꼈으며, 두 번째 드클에 참여하면서는 교사직에 확신을 갖게 되었습니다. 드클은 제가 임용을 보게 하는 데 결정적인 역할을 했던 것입니다.

기억나는 에피소드는요?

지난겨울 캠프가 저에게는 많이 힘들었습니다. 반 아이 중 수업에 잘 참여하지 않고, 조금 소란스러웠던(?) 학생이 있어서 수업을 진행하는 데 힘들었고, 애를 많이 썼습니다. 그런데 얼마 전 그 학생이 중간고사에서 영어를 잘 봤다며, 제가 생각났다고 연락을 주었습니다. 학생의 연락 후 다시 교사의 길을 확신하게 되었고요.

삼성드림클래스 외에 사범대생들에게 추천해주고 싶은 활동이 있다면요? 또 향후 어떤 활동을 하고 싶나요?

현대자동차에서 진행하는 해피무브 글로벌 청년 봉사단을 추천하고 싶습니다. 1학년 여름에 처음 지원했던 대외 활동인데, 운 좋게도 합격해 인도에서 건축 봉사를 했습니다. 대학생 20여 명이 한 팀으로 활동하며 지내는데, 좋은 사람들을 많이 만났고, 봉사의 커다란 의미도 깨달았습니다. 해외 봉사 활동이지만, 100퍼센트 기업 지원이니 경비 고민 없이 지원해봤으면 합니다.

대외 활동을 하려는 사범대생, 교육 분야에 관심 있는 대학생에게 해주고 싶은 말은요?

임용을 보기로 결정한 사범대 학생이라면 대외 활동에 그리 큰 관심이 없을 수도 있습니다. 하지만 저는 대외 활동을 하면서, 학과 생활만으로는 결코 만나지 못할 인연들을 만났고, 많은 경험과 추억을 쌓으며 좁았던 시야를 넓힐 기회를 얻었습니다. 방학 때 교육 봉사나 여행 등을 하는 것도 좋지만, 대외 활동에 도전해 학과 생활에서 느끼지 못한 것들을 경험해봤으면 합니다.

사람을 만나는 교육자, 사람의 소중함을 배우는 여행

여행은 두 음절의 단어일 뿐이지만 늘 설레는 말이다. 꿈이 되거나, 희망 또는 삶의 동기 부여가 되기도 한다. 사범대생 또는 예비 교육자에게 여행은 어떤 의미일까?

내가 제대로 된 여행을 처음 한 것은 군 전역 후 스물네 살 때다. 입시에 재도전해 군 전역 후 다시 1학년 생활을 맞이한 그때, 처음으로 여행 일정을 계획성 있게 짜봤다. 멘토도 없고, 여행을 잘 다니는 친구도 없어 막연해하던 중 패키지 여행이란 것을 알게 됐다. 하지만 젊은 사람이 패키지 여행을 선택하자면 당연히 망설여진다. 자기 주도성이 떨어지는 데다 어르신들 여행 같다는 느낌이 강하기 때문이다. 그런 와중에 '세계로 뭉게구름'이라는 여행 단체를 알게 됐고, 20~30대 사람들이 벤을 타고 유럽을 일주하는 프로그램을 발견했다. 그렇게 2012년 8월 첫 해외 여행을 유럽으로 다녀오게 된다.

적당히 편하고, 적당히 모험적이었다. 패키지와 자유 여행이 절묘하게 섞인 프로그램이 많았는데 그 균형이 좋았다. 가장 크게 얻은 건 나 자신에 대한 이해다. 당시 전역 후 나는 자신감에 차 있었고, 1학기 성적 우수 장학금을 받아 내가 정답인 줄로만 알았다. 하지만 그런 모습이 깨진 것은 바로 이 여행을 통해서였다.

세계로 뭉게구름 여행은 20명으로 이루어진 한 팀 내에서 다시 4명의 조로 나뉘어 활동한다. 그 전까지 스스로가 도전적이라고 생각했던 나는 여행 중후반부터 내가 우리 조에서 겉돌고 있다는 것을 알아차렸다. 조원들과 친밀하지 못했고, 낯선 외국인을 만나면 말 걸기 바빴을 뿐이다. 군대 다녀온 후 인간관계의 첫 번째 실패였다.

유럽 여행은 넓은 세상에 대한 모험심의 시발점이 되었지만, 내가 '누군가에게' 어떤 사람인가를 고민하게 해줬다는 의미가 더 컸다. 나는 내 모습을 스스로 잘 가꿔왔다고 생각했지만, 거기에 타인에게 비친 내 모습에 대한 고려는 없었다.

1학년 겨울방학 때는 해외 봉사를 떠나게 되었다. 봉사는 엄밀히 말해 여행이 아니지만 그런 느낌을 주는 것은 어쩔 수 없다. 운 좋게도 괜찮은 또래 청년들을 만나 임용 공부에 대한 생각에서 벗어날 수 있었다. '두근거린다'는 것이 무엇인지 이 여행에서 처음 깨달았다.

한편 해외 봉사에서도 나는 인간관계에 미숙하다는 걸 느꼈다. 열심히 봉사한다고 해서 인정받는 게 아닌데, 열심히 일만 했고 관계에는 소홀했다. 교사가 되면 누군가에게 인정받는 일이 더 없을 텐데, 그때는 어떤 동기로 교사 생활을 열심히 할 수 있을까가 고민되기도 했다.

2학년이 되면서 학회를 만들었다. 인간관계의 중요성을 알았기에 친목 도모를 위한 여행부터 계획했고, 학회원들이 좋은 경험을 하도록 돕는 데 집중했다. 그렇게 시작한 학회 활동은 국내 학부 최초로 수학 포기자 학생을 위한 수학 토크 콘서트를 개최하는 것으로 이어졌다.

2학년 여름방학, 부인솔자로 해외 봉사를 다녀오게 된다. 단원이었을 때와 달리 팀원들이 역할을 수행하도록 독려하는 일이 주 임무였다. 이때 리더가 모든 것을 이끄는 것이 아니라 구성원의 잠재력을 발현시키는 게 더 중요하다는 것을 알게 되었다. 그런 리더십은 지금 학생들을 가르치면서도 그대로 적용하고 있다.

방학 때마다 두세 번씩 여행을 다녀오는 삶이 자리 잡았다. 2학년 여름방학에는 교보생명 대학생 동북아 대장정(현재 대학생 아시아 대장정)을 다녀왔는데, 황허강 5000킬로미터를 따라 중국 문명을 탐방하는 것이었다. 이즈음 내 진지함은 극에 달해 있었다. 늘 '인생의 의미'를 찾는 내 모습이 구성원들에게 거부감을 줬던 것 같다. 팀원 중 한 명으로부터 '너만 정답인 것 같냐? 의미 있는 것만 가치 있고 나머지는 시답잖냐?'라는 말을 들었다. 다시 한번 균형 감각의 필요성을 절실히 느꼈다.

그 후로 스스로 여행 계획을 짜기 시작했고, 국내 지방 여행의 즐거움을 알게 되었다. 함께 갔던, 동행이나 여행에서 만났던 사람들과의 장면, 그때의 감정이 지금까지 남아 있다. 교육 봉사 프로그램조차도 잘 기억나지 않는 경우가 있지만 지방에서 만난 학교 아이들과 선생님, 여행 멤버들은 마음속에 남아 있다.

여러 경험을 바탕으로 해외 탐방 공모전에 도전했지만 실패도 했다. 한편 대학 프로그램을 잘 활용해 일본 교육대학을 방문해 현지 초등학교와 중학교를 방문하기도 했다. 대기업 교육 봉사 프로그램 우수팀으로 선정돼 타이 환경, 문화 탐방을 다녀왔다. 또 취미를 살려 대학생 때부터 기획했던 스노보드 캠프는 지금까지 수십 차례 기획해오고 있다. 나에게는 중독 같은 나날이었다.

일본에서의 수학 수업 이후 팀원, 일본 학생들과 찍은 사진

　그러나 언제부턴가 여행을 통해서 얻는 경험의 한계효용이 줄어들기 시작했다. 그러던 와중 4학년 1학기 종강 후에 다녀온 청산리 역사 대장정은 꽤나 순조로웠다. 우리 조는 그렇게 유쾌한 팀도 아니었는데 관계가 지금까지 지속되고 있다. 2학년 때 다녀온 동북아 대장정과는 확실히 달랐고, 구성원들과 어떻게 조화를 이루는지 알게 된 것 같았다.

　졸업 직전 더 그럴듯한 도전을 해보고 싶었다. 늘 기회비용을 따졌던 이전과 달리 많은 것을 내려놓았고, 모험하는 청년들이 눈에 보이기 시작했다. 그렇게 해서 다녀온 것이 투르 드 프랑스였다. 서포터로 여정을 떠나 일정을 기획하며 신지휴 모험가가 '한국인 최초로 대회 기간인 23일 안에' 투르 드 프랑스 사이클 코스를 완주하는 일을 도왔다. 졸업식이 있던 4학년 여름방학 때의 일이다. 취업이나 임용 준비로 바쁠 시기에 모든 것을 내려놓고 떠난 만큼 얻은 것도 컸다. 위기는 삶에서 늘 있는 것이고, 모든 위기에 기회가 숨어 있다는 사실, 사람들과 더불어 꿈을 만드는 힘을 알게 됐다.

교사가 된 지금도 나는 계속 여행을 하고 있다. 임용 첫해에 아이들을 위한 꿈 응원 여행을 떠났다. 학급명이 '신'반이라 대한민국 땅에 '신'이라는 글자 모양대로 아이들 한 명 한 명의 꿈을 발자취로 남기면서 전국 방방곡곡을 다녔다. 어렸을 적 꿈대로 사는 사람은 거의 없지만, 그 꿈은 또 다른 형태의 꿈이 되어 자랄 것이다. 그들이 이 여행을 떠올릴 때 나도 기억해준다면 더 바랄 게 없을 것이다.

꿈 응원 여행 이후에도 동료 선생님과 네팔 히말라야에 다녀오고, 모험을 좋아하는 친구들과 필리핀의 어느 무인도에 다녀왔다. 한편 이런 여정이 누군가에게 모험을 즐기는 것으로만 비치는 걸 경계하려 했다.

우리 학교는 2년에 한 번 교사들에게 해외 연수를 보내준다. 덕분에 타이와 일본을 다녀왔고, 2020년 2월에는 뉴욕으로 연수를 다녀왔다. 학교가 나 자신을 잃게 하는 곳이기보다 나를 찾아나가게 해주는 곳임을 깨닫게 한 것이 연수였다. 해외 연수에서 얻는 배움과 재충전이 크고 그것이 아이들의 교육으로까지 이어진다는 것을 아마도 학교가 잘 파악하고 있는 것 같다.

교사가 된 지금은 아이들을

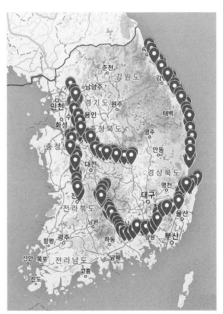

신반 학생 38명의 꿈을 기억하기 위한 38개 지역

통해 나 자신을 바라본다. 나의 변화를 가장 크게 느낄 수 있는 순간은 사람들을 통해 나를 바라보는 때다. 아이들은 물론 동료 교사, 선후배 교사, 학부모 등을 통해 변화해가는 나 자신을 본다.

이런 여행 이야기는 학생들로 하여금 상상으로나마 교실 밖을 벗어나 세상을 그려보게 해주는 소재가 된다. 여행 이야기를 하는 순간 수업 속에 또 다른 수업이 펼쳐진다.

물론 책상 위에서의 위대한 여정도 교육자에게 중요하지만, '사람' 마음속으로의 여정까지 아이들에게 보여줄 수 있는 교육자가 되어 그들에게 한 발 한 발 다가가고 싶다.

사범대생은
군대 가면
뭐 할까?

군대를 흔히 시간을 버리는 기간이라 생각한다. 20대 초반 혈기왕성할 때 갇혀 시간을 보내야 하니 말이다. 하지만 군대를 다녀온 직후 뭔가 달라진 태도로 학교생활을 하는 이들을 볼 수 있는데, 사범대생에게만 국한된 얘기는 아닐 것이다. 뭐가 달라질까? 가장 큰 차이는 진로 고민을 할 시간을 벌 수 있다는 것이 아닐까 싶다. 대체로 고등학교 시절 얼떨결에, 혹은 성적이 좋은 과목과 관련된 학과를 선택하곤 한다. 즉 교사라는 직업과 해당 과목, 임용고시에 대해 진지한 고민이나 경험을 할 기회 없이 입학한다. 이 때문에 실제로 많은 사범대생은 대학을 다니면서 자신한테 교사가 맞을지, 임용고시를 볼지를 고민한다. 특히 군대에서는 과거-현재-미래를 점검하는 시간이 꽤 주어져 진로 고민이 필수불가결하게 다가온다.

대학을 다니는 중에는 할 일들에 치여 정작 진로 고민을 제대로 하기 어렵다. 여학생들이 일반 휴학을 많이 하는 이유이기도 할 것이다. 스무 살에 입학해 휴학 없이 대학을 다니면 스물세 살에 4학년이 된다. 이 나이가 되면 진로 선택과 취업 문제에 있어서 고등학생 때보다 더 큰 고민을 하게 된다. 그런 까닭에 군대에서 휴지기를 갖는 것도 임용고시 계획을 세우는 데 기회가 될 수 있다. 이를 위해 구체적으로 (사범대생의) 군대 관련 팁을 정리해보고 자 한다.

군대 관련 팁

• 어느 군으로 언제, 어떻게 입대할지는 미리 계획하라. 자칫하다가는 원하는 곳의 입대 일정을 놓치게 된다. 스무 살이 되는 해부터 고민해야 할 문제다. 군 부대별로도 복무 기간과 환경, 입대 시기 등이 크게 다르다. 영어 공부를 미리 해서 공인 어학 점수를 받아놓고 카투사에 지원도 해보고, 육·해·공 중 나한테 맞는 것을 미리 찾아보고 입대 방법과 시기를 알아둬야 한다. 만약 경쟁률이 있다면 떨어질 것에 대한 대비책도 있어야 한다. 원하는 시기에 원하는 군으로 간다는 것은 행운이다.

개인적으로 후회되는 점은 너무 나이 많은 어른들한테 조언을 받았다는 것이다. 군 선택에 대한 조언은 해당 군 출신의 현역병이나 전역한 지 얼마 안 된 사람한테 듣는 게 좋다. 군대 문화는 많이 바뀌는 데다, 부대마다, 직무마다 상황이 완전히 다르기 때문에 여러 사람에게 물어봐야 한다.

교대에서는 초등 임용 합격 후 교사가 되어 군 복무를 하는 사람도 꽤 있다. 중등에서는 드문 일이긴 하나 그런 경우가 없는 것은 아니다. 결론적으로, 내부분 권장하는 입대 시기는 1학년을 마친 직후다.

- 입대 전에 많은 사람을 만나둬라. 늘 보던 사람 말고 미뤄두었던 만남들을 갖는 것도 좋다.

- 자금이 있다면 장기 투자를 해놓고 가라. 실제 일상을 유지하며 장기 투자하기는 어려운데, 군대 복무를 하면 자연스레 장기 투자가 된다. 미래 가치가 높다고 판단된 곳에 주식, 펀드 등을 투자해놓고 입대해보자.

- 군 생활 중 진로와 관련해서는 직접 알아보라. 그 전까지 뭔가를 선택할 때, 남의 얘기를 듣고 판단했다면, 이제는 직접 찾고 생각해볼 때다. 타인의 권유로 사범대에 오고 교사가 되길 선택했다면, 본인이 직접 임용고시 카페를 검색하고, 교육과정평가원에서 교원 임용 경쟁 시험 부분을 잘 읽어보며, 현직 교사들이 활동하고 있는 것을 살펴보라. 직접 알아봐야 선택이 더 명료해진다. 교사로부터 관심이 멀어졌다면 다른 관심사를 적극적으로 알아볼 수 있는 좋은 기회이기도 하다.

- 교사가 될지 아직 결정 못 했더라도 복무 만 2년 차에 한국사능력검정시험 자격증을 먼저 따라. 한국사 3급 이상 자격증은 임용고시 응시의 자격 요건이다. 현재 교사가 될 뜻이 없더라도 나중에 생각이 바뀔 가능성도 있다. 한국사 자격증은 그리 어렵지 않지만 재학 중에 따려면 번거로워 군대에 있을 때 해결하기 좋다. 한국사 자격증은 유효 기간은 없으나, 임용고시 자격으로 활용하는 유효 기간은 5년이다. 그런 까닭에 복무 2년 차에 따는 것이 좋다. 시험은 고급·중급·초급으로 나뉘는데 1급은 고급에서 70점 이상, 2급은 고급에서 60점 이상, 3급

은 중급 시험에서 70점 이상에 해당된다. 한국사를 유별나게 좋아한다면 고급을 시도해도 괜찮다. 어쨌든 1급이나 3급이나 임용에서는 똑같다. 임용 외에 다른 국가고시에도 많이 활용되니 해당 진로에 관심 있으면 자세한 내용을 알아보길 권한다.

- 책을 많이 읽자. 요즘 군대에서는 휴대전화를 쓰고 외출도 자주 해 책 읽는 시간이 많이 줄어들고 있다. 하지만 지금 돌이켜보면 그때 읽었던 책이 지금 평생 자산이 되고 있다. 전역 후에는 책 읽을 시간이 거의 없다. 독서는 임용 후에도 여러 형태로 도움이 된다. 꼭 교과와 관련된 책이 아니라도 담임교사로서 학생들에게 추천해줄 수도 있고, 여러 방면에서 이야기거리가 훨씬 많아진다. 아이들을 이해하는 폭도 넓어진다. 나는 책을 읽으면서 책 내용과 관련해 미래에 내가 교사가 되었을 때를 상상해보곤 했다. 또 미래 세대에 대한 이해를 바탕으로 교육을 좀더 거시적으로 바라볼 수 있게 되었다.

- 운동을 하자. 요즘 군대는 일과 시간 이후 다 같이 침대에서 휴대전화를 보는 게 일상적 생활일 것이다. 하지만 군대만큼 건강을 챙기기 좋은 곳도 없다. 나도 군대에서 할 게 없어 운동을 했는데, 그때 몸이 다져졌고 누적된 건강으로 대학 생활을 활기차게 할 수 있었다. 한 학기 27학점을 듣고, 부학생회장, 학회장, 그 외 대외 활동을 할 수 있었던 것은 건강했기 때문이다. 임용고시를 준비하면 건강이 나빠질 확률이 높은데, 원래 건강했던 사람은 체력 소모가 비교적 덜하다. 공부는 체력이고, 지구력이다.
- 군대에서 임용 공부하는 것을 권하고 싶진 않다. 대부분의 임용 합격

자도 군대에서의 공부를 권하진 않을 것이다. 군대는 삶으로부터 거리를 두고 쉬면서 자신을 이해하는 시간으로 쓰기에 좋다. 자신에 대한 이해가 깊을수록 임용고시에 대한 확신이 뚜렷해지고 공부할 때 지구력과 집중력도 생기는 법이다.

• 사람을 경험하라. 나는 선임병이나 분대장도 일종의 교육자, 즉 교사라는 생각이 들었다. 대인 관계 능력이야말로 교사에게 중요한 역량이 아닐까 싶다. 잘 가르치는 것만큼 중요한 일은 학생을 이해하고 학생과 잘 소통하는 것이다. 요즘은 선임병도 없고 다 동기로 지낸다고 하지만, 선임병으로서 후임병에게 이것저것 알려주고 원하는 방향으로 이끄는 것은 예비 교사로서의 작은 경험이 된다. 다양한 사람의 마음을 모으는 일은 학교 교실에서 살아남는 데 중요한 자질이다. 교실은 다름이 공존하는 곳이다. 더욱이 교사 집단 내에도 정말 다양한 사람이 있다. 의견과 생각이 다른 동료 교사들과 종종 협업해야 하므로, 사회생활의 축소판으로 군대를 경험해보자.

• 수능 이후 대학 입학 전까지 무엇을 했는가? 군 전역 직후 복학까지는 그 시기처럼 시간을 보내서는 안 된다. 전역하는 달이 2~3월이라 바로 복학하는 사람도 있겠지만 대개는 몇 개월의 시간을 갖는다. 전역 직후 무엇을 할지 상병장 즈음에 적극적으로 계획해둬라. 나의 직접적인 성장과 관련 없어 보여도 괜찮다. 이때 아니면 못 해볼 경험들을 계획해둬라. 나 개인적으로는 많은 사람을 만난 게 소중한 경험이었다. 어학연수를 다녀와보고 싶었는데 기간이 짧아 그러지 못했고 큰 아쉬움으로 남아 있다.

• 위기를 기회로 삼아라. 결국 군대는 표면적으로 위기에 속한다. 젊은
날의 시간을 앗아가기 때문이다. 하지만 말 그대로 '휴학'의 의미가 되
기도 하고, 자신의 과거를 되돌아보며 미래를 그리는 시기가 될 수 있
다. 위기를 기회로 바꾸는 것은 자기 몫이다. 군대에서의 시간을 잘 활
용하면 임용 걱정 없이 사범대 생활을 할 수 있는 발판을 마련하게 될
것이다.

사범대생이라면 다 해보는 교사 체험판, 과외

대부분의 사범대생이 대학을 다니는 것 외에 가장 많이 하는 일은 단연 과외일 것이다. 그만큼 많은 사범대생에게 중요하면서도 개인마다 다른 여러 의미를 갖지 않을까 싶다. 사범대생이라면 거의 다 해보는 과외, 그건 어떤 의미일까?

(1) 하려는 일의 범주 안에 있는, 당장 경험할 수 있는 것

많은 사범대생은 교사를 희망한다. 여기에는 여러 의미가 있지만 조금 좁혀보면 사범대생들은 해당 '교과 수업'을 하고 싶어한다. 특히 입학 초에는 대부분 그렇다. 하지만 교생 실습은 4학년이 돼서나 하고, 그마저 한 달밖에 안 된다. 임용고시라도 쉬우면 좋을 텐데, 그렇지 않아서 어쩌면 '교과 수업'을 진행하는 경험을 언제쯤이나 할 수 있을지 모른다. 이런 상황에서 과외는 교과 수업을 경험해볼 수 있는 좋은 일이다. 대한민국에서 과외 시장 수요는 충분히 있다. 학벌 경쟁력이 조금 떨어져도 사범대, 해당 교과 전공이라는 메리트를 살리면 과외를 구하는 것은 어렵지 않다. 사범대를 졸업하고 교사를 하지 않는 사람은 많지만, '교과 수업'을 안 해본 사람은 거의 없을 것이다.

(2) 자신의 특기를 살려보는 일

과외가 아르바이트와 다른 점 중 하나는 전문성이 좀더 발현된다는 점일 것이다. 교육에 관심이 있건 없건, 내가 해당 교과를 잘했다면, 그 특기를 살려 할 수 있는 일이다. '내 특기를 살려 돈을 번다'는 것은 많은 사람이 누릴 수 있는 경험이 아니다. 이는 자신의 능력에 대한 자신감과 성취감을 주고, 앞으로 가르치는 일을 꾸려나갈 힘도 얻게 된다. 한편 '과외로 먹고살 수는 있겠구나'라는 안일한 생각으로 이어지기도 한다. 과외 분야도 깊이 나아가려면 전문성이 필요하다.

(3) 교육자로서의 자신을 경험

교사를 꿈꿔왔든, 아직 결정을 못 했든 교사 생활을 직접 체험해보기는 어렵다. 하지만 과외는 그런 경험을 간접적으로 할 수 있는 기회다. 과외를 하다 보면 나의 교과 수업 능력, 학생을 독려하는 힘을 실제로 발견하게 되고 '잘 가르칠 수 있겠다'는 확신을 얻기도 하며, 내가 잘하는 것과 가르치는 것 사이의 간극을 크게 느끼기도 한다. 수업마다 자신감과 부족함을 동시에 느끼게 된다. 또 가르치는 것에 있어 자신의 선호를 알게 되고, 수업 방식에 대한 자신만의 가치관을 정립하는 계기가 된다. 가령 잘하는 학생들을 계속 더 잘하게 하는 것과 공부를 안 하던 학생을 이끌어 공부를 하도록 만드는 것에서 얻는 바는 다르다. 교육자로서 자신이 어떤 사람이고 싶은지 알게 되는 과정인 셈이다. 학생들에게 긍정적인 영향을 준 것에 대한 뿌듯함도 과외를 통해 경험할 수 있다. 과외 선생님이라도 학생들에게 주는 영향력은 충분히 크기 때문이다. 학생, 학부모와 밀접한 관계를 맺으면서 교육을 받는 대상자의 상황과 마음을 꿰뚫으며 과외하면 그만큼 다양한 집안 환경과 사람들을 접할 수도 있다. 아이를 자신의 성취 수단으로 여기며 아이를 압박하는 학부모가 있는가 하면, 자녀가 원하면 적극 지지해주는 학부모도 있다. 어쨌든 그들로부터 교육적 요구를 받는 경험은 교사에 대한 관심이나 고민으로 이어지기도 한다.

(4) 용돈벌이와 강력한 생계 수단

많은 대학 졸업생에게, 더군다나 사범대 졸업생들에게 과외는 교육적인 경험보다 용돈벌이나 생계 수단으로 기억되곤 한다. 많은 사범대생이 저학년 때는 '교육적 경험'의 의미를 느끼다가도 과외 경험이 쌓이면 일상처럼 관성적으로 하게 된다. 재능과 특기를 살려 돈을 벌고, 대학 생활을 누리는 것은 할 수 있다면 해보는 것이 좋다. 특히 일반 아르바이트보다 적게는 2~3배, 많게는 4~5배의 수입이 주어진다. 그렇기 때문에 대학생들에게는 강력한 생계 수단이 되기도 한다.

(5) 임용고시 공부와 병행 가능한지에 대한 고민

과외를 하다가 그만두면 재정 면에서 아쉬움이 크다. 임용고시 응시를 결심한 학생들이 학년이 올라갈수록 고민하는 것은 바로 임용 공부를 하며 과외를 병행할 수 있을까 하는 점이다. 과외를 시작할 때는 '끝'을 고민하지 않고 시작하는데, 과외를 하다 보면 '끝'을 생각해야 한다.

과외 관련 팁

- 심리적 완급 조절을 잘해야 한다. 과외를 많이 하다 보면, 어느 순간 학생이 돈으로 보일 수도 있게 된다. 어느덧 어떻게든 성적을 올려서 과외를 지속하거나 과외비를 더 받거나, 다른 과외를 소개받으려 하는 자신을 발견하게 된다. 물론 학생의 인생에서 성적 상승을 통한 성취감과 목표 달성은 매우 중요하다. 하지만 대학 때부터 교육자로서의 마음가짐을 잃지 않았으면 좋겠다. 훗날 사교육으로 진출한다면 이윤 창출의 구도는 충분히 경험하게 될 것이다. 그때는 정말 '살기 위해서' '많이 벌기 위해서' 학생의 성적을 올려야 한다. 뿐만 아니라 과외를 많이 하면 웬만한 직장인만큼 돈을 벌기도 하는데, 오만함에 빠지기 쉽고 무엇보다 본인의 신분을 망각할 수 있다. 이로 인해 임용고시에 대한 동기 부여도 약해질 우려가 있다.

  참고로 일대일 과외와 교실에서 20~30명의 학생과 수업하는 것은 다른 차원의 일이다. 일대일 과외 상황을 갖고 20~30명의 교실 수업 경험처럼 착각해서는 안 된다. 보통 일대일 과외를 2명만 해도 일주일이 바빠지며, 3명부터는 노예(?)가 되는 느낌이다. 즉 스스로 마음을 경계를 요하는 일이다. 만약 자신이 '학생의 성적을 올리는 것과 이를 통해 인정받는 것'을 최선이라고 여기는 가치관을 갖고 있다면 적극적으로 과외하는 데 고민할 필요는 없을 것이다.

- 등록금이 목적이라고? 등록금 충당을 위해 과외하느라 학업에 소홀한 것보다는 과외를 안 하더라도 학교 공부를 잘해서 성적장학금을 받는 게 더 바람직하다. 물론 과외도 하면서 성적장학금을 받을 수 있다면 더 좋겠지만.

• 임용 공부와 과외는 병행이 가능할까? 임용고시 준비생마다 생각은 다르나, 대체로는 고학년이 되어 본격적으로 임용 1차를 준비하기 시작했다면, 과외를 하지 않고 공부 시간을 확보하라고 말하고 싶다. 하지만 여기에도 정답은 없다. 어떤 수학 중등 임용 합격생은 대학 생활을 하며 과외를 쉰 적이 없다고 한다. 그리고 과외를 통해 교과교육론의 내용을 의도적으로 적용하며 '체화'하기도 했다고 한다. 반면 어떤 합격생은 공부를 본격적으로 시작한 4학년부터 과외를 그만두었으며 이로써 시간이 확보되면서 '집중적인 공부가 시작'되었다는 느낌을 받았다고 한다. 자기 하기 나름이라는 뜻이다.

• 과외라도 수업 준비에 최선을 다한 만큼 교육적 경험이 남는다. 사교육 경험이 많으면 교사가 되어서도 학생을 가르칠 때의 관점은 확실히 더 넓어진다. A 단원을 과외로 가르쳐본 경험이 있는 사람이 교사가 되어 A 단원을 가르친다고 해보자. 해당 단원의 과외 경험은 학생들이 이 단원에 대해 어떤 방식과 형태로 사교육을 받고 있을 거라는 그림이 대강 그려지도록 만든다. 그 그림이 그려지냐 안 그려지냐가 커다란 차이를 만드는 것은 아니지만, 아이들이 교육과정 방향에 맞게 공부하고 있는지, 지나치게 촘촘하게 공부하고 있는지, 성적과 관련해 심리적 측면에서 어떤 문제가 있을지 등등이 가늠되기도 한다.
뿐만 아니라 확실히 교육과정이 체득된다. 특히 내 고등학생 시절과는 다른, 개정된 교육과정에 대해서는 더 그렇다. 체득의 효율성을 떠나서, 책과 문서로만 접한 교과교육과정은 한번 가르쳐보면 잊어버릴 수 없게 된다. 교수학습상의 유의할 점도 직접 경험하게 된다.

• 학부모와의 소통을 유지한다. 과외는 신뢰감이 중요하므로 간략히라도 수업 계획을 말씀드리는 것이 좋다. 또한 과외비 입금 전후만 연락하는 게 아니라, 중간에 수업 진행 상황이나 학생의 상태와 관련해서도 연락하는 것이 좋다. 처음 시작할 때도 재학증명서, 신분증, 과외 안내 사항 등을 학부모에게 제공하는 이들도 많다.

과외 일정을 당일 취소하거나 연기하는 것은 금물이다. 다른 일이 생기면 미리 일정을 조정해서 학생의 시험 기간에 여러 번 수업하거나 미리 보충을 하면 된다.

• 1대 1의 장점을 최대한 활용해라. 1대 1의 최대 장점은 바로 관계 형성이다. 깊이 있는 관계가 부담스러울지 모르겠으나, 한편으로는 더 나은 교육을 위한 관계 형성이라고 봐도 좋다. 교사와 학생 간의 친밀감이 교육에 어떤 영향을 주는지, 그 영향을 긍정적으로 유도하려면 어떻게 해야 할지 실습해볼 기회다.

• 너무 먼 거리의 과외는 하지 마라. 시간과 체력 소모가 심하기 때문이다. 특히 통학하는 학생이라면, 집, 학교, 과외 장소 간의 교통수단과 그 소요 시간을 잘 고려해봐야 한다.

• 임용고시와 병행하는 것이 아니라면 학습 대상으로 여러 학년을 경험해보라. 사실 같은 학년을 2명 가르치는 것이 다른 학년 2명을 가르치는 것보다 훨씬 수월하다. 실제 교사가 되어서도 여러 파트의 수업을 동시에 하는 것은 지양해야 할 일이다. 버거운 만큼 완성도가 떨어지기 때문이다. 하지만 과외를 하면서 다양한 연령의 학생을 만나는 가

운데 넓은 범위 교육과정을 이해하고, 학령별 학생들의 심리나 생활상을 접할 수 있다. 그리고 본인이 중학교 교사가 되고 싶은지, 고등학교 교사가 되고 싶은지, 특목고나 자사고 교사가 되고 싶은지 고민해볼 기회도 된다. 나는 중학생은 물론, 심지어 초등학생들도 가르쳐봤는데 그때 경험이 현재 고등학생들을 이해하는 데 도움이 된다. 그들이 어떤 과거 전적을 밟고 고등학교로 진학했는지 가늠할 수 있기 때문이다. 만약 2명의 학생 과외를 임용고시 공부와 병행해야만 한다면 같은 학년을 가르치는 것이 훨씬 좋다.

• 과외로 한 명의 학생을 밀도 있게 가르치며 '성적 상승'을 유도하는 경험은 꼭 해보길 바란다. 사실 교사가 되어 담임을 하고 수십, 수백 명 학생들의 교과 교사가 되면 개개인의 성적 상승에 있어 밀도 있는 지도가 어렵다. 미시적 관점에서 학생 개개인의 성적 상승 과정을 잘 이해하는 것은 과외에서 얻을 수 있는 경험이기도 하다.

평생 잊지 못할
교직의 첫걸음,
교생

사범대생에게 교생이란? by 이준건

  사범대생으로서 일생에 한 번 하게 되는 교육실습, 바로 '교생'이다. '교생'의 정확한 명칭은 '교육실습생'이다. 학창 시절 교생 선생님에 대한 기억은 누구나 갖고 있을 것이다. 담임 선생님보다 훨씬 젊고, 학생인 나와 나이 차이도 얼마 나지 않아 그 신선함이 학생들을 들뜨게 한다.

  사범대학 교육과정이나 교직 이수 과정, 교육대학원 과정에는 '교육실습'이라는 수업이 있다. 실제 교육 현장에 나가 4주간 학생들이 있는 곳에서 학생 지도를 겪고, 수업도 직접 함으로써 이수하는 실습형 수업이다. 교수님이 아닌 학교의 담당 교사에게 성적을 받고, 학점으로도 인정되는 대학 수업 중 하나로 진행되는 만큼, 졸업을 목표로 하는 사범대생에게는 부담스럽고 번거로운 기간이 될 수도 있고, 교사가 되려는 이들에게는 처음 학생들을 맞닥뜨리는 중요한 경험이 된다.

교육실습과 다른 수업의 큰 차이점이라면 외부 실습으로 진행된다는 점이다. 이 때문에 교육실습 기간에 다른 전공 수업을 수강할 수 없는 상황이 생긴다. 중학교나 고등학교로 현직 교사와 똑같이 출퇴근하기 때문에 다른 수업을 들을 여유가 없다. 또 가령 대학은 서울에 있지만 교육실습 장소는 자신이 다녔던 지방의 출신 학교로 신청한다면 4주 동안 지방에서 생활해야 하기 때문에 다른 전공 수업을 빠지게 된다. 그래서 교생을 하는 학기에 사범대 밖 수업이나 사범대 내 저학년 위주의 수업을 듣게 되면 출석 인정과 수업 결손에서 문제가 생길 수 있다.

누군가에게는 사범대 생활의 꽃, 인생에서 가장 빛나는 기억이기도 하고, 누군가에게는 졸업을 위해 단순히 거쳐야 하는 관문인 교생. 특히 사범대생에게는 일종의 분수령이 되기도 한다. 교직에 전혀 뜻이 없던 사람도 교육실습에서 학생들을 만나고 수업을 진행하면서 교사가 되겠다는 확고한 동기를 부여받기도 하고, 교사가 되기 위해 오래전부터 준비하던 사람도 교육실습을 통해 교직 생활을 맛본 뒤 다른 방향의 진로를 찾는 일이 종종 일어난다.

사범대생에게 교생이란? by 황순찬

교육실습 경험은 많은 사범대생에게 교사라는 진로에 대한 확신을 주거나 아니면 반대로 교사를 포기해야겠다는 확신을 가져다주곤 한다. 안타깝게도 교대와 달리, 사범대생들은 4학년이 되어서야 교육실습을 하게 된다. 즉 진로에 대한 뒤늦은 사춘기(?)를 겪게 하는 것이 바로 교생이다. 한편 교사가 되지 않기로 이미 마음먹은 사범대생들도 졸업을 위해서라면 반드시 거쳐야 하는 길이다.

언급했듯이 교생을 하면서 겪는 경험은 어떤 이들에게는 교사라는 진로에 확신을 주지만 반대로 회의감을 심어주기도 한다. 열심히 준비해서 진행한 수업, 아이들과의 많은 추억 등 교사의 삶을 조금이나마 경험하며 교사가 나한테 맞는 일인지 생각해보게 된다.

교생의 경험은 교사가 되어서도, 혹은 교사가 되지 않더라도 평생 잊지 못할 경험이 된다. 한 달은 길지 않은 시간이지만, 자국은 깊고 오래간다. 향후 교육자로서의 삶에서 방향을 정하는 데도 도움이 된다. 이우학교에서 처음 대화를 나눈 아이가 자신은 더 나은 음악을 하고 싶어서 수학을 공부한다고 말했던 게 내게는 아직도 생생하다. 당장 교생을 끝마친 사범대생에게는 임고 공부에 박차를 가하는 동력이 되기도 하고, 강한 여운으로 임용 공부를 진득하게 하는 데 방해가 되기도 하며, 심지어 임용 공부를 포기하게도 한다.

교육학과, 교육공학과의 교육실습은?

교육학과, 교육공학과는 기본적으로 졸업 때 '교육학' 과목 교원 자격증이 나온다. 그러나 중등 교육기관에서 '교육학'이란 과목을 가르치는 학교는 사실상 없다고 보면 된다. 교육실습을 하지 않으면 졸업이 되지 않으므로 다른 교과목으로 교생을 하게 된다. 복수전공을 하고 있으면 그 과목으로, 아니면 고등학교는 윤리, 중학교는 도덕으로 교육실습을 나간다.

신청 과정

교육실습 신청은 자신이 실습을 진행하고자 하는 학교에 따라 달라진다. 학교의 특성과 담당 교사와의 궁합 등에 따라 실습 경험이 천차만별이기 때문에 일반화하기는 어렵지만 신청 방법은 주로 세 가지 중 하나다. 첫째, 사범대학 연계 학교. 둘째, 출신 학교. 셋째, 집에서 가까운 곳이나 교육적 가치관이 맞는 학교.

우선 사범대학 연계 학교가 가장 일반적이다. 많은 사범대학은 '사범대학 부속고등학교'를 두고 있다. 이준건도 '한양대학교 사범대학 부속고등학교'(이하 한대부고)에서 교육실습을 했다. 부속고등학교가 아니더라도 대부분의 사범대학은 교육실습 신청 학생들을 위해 연계 학교를 지정해서 운영하고 있다. 인근 중·고등학교에 협조를 구해 과목별로 필요한 교생 티오를 받아 학생들에게 수강 신청 형태로 받는다. 다만 사범대학마다 연계 학교에 교생을 연결해주는 방법에는 차이가 있을 수 있다. 학교에 따라 분위기, 시수, 실습의 난도 등은 편차가 크다. 교육실습을 다녀온 선배에게 후기를 꼭 듣자.

자신이 졸업한 학교로 가는 방법도 있다. 특히 사립고등학교를 졸업한 사람은 기존에 가르침을 주었던 은사가 그대로 계시기에 일면식 없는 학교보다 호의적으로 받아들여진다. 공립학교도 졸업생이 교생 실습을 신청하면 받아주는 경우가 많다. 그래도 본인이 직접 학교 교무실로 전화해서 졸업생인데 교생 실습이 가능한지 확인할 필요가 있다. 사범대마다 교생 실습 신청서가 있는데 이를 작성해서 해당 학교로 찾아가 학교장 직인을 받는다. 이를 사범대학 행정실로 제출하면 신청이 완료된다. 다만 유의할 점은 이렇게 스스로 실습할 학교를 접촉하려면 말 그대로 스스로 해야 한다. 누가 공지해주는 게 아니라서 시기를 놓치면 거절당할 수도 있다. 학교에도 기본 업무와 과정이 있다. 보통 교생은 4학년 1학기 4월쯤에 하는데, 적어도 그 전해 9~10월에는 연락해야 한다. 이렇게 교육실습을 출신 학교에서 진행하면 몇 년 전에는 가르침을 받았던 선생님의 모습을 동료 교사의 측면에서, 학생이 아닌 입장에서 수업을 분석하며 보는 기묘한 경험을 할 수 있다고 한다.

마지막으로, 연계 학교나 출신 학교가 아닌 곳에 신청하는 이들도 있다. 하지만 이런 경우 신청이 거의 받아들여지지 않는다. 학교로서 교육실습생을 받는 것은 부담스러운 일이다. 교생을 많이 받는다고 해서 학교에 이점이 있는 것이 아니며, 학생들이 동요해서 지도 측면에서도 어려움이 있고, 외부인에게 수업을 공개하기를 꺼리는 문화가 아직 남아 있기 때문이다. 그럼에도 이우학교처럼 예비 교사 양성에 관한 교육적 철학이 있는 학교들은 교생을 받아들여주기도 한다.

교육실습의 과정

교생마다 차이가 있지만 나(이준건)는 4주간의 과정에서 첫 2주는 참관, 뒤의 2주는 실습을 했다. 주당 참관 시수가 정해져 있었는데, 그 시간을 채워야 하는 압박에 시달린 기억이 남아 있다. 주로 관련 교과의 수업을 참관하려 하지만 여의치 않으면 다른 교과의 수업 참관도 허용되는 분위기였다. 다만 참관 전에 담당 선생님의 허락을 받는 것이 기본적인 예의이며, 허락 없이 불쑥 수업에 들어가는 것은 결례다. 실습 동안 평가를 해주시는 담당 교사가 배정되는데, 보통 성적 평정, 조·종례 지도, 수업 진도 배정을 하신다. 이 담당 교사로부터 교직 생활의 팁들을 들을 수 있다.

내가 실습을 진행한 한대부고는 꽤 큰 학교였다. 한대부중과 하나의 큰 재단으로 묶여 있기도 한데, 고등학교 자체로도 커서 모두 20여 명이 교육실습을 했다. 4주간의 실습이 전부 기억에 선명하게 남아 있다. 첫 교무 회의에 참석할 때의 떨림, 정장과 구두를 갖춰 입고 첫날이 어떻게 흘렀는지도 모르게 집에 돌아와서 곯아떨어진 기억, 확률과 통계 수업 준비를 위해 밤새워 발표 자료를 만든 것까지 무엇 하나 새롭지 않은 경험이 없었다.

하지만 모두가 공감할 가장 강렬히 남는 기억은 아이들과 관련된 것이다. 이전까지는 소규모 학생들만 대해봤던 나로서, 30명이 넘는 학생을 한꺼번에 만나 그들을 알아가고, 수업하고, 감정을 나눈 기억들은 가장 선명하게 남아 있다. 당시 나는 임용시험을 준비하고 있었는데 교육실습 이후 아이들이 싫어지면 어쩌나 걱정했지만 기우였다. 아이들은 처음 보는 교생 선생님이었을 나를 다정하고 따뜻하게 대해주었고 상담, 수업, 조회 등에서 서툴렀던 점을 이해하고 배려해줬다. 이 기간의 좋은 기억은 내게 교사가 되어야겠다는 다짐을 더 단단하게 해줬고, 임용시험을 준비하는 1년 동안 좀더 끈기 있게 앉아서 공부할 수 있게 만들어줬다.

이우학교에서의 특별한 경험

나(황순찬)는 사범대에 다니면서 알게 된 대안 교육에 관심을 두고 있었다. 그 와중에 이우학교를 알게 되었고, 이곳이 공개적으로 교육실습생을 모집한다는 것도 알게 됐다. 이우학교는 인가형 대안학교로 일반 고등학교와 똑같이 졸업장을 준다. 일반 학교와 마찬가지로 교생도 있다. 대학 2~3학년 즈음부터 교육실습은 이우학교에서 하겠다고 마음먹었고 3학년 2학기 때 신청을 했다. 내 가치관과 맞는 학교에서 교생을 한 것은 아주 특별한 경험이었다. 내가 어떤 학교에서 일하고 싶으며, 어떤 학교를 만드는 데 기여하고 싶은지 생각을 조금씩 하게 만들어줬다.

이우고등학교 1학년 학생들을 대상으로 교육실습을 했다. 이우학교에는 농사 시간이 있는데, 텃밭을 가꾸면서 한 학생에게 "제일 좋아하는 과목이 뭐야?" 하고 물었다. 이 친구는 음악을 하는 학생이었는데, '수학'이라고 답했다. 예체능 학생들이 수학을 제일 좋아하는 일은 드물어 그 이유를 물었더니 "수학이 더 나은 음악을 하는 데 영감을 주는 것 같다"고 답했다. 그 학생의 눈빛과 말투가 일으켰던 파장은 아직 마음속에 남아 있다.

이우학교에서 가장 인상 깊었던 부분은 아이들이 '이것을 왜 하고 왜 배우는지' 늘 말할 수 있는 힘이 있고, 그런 얘기가 어색하지 않은 문화라는 점이었다. 아이들이 학업 이외에 악기, 운동 등 특기 사항을 하나씩 가졌고, 쉬는

이우학교 교생 시절

시간이면 놀거나 심지어 바닥에 가만히 누워 있는 학생도 있었다. 물론 학생들이 삶에 대한 사유를 하다 보니 대입 중심의 고등학교에 비해 학업 추진력이 좀 달려 재수하는 학생도 많다. 대신 공부하는 이유가 분명하다 보니 삶의 만족도가 높고 공부를 제대로 시작했을 때의 지구력은 뛰어난 것 같았다.

교생 관련 팁

(1) 미리 알아봐라

교생은 대개 4학년 1학기 때 하는데, 신청하려면 3학년 2학기 초중반부터 알아봐야 한다. 특히 소속 사범대와 연계된 학교가 아니라 내가 원하는 학교로 가려면 더 서둘러야 한다. 교생을 하는 연도가 아닌 교생 하기 전년도 말에 신청하기 때문이다.

본인의 관심 학교, 출신 학교, 연계 학교 중 3학년 2학기 중반에 알아보고 확정을 해두는 것이 좋다. 그렇지 않으면 원치 않는 학교에 가게 될 수도 있다. 나는 일찍이 대안학교에 대한 관심을 갖고 있어 알아보다가 이우학교를 발견했다. 이우학교는 8월 말에서 9월 초에 차년도 교생 모집 공고를 올려 10월에 마감한다.

(2) 먼저 물어보라

교과 수업을 하든, (보조) 담임을 맡든, 학교 행사에 참여하든 모르는 것 투성이다. 먼저 다가와 알려줄 거라 기대하지 말고 최대한 물어보라. 나중에 교사가 되면 교생 때처럼 담당 교과 교사, 담당 담임교사가 배정되는 것이 아니다. 즉, 사기업처럼 '사수'가 있는 것이 아니다. 물어볼 수 있는 명분이 강한 때다. 실컷 물어보라. 그리고 훗날 교사가 되면 물어보는 습관은 더욱 필수가 된다. 임용시험 2차의 만능 답안이 바로 '동료장학' 아니던가? 그런 것에는 다 이유가 있다.

(3) 교생이 겪는 경험은 실제 교사가 겪는 경험의 극히 일부라는 점을 염두에 둬라

교생 수업을 통해 교사의 길을 진지하게 고민하게 되지만 교생을 모든 선택의 준거로 삼을 수는 없다. 교생이 겪는 경험은 실제 교사가 겪는 경험의 극히 일부이기 때문이다. 교육실습은 대부분 수업, 아이들과의 관계 형성에 초점이 맞춰져 있는데, 이 외에도 학교에서는 다양한 일들이 일어난다. 교생은 책임에서 몇 발짝 뒤로 물러나 있지만, 교사가 되면 전적인 책임을 져야 한다. 더불어 4주의 시간은 교직을 경험하기에는 극히 짧은 데다 환경 또한 특정 학교와 담당 교사, 소수의 학생들로 지극히 제한적임을 염두에 둬야 한다.

(4) 교생 실습은 매우 늦은 시기에 이뤄지므로 그 전에 실무 경험을 해보는 것도 좋다

교생을 통해서 교직이라는 현장을 많이 체험하게 된다. 이를 통해 확신을 얻든 회의감을 느끼든, 안타까운 점은 이렇게 중요한 과정을 4학년에서나 경험한다는 것이다. 정기적으로 출근하는 교사를 경험할 수는 없겠지만, 교육 봉사, 과외, 학원, 청소년 활동 참여 등 아이들을 만나고, 수업을 해볼 수 있는 방법은 생각보다 다양하다. 꼭 학교 교실에서 정규 수업을 해야만 교직 경험을 하는 것은 아니다. 넓게는 많은 사람 앞에서 무언가를 전달하는 것도, 사람들과 관계를 형성하고 작은 모임을 운영

하는 것도 부분적으로 교직을 경험하는 일이라 생각한다. 이런 일들에 있어서 내가 어떤 모습을 보이는지 모른다면, 교생 이전 저학년 때 많은 경험들을 통해 자신에 대한 이해도를 높이길 바란다. 그것이 임용에 대한 확신 혹은 다른 진로로 나아가는 힘이 된다.

(5) 교사가 될 이들은 교생 기간에 최대한 많이 부딪혀라

수업, 아이들과의 상담 시간, 학교 행사 참여 등 교생을 하며 겪는 경험의 질과 양은 자신의 적극성에 달려 있다. 자진해서 연구수업을 하는 대표 교생에 지원해보는 것도 좋다. 힘들어도 성장할 기회이며, 큰 성취감을 느낄 수 있다. 이런 경험은 임용고시 2차, 사립 수업 실연, 면접에서도 활용된다.

(6) 교사가 될 생각이 없다면 그 뜻을 조심스럽게 전하라

교사가 될 생각이 없는 이들도 졸업을 위해 교생을 해야 한다. 이때는 담당 교과 교사와 담임교사에게 조심스레 말씀드려라. 대부분의 교사는 이 점을 탓하지 않으며, 문제가 되지 않는 범위에서 최소한으로 교육실습을 이수하도록 도움을 준다.

(7) 동료 교생들과 친하게 지내라

교생 생활은 하루하루가 피곤하지만, 고된 환경에서 스스로를 고립시키지 말고 다른 교과 교생들과 마음을 여는 사이가 되면 좋겠다. 옆 교실에서 다른 수많은 일이 펼쳐지고 있기 때문에 그들을 통해 간접경험을 할 수도 있다. 한편 동료 교생 선생님들은 교생 이후 임용 공부를 할 때 예비 교육자로서 동반자가 되기도 한다. 교생을 할 때는 누구나 이상과 꿈을 품은 교육자다. 그 시절 함께 교생을 했던 선생님들과 교직에 나가서도 친분을 유지하는 것도 좋은 일이다.

(8) 현장에 있는 선생님들을 비판만 하지 말라

이상과 꿈이 넘치는 교생의 눈에는 재직 중인 선생들이 매너리즘에 빠져 있는 것처럼 비칠 수도 있다. 하지만 그들 나름의 수많은 교육철학과 사연이 얽혀 있기에 단편적으로 판단하기 어렵다. 교생 시절의 내가 현직에 있는 나를 보면 변한 모습 때문에 슬퍼할지도 모르지만, 지금에 와서 돌이켜보면 현직 교사들이 매너리즘에 빠진 것은 아니다. 담당 선생님들을 비판적 시각으로 바라보기보다는 교육 현장의 현실을 제대로 보고 거기서 어떤 교육자로 살아가며, 어떤 노력을 하는 게 좋을지 생각해 보는 것이 더 바람직하다.

(9) 임용고시를 마음먹었던 사람이라면 빨리 시험 준비 모드로 돌아오라

교생을 한 뒤 그 경험의 여운이 짙어 공부에 집중이 잘 안 될 수도 있다. 현실로 빨리 돌아오는 것이 관건이다. 교생 직후 공부가 왜 안 되는지 스스로에게 물어보라. 마음속에 분명 자신만의 이유가 있을 것이다. 특별한 이유가 아니라면 하루빨리 공부 모드로 돌아오라.

(10) 아이들에게 진심을 다하라

사람에게 진심을 다해보는 경험을 하기란 쉽지 않다. 그런데 이보다 더 어려운 일이 있다. 내가 진심을 다했을 때, 상대방도 내게 진심을 다하는 경험이다. 교생 실습에서는 어떤 묘한 힘에 의해 진심과 진심이 오가는 일이 많이 일어난다. 하루하루 진심을 다해보는 경험을 해봤으면 좋겠다. 교사가 되어서도 진심이 오가는 경험은 참 얻기 힘든 것 같다.

사범대생에게
성공적인
대학 생활이란?

성공적인 대학 생활이란 어떤 것일까? 사실 대학에 다니면서 스스로에게 이런 질문을 하는 사람은 많지 않을 것이다. 당장 해내야 할 것이 덮쳐오기 때문이다. 겨우 남들 해내는 만큼 하는 것도 벅찬 처지니 '성공적인 대학 생활'이란 말은 사치일 수밖에 없다.

'성공적인'에 대한 정의는 저마다 다르다. 대학 생활 동안 자신 자신을 이해하고 대학에 온 이유를 찾는 과정은 모두 다르기 때문이다. 그럼에도 '성공적인 대학 생활'에 대해 스스로 정의를 세워가는 과정은 꼭 있어야 한다. 대학 생활의 질적 차이가 여기서 비롯되기 때문이다. 나아가 이 고민은 예비 교사인 사범대생에게 더 필요하다. 훗날 아이들에게 우리가 배웠던 것처럼 '일단 대학 가' '일단 취업해'라며 삶의 질문을 외면하게 만들거나 깨뜨려버릴 수 있기 때문이다.

성공적인 대학 생활이 거창하고 추상적인 의미만 갖는 것이 아니다. 효율성을 제고하는 의미 또한 있다. 자신이 어떤 사람이고 어떤 모습을 갖고 싶은지에 대한 고민 없이 허겁지겁 달려갔을 때, 단기적으로는 효율적일지 모르지만 지구력 측면에서 보면 본인의 최대 역량을 발휘할 수 없게 된다. 임용 공부를 하든, 취업 준비를 하든 이런 일들은 꽤 긴 시간 동안 심리전과 더불어 진행되기 때문에 일시적인 추진력만으로는 역부족이다. 나에 대한 이해와 확신 없이는 긴 싸움에서 '내가 지금 이것을 왜 하고 있는지' '이게 맞는지' 하는 의심에 중심이 흔들리기 때문이다. 그래서 지구력이 중요하다. 특히 졸업 이후에 벌어지는 일들은 가치관에 밑바탕한 지구력에 의해 이뤄지는 것이 많다.

1학년 때부터 착실하게 임용 공부를 해서 휴학 없이 초수 합격을 목표로 하는 삶이 틀렸다는 말은 아니다. 하지만 이렇게 빠른 성취를 끌어내는 것은 아무나 할 수 있는 일이 아니다. 자신에 대한 이해와 대학에 온 이유가 매우 뚜렷하기에 가능하다. 나는 '성공적인 대학 생활'이란 단어로 명시화해서 고민하진 않았지만, '다양한 학생을 포용할 수 있는 다양한 경험이 있는 교사'를 목표로 대학 생활을 하고자 했다. 졸업 즈음에는 학생들에게 학업뿐만 아니라 인생의 경험들을 알려줄 수 있는, 경험이 풍부한 사람이 되고 싶었다. 다양한 경험이 축적되면서 '사람을 통해 세상을 바꾸는 교육자'를 꿈꾸게 되었고, 나에 대한 이해, 꿈, 가치관 등이 비교적 단단해졌다.

나는 7학기를 다니고 조기 졸업했다. 빨리 졸업한 뒤 더 재미난 것들을 찾아 나서고 싶었기 때문이다. 임용 공부를 하든, 사립 학교 공부를 하든, 취업 준비를 하든, 난 나에 대한 이해를 갖고 해나갈 자신이 있었기 때문에 졸업하고 더 놀 생각을 했던 것 같다. 그렇게 2015년 8월 스물일곱 살 때 백수가 되었다.

그때 나는 백수 상태가 행복했다. 왜 그랬을까. 임용 공부를 많이 한 것도 아니고, 사립 교사 채용을 준비하는 상태도 아니며 취업 준비가 안 돼 있는

데도 자신감이 있었다. 7학기 동안의 대학 생활과 4학년 여름에 다녀온 '투르드 프랑스' 여정에서 스스로의 미래에 대해 많이 생각했던 것이 그런 자신감의 근거가 되었다.

모험 속에서 백수 시절을 보낸 후에는 교육 현장에서의 내 모습이 어떻게 발현될지 더 많이 궁금해졌다. 10월 즈음, 한 달 반 동안 기간제 교사로 근무하며 교사의 꿈으로 회귀해 마음을 굳혔다. 그동안 다른 직종에도 관심을 가져봤지만 역시 내가 가장 가치 있게 살아갈 수 있는 일은 교직임을 확인했다. 문제는 임용이었다. 학과 공부는 열심히 했어도 임용 공부는 하지 않았었다. 나는 무엇보다 스스로를 자산으로 삼고 싶었기 때문에 사립 정교사 채용을 도전하기 시작했고, 세 곳의 학교에 최종 합격해 지금의 학교에 오게 되었다.

12학번 동생들은 내가 졸업하고 백수 생활을 시작하는 것을 응원하며 현수막을 만들어줬고, 나는 그들이 졸업할 때 "성공적인 대학 생활은 취업 성공이 아니라 백수임에 쫄지 않음이다"라는 말이 새겨진 현수막을 만들어줬다.

대학 내에 걸리는 현수막들은 임용 합격자 명단만 늘어놓는다. 다른 단과대도 고시 합격자들의 이름만 내걸어 마치 그런 사람만이 성공한 것이라 말하는 것 같았는데 그게 정말 싫었다. 그것은 다른 형태의 삶은 거들떠보지 않으며 그들을 중심에서 밀어내는 듯 보였기 때문이다.

취업 성공은 사실 별로 어려운 일이 아니다. 임용? 공부하면 된다. 원리는 단순하다. 우리는 흔히 '임용 어떻게 하면 붙어요?'라는 단순한 질문만 한다. 임용 특강에서도 늘 이런 질문에 둘러싸이는데, 물론 '정보전'도 어느 정도 중요하지만 답은 결국 '하면 된다'이다.

반면 '성공적으로 대학 생활하려면 어떻게 해야 하나요?' '졸업할 때 임용 떨어져서 백수 되면 어떻게 하나요?'라는 질문은 거의 하지 않는다. '백수임에도 쫄지 않는 것'은 '하면 된다'는 단순한 진리를 좀더 넘어서는 이야기다.

임용 공부에 대한 자기만의 확신만 있다면 임용에 떨어졌어도 위축되지 않을 수 있다. 임용 공부를 절실히 했는데도 떨어졌다면 미련 없이, 담담히 새로운 길을 준비해나갈 수 있다. 교직보다 나은 것에 대한 꿈이 명확히 생긴다면, 비사범대보다 조금 불리하더라도 취업 준비를 해나갈 수 있다.

'너도 할 수 있어'라는 말에는 어쩌면 폭력적인 부분도 있을지 모른다. 왜냐하면 이 말은 실패를 전제하지 않기 때문이다. 그래서 나는 '실패하더라도 쫄지 않을 수 있다'는 말을 현수막에 쓰고 싶었다. 이런 삶의 태도가 결국 학생들에게도 가닿을 것이기 때문이다.

미래 사회의
예비 교사를 위한
특별한 제언

스마트폰, 이게 없다면 얼마나 불편할까? 불과 십 몇 년 전만 해도 스마트폰이 없었지만 나름대로 잘 살았던 것 같다. 그때 지금과 같은 세상을 얼마나 예견했을까? 과거에 미래를 미리 준비한 사람들은 지금 어떻게 지내고 있을까? 과학기술 발전과 사회 문화적 변화에 따른 충격은 학생들에게도 고스란히 전해진다. 교사들이 1년마다 새로 올라오는 학생들이 다르다고 느끼는 것은 충격이 크고 잦기 때문이다. 미래 사회는 급변한다고들 한다. 학생도 변하고, 교육과정과 교육 정책 또한 매우 빨리 변한다. 그런데 정작 가장 먼저 변해야 할 학교와 수업은 가장 늦게 변한다. 왜일까? 거기에는 복합적인 요소가 작용할 테고 거시적인 차원에서 교육 정책가들이 가장 고민하는 부분일 것이다. 이 글은 그런 거시적 문제를 다루지는 못하고 교육 현장에 있는 한 명의 (예비) 교사로서 준비할 수 있는 부분에 대해 이야기하고자 한다. 우리는 급변하는 사회 속에서도 유의미한 교육 활동을 하고 싶고, 이처럼 미래 사회를 위한 교육 역량을 계발하는 노력이 모여 궁극적인 변화를 만들 수도 있다고 본다.

344

물론 시대 흐름에 발빠르게 맞춰 발전하는 것이 교사에게 요구되는 제도적 의무는 아니다. '교사는 안정적이다'라는 말에는 사실 이런 부정적 의미도 포함되어 있다. 열심인 교사와 그렇지 않은 교사 둘 다 해임되지도 않고 연봉에도 큰 차이가 없다. 하지만 아이들의 눈빛이 다르다. 아이들의 문화 속에서 둘의 이미지화된 모습은 극단적인 차이를 보이며, 무엇보다 교사 자신이 그 차이를 가장 잘 느낀다.

급변하는 사회 속에서 교육자로서 끊임없이 성장하려는 길을 택하더라도 문제는 끝없이 닥쳐온다. 자신의 노력을 알아주는 이가 없다는 느낌이 수시로 찾아오기 때문이다. 그럼에도 미래 사회에도 조금이라도 더 유의미한 교육활동을 하고 싶다면 이 글을 읽고 같이 고민해보자.

고교학점제

최근 학교 교육의 뜨거운 쟁점으로 떠오르는 것은 바로 고교학점제다. 예상보다 엄청난 변화일 텐데도 현장에서는 아직까지 그 충격에 대비하거나 최적화된 시스템을 갖출 움직임이 대체로 적은 편이다.

고교학점제란 과목선택제를 토대로 고등학교에서도 대학처럼 수업을 선택하고 졸업에 필요한 학점을 이수하는 제도다. 물론 여기서의 선택은 완전 자유가 아닌 기본 커리큘럼을 토대로 학생의 선택권이 부분적으로 반영되는 것을 뜻한다. 각자의 학습 능력, 흥미, 적성, 진로를 고려한다면 학생 개인의 과목 선택권이 많아야 하는 게 맞다. 선택권의 비중을 과거 교육과정보다 늘리자는 것이 2015 개정 교육과정과 이후의 고교학점제의 입장이다. 교육부에서는 '교육과정 수평화로 입시 과열 완화'라는 취지를 내세우고 있다. 교육부가

2017년 11월 27일 발표한 '고교학점제 추진 방향 및 연구학교 운영계획'에 따르면,[1] 내용은 다음의 세 가지로 요약된다.

첫째, 2022년 도입을 목표로 체계적인 준비, 검토를 거쳐 단계적으로 추진한다.

둘째, 고교 체제 개편, 수업 및 평가 혁신, 대입 제도 개선 등과 종합적으로 연계한 제도를 마련한다.

셋째, 연구·선도 학교 지정 및 운영, 일반 학교 대상 지원 확대를 통해 학점제 도입을 위한 지원을 확대한다.

도입 일정을 표로 정리하면 다음과 같다.

구분		2018	2019	2020	2021	2022	2023	2024	2025
학점제 제도 개선		정책 연구 ※ 교육과정·평가, 교원·시설 등		종합 추진 계획 마련		학점제 제도 부분 도입			학점제 본격 시행
교육과정	2015 부분 개정	정책 연구		2015 개정 교육과정 (총론) 일부 개정 고시		일부 수정된 2015 개정 교육과정 적용			
	전면 개정			개정 발의 및 기초연구	총론 확정, 교과교육과정 개발	교육과정 개정 고시			2022 개정 교육과정 적용
내신 성취평가제			진로 선택 과목 성취 평가제 대입 반영 (고1부터)				성취평가 내실화 방안 마련		전과목 성취 평가제 대입 반영 확대 (고1부터)

출처: 교육부 고교학점제 안내 자료

고교학점제를 시행하는 이유는 크게 세 가지다.

첫째, 학교 교육과정의 정상화에 기여할 수 있다.
둘째, 학교 교육의 책임 교육을 실현할 수 있다.
셋째, 고교 체제 서열화를 막고 학교 내 교육과정 다양화로 대체할 수 있다.

물론 고교학점제가 이런 의의를 얻는 데는 숱한 노력과 준비가 필요할 뿐 아니라 많은 문제점이 뒤따를 수밖에 없다. 취지가 좋더라도 깊게 탐구하는 교육의 부재, 학교 시설 등의 인프라 문제, 교사 수급 문제, 대입 제도와의 연결성, 학교 및 교사 재교육, 수업 재이수 허용 여부, 학생 수준에 따른 효과, 진로 교육의 중요성에 대한 사회적 공감 등 부작용들이 거론된다. 이런 점이 우려되더라도 이미 공식적으로 추진이 확정됐으니니 (예비) 교사들은 이에 대비할 수밖에 없다. 그렇다면 우선 고교학점제가 무엇인지 공부할 필요가 있다. 교사라면 관련 연수나 모임에 참여할 수 있고 사범대생이라면 교직, 교과 교육론 과제나 동아리, 학회 등에서 공부를 제안해보자. 다음은 관련 홈페이지다.

- 교육부 고교학점제 홈페이지 http://www.hscredit.kr
- 경기도 교육청 고교학점제 관련 페이지(알림마당-자료실-고교학점제) https://edup.goe.go.kr/gajago

이외에도 교육부 차원에서는 물론 시도교육청별로 고교학점제 기본 계획

안들이 계속 공고되고 있다. 서울시교육청도 2020학년도 서울형 고교학점제 기본 계획을 2020년 2월 발표했다.[2] 고교학점제에 대한 논의가 확대되고 계획이 속속 나오고 있으니 자연스레 다음의 질문으로 이어진다.

- 미래 사회가 요구하는 인재상은 무엇이며 고교학점제에서 이를 잘 실현하기 위해 단위 학교 교사로서 할 수 있는 것은 무엇일까?
- 교육과정과 고교학점제와의 관계는 어떻게 정의될 것인가?
- 학생은 어떤 수업이 개설되길 원할까?
- 학교는 교사가 어떤 수업을 개설하길 바랄까?
- 나는 어떤 수업을 할 수 있을까?
- 나는 이를 위해 어떤 역량을 쌓아나가야 하는가?
- 나는 기존 교과 수업 외에 어떤 형태와 내용의 수업을 개설할 수 있을까?
- (수학 교과를 예로 들자면) 수학 1, 수학 2, 미적분, 확률과 통계와 같이 옛날과 똑같은 형태로 수업을 개설해도 될까?
- 학교에는 어떤 인프라가 필요할까?

이런 질문에 정해진 답은 없겠지만, 함께 고민해볼 필요가 있다. 나아가 이런 고민과 연구 과정은 교육자로서의 나에 관한 이해로 자연스레 이어질 것이다.

미래 사회 역량과 기반 수업

급변하는 미래 사회를 살아갈 학생들에게 필요한 수업은 무엇일까? 고교학점제로 인해 필요해지는 수업은 무엇일까? (학교가 입시 기관은 아니지만) 변화하는 대입 제도에 유리한 수업은 무엇일까? 평생직장을 갖는 사람의 비율은 어떻게 변해갈까? 미래 사회에는 기그 워크gig work라고 하는 단기 노동 형태가 더 확산되고 평생직업의 의미가 약해진다.[3] 또 변화에 맞춰 직업이 없어지거나 생기고, 때로는 역할이 바뀌기도 한다. 결론적으로, 한번 배운 다량의 지식으로 평생을 살기는 힘들다. 심지어 안정적인 공무원이나 교사도 급변하는 사회 속에서 전보다 더 많은 재교육이나 평가를 요구받을 가능성이 높다.

그렇다면 우리는 평생 쓸 지식을 가르치는 게 아니라, 사회에 빠르게 적응하고 창조적인 생산물을 만들어낼 인재를 길러야 하지 않을까? 2020년부로 전 학년에 적용되는 2015 개정 교육과정은 창의융합형 인재 양성을 목표로 하는데, 다음과 같이 인재상을 언급하고 있다.

"인문학적 상상력, 과학기술 창조력을 갖추고 바른 인성을 겸비하여 새로운 지식을 창조하고 다양한 지식을 융합하여 새로운 가치를 창조할 수 있는 사람."

이런 인재상이 모든 경우에 알맞다고 할 순 없을 것이다. 이 때문에 교사가 자신이 기르고 싶은 인재상을 미시적 범위에서 재구성해 스스로 정의해봐야 할 것이다. 미래 사회의 인재상과 그에 필요한 역량은 무엇인가? 이를 이해하려면 기술, 공학, 사회, 경제학 등 여러 학문에서 내놓는 미래 사회에 대한 진단과 예측을 이해해야 할 것이다. 특히 우리나라 상황을 더 잘 이해할 필요가 있다. 저성장은 거의 확실시되고 인구와 일자리 구조도 세계 다른 나라에 비해 급격한 변화를 겪을 가능성이 높다. 미래 사회에 대한 이해도가 높을수록 미래 세대에게 필요한 역량도 더 잘 재정의하고 세분화해볼 수 있게 될 것이다.

미래 사회의 인재를 기르기 위해서는 어떤 수업이 필요할까? 패스트 팔로어fast follower 전략이 통했던 과거에는 단순 지식 전달 중심의 수업이 효과적이었지만, 그런 시대는 이미 지난 지 오래다. 강의식 수업 외에 다양한 형태와 내용을 갖춘 수업이 필요한데, 이에 대해서는 교과마다 심도 있는 연구가 꽤 오래전부터 진행되어왔다.

강의식 수업이 필요 없다는 뜻이 아니다. 창조와 융합을 하려면 다양한 분야에 대한 지식이 기초 재료가 되기 때문이다. 적절한 이론이 밑바탕에 있어야 비판적·창의적 사고가 더 유연하고 합리적으로 이뤄질 수 있을 것이다. 훗날 지식의 쓸모를 더 이상 논하지 않는 시대가 올까? 그렇다면 과거의 수업 형태는 반드시 재고되어야 할 것이다.

미래 사회의 문제와 인성 교육

요즘 교육자들은 "아이들이 점점 무섭다"고 말한다. 학생의 인성 문제에 얽힌 괴담과도 같은 이야기가 현실이 되어 뉴스에 등장한다. 학생 인권은 최근 몇 년 간 급격히 좋아졌다. 물론 학생인권조례에 대해서는 교육자마다 생각이 다르나, 학생 인권이 진보하는 것에 비해 인성 교육이나 교권 등에 관한 문제는 그 속도를 전혀 따라가지 못한다는 점에는 많은 교육자가 동의할 것이다. 특히 인성 교육이 필요하다는 점은 과거보다 더 공감할 것이다.

이보다 훨씬 더 두려운 얘기가 있다. 1997년에 청년 인구 10명이 노인 1명을 먹여 살렸다면 불과 20년 만에 5명이 그 역할을 맡게 되었다. 2040년경에는 1~2명이 그 역할을 해야 한다.[4] 생산 가능 인구는 급격히 줄고 노인 인구는 급격히 늘어나니 세금 부담 가중으로 세대 갈등이 예상된다. 사회가 온전히 유지되려면 지금 태어나는 아이들의 인성 교육이 필요하며, 이것은 지금 교육자 세대의 생존과도 직결된다고 말한다면, 지나친 표현일까?

더욱이 과학기술의 급격한 발달로 기술을 보유한 기득권 집단과 그렇지 못한 노동자 집단 간의 빈부격차는 더 심화될 것이다. 현재는 파레토 법칙이라 불리는 상위 20퍼센트가 전체 소득의 80퍼센트를 차지하는 양상을 띠고 있다. 하지만 미래 사회에는 기술을 독점한 상위 1퍼센트가 전체 소득의 99퍼센트를 차지할 수도 있다는 어두운 전망들이 나온다. 또한 미래 사회에는 비정규직 더 증가할 확률이 높다. 따라서 미래 기술을 가르치기 전에 미래 기술을 개발하고 이용하는 사람들이 어떤 사회적 윤리, 덕목, 가치를 갖춰야 할지 생각해보도록 해야 할 것이다. 다가오는 미래에 우리는 과연 어떤 인성 교육을 할 수 있고, 또 해야 할까?

융합 교육

수능을 위해 수학을 가르칠 때마다 늘 안타까움이 따른다. 수학적 사고를 자극하는 내용이나 문제는 많지만 사회, 자연 현상을 분석하거나 실생활 문제를 해결하고 비판적 관점으로 무언가를 바라보는 과정은 수학 교과 수업에서 많이 이루어지지 않기 때문이다. 다른 교과도 마찬가지다. 이처럼 과거, 그리고 현재까지도 지식 전달 중심으로 운영되는 수업이 많다. 하지만 이제는 교육과정, 평가, 나아가 대입 제도에서도 융합적 사고를 할 수 있는 수업과 교육 프로그램을 독려하고 있다. 2015 개정 수학과 교육과정에서 경제수학이 진로 선택 과목으로 있는 것만 봐도 알 수 있다.

일상의 문제를 해결하고 창조적 사고를 촉진하는 융합 교육을 연구하자. 그러려면 자신의 교과 전문성은 물론 그 교과를 기반으로 타교과 내용과 융합해 실생활 문제를 탐구하고 여러 사회, 자연 현상을 분석할 수 있는 수업과 교육 프로그램들에 관해 고민해봐야 할 것이다. 사회는 그러한 인재를 요구할 것이고, 언젠가 학교도 융합 수업을 원하게 될 것이다. 융복합 교육, STEAM 교육 등 융합 교육에 대한 논의는 다양한 키워드로 오랫동안 이뤄져왔다(STEAM 교육은 과학Science, 기술Technology, 공학Engineering, 인문·예술Arts, 수학Mathematics의 머리글자를 따서 만든 용어로, 학생들의 수학, 과학 교과목에 대한 국제성취도가 인지적 영역에서는 높지만 흥미도, 자신감 등의 정의적 영역에서는 크게 뒤떨어진다는 문제의식에서 출발한 교육이다). 선행 사례는 무수하며, 융합 교육은 다가오는 고교학점제의 기반 마련과도 많은 지점에서 맞물릴 것이다. 학생들이 자신의 관심사를 토대로 과목을 선택한다는 것은 학문적 영역을 넘어, 진로와 실제적인 부분을 고려한 것이기 때문이다.

물론 융합 교육에 대한 지지가 순수 학문과 어긋나는 것은 결코 아니다. 언급했듯 철저한 이론적 기반 아래 이러한 교육이 이뤄져야 하며 이도 저도 아닌 인재가 길러지는 교육 환경이 만들어져서는 안 될 것이다.

미래 사회 일자리 변화에 대한 이해와 진로 교육

미래의 산업 구조와 일자리 변화에 대한 이해는 진로 지도에 있어 필수적이다. 당연하게도, 기술과 사회 발전에 따른 직업 구조의 변화를 알고 있어야 그에 대응하는 교육 프로그램을 준비할 수 있다. 앞서 언급했듯 미래 사회에는 평생직업이 점점 더 소멸되고 고령화, 인공지능의 발달 등으로 일자리의 수요가 증가하는 곳과 감소하는 곳이 구별될 것이다. 반복적인 작업을 하는 단순노동 형태의 생산직, 사무직의 경우 일자리 수요가 급격히 감소할 것이다.[5] 다음의 링크는 한국고용정보원 미래직업연구팀의 연구 보고서를 바탕으로 2030년 기준 직업별 역량 대체 가능성을 보여주는 웹사이트다(https://news.joins.com/DigitalSpecial/229).

많은 직업이 사라지거나 로봇, 인공지능에 의해 대체되는 반면 4차 산업혁명의 주요 기술이라 할 수 있는 빅데이터, 인공지능, IOT 기술, 3D 프린팅, 로봇, 증강 현실, 양자 컴퓨터, 드론, 블록체인, 자율주행 자동차, 머신러닝 등과 이로 인해 파생되거나 긍정적 영향을 받는 직종의 수요는 늘어날 것이다. 고차원의 사고 능력이 필요한 일의 가치 또한 더 커지게 된다. SNS와 빅데이터 기술의 발달로 수요자의 욕구가 다양해졌다. 수많은 유튜버, 아프리카 VJ들이 생겨난 이유가 그것이다. 세상에는 변화가 많이 일어나고 있는데 학교 진로 교육은 제자리걸음인 경우가 많다. 대학만이 가장 중요한 절대적 기준이라 여기는 어른들은 아직도 많다. 어느 학원가에서는 아직도 스카이 카르텔을 들먹이며 학원을 다녀야만 하는 이유를 계속 만들어내고 있다.

기술 빅뱅으로 인해 산업 구조의 틀이 완전히 뒤바뀔 수도 있다. 나아가 인간이 급격하게 발전하는 기술을 제어할 수 없는 특이점이 오게 될 수도 있다. 그때 발생 가능한 잠재적 문제점들은 무궁무진하다. 심지어 인건비를 줄일 수 있는 기술 발전과 저성장 기조로 인해 기업의 성장이 곧 일자리의 증가로 이어지지 않는 실정이다. 일자리의 총량이 줄어드는 시대에 우리는 지금처럼 무한 경쟁 궤도를 계속 돌릴 것인가? 입시와 취직에 최적화된 교육 프로그램만 만들고 정량화된 경쟁 체제에 적응하지 못한 수많은 이들을 외면하는 교육을 지금과 같이 계속 해나갈 것인가?

이러한 상황에서 필요한 역량 중 하나는 창업, 창직 역량이다. 학교에서는 창업, 창직 역량을 길러주고 있을까? 꼭 창업, 창직 형태가 아니더라도 급격하게 변화하는 시대 속에서 학생이 졸업 이후 스스로 진로 설계를 해나갈 능력이 필요하다. 직장이 아닌 직업을 찾아야 하는 시대가 된 것이다.[6] 이러한 사회를 살아갈 학생들에게는 어떠한 진로 교육이 필요할까?

평생교육과 인생 교육

미래 사회의 변화에 따라 평생교육의 필요성은 더욱 증대되고 있다. 한번 쌓은 지식이나 기술로 평생 먹고 살거나 사회 변화에 적응하기 어려울 수 있기 때문이다. 다시 말해 일자리 수명이 들어든다는 얘기다. 개인뿐 아니라 기업들도 마찬가지다. 급변하는 상황 탓에 기업의 수명 또한 줄어들고 있다.

따라서 학교 교사로서 학생들이 이후에 평생교육을 잘 받을 수 있도록 역량을 길러내야 할 것이다. 한편, 교육 제공자로서 지금의 지식이 먼 미래에도 유효할 것인가, 은퇴 후에 교육 분야에서 어떤 것을 더 가르쳐나갈 수 있을까에 대한 고민은 해볼법하다.

현대 사회에서 행복에 대한 사람들의 관심은 더욱 증대되었다. 좀더 정확히 표현하자면, 옛날에는 빨리 직장을 잡고 안정적으로 수입을 내서 생계를 꾸리는 것이 행복의 기준이었다면 현대 사회에 들어 행복의 기준은 개인마다 천차만별이 되었다. 행복한 삶이란 무엇인가? 이 고민을 깊이 있게 뜯어보고 여러 의견을 들어보면 자연스레 학교 교육의 문제점으로 이어지곤 한다. 학교에서는 인생에서 정작 중요한 것들을 가르쳐주지 않았다. 안전, 사랑, 외로움, 일, 건강, 인권, 돈, 성, 인간의 정신, 시간, 세상, 운동, 역경 극복, 창업 등과 같은 것들 말이다. 사실 우리 일상에는 국영수과사 말고 위와 같은 것들이 더 비중 있지 않은가?

어쨌든 이러한 인생 교육의 시도는 이미 오래 전부터 있어왔다. 독일은 초등학생들을 대상으로 자전거 교육을 의무화했다. 초등학생 때 교통법규의 중요성과 거리에서의 위험도를 인지할 수 있는 능력을 갖추게 하는 것이다. 또한 집중력과 판단력이 형성되는 시기이므로 이때 정확한 교통법규를 익히면 성인이 된 후에도 교통법규의 중요성을 인지하고 지키려고 노력하게 된다고 한다. 정말 실용적이지 않은가?

우리나라에서도 초등학교에서 생존 수영을 가르쳐야 한다는 이야기가 나오고 있다. 이런 움직임은 2015 개정 교육과정에도 드러난다. 국영수 이수 단위의 제한과 더불어 예체능 교육의 강화다. 우리 학교만 해도 학교 스포츠클럽이 10개나 된다. 물론 학부모님들께서는 입시에 방해가 될까 걱정하지만 이에 참여하는 아이들은 스포츠클럽을 학교생활의 낙으로 삼는다. 그것을 통해 긍정적인 에너지를 얻는 학생이 많다. 입시를 위한 것은 아니지만, 체육학에 대한 관심으로 이어져나가 관련 분야로 진출하는 학생들도 덕분에 꽤 많다. 나 또한 아이들한테 수학이 아닌 농구와 스노보드를 가르쳐줄 때 참으로 기쁘다. 내가 교과 교육을 하는 이유는 무엇일까? 인생 교육은 필요 없을까? 내가 할 수 있는 인생 교육은 무엇인가? 나아가 내 교과와 연관 지은 인생 교육은 무엇일까? 나의 평생 과제다.

평가 도구의 다양화

평가 도구의 다양화 또한 진부하게 느껴질 정도로 오랫동안 중요하게 얘기되었던 것이다. 이론적으로 말이다. 그나마 학생부종합전형으로 인해 (다른 부작용은 차치하고) 평가 방법의 다양화는 많이 이뤄졌다. 실제로 평가의 목적은 무엇일까? 우리는 평가를 '선발의 도구'로만 활용해왔지만 본질적으로 평가는 수업 개선의 과정에 속한다. 학생들의 다양한 능력을 평가하고 개별화된 교육 프로그램이 제공되려면 평가 도구 또한 다양화되는 것이 바람직하다. 물론 교사들이 정말 고생스럽겠지만 말이다. 과정 중심 평가, 수행평가, 논술형 평가, 서술형 평가, 실험, 탐구 과제 등 다양한 형태로 평가가 이뤄질 수 있다.

특히 최근에는 과정 중심 평가가 강조되고 있다. 학생의 성취도만 숫자로 평가하는 것이 아니라 학생이 여러 차시의 수업 과정에서 어떠한 변화 과정을 거쳤는지 평가하는 것이다. 아직까지 객관식, 단답식으로 정답을 찍는 수능이 건재하다. 하지만 미래 사회 역량을 평가하는 방법으로써 기존의 객관식 시험은 분명 한계가 있다. 대부분 동의하고 있지만, 현실적으로 평가가 갖는 '선발의 도구'라는 역할의 비중이 너무 큰 탓에 다른 평가 도구의 도입은 여전히 우리에게는 불편하고 낯설다. 그럼에도 우리나라의 대입 제도, 특히 수능은 언젠가 과감하게 개편될 날이 올 것이라 생각한다. 그때는 학교 현장에서도 과정 중심 평가의 필요가 지금보다 급부상할 것이다. 그렇게 된다면 지금처럼 객관식 시험만 치르는 것이 입시에도 불리한 시대가 올지도 모른다.

우리나라 교육제도의 문제점을 아무리 개선해보려 해도, 입시가 바뀌지 않으면 해결이 어려운 것이 많다. 결국 우리나라 교육 문제의 시작이 입시, 곧 평가라고 해도 과언이 아니므로, '평가'의 개선이 교육과정, 교육 방법 등의 개선에 크게 기여할 것이라 기대한다.

소프트웨어 활용

소프트웨어 교육의 중요성은 2015 개정 교육과정에서도 강조되고 있다. 굳이 교육과정의 의무적·제도적 틀을 고려하지 않더라도 미래 사회에서는 첨단 과학기술을 효율적으로 제어, 연구, 개발, 사용하기 위해 소프트웨어 활용 능력이 요구된다. 이 때문에 학교 수업에서도 소프트웨어를 활용한 수업이 늘어나고 있다.

교과마다 교수 학습의 도구로 사용되는 대표적인 소프트웨어들이 있을 것이다. 이를테면 수학 교과에서는 알지오매스, 지오지브라를 활용하는데, 함수의 그래프와 도형을 쉽게 나타낼 수 있는 무료 소프트웨어다. 물론 대수식과 통계도 다룰 수 있다. 실제로 알지오매스, 지오지브라를 활용한 수업은 물론 탐구 활동 과제도 많이 개발되고 있다. 2009 개정 교육과정에서부터 '공학적 도구의 활용'은 강조되어왔다. 수학 교과에서는 그래프, 도형을 그리거나 통계 자료를 정리·분석할 때 공학적 도구의 활용이 강조되어왔다. 다만 그것이 수능에서 활용되지 않았을 뿐이다.

코딩 교육도 많이 언급된다. 사실 코딩을 할 줄 알면 관심 분야의 문제들을 해결할 강력한 무기를 갖게 되는 셈이다. 물론 컴퓨터 전공자가 아닌 교사나 사범대생이 코딩을 공부하는 것은 어렵지만, 학교 현장에서 유용하게 활용될 수 있는 것은 사실이다. 나중에 '10년대생들이 온다'라는 책이 나온다면, 그들의 코딩 능력이 언급될 것이다. 초등학교 때부터 다양한 소프트웨어를 다루고, 코딩 교육을 받고 자란 세대로 고등학생쯤 되면 많은 교과 영역의 문제를 코딩을 통해 접근하고 해결하려 할 것이다.

소프트웨어 활용에 관심을 기울여야 하는 큰 이유는 최근에서야 두드러졌다. 바로 2020년을 강타한 코로나19다. 시대를 앞서간 교육자들이 유튜브로 교육 콘텐츠를 제작하기 시작할 무렵, 교육 당국에서는 교사에게 유튜브를 허용할 것인가 말 것인가만 고심했다. 그런 와중에 코로나19가 확산되자 모든 교사가 온라인 수업을 준비하게 되었다. 잘 할 줄 모르는 교사들도 어떻게든 배워서 수업을 운영해나가고 있다. 만약 교사들의 온라인 교육 콘텐츠 개발 역량이 준비되어 있었다면, 온라인 수업 운영이 지금보다 훨씬 더 수월하지 않았을까? 기술로 인한 급격한 변화 속에 재난은 언제 또다시 닥칠지 모를 일이다. 또한 온라인 플랫폼 자체가 많이 구비되기 시작했으므로 소프트웨어를 활용한 교육의 패러다임도 달라질 것이다.

무엇보다 이제 교육 당국이 교사의 온라인 콘텐츠 개발을 장려하고 있다. 물론 온라인 수업 준비에 정신없는 교사들에게 교육 자료 개발 시 저작권 문제를 유념하라는 공문이 수시로 하달되지만, 어쨌든 교육공학적으로 진보된 형태의 수업을 운영하는 교사들이 정말 많아졌다. 실제로 코로나19 사태 이전에도 많은 선생님이 소프트웨어 활용의 필요성과 이에 대한 갈증을 느껴오던 터라 현장에서 소프트웨어 활용이 빠른 속도로 보편화되고 있다. 나아가 크리에이터와 같은 선생님도 많아졌는데, 어릴 적부터 크리에이터에 익숙하고 이를 희망 진로로 삼는 학생들이라면 이들 교사로부터 큰 영향을 받게 될 것이다. 과거에 '재미있는 선생님'이 인기가 있었다면, 가까운 미래에는 '유명 크리에이터' 선생님이 인기 있을지도 모른다.

그 외 여러 방면에서 패러다임의 변화는 시작되었다. 그런 와중에 소프트웨어를 활용한 교육 방법에서의 부작용도 속속 드러나고 있다. 학교 교육의 본질에 관한 철학적 고찰, 여러 하드웨어상의 문제, 수업 운영에 있어 열거하기 어려울 정도로 많이 발생하는 문제, 교육학적으로도 이미 언급되어온 문제 등. 가령 교수학습적 장치나 도구 자체가 교수 학습의 대상이 되어버리는 메타인지이동에 대한 경계는 늘 하고 있어야 한다. 소프트웨어의 활용뿐 아니라 그것이 발생시킬 수 있는 부가적인 현상과 문제점들도 연구할 필요가 있다. 일련의 시도가 더 나은 시도가 되려면 그것이 갖는 한계점을 인식하고 장단점을 각각 극대, 극소화해야 하기 때문이다.

다문화 교육

오랫동안 우리는 '단일민족이다'라고 배워왔지만, 이제는 우리나라 역시 다문화 시대에 접어들었다. 흔히 다문화라 하면 다국적·다인종을 뜻하는데, 이런 좁은 정의를 따르더라도 사회 전반적으로나 학교 현장에서나 모두 다문화 가정 학생이 많아졌다. 교육통계서비스 홈페이지의 통계에 따르면, 2019년 초등학생 수는 274만7219명이고 같은 해 다문화 학생 수(국제결혼 가정의 국내 출생 자녀와 중도입국 자녀, 외국인 가정 자녀)는 10만3881명(전체의 약 3.78퍼센트)이다.[7] 한 반이 25명이라면 그중 1명은 다문화 가정 학생인 셈이다. 이는 이미 교실 현장에서 충분히 체감되며, 이 비율은 전년도인 2018년보다 0.35퍼센트 증가한 수치인 데다, 앞으로는 더 증가할 것으로 예상된다. 이러한 현실은 다문화 교육의 필요성을 더 촉구하고 있다. 교육계에서도 다문화 교육에 관한 연구가 폭발적으로 증가하고 있으며 다양한 시도가 나타나고 있다. 이러한 관심을 보여주기라도 하듯, 2019년도 서울 모 대학 사범대 학생부 종합전형 면접에서는 '다문화 시대 교사의 역할은?'이 공통 질문으로 제시되기도 했다.

때로 교사들은 자신을 위한 수업을 하기도 하지만 보통 학생들을 위한 수업을 하며, 나아가 '모든' 학생을 위한 교육을 해야 한다. 다문화 교육이라면 마치 특정 소수 학생을 위해 교사들이 따로 연구해야 할 영역이라고 오해할

지도 모르지만, 이는 다문화 시대에 학급의 '모든' 학생을 위한 교육이다. 더욱이 여러 다문화 교육 이론에서는 다문화 영역을 국적이나 인종으로 한정 짓지 않는다. 부모가 모두 한국 국적인 학생들만 있는 학급이라도 다문화는 존재한다. 좀더 다양하고 깊이 있는 관점으로 다문화를 바라보며, 더 나아가 각 교과 영역에서도 다문화교과교육 이론들이 등장하고 있는 추세다. 인문사회 계열의 과목은 물론 심지어 수학 교과에서도 다문화 수학교육이라는 영역이 등장했고, 실제 외국의 많은 선행 연구를 참조해 국내 연구가 이뤄지고 있다. 고등학교 교사인 나도 몇 년 뒤면 다문화 학생의 담임이 될 거라 예상하고 있고, 교과 수업에서도 다문화를 염두에 둔 교과교육을 해나갈 것을 대비하고 있다.

세대에 대한 이해

2019년 베스트셀러 중에 『90년생이 온다』라는 책이 있다. 이 책이 인기를 누린 이유는 1990년대생들이 신입사원으로 기업에 들어와 회사에 새로운 문화를 형성해가는 것이 슬슬 체감될 때쯤, 이들을 이해하기 위해 노력하는 어른(?)들이 많아진 탓으로 해석된다. 사회학적이고 문화론적인 의미도 있겠지만, 회사나 기성세대도 시대 변화를 받아들이고 뒤처지지 않기 위해 노력해야 하기 때문일 것이다. 좀더 노골적으로 표현하자면 새로운 인재들이 들어와도 망하지 않고 함께 더욱 성장하기 위해서다.

하물며 회사도 젊은 세대를 이해하려 하는데, 교사라면 새로 입학하고 진급하는 학생들을 너 이해해야 할 것이다. 더 밀리, 더 빨리 이해해야 한다. 회사는 1990년대생을 이해해야겠지만, 교사는 현재 가르치고 있는 2000년대생을 이해해야 한다. 심지어 2010년대생이 이미 초등학교에 입학한 지 오래다. 실제로 학생들의 문화가 매해 다르다는 것을 느낀다. 아마 나보다 더 연배가 높은 선생님들은 이 변화를 훨씬 더 크게 체감하실 것이다. 자신들이 초임 시절 가르쳤던 제자들(1970~1980년대생)과는 너무나 다르기 때문이다.

내가 세대에 대한 이해와 공부가 필요하다고 느낀 충격적인(?) 사건은 코로나19로 인한 온라인 개학 무렵에 일어났다. 실시간 화상으로 아이들과의 만남이 온전히 이뤄질 수 있을까 하는 의문이 들었다. 그래서 일단 시작은 미리 녹화한 강의를 올려놓고 하되 다른 방식으로 의사소통하며 피드백을 주고받는 형태가 돼야 하지 않을까 싶었다. 하지만 이는 기우였다. 아이들은 실시간 화상에도 잘 나타나주었고, 오히려 교과 수업에서 실시간 수업이 어렵지 않을까 하는 핑계로 준비를 제대로 안 한 내가 문제였다. 아이들은 이미 컴퓨터, 스마트폰, 태블릿 등을 활용하는 데 능숙했고, 온라인 콘텐츠로 소통한다는 것 자체에 어색함이 거의 없어 보였다. 이는 전적으로 세대에 대한 이해 부족에서 기인한 것이다. 안다고 생각했지만 그렇지 못했다. 가끔 학생들이 이해가 안 된다고 느껴지는데, 어쩌면 이는 교사 개인의 문제가 아닌 그 세대의 문화적 특징과 정서를 습득하지 못 한 탓일 것이다. 잘 모르면 알려고 하면 되고, 알아도 받아들이지 못한다면 피상적으로만 알고 있던 것을 넘어서는 무언가가 필요하다.

일을 할수록 교사와 학생들 간의 나이 차는 점점 늘어난다. 그만큼 체감되는 변화는 매해 더 클 것이고, 어느 순간 교사가 '이해'의 과정을 자기도 모르게 손을 놔버릴지 모른다. 더욱이 어떤 직업군보다 먼저 해당 연도 학생들의 문화를 체감하는 이들이 교사들이다. 학생들의 변화는 아주 짧은 시간 안에 나타난다. 그러니 어쩌면 교과란 새롭게 탄생하는 새로운 인간들을 이해하는 일이라는 근본 전제로 돌아가야 할 것이다.

미래는 어떻게 될지 모른다. 급속히 변화하는 현대 사회에서는 더더욱 그렇다. 이에 대한 적절한 답을 얻으려면 좋은 질문이 선행되어야 한다. 그리고 이 답을 찾아나가는 과정이 곧 교육관, 교직관을 형성하고 자기 스스로를 이해하는 과정이 될 것이다.

코앞에 닥친 입시 때문에 미래의 교육에 대한 고민이 무의미하다고 생각하지 않길 바란다. 교육의 본질적인 목적이 무엇인가? 입시가 아니라는 것은 대부분 알 테지만, 이를 교육 현장에서 큰 목소리로 주장할 수 있는 교사가 얼마나 될까.

사범대생들에게는 당장 임용고시를 통과해 교사가 되는 문제가 물론 중요할 테다. 기본적인 전공 공부는 당연히 최선을 다해야 한다. 하지만 교육 주체가 될 우리야말로 미래 사회의 교육 문제를 고민해야 하지 않을까?

4장

누구나 생각하지만
누구도 속 시원히 답해주지
못하는 고민

이 장에서는 당사자들이 나누고 싶은 고민을 좀더 직접적으로 다뤄보고자 한다. 물론 모든 고민에 정확하고 효율적인 답변을 내놓지는 못하며 경험에 근거한 이야기를 주로 할 것이다. 게다가 같은 사람이라도 시기에 따라 생각은 달라지기 마련이다. 지금은 답이 아닌 것도 나중에 답의 근원이 될지 모르며, 지금 답이라 여기는 게 나중에 고민의 근원이 될지도 모른다. 다만 이 장이 많은 사람이 고민을 풀어가는 데 물꼬가 되었으면 한다. 사실 질문하는 이들은 자신 안에 이미 답을 가지고 있다. 저마다 속에 이미 가지고 있는 답을 발견하는 과정이 되었으면 한다.

이런 사람도
교사가
적성에 맞을까요?

저는 지구과학교사를 희망하는 수험생이에요. 예전부터 과학 교사가 되고 싶었고 작년까지만 해도 흔들림 없이 목표를 지구과학교육과로 정했는데, 사실 교사가 제 적성에 맞을까는 깊게 생각해보지 않았던 것 같아요. 교사가 된다면 많은 아이를 만나야 할 텐데 저는 사람을 그리 좋아하지 않고 혼자 있는 걸 더 선호하는 편입니다. 말도 조리 있게 잘하는 편이 아닐뿐더러 이해심이 많거나 상냥한 편도 아니고요. 저는 학생들이 좋아서 선생님이 되려는 것보다 제가 학생일 때 좋은 선생님을 많이 만났고 저 또한 그런 선생님이 되고 싶다는 바람이 강한 것뿐입니다. 이런 제가 교사가 되어도 괜찮을까요?

맞춰나갈 수 있습니다. 저 역시 내성적이고 게임만 좋아하던 남학생이었어요. 스무 살 때 대학에서 여학우들에게 말도 못 걸었지요. 그런데 여러 학생을 포용하는 교사가 되고 싶어 대학 생활을 하며 이것저것 '의식적으로' 부딪혔습니다. 팀플에서 일부러 나서서 발표를 맡고, 여러 대외 활동이나 리더의 자리에 도전해보기도 했어요. 물론 교사와 어울린다고 여겨지는 성향을 조금씩 체득하는 과정이 몇 번의 시도만으로 이뤄지진 않습니다. 제가 고등학교 1학년 때 MBTI를 검사한 뒤 스물다섯 살에 다시 해봤는데, 놀랍게도 내성적인 성향에서 외향적인 성향으로 바뀌어 나타났습니다. 시간이 좀더 흐른 지금은 그 사이 어딘가에 위치해 있는 것 같아요.

생각해보면 십대의 어린 나이에 남들 앞에서 말 잘하고 여러 사람한테 잘 다가가는 학생이 얼마나 될까요? 이건 교사가 되어서도 마찬가지로 어려운 부분이에요. 완성체가 되어 교사가 되는 것이 아니라, 계속 과정 속에 있는 게 교사라는 직업 같습니다. 실제로 교사라고 다 잘한다거나 외향적인 것도 아니며, 평소에 말수가 적고 낯을 가리는 사람도 많습니다. 각자의 성격상의 장점을 살려서 교육하는 것이죠. 나아가 학생들이 선생님이라는 어른을 통해 여러 유형의 인간을 경험하는 것은 교육적으로도 바람직한 일이라고 생각합니다. 가령 아이들을 대하기 어려워하는 선생님이 노력하는 모습을 보고 '아, 선생님도 사람 대하는 걸 어려워하지만 나름 노력을 하시는구나'라고 생각하는 내성적인 학생도 있지 않을까요?

친구들이 선생님을 대하는 태도를 볼 때, 만약 내가 교사가 돼서 저런 일을 겪는다면 얼마나 막막할까 하는 생각이 듭니다. 여자 선생님, 남자 선생님 할 것 없이 앞에서는 좋아하는 것처럼 행동하다가도 선생님이 가끔 쓴소리 하면 뒤에서 언제 그랬냐는 듯 태도가 싹 바뀌고 입에 담지도 못할 말들을 하는 친구들을 보면 제 꿈에 회의가 들어요. 특히 젊은 선생님께 버릇없는 친구가 많습니다. 제가 학생들에게 조금 엄하게 했을 때 아이들이 뒤에서 저를 깎아내린다고 생각하면 너무 속상할 거예요. 특히 교원평가를 생각하면 벌써 눈앞이 캄캄해요. 이건 그냥 제 성격이 소심한 탓일까요? 이런 문제가 생기면 어떻게 생각하고 대처하시나요?

성인 중에도 미성숙한 사람이 많은데, 학생들은 오죽할까요. 저도 상처를 잘 받는 편인데, 교사가 상처받는 일은 어쩔 수 없는 것 같아요. 열심과 열정을 보여줘도 어디선가 욕을 먹어야 하거든요. 그런 상황에서 교사는 뚜벅뚜벅 나갈 뿐입니다. 언급한 상황은 교직에 있으면서 피하기 어렵습니다. 저 역시 아무리 열심히 해도 모든 학생을 만족시키지 못하더라고요. 의도와 다르게 뒤틀리는 일도 많고요. 교사는 조금만 잘못해도 혹은 잘못한 것처럼 보여도 욕먹기 쉽습니다. 다만 전체가 아닌 일부 학생이라도 나를 통해 좋은 변화가 일어나길, 지금 당장은 아니더라도 언젠가 좋은 변화가 일어나길 바라는 마음으로 대하는 거죠.

교원평가 또한 '판도라의 상자'라고 불립니다. 실제로 많은 선생님은 사기가 심각하게 저하된 탓인지 교원평가 보는 것 자체를 꺼려합니다. 저도 마음을 크게 다잡으면서 봐요. 교원평가에서 건전한 비판보다는 감정적인 비난이 많은 게 통계적인 사실입니다. 저는 호기심을 못 이겨 보는데, 동기 부여가 되기보다는 갈등만 더 커지는 것 같아요.

한편 어떤 특정한 성향을 가진 아이들이 '나를 더 비난하고 싫어할 것이다'라는 생각은 하지 않습니다. 이것 외에도 가령 '문과 학생들은 수학을 싫어한다'와 같이 학생들을 어떤 특성으로 묶어서 보는 것을 지양해요. 물론 특성에 따른 분류를 할 수 없는 것은 아니지만, 교사의 의식적, 무의식적 분류가 학생들의 그 특성을 강화시키는 작용을 할 수 있거든요. 아이들을 그렇게 바라보면, 어느새 아이들을 그렇게 만들고 있는 저를 발견하게 됩니다.

교사는 겉보기에 편한 직업이고 여러모로 좋은 듯하지만, 실제로 그런지는 모르겠습니다. 교직관이 투철하고 사명감이 있을수록 (혹은 그렇지 않더라도) 교사는 참 외로운 일인 것 같습니다. 이처럼 교직은 단순히 소심함에 비례해 상처를 받는 직업은 아닌 듯합니다. 설령 소심한 사람이라 해도 이 과정을 잘 극복하고 균형 있는 태도로 교직에 임하는 선생님들 또한 많습니다. 실제로 『교사 상처』라는 책도 있지요. 이런 유의 책들이 그저 소심한 예비 교사들에게만 경고를 보내는 걸까요? 그렇지 않습니다. 교사들이 서로 상처를 보듬고 같이 성장해나가길 바라는 것이겠죠.

보수적인 교사들의 사회에 대한 문제에 관해 여쭐게요. 제 오빠는 지금 사립학교에 정교사로 근무하고 있어요. 제 장래희망도 교사니까 학교 일에 대한 것도 자주 물어보는데, 집단 자체가 많이 보수적이라는 얘기를 많이 합니다. 그런데 오빠와 저의 거주지역의 특성인지, 아니면 사립학교의 특성인 것인지 잘 모르겠습니다. 실제로 보수적 성향이 심하나요? 아니면 학교마다 다른 것인지 궁금합니다.

사립학교가 공립학교보다 상대적으로 보수적인 편입니다만, 학교나 선생님들마다 분위기는 천차만별이에요. 지역 특색을 무시할 수는 없긴 하나 지역 안에서도 경우에 따라 다 다르다고 보면 됩니다. 저도 어느 학교 정교사 면접에서 '국정 교과서에 대해 어떻게 생각하느냐'는 질문을 받은 적이 있어요. 반면 현재 근무하고 있는 학교는 정치 성향에 있어서 의견 표출이 자유로운 편입니다. 물론 법적인 틀을 벗어나지 않은 선에서지요. 나아가 분위기가 아무리 보수적인 학교라도 진보적인 선생님이 있고, 아무리 진보적인 학교라도 보수적인 선생님은 있습니다. 저는 그게 오히려 교육적으로 의미 있다고 생각해요. 또 편파적인 학교는 흔치 않을뿐더러 설령 편파적인 학교더라도 그곳에는 다른 성향을 지지하는 동료 교사들이 반드시 있을 겁니다.

마지막 질문은 실질적인 업무에 관한 거예요. 얼마 전 기사를 봤는데, 잔업 처리 때문에 수업 연구를 할 시간도 없고, 학생이나 수업과 관련된 일보다 잔업이 더 많다는 내용이었어요. 사실인가요? 아니면 학교 잘못 만난 교사들이 하는 하소연인가요? 저는

가르치고 싶어서 교사를 꿈꾸는 것이라 이 점이 궁금합니다.

이것도 학교나 교사마다 달라 일반화는 어렵습니다. 다만 일반인과 학생들이 생각하는 것보다는 교사의 잔업이 많은 게 사실입니다. 심하면 수업 연구에 할당하는 시간은 전체 업무의 20~30퍼센트 정도밖에 안 됩니다. 이 점에 대해서는 교사가 아닌 사람들은 잘 공감하지 못할 거예요. 특히 사람들 대부분이 학교에서 '교사'라는 직업을 관찰한 경험이 있기에 자기식대로 판단하지만, 이 직업에는 보이지 않는 부분이 더 많습니다.

더욱이 교사의 고민과 업무를 일반인에게 이야기하면 뭔가 이상한 느낌을 받습니다. 회사원들은 수억 원의 이익과 손실을 책임지며 인사고과에도 반영되니 일반인 눈에는 교사라는 직업이 상대적으로 편해 보일 것입니다. 만약 가치 판단의 근거를 직업 안정성에 둔다면 교사가 훨씬 좋고 편한 직업인 것은 맞습니다. 그러니 학생들에게 '그렇게 지각하지 말라고 말했건만 또다시 지각하면 어쩌지' 하는 교사의 고민은 한가해 보이죠. 벌점을 줘야 하는지, 학부모에게 연락해야 하는지, 혼내야 할지, 혼내면 대들지는 않을지, 무슨 사정이 있는 건 아닌지, 학급 규칙을 만들어야 하는지, 학생의 미래가 과연 밝을지 등을 염려하는 것은 교사가 아닌 이상 공감하기 쉽지 않을 것입니다.

교사의 업무 종류는 다양하지만 마음먹기에 따라 교사 개인이 학생들을 위해 다른 많은 일을 벌일 수 있습니다. 수업에서 다양한 시도를 하는 만큼 수많은 절차와 피로 그리고 일부 학생의 불만을 감내해야 합니다. 교사가 주어진 것 외에 스스로 고민하고 일을 많이 벌인다면 그에 따르는 경제적 보상은 거의 없습니다. 특히 잘하려는 욕심과 학생 모두를 만족시키겠다는 포부가 클수록 급여가 적게 느껴질 것입니다. 학생들을 위해 밤낮없이 일하는 교사가 많습니다. 대기업 사원보다 업무 시간이 더 긴 선생님들도 있지만 이는 경제적 보상과는 관계없습니다. 하지만 교사가 열심히 일하느냐 아니냐를 옳고 그름의 문제로 판단하기는 어렵습니다. 교사에게 무조건적인 희생을 강요하는 순간 오히려 교육이 무너지기 쉽기 때문이죠.

결과적으로 잔업이 많다는 이유로 교사를 포기하는 사람은 거의 없습니다. 이런 점이 싫어서 사교육 쪽으로 진로를 정하는 이들도 있지만 본질적인 이유는 아닙니다. 모든 회사가 그렇듯, 학교도 처음 오면 업무가 낯설 수밖에 없습니다. 설령 시간이 흐르더라도 업무 역량으로 모든 것을 평가받지는 않습니다. 자신의 정체성을 교과 수업에서 찾는 선생님이 있는가 하면, 교직 생활의 키워드를 업무 능력으로 잡는 선생님도 있습니다. 물론 둘다 완벽하면 좋지만 그런 사람은 흔하진 않죠.

어떤 학생들이
사범대에 오면
좋나요?

어떤 학생들이 사범대에 오면 좋을까? 이 질문은 '사범대를 가려면 어떤 스펙을 쌓아야 하는가'의 관점이 아니며, 어떤 성향의 학생들이 적합할지 묻는 것이다. 한편 통계상의 수치를 떠나서 사범대의 본질적인 목적은 교원 양성이므로 '어떤 학생들이 교사를 꿈꾸면 좋을까'라는 질문의 맥락으로 봐도 괜찮을 것이다. 답이 없는 질문이므로 여러 사람의 이야기를 들어보자.

어떤 학생들이 사범대에 오면 좋을까요?
"학생들을 진정으로 위하는 교사를 희망하는 학생." _수학교육과 4학년
"인내심 있고 남의 일을 내 일처럼 하는 사람." _영어교육과 2학년
"아이들을 좋아하는 사람. 아이들을 좋아해야 일에 보람을 더 느끼는 것
같다." _수학교육과 1학년
"이상적이기보다 현실적인 생각으로 교사가 되고 싶어하는 학생들이 왔으
면 합니다." _수학교육과 1학년

"주변을 넓게 살필 수 있는 학생들이 오길 바랍니다. 말하자면 오지랖이 넓은 학생이요. 나중에 선생님이 됐을 때 학생 한 명 한 명에게 관심을 가져주고 도움을 주려 노력하는 사람이 좋은 교사라고 생각하기 때문입니다."_수학교육과 1학년

"교육에 흥미를 느끼는 학생이 오면 좋다고 생각합니다! 사범대에서는 교육과 관련된 것들을 자세하게 배우며 직접 체험할 수 있기 때문입니다."

_수학교육과 1학년

"모든 학생을 아우를 수 있는 마음이 넓고 착한 사람."_수학교육과 1학년

"책임감이 강한 사람이 오면 좋을 것 같습니다. 대학에 와서 보니 교사는 생각보다 훨씬 어려운 직업 같습니다. 학생들을 끝까지 데리고 간다는 책임감이 없으면 우리가 학교 다닐 때 싫어했던 그저 그런 교사가 될 것 같아요."_국어교육과 3학년

"진정한 교육에 대해 호기심이 있는 사람. 현재 한국 교육의 문제점을 인식하고 개선하길 바라는 사람. 그냥 교사가 아닌 진정한 교사가 될 자신이 있는 사람."_국어교육과 2학년

"교사가 꿈이 아니거나 혹은 꿈이 아직 없더라도 나중에 진로에 대해 결정할 때 두려움 때문에 망설이고 포기하지 않을 배짱과 용기가 있는 학생이라면 누구나 와도 좋습니다. 실력은 상관없습니다."_영어교육과 2학년

"타인의 모범이 될 수 있는 성품과 인성을 가졌으면 좋겠습니다. 자신의 말과 행동으로 한 명의 학생이라도 인생이 바뀔 만큼 큰 영향을 줄 수 있으므로 책임감 강하고 학생들을 좋아하는 사람이길 바랍니다."

_수학교육과 1학년

"학생들을 좋아하고, 해당 과목을 정말 좋아하는 사람들. 학생들을 좋아하지 않으면 교육실습 후 대학원 등으로 진로 변경을 하는 것 같아요. 그

리고 그 과목을 정말 좋아하지 않으면 임용을 견디지 못하고 다른 진로를 찾는 사람이 많습니다." _국어교육과 1학년

"각 분야에서 거의 최고인 사람들이 와야 한다고 생각합니다. 게다가 말솜씨도 어느 정도 있어야 하고요. 저는 지리 교육 전공인데, 지리만 잘하는 학생이었지만 대학에 오니 지리 용어를 영어로, 한자로 배우기 일쑤이고 각종 그래프와 표를 분석하는 것이 일상이 돼버렸습니다. 지금은 익숙하게 공부하지만 첫 학기에는 자퇴를 고려할 정도로 원래 생각했던 공부와는 큰 거리감이 있었습니다. 그러니 만능인 학생들이 와야 하는 학과라고 생각합니다." _지리교육과 2학년

"책임감 있는 사람들. 교사들은 책임지고 학생들을 보살펴줄 수 있어야 하기 때문입니다." _수학교육과 1학년

"가르치기 좋아하고 아이들을 보듬어줄 준비가 된 사람. 이건 말할 필요도 없이 사범대가 필요로 하는 인재상이죠. 이외에도 자신이 전공할 과목에 대한 애정을 가지고 있는 사람인지 꼭 생각해봤으면 합니다. '어떤 사실을 아는 사람은 그것을 좋아하는 사람만 못하고, 좋아하는 사람은 즐기는 사람만 못하다'라는 공자의 말씀이 있습니다. 저는 이 말이 모든 사범대생이 기억해야 할 말이라고 생각합니다. 좁디좁은 임용시험의 관문을 통과하고, 평생 직업으로 학생들을 가르치는 일은 전공 과목에 대한 애정 없이 이뤄내기란 어렵다고 생각해요. 공무원이라는 직업의 안정성 때문에 사범대에 입학하려는 사람이 가장 최악의 경우인 것 같아요. 그런 생각으로 교실 현장에 나간다면, 본인도 아이들도 행복하지 않을 가능성이 큽니다. 또 경험해볼 수 있는 직업의 범위가 정말 좁아서인지 교사를 꿈꾸는 사람이 예상외로 주변에 많았습니다. 하지만 스스로에게 물어봤으면 합니다. '내가 왜 교사가 되려는 거지? 혹시 내가 알고 있는 직업이 교사밖에

없어서 사범대에 입학하려는 건 아닐까?' 하고요." _윤리교육과 1학년

"우선 교사라는 직업이 다른 직업보다 높은 도덕의식을 요구하기 때문에 정직한 인성을 갖춘 사람이면 좋겠습니다. 말과 행동, 생각까지 아이들에게 비칠 때 모범이 되도록 평소에 바른 마음가짐을 가진 이들이라면 좋겠습니다." _영어교육과 1학년

"교사들에게 방학이 없어진다고 해도 정말 교사가 되고 싶어하는 사람."

 _교육공학과 졸업생

"중·고등학교 선생이 되고 싶다면 교육 제도와 교육 방법을 바꾸려는 의지가 있는 사람들이 오면 좋겠습니다. 평소 중·고등학교 수업에 참여하면서 '학교 선생님들은 수업을 설계할 때 어떤 원리를 적용했을까?' '더 나은 수업 모델은 없을까?' '더 나은 교육 제도를 만들 순 없을까?' 등등 교육에 대해 고민해왔다면 사범대에 지원하는 걸 추천합니다!" _교육학과 2학년

"교사가 되려는 사람 외에도 다양한 교육 관련 직종에 종사하려는 사람들. 이유는 사범대 졸업자는 곧 교사라는 무조건적인 연계와 시선을 벗어나 재능을 다양하게 발휘했으면 좋겠다는 바람 때문입니다." _교육학과 졸업생

"공부만 잘해서 교사가 된 사람도 있고 인성과 실력을 겸비해 교사가 된 사람도 있습니다. 하지만 학생들을 위한 일이기 때문에 인성이 바르고 오로지 학생들을 위해 헌신할 수 있는 사람이 사범대에 가야 한다고 생각합니다." _국어교육과 희망 고등학교 3학년

"학생들을 아끼고 좋아해서 교사가 되고 싶은 사람. '왜 저 선생님이 교사가 된 거지?' 싶을 만큼 학생들과도 안 어울리고 학생에 관심이 전혀 없는 이들을 보며 공부도 공부지만 교사의 기본은 학생을 위한 마음가짐이라고 생각했기 때문입니다." _사범대 희망 고등학교 3학년

"학생을 가르치는 일이 아니면 죽어버릴 것 같다는 학생이 와야 한다고 생

각합니다. 주변에 1학년 때부터 사범대 혹은 교대를 지망하는 친구들이 꽤 있었습니다. 하지만 수시 원서 접수가 끝난 시점에서 실제로 사범 혹은 교대를 지원한 친구들은 3분의 2밖에 안됐습니다. 성적 문제도 있고 무엇보다 임용을 걱정해서 과를 전향한 거죠. 내신 1점대 상위권 친구가 나는 윤리교육과 아니면 죽어버릴 것 같다며 하향을 아낌없이 썼던 게 기억에 남습니다. 학생을 가르치고 싶다는 열정이 있는 학생이 아니면 힘들 것 같다는 생각이 듭니다. 역량보다는 열정이 중요한 학과라고 생각합니다."_사범대 지망 고등학교 3학년

"가르치는 것을 좋아하고 많은 사람 앞에서 큰 목소리를 낼 줄 아는 사람."
_유아특수교육과 1학년

"학생들을 사랑할 줄 알고 자신이 알고 있는 것만 진리라고 생각하지 않으며 남의 이야기를 유동적으로 수용할 수 있는 사람."_역사교육과 1학년

"교사가 철밥통이어서가 아니라 교직에 자신만의 도덕적이고 곧은 철학을 지닌 이들이 와야 한다."_지리교육과 1학년

"저는 올바른 교육으로 아이들에게 학문에 대한 흥미를 북돋우려는 사람이 와야 한다고 생각해요. 제가 생물교육과에 진학한 이유도 생물학 발전에 기여하고 싶어서 교단에서 노력하기만 하면 아이들에게 생명과학에 대한 열정을 심어줄 수 있고 그중에서 인재도 키워낼 수 있다고 생각해서였어요. 그래서 저는 교육을 통해 더 큰 것을 이루려는 열정 있는 학생이 사범대학에 오면 좋겠다고 생각합니다."_생물교육과 1학년

"나눔 정신과 사명감을 가진 사람들."_수학교육과 지망 고등학교 3학년

"'나는 교사가 아니면 안 돼!' 하는 학생. 교직에 뜻이 있고, 확고한 목표가 있어야 사범대에 진학해서 흔들림 없이 대학 생활 할 수 있는 것 같아요. 사범대에 진학해서 임용 외의 길을 걷는 사람도 꽤 있지만 이는 굉장히

힘들고 고단한 길임이 분명합니다." _화학교육과 1학년

"학생들에게 행복한 교육을 선사하고, 공자와 맹자같이 모든 것을 깨달은 현자가 아닌 몇 년 앞서 살아본 인생의 선배로서 조언할 수 있는 사람이 오면 좋겠습니다. 교육에 대한 나름 진지한 고민뿐 아니라 상세한 교육과 정까지 생각해본 학생이 사범대에 진학하길 바랍니다. 사실 저도 아직 사범대에 입학하지 않았지만, 누구보다 교육에 대한 열망만큼은 큽니다."

_사범대 희망 고등학생

어떤 학생들이
○○교육과에 오면
좋나요?

이번에는 구체적으로 사범대 내 각 학과에 어떤 학생들이 오면 적합할지 사범대 재학생들의 의견을 물어봤다. 마찬가지로, '○○교육과에 가려면 어떤 스펙이 있어야 하나요?'의 관점이 아니라 가치관, 성향, 적성의 관점에서 답변해주었다. 꼭 자신의 관련 교과가 아니더라도 생각해볼 거리가 있을 것이다.

어떤 학생들이 ○○교육과에 오면 좋나요?

"수학을 좋아하고 수학 못하는 학생을 이해할 수 있는 학생. 수학을 너무 잘하면 간혹 수학을 못한다는 것을 이해하지 못하는 경우도 있다." _수학교육과 4학년

"이과인데 수학 교사 티오가 많아서가 아니라 수학에 대한 애정이 있는 사람. 실제로 과학 쪽으로 전과할 생각을 하거나 수학을 싫어하게 되는 사람도 많은 것 같다." _수학교육과 1학년

"수학을 가르치는 데 정말 흥미를 느끼는 학생들이 왔으면 합니다." _수학교

육과 1학년

"당연히 수학을 잘해야겠죠?"_수학교육과 1학년

"교육에 대한 관심도 중요하지만 수학에 더욱 흥미를 보이는 학생이 오면 좋을 것입니다! 교사가 되었을 때 아이들을 가르치면서 수학이란 학문을 좀더 심도 있게 공부하고 그런 원리를 직접 유도하고 증명하기 때문에 수학 자체에 흥미 있는 학생이 오면 좋을 것 같습니다!"_수학교육과 1학년

"어려운 수학 전공 과목들을 포기하지 않을 수 있는, 수학을 정말 좋아하는 사람."_수학교육과 1학년

"우선 수학을 좋아하는 마음이 가장 중요합니다. 수학을 못하더라도 좋아하고 가르칠 때 보람을 느끼는 학생이면 괜찮습니다."_수학교육과 1학년

"수학에 정말 관심 있거나 수학에 대해 더 알고 싶은 사람들. 고등수학과 대학수학은 다르기 때문입니다."_수학교육과 1학년

"아이들의 궁금증을 원리와 지식을 바탕으로 설명해줄 능력이 있는 이들."
_수학교육과 희망 고등학교 3학년

"책을 좋아하는 친구가 오면 좋을 것 같아요. 읽어야 하는 책이 정말 많고 읽었다는 가정 하에 진행하는 수업도 많아요."_국어교육과 3학년

"국어에 관심이 많고 국어를 사랑하는 사람."_국어교육과 2학년

"우리 전공은 철학적인 질문과 언어가 갖는 다양한 의미를 어떻게 설정할 것인가 등에 대해서 끊임없이 생각하게 합니다. 국어 과목에는 사실상 답이 없기 때문에 사고가 열려 있는 학생들이 오면 좋을 것 같아요. 답이 정해져 있는 것을 좋아하는 학생이라면 조금 힘들 수 있습니다."_국어교육과 1학년

"우리말을 사랑하는 사람. 국어를 전공하는 사람은 기본적으로 아름다운 우리말을 빛낼 수 있어야 한다고 생각합니다."_국어교육과 희망 고등학교 3학년

"영어를 잘하고 못하고 관계없이, 자신이 아는 것을 활용해 남들에게 자신 있게 펼칠 줄 아는 학생들이 왔으면 좋겠습니다. 저는 외국에서 살아본 적도, 외국인과 대화해본 적도 없는 토박이 한국인이었지만 영어교육과에 입학해서 꾸준히 영어로 듣고 말하고 읽고 쓰다보니 일상적인 의사소통은 웬만큼 할 수 있게 됐습니다. 영어를 못한다고 주눅들지 마시고 아이들과 즐겁게 수업하는 밝은 미래를 상상하며 영어교육과에 오는 것은 어떨까요?"_영어교육과 2학년

"성적에 맞춰 오는 것 말고 진짜 영어를 사랑하고 재미있어하는 사람, 그래서 자기 외에 다른 사람도 영어를 좋아하게끔 흥미를 돋우어줄 수 있는 사람이 오길 바랍니다."_영어교육과 1학년

"저는 '지리' 하나 보고 들어왔습니다. 지리 전공이지만 지리만 잘해서는 아무짝에도 쓸모없는 것이 지리교육과입니다. 저는 정말 좋아하는 공부만 하는 유형인데, 고등학교 내내 지리만 공부하다가 학생부종합전형으로 대학에 왔습니다. 그런데 지리만 잘해서는 학점이 안 나옵니다. 맨날 영어 지문을 보고, 그래프 분석을 하고, 하다못해 지리교육론 같은 과목에서는 리포트를 쓰고 온갖 책들을 읽다보니 지리교육과에 잘 온 것인가 하는 의문이 가끔 듭니다. 어쨌든 국영수사탐 그 어느 한 과목도 소홀히 하지 않으면서 특히 지리를 좋아하는 이들이 와야 한다고 생각합니다. 국어나 영어를 포기했던 사람은 살아남기 힘듭니다."_지리교육과 2학년

"진정으로 지리 교육이 왜 필요한지를 생각하고 와야 합니다."_지리교육과 1학년

"입학해서 보니 제 생각보다 윤리 교사가 되기를 원치 않는 사람이 많았습니다. 심지어는 고등학생 시절 사회 탐구 과목으로 윤리를 진히 배우지 않았거나, 배웠다 해도 애정 없이 공부한 이들도 있었습니다. 제가 다니는

학교 특성상 사범대에 오고 싶은 사람들이 (과목에 대한 흥미와는 관계없이) 성적 맞춰서 쓰는 과가 윤리교육과이기 때문인 듯합니다. 과목에 대한 열정 없이 입학한 사람들은 확실히 공부하는 데 애를 먹더군요. 윤리가 상당히 마니아적인 과목이어서인지 흥미 없이 공부하기 참 어렵습니다. 하지만 윤리를 정말 좋아한다면 재미있게 공부할 수 있을 거예요. 입학 전에 윤리와 사상 과목을 공부하고 오길 바라며, 철학자들이 쓴 책이나 청소년을 위한 철학 교양서적을 읽어보길 추천합니다."_윤리교육과 1학년

"깊이가 없는 것을 깊이 있게 보이도록 하는 재능을 지닌 사람."_교육공학과 졸업생

"교사가 되기보다는 교육과 관련된 다양한 분야(사기업 포함)에 진출할 기회를 갖고 싶은 사람들."_교육학과 졸업생

"자신의 심리 상태와 사람들의 마음을 알고 싶은 사람. 평소 주변 친구들의 심리나 행동에 관심이 많은 사람! 우리 대학 교육학과의 특성인지도 모르겠지만, 교직과정과 전공 과목으로 심리학을 좀더 깊이 있게 배우고 있습니다. 교육심리학, 생활지도 및 상담, 발달심리학, 상담이론, 집단상담 등등."_교육학과 2학년

"해당 교과목을 좋아하고 즐기며 공부하고 이를 학생들에게 알려주고 싶어하는 사람. 학생을 좋아하고 관심을 많이 가질 수 있는 미래 교사를 꿈꾸는 사람."_사범대 희망 고등학교 3학년

"봉사와 희생정신은 물론이고 장애인에 대해 절대 편견을 갖지 않는 학생들이 와야 합니다. 그들을 기다려줄 수 있고 사랑해줄 수 있는 사람들이요."_유아특수교육과 1학년

"교사가 아니라 역사 교사를 꿈꾸는 이들."_역사교육과 1학년

"생물학에 관심이 많으면 공부하는 것이 정말 즐거운 학과여서 전공 분야

에 관심이 많은 사람들이 오면 좋을 것 같아요."_생물교육과 1학년

"전공 과목에 애정이 깊은 학생. 고등학교 때 배운 내용과 대학에서 배우는 내용이 꽤 달라서 괴리감을 느끼거나 좌절을 하는데, 그 과목에 대한 애정이 깊고 학문하는 것에 열정이 있다면 그런 과정을 잘 극복하고 임용시험에도 합격할 가능성이 높기 때문입니다."_화학교육과 1학년

"제가 희망하는 학과는 일반사회교육과입니다. 우리는 '일반사회' 과목을 배우지 않거나 사회와 동떨어져서 살 순 없습니다. 사회에 대한 깊은 관심과 고찰을 해오며 그 경험을 바탕으로 학생들에게 수업할 수 있는 사람이 진학하면 좋을 것입니다."_일반사회교육과 희망 고등학생

교과와 상관없이 공통된 답변은 전공에 대한 애정과 열정이 필수라는 점이다. 이것은 사범대가 아닌 일반 전공에도 해당될 수 있지만, 해당 교과목을 학습하는 것을 넘어서 교수자가 되어야 하는 점까지 고려하면 애정과 열정이 없이는 버티기 힘들 것이다. 해당 교과에 대한 인지적 영역뿐만 아니라, 가치관, 신념, 철학, 흥미, 태도, 해당 교과의 필요성과 가치에 대한 생각을 갖춘 교사여야 한다는 답변이 주를 이룬다.

교과목에 대한 애정과 열정 외에 전공자들이 강조하는 점은 고등학교 때 가졌던 관심이나 능력이 전공자가 되었을 때는 괴리감을 일으킬 수 있다는 것이다. 중·고등학교 때 배웠던 국어, 영어, 수학을 가르치기 위한 과정이니, 중고등학교 내용 중심으로 다루지 않을까 생각하면 큰 오산이다. 이를테면 중고등학교 수학은 값을 구하는 등의 계산 과정에 집중하지만 대학에서는 정의-정리-증명 과정을 무한 반복한다. 게다가 이것으로 임용시험을 치른다. 자신이 수학을 좋아해서 수학교육과에 왔더라도 대부분의 학생은 수학 때문에 고통을 겪는다. 이는 다른 교과 교육에서도 비슷한 실정이다.

　무엇보다 위의 두 가지 공통점은 임용고시와 직결된다는 것을 간과하지 말아야 한다. 실제로 해당 전공에 대한 흥미를 잃거나 좌절감을 맛봐 임용고시 응시를 포기하는 이가 많다. 우리나라 임용고시는 '좋은 교사'에 초점을 맞추기보다(물론 교사의 기본은 해당 교과에 대한 '실력'이긴 하다) '높은 경쟁률 속 선발을 위해 최적화되고 공평한 시스템'에 포인트가 있기 때문에 교과에 대한 흥미와 그것을 버팀목으로 하는 꾸준한 노력 없이는 절대 통과할 수 없다. 이런 면에서 다른 국가고시와 차이가 있다.

　실제 사범대에는 해당 교과에 대한 고등학생 시절의 막연한 흥미로 진학한 학생이 많다. 어쩔 수 없는 현실이다. 그렇다고 그런 학생들이 모두 사범대 생활을 못 하고 임용고시에 탈락하는 것은 아니며 스스로 잘 극복한다. 그래도 그 과정이 쉽지 않은 것은 분명하며, 이런 충격은 사범대 2~3학년생이 흔히 겪는다.

　사범대생들도 임용고시 응시를 고민하고 진로를 설계하는 데 있어 해당 전공에 대해 치열한 노력, 해당 교과 교육에 관한 경험을 재료로 삼아야 할 것이다. '나는 내 전공을 좋아하는가?' '나는 임용고시를 공부할 만큼 전공을 좋아하고 단기간에 성과가 나오지 않아도 끝까지 할 자신이 있는가?' '앞으로 오랜 기간 이 교과를 가르치면서 흥미를 잃지 않을 자신이 있는가?' '내가 가진 흥미를 아이들에게도 전이시킬 수 있을까?' '내가 해당 교과 교육의 필요성을 머리로 아는 것이 아니라 진심으로 공감하고 있는가?' 등의 질문에 대해 스스로에게 진실하게 답할 수 있어야 한다. 그러려면 그만큼 고민의 재료를 얻고, 고민하는 힘을 키우려 해야 한다.

　실제로 대학 저학년 때 누구보다 열심히 전공 수학을 공부하면서 임용을 일찍 준비했던 동기가 누구보다 빠르게 임용을 포기하는 모습을 보이기도 했다. 반대로 전공 수학의 매력을 알고 임용 응시를 결정하거나 대졸 이후의 수학 전공을 결정하는 사람도 있었다. 임용고시 응시를 하든 안 하든 그만큼 공부를 해봤으니 자기 갈 길이 선명해지는 것이다. 결정은 순간적인 것이라기보다 오랜 고민과 공부의 집적일 가능성이 크다.

교사가 꿈인데
애정 있는
과목이 없어요

저는 교사를 꿈꾸는 학생인데 이렇다 할 좋아하는 과목이 없어요. 모든 과목에 적당한 관심을 가지고 공부 중이지만 어떤 특정 과목을 더 깊이 배우거나 가르치고 싶다는 생각이 없어서 고민입니다. 예전에는 그저 학교에 있는 게 좋아서 이전에 관심 가졌던 심리학 분야와 접목시켜 전문 상담 교사가 될까 싶었지만, 아무래도 학생들과 수업에서 자주 만나고 담임교사도 해보는 게 나을 듯해 교과 과목에 욕심이 생깁니다. 결국 교과를 정하지 못하면 교육학과에 지원해서 나중에 복수전공할 과목을 정할까 하는 생각도 있지만 무슨 과목이 좋은지 몰라서 교육학과에 간다는 게 어불성설 같기도 합니다.

우선 저도 '교사'를 먼저 꿈꾸고 과목은 나중에 정한 케이스예요. 실제로 재학생 중에는 이 반대의 경우가 더 많은 편입니다. 가령 수학교육과에는 선생님이 되고 싶어서 오는 학생도 꽤 있지만, 대개는 수학이 좋아서 온 학생이 더 많지요. 두 부류는 대학 생활을 하면서 고민의 결이 미세하게 다른데, 어쩌면 후자의 고민이 더 큰지도 모르겠습니다.

(1) 좋아하는 과목이 당장 없어도 괜찮습니다(자신이 좋아한다고 생각했던 것이 나중에 바뀔 수도 있습니다)

중·고등학교 때 배우는 교과는 정말 겉핥기임을 각 교과 교육과에 진학하면 뼈저리게 느낍니다. 교과마다 그 정도는 다른데, 자연계 쪽이 그 점을 더 크게 느끼는 것도 같아요. 중·고등학교의 교육과정과 입시, 교육 환경은 특정 교과에 관심을 갖기에 적합한 환경은 아닌 듯합니다. 더군다나 좋아하는 과목이 있더라도 그 과목에 대한 깊은 탐구에 흥미를 느껴서라기보다 '성취감'에 따른 선호도일 가능성이 높지요. 학생들에게 '좋아하는 과목이 뭐니?'라고 물었을 때 대체로는 점수 높은 과목을 좋아한다고 생각합니다. 하지만 스스로가 수학을 좋아한다고 생각해서 수학교육과에 진학한 뒤 '진짜 수학'을 접하고는 힘들어하는 이들이 태반입니다.

(2) 겉핥기가 아니라 깊고 처절하게 경험할수록 좋아하는 마음이 잘 흔들리지 않습니다

시험 점수 몇 번 잘 받았다고 어떤 과목에 대한 열정이 생기기보다, 내가 그 교과에 대해 깊이 탐구하면서 적당한 고통과 성취감, 지적 호기심 등을 모두 느껴야 확신을 가질 수 있습니다. 다시 말해 지금 좋아하는 과목이 없는 게 지극히 정상일 수 있는 거죠. 진짜 좋아하는지는 그만큼 부딪혀봐야 알 수 있으니까요.

(3) 초등교사와 중등교사는 예상외로 큰 차이가 있습니다. 자신이 어떤 취향과 적성인지 고민해보세요

초등교사와 중·고등학교 교사의 차이점 중 대표적인 것은 교과 수업입니다. 알다시피 초등은 담임교사가 담임 학급의 여러 교과 수업을 운영합니다.

영어, 체육, 미술 등 따로 전담 교사를 두는 등 교과나 학교마다 다르지만 어쨌든 복수의 과목을 가르쳐야 합니다. 반면 중등교사는 특수한 수업이나 복수 자격증을 소지한 경우를 제외하면 자격증이 있는 해당 교과의 수업만 할 수 있습니다. 학교를 좋아하고 학생들과 자주 만나고 싶다면 어쩌면 초등교사가 더 적합할 수도 있습니다. 물론 이것 외에 학생들의 발달 단계 특성에 따른 각 교사가 갖는 차이 등 여러 가지를 고려해야겠지만요.

(4) 학생들과 왜, 어떤 방식으로 수업에서 만나고 싶은지 질문을 이어가보세요

교과마다 수업에서 학생들과 만나는 형태와 방식에는 꽤 큰 차이가 있습니다. 수학 수업과 체육 수업, 과학 수업과 사회 수업은 모습이 많이 다릅니다. 물론 요즘 워낙 다양한 형태의 수업이 있어 겉으로는 같아 보일 수 있기도 하지요. 학생들의 무엇을 자극하고 싶은지, 내가 꿈꾸는 교실은 어떤 모습인지, 학생들을 만나면 왜 즐거운지 등을 스스로에게 질문하세요. 단, 하나의 질문으로 끝내지 말고 꼬리를 물고 계속 나아가면 교과 선택에 대한 힌트를 얻을 수 있을 겁니다.

(5) 해당 교과 부문에서 중·고등학교 때와 대학 때 과정의 차이를 알아보세요

이를테면 중·고등학교 수학과 대학 수학은 어떻게 다른지 알아보는 것입니다. 중·고등학교 수학은 입시 특성상 빠른 계산을 요하고 산술적인 부분이 중심이 된다면, 대학교 순수수학은 주로 정의-정리-증명 단계를 반복하는 과정이 주를 이룹니다. 많은 수학교육과 학생이 저학년 때 수학 공부에 고통을 느끼며 '내가 고등학교 때 했던 수학은 수학이 아니었구나' 하고 깨닫습니다. 단순히 난도의 차이를 말하는 게 아닙니다. 성질이 다르다는 것이지요. 이처럼 교과별로 중·고등학교와 대학에서 배우는 것이 어떤 차이가 있는지 조사해보면 교과 선택에 도움이 될 것입니다.

(6) 교육학과는 그 특성을 정확히 알고 선택해야 합니다

통계상 교육학과 학생들이 교직 복수전공을 많이 합니다. 그러나 대학을 다니면서 '주전공'을 무시할 순 없습니다. 주전공을 싫어하고 포기하는 순간 대학 생활은 고통이 돼버립니다. 교육학과는 교육에 대한 심층적 이해를 목표로 하며, 교육을 통해 이 사회와 학교 현장을 깊게 바라보고자 합니다. 그저 교과 교육의 징검다리 정도로 여기기에는 그 무게가 가볍지 않습니다. '교과 선택'을 미룬다는 점에서 시간을 벌 수는 있을지 모르지만, 좋아하는 과목과 부딪히면서 얻는 메시지는 다른 사범대 학생들에 비해 떨어질 수 있습니다. 더군다나 교육학과를 다닌다고 해서 교직 복수전공이 자유로운 것도 아닙니다. 학점과 각종 이수 조건, 학교의 제도적 허용 여부 등을 잘 알고 대학을 선택해야 합니다. 교육학과에 관해서는 관련 글을 참고하세요.

실제로 많은 학생이 사범대를 희망할 때 '교과 선택'이 생각보다 빠르고 거칠게 이뤄진다. 고등학교 때 오랜 기간 성적이 가장 좋은 과목이 주 대상이 된다. 그런데 자신이 교과 교사로서 해당 교과에 갖는 태도와 관심, 가치관 등은 학생들에게 자연스레 전이될 수 있다. 학생들에게 교과목에 대한 관심을 불러일으킬 수 있고, 학문적 특성을 느낄 만한 경험의 기회를 설계할 수도 있다. 또한 학문적 흥미와 진로 선택의 문제에 대한 고민의 역량은 진학 지도를 할 때도 그만의 특별한 자질이 될 것이다.

수학 교사가 되고 싶지만 수학과를 지원하는 것이 학생부종합전형에서 불리할까요?

수학 교사를 하려는데 수학과를 지원하려는 이유가 좀더 깊이 있고 넓은 수학을 배우고 싶어서인데, 이야기를 들어보니 수학교육과에서 배우는 과목들이 수학과에서 배우는 양의 60퍼센트 정도라 하더라고요. 생각보다 적지 않은데, 그러면 지원 동기에서 '더 깊이 있는 수학을 배우고 싶어서'와 같은 내용은 학과 교육 실정을 잘 모르고 하는 얘기처럼 비치지 않을까요?

'수학과, 수학교육과 중 어느 쪽이 더 깊이 있나요?'라는 질문 자체를 인정한다면 수학과라고 답하겠지만, 글쎄요. 수학과나 수학교육과나 학부 수준의 수학이라면 깊이에는 한계가 있어 보입니다. 학부에서는 수학의 여러 갈래를 '체험'하는 정도로 보는 게 맞을 듯합니다.

더욱이 수학교육과에서 배우는 수학으로도 수학이라는 학문에서의 주요 흐름은 수학과만큼 느낄 수 있습니다. 이를테면 해석학, 대수학, 위상수학 같은 수학은 수학교육과에서 충분히 배울뿐더러 실제로는 사기업 취업을 준비하는 수학과 학생들보다 임용을 준비하는 수학교육과 학생들이 더 오랫동안 진지하게 수학을 공부합니다. 다만 수학과에서는 그 갈래가 좀더 다양하고, 실제 사회적 관점으로 응용하는 분야가 더 많은 것이 차이일 듯 싶습니다. 특히 컴퓨터 수학을 많이 배우고, 통계학과 같이 실용적인 수학을 좀더 많이 하는 편입니다. 또한 대학에 따라 조금씩 다르겠지만, 수학교육과에서도 본인이 원하면 수학과 수학 수업을 들을 수 있기도 합니다. 저 역시 수학교육과생이지만 수학과 수업을 하나 들은 경험이 있습니다.

'진로 희망이 수학 교사인데 수학과를 지원하는 이유는 무엇인가?'라는 질문을 받았다고 해봅시다. 사실은 '수학교육과에 가고 싶은데 여러 사정으로 수학과를 지원한 학생'들이 막연하게 '수학과에서 수학을 더 깊게 배우려고요'라며 뭉뚱그리는 말을 하지 않을까요? 그러니 딱히 매력적인 답변은 아닌 것 같습니다(이와 관련하여 수학과와 수학교육과의 차이에 대한 글을 참고하길 바랍니다).

학종에서는 지원자에게 '학과에 대한 이해'가 제대로 되어 있기를 바랍니다. '수학을 깊이 배우려고'라는 이유는 다소 빈약합니다. 사범대, 일반대 교직 이수의 차이를 여러 관점에서 이해하고 자신의 진로, 적성, 지난 고등학교 생활과 연결지어봐야 합니다.

진로가 사범대에서 일반대로 바뀌는 과정에 있는 학생들에게 하고 싶은 말이 있습니다. 많은 학생이 진로 희망을 3년 동안 유지하면서 그 학과와 직접적인 활동을 하고 스펙을 쌓아야만 학종에서 유리할 거라고 착각합니다. 그래서 1, 2학년 때 진로 희망에 수학 교사를 썼다가 3학년 때 일반대를 지원하는 것에 대해 심각하게 고민합니다. 하지만 대학들도 현재 고등학생들의 상황을 잘 알고 있습니다. 희망 학과의 변경 자체는 나쁜 게 아닙니다. 희망 학과의 변화를 자연스러운 '성장의 과정'으로 잘 풀어가면 됩니다. 특히 중요한 것은 어떤 활동을 했는지보다 그 활동을 통해 배우고 느긴 것을 말함으로써 '그 학과에서 필요로 하는 학업 역량과 전공 적합성'을 어필하는 것입니다.

아래는 '서울대학교 학생부종합전형 안내 책자'에 발췌한 자기소개서 우수 사례입니다.

서울대학교 학생부종합전형 합격생 자기소개서(○○대학 ○○학과)

1. 고등학교 재학 기간 중 학업에 기울인 노력과 학습 경험에 대해 배우고 느낀 점을 중심으로 기술해주시기 바랍니다

'정의롭다고 알려진 것들은 의심 없이 믿어야 하는가?'라는 질문은 제 학업 과정에 있어 큰 의미를 가졌습니다. 그중 한 가지로 공정무역은 말 그대로 공정하다고 생각했으며, 경제 교과서에서도 판매를 통해 얻은 이익을 제3세계 노동자들에게 돌려준다는 짧은 토막글을 보면서 공정성의 의미를 더더욱 의심하지 않았습니다. 하지만 도서관에서 『나는 세계 일주로 자본주의를 만났다』라는 책을 읽고 나서 공정무역에 대한 환상은 완전히 무너지게 되었습니다.

책에서 말하고자 하는 것은 공정무역은 이미 기업의 이윤 창출 수단의 하나로 전락해버렸고 제3세계 노동자들의 인권은 전혀 신경 쓰지 않는다는 것이었습니다. 그 사례로 맥도널드와 데어리 밀크 초콜릿은 공정무역 마크를 붙임으로써 큰 마케팅 효과를 얻고 공정무역 재단은 마크를 붙이는 수수료를 조금씩 올리지만, 이들의 수익과 무관하게 제3세계 노동자들에게는 혜택이 돌아가지 않는다고 설명했습니다. 이러한 사실을 알게 되면서 공정무역의 폐단에 대해 경제 시간에 발표 수업을 준비했습니다. 책에서 소개하는 폐단 말고 인터넷에서 더 많은 사례를 조사했

습니다. 조사 내용을 친구들 앞에서 발표했고, 이후 큰 고뇌에 빠지게 되었습니다. 경제 교과서에서 알려주는 가장 기본적인 수요와 공급의 법칙을 무시하고 있었다는 점 때문이었습니다. 즉, 공정무역은 높은 가격 책정으로 인해, 과도한 공급을 초래하는 근원적인 문제점을 가지고 있다는 점입니다. 교과서에서 알려주는 사실들을 비롯한 사회적 통념에 관해서 맹목적으로 신뢰한 것과 공정무역에 대해서 발표 수업을 준비할 때도 사례에만 집중했던 것이 문제였습니다. (…)

위 자기소개서를 봤을 때 어느 학과를 지원하는 학생 같나요? 경영학과? 경제학과? 자소서를 마저 읽어보도록 하겠습니다.

이후에 데카르트가 "의심하고 또 의심하라"라고 말했듯이 당장 눈에 보이는 사실이나 의견에 대해서도 의문을 던져보는 학습 태도를 갖추려고 노력하게 되었고, 학습의 본질에 대해 고민하면서 이것이 객관적인 고증을 바탕으로 연구하는 역사학자의 기본 자세라고 생각되었습니다.

위의 자료는 인문대학 '국사학과'를 지원하는 학생의 자기소개서였습니다. 활동 자체는 경영, 경제와 관련 있어 보일지 몰라도 국사학을 공부하는 데 필요한 역량을 보여줄 수 있었죠. 교사를 희망하는 학생의 일반대 지원에 관한 문제는 결론적으로, 학생의 상황에 따라 답은 달라진다고 할 수 있습니다.

이 모든 것은 내가 '어떤 교사가 되고 싶은가?' '왜 교사가 되고 싶은가?'라는 원초적인 고민에서 해답을 얻을 수 있다고 생각합니다. 어떤 교사가 되고 싶은가에 따라 활동의 방향과 진로 설계가 달라질 테고, 교사가 되고 싶은 이유에 따라 다른 길도 충분히 대안이 되거나 아니면 교사의 길이 확고해지기도 하니까요.

학생 수가
줄어드는데
교사 할 수 있나요?

수만휘 사범대 게시판 등에서 사범대생, 사범대 지망 고등학생들이 자주 하는 질문은 '학생 수가 줄어드는데 교사가 될 수 있나요?'와 같은 것이다. 이런 질문에 '정말 좋아하는 일이면 그래도 해라' '간절히 하고 싶은 일이 아니면 공무원 등 다른 길도 있다' 정도의 답변만 달려 있을 뿐이다. 이는 사실상 예비 교사들에게 동기 부여와 지구력의 바탕이 돼주는 답변은 아니다. 좋은 답변이 나오지 않은 것은 이것이 우문이기 때문이다. 막연하고 추상적이며 수동적인 질문보다는 구체적이고 의미 있는 답변을 얻을 수 있는 질문을 통해 이야기를 해보자.

학생 수와 교사 수는 앞으로 어떤 변화가 예상되나요? 학생 수가 줄면 교사 수도 줄어드나요?

이러한 상황에서 '어떻게 해라'라는 조언보다는 통계 자료를 주고 일차적으로 본인이 직접 느끼고 판단하게 하는 것이 맞다고 본다. 삶의 선택은 스스로 하는 것이고 진정한 자기 선택에서 강력한 동기를 얻을 수 있기 때문이다. 남이 해준 선택에 자기 인생을 걸면 그 힘을 오랫동안 지속하기 어렵다. 어쨌든 통계를 살펴보자.

일반화하기에 어려운 표본일지 모르지만, 한양대 수학교육과를 기준으로 얘기하면 20명 내외의 한 학번당 '초수'로 합격하는 재학생 인원은 경험상 0~3명 정도다. 임용 응시 인원은 매해 다르지만 약 50퍼센트에서 이를 밑돌기도 한다. 재수는 필수, 삼수는 기본이라는 게 정설이다.

실제로 중등 임용 경쟁률은 평균 10대 1 내외다. 물론 교과와 지역마다 편차가 클 수 있으므로 자신의 교과, 관심 지역 경쟁률을 확인해야 한다. 국영수만 해도 20~30대 1이 보통이다. 그런데 만약 사범대, 교직 이수, 교육대학원 정원이 지금처럼 유지된다면, 그리고 학급당 학생 수, 학교당 교사 수 또한 유지된다면 임용 정원은 줄어들 확률이 높다. 절대적인 학생 수가 급격히 줄고 있기 때문이다. 실제로 초등 임용에서는 학생 수 감소 폭풍을 중등보다 먼저 직면하고 있다. 가장 큰 문제는 교육청이 미래를 예견하지 못하고 수급 조절에 대해 안일하게 대처해온 것이다. 임용 정원으로 인심만 써오다 2018학년도처럼 갑자기 임용 사전 티오가 전년도의 8분의 1로 토막이 나는 일이 발생하기도 했다. 결국 갖은 논란으로 2분의 1 토막 난 선에서 최종 티오가 확정됐다. 만약 교육청이 앞으로 중등 임용에서도 수급 조절에 더 실패한다면 초등에 비해 경쟁률이 훨씬 더 높았던 중등 임용은 더 암울한 상황을 맞게 될 것이다. 이런 여건에서 나는 학급당 학생 수, 학교당 교사 수를 조절해 개별화 교육을 제고함과 동시에 수급을 조절하는 방향으로 가는 게 맞다고 생각한다. 여론의 합의 과정을 도출해내는 것이 쉽지 않겠지만 말이다. 자, 그럼 이제 학생 수가 정말 얼마나 줄어들게 되는지 알아보자.

연도별 학생 수

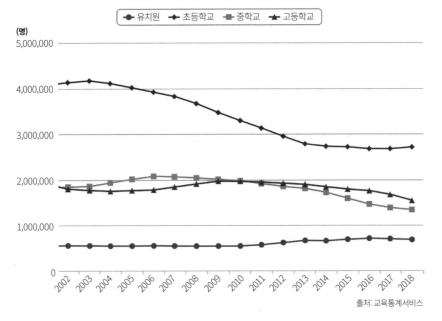

출처: 교육통계서비스

최근까지만 봐도 초등학생 수가 급격히 줄어드는 게 관찰된다. 2005년에서 2012년 사이 초등학생 수는 25퍼센트 감소했다. 이 변화는 2010년대 중반에 들어 중·고등학생 수 감소로 이어진 것으로 나타난다. 이런 현상은 앞으로 지속될 것으로 예상된다.[1]

그렇다면 같은 시기 교사 수는 어떻게 됐을까? 학생 수가 줄었으니 교사수도 줄었을 것 같지만 그렇지 않다. 살펴보자.[2]

연도별 학생 수와 교사 수 자료가 어떤 의미를 띠는지에 대해서는 해석의여지가 분분하다. 우선 '학생 수가 감소하면 교사 수도 감소한다'고 볼 수는 없다. 중요한 점은 어떤 상관관계가 있느냐는 것인데, 이 두 그래프를 보

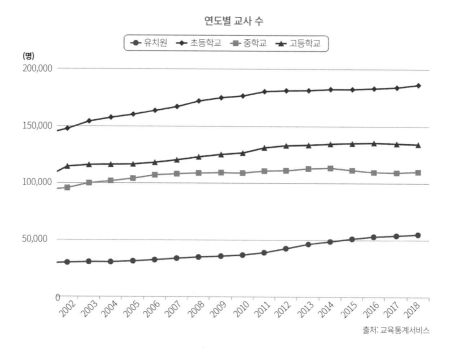

연도별 교사 수

◆ 유치원　◆ 초등학교　■ 중학교　▲ 고등학교

(명)

출처: 교육통계서비스

면 최근 초등 임용 대란이 이해 가기도 할 것이다. 언젠가 중등 임용 정원과 경쟁률의 상승을 야기할 수 있는 문제이기도 하다.

실제로 2010년대 초에 비해 2010년대 중반에는 중등 임용 티오가 늘어났다. 근래에 퇴직 교사 수보다 신규 교사 수가 더 많았던 것이다. 이로써 학급당 학생 수 감소로 나타났다. 근래 들어 고등학교 학급당 학생 수는 20명대 후반, 초등학교 학급당 학생 수는 20명대 초반이다. 만약 훗날 학생 수가 반 토막 나는데 학급당 학생 수도 반으로 줄인다면 임용 정원은 대체로 유지될 것이다. 하지만 우리나라에서 교육 분야에 그렇게 급진적인 시도와 투자가 이뤄질까? 여론마저 탐탁지 않아 할 것이다. 그나마 다행은 학생 수가 반 토막까지는 나지 않으리라는 전망이다. 만약 중등 정원이 지금처럼 유지되고 학급당 학생 수를 유지한다면 최근 초등 임용 대란의 충격파는 중등 임용으로도 이어질 것이다.

그렇다면 이제 예비 교사들이 겪을 상황을 예견하는 자료인 '미래의 학생 수 변화'를 살펴보자.[3]

위기 상황은 꽤 진행돼 중·고등학교 학생 수는 이미 많이 감소되었다. 거칠게 말하면, 이미 현시점의 경쟁률은 한 세대 전에 겪은 임용 경쟁률에 비해 충분히 고점이다. 다만 곧 극점이 찾아올 것으로 예측된다. 달리 표현하면 학생 수의 드라마틱한 하락이 막바지에 다다랐고 향후 수년간 학생 수는 과거의 변화율보다 크게 줄어들지는 않을 거라는 뜻이다. 최근 근 10년간 상당한 감소로 이미 하락할 만큼 하락했다는 느낌이다. 학생 수의 커다

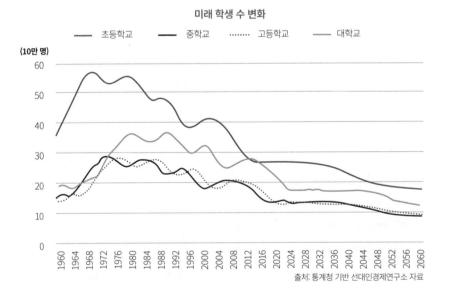

미래 학생 수 변화

―― 초등학교　　―― 중학교　　……… 고등학교　　―― 대학교

출처: 통계청 기반 선대인경제연구소 자료

란 변화율을 겪은 지 얼마 안 된 현시점에서 특정한 한두 해의 임용 대란이 나타날 수도 있고, 혹은 학급당 학생 수 감소로 이어질 수도 있다.

현재 사범대 저학년생, 사범대 지망 고등학생들은 바로 위 선배들보다 열악한 환경에 놓여 있다. 하지만 현재 초등학생, 중학생이라면 위의 몇 학번 앞선 선배들과 비슷한 상황에 놓이지 않을까 싶다. 즉, 2000년대 초 출생자까지 임용 티오 감소의 영향을 '받을 수도' 있으며 2000년대 중후반 이후 출생자들은 그 이전 출생자들에 비해 경쟁률이 급격히 치솟지는 않을 것이다. 더욱이 2020년대 재직자의 대거 퇴직으로 인해 학생 수 감소를 상쇄시키리라는 전망도 있다. 표에서 볼 수 있듯 2018년 퇴직 예정자와 2022년 퇴직 예정자 수는 2배 넘게 차이 난다.[4]

향후 5년간 학교급별 정년 퇴직자 수

학교급	설립(연도)	2022	2021	2020	2019	2018
유치원	국공립	123	91	67	32	26
	사립	216	174	158	121	121
	소계	339	265	225	153	147
초등학교	국공립	2127	1458	1395	1547	1633
	사립	28	20	16	21	26
	소계	2155	1478	1411	1568	1659
중등학교	국공립	3577	2842	2414	1880	1520
	사립	2460	1938	1657	1337	1047
	소계	6037	4780	4071	3217	2567
특수학교	국공립	44	36	25	22	22
	사립	66	36	41	23	19
	소계	110	72	66	45	41

출처: 교육통계서비스

만약 국가와 교육기관, 여론이 '학급당 학생 수, 교사당 학생 수' 감소에 관심을 둔다면 중등 임용 경쟁률은 현시점보다 높아지진 않을 것이며, 오히려 더 나아질지도 모른다.

○○ 교과 교사 수는 앞으로 어떻게 변하나요? 앞으로 ○○ 교과를 많이 가르치나요?
실제로 학생 수만큼이나 교사 수에 예민하게 영향을 주는 것은 '해당 교과의 교육과정상 편성'이다. 많은 시수를 가르칠수록 교사도 많이 필요한 법이다. 실제로 최근 2015 개정 교육과정상에서 국영수의 시수는 크게 축소되었다. 공교롭게도 이와 동시에 최근 국영수의 임용 티오가 점점 줄었다. 반면 문이과 통합 교육과정의 속성 때문인지 사회, 역사, 과학 교과의 정원은 늘어났다. 과거에 비해 예체능 활동을 강조하는 분위기로 예체능 계열 티오는 많이 늘어났다. 특히 체육 티오가 최근 호황기를 맞고 있다. 또한 2015 개정 교육과정에서 안전 교육에 대한 강조와 더불어 안전과 건강에 대한 국민의 관심이 증가되어 보건교사 정원 또한 호황기를 누리고 있다. 예상컨대 소프트웨어 교육에 대한 관심 증가와 교육과정상의 편성으로 정보 교과, 즉 컴퓨터교육과의 득세가 예상된다. 현재 이 과는 전국에 몇 개 없다.
십수 년 뒤의 교과 정원을 예측하긴 어렵지만, 5~10년 내의 교과의 호황과 불황은 어느 정도 추측해볼 수 있다. '교육과정'에 답이 있으니, 임용고시를 준비하는 사범대 고학년에게 정보를 얻으면 된다. 교육과정이 임용고시에 포함되기 때문이다. 향후 교육과정 방향이 과목별 임용 티오 예측에 도움이 된다. 나아가 미래 사회에 과연 어떤 교과가 학교 현장에서 중요시될지 생각해보는 것도 도움이 될 것이다.

이처럼 교사 수급 문제는 고려 사항이 많아 단순하게 예측하기 어렵다. 그러므로 학생 수와 교사 수와 같은 막연한 질문은 크게 도움이 되지 않는다. 특히 정확한 정보와 상황을 분석할 수 있는 시야를 얻기 위해 조언을 구하는 것은 괜찮지만, 조언자에게 '자신의 선택'을 떠맡기는 것은 바람직하지 않다. 가령 '학생 수가 크게 줄어 교사가 되기 어려우니 신중하게 생각하라'는 조언에 사범대 진학과 임용고시를 포기한다면 과연 후회가 없을까?

가장 우선시되어야 할 질문은 '나는 왜 교사가 되고 싶은가'다. 사실 많은 학생은 '누군가에게 긍정적인 영향을 주는 일'을 하고 싶어 교사가 되려 하기보다는 현실적으로 가장 잘 아는 직업이고 가까이서 접하기 때문에 교사를 희망한다. 사실 안정적인 직업은 교사 말고도 많다. 그러니 교사가 되려는 확실한 목적의식이 가장 중요하다.

임용고시와 마찬가지로 모든 국가고시를 통과한 합격자들은 '충분히 도전할 만한 시험'이었다고 말한다. 막상 합격자들은 자신이 불가능한 것을 해냈다고 여기지 않는다. 다시 말해 그들은 학생 수, 교사 수, 경쟁률 같은 것에 흔들리지 않았다. 또한 강조하고 싶은 점은 사범대에 진학했는데 교사가 되지 않더라도 인생의 큰 그림에 별로 영향을 미치지 않는다는 것이다. 극단적인 예를 들어, 사범대생이 자살했다는 뉴스를 본 적 있는가? 임용고시 실패가 삶을 망쳐놓았다는 이야기는? 사범대에 진학할 정도라면 삶을 헤쳐나갈 역량은 충분하다. 통계상 수많은 사범대 졸업생이 교사가 아닌 다른 직업을 택해 살고 있다. 전공과 상관없는 삶을 사는 사람은 수없이 많다. 무슨 일을 하든 가치 있는 사람으로 사는 것은 자신에게 달렸다.

'교사가 안정적이다'라는 말이 무슨 뜻인가요? 그리고 안정적인 대신 박봉인가요?

어른들이 흔히 교사 직업은 '안정적'이라고 하는데, 구체적으로 어떤 의미인가요? 안정적이지만 박봉인가요? 교사의 급여는 얼마쯤 되나요?

어른들이 교사 직업에 대해 안정적이라고 말하고, 이를 중시하는 것에는 여러 의미가 내포되어 있다. 가장 일반적인 의미로는 '고용 안정성'이다. 일반 사기업은 정년을 보장하지 않는다. 이윤 추구를 최대 목적으로 하는 대부분의 사기업에서는 나이가 들수록 퇴직의 압박이 커진다. 대기업의 경우 40대만 되어도, 아니 그 전에도 퇴직 압박을 자연스레 느낀다고들 한다. 따라서 '성과'에 대한 스트레스를 상대적으로 강하게 느낀다. 반면 교사들은 특별한 잘못을 하지 않는 한 정년이 보장된다. 성과에 따른 압박도 사기업에 비해 상대적으로 약하고, 성과급이라는 게 있긴 하지만 그리 중요한 항목은 아니다. 게다가 퇴직금도 꽤나 있고, 퇴직 이후에도 '연금'을 받아 노후가 보장된다. 그 외 '안정적'이라는 말은 이런 의미도 포함한다. 평소 퇴근 시간 보장, 주말 근무 없음, 방학, 업무 강도가 예측 가능하며 편차가 적은 점, 휴직과 대학원 진학 등 복지 제도의 보장.

하지만 요즘의 '안정적'이란 개념은 예전에 비해 절대적이지 않다. 즉 지금은 교사가 문제를 일으키면 바로 이슈가 되고 나아가 인권 문제로 이어질 가능성이 크다. 행여 학교에서 해직되지 않더라도 사회적 퇴출을 당하기 쉽다. 퇴근 시간 역시 보장된다고 보기 어렵다. 퇴근 이후 '상사의 연락 금지'와 관련한 법이 거론되긴 하나 퇴근 이후 아이들과 학부모의 연락을 금지하는 법은 존재할 수 없다. SNS가 발달하고 학부모와 아이들의 가치관이 달라진 만큼 퇴근 이후에도 업무에 노출될 가능성이 크다.

교원평가제 등을 통해 교사들은 매년 학생, 학부모, 동료 교사들로부터 법적인 평가를 받고 있다. 교원평가제는 판도라의 상자라 불리는데, 이로 인해 경제적 보상이 크게 달라지는 것은 아니지만 마음이 새까맣게 타버리는 타격을 입곤 한다. 자기 몸을 상하게 하면서까지 학생을 챙기려는 교사는 이전보다 더 많아졌지만, 아이러니하게도 교사에 대한 사회적, 개인적 비난은 더욱 날카로워졌다.

더욱이 사람들은 교사인 지인에게 '방학 있어서 좋겠다' '방학 동안 일 안 하고 월급 받네'라는 말을 하는데, 실제로 방학을 체감하는 것은 교사마다 크게 다르다. 내 경우 각종 행사 지도, 보충수업, 각종 (의무) 연수 등으로 여름방학은 평일을 다 합쳐 5일도 안 되는 게 대다수였고, 겨울방학은 1~2주일 정도 여유가 있었다. 오히려 교사들은 직장인들의 '연차' 사용을 부러워한다. 개인사가 있거나 아무리 아파도 학기 중 '연차'를 사용하는 것은 금기시되는 분위기가 있다. 교사가 학교를 안 나오면 담당 학급 학생들과 자신이 맡은 수업에 대한 걱정을 떨칠 수가 없다. 또한 방학에도 월급이 지급되는 것은 연봉을 12분의 1로 나누어 생계 유지를 위해 받는 것이다. 주변을 보면 주말에도 동아리 활동 지도, 각종 행사 운영 등으로 쉬지 못하는 선생님이 많다. 이런 상황에서 일반 대중은 41조 연수(교사들이 방학 중 연수를 위해 출근하지 않는 것) 제도를 폐지할 것을 요구하기도 한다.

대중은 교사가 아이들을 가르치는 것이 뻔하다고 생각하겠지만, 시대가 바뀌어 아이들의 개별성이 강조되면서 교권은 없다시피 한 교실에서는 아이들의 변화무쌍한 모습에 베테랑 교사들도 당황할 때가 많다(이는 학급당 학생 수가 줄었음에도 담임 지도가 더 힘들어진 강력한 이유이기도 하다). 게다가 교육과정과 입시제도는 늘 바뀌어 1~2년 만에도 커다란 변화가 나타나 쫓아가기 쉽지 않다.

교직에 휴직 등의 복지제도가 있는 것도 실제로 이뤄지지 못하는 경우도 있다. 특히 사립에서는 남성 교사의 육아휴직이 보편화된 곳이 많지 않다. 퇴직금과 연금 제도를 부러워하는 사람이 많은데, 이마저 수십 년 뒤에는 어떻게 변할지 알 수 없다. 연금과 관련해서는 재정상의 부담 때문에 현재 부정적인 의견들이 많이 제기되고 있다. 물론 일반적으로 교사는 대기업 종사자에 비해 워라밸(일과 삶의 균형)이 잘 이뤄진다. 그래도 모든 교사가 천국 같은 환경에서 일하는 것은 아니다.

교사 직업이 '안정적'이란 말은 시대상을 반영한 것으로, 우리나라와 달리 먹고사는 것이 잘 보장되며 노동에 따른 생계유지 염려와 스트레스가 적은 나라라면 이런 개념이 없을 것이다. 사람마다 진로를 설계하고 직업을 선택하는 기준에는 차이가 있으니 '안정성'은 상대적인 개념이라는 것만 유념하면 될 것이다.

다음으로 연봉에 관해 이야기해보겠다. 교사라는 직업에 대한 소명의식이 있어도 노동자로서의 교사는 연봉을 중시할 수밖에 없다. 따라서 교사의 연봉에 관한 정확한 정보가 필요한데, 생각보다 높을 수도, 낮을 수도 있다. 우선 연봉 개념을 이해하려면 다음의 내용을 알아야 한다.

- 연봉은 일반적으로 세전(세금 공제되기 전) 금액을 말하며, 세후(실제 수령하게 되는 세금 공제 후) 지급받는 액수는 차이가 난다.
- 급여 지급 내역에는 봉급(흔히 기본급) 외에 교직수당, 교원보전수당, 담임수당, 시간 외 수당, 시간 외 가산, 정액 급식비, 기본 연구비, 학생 지도비, 직책 연구비, 성과급 등이 있다. 이 모두가 연봉 총액에 포함된다.
- 학교나 교사 개인의 상황에 따라 방과후 수업료, 야간자율 학습 지도, 출장비, 각종 행사 지도비, 감독비 등이 있다. 사립학교는 재단에 따라 각종 특별 수당이 지급되기도 한다. 겸직 활동 금지에 해당되지 않는 외부 활동으로 얻을 수 있는 수익도 있다. 이런 항목은 호봉이 같은 교사들 사이에서도 연봉액에 있어 큰 차이를 가져온다.
- 공제 항목은 소득세, 주민세, 연금, 건강보험, 식대, 상조회비, 각종 모임 회비 등이다. 이로 인해 세전과 세후의 차이가 발생한다.

대기업의 대졸 초봉은 4000~6000만 원이며, 회사별로 편차가 크다. 드물게는 3000만 원대나 6000만 원대도 있다. 교사의 경우 유치원, 초등, 중고등, 공사립 모두 본봉은 동일하나 보충수업과 각종 행사 운영 지도비, 특별수당 등으로 인해 학교급 간, 학교 유형 간 차이가 크게 나타나는 편이다. 우선 기본급이라 불리는 본봉을 살펴보자. 본봉은 '국가법령정보센터' 홈페이지에서 '공무원 보수규정'을 검색해 별표/서식을 클릭하면 자세히 알 수 있다(https://goo.gl/6ZUPUc). 해당 페이지에서 [별표 11]에 다음과 같은 자료가 첨부되어 있다.[5]

공무원보수규정 [별표 11] <개정 2020. 1. 7.>
유치원·초등학교·중학교·고등학교 교원 등의 봉급표(제5조 및 별표 1 관련)

(월 지급액, 단위: 원)

호봉	봉급	호봉	봉급
1	1,656,000	21	3,156,200
2	1,706,200	22	3,272,700
3	1,757,000	23	3,388,300
4	1,807,700	24	3,504,000
5	1,858,900	25	3,619,700
6	1,909,900	26	3,735,900
7	1,960,300	27	3,857,000
8	2,010,600	28	3,977,900
9	2,061,700	29	4,104,300
10	2,117,500	30	4,231,200
11	2,172,100	31	4,357,600
12	2,228,000	32	4,483,800
13	2,329,400	33	4,612,100
14	2,431,300	34	4,740,000
15	2,533,100	35	4,868,000
16	2,635,100	36	4,995,600
17	2,735,900	37	5,106,700
18	2,841,400	38	5,217,800
19	2,946,400	39	5,329,200
20	3,051,300	40	5,439,800

출처: 국가법령정보센터

사범대 졸업자의 경우 여자는 9호봉, 군필 남자는 10호봉에서 시작한다. 교직 이수자라면 이보다 1호봉 적고 고등학교 자퇴는 학력과 관련하여 더 적은 호봉에서 시작한다(해당 페이지 [별표 23] 참고). 보통 교사에 임용되어 첫 월급을 받는 시점은 3월이다. 여자의 경우 매년 3월마다 1호봉씩 오른다고 생각하면 된다. 남자는 군 복무를 1년 6개월 했을 경우 매년 9월마다 1호봉씩 오른다고 이해할 수 있다.

그런데 위의 표가 나의 평생 본봉 기준은 아니다. 표 상단에 나와 있듯 이는 2020년 1월 기준이다. 정부는 매년 전체적으로 상승한 봉급 기준을 내놓는다(IMF 때는 삭감했다고 한다). 따라서 3월에 첫 발령된 여자는 매년 1월에 봉급표 갱신으로 인해 급여가 오르고 매년 3월에 호봉상으로 인해 급여가 오른다. 표를 보면 알 수 있듯이 1호봉당 5~10만 원 정도 오른다. 그러나 호봉에 영향을 주는 것에는 정근수당, 명절휴가비 등이 있어, 호봉 상승의 체감은 위 표에서보다 더 크다. 30~40호봉을 보면 50~60대에 이미 대기업 근무자들은 퇴직한 경우가 많아 상대적으로 교사가 높은 연봉을 받게 된다.

대체로 교사는 호봉 상승에 따른 본봉 상승이 균일한 편인데, 사기업이나 공기업은 이와 다르다. 예를 들어 초반에 호봉 상승에 따라 본봉이 가파르게 증가하다가 증가 폭이 점점 감소할 수 있다. 이런 점 때문에 '교사가 안정적이다'라고 말하는 것일 수도 있다.

10호봉을 기준으로 약 200만 원×12=2400만 원이라 해서 연봉을 2400만 원이라 하지 않는다. 앞서 언급했듯 각종 수당이 있다. 물론 세금 등 각종 공제 내역도 고려해야 한다. 결과적으로 보통 교사 초봉은 세전 3000~4000만 원쯤 된다. 이 차이의 가장 큰 원인은 고등학교 교사인가 아닌가에 있다. 앞서 말했듯 본봉은 똑같으나 보충비, 행사 지도비 등에서 차이가 발생한다. 그래서 낮게는 초봉 2000만 원대도 있고 높게는 4000만 원대도 있다. 보충수업, 각종 행사 지도 수당이 거의 없는 초등 신입 교사의 말에 따르면, '딱 먹고살 만큼만 받는다'고 한다. 중학교에서 고등학교로 옮긴 이준건도 그 차이를 피부에 와닿을 정도로 느꼈다고 했다.

나(황순찬)는 첫 월급 때부터 급여 내역을 계속 기록해왔는데, 1년 차 때 세후 4000만 원대 초반, 2년 차 때 세후 4000만 원대 중후반이었다(따라서 세전은 5000만 원이 넘었을 것이다). 다른 학교에는 없는 특별 수당이 있기도 했지만, 80퍼센트 이상은 몸을 혹사한 대가다. 체감상으로는 대기업 업무 노동 강도에 준한다고 여겨졌다. 어쨌든 이로써 보면 교사라는 직업이 먹고사는 데 큰 무리가 없는 직업인 것은 확실하다.

더욱이 교사는 '한국교직원공제회'라는 공제회에 가입할 수 있는데, 장기 저축 등 여러 금융상품의 이율이 시중 은행보다 높다. 대표적인 상품인 장기 저축 급여는 60만 원을 25년간 납입하면 원금 1억8000만 원에 복리 이자가 약 1억8660만 원 정도(세후) 붙는다.[6] 1년이면 아파트 값이 1억 늘어나는 세상이긴 하지만 어쨌든 여타 저축은행보다 유리한 이율이다. 또한 교직원공제회에서는 각종 콘도, 휴양 시설 할인, 제휴 신용카드 발급, 각종 이벤트, 초청 행사 진행 등의 혜택을 제공하고 있다.

'안정적'이란 말과 마찬가지로 '박봉'도 상대적 개념이다. 먹고사는 절대적 문제가 해결된 상황에서 사람들이 가장 많이 느끼는 심리적 불만은 '상대적 박탈감'에서 비롯되는데, 만약 대기업 연봉과 비교해 상대적 급여를 따진다면 교직 생활의 동기 부여를 잃기 쉽다.

두 가지 결론이 도출된다. 첫째, 교사의 안정성은 옛 시대와 비교해 불확정적이지만, 사기업과 비교해 확실히 안정성이 있다. 둘째, '어떤 삶을 살고 싶고 어떤 교사가 되고 싶은가'라는 질문을 통해 교사의 '안정성'을 재고해봐

야 한다. 자신이 살고 싶은 삶의 방향과 맞는지가 가장 중요한 기준이 될
것이다.

교사는 방학 동안
정말 쉬나요?
교사에게 수업 외
업무가 많다는데
어떤 것이 있나요?

이준건 편

12월 31일로 나도 방학에 들어갔다. 사람들을 처음 만나는 자리에서 직업을 교사라고 밝히면 늘 듣는 질문은 정해져 있다. "교사라서 방학도 있고 좋지요?" "교사는 방학 중에 일이 없지 않나요?"와 같은 질문이다. 여기에는 장기간 쉴 수 있다는 부러움의 의미가 내포돼 있다. 많은 사람에게 교사는 방학이 있고 수업 이후에는 시간 운용이 자유로우며 정시 퇴근이 보장되는 직업이라는 인식이 강하다. 크게 틀린 말은 아니다. 하지만 우리가 아는 교사의 생활은 학생 때 접한 것이 대부분이어서 실상은 다소 다르다. 교사의 주요 업무가 수업이긴 하나, 교사는 결코 수업만 하는 사람이 아니다.

가령 학교에서 나는 '수학 교사' '담임교사' '평교사'로서의 일이 있다. 교사의 본업인 수업부터 살펴보면 한 주에 학생들 앞에서 하는 수업 시수는 16시간이다. 이과생을 위한 수업과 문과생을 위한 수업을 따로 준비한다. 이때 학생에게 나눠줄 자료를 제작해야 하고 판서 계획, 수행평가를 할 차례라면 수행평가 계획까지 구성해야 한다. 일상적인 수업이라면 여기서 끝나겠지만 수업과 관련된 부수적인 업무들이 또 있다. 중간고사, 기말고사가 다가오면 시험문제를 낸다. 출제 후 시험을 치른 뒤 서술형 문항 채점을 한다. 학기 말과 학기 초에는 수업 진도표, 평가 계획표를 작성해서 보고받는다. 연중 수학과 관련된 행사가 다가오면 행사를 준비해야 한다. 학생들에게 홍보하고 대회 내용을 전달하고 진행하고 평가하는 것까지 '수학 교사'가 해야 할 일이다.

학생이 인식하는 내 업무는 여기서 끝난다. 하지만 나는 2학년 2반 담임으로서 업무가 남아 있다. 매일 조회와 종례도 내 일이다. 오지 않는 학생들은 연락해서 무슨 일은 없는지 확인하고 아파서 조퇴를 희망하는 학생, 외출이 필요한 학생들의 확인과 학부모와의 연락도 해야 한다. 수업이 없을 때 학생들을 따로 불러 상담하고 진로, 진학에 관한 고민을 들어주며 공감하는 것, 학생과의 긴밀한 라포 형성 역시 업무다. 우리 반 행사가 있다면 업무는 늘어난다. 체육 행사, 테마 여행, 반 단합대회 등이 있다면 계획서를 올리고 돈 쓸 계획을 결재받고, 집행하는 것 역시 담임으로서 할 일이다. 혹시 우리 반 학생이 학교 안팎에서 문제를 일으키면 사안을 조사하고 교화도 시켜야 한다. 담임으로서 세세한 업무를 모두 나열하자면 지면이 부족할 정도로 세부적이고 자잘하며 다양하다. 몇 년간 연속으로 담임을 맡으면서 느낀 점은 담임은 다재다능해야 한다는 것이다. 맞다! 담임 자치 시간이 따로 배정되어 있다면 자치 시간 1시간을 수업 시수로 추가한다.

수업과 담임, 이 두 가지 업무로 끝나면 좋겠지만 안타깝게도 보통의 교사들에게는 맡은 일이 더 있다. 내 경우 과거 '자율 학습' 관리를 해야 했고 최근에는 '테마여행'이 내 업무로 주어졌다. 학교에는 수업 및 아이들과 부대끼는 것 이상의 일이 많다. 자율 학습을 진행한다면 아이들을 모아 책상을 배정하고 담당 선생님께 감독을 부탁한 뒤 출석하지 않는 학생에게 연락하는 것이 일이다. 연구 수업을 진행한다면 주변 학교에 공문을 배부해서 선생님들께 안내하고 간식을 준비하는 것이 일이다. 교과서 관련 업무라면 학생 수에 맞춰 문·이과를 구분해 필요한 교과서 수요를 파악한 뒤 해가 넘어가기 전에 주문을 마치고 돈을 지급해 교과서를 아이들이 한 부씩 가져가기 편하게 진열하는 것이 일이다. 단순 행정 업무는 행정실에 맡길 수도 있지만, 학교 일이란 것은 학생과 긴밀한 친밀감이 형성되지 않으면 할 수 없다. 이런 일은 어쩔 수 없이 교사들끼리 힘을 합쳐 해내야 한다.

여기까지 읽으면 '교사가 수업 외에도 다른 업무가 많구나'라고 생각할 수 있다. 이와 연결 지어 '그럼 방학 중에는 쉴 수 있는 것이 아닌가'라고 생각할 수 있다. 내 경우 최근 12월 31일에 방학식을 해서 1월 2일부터 방학이었다. 즉, 학생들이 나오지 않아 업무가 확연히 줄지만 출근을 안 한 것은 아니다. 내가 맡은 수학 과목은 방학에도 수업을 진행하게 된다. 흔히 말하는 '방과 후 학교' '보충수업'인데 매 여름, 겨울방학에도 2~3주 개설하기 때문에 보충수업 기간에는 출근을 해야 한다. 나도 이번 방학에는 3학년으로 진급하는 학생들을 위한 수업을 개설한 터라 2주간 학교에 나간다.

그렇다고 보충수업을 안 하는 교사가 출근하지 않는 것은 아니다. 여름방학은 기간이 짧아 출근을 안 할 수 있기도 하다. 하지만 겨울은 방학이 긴만큼 할 일이 많다. 공립인 우리 학교를 기준으로 보면, 새로운 학년을 맞이할 학생들 반을 나누는 작업이 있다. 반을 나눌 때 여러 복잡한 사정을 고려해야 하는데, 학생들의 교우관계를 파악해 최대한 반영하려고 노력한다. 교우관계가 좋지 않은 반은 담임교사로서 힘들기에 최대한 모두가 행복한 방향으로 반을 나누려고 노력한다. 분반이 끝나면 학사 일정, 업무 분담을 정해야 한다. 방학과 개학 일정을 정하고, 공휴일로 인해 특정 요일 수업 결손이 많이 생기면 어떻게 보충할지, 학교 행사는 언제 진행할지를 결정해 학사 일정을 확정한다. 우리 학교는 교무 회의에서 선생님들 의견을 모아 결정하므로 방학 전에 의견을 수합하는 편이다. 업무 분담은 담임과 각종 업무를 나누는 작업이다. 이것 역시 과목, 나이, 관계, 담임, 전년도 업무 등을 종합적으로 고려해서 결정한다.

글을 쓰고 보니 교사가 방학 중에 놀 수 없어 안타까워하는 듯하지만, 사실 강조점은 '수업 외에도 교사의 업무는 많다'는 것에 있다. 다시 원래 질문에 대한 답으로 돌아와보자. "교사가 되면 정말 방학에 놀 수 있나요?" 당신이 생각하는 것만큼은 아닐 것이다. 4주 내내 온전히 쉬는 방학을 기대하긴 어렵다. 그럼에도 자신의 희망과 역량에 따라 일반 직장인이 부러워할 만큼 개인 시간을 확보할 수 있는 것은 분명하다. 운동을 통해 자신을 가꾼다든가 부담 없이 여행을 다녀올 수 있다. 그렇지만 방학을 더 나은 교육을 위한 재충전의 시간으로 여기는 게 좀더 바람직하지 않을까.

황순찬 편

7~8월, 12~1월이 되면 늘 듣는 말이 있다. '방학했어?' 그리 유쾌하진 않다. 왜냐하면 그 말에는 '이제 놀고먹어도 되겠네'라는 부러움의 시선이 담겨 있기 때문이다. 심지어 대학생 방학처럼 6월 말, 12월 중순부터 방학했냐고 묻기도 한다. 사실 그 기간은 업무에 치여 가장 힘든 시기인데 말이다.

교사의 고충에 공감하는 존재는 교사들뿐이다. 그래서 동료 교사나 교사친구의 존재는 소중하다. 일반인들에게 교직의 어려움을 토로하면 의아하다는 듯한 반응을 보인다. 그도 그럴 것이, 교사가 하는 일이 대부분 비가시적이거나 성과가 드러나지 않기 때문이다. 더욱이 학생을 만나는 순간보다 만남 전후의 일이 더 많다. 일반인은 자신의 학창 시절을 떠올리며 학생과 교사가 만나는 순간만 기억하는 게 대부분이다. 따라서 교사는 빈둥거린다고 보는 타인의 시선을 신경 쓰지 않는 것이 교사 스스로의 정신 건강에 좋다.

이 책은 교직과 관련 있는 사람이 많이 볼 것이다. 그러니 예상 독자를 중심으로 말해보자면, 나 혼자 아무리 교사의 업을 숭고하게 여기고 아이들에게 최선을 다해도 남들로부터 똑같은 인정을 기대하지 말라는 말을 하고 싶다. 사회의 시선은 대부분 '편하게 일하는 공무원' 정도에서 그친다. 옛날옛적에는 교사를 '스승'으로 여겼지만 현시대에 그런 정신은 흐릿해져 간다. 오히려 날카롭고 공격적인 잣대로 교사를 평가한다. 그러니 외부로부터 존경과 보상을 바라기보다 자신의 수고와 상관없이 부정적 평가가 주어지더라도 감내할 자세를 갖춰야 한다.

다시 질문에 좀더 충실해서 구체적으로 수업 외 업무와 교사의 방학 일정에 대해 얘기해보자. 우선 교사의 업무 중 '수업 시간'이 차지하는 비중은 약 20퍼센트다(여기서 말하는 비중은 시간 개념보다 심리적, 주관적 노동 강도를 뜻한다). 수업 전후 업무, 예컨대 교재 연구나 수업 자료 제작, 정기고사나 수행평가와 같은 학생 평가, 기타 과제 제시 및 확인, 생활기록부 작성 등이 더 큰 비중(약 30퍼센트)을 차지하는 듯하다. 나머지 50퍼센트는 수업 외 업무다(내 주관적 체감이다). 물론 교사가 수업과 그 전후 작업에 쏟아야 할 에너지는 이보다 높아야 할 테지만 현실적으로 그럴 여력이 없다.

'수업 외 업무로 뭐가 있나요?'라고 묻는다면 콕 짚어 말하기 어렵다. 일단 교사마다 다양한 업무가 있는데, 일의 속성이 사기업 업무에 비해 '귀여운 업무'처럼 보이기 때문이다. 가령 사기업에서 수억 원짜리 거래를 성사시키냐 마느냐로 스트레스를 받는다면, 우리는 '반 학생 중 누가 가정 문제로 학교를 안 나와서 매일 전화를 걸어야 하는지' '우리 반 학생이 친구들과 문제가 있어서 해결책을 마련'하는 식이다. 그러니 비교가 불가능하며, 사소하기도 한 '사람의 일'이 많다.

그런 와중에 조금이나마 체계적으로 이해해보려 한다면, '학년제'와 '부서제' 시스템이 있다. 이는 교사를 학교 내 부서에 편성하는 것이다. 학년제는 1학년부, 2학년부, 3학년부로 편성되고 난 후 각 학년부에서 세부 업무를 부여받는 방식이다. 학년제의 기본 정서에는 '담임은 담임의 역할에 충실'한다는 생각이 깔려 있다. 때문에 담임들에게는 비교적 적은 업무를, 비담임에게는 좀더 많은 업무가 주어진다. 물론 여러 이해관계가 얽히는 게 업무 분장이지만 부서제에 비해 상대적으로 균등하다. 해당 학년끼리 담임 업무의 효율성이 극대화될 수 있도록 해당 학년의 담임들끼리 모여 앉도록 자리 배치가 된다.

부서제는 학교 업무를 행정적 관점에서 나누어 편제하는 방식이다. 교무정보부, 연구교과부, 진로진학부, 창의체험부, 생활안전부, 방과후학교부 등이 있는데 세부 명칭과 부서의 유무 및 통합 여부는 학교마다 다르다. 공간도 해당 부서원끼리 앉도록 하기 때문에 해당 학년의 담임 교사들은 멀리 떨어져 있기 일쑤다. 부서제의 정서에는 '담임 업무도 중요하지만 학교 운영과 행정도 중요하다'는 생각이 깔려 있다. 때문에 학년제에 비해 담임 여부가 업무 분장에 미치는 영향력은 상대적으로 약하다. 즉, 담임을 맡으면서도 부담이 큰 또 다른 업무가 배정될 가능성이 크다.

교육청 차원에서는 부서제보다 학년제를 권장하고 있으며, 주변을 돌아봐도 학년제로 운영하는 학교가 더 많은 듯하다. 하지만 일률적으로 좋다, 나쁘다를 말할 수 없는 것이, 부서제·학년제 혼합의 케이스가 있고, 부서제이면서도 업무 분장이 균등한 곳이 있으며, 학년제이면서 업무 분장이 불균등한 곳도 있기 때문이다. 어쨌든 부서제의 존재는 학교 업무가 수업과 담임으로서의 학생 지도뿐만 아니라 추가적 일이 있음을 의미한다. 가령 내가 2018학년도에 맡았던 기본 수업 외 업무를 얘기해보겠다.

나는 2018학년도에 처음으로 고3 담임을 맡았고, 진로진학부 부원으로 3학년 진로 진학 관련 업무를 맡았다. 전적으로 2018학년도의 내 경우임을 전제하는 것이며, 업무는 매년 달라질 수 있다.

(1) 3학년 담임 업무

고등학교 3학년 담임 업무는 실질적, 심리적으로 모두 무겁다. 가장 큰 업무는 담임 학생들의 진로 진학 상담, 특히 우리 학교는 진학 상담이다. 특히 수시 시즌에 엄청난 양의 상담이 이뤄진다. 공부를 잘하건 못하건 대입 정원의 수시 비중이 높기 때문에 많은 학생이 수시를 쓴다. 자기소개서 지도, 대학 지원의 적절성 여부, 학과 관련 상담, 성적 상담, 면접 지도 등이 이뤄진다. 수시로 진학하면 다행이지만, 보통은 6개 대학 모두 상향 지원을 하고 모두 불합격하는 경우가 많다. 따라서 이들에게 현실적으로 가능한 범위에서 자료를 찾아주는 게 고3 담임의 역할이라 곤혹스럽다. 대학을 많이 보내면 성과와 보상이 뒤따를까? 전혀 그렇지 않다. 중요한 것은 학생을 객관적으로 판단할 수 있는 위치에서 적절한 수준의 대입 지원을 유도하는 것이다. 그렇지만 아이들 인생이므로 무조건 성적에 맞춰 지원하라고 말하기도 어렵다. 그래서 나는 통계적 팩트만 보여줄 뿐, 극단적인 상향 지원을 막는 것은 하지 못한다. 이런 상담을 하려면 교사 스스로 입시 공부를 끊임없이 해야 한다. 연수만 수차례 다녀왔고, 대학 입학설명회만 열 번 이상 들었던 것 같다. 나는 고3 담임이 처음이라서 더 고생했다. 최근에는 입시제도가 복잡해 공부할 게 많은 데다 학생들은 입시에 대해 단편적으로만 아는 경우가 대부분이다. 그래서 담임 교사가 입시에 관해 설명하고 자료를 제공해야 한다.

게다가 수시 지원을 위해서는 교과 교사와는 별개로 담임으로서 작성해야 할 생활기록부의 양이 방대하다. 특히 대학에서는 개별화를 요구하기 때문에 학생들을 더 세밀히 관찰하고 여러 과제를 제시해줘야 쓸 것들이 생긴다. 담임으로서 작성하고 확인해야 할 생활기록부 영역은 출결 상황, 진로 희망, 자율 활동 특기 사항, 봉사 활동 특기 사항, 진로 활동 특기 사항, 개인 세부 능력 및 특기 사항, 행동 발달 및 종합 의견 등으로, 학생당 수천 자를 쓰게 된다. 그나마 3학년 생활기록부 중 행동 발달 및 종합 의견은 수시 접수로 대학에 넘어가는 자료가 아닌 데다 2학기에 쓰게 되어 일이 적절히 분할된다. 그러나 1, 2학년 담임은 여러 업무에 치이다 보면 학년 말 생활기록부를 몰아서 작성해 연말과 방학에 업무 부담이 과도하다. 물론 생활기록부 작성은 학교나 교사마다 내용과 강도가 천차만별이다. 학교 프로그램, 교육 분위기, 수업이 다르기 때문이다.

많은 학생부종합전형이 자기소개서 작성을 요구한다. 담임이 지도를 해도 아이들은 자기 자신을 잘 표현하지 못할 때가 많은데, 이 때문에 수시 시즌 전에 전년도 고3 담임이었던 선생님들과 자기소개서 특강을 준비해 진행하기도 했다. 추천서를 요구하는 전형도 간혹 있는데 부담감 없이 추천서를 작성하기란 어렵다(다행히 대입 추천서는 2022학년도 입시부터 완전히 사라진다). 수시 지원이 끝나면 이를 모두 데이터베이스화하고 관리한다. 1차에 합격해 면접 대상자가 되는 학생이 있으면 면접 지도 희망 여부를 파악해 3학년 진로진학부에 면접 지도를 요청한다.

수시 지원이 끝나면 수능 원서를 쓰게 한다. 수능 날까지 점점 예민해지는 아이들을 상대하다보면 교사의 마음 또한 불편해지지만 드러내지 않으려 노력한다. 수능이 끝난다고 모든 것이 끝나는 것은 아니다. 정시 상담이 기다리고 있다. 모든 아이가 수시로 입시가 끝나면 좋겠지만, 재학생 대부분은 수시에 상향 지원을 하기 때문에 정시를 치르게 되는 이들이 많다. 정시에 적절한 대학을 제시해주는 것도 곤혹스럽기는 마찬가지다. 정시는 어쨌든 성적순으로 선을 긋는 작업이어서 '가능성'이 비교적 뚜렷이 드러나는데, 점수가 모자란다는 말을 직접 하기는 어려워 통계적 팩트가 있는 자료를 준비해 보여줄 뿐이다. 정시 지원까지 마치면 3학년 담임으로서의 진로 진학 관련 업무는 어느 정도 마무리된다.

고3 담임의 기본 업무 또한 있다. 특히 학년이 올라갈수록 출결이 안 좋아지는데, 아침마다 그런 학생들에게 연락을 취해야 한다. 이는 생각보다 에너지 소모가 큰데, 안 오는 아이들에게 연락하는 업무뿐 아니라 출석부에 표기, 나이스(교육행정정보시스템)에 출결 상황 표기, 현장 확인서 및 출결 서류 수령이 따라온다. 지나친 행정 업무 중 하나로 3학년의 경우 방대한 양의 관련 서류철 작업을 들 수 있다. 아이들의 복잡한 사정 또한 숙지해야 하는데, 특히 아프거나 가정 형편이 어려운 아이들을 파악해야 한다. 교내 장학금과 외부 장학금 제도에 맞게 어려운 아이들을 적극적으로 추천하고 관련 서류 업무를 해야 한다. 이외에 아이들 관계나 모든 학교생활 문제 등에 관해 늘 신경을 써야 한다. 작은 일을 방지하도록 노력해도 문제는 생기기 마련인데, 이때는 더 큰일로 번지기 전에 조치를 취해야 한다. 3학년들은 교우관계에 있어 서로 조심하는 분위기라 1, 2학년에 비해 낫지만, 개인이 받는 스트레스로 인해 발생하는 문제들이 종종 있어 관심을 가져야 한다. 이외에 매일 조·종례 등 기본적인 학급 운영 및 관리에서 자잘한 일이 많이 발생한다. 회장, 부회장에게 여러 '부탁'을 하게 되고, 주번, 청소, 학급 내 1인 1역할 등이 잘 이뤄지도록 해야 한다. 청소 지도를 하다보면 나 자신이 꼰대가 되어가는 것 같은 느낌도 든다.

학기 초 학부모 총회도 진행하고 학부모들의 평소 연락에 응대하며 상담도 가끔씩 진행했다. 1, 2학년 담임에 비해 학부모 상담은 적은 편이지만, 입시 상담이기 때문에 공부를 많이 해야 했다. 학부모와 관련해 가끔 일이 일어나기도 한다는데, 내 경우 그런 일을 겪은 적은 아직 없다.

(2) 진로진학부 부원으로서의 업무

부원으로서는 3학년 진로 진학 관련 업무를 맡게 됐다. 3학년 담임을 맡은 터라 부서 업무와 담임 업무를 상호 보완적으로 할 수 있었다. 가령 3학년 담임을 하면서 1, 2학년 학교 폭력 사안들을 다루자면 정말 힘겹다. 부서 업무로 가장 막중했던 일은 3학년 중 수시 면접 대상자를 파악해 면접 지도를 편성하는 것이었다. 우리 학교 특성 때문이기도 한데, 학생부종합전형으로 진학하는 비율이 높아 면접 대상자가 수십 명이나 되며, 그러면 100건이 넘을 것이다. 진학 희망 학과에 최대한 맞춰 선생님을 섭외해 일정을 짜는 일은 심리적 피로도가 높았다. 면접 지도를 부탁하는 것이기 때문인데, 의도치 않게 균등하게 부탁하지 못하는 상황이 발생해 몹시 난처했다. 특히 수능 전에는 방과후 시간, 야간에 부탁드리게 된다. 서류 기반 면접이 아닌 제시문 기반 면접은 업무 부담이 더 커 부탁하는 마음이 무겁다. 더욱이 면접 시즌이 몰려 있어 10명 이상의 교사가 하루에 20여 명의 학생을 감당해야 하는 날도 있었다. 혜택을 덜 받는 학생이 없도록 여러 변수를 고려하고, 면접 실력이 부족하거나 제시문 내용이 까다로우면 일정을 더 잡아야 했다. 면접 지도를 한 뒤에는 일지를 기록해서 부서에 제출한다. 담임 선생님께 부탁해 학생들이 후기를 제출하도록 했는데, 이와 관련해 자잘한 일이 뒤따랐다.

면접 지도 관련 업무 외에 진로진학부로서 초보임에도 불구하고 3학년 담임 선생님들에게 입시 관련 지원하는 역할을 해야 했다. 초청 섭외된 수십 개

대학의 입학설명회를 운영하고 입학사정관들의 발언 중 주요 사항들을 바로 기록해 정리했다. 초청 입학설명회 외에 방문 설명회에도 몇 번 다녀왔다. 그 외에 중요 입시 자료를 검색, 요약해 전달하는 일도 해야 했다. 이것이 부서의 존재 목적이기도 하고, 고3 담임으로서 이 정도 지원은 해야 하기 때문이다.

그 외에 모의고사, 수능 성적표 관련 업무, 진로 진학 포트폴리오 경진대회 운영, 학부모 아카데미 진학 사례 발표, 대학 입학처 방문 등 진로 진학부 주관 업무를 도왔다. 또 내가 굳이 벌인 일로는 1, 2학년 대상 학생부종합전형 설명회가 있었다.

(3) 수학 교사로서의 '기본 수업 준비 및 진행 외' 업무

2018학년도에 내가 했던 것을 기준으로 나열해보겠다. 참고로 업무는 수학 교사마다 다르고 나보다 더 다양하고 질적으로 어려운 일을 하는 분들은 엄청나게 많다. 정기고사 출제·채점·입력, 수학/논술경시대회 출제·감독·채점, 수학 동아리 운영, 평가원 모의고사 분석, 기존 강의식 수업 외 다양한 형태의 수업 기획 운영, 선택 과제 제시 및 검사, 생활기록부 교과 세부 능력 및 특기 사항 작성, 각종 수학 관련 연수 등이 있다. 하나씩 구체적으로 살펴보자.

정기고사 관련 업무부터 얘기하자면, 교사가 되고 나서야 알게 된 사실이 있다. 시험 보는 게 시험 출제보다 훨씬 단순한 일이란 것이다. 학생 때는 교사가 모든 것을 장악하니 문제를 뚝딱 만들어 출제와 채점을 하는 것처럼 보였다. 즉 시험 공부하는 학생들 입장이 훨씬 더 고생스러워 보였던 것이다. 하지만 막상 교사가 되어보니 1년에 네 차례 정기고사 출제와 채점을 하고 관련 업무를 맡는 것은 엄청 에너지를 필요로 했다.

일단 출제를 위해서는 분기 동안 아이디어를 모아둬야 한다. 갑자기 한번에 하는 것은 쉽지 않아 평소에 수업을 운영하며 시험 출제를 의식해야 했다. 출제 기간에 교무부에서 출제 마감 기한을 공지하는데, 그 일련의 과정에서 동료 선생님들과 출제 협의를 하게 된다. 알다시피 '함께 하는 일'은 쉽지 않으며, 출제하면서 의견 충돌이 있거나 서로에게 불편한 부분이 생길 수 있다. 반대로 단독 출제를 하는 것도 많은 문제를 혼자 감당해야 해 부담감이 크다. 나는 운 좋게도 소통에 어려움 없는 분들과 일했지만 출제 협의에서 에너지를 다 소모하는 경우도 본 적이 있다. 한편 수학 교사로서 번거로운 것은 수식, 그래프, 도형, 그림 입력이다. 이 작업은 여러 번 해도 여전히 번거롭다. 다양한 형태의 자료를 인용해야 하는 사회계열 과목 등도 나름의 어려움이 있다. 시험 파일의 최종 편집은 돌아가면서 맡는데, 양적인 부담감만이 아니라, 세세한 것 하나하나 놓치지 않아야 한다는 긴장감을 유발한다. 문장이 잘 읽히고 표현에 어색함은 없는지 조사 하나까지 신경 쓴다. 수학 과목은 표현이 상대적으로 더 엄밀해야 하기에 수학적으로 문제가 없는지, 논리적으로 정확한 표현인지 계속 확인한다. 글자 간격, 다단 등을 조절하는 것이나 문제별로 배점을 어떻게 하는지에도 신경을 많이 쓴다. 문제를 푸는 데 소모되는 시간, 난도, 예상되는 편차 등 여러 면을 고려해서 배점한다. 개략적인 문서 편집을 하고 나서 반복 검토를 한다. 수학은 출제 오류가 있으면 절대 안 돼 계산이 틀리지 않았는지 여러 번 확인한다. 어떤 때는 문제 자체가 정의되지 않는 상황인데 정의된다고 가정하고 문제를 풀어 답이 나오는 것처럼 오류가 발생하기도 한다. 일반화하는 과정에서 표현이나 조건이 달라져야 하는 경우가 있는데 이를 반영 못해 오류가 발생하기도 한다.

그다음에는 고사 원안을 비롯해 문항정보표(구 이원목적분류표) 작성, 서·논술형 채점 기준표 작성, 서논술형 답안지 제작, 분할 점수 산출 등을 해야 한다. 문항정보표에는 문제별로 내용 영역, 성취 기준, 행동 영역, 난도, 정답, 배점 등을 입력해야 한다. 교육과정에 준거해 수업 내용에서 출제한다는 근거가 드러나는 표다. 서·논술형 채점 기준표는 말 그대로 채점의 기준이 되는 표다. 서술형 문제는 점수를 주관적으로 주는 것이 아니라 어느 정도 범위에서는 절대적인 기준 아래 점수를 부여해야 하므로 엄밀한 기준표가 작성되어야 한다. 수학은 아이들이 말도 안 되는 풀이나 특이한 풀이를 해놓는 일이 많아 복잡한 기준표를 되도록 체계적으로 작성해야 한다. 그렇지 않으면 기준표에 준거해 점수를 판단하기 애매한 경우들이 나오기 때문이다. 어려운 일은 아니지만 서·논술형 문제를 풀이할 답안지 양식도 만들어야 한다. 그 외에 번거로운 업무로 분할 점수 산출이 있다. 내가 어릴 적에는 원점수와 별도로 수우미양가라는 것이 있었다. 보통 90점 이상이면 수, 80~89점이면 우 이런 식이었다. 그런데 지금은 ABCDE로 성취도를 매긴다. 물론 내신에는 기본적으로 단위수, 원점수, 평균, 표준편차, 등급이 들어가고 교과 전형에는 이 수치들이 반영되므로 ABCDE 성취도는 현재 입시에서 큰 의미가 없다. 하지만 2015 개정 교육과정부터 진로 선택 과목들은 등급을 산출하지 않고 성취 평가를 하기 때문에 큰 의미를 갖게 된다. 어쨌거나 성취 평가는 모든 과목에서 이뤄져야 하는데, 문제는 고교 수학은 10점 단위로 성취도를 매기면 A가 거의 없게 된다는 것이다. 단순히 쉽게 낸다고 해결될 문제는 아니며, 어쨌든 나는 ABCDE가 골고루 나오게끔 학생들의 성적 분포를 예상하여 이를 산출하는 작업을 하는데, 쉽지 않다. 협의 과정을 거쳐 예상 점수를 계산하고 프로그램에 많은 숫자를 입력해야 하기 때문이다. 컷을 너무 높게 잡으면 A가 너무 없고, 너무 낮게 잡으면 A가 너무 많아 적절히 조정해야 한다.

여기서 끝이 아니다. 시험지가 출력되면 상태를 확인한 후 매수를 잘 맞춰 학급별로 포장한다. 물론 인쇄된 이후에도 검토 작업은 계속해야 하는데, 1~2차 검토에서 발견하지 못한 오류가 있을 수 있기 때문이다. 시험 당일은 바짝 긴장한다. 아무리 검토를 여러 번 했더라도 여전히 오류에 대한 걱정을 놓지 못하기 때문이다. 시험이 끝났다고 안심하긴 이르다. 시험 이후에 항의를 받곤 하며, 학원에서 정기고사 문제를 검토하기 때문이다. 문제에 오류가 있다면 큰일이다. 시험이 종료되었다고 심리적 부담과 물리적인 일이 함께 없어지는 것은 아니다. 서술형 채점이 남아 있다. 학교나 교과마다 다르지만 고등학교 수학은 서술형 채점의 부담이 다른 교과에 비해 적은 편이 아니다. 비단 양이 많아 부담스러운 것이 아니라 답안과는 좀 다른 관점으로 접근하는 서술과 논리적으로 틀린 것을 써놓은 답이 많기 때문이다. 교과마다 어려움의 결은 약간씩 다르지만 어쨌든 모든 교과에서 서술형 채점은 큰 체력 소모를 요한다. 출제에 대한 가치관은 교사마다 다르지만 개인적으로 모든 서술형 문제를 어렵게 출제하는 것은 교육평가 입장에서 바람직하지 않다고 여긴다. 실제로, 문제를 지나치게 어렵게 내면 아이들이 손도 못대 채점은 쉽게 이루어진다. 채점의 고통이 따르더라도 유의미한 평가를 위해 적당한 수준의 문제를 고루 출제하려 한다. 작성된 서술형 답안에 대해 틀린 부분이 있는지 체크하고 부분 점수를 어떻게 줄지 정하는 것은 골치 아픈 일이다. 형평성이 우선시되는 작업이기 때문에 다양한 답안이 나올수록 생각이 많아질 수밖에 없다. 수십 명, 많게는 수백 명의 답안을 수일 내에 채점한 뒤 수업 시간 등을 활용해 아이들에게 확인 작업을 한다. 저학년일수록 물어볼 게 많고, 항의가 들어오면 교과 협의를 진행한다. '내신 산출'이라는 예민한 과정이기 때문에 복잡해질 때가 종종 있다. 점수가 확정되면 나이스에 점수를 입력한다. 점수 입력은 신중을 기해 실수가 없는지 몇 번 확인한다. 가성적표가 나온 후에도 점수 확인 작업을 한 뒤 마무리를 짓는다. 정기고사 시즌이 끝나면 정기고사 관련 문서들을 정리해 고사계에 제출해야 한다. 이 과정이 1년에 네 번 되풀이된다.

다음은 경시대회 업무다. 시험은 정기고사만 있는 게 아니며, 보통 1~3개의 수학 관련 경시대회가 운영된다. 출제 및 관련 문서 작성, 감독, 채점, 수상 등의 업무를 해야 한다. 최근에는 많은 학교가 학생부종합전형의 취지에 맞게 단순 경시대회 외에 어떤 대회를 기획하고 운영해야 할지에 대한 고민이 크다.

동아리 활동도 있다. 수학 동아리 관련 업무에 대해 얘기해보자. 수학 교사라고 해서 꼭 수학 동아리를 맡는 것은 아니지만, 수학 교사로 오래 재직하면서 수학 동아리를 맡아본 적 없는 사람은 적을 것이다. 나는 1년 차에 CA로 1년 단위의 동아리를 운영했으나 2년 차부터 상설(2~3년 단위) 수학 동아리를 맡게 되었다. 수학 동아리를 맡으면 '어떤 활동을 할 것인가'를 고민해 기획, 운영하는 일이 가장 부담스럽다. 나는 '수학 동아리' 담당을 맡으면서 수학체험전 부스 지원 및 운영, 교내 축제 부스 운영, 프로젝트 발표 지도, 모의고사 제작, 수학교육과 재학생 수학 특강 운영, 교구 활동, 수학 전시 관람 등이 진행되도록 했다. 특히 학생들이 주도적으로 운영될 수 있도록 하고 나는 관찰, 조력자 역할을 한다. 학생의 능동성이 잘 발휘되면 낫지만 동아리를 새롭게 구성하거나 하면 교사의 노고가 뒤따른다. 수학 동아리를 하면 일단 잡무가 늘어난다. 가령 수학체험전에 나가려면 기획서 작성과 활동 기안을 올리고 교구를 주문하는 등 자잘한 일이 많다. 외부 동아리 지원금을 쓰려면 잡무는 더 많다. 학생은 20여 명인데 모두 챙겨야 하며, 더불어 교과 외 수학 지식과 타교과와 융합되는 부분들을 위해 공부가 필요하다. 끝으로 모든 활동 이후 생활기록부를 작성해야 한다. 이 모든 업무에 비해 동아리 지도교사비는 매우 적은 편이다.

다음으로 수학 교사의 업무 중 평가원 모의고사 분석이 있다(물론 기본 수업 업무에 속한다고 볼 수도 있다). 특히 고등학교 3학년 수업을 맡으면 좀더 신경 쓰인다. 모의고사 이후 문제 풀기, 분석, 수업 준비를 한다. 모의고사에는 어려운 문제들이 꼭 있는데, 나는 아직도 고난도 문제들을 푸는 게 쉽지 않다. 더욱이 학생들이 어떻게 이 문제를 바라보고 접근해야 할지 고민해 수업을 준비해야 한다. 어려운 문제는 내 풀이만이 아니라 인터넷 강의를 보면서 가르쳐줄 내용을 보강, 완성하는 편이다. 문이과 수업에 모두 들어가면 부담은 배가 된다. 요즘은 유튜브에 자신의 모의고사 풀이를 올리는 선생님도 많다.

또한 기존 강의식 수학 수업 외에 다양한 수학 수업을 계획하는 일은 학생부종합전형 도입 이후 더욱 부담이 커졌다. 이 역시 '기본 수업' 업무에 속하지만, 옛날 세대가 생각하는 수업과는 달라 별도로 언급한다. 일단 교육학적으로나 입시에 도움이 되는 측면으로나 학생들에게 다양한 형태의 과제를 제시하고 평가해야 한다. 강의식 수업만 하고 지필고사로만 평가하는 방식으로는 학생들에게 유익한 경험이 되기 어려우며, 수포자를 양산하는 가장 빠른 길이 된다. 물론 강의식 수업이 갖는 장점도 있지만 그럴 경우 생활기록부상의 세부 능력 및 특기 사항에서 활동의 다양성이 떨어져 학생부종합전형에서 불리할 수 있다. 이러한 이유로 다양한 형태의 수업을 준비하고 선택 과제를 제시한다. 3학년은 수업 형태에 과감한 시도를 하기가 어렵다. 이에 다양한 선택 과제를 고민하여 제시하지만, 동료 선생님들과 협의하는 과정에서 불편한 일이 종종 생기곤 한다. 그리고 나는 학생들이 상호보완적으로 학습할 수 있도록 멘토, 멘티를 편성하여 학습하게끔 하는데, 편성은 학생들에게 매우 예민한 문제다. 내 경우 1학년 수업을 할 때는 멘토의 도움을 받은 후 멘티 학생들이 나와서 문제를 풀게끔 했으나 3학년 수업에서는 자율적인 멘토 멘티 활동을 제시하고 확인해준다.

기본 수업 외에는 방과후 수업(보충수업)을 한다. 의무 사항은 아니지만, 수요가 있는 데다 교과 수업에서 진행하기 애매한 것은 방과후 수업을 개설하려는 편이다. 방과후 수업의 종류와 개수는 학교마다 다르나, 교과 교사로서

이 수업을 맡아보지 않은 교사는 거의 없을 것이다. 요즘은 교과의 기본 개념, 문제풀이 수업 외에 다양한 내용과 형태의 방과후 수업을 개설하는 경향이 있다. 실제로 학생부종합전형에서도 어떤 방과후 수업을 이수했는지 기록해야 한다(대입 공정성 강화 방안으로 인해 이제 방과후 수업 이수 내역은 더 이상 생활기록부에 기재할 수 없게 된다). 나는 기본 교과 수업 외에 공대, 상경대 진학을 희망하는 학생들을 대상으로 행렬 수업, 인문계에서 수리 논술을 준비하는 학생들을 대상으로 인문 수리 논술. 수학과 직접적인 관련은 없으나 각종 진로 관련 방과후 수업을 진행했다. 방과후 수업은 방학 때도 개설된다. 아무래도 방과후 수업료를 따로 지불하고 수업을 듣는 아이들에게 양질의 수업을 제공해야 한다는 의무감은 크게 다가온다. 1~2시간짜리 수업이라도 준비 시간은 그보다 더 필요하다. 방과후 수업은 추가 업무지만 대체로 자율적이며 무엇보다 보수가 큰 편이다. 초등학교, 중학교 교사와의 연봉 차이가 여기서 기인한다.

교과 교사로서 수업을 하면 학생들의 생활기록부상 교과세부능력 및 특기 사항 영역을 작성해야 한다. 흔히 '교과세특'으로 불리는 내용인데 학생부종합전형에서 내신 숫자 다음으로 가장 중요하므로 에너지가 많이 소모된다. 수업 대상 학생들이 한 학기에서 일 년 동안 수업을 들으며 보여준 특기 사항들을 적는 영역이다. 내 수업을 듣는 학생이라면 전원에게 특기 사항을 기록해주어야만 한다(과거에는 의무사항이 아니었으나 이제는 그렇다. 그만큼 학생에 대한 교사의 개별적 관찰이 중요해졌다는 의미로 해석된다). 일선 학교에서는 1, 2등급 학생만 몰아서 작성한다고도 한다. 다행히 우리 학교에서는 특기 사항만 있다면 등급이 낮더라도 해당 특기 사항을 유의미하게 써주는 편이다. 수업 태도, 질문, 과제 수행, 타학생에게 도움을 주는 것 등 다양한 내용으로 모든 학생의 교과세특을 작성한다. 학생당 수백 자씩을 쓰는데, 100명에서 많게는

200여 명까지 쓰므로 만만치 않은 양이다. 더욱이 개별화를 강조하기 때문에 쉽지 않다.

다음으로 연수가 있다. 교사도 끊임없이 연구해야 하는 직업이다. 하지만 교사는 한번 공부한 내용을 수업 업무에 평생 써먹는다고 보는 사람도 많다. 하지만 바뀌는 교육과정이나 트렌드, 입시 경향, 교육 정책과 방법 등 여러 관점에서 빠르게 적응해야 하는 상황에 놓인다. 그리고 교사로서 의무 연수가 매년 주어진다. 담임교사, 일반 교사로서의 연수뿐 아니라 교과 교사로서 듣는 연수가 중요성과 필요성이 더 크다. 나는 2015 개정 교육과정 교과서 관련 연수를 교과 선생님들과 대전으로 1박2일 다녀온 적이 있다. 더욱이 고등학교 수학은 특정 학년을 조금만 안 해도 문제 풀이 감이 떨어지기 때문에 학생들처럼 공부해야 한다. 연수는 현장에서 직접 강의를 듣는 것과 온라인 연수가 있는데, 전자가 훨씬 도움이 된다. 한편 승진을 위해서 연수 과정에 열심인 경우도 있다. 어쨌든 연수를 듣는 것은 대체로 교사 개인의 자율성에 맡겨지는데, 연구하지 않으면 스스로 한계를 느낄 수밖에 없다.

수학 교사로서의 업무를 써놓긴 했지만, 이는 학교나 교사마다 다르고 또 훨씬 더 다양한 업무를 맡는 분들이 있다. 어쨌든 교과 교사로서 다양한 종류의 업무가 있는 만큼, 대학 시절 교과 교육과 관련된 활동을 많이 해볼수록 도움이 된다. 물론 교사가 돼서도 연구 활동을 할 수 있지만 대학생 때의 경험과는 다르다. 대학생 때는 이상적인 부분을 더 고민할 수 있지만, 교사가 되어서는 현실적인 부분을 고려하는 경향이 크다. 또한 교사가 되어서도 구체적으로 연구하고 싶은 분야는 모두가 다르다. 예를 들어 수학 교사로서 수학 소프트웨어를 연구하는 사람, 스토리텔링 수학을 연구하는 사람, 다문화 수학을 연구하는 사람, 멘토 멘티를 연구하는 사람, 융합수학을 연구하는 사람 등이 있다. 그런 것들이 교과 교사로서의 정체성을 형성해주기도 한다.

(4) 기타

수학 교사로서, 담임교사로서, 진로진학부 부원으로서의 업무 외에 나는 스포츠클럽 농구반 지도교사, 진로 관련 방과후 수업, 농촌 봉사 활동 등 각종 캠프 인솔, 기도회 기도 녹음, 야자 감독, 급식지도, 4차 산업혁명 연구 활동 및 캠프 강연, 패럴림픽 진로체험캠프 동행, 교내 축제 찬조 공연 준비, 신임 교사 환영회 준비, 매주 전략기획팀 회의 진행, 한 달에 두 번 이상의 교직원 회의, 자사고 면접 전형 신규 연수, 자사고 신입생 선발 과정 참여 등을 맡았다.

(5) 방학 일정 예시

'교사는 방학 때 쉬나요?' 이는 대부분 교사의 선택에 달렸다. 어쩔 수 없는 업무들로 방학 전체가 채워지는 경우도 흔치 않다. 방학을 노는 것(이 또한 일종의 중요한 연수다)으로만 채울 수도 있지만 반대로 업무나 연수로 채울 수도 있다. 아래는 2018학년도 여름방학 나의 방학 일정표다.

7월 19일(목) 방학예배(방학식), 수학 동아리 인테그랄 세종과학고 수학체험전 인솔

7월 20일(금) 방학 방과후 수업 준비, 1학기 생활기록부 작성

7월 21일(토) 수박 대입 진학 연수

7월 23일(월)~8월 3일(금) 방학 방과후 수업

　　　　　(인문 수리 논술 5일 / 행렬 특강 10일 / 농구반 10일)

7월 25일(수) 서울여대 서류 전형 모의평가 연수

7월 27일(금), 8월 2일(목)~3일(금) 수학 동아리 대상 수학교육과 재학생 수학 특강 운영

8월 2일(목) 4차 산업혁명캠프 빅데이터 관련 특강

8월 6일(월)~7일(화) 자율형 사립고 면접전형위원 연수

8월 8일(수)~10일(금) 농활 후발대 참여

8월 11일(토)~14일(화) 개인 시간

8월 15일(수) 1학기 생활기록부 마감

8월 16일 개학예배(개학식)

- 방학 중 틈틈이 수시 관련 학생, 학부모 면담
- 담임 학급, 교과수업, 동아리 등등 생활기록부 작성
- 동아리 수학체험전 부스 운영 신청 등 기타 잡무

　다행인 것은 폭염으로 인해 농활이 취소되어 일주일 정도의 개인 시간이 확보된 것이다. 이들 업무의 70~80퍼센트는 스스로 벌인 일이고 나머지는 학기 중 일을 방학으로 미룬 것 등이다. 겨울방학은 좀더 여유 있지만, 나는 방학 시간을 여러 활동으로 꽉 채우는 편이다.

　위의 내용들은 내 경험이며, 교사의 업무를 체계화하기란 쉬운 일이 아니다. 그래서 일단 표본을 여럿 가져오기 위해 현직 교사들을 대상으로 구글 독스 설문을 수개월간 진행했다. 아래는 선생님들이 업무를 모두 나열했다기보다는 핵심 업무만 작성한 것이라 보면 된다.

학기 중 수업 외 업무 설문
- 특성화고 수학 교사로 NCS, 은행, 부사관 등 시험의 수리 영역 방과 후 수업 진행 _고등학교 교무부

- 생활기록부 작성 운영, 학교행사 지원 등 _고등학교 교무부
- 스포츠클럽 관련 업무(출석, 대회, 연습훈련, 생기부 등) _고등학교 교무부
- 평가 계획 수합, 정보공시, 분할 점수 공지, 고사 운영 _고등학교 교무정보부
- 포상 관련 업무: 외부상 공지, 서류 수합, 추천자 서류 정리 업무, 선정 회의 및 기안, 공문 우편 보내기/ 담임 업무: 학급 관리, 학생 상담, 학부모 상담, 문제 학생 상담, 출결 확인서 관리, 입시 관련 개인 공부(책, 자료 찾고, 프로그램 익히기), 연수 참여 3회 _고등학교 생활인성부
- 국제 교류 업무 _고등학교 입학홍보부
- 학생회 선거 관리, 학생회 예산 집행, 각종 학교 행사에서 학생회 인력 배치 관여, 학생회 공약 사업 지도, 학생회 연수 관리, 담임 업무(조종례, 담임 회의, 수련여행 준비, 전출/입 관리, 생기부 작성, 출결 관리) 등 _고등학교 창의체험부
- 방과후 수업(심화반), 학생 상담(교과, 진로, 일상적인 삶), 교과 회의(수업 진도부터 시작해 수업 방향 공유 등), 수학과 관련 대회(출제, 채점, 결과 분석 등), 야간자율학습 감독, 특별 구역 청소 지도, 담당 업무(학부모 공개 수업 관련, 교사 연수 관련 업무·홍보, 기안, 보고 등 / 교과 연간 지도 계획, 학습 부진 학생 등) _고등학교 학교발전기획부(연구부)
- 행정 업무와 관련된 일(야간자율학습 신청, 좌석 편성, 감독 교사 초과 관리, 주중 야간 봉사자 관리, 주말 자율학습실 관리 및 주말 대학생 멘토링 관리), 방과후 수업, 사제 멘토링(인성부에서 학교 적응을 힘들어하는 학생들을 대상으로 한 프로그램에 젊은 교사 차출), 각종 교내 대회 심사(논술 및 토의토론이 들어간 경우 국어교사가 감독관으로 차출), 담임 학급 상담 등 _고등학교 학년부
- 학년부 업무, 담임 업무, 아침 영어 듣기 감독, 야자 감독, 창의체험 동

아리 지도교사, 자율동아리 지도교사, 영재학급 지도교사, 방과후 수업 강사, 특강 강사, 친목회 총무 _고등학교 학년부

- 방과후 업무. 방과후 시작하기 전에 선생님들께 강좌 신청받고 가정통신문 만들어서 학생들에게 배부. 이를 다시 수거해서 신청 강좌의 개설 및 폐강 여부 결정하고, 인원 넘치면 제비뽑기를 진행함. 결정되면 방과후 수업료까지 결정해서 계획서 만들고 기안 올리고, 수업료 가정통신문 만들어서 학생들에게 배부함. 수업 시작 직전에는 출석부 만들어서 선생님들께 배부함. 방과후 수업이 끝날 때마다 환불 대상 학생 파악하고 강사료 기안 올리고 마무리했음. 이 작업을 방과후 시작할 때마다 계속함 _고등학교 3학년부
- 반 편성(선택 과목에 맞는 반을 편성함) _고등학교 1학년부
- 교육과정 재편성, 교과서 선정, 연구학교 운영 등 _고등학교 2학년부
- 방과후 업무 수능 이후 프로그램 기획 운영 _고등학교 3학년부
- 수시 진학 상담, 각종 입시 결과 분석 및 교사 대상 연수, 입시 전략 수립 등 _고등학교 3학년부
- 행정 업무, 생활지도, 학급 경영 _중학교 교무기획부
- 학생 상담, 학생 건의사항 및 민원 해결, 학생 다툼 해결, 학생 자료 조사 _중학교 학년부
- 학생생활지도, 진학지도, 학부모 상담, 각종 연수, 기획 회의, 진학 관련 출장, 특목고 면접 준비 학생 상담, 학년협의회, 전문적 학습 공동체, 졸업 준비 업무 _중학교 3학년부

방학 중 업무 설문

- 교과 관련 캠프 운영, 기자 아카데미 운영, 저학력 학생 보충학습 방학

중 학생 멘토 멘티 지도 등 방학에 출근 안 하는 날은 10일이며 대부분 연가를 쓰고 있음 _고등학교 국어 교사

- 교지 편집, 농활, 보충수업, 각종 캠프 _고등학교 국어 교사
- 방학 방과후 수업, 미뤄둔 연수, 다음 학기 수업 준비, 방과후 수업 교재 작업 등 여름방학의 경우 3주 중 출근 안 하는 날은 3일에서 0일, 겨울방학의 경우 7~8주 중 3~4주 정도 _고등학교 국어 교사
- 방과후 수업, 담임으로서 학생들 생활기록부 작업. 방과후 수업은 학생들 요청으로 대부분 개설되고, 토요일 포함해 매일 방과후 수업하던 것이 끝나면 실제로는 10~14일 정도 여유가 있었음 _고등학교 수학 교사
- 방과후 학교 _고등학교 수학 교사
- 방학마다 방과후 수업. 여름방학은 일주일간 연수. 남은 여름방학을 생활기록부 작성에 소요 _고등학교 수학 교사
- 생활기록부 담당으로 점검, 정정 대장 작성 등을 했지만 출근은 이틀 정도만 하고 주로 온라인으로 업무를 함 _고등학교 수학 교사
- 수학 캠프 진행, 보충수업 운영 등 _고등학교 수학 교사
- 연수 참가(수학 교사 한마당), 방과후 수업(심화반, 독서 수업, 인문학, 수학 주요 정리 등 다양한 부분 가능), 방학 중 자율 학습 감독 _고등학교 수학 교사
- 방과후 수업 기간을 제외하고 별도 업무나 출근일 없었음 _고등학교 수학 교사
- 방학 중 입시 상담 출근 약 일주일, 2학기 수업 준비 일주일(출근은 안함) _고등학교 영어 교사
- 해외체험학습 _고등학교 영어 교사
- 체대입시반 운영, 자소서반 운영 _고등학교 체육 교사

- 각종 공문 처리, 상급학교 진학 관련 업무, 졸업식 준비, 각종 연수 _중학교 국어 교사
- 행정 업무상 출장 _중학교 국어 교사
- 방학 자율 연수 방학 중 성장을 위한 연수는 자유롭게 신청 가능하며 학교 당번 근무 외에 출근은 하지 않음. 학기 말에는 새로운 업무 담당 및 학교 준비를 위해 개학 일주일 전 출근함 _중학교 기술 교사

위 설문처럼 학교, 교과, 교사마다 다양한 형태와 종류의 업무가 존재한다. 수업 외 업무, 방학 중 업무에 관한 이야기를 통해서 결론적으로 예비 교사들에게 하고 싶은 이야기는 세 가지로 압축될 수 있다.

첫째, 학생 지도와 직접적으로 관련 없어 보이는 일을 해야 할 수도 있다. 학교에는 학생과 관련 있는 수많은 일뿐만 아니라 행정 업무, 여러 선생님과 협업을 요하는 업무가 있다. '교사는 학생들을 가르치는 사람'으로만 정의할 수 없다는 뜻이다.

둘째, '교사의 일은 경쟁적이지 않고 일자리가 안정적이다'라는 말은 일의 양이 적다는 의미가 아니다. 교사는 학생과 학부모, 다른 선생님들을 대하는 직업이라 신경 소모가 크며, 그에 따른 잡무들이 많다. 업무 과중이 대기업보다 못하지 않은 경우가 종종 있는 이유다.

셋째, 예비 교사 시절의 다양한 경험은 교사가 되었을 때 자산이 된다. 궁극적으로 하고 싶은 얘기는 바로 이거다. 교사의 업무 난도와 종류는 예상하기 어렵다. 교직은 언제라도 난처하고 복잡한 상황에 처할 수 있는 일이다. 따라서 젊은 시절의 다양한 성취와 실패가 교직생활에 도움이 될 수 있다. 나는

수학교육과에서 학회 활동을 했던 것이 수학 수업과 수학 동아리 등에 반영되고 있다. 취미 활동으로 했던 농구 덕분에 스포츠 클럽 지도를 하고 있다. 스노보드를 취미로 해온 덕분에 스키 캠프에서도 보드를 가르쳤다. 활동적으로 지냈던 대학 생활의 경험이 다양한 교직 활동을 해내는 데 체력적, 심리적으로 도움이 된다. 700시간 넘게 교육 봉사를 하고 멘토링 활동을 했던 경험은 다양한 학생을 만나는 것에 도움이 되고 있다. 즉 예비 교사 시절의 다양한 경험은 교직생활에 있어 평생 자산이 된다. 많은 선배들이 임용 특강에서 말한다. '좋은 교사가 되려면 교사부터 돼야 한다'. 논리적으로 맞는 말이지만, 자신에게 집중하여 교사상을 그릴 수 있는 시기도 바로 예비 교사 시절이다. 그것이 임용고시 공부의 지구력의 원천이 되기도 하고, 다른 길로 나아가는 강력한 발판이 되어주기도 한다.

교사에 대한
사회적 인식은
어떤가요?

부모님께서는 제가 교사가 되기를 원합니다. 저는 아직 장래희망이 뚜렷하지 않으며 교사라는 직업에 대해서도 확신은 없어요. 부모 세대와 달리 요즘은 교사직에 대한 인식도 많이 변한 듯한데, 사회적 인식이 어떤가요?

결론부터 말하면, 사회적 인식이 좋다고 확신하긴 어렵다. 우리나라에는 소위 교육 전문가가 참 많다. 모두 교육을 접해봤기 때문이다. 다들 자신의 학창 시절을 바탕으로, 자신이 접했던 교사들의 모습을 근거로 평가하거나 지금 교사들의 모습을 추정하곤 한다. 많은 사람이 '교사가 안정적'인 직업이라며 비판하면서도 내 자식은 교사이기를 바란다. 주변 사람들에게 물어보라. '나, 교사 하고 싶은데 어떻게 생각해?'라고 하면 대개 긍정적인 답변이 돌아온다. 반면 '교사라는 사람들 어떤 것 같아?'라고 물어보면 과연 어떤 얘기들이 나올까. 이런 모순이 교사에 대한 사회적 인식의 핵심이다.

'교사 혐오.' 대중적으로 흔히 쓰이는 말은 아니지만, 딱히 표현이 어색하지도 않다. 혐오라는 공통된 감정이 생성되려면 '다수의 사람'이 '여러 차례'

접할 수 있는 직업이어야 한다. 이런 예시에는 연예인, 사회적 저명인사, 휴대전화 판매원, 공무원, 교사 등이 있고, 그 반대편에는 항공기 조종사, 미술가, 우리 동네 빵집 아저씨, 에버랜드 너구리 사육사가 있다. 교사라는 직업과 교사라는 사람에 대한 감정은 여러 사람으로부터 공감대가 형성되기 쉽고 그 감정이 서로 강화된다. 특히 교육자라는 타이틀을 달아주면서 혐오 대상으로 삼는 경우가 많다. 쉽게 말해 잘 알려진 직업일수록 비판의 표적이 되기 쉽다는 것이다. 한국인의 99퍼센트가 직간접적으로 접하는 직업이고 심리적, 신체적으로 미성숙할 때 가장 오랜 시간 만나는 직업이다. 또 교사는 의도하든 그렇지 않든 통제와 억압의 역할을 맡는다. 특히 과거에 교사로부터 인간 이하의 취급을 받거나 목격한 사람들이 있어 혐오감이 생겨나는 게 이상하지 않기도 하다.

한편 20~30년 뒤 교사에 대한 사회적 인식이 어떻게 변할지 궁금하기도 하다. 이 사회에서도 '90년대생이 온다'고 하지 않았나. 각 시도 교육청별로 학생인권조례가 공포된 것은 2010년대 초반이다. 90년대생 중 일부는 비교적 학생 인권이 존중되는 학교를 경험한 사람들이다. 2000년대생부터는 사실상 많은 학생이 인권이 잘 보장되는 학교를 다녔다고 볼 수 있다. 쉽게 표현해 선생님한테 맞아본 경험이 없는 사람이 대다수인 세대라는 뜻이다. 비교육적 체벌, 두발 및 복장 규제, 과도한 학생 자율권 침해 문제, 촌지 문제 등 많은 것이 근절되고 있다. 이 세대들이 부모 세대가 되면 교사에 대한 사회적 인식은 지금과 어떻게 달라질까? 혹시 지금보다 나빠지기도 할까? 아주 조금이라도 억압의 입장에 서게 되는 교사는 자유의 목소리가 날로 커지는 현대 사회에서 설 자리가 더 없어질 수도 있다.

'철밥통'이라는 말이 있다. 안정적인 일을 하며 사는 사람들을 비하하는 표현이다. 현재 교사의 급여를 받으면서 정년 보장조차 안 되는 데다 임용까지 그렇게 어렵다면 이 직업을 택할 사람이 얼마나 될까? 어쨌거나 교사는 제도적으로 보장된 안정성 때문에 욕을 먹기 쉽다.

우리나라가 잘 살고 행복한 나라가 되면 좀 나아질 수 있을까? 몇 년 전 초등교사 선발 예정 인원이 전년도의 8분의 1로 급격히 줄어든 적이 있다. 대부분의 여론은 수급 정책에 실패한 정부를 탓하지 않고, '다들 취업이 얼마나 힘든데 경쟁률 조금 올랐다고 징징거리냐' 비판했고, 언론은 이를 더욱 자극하는 기사들을 쏟아냈다. 2010년대 초중반 학번 교대생들은 교사를 바라보는 사회의 차가운 시선을 대학 시절 이미 처절하게 느꼈을 것이고, 평생 상처로 남을지도 모른다. 철밥통이라는 표현과 함께 등장하는 말 중 하나가 '잘 못 가르친다' '학원 강사보다 못하다'는 것이다. 사범대에서 어려운 임용을 뚫고 된 교사들이 정말 무능력할까?

우스갯소리로 '수업은 쉬러 가는 것이다'라는 말이 있다. 사람들은 수업이 교사의 주요 업무라 생각하겠지만, 그럴 수 없는 것(그러지 않는 게 아니라)이 현실이다. 더욱이 교사에게는 다른 모든 직업에 비해 더 높은 도덕관을 요구하기 때문에 잘못했을 때 더 큰 처벌을 받게 된다. 교사는 혐오의 표적으로 삼기 딱 좋다. 가령 '교사는 무단횡단하면 안 돼'라는 표현을 쓸 것이 아니라 '보행자는 무단횡단하면 안 돼'라고 해야 한다.

스승의 날, 이상한 청원이 올려왔다. 스승의 날을 폐지하자는 청원이었다. '응? 교사들이 너무 편해서 스승의 날도 없애자는 건가?' 하지만 더욱 놀란 것은 청원을 교사가 올린 것이었다는 사실이다. 아래는 청원문의 일부다.

"스승의 날 학생 대표만 교사에게 꽃을 줄 수 있다'는 국민권익위원회장의 말은 화를 돋우었습니다. 교사들 중에 누가 그 꽃을 받고 싶다고 했습니까? 왜 교사의 자존감을 이렇게 짓밟는 것입니까? '교육의 질은 교사의 질을 넘을 수 없다'는 말은 늘 하면서 정작 교사에 대한 정부 기관과 우리 사회의 인식은 여전히 '촌지나 받고 있는 무능한 교사'라는 인식에서 조금도 벗어나지 못하고 있습니다. 교권 침해는 나날이 늘어가고 있고, 언론의 교사 때리기가 도를 넘고 있는 것만 봐도 알 수 있습니다. 스승의 날은 유래도 불분명하고 정권의 입맛에 따라 없앴다가 만들기도 했습니다. 우리 헌법이 교육의 자주성, 전문성, 정치적 중립성을 보장받도록 하고 있지만 정작 교사는 교육의 주체로 살아본 적이 없습니다. 모든 책임을 학교에 떠넘기며 교사를 스승이라는 프레임에 가두어 참고 견디라고 하면서 '교사는 있지만 스승이 없다'는 말은 또 아무렇지 않게 합니다. 왜 이 조롱을 교사들이 받아야 하는지 이유를 모르겠습니다. 교단의 현실이 이와 같음에도 불구하고 정부는 '교권 존중의 사회적 풍토 조성'을 이유로 포상, 기념식 등의 행사로만 일관하고 있습니다. 교권은 포상과 행사로 살아나는 것이 아닙니다. 교권 추락은 수수방관하며 교사 패싱으로 일관하는 분위기에서 현장의 교사들은 스승이라는 무거운 짐을 내려놓고 소명의식 투철한 교사로 당당하게 살아가고 싶습니다."

나에게도 스승의 날은 364일 매 맞기 위한 1일의 보상과 같은 느낌이다. 그렇지만 아이들이 스승의 날에 표현하는 마음으로 이 생각이 잊히는 것도 사실이다. 참 어렵다. 다만 이 글을 통해 예비 교사들에게 교사로 살아간다는 것은 끊임없는 내적, 외적 갈등의 과정임을 말해주고 싶었다. 자신이 아이들을 위해 노력하더라도 사회적 혐오를 피할 수는 없다. 그 모든 것을 안고 나아갈 뿐이다. 그런 가운데서 성장하는 아이들의 모습을 보면 힘이 난다. 그저 아이들에게 조금이나마 좋은 영향을 주었다는 생각이 다 꺼져가는 장작에 불을 지펴주곤 한다. 고레에다 히로카즈 감독의 영화 제목처럼 '그렇게 선생님이 되어가는' 것이리라.

임용 재수 결심
많이 하나요?

4학년 11월, 예비 졸업자로서 임용 초수 시험을 치른다. 간혹 초수 합격한 선배들이 있긴 하나 한 학번에 한두 명만 있어도 다행이라는 분위기다. 현실이 이렇다보니 임용 응시를 마음먹은 사범대생들은 4학년이 되면서 재수를 염두에 두는 것을 자연스러워한다. 하지만 개인 사정, 진로 문제 등으로 재수는 고민이 될 수밖에 없다. 재수하면 합격할 수 있을지, 다른 모든 것은 포기해야 하는지, 교사가 나에게 맞는 일일지, 사립학교를 고려해야 할지, 다른 직업을 찾아야 할지 등 저마다 사정이 있다. 이 글에서는 선배들의 재수 결심에 관한 이야기를 여러 관점에서 들어보고자 한다.

사립 위탁 2차 시험 미응시 후 재수 결심

초수 임용에서 사립 위탁에 거의 합격했지만, 사립 응시를 포기하고 과감하게 재수를 결심한 이의 이야기를 들어보자.

자기소개를 해주세요.

수학교육과를 졸업하고 현재 공립 중학교에 1년 차로 재직 중인 교사입니다. 초수 임용 때 사립 위탁 시험에서 거의 합격권이었지만, 재수를 결심하고 임용에 합격했습니다.

사립 위탁에 거의 합격했는데도 재수하게 된 이야기를 들려주세요.

중등교사 임용시험 (공·사립 동시 시행)	제1차 시험 성적 (가점 등 포함)	1지망 (공립)	공립1지망 → 합격 → 공립 제2차 시험 /사립 합격자 결정 제외		
		1지망 (사립)	사립1지망	사립1지망 + 사립2지망	→ 합격 →사립 제2차 시험
		2지망 (사립)	공립1지망 불합격자		

2017학년도 첫 시험을 쳤을 때, 1지망으로 지원한 공립학교에서는 탈락했지만 2지망으로 작성한 사립학교는 높은 성적으로 통과해 그 사립학교 2차 시험을 통과할 것이 확실시되는 상황이었습니다. 이대로 2차 시험에 응시한다면 저는 2017년부터 교사생활을 시작할 수 있었지만 며칠간의 고민 끝에 재수를 결심했습니다. 주변 선배들한테도 물어보고, 공립과 사립의 차이점에 대해 많은 조사를 했습니다. 그중 사립과 공립의 가장 큰 차이점이 근무 환경이라는 결론을 내렸고, 제 성향상 공립에서 일하는 것이 좋겠다고 판단했습니다. 그리고 첫 시험 점수가 낮은 편은 아니어서 한 번 더 공부하면 내년에는 붙을 수 있으리라는 자신감도 제 선택에 힘을 실어 줬습니다.

사립에 붙고 난 뒤 다시 임용시험을 보는 경우는 생각하지 않았나요?

공립과 사립의 차이점을 조사하는 과정에서 그렇게도 해볼까 고민했습니다. 그러나 조사하면 할수록 과연 내가 일하면서 공부를 같이 할 수 있을지 의문이 들었습니다. 대학 때 처음 임용 공부 했던 것을 떠올리며 제 공부 방법이나 성격으로 미뤄봤을 때 두 가지를 병행하는 것은 힘드리라 여겨졌습니다. 이런 성격 때문에 재수 후반에는 오랜 기간 해온 과외도 그만두고 공부에만 집중했습니다.

재수를 선택할 때 주변의 반대는 없었나요?

반대하는 사람은 거의 없었습니다. 제 선택을 존중해주고, 대체로 수긍해주었습니다. 반대보다는 염려해주시는 분들이 있었는데 다시 시험을 쳐서 반드시 공립에 가겠다고 하니 이해해주었습니다.

다시 임용시험을 치를 때 합격할 자신이 있었나요?

처음에는 이런 점수를 다시 받을 수 있다는 자신감이 있었지만, 시간이 지날수록 불안감이 생겼습니다. 즉 자신감과 불안감 사이를 오가며 흔들렸지요. 특히 시험 한 달 전에는 정신적으로 아주 힘들었는데 주변 사람들의 도움으로 회복할 수 있었습니다. 임용시험은 마라톤과 같은 장기전인 만큼 정신적인 면의 관리가 꼭 필요합니다.

사립이 싫어 재수를 선택한 건가요?

사립을 가는 데 고민되었던 점은 근무 환경이나 다른 동료 교사들이 제 성향과 맞지 않을 수도 있다는 것이었습니다. 공립은 5년마다 학교를 옮길 수 있는 반면 사립은 그렇지 않다는 점이 결정을 망설이게 했습니다.

공립을 선택하는 이유 중 나중에 지역 변경을 통해 고향에 가서 근무하는 것도 염두에 두었나요?

고향(거제)에 내려가서 산다는 생각은 아직 해보지 않았습니다. 대학을 서울로 진학해 서울 학교에 시험을 보겠다고 결심한 이유는 다양한 정보를 쉽게 접할 수 있고, 경로도 다양하기 때문입니다. 지금 교사를 하고 있지만, 만약 이후에 다른 일을 하게 된다면 그 첫 시작을 서울에서 하는 게 좋으리라는 판단도 있습니다. 지방에서 올라와 서울에서 사는 사람들에게 제일 큰 고민은 주거입니다. 그와 관련된 경제적 문제가 제일 걱정이죠. 하지만 제가 그런 면에 욕심을 많이 부리지 않는 편이라 서울 생활에 만족하며 살 수 있을 듯합니다.

궁극적으로 어떤 교사가 되고 싶은가요?

학생들과의 사이에서 벽이 없는 교사가 되고 싶습니다. 학생들에게 행복한 교실과 학교를 만들어주고 싶어요. 하지만 교사 생활을 해보니 권위적이거나 강압적인 태도가 무가치한 것만은 아님을 깨달았습니다.

사립 위탁 합격이 눈앞에 있으니 쉽게 사립을 선택할 수 있었을 법하다. 자신이 공립학교에 더 맞을 것이라는 확신이 들어 재수라는 위험부담을 안고도 결심한 것이 인상적이다. 단순히 용기만 필요했을까? 용기도 필요했겠지만, 자신의 성향에 대한 명확한 이해와 더불어 공부한 만큼 가질 수 있었던 자신감 덕분 아니었을까? 재수를 하는 것은 결코 실패가 아니며, 같은 재수생이라도 마음가짐은 천차만별이다.

재수 필기시험을 치른 직후의 이야기

초수 임용시험 직후 혹은 임용 불합격 결과가 나온 직후 고민이 된다. 임용고시 재수는 수능 재수 때와는 또 다른 차원이다. 재수를 하고 필기시험을 치른 직후의 사람을 만나 진솔한 이야기를 들어봤다.

학과 및 자기소개 부탁드립니다.

저는 한양대학교 수학교육과 재학생입니다. 졸업을 유예하고 임용시험에 재수했기 때문에 신분은 대학생입니다. 이 글을 읽는 독자가 저와 좀더 정확히 비교해보고 싶어할 수 있으니 제 1, 2학년 성적과 석차를 첨부합니다. 보통의 사범대생처럼 저도 1학년은 적당히 여유롭게 보냈고 군 제대 후 2학년부터 공부에 집중했습니다.

성적과 석차를 첨부한 이유는 제가 성적 최상위권이 아니었으며 30퍼센트 정도 수준이었음을 알려드리기 위함입니다. 또한 저는 해석학을 아무리 열심히 해도 C를 벗어나지 못했고 그 때문에 임용을 준비할 때도 다른 과목

대학교 1학년 2학기와 2학년 1학기 성적표

과목		학점	등급	과목		학점	등급
교육철학및교육사	🔍	2.00	B0	생활지도및상담	🔍	2.00	A0
생활속에서만나는생물학	🔍	2.00	B+	교육방법및공학	🔍	2.00	A+
생활속의심리학	🔍	2.00	C+	해석학연습1	🔍	1.00	C+
정수론	🔍	3.00	B0	해석학개론1	🔍	3.00	C+
전문학술영어	🔍	3.00	A+	기하학개론	🔍	3.00	A+
수학사와수학교육사	🔍	3.00	B+	수학교육론	🔍	3.00	A0
다문화사회와교육	🔍	2.00	B+	확률과통계	🔍	3.00	A0
미분적분학2	🔍	3.00	B0	선형대수1	🔍	3.00	A0

보다 더 열심히 했습니다. 막상 임
용 초수 때 해석학 문제는 전부 맞
혔으니 학점과 임용시험 성적이 비
례하리라는 걱정은 할 필요가 없
을 것입니다. 자신의 약점 과목을
알고 그에 맞춰 준비하면 됩니다.

재수를 하고 1차 필기시험이 끝났는데 기분이 어떤지요?

시험 전과 크게 다르지 않습니다.
저는 성격에 기복이 워낙 없어서인
지 시험이 코앞에 닥치기 전까지
는 스트레스를 받지 않았습니다.
다만 시험 일주일 전부터 초수 때

대학교 4학년 동안의 성적과 석차

년도-학년-학기	평점 (F포함)	석차
2012년-1학년-1학기	3.63	9 / 22
2012년-1학년-2학기	3.35	11 / 20
2015년-2학년-1학기	3.83	5 / 24
2015년-2학년-2학기	3.66	10 / 26
2016년-3학년-1학기	4.00	4 / 26
2016년-3학년-2학기	4.11	5 / 26
2016년-3학년-겨울 계절학기	3.50	/
2017년-4학년-1학기	4.40	2 / 26
2017년-4학년-2학기	4.50	6 / 24

에는 느끼지 못한 압박감을 느꼈는데, 시험 당일 추위나 화장실, 소음 등
의 통제 불가능한 상황에 대한 압박감이었습니다. 지금은 큰 문제없이 마
쳐 다행이라 여기고 실수도 하지 않아 홀가분합니다. 실력이 아닌 다른 이
유로 시험을 못 봤다면 재수한 1년이 허무해지니까요.

2차 수업 실연, 면접 시험 날짜까지 일정을 어떻게 보낼 계획인가요?

2차 시험은 한 달 반쯤 남았는데 앞으로 한 주는 들뜨거나 우울해하지 않
고 2차 시험을 준비하기 위한 마인드 컨트롤을 하려고 합니다. 특별히 공
부할 계획은 없으며 1차 시험에 붙었는지 여부를 모르기 때문에 사립학교
에 지원할지도 고민 중입니다. 일주일간 컨디션을 조절하고 2차 시험을 위

한 공부를 시작하며 동시에 사립학교 지원 서류도 준비할 것 같아요.

임용을 결심한 것과 실제 준비하기 시작한 것은 각각 언제인지요? 현재 사범대 지망 고등학생과 사범대 신입생들은 어릴 때부터 '취업이 어렵다' '임용이 어렵다'라는 소리를 들으며 자라온 세대입니다. 1학년 때부터 임용을 준비해야 하는지 고민하는 학생들에게 조언을 부탁합니다.

수학교육과에 입학한 이유는 제가 아는 내용을 친구들에게 알려주는 데서 행복감을 느꼈기 때문입니다. 성적과 제 성향을 고려해 이 학과를 택한 것이죠. 교사 임용을 결심한 것은 1학년 마치고 군 입대 후 진로를 고민하면서입니다. 교사의 실제 월급과 연금, 하는 일을 고려했고, 교사 이후의 삶에 대해서 알아봤으며 제가 추구하는 삶의 가치와 맞는지 따져봤습니다. 저는 여유 있는 삶, 타인에게 긍정적인 영향을 주는 삶, 전문성을 가진 삶을 원했습니다. 교사는 이런 점을 모두 만족시킬 수 있는 직업이었습니다.

학점을 넘어 임용을 위한 공부를 시작한 것은 3학년 겨울방학부터입니다. 이때부터 대학 동기들과 함께 임용시험을 위한 현대대수학 스터디를 했습니다. 그러니 지금까지 임용시험 준비 기간은 2년 정도(3학년 겨울부터 재수 시기까지)입니다. 수학교육과는 대학 강의 내용이 임용시험과 관련성이 높아 실제 공부 시간을 따진다면 3년 반쯤 됩니다.

제가 막 입학했을 때에도 우리 과의 임용시험 합격률은 낮았습니다. 지금은 응시생이 늘어났지만 합격하는 숫자는 크게 차이 나지 않습니다. 그러니 임용시험의 합격률이 낮고 어려우므로 교사 직업을 택할 때 충분히 고민해야 합니다. 임용시험은 취업보다 쉬운 길이 아니며 금전적인 보상도 들이는 노력에 비해 적은 편입니다. 따라서 경제적 보상을 원한다면 다른 진로를 택하는 것이 좋습니다.

임용시험과 취업의 가장 큰 차이는 임용은 1년에 한 번 응시할 수 있다는 점입니다. 시험 당일 실수하면 1년을 더 기다려야 합니다. 또, 고등학생의 수능시험과 비교하자면 수능은 점수에 맞춰 대학을 갈 수 있는 선택지가 있는 반면, 임용시험은 매해 필요한 교사 수만큼 상위권에 속해야 합격하며 그 외의 사람들에게는 아무것도 주어지지 않으므로 경쟁의 의미가 더 강합니다.

자신이 임용시험에 도전하기에 적합한지 체크해볼 만한 요소들을 정리하자면 첫째, 임용시험은 다른 사람보다 시험을 잘 봐서 합격해야 하는 경쟁시험이기 때문에 어떤 이유에서든 교사가 되고 싶다는 마음이 간절해야 합니다. 그 이유는 학생들을 올바로 지도하고 싶다거나 반대로 공무원 연금과 같이 안정적인 수입을 얻고 싶다는 등 각기 다를 수 있습니다. 중요한 것은 내가 추구하는 삶의 목표가 무엇이며, 그것이 교사라는 직업과 얼마나 일치하는지 고민해보는 것입니다. 그저 동경하는 수준이라면 다른 진로를 고려해볼 것을 권합니다.

두 번째로, 임용시험을 치러보니 노력하면 누구나 언젠가는 합격 가능한 시험이라는 것을 알 수 있었습니다. 하지만 시험 준비 과정에서 스트레스를 많이 받습니다. 또 1년에 한 번이라는 특징 때문에 '시험 상황'에 자신 없다면 접는 게 낫습니다. 실력은 같아도 자기 실력보다 시험을 잘 치르는 사람이 있는 반면, 실력보다 못 보는 사람도 있습니다. 실력보다 시험을 잘 보는 것은 매우 유리한 요소입니다. 수능시험과 모의고사의 경험을 떠올려보고 자신의 실력과 시험 결과를 생각해봐야 합니다. 실력보다 점수가 낮아도 꼭 교사가 되고 싶다면 시험 때 긴장하지 않을 방법을 마련해야 합니다.

세 번째는 튼튼한 성대입니다. 갑자기 웬 성대인가 싶겠지만, 교사는 다른 직업보다 목을 많이 사용하므로 성대가 약한 사람은 금방 목소리가 변하거나 통증을 느낍니다. 과거 교사들이 자주 겪은 병이 성대결절이고, 임용 2~3년 만에 성대결절 때문에 교사직을 포기하는 분도 있습니다.

임용 외에 다른 진로를 고려해본 적은 없나요? 임용을 결심한 계기는 무엇인가요?

학창 시절 제가 추구하는 삶의 가치가 무엇인지 알아보는 실험에 참여한 적이 있습니다. 간단한 설문과 실험을 통해 저는 제 자신이 전문성과 영향력을 추구한다는 것을 알게 됐습니다. 제가 고민했던 진로에는 대학생 대상의 강사, 컴퓨터를 이용한 공학적 교육 프로그램 개발, 교수, 연구직 등이 있었지만, 제가 추구하는 삶의 가치를 고려하고부터는 교사 임용을 결심했습니다. 물론 지금은 교사 이후의 삶을 고민하고 있지요.

진로 결정을 돕고자 한마디 덧붙이자면, 임용 결심에 가장 도움이 되는 경험은 교생 실습입니다. 보통 교생 실습은 사범대 4학년에 할 수 있는데, 실제 교사생활과 비슷하게 활동하며 학생들에게 교사로서 인정받고 책임을 지기 때문에 자신의 성향을 알 수 있습니다. 교생 실습 후 다른 진로를 찾는 사범대생들도 있으니 사범대에 가면 무조건 교사가 되어야 한다고 생각할 필요는 없습니다. 사범대에 가더라도 시간을 두고 임용을 결심하는 것이 좋습니다.

초수 시험 때 사립 위탁 1차에 합격했다고 들었습니다. 그런데도 사립 위탁 2차 시험에 응시하지 않고 재수를 선택한 이유는 무엇인가요? 주변 의견은 어땠나요?

사립 위탁 2차 시험에 응시할지 고민하며 교수님을 비롯한 사립학교와 공립학교에 근무 중인 선배들에게 의견을 물어봤습니다. 교수님과 선배들은 사립학교가 위치한 지역, 본인의 교사상, 사립과 공립의 차이점을 고민해보라고 조언해주셨습니다. 제가 지원했던 사립학교는 집과 거리가 멀었고(지하철로 한 시간 반 거리), 동료 교사와 조직 문화 면에서 공립학교와 차이가 있어 재수를 택했습니다. 선택에 가장 큰 영향을 미친 것은 교통 문제였고, 또 저와 같이 시험을 준비하던 친구가 저에게 공립에 더 어울린다고 의견을 준 것도 영향을 미쳤지요.

주변의 대다수 의견은 사립 시험에 응시하기보다 아직 초수생이며 시험에 아깝게 불합격했으니 재수해보는 게 어떻겠냐는 것이었습니다. 또, 연습 삼아 사립에 응시하는 것은 사립 위탁 1차에 합격한 다른 사람들을 고려했을 때 하지 않는 편이 낫다고 여겨 지원하지 않았습니다.

재수를 선택할 당시 합격할 자신이 있었나요? 그 마음은 재수 1차 필기시험 날까지 유지됐나요?

초수 때 합격 점수에서 한 문제 정도인 3점이 부족해서 불합격했고, 시험 과정에서 긴장해 문제를 오독하는 등의 실수가 있었기 때문에 재수해서 실력을 늘리고 실수를 줄인다면 합격할 수 있으리라 자신했습니다.

하지만 재수 1차 필기시험 날이 다가오자 많이 긴장됐습니다. 또 최상의 상태에서 시험을 보기 위해 입는 옷, 먹는 음식과 양, 먹는 시간, 공부 시간 등을 집착적으로 조절했습니다. 실력이 아닌 이유로 시험에서 떨어질까봐 최선의 상태를 위해 노력했는데 이는 시험 불안감 때문이었습니다. 예컨대 임용시험은 점심시간이 따로 주어지지 않으므로 밥을 먹기엔 시간이 부족해 빵과 같은 간단한 식사를 해야 했습니다. 이에 대비해 저는 한양대 앞에 있는 빵집에서 시험 3개월 전부터 매주 토요일 점심으로 모카번을 먹었습니다. 시험 당일 항상 먹던 빵이 아닌 것을 먹으면 탈날 것 같아 시험 전날 한양대 앞 빵집에서 시험 때 먹을 모카번을 사두었습니다. 그만큼 저에게 굉장한 불안이 있었던 것이죠. 열심히 준비했으니 합격과 관계없이 그에 맞는 성적을 받고 싶다는 마음이 간절했습니다.

초수 필기시험 당일, 재수 필기시험 당일의 마음가짐과 시험문제를 풀 때의 느낌은 어땠나요?

초수 필기시험 당일 시험장에 갈 때는 놀러 가는 기분이었습니다. 왠지 모르게 합격하리란 자신감이 있었고 '합격하면 뭘 할까?'라는 생각을 했습니다. 심지어 초수 때 시험지를 받고 너무 쉬워 시험 보는 내내 미소를 지었습니다. 재수 필기시험 당일 시험장에 갈 때는 폭설이 내려 신발이 젖었고 시험장의 교실이 춥진 않을까 걱정했습니다. 시험장에서는 나만 모르는 게 나오면 어떡하지 하는 고민으로 몹시 긴장돼 준비해간 필기나 요약 노트가 눈에 안 들어왔고 애꿎게 화장실만 다녀왔습니다. 하지만 다행히 1교시 시험지를 받고부터 시험 푸는 것에 집중할 수 있었습니다.

초수 때와 재수 때의 학습 방법에 차이가 있었나요? 그 외에 초수 때와 달라진 점이 있다면요? 인터넷 강의, 스터디, 현장 학원 등의 비중이 어떻게 달라졌는지 알려주세요.

초수 때는 누구의 인터넷 강의를 듣고 스터디는 어떻게 하는지에 대해 선배들의 방식을 참조했습니다. 현장 학원은 일체 다니지 않았고, 스터디는 마음 맞는 친구 3명과 4월부터 시험 당일까지 함께 했습니다. 인터넷 강의는 교육학과 수학을 각각 1~2개월쯤 들었습니다. 초수 때 함께했던 스터디 친구들은 모두 합격하고 저만 불합격했던 것을 보면 스터디 방법이 잘못됐다고 생각하진 않습니다.

재수 때는 인터넷 강의와 스터디, 학원에 대한 고민보다 어떤 과목을 얼마나 공부해야 할지가 고민이었습니다. 초수 때는 '교육학 인강을 두 번 들어야지'라고 생각했다면 재수 때는 교육학을 전부 외우기 위해 스터디를 만들어야겠다고 생각하고 스터디에서 외우기 위한 도구로 인강을 활용했습니다. 인강은 초수 때와 똑같이 1~2개월씩 교육학과 수학에 대해 들었고, 학원은 다니지 않았습니다. 재수 때는 개념 공부보다 문제를 해결하는 것에 더 집중했습니다.

임용시험을 준비하는 가장 좋은 방법은 문제를 많이 풀어보는 것입니다. 스터디를 주로 활용해 1~6월은 개념을 공부하고 이때 인강을 들었습니다. 수학교육학과 교육학을 외우고, 수학은 개념과 함께 관련된 예제를 푸는데, 이 당시 풀었던 문제는 1주일에 150문제 정도였습니다. 7~8월은 문제 풀이에 전념했습니다. 수학교육학과 교육학은 과거 객관식 시절 기출 문제부터 모아 풀고, 수학은 여러 인강 강사의 문제를 해결했습니다. 이 당시 일주일에 150문제 정도 풀었습니다. 이후 9월부터 시험 당일까지는 여러 강사의 모의고사를 풀었습니다. 교육학부터 수학, 수학교육학까지 풀며 부족한 부분은 스터디에 질문하거나 개인적으로 공부했습니다. 또 매주 토요일에는 임용시험과 동일한 시간, 동일한 답안지, 동일한 규격의 시험지로 사람들을 모아 모의고사를 보고 채점했습니다.

초수에도 서울 지역, 재수에도 서울 지역 응시를 했는데, 이에 대한 고민은 없었나요?

제가 서울에 두 번이나 응시한 가장 큰 이유는 거주 지역이 서울이기 때문입니다. 다른 지역에서 응시한다면 살 곳이 마땅치 않고, 가족이나 친구들과 떨어져야 하는 문제도 있었습니다. 서울 외의 지역에서 응시한다면 위의 이유보다 더 큰 장점이 있어야 하는데 실제 지역별 임용시험의 합격 점수는 큰 차이가 없으며, 매년 지역별 응시생들의 수준에 따라 합격 점수가 유동적이어서 다른 지역을 선택할 필요를 느끼지 못했습니다.

현재 관심 분야나 꿈은 무엇이며 어떤 노력을 하고 있는지요? 어떤 교사가 되고 싶은 가요?

학생의 삶에 좋은 영향을 주는 교사가 되고 싶습니다. 저는 학생의 성장에 가장 큰 영향을 미치는 것이 가족이라고 생각합니다. 좋은 교사는 가족이 학생에게 해주지 못하는 부분을 대신하거나 학생이 가족에게 주지 못하는 것을 줄 수 있도록 깨우치는 사람이라고 생각합니다. 교생 실습 기간에 학생들을 상담하며 부모님과 함께하지 못하는 부분들을 친구들에게서 채우려다 잘못된 길로 빠지는 학생들을 봤습니다. 교사로서 이런 부분들을 잘 지도한다면 학생의 삶을 변화시킬 수 있지 않을까요?

재수를 고민하고 있는 고시생들과 임용 절벽에 사범대 진학을 망설이고 있는 고등학생들에게 해주고 싶은 말이 있다면요?

재수와 임용 절벽에 맞닥뜨려 교사가 될 수 있을지 고민하기보다 나에게 교사의 자질이 있는지, 내가 학생들과 함께하는 직업을 즐길 수 있을지 고민해보는 게 맞을 듯합니다. 임용시험은 준비하면 결국 누구나 합격 가능한 시험입니다. 교사의 자질은 수업하는 능력, 수학 문제를 잘 푸는 해결력도 있지만 이런 것은 모두 노력으로 얻을 수 있습니다. 오히려 가장 필요한 자질은 교사에게 필요한 성향입니다. 남을 지도하고 남에게 공감하는 것에 행복을 느끼는지가 중요한데, 교사 스스로 행복하지 않으면 학생들도 행복하지 않기 때문입니다.

내게 그런 능력이 있다면 학교 현장에 꼭 필요한 사람이니 부디 교사가 되고자 노력해주셨으면 합니다. 반면 그런 능력이 없다면 힘든 임용의 길보다 다른 길을 택하는 게 좋을 듯합니다.

교사가 되기 위해 정진해온 길이 잘 느껴진다. 인터뷰에 응해주신 분은 다행히 본 시험에서 합격해서 교직 생활을 하고 있다. 재수를 선택하고 합격하기까지 일련의 경험이 아이들을 가르치는 데에도 자산이 되지 않을까?

재수 필기시험을 치른 직후의 이야기 2

학과 및 자기소개 부탁드립니다.

한양대학교 수학교육과를 졸업한 12학번 학생입니다. 2017년에 첫 번째 시험을 치렀고 2018년에 두 번째 시험을 치렀습니다. 고등학생 때는 우리 반 30명 중 3등 정도 했고, 대학에서는 중간 정도의 성적이었습니다. 1, 2학년 때 최소한의 공부만 하다가 군대 전역 후 3학년 때부터 진지하게 전공 공부를 시작했습니다.

재수하고 1차 필기시험이 끝났는데 기분이 어떤지요?

아직 결과가 안 나왔으니 불안한 마음이 있는데 불안한 만큼 2차 준비를 잘 해야겠다는 마음입니다.

2차 수업 실연, 면접 시험 날짜까지 앞으로의 일정을 어떻게 보낼 계획인가요?

2차 수업 실연, 면접까지 45일의 시간이 있는데 1차 시험 직전 한 달간 보냈던 것처럼 남은 시간은 각종 스터디와 개인 공부로 시간을 보내려고 합니다. 아직 시험 중이니까요.

임용을 결심한 것과 실제로 준비하기 시작한 것은 언제인지요? 특히 많은 사범대 지망 고등학생과 사범대 신입생들은 이른 시기부터 준비하려 합니다. 본인의 신입생, 저학년 시절 경험을 토대로 얘기해주세요.

입학할 때부터 임용고시를 생각했고, 1학년이 끝날 때쯤 임용을 봐야겠다고 확신했습니다. 4학년 교생 나갈 때까지는 학교 공부에 더 치중하다가 교생 마친 5월 이후부터 임용 공부에 본격적으로 들어갔습니다. 1학년 때부터 임용을 준비해야겠다는 확신이 선다면, 최대한 빠르게 준비하는 것이 좋다고 생각합니다. 하지만 임용 합격을 위해 오로지 임용에만 맞춘 공부를 저학년부터 할 필요는 없을 겁니다. 1, 2학년 때는 교육 봉사 등을 통해 자신의 교직관이나 가치관을 확립하는 것이 필요합니다. 저 또한 1, 2학년 때 가치관을 확립하기 위해 여행도 다니고, 교육 봉사를 통해 학생을 가르치는 경험을 했습니다. 이런 것이 임용 2차를 준비하면서 도움이 되고 있습니다. 그리고 1차 시험 준비도 긴 과정이기 때문에 마음가짐이 굉장히 중요한데, 이런 확고한 가치관이 마음을 다잡고 공부하는 데 원동력이 되었다고 생각합니다.

임용 외에 다른 진로를 고려해본 적은 없는지요? 임용을 결심하게 된 계기는 무엇인가요?

처음부터 다른 진로에는 관심이 없이 교사가 되려 했고, 앞서 말했듯이 여러 교육 관련 경험이 임용에 대한 도전을 확신할 수 있게 해주었습니다.

재수를 선택할 때 합격할 자신이 있었나요? 초수 시험 때 받은 점수는 몇 점이었나요? 그 점수로 인한 부담감은 없었는지, 또 합격 자신감이 재수 1차 필기시험 날까지 유지가 됐는지 궁금합니다.

제가 첫 임용을 준비한 기간은 6개월 정도였고 점수는 약 50점 후반대였습니다. 커트라인이 69점이었으니 10점 넘는 점수 차가 난 것이지요. 그만큼 부족한 점이 많이 보였고 재수 때 무조건 합격하겠다는 확신은 서지 않았습니다. 그러니 재수를 할 때는 더 빨리 준비하고 남들보다 더 많이 공부해야겠다는 결심이 섰습니다. 그동안 공부한 6개월과 남은 11개월의 피나는 노력에 의해 충분히 극복할 수 있는 점수 차이라고 봤습니다. 재수 전의 낮은 점수가 오히려 재수 1차 필기시험 날까지 노력할 수 있게 해주는 원동력이 된 것이지요. 저보다 큰 점수 차가 났더라도 임용은 11개월 동안 얼마나 노력했는가에 따라 합격 여부가 결정될 것이며, 적당한 부담감은 노력의 원천이 될 수 있다고 생각합니다.

초수 필기시험 당일, 재수 필기시험 당일 마음가짐과 시험문제를 풀 때의 느낌은 어땠나요?

초수 필기시험 당일은 굉장히 불안했습니다. 공부가 충분하지 못했고, 시험 당일 어떤 자료를 들고 가야 하는지도 모르겠어서 평소에 보던 아무 자료나 챙겨갔습니다. 시험 당일 쉬는 시간에 자료들을 보면서 어떤 내용을 다시 외워야 할지 감이 잡히질 않았습니다. 또 갑자기 생각난 개념에 대해 찾아볼 자료가 없어 불안감이 컸습니다. 그리고 초수 때는 교육학 공부를 거의 하지 않아 교육학 시험을 치르고 난 후 불안감이 더욱 증폭됐습니다. 이런 당혹감 때문에 시험에 더 집중하지 못했습니다. 초수 때의 이런 실수를 되풀이하지 않겠다고 결심하고 재수 때 제일 먼저 한 일은 시험 일주일 전부터 머릿속으로 시험의 이미지 트레이닝을 한 것입니다. 제가 시험장에 처음 도착해서 어떤 자료를 보며, 어떤 생각이 떠오를지 그려봤지요. 그래서 일주일 전부터 시험장에 도착해서 볼 자료를 만들고, 이 자료를 계속

들여다보면서 다른 생각을 하지 않도록 노력했습니다. 그 결과 재수 필기 시험 당일 전날 생각했던 마음가짐대로 문제를 볼 수 있었고, 평소 실력이 발휘됐던 것 같습니다.

초수와 재수 때 학습 방법의 차이가 있나요? 이외에 초수 때와 달라진 점이 있다면 무엇인가요?

초수 때는 스터디 과제가 공부의 절반, 제 개인 공부가 절반의 비중을 차지했습니다. 그렇다보니 꼭 해야 할 스터디 과제를 할 시간 여유가 충분했고, 제 개인 공부 시간에는 게임을 하거나 유튜브를 보는 시간이 많았습니다. 그래서 재수 때는 저의 노는 성향 때문에 다른 사람들과 같이 공부하는 시간을 더 늘리기로 했습니다. 1차 공부를 다시 시작한 1월 중순부터 기존에 하던 전공 스터디는 과제를 늘려 유지했으며, 교육학 또한 인터넷 강의를 들으며 이에 대해 이야기하는 스터디를 잡았습니다. 주말에는 전공 학원을 다녔습니다. 이에 따라 평소 혼자 공부할 때도 스터디 과제와 학원 전공 공부 예습을 위해 시간을 투자하기로 마음먹었습니다. 이렇게 스터디와 학원 공부를 10월까지 진행했고, 11월부터는 문제풀이 스터디 등을 모두 그만두고, 같은 시험을 준비하는 여자친구와 마음이 맞는 스터디원 이렇게 세 명에서 복습 스터디를 했습니다. 교육학, 수학교육학, 전공 수학으로 그동안 공부했던 자료를 정리하고, 시험 당일 볼 자료를 만들었습니다. 제 초수와 재수의 가장 큰 차이점은 자신의 학습 방법에 대한 고찰을 했다는 것입니다. 이 글을 읽는 분들도 공부하기에 앞서 자신의 학습 방법에 대해 고찰해봤으면 합니다. 제가 다른 사람과의 공부 시간을 늘리게 된 것처럼요. 그리고 가장 중요한 시기는 시험 보기 한 달 전이라고 생각합니다. 이 시기에 그간 배웠던 것을 얼마나 잘 정리해 모두 자신의 것으로 만드느

나가 관건일 것입니다.

초수는 세종, 재수는 충남에 응시를 했는데 어떻게 결정하게 됐나요?

초수에는 '올해 운 좋으면 붙고 그렇지 않으면 붙지 못하겠다'는 마음가짐으로 시험을 치렀습니다. 그래서 제 고향과 가까우면서 큰 도시인 세종시에 지원했습니다. 하지만 재수 때는 '이번 시험에는 무조건 합격해야겠다'는 생각이 간절했습니다. 1점 차이로 붙고 떨어질 수 있기에 최대한 커트라인이 낮은 장소로 가려 했고, 마침 충남이 뽑는 인원수가 늘어 그곳으로 지원했습니다.

생각나는 재수 생활 에피소드가 있다면요?

저는 마지막 한 달간 여자친구와의 복습 계획이 마음에 남습니다. 계획을 세우면서 공부 방법과 시간표, 각종 규칙을 정했습니다. 각 과목을 어떻게 정리할 것이며, 이를 달성하기 위해 시간을 어떻게 쪼개 쓰고, 그 시간 동안 지켜야 할 규칙들을 마련했습니다. 대표적인 예로 휴대전화는 공부하는 곳에 가져오지 않기로 하고, 서로가 모범이 될 수 있도록 같이 공부하는 동안 최대한 집중했습니다. 규칙들을 정할 때는 서로 원하는 바가 달라 많이 다투기도 많이 했습니다만 여러 토론 끝에 한 달간의 공부 방법이 정착되고, 이 시기의 공부가 1차 점수를 올리는 데 큰 도움이 되었습니다.

현재 관심 분야나 꿈은 무엇이며 어떤 노력을 하고 있나요? 어떤 교사가 되고 싶은가요?

저는 학생들을 어떻게 하면 더 잘 가르칠 수 있을까에 관심이 가장 많습니다. 이는 2차 준비를 위해서도 필요한 역량이기에 수업 실연을 준비하며 어떤 내용을 어떻게 학생들에게 질문하며, 어떤 방식의 수업으로 진행할지 끊임없이 고민 중입니다. 교사가 돼서도 이런 자세를 놓지 않으려 합니다. 특히 수업 방법을 많이 고민하는 교사가 되고 싶어요. 현재 새로운 수업 방법으로 떠오르고 있는 이러닝, 플립러닝 등 다양한 방법의 수업 방식을 고려하고 또 새로운 도전을 계속 하고 싶습니다.

재수를 고민하고 있는 고시생들과 임용 절벽으로 인해 사범대 진학을 망설이고 있는 고등학생들에게 해주고 싶은 말은요?

저는 임용 합격이 오를 수 없는 절벽이 아니라 경사가 조금 있는 산이라고 생각합니다. 특히 산에 처음 오르려 할 때, 보이지 않는 정상과 오르기 힘든 경사 때문에 포기하고 싶은 순간이 있습니다. 그럼에도 불구하고 한발 한발 나가다보면 요령이 생기고 오르기 쉬운 길도 만나며, 결국 정상에 오를 수 있을 것입니다. 물론 산행의 첫 도전에서 완주하지 못할 수도 있습니다. 하지만 그 도전이 다음 도전에 발판이 되고, 결국 모두 정상에 오를 수 있을 것입니다. 교직에 정말 뜻이 있다면, 내가 이 일을 하고자 하는 의지만 있다면 도전하세요.

서울 임용이
정말 어렵나요?
지방 임용을 볼까요?

지방에서 서울로 대학을 왔어요. 이제 4학년이라 임용고시 응시 지역을 정해야 하는데, 본가가 있는 지역으로 할지, 서울로 시험을 칠지 고민됩니다. 수도권 출신 동기들은 대체로 서울 응시를 고려하고 있는 듯해요. 저 혼자 지방에 내려가는 느낌도 있는데, 보통 임고생들은 응시 지역을 어떻게 선택하나요?

본가는 수도권에 있는데, 대학은 지방으로 왔어요. 서울로 시험을 쳐보고 싶은데 커트라인이 높을까봐 걱정입니다. 여기서 지내는 것도 나쁘진 않을 것 같고요. 정말 서울 임용이 가장 어렵나요?

출신 지역이나 대학이 어디든 누구나 고민이 될 수밖에 없다. 고민이 있다면 다음의 네 가지 경우 중 하나에 해당될 것이다. 지방에서 서울로 대학을 온 경우, 집이 수도권인데 지방 대학을 간 경우, 집과 대학 모두 서울인데 서울 합격 컷이 걱정인 경우, 집과 대학이 모두 지방인데, 상경을 하고 싶은 경우. 그만큼 지역 문제는 중요한데 잘 논해지지 않고, 경쟁률과 연관 있다보니 임용고시 응시생들이 이야기 나누기에도 예민한 점이 있다. 그런 이유로 생각보다 거칠고 급하게 결정하는 이들이 꽤 있다. 근무 지역을 옮기는 특별한 케이스가 아닌 이상 퇴직할 때까지 그 지역에서 근무해야 하므로 이는 매우 중요하다. 그렇다면 임고생들은 지역 선택에서 어떤 요소들을 고려할까? 일단 나열해보자.

- 합격 가능성(모집 인원, 합격 컷)
- 본가
- 출신 대학 지역
- 교육 환경과 근무 분위기
- 주변 시설 등 인프라
- 주변 응시생들의 영향
- 2차 시험의 유형
- 지인의 추천

임용고시생들은 위 요소들 중 무엇을 가장 크게 고려할까? 2019년 전국의 59명의 임용고시생, 졸업생들을 대상으로 중등 임용고시 지역 선택 시 가장 큰 고려 사항 두 가지를 고르라는 문항에 아래와 같은 답변이 나왔다.

- 본가와 가까워서(40명)
- 더 높은 합격 가능성을 위해(22명)
- 교육 환경과 근무 분위기(21명)
- 주변 시설 등 인프라(20명)
- 2차 시험 유형(4명)

- 주변 응시생들의 영향(3명)
- 지인의 추천(0명)

결과를 보면, 일단 심리적으로 집에서 먼 곳은 부담을 크게 느끼고, 수도권 출신 응시생이 많기 때문에 설령 수도권이 합격 컷이 높다고 가정하더라도 지원자 수의 합은 수도권이 지방보다 높다. 합격 가능성이 가장 큰 고려 사항일 듯싶지만 생각보다 숫자가 적은 것은, 실제 수도권을 응시하는 사람 자체가 많기 때문인 듯하다. 실제로, 본가와 대학이 수도권인 사람은 합격 가능성을 위해 지방을 고려하는 경우가 드물었다. 반대로 본가와 대학이 지방인 사람은 '합격 가능성'을 좀더 우선시했다. 더 중요한 것은 지방의 경우 정원이 너무 적거나 심지어 없기도 하다는 사실이다. 정원이 한 자릿수 정도 되면 본가, 대학과 가깝더라도 불안할 수밖에 없다. 이런 경우 연고가 없어도 타지역으로 응시하거나 주변의 광역시로 응시하는 이들이 꽤 있다. 교육 환경과 근무 분위기, 주변 시설 등 인프라에 많은 응시생이 응답한 이유는 마찬가지로 수도권 지원자가 실제로 많기 때문에 그 요소를 배제하고 답한 것이리라. 이외에 유의미한 다른 이유는 '도' 지역 출신 응시자들도 '광역시'급의 지역을 선호한다는 것일 듯싶다. 비유하자면, 익산 사람들에게는 전주가 미니 서울과도 같은 곳이랄까? 서울로 응시하기에는 연고가 없거나 합격 컷이 염려되다보니 타협점인 전주를 선택하는 이들도 종종 보인다. 나주 사람이라면 광주를, 마산 사람이라면 부산을 응시하는 것을 꽤 크게 고려할 것이다.

인상적인 것은 2차 시험의 유형을 지역 선택의 고려 사항으로 응답한 사람이 있다는 것이다. 지역마다 2차 시험의 유형은 미묘하게 다른데, 이 또한 중요한 영역이기에 이를 선택의 기준으로 삼는 경우도 있다. 주변 응시생들과 지인의 추천이 적은 이유는 결국 이런 얘기는 응시생끼리 하기에는 민감한 이슈여서인 듯하다. 또는 스스로 선택하는 사람이 많다는 것을 보여주는 통계이기도 할 것이다.

한편 임용 정원이 적은 소수 과목에서는 나보다 잘하는 능력자 선배들이나 스터디, 학원의 뛰어난 멤버들이 나와 같은 소수 지역을 응시한다고 하면 부담이 된다. 응시생들은 이런 점에 당연히 영향을 받는다.

의외로 많은 사람이 합격 가능성에 투표하지 않은 또 다른 이유가 궁금해졌다. 실제로 고시 접수 5일간 경쟁률을 매일 업데이트해주는데, 눈치싸움을 계속하다가 마지막 날 경쟁률이 급등하기 때문에 응시생들은 합격 가능성을 지역 선택의 주요 고려 사항으로 생각하지 않을까 예측했다. 실제 3~4일 차까지의 경쟁률을 표본으로 모집단의 지역별 경쟁률을 추정하는 일은 참 어렵다. 대입 수시, 정시와 마찬가지로 접수가 완료되면 경쟁률은 많이 뒤바뀐다. 이런 상황은 매년 반복되는데 왜 '합격 가능성'에 체크한 사람은 37퍼센트밖에 되지 않을까? 그래서 연도별, 지역별 합격 컷을 찾아봤다. 일반적으로 빅 3라 불리는 서울, 경기, 인천이 늘 상위권에 랭크되어 있을 줄 알았는데 그렇지 않았다. 수학을 예로 들어 조사해봤다.

수학 중등 임용 연도별 최종 합격선 지역별 순위
(17개 시도+몇 개 지역, 도서 / 소수 정원 비공개 지역 미포함)

연도	1위	2위	3위	4위	5위	서울	경기	인천
2020	전남	울산	충북	전북	경기	7위	5위	14위
2019	울산	부산	경북	대구	충북	17위	14위	10위
2018	제주	대전	부산	대구	경남	11위	12위	13위
2017	대전	인천	충북	부산	충남	8위	14위	2위
2016	광주	서울	충남	부산	전남	2위	15위	정원 0명

2015	서울	부산	광주	경북	경기	1위	5위	16위
2014	울산	인천	서울	광주	경남	3위	12위	2위
2013	제주	대구	대전	경기	경남	8위	4위	11위
2012	제주	서울	경기	대전	광주	2위	3위	6위
2011	제주	서울	대구	충북	경기	2위	5위	8위
2010	충북	서울	대구	경북	광주	2위	10위	7위

* '정현민 전공 수학'(웹사이트) 자료를 토대로 직접 제작

지역별 응시자의 평균 2차 시험 점수가 유의미한 차이가 있을 수도 있으므로 지역별 1차 합격선의 순위를 찾아보더라도 매년 지역별 합격선의 순위는 바뀌는 양상은 크게 다르지 않다. 참고로 아래는 2020학년도 중등 임용수학 지역별 결과다.

	모집 인원	경쟁률	1차 합격선	최종 합격선	1차 합격선 순위	최종 합격선 순위
서울	65	13.02	81.67	175.03	4	7
경기	88	12.63	80.34	176.12	7	5
인천	5	20.4	72	165.84	17	14
강원	25	17.84	78.33	169.33	11	12
대전	2	20	82	-	2	
세종	12	16.5	80	168.72	9	13
충남	20	15	80	173.39	9	10
충북	8	15.5	80.66	176.71	6	3
전북	19	15.63	82	176.54	2	4
광주	2	23	89	-	1	
전남	15	16.47	81	177.29	5	1
대구	2	26	76	-	16	
경북	16	14.38	77	175.53	15	6
울산	11	12.55	78	176.9	12	2

부산	21	12.95	80.33	172.41	8	11
경남	22	16.59	77.34	173.9	13	9
제주	16	9.25	77.34	174.56	13	8

교과마다 상황은 다르겠지만 수도권 지역이 매년 상위권에 오른 것이 아니라 앞의 표처럼 매년 엎치락뒤치락하는 경향에는 큰 변화가 없으리라 예측된다. 서울, 경기, 인천의 경우 11년 동안 서울 합격 커트라인이 가장 높은 해는 여섯 번, 경기는 두 번, 인천은 세 번 있었다. 무엇보다 11년 동안 상위 5개 지역에 서울, 경기, 인천이 들어간 횟수는 세 지역 중 서울이 여섯 번, 경기가 다섯 번, 인천이 두 번이었다. 1~5위의 지역을 살펴보면 정말 뒤죽박죽인 것을 알 수 있다.

이런 현상이 일어나는 가장 큰 이유는 정원이 적은 지역이 있기 때문이다. 실제로 상위권에 오른 지방의 지역은 그해에 정원이 한 자릿수인 경우가 대부분이다. 정원이 적을수록 확실히 자신 있는 사람들이 지원하는 비율이 높기 때문에 최종 합격선, 1차 합격선이 높게 나타나는 것이다. 분석컨대, 경쟁률보다 모집 인원이 최종 합격선, 1차 합격선과 더 큰 상관관계를 지니는 듯하다. 실제로 최종 합격선, 1차 합격선에 영향을 주는 것은 허수 지원자의 숫자보다 '확실한 고수'의 숫자이기 때문이다.

참고로 '지역' '도서'라는 이름으로 따로 선발하는 곳이 있다. 가령 경기도도 '경기'와 '경기지역'으로 나뉜다. 경기도는 분당, 수원, 부천과 같은 대도시가 있는가 하면, 연천, 포천, 양평과도 같은 소도시도 있다. 이런 지역에서의 발령은 운에 좌우될 수 있기에 따로 선발하는 것이다. 전남 도서, 전북 도서도 비슷한 사례다. 지역마다 다른데, 최초 발령 후 수년 동안 발령받는 지역에서 근무하는 것이 의무다. 일반적으로 합격 커트라인이 상대적으로 낮은 것은 사실이지만 늘 그런 것은 아닌데, 이런 곳은 모집 인원이 적은 편이기 때문이다. 동떨어진 지역이라 선호도가 낮을 것이라 오해하기 쉽지만 모집 인원이 작으므로 변수는 존재한다. 합격 컷이 낮을 것이라는 기대감에 지역과 상관없이 합격 자체가 절대적으로 절실한 사람들이 몰리면 오히려 합격 컷이 높게 형성되기도 한다. 설문조사에서 이런 의견을 낸 사람도 있었다.

"경기도 수학 신규 교사 티오가 충분히 많았기 때문에 특출난 몇 명에 의해 합격이 좌절될 가능성이 낮다고 판단한다. 경기도와 강원도를 응시 지역으로 고민 중이었는데 당시 강원의 경우 수학 교사는 10여 명을 선발할 예정이었다. (아무리 전년도 합격생 성적이 낮았다 해도) '내가 넘볼 수 없는 수준의 임고생'이 10명 이상 응시할 가능성이 충분히 있다. 반면 경기에서는 당시 160여 명을 선발할 예정이었고, 내가 겨루지 못할 만큼 뛰어난 임고생이 160명 이상 될 가능성은 상대적으로 낮다고 예상했다." 강원도 출신의 경기도 지역 대학 졸업생

수학에서는 이를 큰 수의 법칙으로 설명하는데, 일상 용어로 말하면 두 지역의 경쟁률이 같더라도 모집 인원이 적은 지역에서 변수가 발생할 확률이 크다는 것이다. 다시 말해, 나보다 고수인 사람이 몇이라도 있으면 내 점수가 아무리 높더라도 불합격될 수 있다는 뜻이다. 긍정적으로 본다면, 내가 합격할 실력이 아니라면, 경쟁률이 같을 때 모집 인원이 적은 지역이 합격할 가능성이 그나마 있다는 뜻이다. 반면 모집 인원이 크면 그럴 가능성은 현저히 낮아지는 것이 수학적으로 맞다.

한편 임용고시의 경우, N수생들이 누적되는 구조이므로 이전 연도 모집 인

원도 중요해 보인다. 해당 지역의 전년도 정원이 없거나 적었다면 올해 합격 컷에도 영향을 줄 것이다. 그렇지만 결국 경쟁률은 운이다. 눈치 싸움으로 소수 인원을 뽑는 지역을 다 회피하다보면 그 지역의 합격 컷이 내려갈 수도 있다.

"인원이 적은 경우 눈치 싸움 때문에 적게 뽑는 지역이 오히려 합격 컷이 내려가는 상황이 생겼다는 것을 들었습니다. 그래서 소신 있게 써야 하는지 눈치대로 지원해야 하는지 확신이 서지 않습니다. 국영수 티오는 점점 줄고 경쟁률은 30대 1에 육박하고…… 지역을 따지고 안 따지고를 떠나서 눈치싸움에 운이 얼마나 더 따라주느냐의 문제인 것 같습니다."_충북 출신의 충북 지역 대학 출신 응시자

우리가 운의 영역까지 어찌할 수는 없는 노릇이다. 결국 이 모든 것은 나의 선택에 달렸다. 응시 지역 선택에 대한 고려 사항으로 '합격 가능성'을 체크한 사람이 생각보다 많지 않은 것도 바로 운이라는 요소를 고려했기 때문인 듯하다.

그렇다면 사람들은 구체적으로 어떤 생각을 갖고 응시 지역을 선택했을까? 아래는 위 두 개의 의견 외에 응시 지역 선택과 관련해 개별적인 의견을 준 여러 임용고시생, 졸업생의 이야기다.

"경기도 응시 예정이다. 현재 거주하고 있는 지역이고, 아무래도 뽑는 인원수가 많으니까 기회가 조금이라도 더 있지 않을까 생각한다."
"지방 근무 환경이 나에게 맞지 않는다고 생각한다."
"굳이 연고가 없는 곳에서 일하고 싶지 않다."

"본가와 대학 모두 타지역이라 응시 지역은 상관없다. 다만 전공이 한문인 만큼 티오 자체가 나지 않아서 선택의 여지가 없다."

"본가에 계속 있고 싶고 경기 교육에서 느끼는 바가 많다."

"인천에서 태어나 인천에서 초중고 대학까지 다녀 임용도 인천에서 보기를 희망한다."

"전라남도와 광주 쪽에서 쭉 살았고 대학 때문에 온 청주(충청도)가 생각보다 마음에 들지 않아 광주나 전남으로 보려고 생각 중이다. 대학 와서 만났던 ○○도 쪽 친구들과 뭔가 넘을 수 없는 그 지역만의 벽도 보이고 ○○도 쪽에서는 ○○도 쪽이나 서울권 대학이 아니면 학교에서 보이지 않는 거리감이 있다는 이야기를 많이 듣는다. 경기도는 2차 수업 실연이 두렵고 굳이 상경할 뜻도 없어 전남/광주 쪽으로 응시하려고 한다."

"작년에 합격을 위해 인원을 많이 뽑는 경기를 지원했지만 태어나고 지낸 곳인 전북의 교육에 힘쓰고 싶은 마음에 전북을 지원하려 한다."

"서울 출신에 서울에서 대학을 졸업했으니 자연스럽게 서울 응시를 생각하고 있다."

"사는 곳이 경기라서 경기를 선택했다. 교수님이 서울을 선택한 응시자들은 수준이 대체로 높다면서 서울을 선택해 몇 번 불합격한 뒤 다른 지역을 선택해서 합격한 졸업생 사례를 이야기해주셨다."

"이제껏 살던 곳이 광역시여서 주변 인프라의 문제로 도 단위로 치는 것은 꺼려진다."

"출신 학교가 있는 지역으로 지원할 예정이다."

"수도권이 각종 인프라를 갖추고 있지만 높은 커트라인을 이길 자신도 없고 지방에서 상경해 생활할 경제적 여력도 되지 않는다. 그래서 본가와 출신 학교 소재지인 충북을 쓴다."

"계속 지내왔던 지역이 좋을 것 같다."

"본가가 좋아서 그냥 고향에서 시험 본다."

결론적으로 합격 컷을 운이라 받아들인다면, 선택은 오로지 내 취향과 진로, 나아가 인생의 문제가 된다. 결국 임용 응시 지역 선택 또한 '나에 대한 이해'가 제일 중요한 것이다. 내가 '어떤 곳에서, 어떤 교사가 되고 싶은지' '어떤 곳에서 어떤 삶을 살고 싶은지'에 대한 질문과 자신을 향한 솔직한 답변이 요구된다는 뜻이다.

사실 나에 대한 이해가 뚜렷한 사람에게는 응시 지역이 별 고민거리가 되지 않는다. 반면 나에 대한 이해가 뚜렷하지 않고 이에 따라 응시 여부조차 결정되지 않았다면, 응시 지역은 '올해는 그냥 한번 여기 봐보자'라는 마음가짐이 되기 쉽다.

교육은 어느 지역에서나 숭고한 일이니 그저 자신의 삶의 가치관대로 결정할 일이다. 응시 지역을 선택했다면, 지역에 따른 합격 가능성은 고민하지 않길 바란다. 실제로 서울 합격 컷이 유독 높았던 2016학년도 시험에서 초수 합격한 이준건은 원서접수 1일차에 서울을 접수하고 바로 공부 모드로 들어갔다고 한다. 숭고한 길로 나아가는 길 또한 숭고한 과정이다.

사립학교 교사가 되려면
1억 원을
내야 하나요?

사범대생들이 이 질문을 많이 한다는 것은 그만큼 궁금하지만 답변을 들을 곳이 없다는 뜻이라 생각한다. 다소 민감할 내용일 수 있으나 예비 교육자들을 위해 과감히 써본다. 사립학교 채용에 관한 '오해와 진실'이라 보면 되겠다. 다만 이 글의 대전제는 있다. 이 글은 황순찬과 이준건, 그 외에 지인들의 경험을 토대로 하기 때문에 모든 사실과 정확한 통계 자료를 제시하는 것에는 한계가 있음을 명확히 밝혀둔다.

사립학교 교사 되려면 1억 원을 내야 하나요?

2016학년도 정교사 채용에서 내가 면접을 본 5~6개 학교에서는 돈을 요구하지 않았다. 그렇지만 분명히 '그랬던' 학교들은 있으며, 심지어 아직도 그런 곳이 있는 것으로 '추정'된다. 사실 이 질문은 나에게 상처가 되지만 명확히 해두어야 할 것이다. 나의 대학 생활을 아는 사람들은 나에 대해 그런 시선이 없겠지만, 내가 사립학교에서 일한다고 하면 '사립은 돈 내고 들어가는 거 아니냐'고 대놓고 물어보는 사람도 있었다. 심지어 앞에서는 웃으며 합격 축하를 했던 사람이 뒤에서는 '돈 내고 갔다'고 얘기하기도 해 세상이 무섭게 여겨졌다. 재미있는 점은 사범대를 다니거나 교육계에 있지도 않는 사람들이 더 그런 시선으로 본다는 것이다. 지인 소개로, 교수님 소개로 조그만 회사에서 일하기 시작했다거나, 규모 있는 회사의 높은 직책에 있는 사람의 도움을 받아 들어간다거나, 입사에서 학연, 지연의 도움을 받는 것은 상대적으로 문제의식을 덜 느끼는 반면 '교사'에 관한 한 그렇지 않다. 당연히 교사 채용에서 비리가 있어서는 안 되지만 대다수의 사립학교 교사가 이런 편견을 견디며 살아간다.

확실히 예전에는 사학 채용 비리가 성행했던 것 같다. 사범대에 다니면서 심심찮게 들었다. 나는 운이 좋은 탓인지 돈을 요구한 곳이 전혀 없었다. 사립학교 채용에 적극적으로 응시했던 10학번 동기 2명도 마찬가지로 금전을 요구받은 경험은 없다고 했다. 하지만 우리나라의 모든 학교가 깨끗하다고는 말할 수 없다. 아직까지도 사학 비리에 관한 뉴스는 종종 나온다.[7] 이러한 상황을 이성적 관점으로 바라본다면 자연스레 묻게 된다. 그렇다면 돈을 요구하는 학교의 비율은 얼마일까?

나와 내 동기들의 경험으로는 전무했지만, 애석하게도 정확한 통계치는 아무도 답할 수 없다. 확실한 것은 옛날보다 훨씬 투명해졌다는 점이다. 아주 먼 옛날에는 공채조차 안 하는 경우도 있었다 한다. 비리에 예민하고 언론과 SNS가 발달한 현대 사회에서는 공공연하게 비리가 행해지는 것 같지는 않다고 추측할 뿐이다.

이런 상황에서 지원자가 할 수 있는 가장 간단한 방법은 '자신이 경험해보는 것'이다. 만약 생각처럼 이런 비리가 많다는 걸 몸소 느낀다면, 오히려 공립 임용에 더 철저한 관심을 갖고 임할 수 있으리라. 하지만 무작정 경험하는 것은 무모하니, 결국 사립 채용은 정보전이라고 보면 될 것이다.

사립 임용 또한 대입, 일반 회사 취직과 똑같다. 모든 것을 직접 경험하기 전에 '정확한' 정보를 듣는 것이 중요하다. 그러니 여러 곳의 면접에 응시한 경험이 있는 선배들을 찾아가보라. 가장 도움이 되는 존재는 자기가 지원하려는 학교에 있는 교사다. 학교마다 경우에 따라 변수나 상황이 크게 차이 나기 때문이다. 지인이 없는 경우는? 어쩔 수 없다. 그럴수록 더 이성적일 필요가 있다. 사립에 지원하기로 마음먹었는데 정보를 얻을 지인이 없다면 스스로 경험을 누적하는 것이 최선이다. 1년만 여기저기 사립 채용 공고에 지원해보면 감이 온다. 예상컨대, 사립 합격이 어려운 이유는 돈과 관련된 것이 아니라 다른 수많은 요인에서 비롯된다는 걸 체감하게 될 것이다. 특히 그곳에서 쟁쟁한 경쟁자들을 만날 것이다. 더불어 인터넷에서라도 흩어져 있는 정보를 최대한 모으는 수밖에 없다. 나 역시 사립 채용에 관한 정보를 줄 지인이 없어 스스로 노력하는 수밖에 없었다. 아래 온라인에서도 유용한 정보들을 찾을 수 있다.

온라인에서 정보를 구할 만한 곳

• 전국기간제교사모임(전기모) 다음 카페(http://cafe.daum.net/giganjedamoim)

기간제 교사로 일한 분들이 정교사 채용 과정에서 겪은 생생한 경험담, 합격 후기 등을 올려놓았다. 온라인 커뮤니티 중 가장 현실감 있는 이야기를 들을 수 있다.

• 아이엠티처 웹 사이트(http://www.imteacher.kr)

게시판도 있고 설정해놓으면 이메일로 정교사 채용 공고를 받아볼 수 있다(참고로 교육청 홈페이지에서도 정교사 채용 공고를 볼 수 있다. 놓치지 않으려면 여러 곳에서 봐야 한다).

- 사범대 다니면서 임용 걱정 없이 블로그(http://blog.naver.com/ggoma8989)

필자의 블로그다. 앞으로도 관련 글을 많이 쓸 것이며, 댓글로 질문하는 내용에 답변하고 관련 포스팅도 꾸준히 해나갈 것이다.

자, 계속해서 다음 질문들을 살펴보자.

사립학교 채용에는 내정자가 있지 않나요?

흔히 말하는 '부정적 의미'의 내정자가 최근 뉴스에까지 나오므로 '없다'고 단정할 순 없다. 마찬가지로 과거에는 내정자를 두는 방식이 다소 만연했다고 들었지만, 지금은 확실히 줄었다고 할 수 있다. 적폐 청산에 대한 개념이 보편화되었고, '공정성'이 우선 가치로 자리 잡은 시대이기 때문이다. 과거의 사립 채용에 많은 사람이 문제의식을 느끼고 있고, 대부분의 교육계에서는 이 점에 대해 강한 개선 의지를 내비치고 있다.

더욱이 어두운 의미의 내정자 비율은 더욱 줄어들었다(나는 면접 과정에서 그런 분위기를 한 번도 감지한 적이 없다). 다만 능력을 인정받은 내정자는 있다는 것을 확실히 느꼈다. 즉 내정자의 종류는 크게 둘로 나눌 수 있다.

(1) 이사장이나 관리자급의 친인척, 강력한 관계의 지인(어두운 내정자)

사기업에서 '낙하산'이라 불리는 격이다. 면접에 들어온 교장이 이모라니 참 웃기지도 않는다(앞에서 언급한 기사 참고). 일가 친척이 모여든 학교도 있다. 대도시보다는 지방 소도시에서 이런 현상이 더 쉽게 벌어진다는 이야기도 들린다. 교직원 명단을 보라. 이사장의 성이 독특한데 같은 성을 가진 교직원이 유독 많다면 조금은 의심해볼 만하다. 이와 관련된 정보는 최근의 최종 면접 경험이 있는 선배, 지인, 전기모 홈페이지 등에서 모아야 한다. 물론 자기가 경험한 정보가 제일 정확하다.

사립 공채 기간에는 유독 사립 비리에 관한 뉴스가 평소보다 자극적으로 떠도는데, 입시나 공시에서 눈치 싸움 혹은 소위 어그로가 될 수도 있다. 사립에 뛰어들기로 결심했다면, 그런 뉴스에 남들이 흔들릴 때 직접 경험을 통해 얻는 자세가 중요하다. 더불어 이런 학교를 판별할 여러 지표와 준거를 알아둘 필요가 있다. 이사장 친인척 교원의 비율, 언론에서의 비리 노출 이력, 재단의 이름값에 비해 지나치게 좋은 시설, 채용 서류 제출이 오프라인인지 온라인인지, 채용 공고를 학교 홈페이지에만 올리는 등 판별할 만한 지표는 여러 가지가 있다. 일반화하긴 어렵지만 한번 살펴볼 만한 내용이다.

내정자가 있더라도 요즘은 실력 없는 내정자 또한 탈락할 확률이 높고, 채용된다 해도 실력이 없으면 학생과 학부모들부터가 소문이 나게 마련이다. 한편 언론을 통해 발각되고 관련 인사들이 구속된 학교들이 물갈이가 되며 삼엄한 외부의 감시를 받아온 학교가 오히려 깨끗할 수도 있다.

(2) 기존 기간제 교사(능력을 인정받은 내정자)

어두운 내정자를 나는 만나본 적이 없다. 반면 능력을 인정받은 내정자에 해당되는 경우는 많이 경험했다. 실제로 정교사 채용에서 교직 경력이 적은 사람이 채용되는 경우는 거의 없다. 사립 채용에서 사람들이 학벌만큼이나, 아니 더 중요시하는 것은 '경력'이다. 다시 말해 기간제 교직 경력인데, 그 경력을 통해서 능력을 검증받기 때문이며 특히 해당 학교에서의 경력이라면 더 믿을 만하다. 이는 사기업과 똑같다. 해당 지원자가 그 기업의 인턴 생활을 잘했고 결격 사유 없는 출중한 사람이라면 굳이 새로운 사람을 모험해서 채용하려 할까? 만약 A학교에서 기간제로 있으면서 수업을 잘하고, 학교의 궂은 일을 도맡으며, 모든 교직원과 원만한 관계를 맺으며 성실하게 지내오고, 학벌이나 그 외 스펙에 있어서도 문제될 게 없는 사람이라면 굳이 새로운 인물을 뽑으려는 모험을 하진 않을 것이다. 물론 새로 지원하는 이들 입장에서는 억울할 것이다. 하지만 이 경우 능력이 모자란데도 채용된 것이라기보다 능력과 스펙이 출중한데 그것이 근무생활로도 검증돼 채용이 됐다고 보면 될 것이다.

또한 무엇보다 정보전에서 해당 학교의 기존 기간제 교사를 따라갈 수 없다. 그 학교의 필기시험이 어떤 유형이고 어떤 분들이 면접에 들어오며 무엇을 주로 묻는지는 경험적으로 알 확률이 높다(문제 유출의 의미는 아니다. 해당 학교의 기간제 채용 응시를 하기도 했고 여러 번 정교사 채용에 도전한 이들이 많기 때문이다). 기존 기간제 지원자는 그 학교에서 원하는 인재상에 대한 이해도가 높을 수밖에 없고, 그에 맞춰 역량을 키워냈을 확률 또한 높다.

이와 관련해 내가 전혀 모르는 학교에 정교사나 기간제 교사로 지원할 때, 역대 기간제 채용 공고와 정교사 채용 공고를 비교해 기존 기간제 교사들을 주로 채용하는 학교인지를 조사해볼 만한 가치는 충분히 있다. 기간제 교사로 일하다가 그 학교의 정교사로 채용되길 원한다면 당연히 기존 기간제 교사를 정교사로 채용하는 비율이 높은 학교를 택해야 할 테고, 난생처음 보는 학교에 정교사로 지원한다면 기존 기간제 교사를 정교사로 채용하는 비율이 낮은 학교를 택하는 것이 좋다(후자의 경우 여러 학교의 전형 일정이 겹칠 때의 선택을 말하는 것이다).

더불어 교직사회는 매우 좁기 때문에 내가 B학교 기간제 교사 생활에서 많은 오점을 남기면 C학교 정교사 채용에도 영향을 줄 수 있다. 대부분의 관리자는 지원자가 이전 학교에서 어떻게 생활했는지 궁금해한다. 이전 학교의 관리자와 아는 사이라면 물어볼 수도 있을 것이다.

한편 1, 2번의 내정자 유형과 약간 다른 유형지만 무시할 수 없는 것이 하나 또 있다. 바로 해당 학교 출신자다. 출신 학교에서 고등학교 시절 바른 생활을 했다면 여전히 재직 중인 꽤 많은 선생님이 좋은 인상을 갖고 평가할 확률이 높다. 고등학교 생활을 착실히 해서 사범대에 진학한 졸업생은 어느 사립학교에나 다 있기 때문에 학교마다 정도의 차이가 있을 뿐 해당 학교 출신 선생님들은 꼭 있다. 사립학교에서 착실히 생활했다면, 출신 학교의 정교사 채용을 적극 공략하는 것도 좋은 방법이다. 하지만 이 또한 해당 학교 출신이라서 채용되는 것이 아니라, 능력 있는데 덤으로 해당 지원자의 학교 생활이 검증됐고 무엇보다 해당 학교의 가치관에 대한 이해도가 매우 높기 때문에 채용되는 것이다. 부적격자를 학교 졸업생이라서 뽑는 학교가 있다면 이는 반드시 밝혀내야 할 사안이다.

위 내용에서는 비리를 저지르지 않는 입장에 대해서만 이야기했다. 하지만 어디선가 많은 사람이 비리의 유혹에 빠져드는 상황을 맞을지도 모른다. 어두운 경로를 통해 교사가 되면 인생이 행복할까? 아이들을 쳐다볼 때 나의 눈빛은 어떨까? 바른 사람으로 자라라는 거짓된 가르침으로 평생 살아갈 자신이 있는가?

계속해서 질문해보겠다.

사립학교 교사를 뽑을 때 학벌을 중요시하나요?

'그렇지 않다. 당신은 가능성이 있다'라는 답변을 원할 사람이 많을 듯싶다. 하지만 안타깝게도 이 질문은 '(블라인드 채용을 하지 않는) 기업에서 학벌을 많이 따지나요?'와 다를 게 없다. 일반 기업처럼 두 지원자가 학벌 외면에서 모두 같은 조건이라면 당연히 학벌 좋은 사람을 선호한다. 지금 여기서 사립 학교들의 고학벌 선호 현상에 대한 옳고 그름을 논하려는 게 아니다. 이런 상황에서 자연스레 다음 질문이 따라붙는다. '그렇다면 학벌을 얼마나 보나요?' '스카이 아니면 아예 포기해야 하나요?'

몇 가지 경향성을 얘기할 수는 있다. 입시를 중요시하는 학교는 교사의 학벌에 더 예민하다. 심지어 학력을 보기도 한다. 서울 강남권 학교라든가 입시 중심의 자율형 사립고라든가를 따지며, 지방 소도시보다는 수도권 대도시 지역이 학벌이 높다고 여긴다. '최소 성균관대, 이화여대 사범대 이상이어야 한다'고 콕 짚어 말하는 사람도 많지만, 늘 예외는 있고 케이스마다 다르다. 결국 사립 채용은 정보전이라는 똑같은 메시지로 수렴된다.

사립학교 교사로부터 정보를 얻는 게 중요한데, 사실 그 정보는 무의미할 수도 있다. 지역이나 사립학교마다 차이가 크게 나기 때문이다. 따라서 자신이 지원하는 학교의 교사나 지원 경험이 있는 지인의 정보가 가장 중요하며, 앞서 말했듯이 이 면에서 기간제 교사가 유리한 위치를 점하는 것이다. 예를 들어보자. 유명 공기업이나 상급의 공공기관에 서울대 출신이 많다는 것을 이미 모두가 알고 있다면 그곳에서는 학벌을 보냐고 구태여 묻진 않는다. 마찬가지로 어느 학교 교사의 90퍼센트가 스카이라면 당연히 지방대 출신은 채용되기 힘들 것이다. 그리고 특히 특정 '교과'에 따라 어느 학교, 무슨 과 출신이 많은 학교가 종종 있다. 학벌이 중요하냐는 질문에는 이러한 정보들이 필요하다.

하지만 늘 예외는 있는데, 예외에 해당되는 이들은 그에 준하는 무언가를 보유하고 있는 사람들이다. 가령 나이가 적은데도 수업 실연을 아주 잘한다거나, 다른 이력이 화려하다거나, 기간제 교사로 일할 때 학교에 헌신하고 누구에게든 좋은 점을 어필한 사람들 말이다.

사립학교 임용에 가능성이 있는지 여부는 선배로부터 일부 조언을 들을 수 있다. 그러니 주변에 사립 교사로 일하시는, 사립 정교사 채용에 응시한 선배들을 찾아가라. 그들은 분명 절실한 당신의 마음을 이해할 것이다. 결과는 구하는 자에게 주어진다.

더불어 대부분 학벌만 알지 잘 모르는 평가 요소가 하나 더 있다. 바로 학교생활기록부(생기부)다. 모든 사립학교는 교사 채용과정에서 고등학교 생활기록부를 제출하라고 한다. 학생을 가르치는 사람의 학창 시절 모습이 어땠는지를 보겠다는 것이다. 자세한 것은 채용 전략 파트에서 참고하라.

사립학교는 남자를 선호하나요?

일반적인 관점에서 예/아니오 둘 중 하나를 억지로 고르라면 '예'다. 예전보다 개선되고 있지만 대부분의 사기업과 비슷한 경향인 듯싶다. 남자를 선호하는 경향이 강한 회사들에 대한 정보는 취업 준비생들 사이에서 흔히 알려진다. 사립학교도 마찬가지로 내가 지원하는 학교가 특정 성별을 선호하는지 알고 있어야 한다(당연히 성별 선호는 문제가 될 수 있는데, 이 글에서는 이런 현상에 대한 평가를 잠시 미룬다). 그렇다면 똑같은 이야기로 수렴된다. 결국 사립 채용은 정보전이다.

그렇다면 그 학교가 남자 지원자를 선호하는지는 어떻게 알 수 있을까? 정확한 답이 될 순 없지만 적어도 학교 교직원 성비를 대략 파악하는 것은 어렵지 않다. 네이버 포털에 학교 이름만 검색해도 바로 나온다. 기업의 경우 성비에 관해 떠도는 정보만 있을 뿐 정확한 통계치는 알기 어렵지만 사립학교는 규모가 작아 상대적으로 파악하기 쉽다. 어쨌든 대체적인 경향을 보자면, 남학교에서는 남교사를 선호하는 듯하다. 여학교는 남학교만큼 남자 교사 선호 경향이 강하지 않다. 왜 그럴까 하고 그 이유를 생각해보면 지원 시 자기소개서, 면접 전략의 방향에도 도움이 될지 모른다. 한편 관리자의 성별에서도 정보를 얻을 수도 있다. 가능하다면 역대 교장, 교감의 성별도 알아보자. 물론 같은 학교라도 현재 상황은 과거와 달라졌을 수 있다. 어떤 상황이든 간에 학교 상황에 관한 정보가 많을수록 좋다.

사립 채용은 정보전이라는데, 학교 내 저경력 교직원과 관리자급 중 어떤 사람들이 내 채용에 도움이 될까(여기서의 도움이란 면접에서의 '영향력'이 아닌 정보 출처를 말한다). 조직이 수직적일수록 말단에게서 실질적인 도움을 얻을 확률이 높고, 조직이 수평적일수록 관리자급이나 중간층에서 도움을 얻을 확률이 높다. 사립학교는 그 중간 정도인데, 그 학교의 분위기가 어떠한가가 중요하다. 진보적이고 수평적인 학교라면, 많은 이가 동의한 흐름과 방식이 있기 때문에 관리자급이나 중간층으로부터 그 공감대에 관한 정보를 얻을 수 있다. 오히려 말단은 방법적인 부분을 제외하곤 그 공감대가 무엇인지 아직 제대로 파악하지 못했을 수 있다. 반대로 수직적이고 관리자 중심의 학교라면 그때마다 채용의 근거가 달라질 수도 있고, 채용 과정에서 관리자의 영향이 절대적이기 때문에 어중간한 연차가 가진 정보는 크게 도움이 안 될 수도 있다. 이 경우에는 오히려 가장 최근에 채용을 경험한 말단에게서 도움을 얻는 것이 낫다.

이런 현실은 교육과 교육자상에 대한 고민을 할 여력을 앗아간다. 그렇더라도 현실적인 부분을 정확히, 전략적으로 고려할 수밖에 없다. 사실 '응시생'으로 살아온 사범대생과 교직 이수생은 많지만 그런 가운데서 '예비 교육자'로서의 정체성을 잃지 말아야 할 것이다.

더 나아가 근본적인 문제를 해결하고 개선하는 데 기여할 수 있어야 한다. 만약 당신이 향후 사립학교의 관리자급이 되면 '응시생'이면서 '예비 교육자'인 교사들에게 많은 관심을 기울이길 바란다. 관리자급이 아니더라도 사립학교 채용에서 발생하는 수많은 문제를 뿌리 뽑고 교육 현장을 더욱 교육 현장답게 만들어주는 데 기여해주길 바란다. 그리고 수많은 '예비 교육자'들을 진심으로 응원한다.

기간제 교사로
재직하면서
임용에
합격할 수 있나요?

사범대를 졸업할 때쯤, 혹은 치열한 임용 공부 후에 낙방할 때 많은 사범대생(졸업생)이 고민하는 것은 바로 기간제 교사 재직이다. 기간제 교사로 경력을 쌓아 사립학교 채용을 공략하는 이들도 많지만, 재직하면서 임용 공부를 병행하는 이들도 있다. 기간제 교사로 일하면서 공부할 여력이 있을까? 기간제 교사로 재직하면서 임용과 사립에 동시 합격한 선생님의 이야기를 들어보자.

학과 및 자기소개를 부탁드립니다.

저는 10학번으로 한양대 국어교육과를 졸업했습니다. 졸업 후 1년은 임용고시 재수를 했고, 이후 2년간 각각 다른 사립고등학교에서 기간제 교사를 지낸 뒤 2019년 서울 중등 임용시험과 사립학교 정교사 시험에 동시 합격을 했습니다.

대학 재학 중 임용 응시를 결심한 것과 실제로 준비를 시작한 것은 각각 언제인지요?

1학년 때부터 임용을 준비해야 하는지요?

재학 중 임용고시에 한 번에 합격한 선배를 본 적이 없습니다. 최초의 초수 합격자가 돼야겠다고 마음먹고 군대 전역 후 2학년 2학기부터 본격적인 준비를 시작했습니다. 시간은 충분하면서도 모자랐던 것 같습니다. 군대 가기 전 개념이 없고 확고한 소명의식으로 국어교사를 꿈꾼 것이 아니기에 공부를 안 했습니다. 학점이 2점 후반에서 3점 초반이었지요.

특별히 공부 말고 다른 것을 열심히 하지도 않았기에 돌아보면 그 시간들이 아깝습니다. 그래서 1학년 때부터 치열하게 할 필요는 없지만, 분명한 목표가 있다면 조금씩 준비를 하는 것이 좋을 듯합니다. 미리 해놓으면 확실히 유리하기 때문입니다. 본격적인 수험생 모드로 들어가기 전 예비 단계를 밟는다고 여기면 될 텐데, 학교 수업을 충실히 듣는다거나 나중에 읽기 힘든 고전 소설들과 현대 장편 소설들을 틈틈이 읽는 게 도움이 될 것입니다. 또 개인적으로는 '시 학회' 활동을 하면서 시를 감상하고 토론한 경험도 임용 공부에 도움이 많이 됐습니다.

임용 재수 결심을 할 때 고민되지는 않았나요?

준비를 나름 열심히 했기 때문에 한 번에 붙을 줄 알았지만 아쉽게 떨어졌습니다. 당시 함께 시험을 봤던 동기들 중 합격자가 없어서 같이 재수를 했습니다. 1년 더 공부하다보니 부족한 부분이 많이 보였습니다. 개념을 잘못 이해하고 있다든지, 교과 지식 체계가 머릿속에 이상한 구조로 정리되어 있었던 것입니다. 동기들과 함께 학교 사범대 독서실에서 재수 공부를 했습니다. 돌아보면 재수 또한 좋은 경험이고, 1년쯤은 별것 아니라는 생각도 듭니다. 나비가 되기 위한 번데기 기간이라고 생각하면 됩니다. 최소한 선생님이 되기 위해 최소한 이 정도 공부는 기본적으로 해야겠지요.

재수 후 기간제 교사를 결정한 이유는요?

재수 때 다양한 개론서를 바탕으로 영역별 내용을 저만의 방식으로 정리했고, 기출 문제를 여러 번 풀면서 이에 대한 검증을 했습니다. 따라서 근거 있는 자신감이 있었습니다. 어떤 새로운 문제가 나와도 제 손바닥 안이라는 확실한 마음을 가지고 시험장에 들어갔습니다. 그런데 신나게 답을 적다가 전공 B시간에 답안을 바꿔 적고 말았습니다. 문학이 어려워서 나머지를 확실히 맞히고 문학을 중간 정도만 봐도 붙겠다고 예상했습니다. 그래서 문학을 마지막에 풀려고 미뤄놨다가 답안을 밀려 써버린 것이죠. 몹시 당황한 나머지 답안지를 바꿨고, 기존 답을 옮기다가 시간을 다 날리고 말았습니다.

1년간 공들여 준비한 게 이런 실수로 무너졌다고 생각하니 허탈했지만, 이것도 실력이려니 하고 담담히 받아들였습니다. 동시에 공부는 할 만큼 했다고 여겨 현장에서 실전 경험을 통해 배워야겠다고 마음먹었습니다. 당시 지식상 부족한 게 없다고 자신했고, 1년 더 책상에 앉아 밤 10시까지 공부하는 생활을 더는 못 할 거 같아, 또 젊은 나이에 학생들과 함께 학교생활을 하고 싶은 바람이 강해 기간제 교사에 지원했습니다.

기간제 교사를 하면서 임용 공부를 할 여유가 되나요? 어려운 점은 무엇인가요?

어느 학교를 근무하느냐에 따라 달라질 것 같습니다. 공사립 등 학교 유형, 학교에서 맡은 업무, 담임 여부, 일주일에 준비해야 하는 수업 수, 동아리 담당 여부 등이 영향을 많이 끼칩니다. 그렇지만 예상컨대 어떤 환경이더라도 시간이 없는 건 마찬가지입니다. 저는 첫해에 남고에서 근무했습니다. 아무것도 모르는데 담임까지 맡아 정신이 없었습니다. 학생들이 사건 사고를 많이 내 수습하는 데 시간과 에너지를 쏟아부은 기억이 납니다. 정규 수업, 방과후 수업, 생기부, 부서 업무, 야자 감독, 교지 편집, 학교 홍보 등의 일을 했습니다. 매일 별이 뜨면 녹초가 되어 집에 갔다가 잠만 자고 다시 일어나 학교에 오는 생활의 연속이었습니다. 이러다보니 공부할 시간이 거의 없었죠.

둘째 해는 담임을 안 맡았는데도 시간이 없었습니다. 정시 퇴근하는 분위기의 학교에, 학생 수도 그리 많지 않았지만(담임 여부 및 학생 수는 생기부 쓰는 시간에 영향을 줍니다) 이상하게 공부할 시간이 없었습니다. 원인은 일주일에 준비해야 할 수업의 수가 많아진 데 있었습니다. 다른 것은 못해도 교사가 수업은 잘해야 하기 때문에 수업 준비에 시간을 많이 썼습니다. 매일 이튿날 수업을 준비하면 한 시간쯤 개인 공부할 시간이 남습니다. 그 시간을 잘 써야 하는데 그마저 피곤해서 집중을 못 했습니다. 결론은 기간제를 하면서 공부하는 것은 쉽지 않다는 것입니다. 절대적인 시간 자체가 부족하고, 시간이 있다 해도 집중하기가 쉽지 않습니다.

그럼에도 기간제로 재직하면서 임용 합격을 해낸 동력은 무엇인가요?

첫째, 기간제로 재직하기 전에 정말 확실하게 시험을 목적으로 하는 공부를 마무리 해놓는 것이 중요합니다. 그래야 시험을 꾸준히 보면서 결국 때를 맞아 합격할 수 있습니다. 어느 정도의 마무리인지 묻는다면, 교과별 체계가 머릿속에 있고, 살을 붙일 수 있으며, 이 살을 친구에게 설명할 수 있고, 기출 문제가 어디서 어떻게 나왔는지 알며, 모든 기출 문제의 답을 친구에게 설명할 수 있을 정도로 준비하면 됩니다. 사실 이게 제일 중요한 것 같습니다. 결국 실력이 있으면 붙으니까요.

둘째, 어떻게든 업무 및 수업 준비를 끝내고 남는 한 시간은 임용 공부를 하려고 애썼습니다. 버티는 힘이 중요합니다. 지치고 시간이 없더라도 끝까

지 놓지 않아야 합니다. 토요일 오전, 오후는 연속적으로 집중해서 공부할
수 있는 귀중한 시간이기 때문에 다른 약속을 잡지 않고 공부를 했습니다.
저는 일요일에는 교회에 다녀온 뒤 다음 주 수업 준비를 해야 해서 토요일
을 활용했습니다.

셋째, 요약본을 잘 활용했습니다. 재수할 때 만들어놓은 요약 노트 위주로
공부했습니다. 새로운 책을 읽고 정리하고, 기출 문제를 추가로 풀고 시간
이 없어 기존 지식 체계를 유지하려고 노력했습니다. 여러 번 고치고, 여러
책의 내용을 녹여 한 땀 한 땀 만든, 또 기출 문제로 검증된 요약본이어서
이것 위주로 공부했습니다.

넷째, 구체적인 공부법은 간략히만 쓰겠습니다. ① 일단 무조건 교수님 수
업을 씹어 먹어야 합니다. 수업을 잘 들으면 학점을 잘 받고, 임용에 나오는
그 과목도 수업을 들으면서 마스터할 수 있는 장점이 있습니다. 교수님이
최고의 전문가입니다. 노량진 강사들의 강의도 나름 유익하지만, 학교 교
수님 수업에는 따라올 수 없는 전문성과 깊이가 있습니다. ② 나만의 요약
본 만들기입니다. 영역별로 사람들이 추천하는 전공 서적 중 기준 책을 하
나 잡고 정리·요약한 후 다른 책과 비교하면서 단단하게 하면 됩니다. 현대
문법 형태, 통사론을 예로 들면, 『표준국어문법론』을 기준으로 나만의 요약
본을 만든 후 『우리말 문법론』 『학교문법과 문법교육』 등을 통해 요약본을
보완하면 됩니다. 물론 뼈대가 되는 책을 여러 번 읽으면서 이해해야 뼈대
가 견고해지겠죠. 한 책을 마스터하면 다른 책은 배경지식이 있어서 몇 번
안 봐도 쉽게 이해가 됩니다. 다르게 설명하는 부분, 빠진 부분 위주로 보
완하면 됩니다(문법의 다른 하위 영역은 『학교문법과 문법교육』을 기준으로 했습
니다. 문학은 『현대문학사』 『한국문학 강의』가 뼈대로 좋았고, 화·독·작은 교육과
정이 목차를 만들기에 좋았습니다. 교육학은 강사의 분류에 따라 일단 체계를 잡

으면 됩니다). ③ 기출 문제입니다. 기출은 영역별로 푸는 것을 추천합니다. 그리고 내 목차(뼈대)에서 어떤 내용이 어떻게 출제되었는지, 서술형 문항이라면 어디까지 물어보는지를 정리하면서 풀고 분석해야 합니다. 그러면 나온 게 또 나오고, 이렇게 변형돼서 나오고, 앞으로는 뭐가 나오겠다까지 예상됩니다. 그리고 기출을 통해 만들어진 요약본을 수정하면서 더 물샐틈 없게 만듭니다. ④ 저변 확대입니다. 이게 완성되면 다양한 책, 문학작품을 읽으면서 안 나올 것 같은 개념, 견해, 해석들을 보면서 풍부한 지식을 쌓으면 됩니다.

지금까지 매우 상식적이고 일반적인 공부법을 말씀드렸는데요, 이걸 완성하는 데 시간이 꽤 걸립니다. 이 정도 되면 합격권에 진입했다고 말할 수 있지 않을까요? 그다음은 이를 활용해서 시험 당일 문제를 잘 풀면 됩니다. 저는 기간제로 재직하면서 마지막 저변 확대는 하지 못했고, 재수 때까지 만들어놓은 요약본 위주로 잊어버리지만 않게 하는 공부를 했습니다. 그러다 운이 좋아서 합격했습니다. 그래서 결국 이 '한 바탕의 공부'가 충분히 다 되었다면 기간제를 해도 괜찮다고 보는 것입니다.

기간제 교사로 재직하면서 임용 공부도 할 수 있나요?

저는 추천할 만하다고 생각합니다. 단, 공부가 끝났다고 생각된 경우, 현장에 나가서 지식의 면에서 부족함이 없겠다고 느낀 경우에 한해서 기간제 교사에 도전해봐도 좋을 것입니다. 그게 아니라면 1년 더 공부해보라고 권하고 싶네요. 또한 한번 기간제 교사를 하게 되면 공부할 시간이 없기 때문에 임용에 합격하기가 쉽지는 않습니다. 대신 2~3년 경력을 통해 사립학교에 도전할 수 있는 장점이 있죠. 둘 다 막막하고 어떤 게 합격으로 가는 더 빠른 길인지는 알 수 없습니다. 자신의 성향, 현실 상황, 객관적인 수준

등을 돌아보면서 이성적으로 판단해볼 필요가 있습니다. 그래도 공부가 어느 정도 끝났다고 여겨지거나, 공부만 하는 데 지쳤다면 기간제 교사로 재직하면서 임용 공부에 도전해볼 것을 권합니다.

만약 일을 시작한다면 정말 그 학교 교사라 생각하고 성실하고 책임감 있게 학생들을 아끼며 임했으면 좋겠습니다. 학생들에게는 중요한 시기이고 또 그렇게 할 때 교사 자신도 성장할 기회를 얻습니다. 또한 궁극적으로 사립학교 정교사에 지원하려 한다면 이런 자세는 굉장히 중요합니다. 전형을 거치는 과정에서 자신을 어필할 때 진심과 준비과정이 드러나기 때문이고, 더 직접적으로는 좁은 교직 사회에서 평판이 알려질 가능성이 높기 때문입니다.

기간제로 재직하면서 사립학교 준비 팁이 있다면 알려주세요.

사립학교 준비는 따로 할 게 없고, 기간제 교사를 하는 게 사립학교 준비입니다. 즉, 경력을 쌓는 것이죠. 그러나 가만히 시간만 보낸다고 경력이 쌓이진 않습니다. 능동적으로 자기개발을 해야 합니다. 저처럼 대학생 때 특별한 경험 없이 공부만 했다면 자소서 및 면접에서 어필할 내용이 거의 없습니다. 따라서 기간제로 재직하는 시간을 어떻게 보내느냐가 중요했습니다.

서연고 학벌이 아닌 이상 기간제를 전략적으로 2~3년 할 각오가 돼 있으면 좋을 듯합니다. 이 기간 동안 자기를 최대한 개발하고 비교우위를 점할 무기를 만들어야 합니다. 제가 첫해 업무가 많았다고 했는데, 지나고 보면 이런 것이 장점이 됩니다. 일 년 안에 많은 무기를 장착하는 거니까요. 국어과로 예로 들어 이야기해보겠습니다.

'교지 편집'을 해봤다면 자소서나 면접에서 이렇게 강조할 수 있었습니다.

"저는 학생들과 교지를 편집했습니다. 교지는 예술입니다. 보이는 디자인도 중요하지만 특히 기사 하나하나의 내용이 알차야 합니다. 뿐만 아니라 재미있는 기사에서부터 심층적인 생각이 드러난 기사까지 풍부해야 합니다. 이러한 기준을 가지고 질적으로 높은 교지를 만들고자 학생들과 함께 일 년간 머리를 맞대어 고민하고, 쓰고, 수정하는 일을 반복했습니다. 결국 학교 역사상 가장 뛰어난 교지를 만들어냈습니다. ○○학교에도 교지가 있다고 들었습니다. 맡겨주시면 제가 한번 톡톡 튀는 생각을 가지고 교지를 예술로 만들어보겠습니다."

한편 수업과 관련해서도 경험치가 쌓여 자신감이 생기면 그것이 묻어나도록 면접에 임할 수 있습니다. "저는 수업을 잘합니다. 교원 평가에서 수업 만족도가 매우 높게 나타났습니다. 또 방과후 학교를 2년 내내 했습니다. 국어를 처음 시작하는 하위권 학생들부터 최상위권 학생들까지 모두 가르쳐본 경험이 있습니다. 소설, 시, 현대, 고전, 비문학, 문법을 저만의 커리큘럼을 가지고 수업합니다. 저는 이것을 더 발전시키고 싶습니다. ○○학교에서 꾸준히 방과후 학교를 하면서 수업을 개발하겠습니다. 대치동 강사들을 월등히 앞서는 수업을 보여드리겠습니다."

사립학교 자소서를 쓰거나 면접을 볼 때 사용했던 무기 중 두 가지를 예로 들었습니다. 이렇게 자신감 있게 말할 수 있으려면 실제로 해봐야 합니다. 경력을 잘 활용하시길 바랍니다.

사립학교 채용의 가장 중요한 관문인 필기시험에 관해 이야기해보겠습니다. 사립은 일단 필기가 돼야 서류 및 면접, 시강 자격이 주어집니다. 필기에서 대부분 걸러지는데, 살아남는 법은 첫째, 탄탄한 임용고시 공부입니다. 국어과는 임용식으로 1차 시험을 내는 학교가 30~40퍼센트는 됩니다. 이런 학교에는 단순 기간제 경력만 가진 이들보다 임고 공부를 성실히 한 이들이 합격할 확률이 높습니다. 특히 전공 심화 문제, 교육학 문제는 공부를 해야 풀 수 있습니다.

두 번째는 수업 준비입니다. 기간제 재직을 2~3년 하면서 수업 준비를 성실하게 꾸준히 했다면, 다양한 부문에서 추상적인 지식이 아니라 정교한, 구체적인 지식을 얻을 수 있습니다. 특히 고등학교에서 근무했다면 이는 사립시험, 공립 임용시험 모두에서 어느 정도 힘이 됩니다. 가르쳤던 작품 및 단원이 문제로 나오면 누구보다 빠르고 정확하게 해결할 수 있습니다.

세 번째는 수능 공부입니다. 경험과 느낌상 50퍼센트의 학교는 수능형 문제를 제출합니다. 임고형 문제가 나오는 학교에서도 수능형이 포함돼 있곤 합니다. 특히 비문학 지문을 즉석에서 잘 해결하는 능력이 요구됩니다. 방과후 학교를 하면서 꾸준히 훈련하면 잘할 수 있을 것입니다. 실제로 기출 문제 중 어려운 비문학 지문들을 골라서 문제로 출제한 학교도 있었습니다. 이런 경우는 기출 문제를 한 번 풀어만 봤어도 유리하겠죠.

마지막으로 한자나 맞춤법, 일반 상식도 간간이 물어봅니다. 혹은 약식으로 지도안을 작성해보라는 필기 유형도 있었습니다. 따로 준비는 안 했지만(한자는 군대에서 자격증을 따려고 공부를 했습니다) 사립만 준비한다면 한자, 기본 맞춤법 정도는 틈틈이 공부해도 좋을 듯합니다.

관심 분야와 꿈은 무엇인가요?

제 목표는 다른 게 없습니다. 한 시간 한 시간의 수업을 예술로 만들고 싶습니다. 대학 때 교수님의 수업이 그런 모범이었습니다. 매 3시간이 지루하지 않고 콘서트를 보는 듯했고, 다음 강의 시간이 기다려지기도 했습니다. 그런 수업을 하면 충분할 것입니다. 내용과 재미와 감동이 넘쳐흐르는 한 시간의 수업을 위해 계속 노력하겠습니다.

국어과 임용 정보는 어디서 얻나요?

국어 임용은 다들 알고 있는 다음 카페 '참사랑 국어'를 추천합니다. 또한 익명 게시판이 있는 '국영수 북소년'도 추천합니다. 사립학교 정보는 '전국 기간제교사모임'을 추천하는데 대부분 유익하고 동기를 자극하는 글이 많습니다. 하지만 모든 고시 수험생이 모이는 곳이 그렇듯, 간혹 지나치게 패배주의적이고 무기력한 글, 힐난조의 글들에 빠지지 않도록 주의해야 합니다. 긍정적으로 생각하면서 버티는 게 여러모로 유익합니다. 그리고 실력을 확실히 키우세요. 따라올 수 없는 실력이 곧 경쟁력입니다. 대학 선후배, 동기 과 사무실, 교수님 등을 통해서도 정보를 얻을 수 있습니다. 저는 사립학교를 지원할 때 먼저 있는 선배님들에게 많은 도움을 받았습니다.

사범대생과 임용을 준비하는 학생들에게 해주고 싶은 말이 있다면요?

경쟁률이 높은 만큼 임고 공부가 힘들다는 것을 잘 알고 있습니다. 하지만 하고 싶은 마음이 분명하면 끝까지 도전해보길 바랍니다. 간절한 만큼 열심히, 또 전략적으로 하면 좋은 결과가 있을 것입니다. 저도 막막하거나 앞이 안 보이는 때가 있었지만, 버티고, 준비하고, 실력을 쌓으니 기회가 왔습니다. 기회는 반드시 오니 그걸 잡을 수 있도록 준비하시기 바랍니다!

5장

그 많던 사범대생은 다 어디로 갔을까?

그 많던 사범대 선배는 졸업 후 뭐 먹고 살까?

매해 2~3월 새학기가 시작될 무렵, 사범대 건물 앞에는 현수막이 내걸린다. 바로 임용 합격 현수막. 다른 학교에 비해 많으면 전국 몇 위라는 수식어도 함께 달리곤 한다. 나(황순찬)도 저학년 때는 현수막을 보고, '어렵다고들 하지만 붙는 선배들이 있는 걸 보니 나도 가능성 있겠다'고 생각했다. 나중에야 알았지만 현수막에 쓰여 있는 숫자에는 내가 아는 선배보다 모르는 선배가 더 많았다. 즉 재수, 삼수는 기본이고 더군다나 교직 이수, 대학원까지 다 합친 숫자라는 것을 알지 못했다. 사립학교를 많이 보낸 학교는 사립학교에 간 숫자도 적어놓는다고 한다.

그런데 언제부터인가 그 현수막이 불편해지기 시작했다. '임용을 봐야지'라고 확신했던 저학년을 벗어나 임용을 볼까 말까 고민을 시작할 무렵, 현수막을 보거나 선배들의 임용 특강을 들으면 이런 생각이 들었다. '열심히 하면 되는 건 알겠는데, 저 현수막에 걸리지 않은 그 많던 사범대 선배들은 어디로 갔을까?'

다른 단과대 앞에 걸리는 현수막과는 느낌이 조금 달랐다. 경영대, 인문대, 사회대 앞에도 각종 고시나 기타 현수막이 걸리지만, 그들의 진로는 현수막에 적힌 진로보다 훨씬 더 다양하다. 사범대는 교사가 된 '소수'의 사례를 부각시킨다. 교사를 양성하는 곳이 사범대이고, 사범대에서는 교사 외에 다른 직업을 꿈꾸기 상대적으로 어려우니까. 그래서인지 사범대의 현수막은 마치 사범대에서의 성공은 교사가 되는 것이라는 느낌을 주었다(물론 임용 이외의 각종 고시 합격 사례가 많고 다른 기회가 상대적으로 더 많은 서울대 등은 이 이야기와는 거리가 있을 수 있다).

그렇다면 임용고시에 합격한 소수를 제외하고 나머지 다수는 무엇을 하고 있을까? 나는 그들의 이야기가 궁금했다. 내가 전공알림단 활동으로 고등학생들에게 수학교육과에 대해 이야기할 때도, 교사 이외의 진로로서 사교육계, 출판사, 교육 관련 기관, 금융 관련 기관, 일반 기업, 기타 공무원 정도로 거론했는데, 이런 이야기도 전해 들은 것일 뿐 구체적으로 내가 파악하고 있는 정보는 아니었다.

실제로 교사를 하는 사범대 졸업생이 소수에 가까운 현실 속에서도 사범대에서 여전히 에너지를 쏟고 시선을 집중하는 곳이 임용이라는 점은 이해가 간다. 그것이 사범대의 존재 이유이고, 그렇게 집중함으로써 그나마 소수의 교사를 배출할 수 있었기 때문이다. 따라서 사범대에서 학생들에게 교사 이외의 다른 진로를 적극 지원하기에는 부담이 따른다. 사범대 생들은 그 속에서 'OO 선배는 무슨 일을 한다더라'와 같은 것을 풍문으로만 들을 뿐이다. 그래서 직접 조사했다. 더 이상 구전이 아닌 사례들을. 표본은 적지만 그래도 의미 있는 시도라고 생각하며, 한양대학교 수학교육과 10학번들의 이야기를 공개한다.

(1) 한양대 수학교육과 10학번들은 무엇을 하고 있을까?

총원 24명 (23명 신입학, 1명 편입)

- 공립 정교사 6명
- 사립 정교사 3명
- 기간제 교사 1명
- 학원 강사 2명
- 사기업 취업(복수전공) 1명
- 7급 공무원(통계직) 1명
- 변리사 1명
- 재학 중 5명
- 반수 3명
- 소재 파악 불명 1명

참고사항

- 24명 중 여자 7명, 남자 17명(조사 시기는 2017년 10월)
- 제때 졸업할 경우 남자는 2016년 2월, 여자는 2014년 2월에 졸업이다. 제때 졸업한 이들의 조사 시기는 졸업 이후 각각 1년 8개월, 3년 8개월이 흐른 때다.
- 제때 졸업한 이들의 비율: 여자 1명(14.3퍼센트), 남자 8명(47퍼센트), 총 9명(37.5퍼센트)
- 타학번에 비해 결과가 나쁘지 않은 편임
- 하나의 대학, 하나의 학과, 하나의 학번의 통계 자료로서 전국 사범대의 상황과 그 분석을 일반화하여 대변하기에는 큰 무리가 있음

(2) 분석

- 학교 교사: 10명(41.7퍼센트)
- 공립 정교사: 6명(25퍼센트)
- 임고 초수 합격: 2명(8.3퍼센트)
- 사립 정교사: 3명(12.5퍼센트)
- 사립 정교사 초수 합격: 3명(12.5퍼센트)
- 교육 관련 종사: 12명(50퍼센트)
- 일반 사기업 취업: 1명(4.2퍼센트)
- 국사고시: 2명(8.3퍼센트)
- 반수: 3명(12.5퍼센트)

- 공립과 사립 정교사 모두 평균 경쟁률이 최소 10대 1을 넘어서나, 학교 교사의 비율은 졸업 연차가 쌓일수록 올라감. 그러나 그 상한선이 있어 보임.
- 사범대라 해도 교육 관련 종사 비율이 50퍼센트밖에 안 되는 점은 주목할 만함.
- 졸업 2~3년차에 각자의 길을 선택.
- 수학 관련 종사 비율은 범위가 모호해 산정하지 않음.
- 학원 강사 2명은 경력이 있는 편으로, 빨리 진로를 결정했음을 보여줌.
- 순수 임고 장수생은 사실상 없음. 즉 사수 이상 공부하는 인원은 거의 없음.
- 추가 학기 없이 졸업하는 비율은 남자가 더 높은 편(군 휴학의 부담감 때문인 듯).
- 다른 국가고시도 임고와 비슷하게 시작한 지 1~3년 후에 판가름 나는

듯함.

- 학교 교사들은 대부분 서울, 경기 중심임. 일부 연고가 있는 사람은 지방 소재도 있음. 연고 없는 지역에 응시하는 경우는 거의 없음.

- 사립 정교사 3명 모두 초수 합격이라는 점은 주목할 만함.

- 사기업 취업 1명은 일찌감치 복수전공과 취업 관련 활동을 준비함. 학번마다 일반 취준생이 있으나 취업 시장에서 사범대생의 현실을 미리 알고 아예 시도를 안 하는 탓인지, 혹은 해당 분야 진출의 접근성이 떨어지는 탓인지, 기업 취준생이나 취업 사례는 예상외로 적음.

- 대학 졸업 직후 대학원 진학 비율이 0명이라는 점이 주목할 만함. 타학번에는 1~2명 정도 있음(단, 2020년 기준으로 이준건이 휴직 후 대학원 진학).

사범대생의
학교 교사 이외의
진로 선택

다른 진로를 택한 이들은 어떻게 지내고 있을까? 어떻게 결심하게 됐으며 현재 상황에 만족할까? 그들의 이야기를 들어보자.

교육계 출판사

전공과 현재 하는 일을 소개해주세요.

저는 수학 교육 전공을 수료하고 현재는 교육계 출판사에서 태블릿 기반 학습의 콘텐츠 개발을 하고 있습니다.

처음부터 이 일을 염두에 두었는지요? 임용에 대한 고민이 있었는지도 궁금합니다.

이 진로에 관심이 있어서 많이 알아보고 혼자 공부했습니다. 솔직히 말하자면 자기소개서를 쓸 자신이 없어서 취직은 포기한 상태였어요. 제 미래 계획은 임용고사 합격 후에 교사 생활과 대학원 교육공학 전공을 병행하면서 석사 학위를 취득한 후, 교직을 그만두고 콘텐츠 개발 연구를 하겠다는 쪽이었습니다. 그래서 최우선 목표인 교사가 되기 위해 4학년 때부터 임용 공부를 계속 했습니다.

어떤 계기로 지금의 진로로 나아가게 됐는지요?

우연한 계기였는데, 지인이 이 업계에서 특별 채용이 진행 중이라는 사실을 알려주었습니다. 임용시험 준비 중인 데다 취직 준비를 했던 경험이 전무해 자신이 없었지요. 하지만 좋은 기회인 것은 분명하니 우선 시도해보자는 마음으로 지원했어요. 그러다 정말 운 좋게 합격해서 지금 일을 하고 있습니다.

사범대생으로서 해당 분야로 나아가는 데 어려움은 없었나요? 그 어려움은 어떻게 극복했나요? 필요한 역량은 무엇인가요?

일반 회사에서 사범대생은 잘 뽑지 않으려 한다는데, 교육계 출판사는 사범대생을 오히려 선호하는 편인 듯합니다. 그렇다고 모든 사범대생을 좋아하는 것이 아니라, 교육 경험이 어느 정도 있고, 어린 학생들을 가르치는 감이 있는 사람을 좋아합니다. 특히 태블릿 기반 학습의 경우 e-콘텐츠에 속하는데요, 그래서인지 컴퓨터나 프로그래밍적 지식 또는 경험을 보유한 사람을 더더욱 찾는 것 같아요. 저는 컴퓨터를 워낙 좋아해서 프로그래밍을 C언어부터 C++, java까지 독학, 교환 과외, 타과 전공 수업 등을 가리지 않고 찾아다니며 익혔습니다. 관심 분야인 프로그래밍과 전공인 수학교육을 어떻게 연계시킬 수 있을지에 대해서도 많이 생각했고요. 이 점들을 면접 때 강하게 어필했는데, 높게 봐주신 덕에 지금 이 일을 할 수 있게 됐습니다.

사범대 졸업생 입장에서 지금 하고 있는 일은 어떤지요? 좀더 구체적인 이야기를 들려주세요.

저는 교직에 큰 뜻이 없고 몹시 하고 싶었던 일을 하게 된 터라 주관적으로 이야기할 수밖에 없는데, 너무 즐겁습니다. 잘 몰랐던 것들을 새롭게 배우는 과정이 즐겁고, 새로운 접근법과 시야를 얻을 수 있어 저 개인의 발전에도 큰 도움이 됩니다. 또, 교육계 출판사의 경우 함께 일하는 분들이 다들 인내심, 이해심, 설명력이 뛰어나 사회생활 새내기 입장에서는 감사한 일 투성입니다.

해당 분야로 나아가기 위한 구체적인 전략과 더불어 정보를 얻을 수 있는 방법을 알려주세요.

출판사 홈페이지 내 인재 채용 페이지에 특별 채용 같은 정보가 종종 공지되므로 자주 들여다보세요. 더불어 해당 출판사에서 무슨 사업에 관심을 두고 있고 어떤 사업들을 밀고 있는지 알아보는 것도 도움이 될 것입니다.

이 글을 읽는 사범대생, 예비 사범대생에게 해주고 싶은 말은?

어떤 길을 선택하든 개인적인 비전을 갖고 열정적으로 덤벼든다면 무엇이든 할 수 있는 것 같아요. 기회는 정말 준비된 사람만 붙잡을 수 있다는 생각입니다. '난 아직 뭘 하고 싶은지, 뭘 잘 하는지 모르겠어'라고 생각하며 나중으로 미루기보다 뭐든 도전해보면 꿈이 생기는 것 같아요. 봉사 활동, 대외활동, 아르바이트, 하다못해 교양 수업 하나라도 다양하게 도전해보시길요. 숫기 없다고, 낯가린다고 처음부터 포기하는 일은 없었으면 해요.

위 사례는 개인적으로 수학 교육에 대한 전공과 더불어 그 외에 자신의 흥미, 적성이 가장 잘 맞아떨어지는 사례인 듯하다. 평소 컴퓨터에 대한 관심이 많았으나 수학교육과 학생으로 임용 고민을 계속 해왔던 경우다. 그 관심이 결국 기회로 이어졌고, 수학 교육 분야의 디지털 콘텐츠를 제작하는 일을 하고 있다. 전공과 아예 다른 길을 갈 수도 있지만, 본인의 전공과의 연관성을 놓지 않으며 관심 분야를 살릴 수 있는 길은 무엇이 있을까?

학원 교사

전공과 현재 하는 일을 소개해주세요.
저는 한양대학교 수학교육과를 졸업 후 수학학원에서 전임 업무를 맡고 있습니다.

처음부터 이 일을 생각했는지요? 임용에 대한 고민이 있었는지 궁금합니다.
고등학교 때부터 사교육에 관심이 많아서 수학교육과 입학 때도 그런 점을 많이 고려했습니다. 임용은 늘 고민거리였지만, 시간이 흐를수록 임용 공부에 대한 흥미와 자신감, 실력 모두 부족하다고 여겨 일찍 마음을 비웠습니다. 생각은 깊게, 하지만 결정은 빠르게 내리는 편이어서 결정한 뒤 임용은 다시 고려하지 않았습니다.

어떤 계기로 해당 진로로 나아가게 됐는지요?
대학 입학 전 예전에 제가 배웠던 수학학원에서 문제풀이 아르바이트를 한 경험이 크게 작용했습니다. 상당히 흥미로웠고, 공부를 열심히 하려는 아이들을 보고 있노라니 수업 준비를 좀더 철저히 하게 되었습니다. 그 후로도 방학 때는 학원에서 단기 문제 풀이 강사나 과외를 꾸준히 하면서, 단순한 용돈 벌이가 아닌 제 적성과 흥미를 발견할 수 있었습니다.

사범대생으로서 해당 분야로 나아가는 데 어려움은 없었는지요? 또 필요한 역량은 무엇인가요?

어려움이 있기보다 오히려 대우를 받는 편입니다. 수학교육과 커리큘럼을 제대로 이수하면 아이들에게 도움이 된다고 여기는 학원계 종사자들이 많아서 그런 듯합니다. 사실 대학 수학 과정은 고교 수학과 거의 연관이 없습니다. 그래서 실력이 부족하다면 버티기 힘든 편이고, 오히려 사범대 나와서 그 정도밖에 안 되냐는 핀잔을 듣기도 합니다.

절대적으로 중요한 것은 전달력과 실력입니다. 실력이라 하면, 고교 과정 수준에서 나오는 문제들에 통달해 빠르고 간결하게 풀 줄 알아야 하며, 스스로 풀 줄 안다는 사실보다 이 풀이 과정을 학생들에게 어떻게 하면 깔끔하고 확실하게 이해시킬지 고민해야 합니다. 처음에 실력을 쌓을 때는 저도 여러 유명 강사의 강의를 들었습니다. 그 후에는 어느 정도 개념이 쌓이자 시중에 문제집들을 거의 다 풀어봤습니다. 출퇴근 때도 지하철에서 풀어볼 정도로 엄청난 노력을 통해 실력을 쌓았고, 지금도 유명 강사들의 강의를 들어보며, 그들의 교재도 풀어보려 합니다. 또한 틈틈이 제 강의를 피드백하기 위해 촬영해서 다시 보는 편입니다. 아직도 판서나 발성 등이 부족하다고 여겨지기에 부족한 부분은 고쳐나가고 있습니다. 꾸준히 할 인내심이 중요합니다. 또한 이곳은 철저히 결과가 지배하는 세계입니다. 학생들이 떠나는 강사는 도태된다는 사실을 명시하고 끊임없는 노력을 해야 합니다. 요즘도 개인 생활은 거의 없이 수업 준비에 몰두하고 있는데, 이 일에 빠져들지 않거나 자신의 취미 활동 및 개인 생활을 중시하는 분들은 성향상 맞지 않을 가능성이 높습니다.

사범대 졸업생 입장에서 지금 하고 있는 일은 어떤지요? 좀더 구체적인 이야기를 들려주세요.

현재는 반포에 있는 학원에서 근무 중입니다. 주로 고등학교 2, 3학년 이과 학생들을 가르치므로 이 학생들 수업 위주로 이야기하겠습니다. 우선 고등학교 2학년생들은 1학년 때 내신이 좋은 학생과 안 좋은 학생들의 입시 전략을 애초에 따로 세웁니다. 내신이 좋으면 내신 대비에 사활을 걸고, 내신이 안 좋으면 정시나 논술 준비를 미리 세워둡니다. 예비 고2와 고3 모두 2학기 기말고사가 끝나면 다음 해 커리큘럼을 시작합니다. 예비 고2, 고3의 실정에 맞게 학습 진도를 나갑니다. 이때 주안점은 처음 배우는 예비 고2들은 기본 개념을 확실히 닦고, 간단한 문제부터 내신용 문제까지 풀 수 있도록 지도하는 데 있습니다. 반면 예비 고3들은 현재 수능 트렌드에 알맞고, 중요한 내용 위주로 기출 문제들을 중심으로 수업합니다. 이런 식으로 방학 때는 하루 8시간 정도 수업하고 맡은 반이 많으면 주 7일 근무를 하거나, 그렇지 않으면 주 6일 근무를 합니다. 3월 초에는 고3들은 3월 모의고사를 준비하면서 각종 시험 범위에 맞게 출제된 모의고사들을 풀어봅니다. 고2들은 겨울방학 커리큘럼이 다 안 끝나면 마무리를 짓거나, 다 끝나면 그 후에는 내신 대비를 준비합니다. 이렇게 고3들은 매달 치러지는 모의고사 및 1학기 중간, 기말고사 준비를 병행하면서 여름방학 때는 주요 약점을 체크하는 강의를 통해 이를 보완합니다. 그 후에는 9월 모의고사를 보고 나서 9월 평가원 성적과 내신 등급을 고려해 수시 원서 접수를 합니다. 이즈음부터 모의고사를 풀면서 시간 관리 및 부족한 점을 알아차리는 공부를 진행하고 수험 생활을 마무리 짓습니다. 고2들은 내신이 매우 중요하므로 매 학기 내신에 사활을 거는 편입니다. 다만 문과생들은 2학년 내내 수학2, 확률과 통계를 붙잡는 경우가 많은데 확실히 잡아두면 큰 도움이 됩니다. 하지만 이과생들은 여름방학 때 반드시 미적분과 수학2, 기하를 한번 공부하지 않으면 많은 학습량을 소화해야 하는 이과 공부를 따라가기 힘듭니다. 즉, 고2 이과생들은 내신 대비와 상당량의 선행학습이 꾸준히 병행되어야 합니다.

해당 분야로 나아가기 위한 구체적인 전략과 더불어 정보를 얻을 수 있는 방법을 알려주세요.

다음 카페, 네이버 카페에서 학원 강사를 검색하면 구직 정보와 학습 자료 등을 얻을 수 있는 곳들이 나옵니다(다음 카페 학원강사모여라 http://cafe.daum.net/educationpark).

이 글을 읽고 있는 사범대생, 예비 사범대생에게 해주고 싶은 말이 있나요?

주위에서 학원 강사를 쉽게 생각하는 것 같습니다. 물론 임용고시에 붙는 것보다는 쉽습니다. 다만 능력을 인정받아서 높은 연봉과 좀더 나은 근무 환경을 얻는 것은 천지차이입니다. 이 길을 택한다면, 생각보다 사교육 업계가 처절한 정글 세상이라는 것을 알았으면 합니다. 본인의 실력과 수업을 통한 전달력 및 학부모 관리와 입시 상담 등이 병행돼야 높은 연봉을 받을 수 있는 반면, 그렇지 못하면 떠돌면서 낮은 월급을 받으며 열악한 곳에서 결국 도태됩니다.

복지 환경이 압도적으로 좋은 직업은 교사입니다. 사범대를 와서 교사가 돼야겠다는 생각을 계속 하는 것은 좋지만, 자신의 능력과 적성을 객관적으로 돌아보는 시간을 늦기 전에 가져야 합니다. 4학년쯤 돼서 방황하는 수많은 대학 선후배, 동기들을 봤는데, 힘들어하고 위로받는다고 해서 현실은 변하지 않습니다. '고민은 깊게, 결정은 빠르게'가 제 좌우명입니다. 대학 입학 전이나 입학 후 1~2학년 때 임용고시에 대한 자신이 대부분 높은 편인데, 언제나 가능성을 염두에 두고 고민해보십시오. 그리고 다른 분야로의 진출은 두루뭉술하게 고민하면 좌절되기 쉽습니다. 결국 선택은 본인 몫이고, 그에 대한 책임도 본인에게 주어져 있지만, 그 여파는 주위 사람들에게도 모두 끼친다는 것을 염두에 두었으면 합니다.

열정적으로 학원 생활을 시작한 그는 몇 년간 경력과 역량을 쌓아 현재는 서초구에서 학원을 직접 차려 학생들을 가르치고 있다. 사교육으로 진출하는 사범대생은 많지만, 이렇게 빨리 자기 학원을 차린 경우는 드물다. 아마도 자기 이해가 뚜렷했기에 그런 성과를 내지 않았을까 여겨진다.

공대 진학

예전 전공 및 현재 전공과 더불어 언제, 어떻게 옮기게 되었는지 얘기해주세요.
저는 현재 한양대 융합전자공학부 1학년 재학생입니다. 지난해까지는 한양대 수학교육과 학생이었는데, 수학교육과에서 2학년을 마친 뒤 1년 휴학을 했습니다. 당시에는 아무에게도 말하지 않았지만 휴학의 이유가 전자공학과를 가기 위함이었고, 휴학 기간에 수능을 다시 준비해 한양대 융합전자공학부에 입학했습니다.

사범대를 진학한 계기와 다른 학과로 가게 된 계기에 대해 얘기해주세요.

저는 보통의 학생들과 상당히 다른 진학 과정을 겪었습니다. 요약하자면 학창 시절에는 성적이나 진로에 전혀 관심이 없었고, 고등학교도 자퇴했습니다. 뒤늦게 공부에 뜻이 생겨 경영학과를 목표로 다시 공부를 시작했습니다. 이를 위해 부모님의 지원하에 기숙학원에 가게 되었고, 기숙학원에서 주변 학생들보다 수학을 빠르게 배우고 그들을 가르쳐주면서 수학과 수학교육이 적성임을 알아차렸습니다(수학교육과를 목표로 생각해온 학생들 중에는 저처럼 친구들에게 수학을 가르치는 데 재능이나 흥미를 느낀 이들이 많을 것입니다). 처음으로 찾은 적성이었던 터라 경영학과에서 수학교육과로 목표를 바꾸는 과정은 길지 않았습니다. 바로 자연계로 전환하고 열심히 준비해 수능을 치렀고, 그 결과 한양대 수학교육과에 입학했습니다.

이렇게 적성에 맞는다고 여긴 수학교육과를 뒤로하고 다른 학과로의 전환을 고려한 것은 수학 교사가 아닌 직업(변리사)에 꾸준히 관심 있었던 점도 있고, 교사라는 직업에 대한 제 생각의 변화도 있었습니다. 개인적으로 수학교육 계열 과목들에 공감하지 못하거나 적응하지 못한 부분도 있었고요. 직업적인 측면을 먼저 이야기해볼게요. 일단 수학교육과를 졸업하면 교사가 아니더라도 어떻게든 직업을 갖게 되긴 합니다. 그러나 당장 학교에 다니는 동안은 (대학원에서 수학 계열을 전공하는 경우를 제외한다면) 교육 계열이 아닌 직업을 생각하기 어렵습니다. 변리사는 수학교육과와 전혀 관련 없는 직업입니다. 한양대 수학교육과의 선배 중에 현직 변리사를 하는 분도 있다고 들었지만, 변리사가 된 후 일을 할 때도 수학교육과 출신이라는 점(학부 시절 과학 계열 과목을 하나도 듣지 않았다는 점)은 계속 부담이 되리라 생각했습니다. 더 긴 미래를 고려한다면 차라리 공대에 새로 들어가 다시 시작하는 것이 낫겠다고 판단했습니다.

교직과 관련해 이야기해보겠습니다. 사실 이 책의 저자 황순찬 선생님과 학과를 옮긴 경험은 비슷하지만, 저는 심리 상태가 그리 명확히 정리돼 있지 않았습니다. 자기 삶의 방향에 대해 평소에 명쾌하게 정리하기란 쉽지 않으니까요(그런데 이렇게 글로 작성하니 좋은 것 같습니다). 그런 이유로 교사에 대한 어떤 생각이 달라져 진로를 변경했다고 콕 집어 말하긴 어려웠던 듯합니다.

지금 되돌아보면 제일 큰 이유는 경제적인 부분인 듯합니다. 대학에 입학할 때만 해도 '돈이 없어도 하고 싶은 일을 하면 된다'고 생각했는데, 대학 생활 중에 돈에 대한 인식이 바뀌어서, 교사를 하면 제가 원하는 만큼(평균보다 조금 높은 정도) 벌지 못하겠다는 생각이 들었고, 경제적 여유가 있으면서 재미있게 할 수 있는 다른 일을 찾아야겠다는 마음이 들었습니다. 변리사라는 직업은 계속해서 새로운 특허를 다루고 꾸준히 관련 분야를 공부해야 하는 직업이라는 점이 흥미를 끌었습니다. 어쨌든 교사의 꿈을 접은 이유는 경제적인 면이 가장 컸는데, 다른 진로에 끌리지 않았다면 계속 임용 준비를 했을 겁니다.

지금 전공에 만족하고 있나요? 이전에 사범대를 다닐 때와 다른 점은 무엇이 있나요? 학과를 옮긴 것이 아쉽거나 후회되는 점은 없는지요?

지금 전공에 매우 만족하고 있습니다. 과목들도 하나하나 다 흥미롭습니다. 지금 배우는 과목들은 물리학, 화학, 논리회로설계, 프로그래밍 등 수학교육과와 전혀 관련 없는 것도 있고, 선형대수, 공업수학, 확률통계론 등 수학교육과와 어느 정도 관련 있는 것도 있습니다. 공대의 수학은 수학교육과에서의 수학 수업과는 꽤 다릅니다. 같은 과목명이어도 공대의 선형대수, 확률통계론에서는 실용적인 모델링과 공학적인 감각을 배웁니다.

공대 수업은 수학교육 계열 과목에서 느낀 다소 뜬구름 잡는 이야기들에 비하면 현실 문제에 대한 실질적인 접근과 해결에 훨씬 관심이 많습니다. 이런 부분이 저와 잘 맞고, 그래서 옮기길 잘 했다는 생각이 듭니다. 학교에서 배우는 대부분의 과목이 흥미를 유발하고 열심히 달려들게 만든다는 것은 대학생으로서 꽤 축복받은 면입니다.

사범대를 다닐 때와 다른 점은, 소소한 부분이지만, 사람이 정말 많습니다. 사범대 학과들이 학년당 20명 내외인 것과 대조적으로, 공대의 과반수 과들은 학년당 60명이 넘고, 그중에서도 특히 전자과는 140명이 넘습니다. 그래서 사범대생들이 1학년 때 느끼는, 학년 전체가 고등학교 친구가 된 것 같은 애착감은 없습니다. 저는 고등학교 시절을 제대로 보내지 않았기 때문에 처음 택한 학과가 수학교육과였던 것이 제게 나름대로 학창 시절의 기억을 만들어준 것 같습니다. 지금은 그런 것보다 더 중요한 점들이 있어 아쉬움을 느끼진 않습니다.

해당 전공으로 옮기는 구체적인 전략과 더불어 정보를 얻을 수 있는 방법을 알려주세요.

다른 전공으로 옮기는 방법으로는 전과, 편입학, 신입학, 복수전공이 있습니다. 전과는 대학을 다니는 도중에 같은 학교 내에서 과를 옮기는 것입니다. 전과를 하면 1학년부터 시작할 필요가 없고, 기초적인 공통 과목을 다시 들을 필요도 없습니다. 새로운 전공만 학습할 수 있기 때문에 가장 바람직한 선택지입니다. 다만 학과에 따라서 경쟁이 있습니다. 인기가 많은 과에 전과하려면 학점 관리를 잘 해야 합니다. 전자과는 인기가 많은 과인데, 저는 학점이 좋지 않아서 전과를 시도하지 않았습니다.

편입학은 대학을 다니는 도중에 일반편입 또는 학사편입을 통해 다른 대학에 입학하는 것을 말합니다. 학사편입을 예로 들면, 4년제 대학을 졸업하거나 졸업 요건에 준하는 학점(보통 140학점)을 취득한 사람이 다른 대학 3학년으로 편입 지원하는 것입니다. 편입학에 성공하는 것은 수능에 성공하는 것에 뒤지지 않을 만큼 어렵습니다.

신입학은 말 그대로 대학의 정시나 수시모집에 다시 지원하는 것입니다. 어느 선택지와는 다르게 1학년부터 다시 시작해야 하기 때문에 전과나 편입학과 비교하면 극단적인 방법이라 할 수 있습니다.

복수전공은 엄밀히 말하면 전공을 옮기는 것은 아닙니다. 기존 전공과 원하는 전공의 학점을 동시에 이수하는 것입니다. 복수전공을 선택하는 이유는 두 개의 전공이 시너지를 낼 수 있거나(예를 들어 중국어+경제금융), 단순히 두 번째 전공이 필요해서 하는 경우가 있습니다(예를 들어 전자공학 복수전공의 도시공학과 학생이지만, 도시공학에는 관심이 없고 전자공학만 관심 있는 사람도 있음).

사실 전공을 옮기는 방법은 본인의 결심만 서면 쉽게 알 수 있습니다. 본인의 전공에 흥미가 떨어지고 관심 가는 다른 전공이 있을 때, 과연 새로운 전공에서 다시 시작할 결단을 내릴 수 있는지가 훨씬 더 큰 고민거리일 것입니다.

현재 관심 분야나 꿈은 무엇이며 어떤 노력을 하고 있는지요?

저는 변리사 직업을 준비하는 것이 가장 큰 관심사입니다. 어느 정도 구체적으로 계획을 세우고 시험에 필요한 부분들을 준비하고 있습니다. 변리사 시험 공부 시간을 마련하기 위해, 1학년이지만 2학년 과목들을 당겨서 듣고 있고, 2학년 때 본격적으로 시험 공부를 해서 빠르게 합격하려 합니다. 이외에는 프로그래밍에도 관심이 있고, 학과 과목들의 내용에도 관심과 욕심이 많아 전 과목을 열심히 공부하고 있습니다.

다른 전공을 선택하는 것에 대해 고민하고 있는 사범대생들에게 해주고 싶은 말은요? 이외에도 사범대생에게 해주고 싶은 말이 있다면요?

사범대에서 타전공 선택을 고려하고 있다면, 여러 어려움을 겪고 있을 것입니다. 어려운 전공이 본인과 맞지 않을 수도 있고, 임용시험에 대한 자신감이 없을 수도 있고, 또 교사나 교육에 대한 인식이 변했을 수 있으며, 다른 직업에 관심이 있는데 그 직업에는 사범대에서 배우는 내용이 전혀 필요치 않아 고민일 수도 있습니다.

이유야 어떻든 다른 전공으로 넘어가는 것은 지금의 어려움을 극복할 좋은 돌파구가 될 수 있습니다. 전공을 옮기는 것을 망설이게 하는 이유 중 새로 시작하는 것에 대한 막연함이나, 또래보다 뒤처지는 것에 대한 두려움이 있다면, 그런 건 별로 중요하지 않다고 말씀드리고 싶어요. 본인이 하고 싶은 일을 위해 현재 필요한 것이 무엇인지만 생각하면 좋겠습니다.

자기 자랑을 좀 하자면, 사범대 시절 제 석차는 21명 중 16등, 24명 중 17등이었습니다. 그러나 지금은 143명 중 1등입니다. 공자의 말씀 중에 '아는 것은 좋아하는 것만 못하고, 좋아하는 것은 즐기는 것만 못하다'가 있지요. 본인이 즐길 수 있는 일을 하면 무엇을 하든 성공할 거예요.

과학교육과에서 시각디자인 복수전공

본전공 및 복수전공과 더불어 현재 몇 학년인지, 언제 어떻게 복수전공을 하게 되었는지 등을 이야기해주세요.

저는 이화여자대학에서 다양한 분야를 공부하고 있는 김동민이라고 합니다. 저는 사범대 과학교육과에서 물리 교육과 과학 교육을 전공으로 배우고 있고, 조형예술대학 시각디자인학과에 복수전공을 신청해 디자인도 배우고 있습니다. 지금 저는 시각디자인학과 졸업 전시를 앞두고 있는 4학년이고, 복수전공 기초 수업을 처음 들은 것은 3년 전 딱 이맘때였어요.

사범대에 진학하게 된 계기와 복수전공을 하게 된 계기에 대해 얘기해주세요.

저는 대학 원서를 작성할 때부터 복수전공을 하게 될 운명이었던 것 같아요. 처음부터 디자인과와 과학교육과 둘을 놓고 고민했거든요. 열아홉 살 당시의 선택은 사범대 과학교육이었고, 현재 스물네 살의 선택은 두 가지 모두가 되었습니다.

돌이켜봤을 때 제가 사범대에 진학한 이유는 크게 세 가지였어요. 첫째, 학교에 다니며 제가 접할 수 있는 어른의 직업군이 대부분 교사였습니다. 학교라고 다 좋은 선생님들만 있진 않지만, 제 12년 경험상 좋은 선생님들은 제 삶에 오래오래 영향을 미치시더라고요. 그래서 나도 저런 좋은 영향을 끼치는 어른이 되고 싶다는 마음이 은연중에 든 것 같아요. 둘째, 제 입으로 말하기는 부끄럽지만, 중학교 때 공부를 조금 잘 했어요. 그때 친구들에게 제 지식을 전달하는 게 재미있었고, 제가 어렵게 공부한 내용을 남에게 쉽게 전달할 때 커다란 흥미를 느꼈어요. 지식을 전달하는 직업이라고 하면 교사가 바로 떠오르지 않나요? 마지막으로, 집안에 초중고 선생님이 많아서, 자연스레 사범대에 진학한 것 같아요. 집안에 그런 핏줄이 흐르는 거 같기도 하고요.

사범대에 진학하고는 보통의 대학생들처럼 다양한 경험을 했어요. 좋은 쪽으로 말하면, 사범대에서 배우는 것보다는 현장에서 살아 있는 지식이 더 흥미로웠지요. 그래서 현장에서 나만의 경험을 쌓는 데 좀더 집중하게 됐고, 나쁘게 말하면 공부보다는 딴짓에 여념없었죠. 딴짓을 한 가장 큰 이유는, 12년간 공부만 했는데 또 공부를 해야 한다는 것에 대한 반발심과 젊음에 대한 아쉬움 때문이에요. 당시는 교사로 진로를 정했을 때고, 대학에서마저 평범하게 공부하고 이후 교사가 되어 일 년 주기로 반복되는 삶을 살면 너무 아쉬울 것 같았어요. 그래서 다양한 활동에 대한 목마름이 컸습니다. 더 나아가 나중에 학교에 가서 아이들에게 진로 지도를 할 때 저의 다양한 경험이 아이들 앞날에 조그만 등불이 된다면 좋지 않을까라는 건설적인 생각도 했지요.

딴짓을 택할 때 가장 큰 기준은 '지금 이걸 안 하면 평생 후회할 것 같은' 것이었어요. 그런 기준하에 지금까지 한국과학창의재단 홍보대사, 외교부 기자단, 쏙쏙캠프 선생님, 뮤지컬 동아리, 영화 동아리, 축제 스태프, 교지 편집장 등 연결 고리가 거의 없는 다양한 분야에서 경험을 했어요. 처음 딴짓을 할 때는 아무것도 모르니까, 인력이 부족하거나 제가 흥미로운 분야에서 활동했는데, 나중에 모아놓고 보니 교집합 분야가 디자인이었어요. 그때는 인지하지 못했지만 결국 디자인 분야에 관심이 있는 게 아닐까 여겨졌고, 지식을 전달하는 것처럼 내 생각을 다른 사람들에게 시각적으로 풀어내는 시각디자인 분야에 흥미가 있다는 걸 발견했습니다.

그 후 시각디자인을 제대로 배워보고 싶어 주위를 둘러보니 사설 디자인 강의나 수업이 굉장히 많더라고요. 그런데 돈을 추가로 내면서 단순히 디자인툴을 배우기보다는 등록금을 활용하면서 전반적인 논리나 사고, 개념 등을 배우고 싶어 바로 다음 학기부터 디자인 전공 기초 수업을 수강했어요.

해당 복수전공에 만족하고 있나요? 사범대에서의 전공과 다른 점은 무엇인가요? 복수전공을 하는 것에 대해 아쉽거나 후회되는 점은 없는지요?

저는 복수전공에 크게 만족하고 있어요. 우리 학교 사범대 수업과 디자인 학과 수업의 가장 다른 점은 실제와 시도라고 할 수 있죠. 사범대에서 실제 현장과 맞닥뜨릴 기회는 교육 봉사 또는 교육실습밖에 없는데, 디자인은 대부분의 수업이 100퍼센트 실기이기 때문에 매사에 현실에 부딪혀보는 게 가장 큰 차이점입니다. 단점은 '현실에 부딪히기 위해서는 돈이 필요하다는 점'이에요. 제품 인쇄/제작 비용이 생각보다 만만치 않아요. 왜 어른들이 미술 하려면 돈이 많이 든다고 하셨는지 알게 됐습니다.

복수전공을 하기 위한 구체적인 전략과 더불어 정보를 얻을 수 있는 방법을 알려주세요.

복수전공을 결정하는 데 있어 가장 중요한 요소는 흥미와 간절함의 여부 같아요. 제게 복수전공이란 흥미가 일순위이고, 더 깊게 공부하고 싶어서 신청하는 과목/전공이라고 생각해요. 누가 시키지 않아도 궁금하고, 더 알고 싶고 배우고 싶은 과목을 전공으로 공부하는 게 맞는 것 같아요. 우리는 수학愛學을 하기 위해 대학에 진학한 것이니까요.

제 경험을 돌이켜보면, 복수전공을 알기 위해 참고하면 좋을 일순위 정보는 학교 홈페이지예요. 첫째, 학교 홈페이지를 방문해서 복수전공에서는 무엇을 배우는지 개괄적인 설명을 보고, 세부적으로는 강의계획서를 살펴보는 것이 필요하겠죠. 그 후에는 복수전공을 신청하기 위해서는 학점이 최소 얼마나 되어야 하는지, 면접이나 포트폴리오 등 필요한 자료는 무엇인지, 신청 기한은 언제인지, 복수전공을 하게 되면 몇 년이나 더 공부해야 하는지 알아봐야 합니다. 그 단계를 지나면, 복수전공 신청 전에 수업 한두 개를 들으면서 나와 맞는지 경험해보는 게 필요하고, 결심이 섰다면 해당 단과대/전공을 복수전공 하고 있는 선배 또는 지인을 찾아 그들의 경험을 들어보면서 머릿속으로 시뮬레이션을 해보는 게 좋습니다.

관심 분야나 꿈은 무엇이며 어떤 노력을 하고 있는지요?

대부분의 사람, 아마도 이걸 읽고 있는 독자들은 제 이야기를 들으면 '정말 이질적인 분야들을 공부하네' '궁극적으로는 디자이너를 하고 싶은 걸까, 교사를 하고 싶은 걸까'라는 궁금증이 생길 것 같아요. 제 개인적으로는 예술과 과학이 참 닮아 있다고 생각해요. 그리고 앞서 말씀드렸지만, 제 생각을 전달하는 수단이 말인지 시각 매체인지만 다를 뿐이지 근본적인 점은 비슷해 보입니다.

교사와 디자이너의 공통점은 세상에 좋은 영향을 끼치고, 좋은 방향으로 변화시키는 사람이라고 생각해요. 교사는 사람들을 교육하며 세상을 바꾼다면, 디자이너는 직관적인 이미지로 사람들에게 자신의 의견을 전달하니까요. 미래에 사회에 좋은 영향을 끼치는 사람이 되고 싶어 사소한 것 하나부터 노력하고 있습니다.

복수전공이나 다른 진로를 선택하는 것에 대해 고민하고 있는 사범대생들에게 해주고 싶은 말은요? 이외에도 사범대생에게 해주고 싶은 조언이 있다면요?

교사를 꿈꾸는 사범대생들은 복수전공을 쉽게 떠올리지 못할 겁니다. 왜냐하면 저 역시 그런 사람들 중 한 명이었으니까요. 거창하게 복수전공을 해야겠다 마음먹기보다 자신의 흥미 여부에 따라 알아보세요. 우리는 우리 자신에 대해 의외로 잘 모르고 있더라고요! 아마도 그 흥미를 파고들다 보면, 단순한 취미인지 공부를 더 해보고 싶은지 알게 될 거예요.

그리고 이미 복수전공을 고민하고 있는 사범대생이라면, 복수전공을 하지 않을 이유가 뭐가 있는지 생각해봤으면 해요. 나이, 돈, 미지의 세계에 대한 두려움 등 다양한 이유가 있겠지만 시도하는 게 시도하지 않는 것보다 낫지 않을까요? 해보고 맞지 않으면 그때가 취소하면 되니까 일단 먼저 시도해보세요. 나란 존재는 세상에 하나뿐이고, 내가 살아갈 삶 역시 세상에 단 하나뿐입니다. 아무도 나 대신 내 미래를 살아보지 않았기 때문에 내 삶에 정답은 없어요. 누가 뭐라하든 그게 정답은 아니니까요. 심지어 제가 쓰고 있는 이 글조차 편향된 의견일 수 있으니 지나쳐도 괜찮습니다. 그냥 '이런 생각도 있구나' 정도로 읽어주세요.

마지막으로 "인생은 별자리"라는 문장을 들려주고 싶습니다. 저는 제가 했던 경험 하나하나가 별이 되고, 그 별들을 이어보면 '김동민'이라는 별자리가 완성된다고 생각해요. 그리고 제가 했던 경험 하나하나 소중하지 않은 것이 없어요. 지금 당장은 그 경험이 사소하고 아무것도 아닌 것 같지만, 어떤 중요한 순간에 내게 가장 도움이 되고 영향을 끼치는 순간으로 바뀔 수 있어요. 그래서 매 순간 반짝이는 삶을 살길 바랄게요. 복수전공을 하든 안 하든, 지금 내가 하는 일에 집중한다면 괜찮습니다.

7급 통계직렬 공무원

전공과 현재 하는 일을 소개해주세요.

저는 한양대학교 수학교육과를 졸업한 뒤 통계청 기획재정담당관실에서 청 전체의 결산 총괄 업무(주요 업무) 및 국회 대응(보조 업무)을 맡고 있습니다. 결산이라는 단어가 생소할 것 같아 조금 설명해볼게요. 예산豫算 업무가 차년도에 집행할 금액을 미리 책정하는 것이라면, 결산結算 업무는 '전년도에 배정받았던 예산액을 어떻게 지출했는지'를 국민이 선출한 입법기관인 국회에 설명하고 잘못 집행한 부분에 대한 지적 사항을 수용해 차년도 예산 집행에서는 잘못된 점을 개선해 국민의 세금을 좀더 효율적으로 집행하도록 하는 일련의 과정입니다.

일단 '결산' 업무를 위해서는 계약 등 회계학에 대한 지식이 필요해요. 또한 '총괄' 부서이기 때문에 청내 각 부서 행정 담당자 및 세부 사업 담당자들께 국회 대응에 필요한 자료를 받아서 국회에 제출해야 하기에 다른 사람들에게 협조를 잘 받는 것 또한 중요하답니다. 저는 수학 교육을 전공했기에, 수치 분석을 하는 경제 및 사회통계국 또는 통계교육원으로 부서 배치를 받을 줄 알았지만, 사람 일이라는 게 생각처럼 되는 것은 아니더라고요. 그야말로 초임 발령부터 맨 땅에 헤딩하는 격이 된 기죠. 그래서 학부 시절(특히 시간 여유가 있는 1, 2학년 때)에 꼭 본인 전공에만 얽매일 게 아니라, 다양한 분야를 경험해 시야를 넓히는 게 정말 중요합니다(학부 시절 기초 회계학, 설득 및 심리학 수업을 듣지 못한 게 아쉽습니다).

처음부터 이 일을 생각했는지요? 어떤 계기로 해당 진로로 나가게 됐는지요? 임용에 대한 고민은 없었나요?

저는 진로에 대한 고민이 별로 없었습니다. 아버지가 교사여서 괜찮은 직업으로 여겨져 저도 사범대에 진학했지요. 수학을 잘했기에 수학 과목을 선택했습니다. 대학 1학년 때는 놀기만 해 1년 동안 30학점 이하 이수 및 평점이 3점 이하였습니다. 그나마 제대하고 나서 2학년 때는 나름 열심히 공부했지만, 이 또한 주변에서 임용을 준비하기에 따라했던 것 같아요. 승부욕이 매우 강해서 빼어난 수학적 역량을 갖고 싶기도 했고요.

그렇게 딱히 어떠한 소명의식 없이 공부하다보니 슬럼프가 왔고, 어느새 2학년이 끝나 있더라고요. 3학년 봄부터 진로에게 대해 진지하게 생각해보기 시작했어요. 국가직 7급 공개채용 통계직렬에 대해서 알게 되었고, 객관식이며 7과목 20문항을 140분 만에 푸는 시험이며(객관식 시험에는 운이 많이 작용하죠), 커트라인이 높게 형성되지 않았기에 단기간에 승부를 걸어볼 수 있겠다고 판단했습니다. 또한 통계청이라는 기관은 중앙행정기관이지만 기획재정부 산하 외청이기에 너무 바쁘거나 너무 한직寒職도 아니라서 저한테 알맞다고 여겨지는 부처였으며, 저는 원래 메이저리그 광팬이라서 세이버메트릭스라는 통계에 대해서 스스로 공부를 많이 했기에 통계직 공무원이라는 직업도 마음에 들었습니다. 그래서 큰 미련 없이 임용고시에서 이탈해 국가직 통계직렬 7급 시험으로 노선을 바꿀 수 있었습니다. 임용고시는 아버지의 직업, 그리고 대다수의 사람을 따라간 길이었던 반면 통계직은 저 스스로 택한 길이기 때문이었지요.

사범대생으로서 해당 분야로 나아가는 데 어려움은 없었는지요? 그 어려움은 어떻게 극복했고, 필요한 역량은 무엇인가요?

응시 자격으로는 어려움이 없지요. 국가직 공채는 고졸, 대졸 등 따로 응시 조건은 없거든요. 다만 시험 과목이 국어, 영어, 한국사, 헌법, 행정법, 경제학, 통계학이었는데, 모두 학부 시절에 접해본 적이 없는 새로운 것들이라 밑바닥부터 시작해야 한다는 어려움이 있었습니다. 다른 경쟁자들은 경제학과, 행정학과, 국사학과 등 적어도 한 과목 이상은 학부 때 공부했거든요. 그렇다고 제가 학부 시절 열심히 공부한 것이 쓸모없지는 않았습니다. 특히나 집합론, 해석학 등 논리를 치밀하게 이어가는 과목(제일 좋아했던 과목)들을 공부하는 과정에서 얻은 논리적 사고 방법으로 인해 법 과목 및 경제학에서의 학습 속도가 다른 초심자들에 비해 빨랐던 것 같습니다.
시험 합격이라는 달콤한 열매를 얻기 위해 첫째로 필요한 역량은 자존감 및 끊임없는 자기 고찰(외부 세계와 무관하게 자기 자신을 있는 그대로 받아들이는 마음)이라고 생각합니다. 특히나 저처럼 제로베이스에서 시작해 1년(3학년 여름방학~4학년 여름방학) 안에 성과를 얻어야 하는 상황이라면, 공부를 했는데도 예상되는 성과를 얻지 못할 때나 공부하는 데 지칠 때 그해의 시험에 떨어지는 게 불 보듯 뻔하다는 결론에 이르더라고요. 그렇게 스스로를 합리화하고 불리한 환경 탓을 하면서 마음속으로 단념한 적도 있습니다(그래서 3학년 겨울방학 두 달 정도는 거의 공부를 못했습니다).

하지만 제가 그런 슬럼프를 극복하고 치열한 수험생활로 돌아갈 수 있었던 원동력은 자존감인 듯합니다. 저는 뭘 하든 순간 화력은 폭발적이지만 페이스 조절에 실패하곤 해 용두사미가 되어버리는 경우가 왕왕 있었는데요. 열심히 달리다가 주서앉는 제 천성을 깨닫고 나니 훨씬 도움이 됐습니다. 제 생각은 그랬습니다. '스스로에게 화나거나 조바심이 들기보다, 이미 주저앉아버린 시간(두 달)은 엎어진 물이니 지금 되돌릴 수 없다. 남들에 비해서 쉽게 주저앉았지만 그래도 짧은 기간 동안 폭발적인 학습 성과도 있었으니 절망할 이유가 없다. 되든 안 되든 다시 한번 부딪혀보자'. 그렇게 성패를 의식하지 않고 하루하루 최선을 다했던 것 같습니다. 즉 외부 환경과 무관하게 자기 단점까지 꿰뚫고 다 받아들였던 '자존감'과 끊임없이 자신의 상태를 고찰하는 자세가 와르르 무너지지 않게 했습니다.

두 번째는 욕심 부리지 않고 마음을 비우는 것입니다. 어떤 것을 간절히 원하다보면, 자기도 모르게 원하는 결과에만 집착해 마음이 조급해집니다. 이 조바심의 본질은 '두려움'입니다. '원하는 결과를 얻지 못하면 어떡하지?'라는 두려움으로 귀결되는 것이지요. 여러분도 알겠지만, 가벼운 두려움은 스스로 나태해지지 않게 경각심으로 작용할 수 있지만, 심해지면 도리어 결과에 도달하기 위해 필요한 이성적 사고를 마비시켜 결과를 얻는

데 방해가 됩니다. 따라서 정말 원하는 게 있다면, 결과 자체보다는 결과에 도달하는 '과정' 자체에만 전념했으면 합니다. 그러다보면 결과가 따라오고 있다는 것이 느껴질 것입니다.

해당 분야로 나아가기 위한 구체적인 전략과 더불어 정보를 얻을 수 있는 방법을 알려 주세요.

먼저 저는 누가 저한테 구체적인 전략(공부 방법 등)을 알려달라고 한다면, 제가 처한 환경과 저 자신만의 기질이 이러해서 그에 맞는 전략을 짰다고 말할 순 있지만, 다른 사람이 제 성과만 보고 따라하려고 한다면 말리고 싶습니다. 각자 개인의 성격, 역량, 환경 등이 다르므로 구체적인 전략은 스스로 짜는 것이 가장 효율적일 것입니다. 다만 앞선 사람들이 전략 수립을 참고해 자신의 것을 짠다면 좀더 효율적일 테니, 제 과정을 이야기해볼게요. 저는 이력이나 기질이 보통 사람들과 좀 다른데, 그래도 과정 자체를 들여다보는 것을 도움이 될 듯합니다.

(1) 분야별로 합격하기 위해서 요구되는 성취 수준 및 자기 자신에 대해 파악해 목표를 정하기

제가 전략을 짰던 과정을 적어볼게요. 교사직 외에 다른 진로를 알아봤을 때 약학전문대학원PEET 편입시험, 국가직 7급 공채도 눈에 들어왔습니다. 국가직 7급 공채는 직렬이 다양하게 있는데요, 그나마 전공을 살릴 수 있었던 것은 교육행정 직렬, 통계 직렬이었고요. 저 스스로를 분석해봤을 때 저에게는 다음과 같은 점이 있었습니다.

- 좋은 카드(장점)

- 순간 집중력이 좋아 단기간 폭발적인 성과를 내는 데 특화되어 있다(즉 단거리 달리기에 특화)
- 문·이과 특화되어 있지는 않아 딱히 못 하는 과목은 없음
- 2013년도 수능 기준 국어, 영어 1등급을 맞았다(국어, 영어 기초 실력이 괜찮음)
- 이해 위주의 학습에 강해서 일정 수준까지는 빠르게 실력이 올라감

• 나쁜 카드(단점)
- 끈기 있게 장기간 일을 수행하는 것에 매우 취약함(페이스 조절을 못해 초반에 힘을 더 빼고 중간에 그만둠). 넉 달 이상 뭔가를 꾸준히 해본 적이 전무함
- 학점이 몹시 나빠(2학년 평점이 2점대), 학점을 갈아엎거나 또는 학점을 보지 않는 곳에 취직하는 것이 바람직한 상황
- 일정 수준에 실력이 도달하면 흥미를 잃고 더 이상 진전을 보이지 못할 때가 많음

일단 최대한 단기간에 승부를 볼 수 있는 곳을 최우선으로 선택해야겠다고 생각했습니다. 그런데 임용고시, PEET는 단기간에 끝내기 어렵고 게다가 학점도 좋지 않아 이를 완전히 뒤바꾸는 데는 많은 시간이 필요하다고 판단했습니다. 이때 가장 눈에 들어왔던 것이 국가직 7급 공채입니다. 특히 통계직렬은 통계학, 경제학, 헌법, 영어 등의 문제를 풀 때 시간이 많이 걸리는 과목이 다수라서(7과목 각각 20문항이고 140분이 주어짐), 커트라인도 70점대 후반에서 형성되어 있더라고요. 문항당 마킹 시간까지 포함해 1분이 배정되어 있으니, 시험 자체가 깊고 다양한 사고를 발휘할 수 있는 종류

가 아닐 거라는 생각이 들었습니다. 그래서 1년 남짓의 시간 동안 도전하기에는 제격이라고 여겨져 국가직 7급 통계직 시험에 응시해야겠다고 마음먹었습니다.

(2) 목표를 정했으면 자신의 기질과 역량, 환경을 고려해 전략 수립하기

저는 애초에 취직 준비에 긴 시간을 들일 생각이 없었기에 목표를 정한 뒤(2014년 6월 말 3학년 1학기)에는 현실적으로 가장 빨리 승부를 걸 수 있는 시기가 언제인지 파악하려고 했습니다. 그렇게 하기 위해 7, 8월 두 달간 노량진에서 7급 공채 대비 강의를 들었는데, 죽을 둥 살 둥 공부해보니 잘하면 휴학 없이 한 번에 끝낼 수도 있겠다는 확신이 들더라고요(1회 독후에 기출 문제를 풀어도 어느 정도는 풀렸기에). 그래도 보통 국가직 7급 시험은 2년 공부하고 붙으면 빠르다고 하기에 휴학 없이 1년 만에 끝낸다는 생각은 일종의 도박이었으며(잘못하면 공채 시험 및 대학 학점이라는 두 마리 토끼를 모두 놓칠 수 있음), 1년 반에서 2년 만에 합격한 이들의 일반적인 공부법을 따르면 안 되겠다고 판단했습니다.

그래서 제가 과감히 내린 결정은 '국어, 영어는 버리자'였습니다. 둘은 다른 암기 과목에 비해 점수도 잘 안 오를뿐더러 범위도 모호했으며, 제 국어, 영어 실력이 타경쟁자들에게 뒤처지지 않는다는 생각했기에 두 과목은 문법만 간단히 보는 수준으로 하고, 암기 과목에 집중해 고득점(90점 이상)을 맞고, 국어, 영어는 최저점(55~60점) 수준만 방어하자는 방향을 정했습니다.

학교는 최소 학점만 이수했으며(3학년 2학기 13학점, 4학년 1학기 19학점) F를 맞지 않는 수준에서 시험을 치르고, 나머지는 오로지 암기 과목 4과목(헌법, 행정법, 경제학, 국사)에 집중했습니다. 통계학은 어느 정도 수학적 소양이

있어서 다른 과목에 비해 시간이 얼마 걸리지 않았고요.

(3) 전략을 짰다면 해당 전략에 맞춰 최선을 다하기

결론부터 말하자면, 제가 짰던 전략은 매우 유효해서 400여 명이 응시한 필기시험에서 3등을 기록할 수 있었습니다(최종 합격 6명). 저는 운 좋게도 한 번에, 제 상황에 맞는 전략을 짜는 데 성공했지만, 자신의 전략이 잘못되었다는 게 느껴지면 과감히 수정하는 것도 필요할 것입니다.

제가 택했던 진로에 관해 정보를 얻을 수 있는 곳을 묻는다면, 현직에 있는 사람을 통해서 얻는 것을 추천합니다. 하지만 저는 학과 선배 중 통계청에 근무하는 선배가 없었던 깃으로 파악돼 주로 인터넷 카페를 통해 정보를 얻었어요. 한편 그런 곳에는 직접 경험하지 않은 수험생끼리 공유하는 낭설도 많으니 분별해서 받아들여야 할 것입니다.

그 밖에 이 글을 읽는 사범대생, 예비 사범대생에게 해주고 싶은 말은요?

제 생각에 가장 좋은 것은 본인이 나중에도 계속 좋아할 진로를 대학 진학 때 정확히 선택해 해당 학과에서 그 진로를 위한 준비를 하는 것입니다. 가령 수학교육과라면 미래의 수학 교사를 양성하기 위한 학과이기에 교수님이나 선배들의 도움을 받을 수 있기 때문이지요. 학과 커리큘럼도 우수한 수학 교사를 양성하는 데 초점이 맞춰져 있고요. 하지만 사람이 살다 보면 생각은 계속 바뀌죠. 제가 요즘에 말하거나 행동하기에 앞서 늘 떠올리는 것이 있습니다. 바로 제행무상諸行無相, 세상의 모든 것은 항상 변하고 그대로 머물러 있기만 하는 것은 아무것도 없다는 뜻입니다. 따라서 세상 만물이 어제와 같지 않다는 것을 인지하고 행동해야 할 것입니다. 변화를 인정하지 않고 자기 학과, 주변의 친한 친구들에게 의존해 정해진 길만 추구하면 언젠가 후회할 가능성이 큽니다. 변화를 인지했다면 두려워 말고 과감히 박차고 나오는 결단도 필요합니다.

두 번째로는 눈앞의 결과에 일희일비할 필요가 없다는 것입니다. 저는 승부욕이 엄청나서 눈앞의 사소한 결과에 목숨을 걸 때가 있었지만 요즘에는 정말 인생사가 새옹지마임을 절감하고 있습니다. 수험 생활 때 일을 예로 들자면, 저는 국가직 7급 시험을 2015년 8월 28에 치렀고, 그로부터 두 달여 전에 지방직 9급 시험(15년 6월 말)을 치렀습니다. 지방직 9급은 저에게는 붙어야 할 시험이었으며, 7급 시험에 떨어져도 백수가 안 되게 해줄 일종의 보험이었습니다. 예상하시겠지만, 저는 9급 시험에 불합격했다는 충격적인 결과를 받아들이게 됩니다. 더 충격적인 것은 9급 시험에서 선택과목으로 택했던 수학(풀면서 너무 쉽다고 여겼던)을 두 문항이나 틀렸으며, 그 결과 총점에서 한 문항 차이로 떨어졌다는 것이죠.

안 그래도 그때 저는 '마의 네 달'(겨울방학 때 공부를 두어 달 접었다가 3월 중순에 다시 시작했으니 스퍼트를 내기 시작한 지 딱 네 달이 지난 시기였습니다)을 넘기던 상태였으며, 푹푹 찌는 무더위로 체력도 떨어지고 서서히 목표 의식도 사라졌으며, 이렇게 고생하는 인생이 무슨 의미가 있냐는 생각까지 들었던 위기 상황이었습니다. 불합격 결과 앞에서 처음에는 위기감이 엄습했고 발끝에서부터 오기가 올라왔지만 이내 '모두 담담히 받아들이고 최선을 다하자. 결과는 알아서 따라올 것이다'라는 생각에까지 이르니 오히려 편히 공부할 수 있었습니다.

만약 정신적, 육체적으로 무너지던 당시 9급 시험의 합격이라는 결과를 받았다면 오히려 돌아갈 곳이 있기에 마음이 나태해지면서 다시 한번 무너졌을지도 모릅니다. 어떻게 보면 방심한 수학 두 문제로 인해 결과적으로는 7급 시험을 우수한 성적에 합격할 수 있었던 것이지요.

통계청에 들어와서도 이런 일은 부지기수입니다. 이례적으로 만 26세라는 나이에 초임 발령으로 청을 총괄해야 하는 자리(기존에는 6급 10년 차쯤에 해당되는 보직)에 발령받았습니다. 겉보기에는 발탁 임용됐다거나 엄청난 행운인 것처럼 보였지만 아무것도 모르는 제가 청 내 베테랑 및 사무관(5급)님들을 상대하는 일은 쉽지 않았으며, 엎친 데 덮친 격으로 상대해야 하는 국회 입법조사관들도 유례없이 한 위원회당 통계청 담당이 3명이나 되었던 데다 그마저 캐릭터가 엄청 강한 분들이었습니다. 그러다보니 저도 모르게 내부 직원들에게 칼끝을 겨누게 되었고, 말하기 부끄럽지만 도저히 못해먹겠다고 사표 쓰겠다고 한 적도 있으며(공무원이 이렇게까지 극한 직업인 줄은 몰랐습니다), 저보다 스무 살 이상 연상의 직원을 여러 명분을 들어 푹푹 찌는 주말에 출근시켜 4시간 이상 기다리게 만든 뒤(주말에는 에어컨이 안 나옵니다) 30분가량 후임 털듯이 한 적도 있으며, 역시나 열다섯 살 이상 많은 내부 직원과 삿대질을 하면서 다툰 적도 있습니다. 그래도 이러한 일련의 사태를 통해 스스로 부족함을 절실히 느끼고 항상 주변에 귀 기울이는 등 많은 변화를 겪었으며 이로 인해 전에 비해 저의 청 내 입지가 더 확고해지고 직원들도 저를 단순히 어리게만 생각하지 않게 되었습니다. 많은 사람과 친밀해질 기회가 되기도 했고요. 여기까지 듣고 나면 제가 왜 인생지사 새옹지마라 했는지 조금 이해가 될 것입니다.

정리하자면 모든 것은 항상 변화한다는 사실에 유념해 자신에게 맞는 길을 현명하게 선택하길 바란다는 것입니다.

9급 일반직(복지직) 공무원 편

전공과 현재 하는 일을 소개해주세요.

저는 단국대학교 수학교육과를 졸업한 뒤 현재 경기도 ○○시청에서 공무원 생활을 하고 있습니다. 보통 공무원이라고 하면 어떤 업무를 하는지 궁금해할 것 같습니다. 저 역시 공부하는 동안 정확히 알지 못했고 공무원이 되고 나서야, 아주 다양한 일을 한다는 사실을 알게 되었습니다. 크게는 어느 기관(시청, 구청, 주민 센터 등)에서 일하는지에 따라 다르고, 작게는 어느 과인지 또 과 내에서도 어느 팀인지에 따라 서로 다른 업무들을 하게 됩니다. 민원 업무, 각종 보조금 지급, 단체 후원, 행사 주관, 기관 단속 및 점검, 내부 행정 등등 정말 다양한 일이 있습니다. 참고로 저는 지금 과 서무 업무와 단체 보조금 및 수당을 지급하는 업무를 하고 있습니다.

처음부터 이 일을 생각했는지요? 임용에 대한 고민이 있었는지도 궁금합니다.

사실 저는 교사에 대한 정보가 없는 상태에서 대입 진로를 결정했습니다. 개인 성향이 안정적이고 나만의 시간을 가질 수 있는 직업을 선호하기에 막연하게 교사라는 진로를 택했고 수학이 가장 자신이 있어 수학교육과를 선택했습니다. 진로를 바꾸는 결정은 비교적 빠르게 내렸습니다. 물론 지금까지와는 전혀 다른 공부를 해야 해서 결정하기까지 고민이 많았습니다. 가장 큰 고민은 지금까지 해온 공부를 포기해야 하는 점이었는데, 사범대에서 공무원 진로를 고려하는 이들은 모두 마찬가지일 것입니다. 새로운 시작은 늘 어려운 법이니까요. '지금까지 해온 게 있는데 임용시험을 일단 보고 나중에 안 되면 그때 바꿀까?' '어차피 교사가 잘 맞지 않는 것 같고 시험 준비도 자신 없는데 애초에 공무원으로 바꿀까?' 사이에서 왔다갔다

하다 결국 후자를 택했습니다.

어떤 계기로 그 진로로 나가게 됐나요?

한 가지 이유로 바꾼 것은 아니었습니다. 그냥 솔직히 털어놓겠습니다. 첫째, 저는 내성적인 편이고 낯을 많이 가립니다. 꼭 그래야 하는 건 아니지만 교사 생활을 하면서 학생들과 때로는 친구처럼 때로는 아버지처럼 스스럼없이 지내고 싶었는데 그렇게 할 자신이 없었습니다. 또 교생 실습을 하면서 정말 다양한 학생이 있다는 것을 알았는데 '내가 저런 학생들을 잘 보살피고 지도할 수 있을까?' 하는 의문도 들었습니다. 둘째, 임용시험을 통과할 자신이 없었습니다. 저는 반에서 그냥 수학을 조금 잘하는 정도였는데 막상 대학에 와서 전공 수학을 배우는 와중에 '여기는 정말로 수학에 재능 있고 뛰어난 사람들이 오는 곳이었구나'라고 느꼈고 수학이라는 학문이 나한테 맞는가에 대한 의문도 들었습니다. 그렇게 계속 고민하다가 공무원 진로를 고려하게 됐습니다. 크게 보면 공무원이란 직업군에 교사도 포함되니 제 진로 기준에도 부합해 선택했던 것 같습니다.

사범대생으로서 해당 분야로 나아가는 데 어려움은 없었는지요? 필요한 역량은 무엇이며, 도움이 될 만한 조언을 해주신다면요?

물론 어려웠습니다. 고등학교 이후로는 수학과 교육학 외에 공부한 것이 없으며, 특히 저는 이과다 보니 국어, 영어, 국사(공무원 시험 과목) 쪽은 완전히 처음부터 공부하는 처지였습니다. 사실 처음에는 자만심이 들어 속으로 '9급 정도쯤이야' 하는 마음이었습니다. 하지만 하면 할수록 만만치 않다고 생각되었고, 아무것도 모른 채 덤벼들어서인지 점점 어렵고 힘들었습니다. 공부의 양도 결코 적지 않았고 영어는 5~6년 만에 공부하는 것이라

점수가 잘 나오는 편도 아니었습니다(공무원 시험에서 중요한 과목이 영어입니다). 경쟁률 또한 임용시험보다 훨씬 높았습니다.

공무원 시험에 가장 필요한 것은 무엇보다 꾸준함(노력)입니다. 너무 뻔한 소리이지만, 제가 경험한바 꾸준히 노력하면 붙을 수 있는 시험이라고 말씀드리고 싶습니다. 9급은 다섯 과목을 시험 봐야 하는데 생각보다 양도 많고 매우 꼼꼼하게 봐야 할뿐더러 어휘나 한자처럼 단순 암기할 것도 있습니다(그러니 암기에 약한 이들은 고민해봐야 합니다). 1년여 간 쉬지 않고 꾸준히 책을 보면서 공부만 한다는 게 결코 쉬운 일은 아닙니다.

해당 분야로 나아가기 위한 구체적인 전략과 더불어 정보를 얻을 수 있는 방법을 알려주세요.

가장 중요한 건 시작입니다. 처음에 설렁설렁 하거나 서둘러서 압축 강의를 듣는다거나 지쳐서 쉰다거나 하면 1년 더 공부해야 할 가능성이 큽니다. 따라서 처음에 기본서 강의(과목당 100강의 정도 됩니다)를 정확하고 꼼꼼히 공부하는 것이 가장 중요하다고 말하고 싶습니다. 그러고 나서 기본서를 혼자 복습하고 약한 부분은 압축 강의도 듣고 나서 문제풀이도 하고 모의고사도 보는 것이 좋습니다. 이게 기본 커리큘럼이라 여겨지며, 이렇게 하는 게 가장 좋은 방향일 듯싶습니다. 다음으로 시간 여유가 된다면 컴퓨터 활용능력 1급 자격증을 취득할 것을 권합니다. 지방 공무원 시험에는 아직까지 가산점이 남아 있고 이게 나중에 종종 큰 역할을 합니다(1점 차이로 당락이 결정되는데 가산점이 큰 역할을 합니다).

정보는 다음 포털에서 구꿈사(http://cafe.daum.net/9glade)라고 검색하면 나오는데 여기서 추천 강사를 비롯해 시험에 대한 정보를 얻을 수 있습니다(정보는 걸러서 듣는 게 좋습니다).

사범대 졸업생 입장에서 지금 하고 있는 일은 어떤가요?

공무원 안에 교사도 포함되기에 저는 이질감을 느끼거나 교사를 못한 데 대한 아쉬움이 들지는 않습니다. 다만 알아두어야 할 부분은 언론에서 말하는 공무원의 이미지와 전혀 다르다는 것입니다. 보통 언론에서 '놀고먹는 공무원'이라는 표현을 쓰는데 그렇지 않습니다. '이런 업무도 공무원들이 하고 있었구나'라고 생각될 정도로 다양하고 세세한 일을 합니다. 또 공무원이라고 항상 정시 퇴근을 하고 주말이라고 늘 쉬지 않습니다. 다만 좋은 점은 업무 분담이 되어 있다 보니 타인에 의해 야근이 강요되지는 않습니다. 자신이 필요하면 야근을 하고 아니면 퇴근하면 됩니다. 사람마다 다르겠지만 저랑 이런 부분은 잘 맞아서 저는 그런대로 만족하면서 다니고 있습니다.

이 글을 읽는 사범대생, 예비 사범대생에게 해주고 싶은 말은요?

다른 직업을 택할까 고민하는 분들이 꽤 있을 것입니다. 학창 시절부터 교사가 꿈이었고 지금도 간절히 하고 싶은 사람이 아니라면 제 생각에 공무원도 좋은 선택지가 아닐까 싶습니다. 공무원 안에서도 다양한 직렬이 존재합니다. 혹시 교육 분야에 뜻이 있고 그쪽에서 일하길 원한다면 교육 공무원도 좋은 선택지일 것입니다. 물론 조금 수월하거나 조금 더 어려운 직렬도 있지만 자신에게 맞는 직렬을 찾으면 만족할 것입니다. 말은 이렇게 했지만 공무원 시험도 결코 쉽지 않고 경쟁률로만 따지면 임용고시보다 높습니다. 또 새로운 공부를 해야 하는 부담감도 클 것입니다. 하지만 어떤 선택을 하든 빠를수록 좋을 것입니다. 그렇더라도 지금 제 나이인 20대 후반은 어린 편이고 요즘은 연령대가 계속 오르니 늦었다고 생각하지 말고 과감히 결단을 내렸으면 좋겠습니다.

대학원 유학 준비

대학 졸업 후 유학. 일반대에서는 그리 드문 일이 아니다. 그런데 사범대에서는 유학을 고려하고 계획하는 이들이 다른 단과대에 비해 확실히 적은 편이다. 하지만 못 가는 게 아니고 몰라서 안 가는 것뿐이다. 플로리다대학으로 교육학 박사 유학 예정인 사람의 이야기를 들어보자.

학부, 석사 전공과 더불어 현재 하는 일, 향후 계획을 들려주세요.

학부 전공은 교육학이고, 석사 전공은 교육행정입니다. 석사 졸업 후 지금은 한국고용정보원에 입사해 일하고 있고 주요 업무는 진로개발 관련 사업 및 연구입니다. 지금 제 직장이 엄밀히 말해 제 전공과 완전히 일치하진 않지만, 새로 배울 것들이 있다고 여겨졌고 흔치 않은 연구직 기회를 부여받아 선택하게 되었습니다.

향후 미국에서 박사과정을 밟을 예정입니다. 교육학은 대개 미국으로 유학을 많이 가기에 저도 플로리다대학으로 진학하게 됐습니다. 요즘에는 일하는 와중에 대학에서 요구하는 서류 및 비자 발급 등을 준비하고 있습니다. 미국에서 박사과정(4년)을 마치고는 당분간 현지에서 취업을 준비할 것 같습니다. 물론 교수로 자리 잡아 테니어(종신교수직)를 부여받을 수 있다면 좋겠지만 큰 기대는 없고, 다만 미국에서 새로운 경험을 하며 버텨보려고 합니다. 어릴 적에 미국에 살았던 경험이 있어 기대가 되고 그곳 생활에 자신 있기 때문에 운 좋게 계속 일할 수 있는 상황에 놓이면 현지에 남을 것도 같습니다. 구체적으로 제가 어떤 일을 하게 될지는 말씀드리기 어렵지만요. 그만큼 박사 유학은 제게도 도전이고 또 무조건 희망찬 미래만 기다리는 것은 아니지만 가진 능력을 십분 발휘하여 학문을 즐기고 더 나아가 삶을 즐길 수 있도록 노력하고자 합니다.

사범대에 입학할 때부터 대학원 진학과 유학을 생각했는지요? 학부 시절 교육학과 학생으로서 교직 복수전공과 임용에 대한 고민이 있었는지 궁금합니다.

저는 학부에 입학하자마자 대학원 진학과 유학을 고려했던 케이스입니다. 교육학과로 진학한 이유는 다른 학과에 비해 여러 장점이 있기 때문입니다. 가령 교직으로 배우는 과목들이 모두 교육학인데 그것을 전공으로 좀 더 깊이 있고 다양하게 배울 수 있다는 점이 있고 대학에 와서 진로를 재탐색할 기회를 얻을 수 있다는 장점이 있습니다. 물론 지극히 주관적인 생각일 수 있지만, 교사라는 직업에 대한 확고한 신념으로 대학을 진학한 것이 아닌 사람으로서는 다른 학과의 과목을 수강하고 경험하면서 교사에 대한 시각이 바뀌거나 스스로 그것을 원할 계기도 만들 수 있겠지요. 그렇다면 선택의 폭은 오히려 넓어질 수 있을 것입니다.

저는 복수전공 학위를 받지는 못했고 임용 준비는 하지 않은 채 곧바로 대학원에 진학했습니다. 다만 교육학과를 졸업해 대학원에 진학했다가 만에 하나 그것이 본인의 생각과 다를 경우를 대비해야 할 것 같습니다. 교육학과 졸업 때 부여되는 정교사 2급 자격증은 '교육학' 과목이고 이 과목은 실제 중·고등학교에서 가르치는 곳이 거의 없습니다. 따라서 유학을 고려한다면 영어교육과 복수전공이나 본인이 원해서 추가로 공부하고자 하는 학과를 복수전공 하는 게 유용하리라 생각됩니다. 모든 일이 자기 뜻대로 될 거라는 보장은 없기 때문에 늘 차선을 생각할 필요성이 있습니다. 또한 스스로 할 수 있는 일이나 직업을 좁게 한정시키기보다 넓게 바라봐 여러 진로를 탐색할 여지를 만드는 것 또한 중요해 보입니다. 구체적인 대안으로는 복수전공 혹은 부전공 등이 있습니다.

어떤 계기로 해당 전공에 관심이 생겨 대학원 진학과 유학까지 생각하게 됐나요? 해당 분야에 대해서도 소개해주세요.

특별한 계기로 이 전공을 더 공부해보려는 생각이 든 것은 아닙니다. 어찌 보면 학부 때 공부하거나 대학원을 위해 준비해왔던 것과는 전혀 다른 모습의 대학원 생활을 보냈고, 스스로도 지금 이 공부를 해나가는 데 있어 제 자신이 그려온 모습과는 전혀 다릅니다. 개인적으로 진로 선택에 있어 유학을 준비한다면 정말 실용적으로 생각해야 할 것 같습니다.

다만 오해의 소지가 없게 제게 주어졌던 상황을 언급하며 풀어나가겠습니다. 저는 학부 시절 철학, 윤리학 등 교육철학과 관련한 과목에 관심이 많았고 도서관에서 대출한 책의 대부분도 그런 유였습니다. 또 저는 경제학과 행정학 등 좀더 실제적인 학문에도 관심이 있었습니다. 당시 제가 나름 철학적이고 형이상학적인 것에 관심을 가지며 그 분야에서 글쓰기에 재주를 보였는데, 그러는 한편 해보려는 일은 경제학, 행정학 같은 실증적인 학문이었습니다. 따라서 저는 이 둘을 결합시키려 했고 제 장점과 흥미를 모두 살리고 싶었습니다.

대학원 석사과정에 진학하기 전에는 연구 방법론 중 하나인 통계를 다루는 경험이나 행정학과 경제학을 공부한 경험이 없는 저로서는 이 전공을 택하면서 큰 시련을 겪어야 했습니다. 그럼에도 불구하고 흥미와 연구하려는 의지가 있어 2년을 버티며 통계, 계량경제학을 비롯한 양적 연구 방법을 배워나갔고 끝내 학위논문을 쓸 수 있었습니다. 주류가 양적 연구 방법을 사용하는 것이다 보니 저도 이 방법론을 택해 교육행정을 연구했습니다. 다만 이것은 개인의 선호 정도로 보면 될 것 같습니다. 물론 가장 중요한 것은 훌륭한 연구자가 되기 위해 스스로가 다양한 지식과 정보, 연구 방법을 얼마나 터득할 것인가 하는 것입니다.

저는 주로 고등교육 그리고 교육경제학에 관심을 가졌습니다. 때문에 경제학과 행정학에 대한 기초가 요구됐습니다. 그리고 학문의 깊이를 더하기 위해 교과서를 비롯해 논문을 탐독하며 부족한 실력을 끌어올리려고 노력했습니다. 아울러 어떤 연구 방법을 택하느냐에 따라 배워야 할 방법론의 갈래가 달라지기도 하는데, 제가 아는 한 크게 양적·질적 방법론으로 나뉘고 그 안에도 무수한 하위 갈래가 있습니다.

모든 사람이 자기가 그린 밑그림 그대로 미래를 채색해나갈 수 없습니다. 누구도 미래를 예상할 수 없고 지금 내가 좋아하는 것들이 미래에도 같으리란 보장이 없습니다. 다만 선택해야 할 시점의 흥미 위주로 미래를 선택하기보다는 사회의 기류를 잘 살펴 미래의 발전 가능성도 염두에 둬야 할 것입니다.

유학에서 예상되는 어려움은 무엇이며 어떻게 극복해나갈 생각인가요?

아무래도 언어가 가장 큰 걸림돌일 듯합니다. 유학하는 대부분의 사람이 토플 점수가 세 자리이며, GRE라는 어려운 시험을 치르고 나가기 때문에 우리나라에서는 영어를 잘한다고 평가될지언정 모국어가 아닌 탓에 유창함이 다소 떨어지고 생각한 바를 있는 그대로 드러내지 못할 때가 있습니다. 그러다 보니 여유로운 말하기가 어려워지기 마련입니다. 따라서 대부분의 유학 준비생은 어학원에 다니거나, 유튜브나 미드를 보면서 회화를 연습하거나, 영어 논문을 탐독하며 미리 연구 주제를 만들어가는 등의 노력을 기울입니다. 저는 현재 일을 하고 있어 학원에 다니진 못했고 마음먹고 독학하는 수밖에 없었습니다.

저는 전공 분야에 맞게 준비해보려고 처음에는 최신 연구 방법론을 비롯해 부족한 수학, 경제학 배경을 메우고자 했습니다. 다행히 미국 대학의 지도 교수와 영상 회의를 하면서 특정 주제에 몰두할 기회를 얻었고 해당 주제의 논문을 읽으며 영문 어휘 및 글쓰기에 대한 공부도 병행할 수 있었습니다. 한편 부족한 회화를 다듬기 위해 유튜브 영어 콘텐츠 채널을 활용했습니다. 예를 들면 해리포터, 놀이동산, 여행이라는 주제로 꾸준히 말을 많이 하는 유튜버를 골랐고 이들 중 유명한 유튜버는 영어 자막을 깔아놓아 편하게 공부할 수 있었습니다.

해당 분야로 나아가기 위한 구체적인 전략과 더불어 정보를 얻을 수 있는 방법을 알려주세요.

제가 유학을 준비하면서 혹은 이에 필요한 공부를 해오면서 정리한 정보처는 다음과 같습니다. 우선 고우해커스라는 사이트가 있는데 유학 관련해 실시간 정보를 많이 공유할 수 있도록 활성화된 사이트 중 하나입니다. 이외에 토플, GRE 등 영어 시험에 대한 정보도 얻을 수 있습니다. 다음으로 GRAD CAFE라는 사이트는 미국 대학 학부, 석사, 박사 지원 후 합격 후기 및 인터뷰 현황을 살펴보기에 좋습니다. 때때로 본인과 같은 전공인 학생들이 합격이나 불합격 여부, 인터뷰 요청에 대한 정보를 올리면서 동시에 자신의 시험 성적 정보 또한 공유하는데 이는 큰 도움이 됩니다. 다만 특정 전공이나 학교라면 작은 풀로 인해 정보를 구하지 못할 때도 있습니다. 세 번째는 각종 포털사의 블로그나 카페를 이용하는 방법인데, 대표적으로 미국 이민을 주로 다루기 하나 네이버의 '미준모'가 현지의 생활 정보들을 얻는 데 큰 도움이 될 것입니다. 이외에도 다양한 포털 및 개인 블로그가 유학 및 시험 준비 과정을 상세히 다루고 있어 선별적으로 살펴보길 바랍니다.

현재 꿈은 무엇이며 어떤 노력을 하고 있는지요? 궁극적으로 어떤 삶을 살고 싶나요?

제가 미국으로의 유학을 마음먹었던 것은 어릴 때 미국에 살면서 갖게 된 좋은 기억 때문이었습니다. 사실 저는 고등학교나 대학 학부도 미국에서 하고 싶었지만 여건이 안 돼 뒤늦게 박사 유학을 가게 됐는데요. 미국에서 공부하는 것을 넘어 그곳에서 거주하고 싶다는 생각에 좀더 적극적으로, 꾸준히 준비할 수 있었습니다. 제게는 유학 그리고 박사과정 준비, 제 전공에 대한 공부가 단순히 취업만을 위한 것은 아니었습니다.

제 꿈 자체는 사실 미국을 포함한 타지에 나가 공부하고 교류하는 것이었습니다. 이에 저는 제 주변 친구들과는 많이 다른 길을 걷게 되었습니다. 우선 학사나 석사를 마치고 취업을 준비하는 학생들과는 다르게 저는 미국 유학에 맞춰 계약직을 알아봤고 운 좋게 출국 날짜 전까지 현재 기관에서 근무할 수 있게 되었습니다. 자연스레 현재 취업했을 때 얻을 수 있는 것들에 대한 욕심을 버리게 됐고 좀더 멀리 바라보려 애썼습니다. 사실 지금이야 박사 유학이 확정되고 나름 뜻한 바를 이뤄 마음이 편할지는 몰라도 석사과정을 할 때 혹은 미국 유학을 준비하던 과정에서나 서류를 내고 일부 대학으로부터 불합격 메일을 받았을 때의 심정은 처참했습니다.

이 글을 읽는 사범대생, 예비 사범대생, 교육 분야에 관심 있는 분들에게 해주고 싶은 말은요?

최근에 제 사촌 동생도 영어교육과에 진학하며 저와 같은 사범대로 발을 들여놓았습니다. 아무래도 친지이다보니 입학 초기에 많은 이야기를 해주었는데 이와 비슷한 맥락에서 이야기를 해볼게요. 저는 여느 친구들과 달리 취업에 목매지 않고 제가 좋아하고 잘할 수 있는 것, 투자할 만한 것을 찾으려 했습니다. 이는 사범대 안에 국한되지 않고 좀더 넓은 시야를 가질 수 있게 해주었던 것 같습니다. 아울러 사범대뿐만 아니라 다른 단과 대학 혹은 다른 대학의 친구들과 교류하는 것은 매우 중요한 듯합니다. 제가 10년 가까운 시간을 미국 유학을 바라볼 수 있게 해준 동기도 저에게 큰 힘이 됐습니다. 물론 공통된 경험을 하는 친구들과 깊이 있게 소통하는 것도 중요하지만 스스로의 목표를 분명히 세워서 주변 분위기에 휩쓸려 미래에 대한 결정을 내리는 일이 없도록 주의하는 것 또한 중요해 보입니다.

사범대에 진학한 학생들이 가장 흔히 하는 고민 중 하나는 바로 교사라는 직업에의 도전 여부입니다. 대개 교생 실습을 다녀와서 결정하라는 조언을 하는데, 실제로 3, 4학년이 다 되어 교생 실습을 다녀와서 교사가 맞지 않는다고 느끼면 지난 시간이 무척이나 아까울 것입니다. 더불어 한 학기나 두 학기 실습으로 결정하기에는 조금 성급할 수도 있습니다. 그렇기에 다양한 루트를 염두에 두고 이것저것 시도해보면서 스스로가 하고 있는 공부에 대해 매력을 느껴보길 바랍니다. 의외의 부분에서 내가 하고 있는 공부나 내가 꿈꾸는 미래 혹은 직업에 대한 흥미를 발견할 수도 있기 때문입니다. 가령 사범대를 벗어나 공부하거나 친구를 사귀어 다른 이야기를 하면서 세상의 다양한 소리를 들을 기회를 스스로 갖는다면 좋은 결실을 맺는 데 도움이 될 것입니다. 여러 고민 끝에 교사가 된다면, 과거의 경험과 고민은 향후 지도하게 될 학생들에게 조언해줄 때 꽤 도움이 될 수도 있기 때문입니다.

윗글을 작성해주신 분은 현재 플로리다대학에서 박사과정을 무사히 밟고 있다. 이처럼 사범대생들은 실제 교사 외 다른 진로로 많이 나간다. 위 사례들의 공통점은 무엇일까? 아마 자기 이해가 아닐까 싶다. 그게 빠른 결정이었든, 다소 느린 결정이었든 간에 자신에 대한 이해를 토대로 진로를 택했던 것이다. 물론 그들도 항상 자기 확신에 차 있던 것은 아니며, 고민과 갈등의 기간이 있었다. 그렇지만 자신에 대한 이해는 새로운 분야에 대한 정진과 지구력을 잃지 않게 했다.

왜 우리는 임용 가능성만 고려했을까?
임용이 아니라면,
왜 무엇이 될지만 고민했을까?

다소 늦은 나이였지만 24~27세에 겪었던 대학 생활이 나는 꽤 만족스러웠다. 시간을 되돌린다면 돌아가기 싫을 정도로 알차게 살았다. 그런 생활이 가능했던 이유는 바로 '어떤 교사, 어떤 사람이 되고 싶은가?'라는 질문을 계속 던졌기 때문이다. 이 질문은 내가 어떤 것을 하고 싶고 어떤 대학 생활을 할지 고민하고 움직이게 했다. 또한 동기 부여를 넘어 지구력을 가져다주었다.

물론 나도 처음에는 교사가 '되는 것' 자체에 매몰되어 있었다. '어떻게 공부해야 임용이 빨리 될까?' 주변 동기나 선후배 모두 같은 고민을 했지만 답은 너무 간단했다. 그냥 열심히 공부하면 된다는 것이었다. 그 간단한 진리를 알면서도 이상하게 불안감은 컸다. 의지와 자신감을 오랫동안 지켜내는 것이 쉽지 않겠다는 생각이 들어서였다. 나아가 임용에 대한 불안감은 '임용이 아니라면 다른 길로 무엇이 있을까?' '어떤 길이 효율적일까?'로 이어지는 듯했다. 가능성에만 초점을 맞춰 교사가 될지 공무원이 될지, 취업을 할지, 다른 무언가를 할지를 고민했다.

재미난 점은, 임용에 합격한 사람들은 하나같이 합격이 참 쉬운 듯 말했다는 것이다. 그들의 얘기를 들어보면 할 만하겠다는 생각이 들다가도 현실로 돌아오면 막막함이 생겼다. 다른 진로로 나간 사람들도 그들만의 방식을 보여주었고 겉으로는 쉬워 보였지만, 내 선택으로 만들자니 여전히 막연했다. 지금에야 깨닫는 사실은 임용 합격자들 그리고 다른 진로로 나아간 사람들은 자신에 대한 이해와 확신을 기반으로 '임용 걱정 없는 사범대 생활'을 해왔다는 것이다.

서울 임용이 다른 지역에 비해 유독 어려웠던 2016년도 서울 중등 수학 임용에 초수 합격한 이준건은 '내가 임용에 붙을 수 있을까?' '언제부터 열심히 해야 할까'라는 불안감보다는, 자신과 대학 수학에 대한 고민과 이해를 기반으로 공부하는 데 집중했다. 1학년 때부터 착실히 임용을 준비한 것도 아니고 사범대 부학생회장 등 많은 활동을 하면서도 초수 합격을 했다. 일찌감치 '임용 걱정 없는 사범대 생활'을 해온 듯했다. 나 또한 수많은 대외 활동과 교육 관련 경험, 학과 공부에 몰입하면서 꽤 빠르게 임용을 포기했다. 나름 뚜렷한 자기 이해를 기반으로 임용에 대한 판단을 내린 것이다. 임용 걱정 없이 사범대 생활을 하다가 8월에 졸업하고 그해 겨울 세 개의 사립학교에 동시 합격했다. 결국 사범대를 다니면서 우리를 가장 힘들고 지치게 만드는 것은 임용 걱정이고 그 가능성에 대한 고민이다. 반대로 임용으로 가는 튼튼한 길 혹은 다른 어떤 진로로 나아가는 힘은 '임용 걱정 없는 사범대' 생활이다.

그렇다면 '사범대 다니면서 임용 걱정 없이'는 어떻게 가능할까? 가장 중요한 것은 자신에 대한 이해이고, 그 과정에서 가장 중요한 질문은 '나는 어떤 교사, 어떤 사람이 되고 싶은가?'다. 이 질문에 대한 답을 찾는 과정에서 자연스레 임용 걱정 없는 사범대 생활의 근간이 마련된다. 다시 말해 좋은 답은 좋은 질문에서 나온다.

6장

아무나
말해줄 수 없는
공립 임용과
사립 임용

사범대생들이
간과하는 공립, 사립
교사의 차이

사범대에 다니다 보면 교직에 있는 선배들이 와서 '임용 특강'을 해준다. 공립학교에 있는 분들은 임용시험 합격 전략을, 사립학교에 있는 분들은 사립학교 합격 전략을 소개한다. 특강 내용은 재학생에게 큰 도움이 됐지만 늘 풀리지 않는 갈증이 있었다. 바로 공립학교와 사립학교의 차이다. 그 얘기를 하는 게 민감해서였을까, 아니면 자기가 다니지 않는 학교에 대한 정보가 없어서였을까? 어쨌거나 두 학교의 차이는 사범대생의 진로 고민에 있어서 중요한데도 많이 간과되고 있는 부분이다.

어찌 보면 예민한 문제가 맞기도 하다. 둘 다 아이들을 가르치는 일을 하는 것인데도 둘을 이분법적으로 나누는 듯 보일 수 있기 때문이다. 그럼에도 공립 임용에 초수 합격한 이준건과 여러 교육 계열 지인들의 도움을 받아 지금부터 공립학교와 사립학교의 차이를 소재별로 가감 없이 얘기해보려 한다. 단, 내(황순찬)가 사립학교에 있다는 점, 한정된 인원, 특히 젊은 연령층 중심으로 의견을 물어 작성하게 된 점에서 한계가 있음을 미리 밝힌다. 더불어 공립과 사립도 결국 학교이기 때문에 많은 부분에서 공통점이 있는 것은 당연하다. 둘의 차이는 '상대적' 특성인 것 또한 미리 밝혀둔다.

채용 과정

(1) 공통점

- 사범대 졸업, 비사범 계열 교직 이수, 교육대학원 졸업의 세 가지 방법으로 2급 정교사 자격증(교원자격증) 취득해야 공립학교 채용을 위한 교사 임용경쟁시험과 사립학교 채용 과정에 응시할 수 있다.
- 사범대로 치면 4학년 말에 예비 졸업생 자격으로 첫 시험에 응시할 수 있다(대부분의 국가고시와는 다른 점이다).
- 요즘은 사립학교에서 1차 전형을 각 교육청에 위탁하기도 한다(공정성 강화가 목적이라는데 그렇다면 왜 최종 전형까지 하지 않고 1차만 위탁할까는 의문이다). 많이 보편화되진 않았지만 임용고시로도 사립학교에 갈 수 있다. 임용 공고에서 임용고시로 티오를 내는 사립학교가 매년 있는데 2020학년도 서울 중등 임용에서는 공립 전 교과 822명(일반), 사립 위탁 제도로 사립 전 교과 137명(33개 법인, 51개 학교)을 선발했다.[1] 2년 전인 2018학년도 서울 중등 임용 중 사립 위탁으로 63명을 뽑은 것에 비하면 사립 위탁으로 뽑는 숫자는 많이 늘어났고, 앞으로도 늘어날 것으로 예상된다.

(2) 차이점

- 공립학교

- 응시할 지역(근무 지역)을 선택한다. 서울, 경기, 인천 등 하나를 택해 응시할 수 있고 티오 또한 지역별로 공지된다.
- 티오와 경쟁률에 대한 눈치 싸움이 있을 수 있다.
- 지역별로 약간 차이는 있을 수 있으나 1차 필기 시험, 2차 수업 실연 및 교직 인적성 면접이라는 골자는 대체로 같다.
- 공립학교 임용 일정은 정해져 있으며 학교별로 다르지 않다.

  5월 말~6월경: 예비 티오 발표(지연이 심해 8월경 발표된 해도 있음)

  10월경: 최종 티오 발표 및 응시 지역 선택, 원서 접수

  11월 말경: 1차 필기 시험

  12월 말경: 1차 필기 시험 합격자 발표

  1월경: 2차 면접 전형

  2월 초경: 최종 합격 발표

- 사립학교
- 학교별로 응시를 한다(사립 위탁 1차 필기 시험 제외). 학교는 자체 채용 공지를 학교 홈페이지, 교육청, 각종 사범·교육계열 커뮤니티에 올린다.
- 전형 시기는 10~2월로 학교별로 다르며 전형 방법과 단계도 모두 다르다.
- 보통 3~5차에 걸쳐 전형을 치른다.

  예시 1) 1차 필기 및 서류, 2차 교직 인적성 면접과 내용 면접, 3차 적성 검사, 4차 수업 실연, 5차 이사장 최종 면접

  예시 2) 1차 필기 및 서류, 2차 면접 및 수업 실연, 3차 이사장 최종 면접

- 1차 필기 시험은 공립학교 임용시험과 다르게 고등학교 수학만 출제되거나 대학 전공 수학과 고등학교 수학을 혼합하여 출제하기도 한다.
- 서류로 자기소개서 등을 작성해야 하고 고등학교 생활기록부를 내야

한다.

- 서류, 면접 과정에서 일반 사기업처럼 학벌, 스펙, 나이, 경력 등이 생각보다 많은 부분이 영향을 미친다.

채용 난도

- 둘 다 어렵다. 어느 것이 더 어렵냐는 지원자의 성향과 환경에 따라 달라진다. 어떤 이는 학벌, 스펙, 성별 등이 전혀 상관없는 공립 임용을 선호하고, 어떤 이는 고시 공부가 맞지 않아 기간제 교사 등의 경험을 쌓으며 준비할 수 있는 사립학교 채용을 선호한다.

- 교사가 빨리 되는 것이 목표라면 자신한테 어떤 곳이 유리한지 미리 따져봐야 한다.

- 다른 국가고시도 마찬가지지만 공립 임용은 초수 합격이 정말 어려운 구조다. 시험 응시자에 허수가 거의 없는데도 불구하고 경쟁률이 10대 1은 가볍게 넘는다. 사범대 이외 교직 이수, 교육대학원 등 고학력자, 공부의 고수들이 모여 피 튀기게 경쟁하는 상황이다. 학년당 20~30명 정원의 사범대 어느 학과에서든 초수 합격자가 나오지 않는 학번이 초수 합격자가 나오는 학번보다 더 많다. 재수는 필수, 삼수는 선택이라는 말은 과언이 아니다.

- 공립학교를 준비하면서 임용이 안 되면 사립 시험이나 쳐보겠다는 정도로 접근하는 것은 매우 안일한 생각이다. 물론 성공한 사람도 있지만 실패 사례가 훨씬 많다. 사립학교에서는 경력과 더불어 여러 요소를 평가하고, 필기 시험도 임용시험과 별개로 준비하지 않으면 합격하기 어렵다.

• 지역별, 학교급별로 공·사립의 비율은 다르다. 예를 들어 서울의 중학교는 공립의 비율(약 71.6퍼센트)이 높고 고등학교는 사립의 비율(약 63.1퍼센트)이 높다. 서울에 있는 중학교에 근무하려 한다면 임용고시를 포기할 경우 가능성이 많이 줄고, 서울의 고등학교에 근무하고 싶다면 사립을 아예 염두에 두지 않기가 어렵다. 실제로 서울 중등 임용 수학 교과에서는 몇 년째 중학교로만 발령을 내고 있다.[2]

교직 생활(학교 분위기, 가치관의 문제 등)

가장 중요하면서도 쉽게 간과하는 부분이 이것이다. 모두 교사가 '되는 것'에 급급하다 보니 '교사 임용 이후'는 별로 생각하지 않는 것 같다. 그런데 자신의 성향과 맞는가의 여부는 굉장히 중요하다. 아래 내용은 '상대적인' 특성임을 다시 한번 밝혀둔다.

(1) 공립학교
• 옆에 있는 사람은 3~5년 후면 안 볼 사람이다

공립학교는 평균 5년 정도로 정기 전보를 실시한다. 즉 옆사람들을 더는 안 보게 된다는 뜻이다. 선배, 후배 교사라는 느낌보다 A 교사, B 교사의 느낌이 더 크다. 사립에 비해 상대적으로 개인주의적이기 쉽다. 이는 좋을 수도, 나쁠 수도 있다. 아마 요즘 정서로는 개인주의적인 것을 더 선호하지 않을까.

• 좀더 도전적인 시도를 하기 좋다

어차피 몇 년 뒤에 떠날 곳이니 잘 보이려 하거나 눈치 보기보다 사범대에서 배운 도전적인 수업들을 시도해보기 좋다. 각종 연수나 외부 활동도 조직의 눈치를 받지 않고 할 수 있다. 휴가를 쓸 때도 학교 사정에 너무 연연해할 필요가 없다. 대학 파견, 해외 교사 파견도 대부분 공립학교의 이야기다. 하지만 반대로 아무것도 모르는 신입 시절, 방치되기 쉽다(다시 한번 강조하지만 상대적인 이야기다).

• 흔히 생각하는 교사의 삶을 살 여건이 더 잘 갖춰져 있다
자율성이 보장되는 만큼 마음만 먹으면 편하게 '직업' 생활을 하며 취미생활도 영위할 수 있다. '일부' 보수적인 사립과 다르게 누가 나에게 간섭하는 것도 아니고 업무 간 협업만 잘 되면 큰 문제가 없다. 물론 무조건 편할 리는 없다. 학교마다, 교사마다 분위기는 다를 것이다. 일을 대충 한다면 교사의 월급이 꽤 괜찮게 여겨질 수 있는 반면, 일을 열심히 한다면 들이는 노력에 비해 급여가 한없이 적게 느껴질 것이다.

• 개방적이고 관리자의 영향을 덜 받는다
일부 사립학교는 매우 보수적이며 관리자의 영향이 지대해 교사 개인의 자율성이 확보되기 어렵기도 하다. 반면 대부분의 공립학교는 상대적으로 개방적이고 관리자의 영향을 덜 받는다.

• 학교의 전통적인 특색이 있는 사업이나 교육 프로그램이 부족하다
교사가 한 학교에 오래 있을 수 없어 사업이나 교육 프로그램의 지속성에 힘이 실리기 어렵다. 사립에서는 흔히 있는 오래된 특색 있는 프로그램을 보기 힘들다. 그러나 관리자(교장, 교감)에 따라 잘 추진되는 곳도 많이 있다.

• 교사 수급 문제에서 탄력적이다

A학교에서 a 교사의 과목이 없어지거나 시수가 적어져도 교육청에 의해 a 교사의 과목이 필요한 B학교로 보내지는 등 수급 문제에 있어 탄력적이다. 사립의 경우 재단 내 학교 전보의 사례가 종종 있지만, 재단 내 학교가 하나뿐인 곳도 많은 데다 수급 문제가 탄력적이지 못하다(그래서 기간제 교사 비율이 높은 걸까).

• 안정적이다

사립 정교사도 자기 의지와 최소한의 노력만 있으면 안정적으로 근무할 수 있지만 공립 교사의 안정성을 따라갈 순 없다. 공립 교사는 일상적인 교직 생활뿐만 아니라 파견, 휴직, 복직 등에서 좀더 주체성을 갖기 좋고 기타 법적, 제도적 장치로 더 강력하게 보호받는다(물론 교사의 잘못에 대한 징계, 처벌은 논외다). 쉽게 체감되는 것은 아니지만 대체로 그렇다.

• 승진의 기회

자기 역량과 노력에 따라 교장, 교감으로의 승진 기회가 상대적으로 더 열려 있다. 1급 정교사 등 각종 연수를 가도 사립 교사들보다 공립 교사들이 미래를 염두에 두고 성적을 관리하려는 경향이 있다(참고로 1급 정교사 연수가 2020년부터 절대평가로 전환되었다. 승진에 얼마나 활용될지는 지켜봐야겠다).

• 소속감이 적고 새로운 것을 더 많이 경험한다

몇 년 뒤 이곳을 떠날 것이므로 소속감을 갖기 쉽지 않을 것이다. 내가 이 학교에 무언가를 남기는 것보다 나 개인의 발전에 초점이 더 맞춰져 있다(특색 있는 교육 프로그램이 부족한 이유와도 맞물린다). 사립 교사는 고인 물이 되기 쉬운 반면 공립 교사는 여러 곳을 경험함으로써 늘 신선함을 유지할 수도 있을 것이다.

• 찾아오는 제자가 적다

사립학교에는 행사가 있거나 할 때 졸업생이 자주 찾아온다. 반면 공립은 내가 다른 곳으로 가고 나머지 교사들도 다 바뀌기 때문에 수년 뒤에 나를 만나기 위해 그 학교로 찾아오는 제자들은 없다(물론 개인적으로 연락하는 제자들은 많다).

• 공립은 사립에 비해 남녀공학의 비중이 높다

여학생, 남학생이 같이 있는 교실에서 어떻게 교육 프로그램을 운영하고, 다른 성의 학생들을 서로 잘 이해시킬 것인가를 지도하는 일이 과제가 될 수 있다.

(2) 사립학교

• 공립에 비해 학교마다 조건과 특색이 크게 차이 난다

이것은 대전제다. 사립학교가 보수적이면 굉장히 보수적이지만 반대로 진보적이면 어떤 면에서는 공립학교보다 더 진보적일 수 있다. 그래서 사립교사를 고민하는 이들에게 '어느' 학교를 선택하는가는 매우 중요하다. 평소 자신의 가치관과 맞는 학교가 있다면 잘 기록해둬야 한다.

• 옆에 있는 사람은 수십 년간 함께할 사람이다

교사 간 선후배 위계가 상대적으로 뚜렷하다. 공립학교에서의 연차와 사립학교에서의 연차 개념은 조금 다르다. 공립의 연차가 교육 경력이라면 사

립의 연차는 짬을 의미한다. 수십 년간 볼 사람이기 때문에 그런 환경이 저절로 만들어지는 것 같다. 위계가 항상 나쁜 것은 아니다. 친근함이 되기도 하고 때로는 가족보다 더 가족 같다(요즘 정서로는 쉽지 않을 것이다). 어떤 이들은 동료 교사들과 친밀하게 지내면서 삶의 에너지를 얻기도 한다. 즉 긍정적으로 생각하자면 가족보다 더 많은 시간을 함께 보내기 때문에 동료 교사와 가까워질 수도 있다. 또한 학교는 일반적으로 '사수'가 없지만, 사립학교에서는 대체로 초임들을 신경 써주는 문화가 있다. 학교에 따라서는 맞선임이나 멘토-멘티를 맺어 첫 담임을 도와주는 등 모르는 것을 전수받기 편하다. 즉 공립학교가 상대적으로 개인주의적이라면 사립학교는 단체주의적이다(물론 요즘은 공·사립 관계없이 점점 더 개인주의화되고 있다). 계속 강조하듯이 어디에나 장단점은 있고, 모든 것은 학교와 교사마다 다르다.

• 업무 몰아주기가 상대적으로 더 있다
공립에 비해 사립은 업무 능력 검증 차원에서나 한솥밥을 먹게 되었으니 최소한의 공헌을 요구하는 면에서 기피 업무를 맡기거나 여러 교육 프로그램에 필수로 참여해야 하는 경우가 좀더 많다. 특히 기간제 교사에 대한 배려가 없는 사립학교들은 업무 몰아주기가 심하다. 물론 공립에서도 경우에 따라 많은 업무를 감당하는 교사들이 분명 있다.

• 도전적인 시도를 하기 어려울 수 있다
일부 사립학교는 매우 보수적이며 관리자의 영향이 지대해 교사 개인의 자율성이 확보되기 어려울 때가 더러 있다. 관리자나 선배 교사, 심지어 재단에 의해 자기 의견을 펼치기 어려울 때도 있다. 가령 새로운 방식의 수업을 시도하려 하면 학부모 불만이 제기됐다는 이유로 관리자가 제지하는 곳이 아직도 가끔 있다고 들었다. 학교 업무에 지장을 주는 연수나 휴가를 신청하는 문제에 있어 공립보다 더 불편하다. 다시 말해 학교 일을 무시하고 개별적인 행동을 고수하기 더 어려울 수 있다.

• 학교의 전통적인 사업이나 특색 있는 교육 프로그램이 많다

여러 사람이 한 학교에 오래 있다 보니 전통 있고 특색 있는 사업이나 교육 프로그램이 많다. 가령 내가 졸업한 양정중학교는 손기정 선수를 기리는 관련 행사와 더불어 매년 체육 수행평가로 5킬로미터를 뛰었었다. 이화여자고등학교는 수십 년째 여름방학마다 농활을 가고 있고, 매년 개교기념 행사와 예배를 크게 해 졸업생들이 찾아오고 있다. 동아리도 한 교사가 오래 지도하며 대내외적으로 자리를 잘 잡은 동아리가 많다. 학교 역사가 100년을 넘긴 곳도 많다 보니 역사가 수십 년 된 동아리들도 있다. 하지만 이는 교사가 자율적인 동아리 개설 및 운영을 하기보다는 기존 동아리를 운영하는 것에 그칠 수 있다는 뜻이기도 하다. 학교가 오래되지 않았더라도 특색 있는 교육과정과 프로그램이 빨리 자리 잡은 곳도 많다.

• 지원 과정에서 자신의 가치관에 맞는 학교를 선택할 여지가 있다

사립학교는 자신의 '선택'에 따라 지원하기 때문에 자기 가치관에 맞는 학교를 고를 수 있다. 물론 내 의도에 따라 채용되는 것은 아니지만, 여학교와 남학교, 중학교와 고등학교, 자사고와 특목고, 동아리가 활발한 학교, 각종 체험 프로그램이 있는 학교, 대안적 성격의 학교, 입시 중심의 학교, 특정 지역에 있는 학교 등 여러 속성에 따라 맞게 선택해 지원할 수 있다. 물론 현실에서는 가릴 것 없이 이곳저곳 지원하지만 그래도 본인에게 맞는

곳이라면 더 노력하게 되지 않을까? 즉 스펙이 좋고 능력이 뛰어날수록 실제 자기 성향과 맞는 사립학교들만 지원해 합격하는 이들이 꽤 있다.

• 교사 수급 문제에서 탄력적이지 못하다

한 학교에서 계속 근무해야 하는 상황에서 수업 시수, 교육과정 등 문제가 발생하기 쉽다. 사립 교사는 퇴직하지 않는 이상 한곳에 오래 재직해야 하는데 국가 교육과정은 자주 바뀌고 학생들의 수요도 변화무쌍하므로 불편한 점이 있을 수 있다. 적은 단위 수를 차지하는 과목일수록 특히 그렇다. 이는 한 재단이 여러 학교를 보유하고 있더라도 한계가 있다. 이런 점이 부각되기 시작하면 교직 생활에 영향을 받을 수밖에 없다.

• 소속감이 있다

나는 ○○학교의 일원이다. 내 업적이 그대로 학교에 남고 그것이 나를 만들기도 한다. 누군가에게 근무지를 소개할 때도 (좋은 소속감이든 나쁜 소속감이든) 소속감을 갖고 이야기한다. 특히 전통 있는 사립학교를 다니면 소속감이 더 강하며, 이는 장단점이 있다. 사립의 경우, 마치 제2의 출신 학교처럼 애착을 갖고 학교 일에 공헌하는 교사들이 내부에서 높이 평가받고 존중받는 듯하다. 즉, 교사 개인의 성장만큼이나 학교의 성장에 관심을 갖는 게 중요하다는 뜻이다. 달리 표현하자면, 학교에 대한 공헌이 누적되어 교사의 이미지를 결정하곤 한다. 여기에도 장단점이 있다.

• 찾아오는 제자가 많다

사립학교에서는 평소에 혹은 특히 학교 행사 때 졸업생이 자주 눈에 띈다. 개인적으로는 이 점이 사립 교사의 가장 매력적인 점이라 생각한다. 학생들에게 긍정적인 영향을 주고 그 학생이 어떻게 변화했는지 느낄 수 있기 때문이다. 학생들은 교사도 찾아오지만 학교를 찾아오기도 하기 때문에 평소에 많은 졸업생을 만날 수 있다. 또한 A 교사를 만나러 와서 B 교사도 만나기도 한다.

• 수십 년 동안 같은 곳에 있다

한곳에 오래 근무함으로써 자칫 고인 물처럼 되기 쉽다. 내적 성장을 위해 끊임없이 노력하지 않으면 좁은 세상을 살게 되기 쉽다.

• 사립이 공립보다 여학교·남학교의 비중이 높다

남녀공학의 여부는 교직 생활에도 영향을 미칠 수 있다. 교과에 따라서 영향이 더 크기도 하다. 가령 학생 활동을 설계할 때도 고려해야 할 부분이 여럿 생긴다. 물론 최근에는 교과에서 학습자의 성이 갖는 의미가 약해지고 있지만, 통계상 나타나는 선호도는 여전히 무시하기 어렵다. 당연히 교수 학습이 성에 따라 다르게 이뤄져서는 안 되지만 말이다. 한편 사람에 따라서는 이성이 불편하고 동성이 편할 수도 있다. 여학교·남학교가 만들어내는 학교의 전통과 분위기 또한 고려하지 않을 수 없다. 실제로 대부분의 공학은 공립이다.[3]

• 자사고나 명문 사립은 생활 지도 분위기가 다를 수 있다

공립 대 사립의 구도로 보기에는 다소 무리 있는 말이지만, 전통적인 사립은 옛 생활 지도 규정을 여전히 고수하는 곳이 있는가 하면, 하나고등학교처럼 유수한 학생들이 모인 경우 생활 지도 분위기가 다를 수 있다. 특히 사립은 전통적으로 쌓아온 '이미지'라는 게 있어(학업 중심으로 진학을 최우

선시하는 학교, 행사와 동아리 활동이 많은 학교, 종교나 인성을 중요시하는 학교 등) 그런 이미지에 부합하는 학생들이 더 유입되는 경향이 있다. 실제로 일부 지역에서는 공·사립 학력 격차에 관한 통계도 있다.

• 교사의 학벌이 대체로 좋다

사립 채용 과정의 특성상 학벌, 학력이 무시될 수 없으며 대부분 중요하게 여겨진다. 특히 수도권 학교일수록, 특목고·자사고 등의 학교일수록 이런 경향성은 더욱 크다. 물론 공립학교에도 학벌이 좋고 고학력인 교사가 많으나 상대적으로 사립과는 약간 차이가 있다. 사립에서 학벌, 학력의 속성은 장점도 되는 한편 학교에 따라 다양성이 떨어지는 집단이 갖는 단점이 극명하게 드러나기도 한다. 한편, 공립학교에서 대학원 진학이 상대적으로 자유로우므로 사립 교사가 공립 교사에 비해 대학원 진학이 늦은 편이다.

• 전통 있는 사립은 해당 학교 출신이 종종 있으며 동창회의 영향을 받을 수 있다

사립 교사들을 보면 해당 학교 출신이 종종 있다. 전통 있는 사립학교라면 동창회와 학교 간의 관계가 강하기도 하다. 이런 것들이 어떻게 작용할지는 학교 분위기에 따라 다르다.

• 재단에서 추가 수당을 책정하기도 한다

어떤 재단은 담임 수당과 별도로 추가적인 담임 수당, 개교 기념 수당 등을 책정해둔다. 해외 연수를 보내주는 곳도 많다. 어떤 사립은 미주 동창회에서 미국으로 교사를 초대하는 행사를 열기도 한다(물론 그에 합당한 결과물을 제출한다).

• 보충수업료의 차이가 있다

보충수업료는 공립학교도 지역별로 다르지만 사립학교는 학교별로 다르다. 강남권 자사고는 보충수업료가 일반 공립고등학교의 2~3배가 되기도 한다.

이상 사립학교와 공립학교의 상대적 특징에 대해 알아봤다. 어느 곳이 더 좋다 나쁘다고 할 수 없고 개인 취향의 문제다. 그렇다면 이런 질문이 다급하게 떠오를 것이다. '내가 취업하기에 유리한 곳은 공·사립 중 어느 곳일까?' 사실 취업이 되는 것도 굉장히 중요하지만 평생 근무할 곳이 어떤 곳이어야 할지가 훨씬 더 중요하다. 그러니 '공·사립 중 내 성향, 가치관과 맞는 곳은 어디일까?' '내 잠재력을 발휘하고 성장할 수 있는 곳은 어디일까?' '공·사립 선택을 고려한다면 내 대학 생활은 어떻게 설계해야 할까?' 등이 앞선 질문에 뒤따라야 할 것이다. 많은 사람이 오로지 현실적 제약에 따라 나의 방향을 잡으려 하지만, 자신의 성향과 상황을 고려하며 고민을 하다 보면 그 고민이 확신으로 이어지는 경우가 꽤 많다. 물론 고민의 재료가 될 구체적인 정보도 필요하다. 임용과 사립에 대한 구체적인 정보는 다음 장에서 살펴보자.

초수 합격자의
임용고시 응시
결심 계기

사범대 수학교육과에 입학할 당시 나(이준건)의 목표는 임용 초수 합격이 아니었다. 솔직히 말해 나는 교사가 되기 위해 임용시험을 봐야 한다는 사실조차 몰랐다. 고등학교 때 가장 자신 있던 과목이 수학이었기 때문에 수학교육과를 지망했던 것뿐이다. 나는 교사가 되는 방법을 알지 못했다기보다는 관심이 없었다는 표현이 더 정확할 것이다. 막연하게 이 학과를 졸업하면 누군가 나를 선생님이라 불러줄 거라고 생각했던 것 같다. 공립과 사립의 차이점은 물론 몰랐고 서로 다른 과정을 거쳐서 선발된다는 사실도 몰랐다. 쉽게 말해서 나는 빨리 달리는 모습이 멋있어서 경기장 트랙에서 두리번거리는 어린아이와 같은 상태였다.

수학교육과 생활을 1년 하고 주변 사람들로부터 '너는 임용시험을 볼 거냐'라는 질문을 받으면서 임용시험을 인지하기 시작했다. 즉 졸업한다고 모두 교사가 되는 것이 아니며, 임용시험에 합격해야 하고, 엄청나게 공부해야 한다는 사실을 1학년 마칠 때쯤 알았다. 또 임용고시는 공부 잘한다는 선배들조차 2년 이상은 죽은 듯이 매달려야 합격한다는 사실도 알았다. 나는 확신이 없었다. 수학 교사가 하고 싶어 선택한 과이지만 그 길은 생각보다 고되 보였다. 전공 수학 과목들은 고등학교 때와는 완전히 달랐고 내가 교단에 서서 아이들을 잘 가르치리란 확신도 없었다. 갈수록 임용 티오와 출생률이 감소한다는 얘기뿐이고 뉴스는 교권이 추락된 이야기들로 장식됐다.

그럼에도 불구하고 교사가 돼야겠다고 결심한 계기는 이상한 고집 때문이었다. 사실 수학교육과를 졸업하고서 굳이 교사가 되지 않아도 상관없었다. 보험수학을 좀더 공부해서 계리사가 되거나 많은 선후배, 동기처럼 학원 강사가 되는 길도 있으며, 공무원 시험을 준비할 수도 있었다. 진로가 한정적이지 않느냐는 질문을 자주 받는데 그나마 수학은 대부분 업종에서 환영받는 학문이었다. 이상한 고집이라 함은 그래도 나는 내가 선택한 분야에서 최고가 되고 싶었다는 것이다(이처럼 임용 응시의 계기는 사범대생마다 다르다). 최고가 되려면 스무 살 때부터 공부한 전공을 살려야만 한다는 사실을 깨달았다. 대학생이던 스물셋, 스물네 살에 다시 수능을 치러 새 전공을 공부할 수도 있지만 직업을 빨리 갖고 싶었다. 그 분야의 최고가 되기 위해 내 선택지 위에 오직 교사 하나만 올려두었다. 이제 선택할 것은 공립이나 사립이냐뿐이었다.

공립과 사립의 차이점은 아주 분명하게 눈에 보였다. 각자의 특징, 장단점이 있지만 가장 도드라진 특징은 한 근무지에서 오래 근무하는가였다. 나는 내 성격을 분석했을 때, 다양하고 폭넓은 인간관계를 선호하며 수직적인 인간관계보다는 수평적인 관계에서 나를 더 잘 드러낸다는 것을 알았다. 이외에도 여러 항목을 고려해봤을 때 공립의 근무 환경이 내게 더 적합하다고 판단했기에 임용시험에 돌입할 수 있었다.

임용시험에 응시해야겠다고 마음먹은 시점과 공부를 시작한 날 사이에는 시간 차이가 있다. 마음먹은 시점은 1학년 마치고 간 군대를 전역하던

2012년 겨울이었고, 실제 공부를 시작한 날은 3학년인 2014년 늦가을 즈음이었다. 그 전까지는 시험을 치르기 위한 준비를 했다. 결심은 했지만 나는 이제 막 복학을 준비하는 예비 복학생이었고 공부를 시작하려 해도 배운 게 없다시피 해서 시작할 수도 없었다. 또 실제로 학생들을 가르쳐본 경험이 없기 때문에 교사라는 직업이 얼마나 잘 맞을지 걱정하던 시기이기도 했다(임용시험을 결심하더라도 교직이 적성에 맞는지 걱정하는 것은 당연한 일이라고 생각한다).

이런 걱정들을 덜기 위해 2학년의 나는 당장 할 수 있는 일에 충실하기로 했다. 눈앞의 전공 과목에 집중했고 아이들을 많이 만날 수 있는 봉사 활동을 찾아다녔다. 다양한 사람을 만나면서 내가 교사로서 적합한 사람인지 스스로 확인하는 시간을 가지며 걱정을 덜었다. 지금 돌이켜보면 이런 일련의 작업들은 시험 공부를 한 기간과는 또 다른 의미로 매우 소중했다. 만약 내가 1년 더 빨리 공부를 시작했다면 안정적으로 합격했을지 모르지만 다양한 경험이 배제된 채 교사가 되었을 것이다.

만약 임용을 결심하고 무엇을 해야 할지 모르겠다는 3학년 아래 후배들이 있다면 당장 임용시험 책을 펼쳐 시험문제들을 풀어보라고 조언하기보다는 전공 수업에 충실하라고 말하고 싶다. 우리가 학기마다 6학점 이상 듣는 전공 수업 강의는 대부분 임용시험 범위와 아주 밀접한 관련이 있다. 눈앞의 수업을 등한시하며 임용시험에서 좋은 결과를 바라는 것은 굉장히 비효율적인 행동이다. 고등학생 버전으로 이해하기 쉽게 설명하자면, 학교 수업을 등한시하고 수능에서 좋은 결과를 바라는 것과 같다. 임용시험은 분명 1년 공부해서 합격하긴 매우 힘든 시험이다. 하지만 매 순간, 저학년 때의 노력이 뒷받침된다면 불가능한 목표는 아니다.

중요한 것은 임용고시 응시의 계기가 매우 거창하고 숭고한 무언가에 의해 생길 수도 있지만, 그저 내 주관이나 단편적인 사건에 의해 생기기도 하고, 또는 눈앞의 놓인 것들에 충실하며 노력하다가 생겨나갈 수도 있다는 점이다. 그 일련의 과정에서 임용고시가 어떤 과정으로 이뤄지는지에 대한 이해는 당연히 필수적이다.

임용고시는
어떤 과정으로
이뤄질까?

임용고시는 어떤 과정으로 이뤄질까? 원활한 내용 이해를 위해 임용고시의 과정을 살펴보기 전 다음의 사실들을 확인하자.

- 임용고시, 임용시험, 임고라 불리는 시험의 정식 명칭은 '중등교사 임용 후보자 선정경쟁 시험'이다.
- 임용시험을 주관하는 곳은 각 시도 교육청이다. 즉, 서울시에서 일할 중 등교사는 서울시교육청에서 뽑고 경기도에서 일하는 중등교사는 경기도 교육청에서 뽑는다. 한 지역 시험만 응시할 수 있으며 세부 공고는 각 시 도 교육청이 하는데, 일정은 모두 똑같다.
- 1차 시험 출제 기관은 한국교육과정평가원KICE이다. 참고로 평가원은 중 등교사 임용시험 외에 수능, 수능모의평가도 출제한다.
- '중등교사'는 중등 교육기관에 근무하는 교사를 뜻한다. '중등 교육기관'은 중학교 또는 고등학교를 일컫는다. 교육학에서는 대학을 '고등 교육기관',

중학교와 고등학교를 '중등 교육기관'으로 분류한다. 즉 흔히 말하는 임용고시는 그 지역 중학교 또는 고등학교에서 근무할 교사를 뽑는 시험이다.

세부 사항에 관해서는 서울시 중등 수학 과목을 예로 들어 말하겠다.

사전 예고부터 시험 공고까지

(1) 사전 예고

아래는 국가법령정보센터에 게시되어 있는 '교육공무원 임용후보자 선정 경쟁 시험규칙 제9조 시험의 실시 및 공고'다.[4]

제9조(시험의 실시 및 공고)

① 시험은 교원자격증 소지자를 교사로 신규 임용할 때에 실시한다.

② 시험 실시 기관은 시험을 실시할 때에는 그 일시, 장소, 방법, 과목, 배점 비율, 응시 자격, 원서 제출 절차, 그 밖에 시험의 실시에 필요한 사항을 시험 20일 전까지 공고하여야 한다. 공고 내용을 변경할 경우에는 시험 7일 전까지 변경 내용을 다시 공고하여야 한다.

③ 시험 실시 기관이 제3조 각 호의 시험을 실시하는 경우에는 제2항에 따른 공고 외에 시험 6개월 전까지 해당 시험의 개략적인 선발 예정 인원을 예고하여야 하며, 제3조 제3호의 시험의 경우에는 선발 예정 교과도 함께 예고하여야 한다. 〈개정 2013. 10. 7.〉

④ 시험 실시 기관은 교과의 신설, 교원의 추가 수급 등의 사유로 시험 6개월 전까지 제3항에 따른 예고를 할 수 없는 경우에는 교육부 장관의

승인을 받아 시험 3개월 전까지 제3항에 따른 예고를 할 수 있다. 〈신설 2014. 8. 8.〉

[전문 개정 2011. 6. 22.]

임용시험이 그냥 실시되는 것이 아니다. '교육공무원 임용후보자 선정경쟁 시험규칙'(이하 규칙)이란 게 있는데 이 규칙을 모두 지키면서 임용 후보자를 선정한다. 제3항을 보면 시험 실시 6개월 전까지 개략적인 선발 과목과 그 인원을 반드시 예고해야 한다고 되어 있다. 2014년에 추가된 제4항을 보면 6개월까지 예고할 수 없으면 교육부 장관의 승인을 받아 3개월 전까지로 예고 기한을 늘릴 수 있다고 한다. 최근 2017, 2018, 2019, 2020, 2021학년도 시험 모두 사전 예고를 연기한 것을 보면 교사 수급에 더 신중을 기하는 것 같다. 사전 예고가 가장 큰 의미를 갖는 것은 바로 티오다. 특히 어떤 해에는 어느 지방의 특정 교과 티오가 0명일 수 있기 때문에 그 교과를 준비하는 사람은 사전 예고에 민감할 수밖에 없다. 이런 특수 상황이 아니더라도, 지역 선택과 임용고시 티오는 수험생에게 중요한 사항이다. 만약 재수했는데 예년보다 티오가 지나치게 적다면, 심리적으로 흔들리기 쉽다.

12월 초에 시험이라면 6개월 전인 6월 초까지 예고해야 하는데, 2018학년도는 11월 말에 시험이기 때문에 5월 말에 사전 예고를 해야 했다. 하지만 위에 언급한 대로 최근 몇 년간 사전 예고는 계속 연기되었다. 다음 자료는 서울시교육청 홈페이지 교원임용시험안내에서의 화면이다.[5]

5월 말에는 있어야 할 사전 예고가 연기되어 6월 말에나 공지되었다. 2018학년도 시험에서는 70일가량 흐른 뒤인 8월 3일에 사전 예고가 공지되었다. 주의할 점은 사전 예고에 적힌 선발 예정 인원은 변경될 수 있다는 것이다. 사실 거의 늘 변경된다. 그럼에도 불구하고 많은 임용시험 준비생이 이

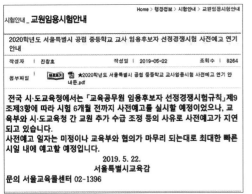

정보에 민감하게 반응하는 이유는 이것이 선발 예정 인원이 많은지 적은지 가늠할 수 있는 유일한 척도이기 때문이다. 지역에 따라서는 어떤 과목의 교사를 뽑을 것인지 알려주는 사전 예고가 매우 소중한 정보가 아닐 수 없다.

늦어도 시험 3개월 전에는 공지되는 사전 예고, 이 예고에서 공지된 인원은 어느 정도 증감되어 확정 인원이 공개된다. 확정 인원은 시험 시행 약 한 달 전에는 반드시 교육청 홈페이지에 공지된다.[6] 공고가 올라온 시점으로부터 10일 뒤 원서 접수 기간이 시작된다는 것을 알 수 있고 5일간(10월 말 즈음)의 원서 접수 기간에 시험 응시 원서를 인터넷으로 접수하면 시험 볼 자격을 갖춘 것이다.

지역 선택부터 원서 접수까지

사전 예고가 미뤄지는 가장 큰 이유는 몇 명을 뽑을지 정하기 어렵기 때문이라고 들었다. 수험생에게는 가장 민감한 문제인데, 교육청 입장에서는 예산, 인사, 행정 등 여러 부서의 일과 연결되어 산출이 미뤄지기 일쑤다. 다만 수험생이었던 입장에서, 교사가 된 후로 들은 풍문을 수집하여 논리적인 추론을 하자면 교사 티오에 가장 직접적으로 영향을 끼치는 것은 그해의 정년퇴직, 명예퇴직할 교사의 수다. 만약 그해를 마지막으로 퇴직하는 수학 교사의 수가 30명이라면 필요한 신규 교사의 수도 대략 30명이란 뜻이다. 하지만 꼭 30명이라고는 할 수 없는 게 각 학교에서 기간제 교사를 임용할 수도 있고 휴직, 파견, 교육과정의 변화, 정부의 교육 정책 변화, 교육부의 예산 편성 등으로 필요한 교사의 숫자는 시시각각 바뀌기 때문이다.

어쨌든 확정된 티오가 발표되면 이제 인원을 보고 어느 지역에서 시험을 치를지 아주 신중하게 결정해야 한다(사실상 오래전부터 결정해놓은 이들이 많다). 시험 일자가 모두 같으니 중복 응시는 불가능하고(중복 접수할 경우 무효 처리된다고 쓰여 있다) 하나의 지역을 택해서 시험을 봐야 한다. 선택은 간단하지만 선택하기 위해 고려해야 하는 변수는 굉장히 종합적이고 복합적이다.

가장 먼저 영향을 끼치는 것은 지역별 선발 인원이다. 내가 응시할 과목의 교사를 내가 응시할 지역에서 뽑는지가 가장 중요하다. 내 과목은 수학이어서 그런 걱정이 적은 편임에도 지역에 따라 가끔 아예 뽑지 않는 경우가 있다. 실제로 내가 응시했던 2016학년도 울산 지역 임용시험에서 수학 과목을 뽑지 않아 울산 응시 예정자들은 전부 부산이나 기타 지역으로 눈을 돌렸다.

두 번째는 선발 인원의 증감이다. 내가 응시하려는 지역이 20명을 뽑는다 해도, 작년에 2명을 뽑는데 올해 20명을 뽑는 상황과 작년에는 80명을 뽑았는데 올해 20명을 뽑는 상황은 다르다. 물론 어떤 게 유리하다고 콕 집어 말할 수는 없다. 작년 대비 많이 뽑으면 뽑는 대로 사람들이 몰릴 테고 작년 대비 적게 뽑으면 또 그것대로 사람들이 빠져나가 실제 경쟁률에는 큰 변화가 없을 수 있기 때문이다.

세 번째는 주변 지역의 선발 인원이다. 예컨대 내가 응시할 지역 A가 있고 주변 지역 ㄱ, ㄴ, ㄷ이 있다고 하자. A지역이 올해 많이 뽑는다고 마냥 좋아할 게 아니라 ㄱ, ㄴ, ㄷ지역의 증감도 살펴봐야 한다. 주변 지역의 티오가 줄었다면 응시 인원이 A지역으로 대거 몰려 결과적으로는 경쟁률은 더 높아질수 있다(아마 거의 확실히 높아질 것이다). 반대로 A지역에서 뽑는 인원수가 적다면 주변 ㄱ, ㄴ, ㄷ으로 눈을 돌릴 수도 있다. 작년과 비교해 주변 지역의 선발 인원이 많고 현재 거주지와 그리 멀지 않다면 이 지역들을 시험 응시 장소로 진지하게 고려해볼 만하다.

예를 들어 살펴보자. 다음 자료들은 임용고시 학원 사이트 등에서 무료로 확인할 수 있는 2020학년도 임용시험 확정 티오와 2개년 수학 임용의 지역별 티오다.

2020, 2019학년도 중등 임용 확정 티오(서울~강원)

	서울	경기	부산	인천	대구	대전	광주	울산	강원
국어	57	67	13	4	2	2	3	10	18
수학	67	55	13	5	2	2	2	10	19
물리	21	21	3	3	1	2	2	2	4
화학	23	29	4		3	2	2	5	3
생물	20	26	8	5	1	2	2	3	3
지구과학	5	17	4	4	1	2	2	4	3
일반사회	17	72	8	14	2	3	2	4	6
역사	40	41	12	8	1	2	2	4	10
지리	12	15	4	12	1	3	2	3	6
도덕윤리	42	57	10	7	2	9	3	5	6
체육	72	82	19	18	4	10	3	9	22
음악	35	39	8	4	3	7	1	7	12

미술	34	37	8	5	3	4	1	6	6
한문	6	16		7				3	4
영어	43	38	12	4	2	2	1	2	15
중국어	6	10	2		5				
기술	24	23	6	10	1	2	1	4	
가정	27	16	5	5	2	2	1		8
식물자원조경					2				3
정보컴퓨터	23	26	4	8	5	3	3	5	6
동물자원		3							
건설	7	3		2					2
전기	6	3	1		2				3
전자	6	3	1	5					
기계	15	3	3	7	4		1	2	10
상업	8		2	2	1			3	11
조리	7			3		2		2	
미용	4			2				2	
기계금속									
농공									
특수(중등)	31	34	6	6	13	6	3	4	
보건(중등)		19	7						
보건(초등)		18	4						
보건	55			13	4	12	4	7	10
사서(중등)									
사서(초등)		1							
사서	4		3	5	2	1	1	1	3
상담(중등)		3							
전문상담(초등)		6							
전문상담	16		6	5	11	6	6	1	7
영양	13	45	2	14	3	6	4	7	6
총인원	746	828	178	187	83	92	52	115	206

2020, 2019학년도 중등 임용 확정 티오(충남~세종)

	충남	충북	경남	경북	전남	전북	제주	세종	계
국어	22	9	14	17	20	22	7	9	296
수학	15	9	17	14	15	14	7	13	279
물리	9	2	12	8	4	8	3	3	108
화학	10	2	12	5	6	8	3	3	120
생물	10	6	12	4	5	8	3	3	121
지구과학	9	2	8	7	5	10	3	3	89
일반사회	16	3	14	6	11	14	3	2	197
역사	15	2	14	11	10	10	2	2	186
지리	15	3	9	12	8	10	3	2	120
도덕윤리	20	7	9	9	25	16	4	2	233
체육	28	7	20	18	30	20	4	6	372
음악	15	6	13	9	10	8	4	4	185
미술	15	5	10	2	15	8	3	4	166
한문	8		3	2		8	2		59
영어	15	7	11	18	12	20	5	9	216
중국어		1	3			5			32
기술	15	4	6	6	10	6	4	1	123
가정	15	4	8	4	8	6		1	112
식물자원조경		3	2	3		1			14
정보컴퓨터	12	6	9	15	4	6	2		137
동물자원		2	2	3					10
건설	1				4			4	23
전기	1	3		2					21
전자	1			4				1	21
기계	2	7	7	7					68
상업	11		3	4					45
조리				4				1	19
미용				4				1	13

기계금속						1			1
농공			2	2					4
특수(중등)	14	9	24	3	15	12	5	1	186
보건(중등)				7					33
보건(초등)				9					31
보건	8	5	31		35	15	6	1	206
사서(중등)				2					2
사서(초등)				1					2
사서	3	2	3		9	4	1	1	43
전문상담(중등)				12					15
전문상담(초등)				1					7
전문상담	9	7	9		21	15	4	1	124
영양	6	4	12	18	27	23	5	1	196
총인원	320	127	299	253	309	278	87	75	4235

2020, 2019학년도 중등 임용 수학 최종 티오

지역	예비 티오	2020학년도 최종 티오			2019학년도 최종 티오		
		일반	장애	지역 제한	일반	장애	지역 제한
강원	19	25(△15)	2(△1)		10	1	
경기	55	88(△38)	6(△2)	1(▽9)	50	4	10
경남	17	22(-)	2(-)		22	2	
경북	14	16(△12)	2(△2)		4		
광주	2	2(-)			2		
대구	2	2(▽2)	(▽1)		4	1	
대전	2	2(▽2)			4		
부산	13	21(△8)	1(-)		13	1	
서울	67	65(△18)	6(△3)		47	3	
세종	13	12(-)	1(▽1)		12	2	
울산	10	11(△8)	2(△2)		3		

인천	5	5(▽5)			10		
전남	15	15(▽5)	1(-)		18	1	1
전북	14	19(▽7)	1(▽2)		26	3	
제주	7	16(△13)	2(△2)		3		
충남	15	20(▽3)	2(▽1)		23	3	3
충북	9	8(△2)	1(△1)		6		
총인원	279	349(△92)	29(▽13)	3(△11)	257	42	14

한 가지 팁을 주자면 위 '중등 임용 수학 최종 티오'의 표처럼 각 시도 교육청에서는 과목에 대한 정보를 주지 않는다. 가령 내가 응시할 과목이 수학이고 수학에 대한 정보가 필요하다면 각 시도 교육청 사이트를 찾아다니면서 수학 과목 모집에 대한 정보를 모아야 한다. 임용시험 사이트를 찾아본다면 교육청별로 정리된 자료가 아닌 나에게 필요한 '과목'별로 정리된 자료를 쉽게 찾을 수 있으니 이를 적극 활용하면 좋다.

이렇게 자료를 모아놓고 자신의 교육관, 거주지, 연고지, 모집 인원, 경쟁률, 1차 시험 합격 커트라인(2차 시험부터는 시도 교육청별로 문제가 다를 수 있어 비교에 큰 의미가 없다)을 종합적으로 비교하고 응시할 장소를 고르면 된다. 지역 선택에 있어서 고민의 방법은 제각각이나 이 또한 자기 이해의 정도에 따라 결정의 속도와 결정 이후의 흔들림에서 차이가 난다. 다만 1년에 한 번밖에 없는 시험이고 빠른 합격을 원한다면 합격을 위해 모을 수 있는 자료는 전부 모아 신중하게 택해야 할 것이다.

시험을 준비하던 2016학년도 임용시험 때는 나(이준건) 또한 큰 고민이 있었다. 서울이냐, 경기냐, 아니면 세종이냐? 제주도에 살고 싶다는 생각에 잠시 제주도 후보에 올렸지만 제주대학 사범대를 나온 이들이 대부분이라는 이야기를 들었고 막상 타지 생활을 잘해낼 자신이 없었다. 세종은 학부모의 직업이 공무원인 자녀가 많아 준수하고 무난한 직장 생활을 할 수 있고 앞으로 발전 가능성이 있는 지역이라고 들어 고민됐고 서울과 경기는 가장 유력한 두 후보였지만 역시 마음에 걸리는 것이 있었다. 나는 서울 사람이니까 출퇴근을 생각하면 당연히 서울로 응시하는 것이 맞다고 생각했지만 당시 서울 지역은 모든 지역 출신의 쟁쟁한 실력자들이 진검 승부를 가리는 장소라는 인식이 강했고, 내가 그 틈바구니에서 초수 응시자로서 합격할 수 있을지 걱정이 컸다. 경기도로 시험을 쳐서 합격한다면 새로 바뀔 예정이라는 2차 시험이 막막했고 그 넓은 경기도의 어떤 동네에서 출퇴근하게 될지도 걱정이 되었다. 고민 끝에 서울 응시로 결심했고, 원서 접수가 시작되자 접수를 마친 후 다시 공부 모드로 돌입했다.

위의 내용을 전부 종합하면 이렇게 요약할 수 있다.

- 자료를 모으는 것은 시도 교육청 사이트보다는 임용고시 학원 사이트에 더 잘 정리돼 있다.
- 초수 합격을 생각할수록 응시 지역을 더욱 신중하게, 여러 요소를 반영해 고려해야 한다.
- 결국 지역에 있어서도 구체적인 정보와 더불어 나에 대한 이해가 고민의 속도와 이후의 지구력을 결정할 것이다.

이제 원서 접수가 남았다. 응시 원서 접수는 각 시도 교육청이 만든 자체 사이트에서 한다. 접수 방법은 시험 공고와 함께 설명된 것을 따르면 된다. 유의할 점은 모든 공공기관 사이트가 그러하듯 처음 접속하면 키보드 보안 프로그램, 액티브 엑스, 암호화 프로그램 등등 설치하라고 요구하는 것이 많다는 것이다. 불안정하고 반응 속도도 느려 일생일대의 원서를 접수하는 응시생 입장에서는 신경이 상당히 날카로워진다. 마음을 비우고 차분히 접수를 시도하자. 원서 접수 요령 파일은 출력해서 한쪽에 두고 사진 파일은 바탕화면에, 한국사 자격증 번호는 메모지에 적어두는 등의 준비를 한 뒤, 두 번 정도 실패해도 화내지 말자는 겸허한 마음으로 응시 원서를 접수하면 멘털에 큰 무리 없이 원서 접수에 성공할 것이다.

원서 접수는 5일간 한다. 월, 화, 수, 목, 금. 2020학년도 임용시험 접수는 10월 21일(월) 오전 9시부터 10월 25일(금) 오후 6시까지 진행되었다. 특이한 점은 월, 화, 수, 목은 매일 마감 시간에 그날까지의 접수 인원을 알려준다는 것이다.

1~4일 차 접수 인원을 공개한다는 것은 수험자가 응시 지역을 선택할 때 눈치작전을 사용할 수 있다는 뜻이다. 나는 눈치작전을 쓰기 싫었고 앞서 말했듯이 빨리 공부에 집중하는 작전으로 1일 차에 서울 지역을 접수하고 신경을 껐다(초수 합격한 입장에서 지금 생각하면 매우 현명한 작전이었던 것 같다). 예상 가능한 사실이지만 이런 식의 접수 방식은 1~4일 차는 접수 인원이 조금씩 오르다가 5일 차에 접수 인원이 몰린다. 다들 서로의 눈치를 살피다 마지막 날에 부랴부랴 결정하는 것이다. 5일 차, 그러니까 마지막 접수 인원, 다른 말로 최종 접수 인원은 금요일 밤에 올라오지 않는다. 금요일 오후 6시를 마지막으로 접수를 마감하면 그 다음 주 수요일이 되어서야 최종 접수 인원을 발표하는데, 추측하기로 월~화요일에 교육청 공무원들이 나와서 시험에 대한 전반적인 회의를 하는 것이 아닐까 싶다. 이렇게 응시 원서 접수를 마친 뒤 수요일에 최종 지원 현황이 공개되면 비로소 올해 자신의 경쟁률을 알 수 있다. 실제 최종 경쟁률은 매년 달라진다.

1차 시험

아래 내용은 2015~2020학년도 서울 지역 중등 임용을 기준으로 작성했다. 그 몇 년 전만 하더라도 임고는 2차가 아닌 3차 전형에 걸쳐 선발했지만 현재는 모든 지역에서 2차 전형까지 이뤄지고 있으며, 경기 지역에서는 2차에서 토론 면접이 있는 등 약간의 차이가 있다.

응시 원서 접수 다음 주 수요일 오전 10시에 최종 경쟁률이 공개된다. 참고로 최근 서울 지역 수학 경쟁률은 2020학년도 13.02대 1, 2019학년도 20.3대 1, 2018학년도 14.63대 1을 기록했다. 내가 응시했던 2016학년도 시험 때는 17대 1로 전년도인 2015학년도의 12대 1에 비해 유의미하게 늘어난 수치라 썩 유쾌하진 않았다. 결코 낮지 않은 경쟁률이 공개되면 별의별 생각이 다 든다. '내가 저 경쟁률을 뚫고 합격할 수 있을까?' '이번에 불합격하면 내년엔 어디서 어떻게 공부하지?' '오, 제발 합격' 등등. 이런 고민할 시간에 전공 서적한 줄이라도 더 보거나 합격 후를 상상하며 긍정적인 에너지를 얻는 게 도움이 되지만 대부분의 사람은 높이 치솟은 경쟁률을 보고 심리적으로 억눌려 자신의 가능성을 보지 못하는 듯해 안타깝다. 1차 시험 장소는 시험 약 1주 전에 공개된다. 나는 2015년 12월 5일(토)에 시험을 치렀기에 그 한 주 전 금요일인 2015년 11월 27일에 장소가 공개되었다. 시험 장소를 알게 되면 당일 이동 계획을 세우고 장소에 대한 이미지 트레이닝을 하기도 한다.

나는 시험 당시 대학 4학년으로 마지막 학기를 다니고 있었다. 듣는 학점수는 3학점. 내 시험 장소는 광진구에 있는 자양중학교였는데 매우 생소했던 곳이라 하루 전날인 4일(금)에 미리 답사를 다녀왔다. 중요한 시험을 하루 앞두고 그간 공부한 내용을 정리하거나 불안한 마음을 다스리는 게 더 효과적일 수도 있겠지만, 수능시험 때 예비소집일에 시험장을 다녀온 것이 마음의 안정을 가져다주었던 기억을 되살려 미리 다녀왔다. 유일하게 수강하던 전공 수업을 마치고 한양대에서 귀가하는 길에 지도 어플을 켜 자양중 가는 길을 검색했다. 가장 가까운 역은 2호선 건대입구역이었다. 가장 가까운 출구를 찾고 내릴 칸을 찾고 최단 이동 경로를 탐색한 뒤 천천히 걸어갔다. 이상하게 시험 당일에 미리 답사를 다녀온 날이 더 생생하게 기억난다. 날씨는 조금 쌀쌀해서 입김이 나지만 추워서 몸을 움츠릴 정도는 아니었다. 타이머를 켜고 지하철역에서 얼마나 걸어야 목적지에 도착하는지를 확인했다. 횡단보도가 있는 곳을 눈여겨봐두고 몇 분간 이런저런 생각을 하니 자양중에 도착했다. 지도에서 확인할 수 없는 학교의 전경과 잘 보이지 않는 곳에 위치한 교문을 확인할 수 있었다. 미리 와서 교문의 위치를 확인해보길 잘했다는 생각을 하고 천천히 학교를 둘러보고 귀가했다. 드디어 내일 시험이라는 생각이 들었고 '떨어지면 어쩌지'라는 생각보다는 '내일 시험을 후회 없이 잘 치르자!'는 결심이 차올랐다. 답사를 다녀온 것이 안정감을 주는 데 큰 기여를 한 것 같았다.

미리 다녀오면 많은 것을 알 수 있다. 공고문에는 도보 15분 거리라고 적혀 있어도 다양한 변수에 의해 그 시간은 바뀔 수 있다. 실제 내 걸음으로 얼마나 걸리는지를 확인해보니 길어야 10분 남짓한 시간이 걸린다는 것을 알 수 있었다. 중요한 날에 처음 가는 길을 걷는다는 것은 신경이 꽤 곤두서는 일이다. 이런 상황에서 이미 한 번 걸었던 길을 다시 걷는 것만으로도 큰 효과가 있을 것이다. 동선에 필요한 시간이 나오니 이튿날 시간 운용을 나에게 맞춰 효율적으로 계획할 수 있었다. 또 불안감이 자신감으로 전환되는 계기도 되었다.

시험 날은 오전 8시 30분까지 입실이다. 따라서 나는 여유 시간까지 계산해서 8시까지의 입실을 목표로 출발했고 여유롭게 도착했다(시험을 잘 보기 위해서는 시험장에 여유롭게 도착하는 것이 필수라고 생각한다). 각 학교의 후배들이 응원을 나와 있어 '오늘 정말 시험을 보는구나'라는 느낌이 물씬 와닿았다. 수능날의 데자뷔를 느꼈고 '재수하면 어떻게 하지?'라는 생각이 잠깐 고개를 들 뻔했지만 오늘 최선을 다하자는 생각만 하기로 했다. 수능 2주 뒤의 시험이라 조금 더 추웠는데, 힘차게 교문으로 들어서려는 순간 나를 불렀던 후배들과 그들이 준 따뜻한 모과차의 맛을 아직 잊지 못한다. 어쩌면 나에게 응원 음료를 전해주기 위해 아침 일찍 준비한 후배들의 마음이 애틋해서 기억에 더 강렬하게 남았던 것 같다(여담이지만 이후에 황순찬은 저학년 후배들이 얼굴도 모르는 선배를 응원하는 것보다 현직 교사인 가까운 선배들이 응원해주는 게 더 좋지 않을까 생각했다. 그래서 재직 중인 교사들이 와서 후배, 동기들의 임고 시험을 응원해주는 문화를 만들어냈다).

고사장에 들어섰고 자료를 보다가 1차 필기 시험이 시작되었다. 1차 시험 시간, 배점, 출제 범위는 아래와 같다.

시험 과목 및 유형			문항수	배점	출제 범위(비율) 및 내용
교육학	1교시 9:00~ 10:00 (60분)	논술형	1문항	20점	·교육부 고시 제2017-126호(2017.8.30.)의 부칙 제3조(경과조치)제12호에 근거한 [교육부 고시 제2015-73호](2015.10.1.)의 [별표2] '교직 과목의 세부 이수 기준'에 제시된 교직이론 과목 -교육학개론, 교육철학 및 교육사, 교육과정, 교육평가, 교육 방법 및 교육공학, 교육심리, 교육사회, 교육행정 및 교육경영, 생활 지도 및 상담 ※ 특수(중등) 과목, 비교수 교과도 동일하게 적용

전공		2교시 10:40~12:10 (90분)	기입형	4문항	8점	40점	·교육부 고시 제2017-126호(2017.8.30.)의 부칙 제3조(경과조치)제12호에 근거한 교육부 고시 제2015-73호(2015.10.1.)의 [별표3] '교사자격종별 및 표시 과목별 기본이수 과목(또는 분야)'에 제시된 과목
	전공 A		서술형	8문항	32점		단, 전기, 전자, 기계 과목은 교육부 고시 제2016-106호(2016.12.23.) [별표3] '교사자격종별 및 표시 과목별 기본이수과목 (또는 분야)'에 제시된 과목을 적용함
	전공 B	3교시 12:50~14:20 (90분)	기입형	2문항	4점	40점	-교과교육학(25~35퍼센트): 표시 과목의 교과교육학(론)과 임용시험 시행 공고일 현재 국가(교육부 등)에 의해 고시되어 있는 총론 및 교과교육과정까지
			서술형	9문항	36점		-교과내용학(75~65퍼센트): 표시 과목의 교과교육학(론)을 제외한 과목 ※ 외국어 과목은 해당 외국어로 출제 ※ 특수(중등) 과목도 동일하게 적용 ※ 비교수 교과는 교과내용학에서 100퍼센트 출제
소계				23문항	80점		
계(배점)				24문항	100점		

주목할 점은 교시마다 쉬는 시간이 40분씩으로 길게 책정되어 있다는 것이다. 표로 보면 40분이 길게 느껴지지만 막상 겪어보면 길지 않다. 시험을 마치고 시험지를 걷어가고, 매수를 확인하는 과정에서 시간이 오래 걸리며 시험 시간 10분 전에는 미리 앉아 있어야 한다는 점에서 실제 내가 활용할 수 있는 시간은 20분 정도밖에 안 된다. 점심시간이 따로 있는 것도 아니다. 그래서 2교시와 3교시 사이에 먹어야 할 듯 싶은데, 수험생에게 허락된 시간은 20분뿐이기 때문에 도시락 먹기도 애매하다. 나는 이 문제를 해결하기 위해 두 가지 방법을 병행했다. 첫째, 점심식사 시간을 조금씩 뒤로 미뤄서 오후 3시에 점심을 먹는 습관을 들였다. 둘째, 그렇게 먹는 점심의 양도 조금씩

줄였다. 그렇게까지 해야 하나 싶지만 당시의 나로서는 첫 시험의 기회가 너무나 중요했고 시험을 망칠 가능성이 있는 것은 가능한 한 모두 제거하거나 줄이고 싶었다. 다만 허기가 지면 초콜릿이나 간단한 떡 종류를 먹어 당분이 떨어지지 않게 했다. 두뇌 회전에는 당 공급이 필수적이기 때문이다!

1차 시험은 100점 만점 총 3개의 교시로 이뤄진다. 1교시는 교육학, 60분, 20점. 2교시는 전공 A, 90분, 40점. 3교시는 전공 B, 90분, 40점. 1차 시험을 통해 선정 인원의 1.5배수를 선정한다. 가령 올해 서울 지역 수학 과목을 20명 뽑겠다고 공고가 나고 200명이 지원한다면 경쟁률은 10대 1이 된다. 그리고 1차 시험을 통해 점수가 높은 순서대로 20명의 1.5배수인 30명을 높은 점수대로 뽑는다. 굳이 계산해본다면 1차 시험 경쟁률은 약 6.7대 1이 되는 것이다. 단, 합격자 산정 때 과락이라는 개념이 적용된다. 과락은 각 과목에서 점수의 40퍼센트를 달성하지 못한 경우 1.5배수 안에 들었다 해도 1차 합격이 취소되는 것을 말한다. 예를 들어 홍길동이 시험을 쳤고 그 시험의 커트라인이 60점이라고 하자. 홍길동의 점수가 교육학 0점, 전공 A 40점, 전공 B 40점으로 총 80점이라면 커트라인을 여유 있게 넘겼지만 교육학에서 과락에 걸려 불합격이다. 과락은 교육학을 등한시하고 전공만 공부하는 것을 막아 임용시험에 타당성을 부여하는 효과가 있다. 각 과목 점수의 40퍼센트가 과락 점수이므로 1교시는 8점, 2교시와 3교시는 16점이 과락 기준 점수가 된다. 어차피 전공에서 과락 점수를 받는다면 합격권에서 크게 멀어지므로 실제 과락으로 걸러지는 경우의 대부분은 교육학이다. 수학 교과는 전공에서 고득점하는 것이 합격의 열쇠인 만큼 교육학을 아예 보지 않는 학생들을 막기 위해 꼭 필요한 장치라고 생각한다. 교육학 시험은 60분간 20점 만점으로 논술형 시험을 치른다. 아래는 기출 문제 예시다.

2019학년도 중등학교 교사 임용후보자 선정경쟁 시험 교육학 기출 문제

다음은 ○○중학교 김 교사가 모둠활동 수업 후 성찰한 내용을 기록한 메모다. 김 교사의 메모를 읽고 '수업 개선을 위한 교사의 반성적 실천'이라는 주제로 학습자에 대한 이해, 교육과정의 편성과 운영, 평가 도구의 제작, 교사의 지도성에 대한 내용을 구성 요소로 하여 논하시오. [20점]

#1 평소에 A 학생은 언어 능력이 뛰어나고 B 학생은 수리 능력이 우수하다고만 생각했는데, 오늘 모둠활동에서 보니 다른 학생을 이해하고 도와주면서 상호작용을 잘하는 두 학생의 모습이 비슷했어. 이 학생들의 특성을 잘 살려서 모둠을 이끌도록 하면 앞으로 도움이 될 거야. 그런데 C 학생은 모둠활동에 참여하는 것을 좋아하지 않았지만 자신의 감정과 장단점을 잘 이해하는 편이야. C 학생을 위해서는 자신의 강점을 살릴 수 있는 개별 과제를 먼저 생각해보자.

#2 모둠활동에 적극적으로 참여하지 못한 학생이 몇 명 있었지. 이 학생들은 제대로 된 학습 경험을 갖지 못한 것이 아닐까? 자신의 학습 경험에 대해 어떻게 느꼈을까? 어쨌든 모둠활동에 관해서는 좀더 깊이 고민해봐야겠어. 생각하지 못했던 결과가 이 학생들에게 나타날 수도 있고……

#3 모둠을 구성할 때 태도나 성격 같은 정의적 요소도 반영해야겠어. 진술문을 몇 개 만들어 설문으로 간단히 평가하고 신뢰도는 직접 점검해보자. 학생들이 각 진술문에 대한 반응을 등급으로 선택하면 그 등급

점수를 합산할 수 있게 해주는 척도법을 써야지. 설문 문항으로 쓸 진술문을 만들 때 이 척도법의 유의점은 꼭 지키자. 그리고 평가를 한 번만 실시해서 신뢰도를 추정해야 할 텐데 반분검사신뢰도는 단점이 크니 다른 방법으로 신뢰도를 확인해보자.

#4 더 나은 수업을 위해서 새로운 지도성이 필요하겠어. 내 윤리적·도덕적 기준을 높이고 새로운 방식으로 학생들을 대하자. 학생들의 혁신적·창의적 사고에 자극제가 될 수 있을 거야. 학생들을 적극 참여시켜 동기와 자신감을 높이고 학생 개개인의 욕구에 특별한 관심을 가지며 잠재력을 계발해주어야지. 독서가 이 지도성의 개인적 신장 방안이 될 수 있겠지만, 동료 교사와 함께하는 방법도 찾아보면 좋겠어.

〈배점〉
• 논술의 내용[총 15점]
-#1과 관련하여 하워드 가드너의 다중지능이론 관점에서 A, B 학생의 공통적 강점으로 파악된 지능의 명칭과 개념, 김 교사가 C 학생에게 제공할 수 있는 개별 과제와 그 과제가 적절한 이유 각 1가지[4점]
-#2와 관련하여 랠프 타일러의 학습 경험 선정 원리 중 기회의 원리로 첫째 물음을 설명하고 만족의 원리로 둘째 물음을 설명, 필립 잭슨의 잠재적 교육과정의 개념을 쓰고 그 개념에 근거하여 김 교사가 말하는 '생각하지 못했던 결과'의 예 제시[4점]
-#3에 언급된 척도법의 명칭과 이 방법을 적용하기 위하여 진술문을 작성할 때 유의할 점 한 가지, 김 교사가 사용할 신뢰도 추정 방법 한 가지의 명칭과 개념[4점]

-#4에 언급된 번스와 바스의 지도성의 명칭, 김 교사가 학교 내에서 동료 교사와 함께 이 지도성을 신장할 수 있는 방안 두 가지[3점]

• 논술의 구성 및 표현[총 5점]
-서론, 본론, 결론 형식의 구성 및 주제와의 연계성[3점]
-표현의 적절성[2점]

지문 하나를 주고 그와 관련된 여러 교육학 지식에 대한 내용을 문제에서 요구하는 대로 논술하면 된다. 배점은 적힌 대로 논술 내용에 15점, 구성 및 표현에 5점이다. 논술형이라고는 하지만 채점하는 사람 입장에서는 어느 정도 정답이 정해져 있다. 문제에서 요구하는 사항을 모두 지키는 것이 고득점으로 가는 가장 빠르고 정확한 길일 것이다. 위 기출 문제에서 주어진 '요구 사항'들은 아래와 같다.

• 서론 본론 결론을 모두 갖출 것
• 교육기획, 교육과정 조직, 학생 참여 중심 수업, 타당도에 관하여 논할 것
• 두 가지씩 제시할 것(#4)

이런 사항들을 빠짐없이 갖춰 쓰면 된다. 두 가지를 제시하라고 했는데 한 가지만 썼다면 감점될 것이고 두 가지를 썼다 해도 틀린 내용이라면 감점, 세 가지를 쓸 경우에는 앞에서부터 순서대로 두 가지에 대해서만 채점한다고 공지되어 있다. 논술형 시험이라고 하지만 실제로 임용시험 교육학 논술을 준비하다보면 논술형이라기보다 교육학 내용들을 죄다 외운 뒤 자신이 아는 내용

을 잘 풀어 써서 낸다는 느낌이 강하게 든다.

논술형이라고 해도 찬반이 있거나 가치에 따라 서로 다른 주장을 할 수 있는 주제에 대해 논하는 것이 아니라 정답이 정해져 있는 내용을 채점자가 읽기 쉽게 써서 내는 것이고, 그 내용도 문제에서 요구하는 서너 가지의 교육학 내용을 쓰는 것이다. 마지막으로 주의할 점은 적은 서너 가지 내용이 한 가지 주제를 관통하고 있어야 한다는 것이다. 2017학년도 임용시험에서 그 주제는 '2015 개정 교육과정의 실질적인 구현 방안'이었다. 이 주제는 보통 문제에서 논술의 구성 및 표현[5점]이라는 배점에 포함되어 있는데 1점이라도 올리고 싶다면 처음 서론과 마지막 결론에서 이와 관련된 내용을 언급하는 게 고득점의 비결일 것이다.

2, 3교시는 전공 A, B다. 수학을 예로 들어 얘기하면, 수학 교과 시험에서 공부해야 하는 전공 과목은 열 과목이다. 해석학, 현대대수, 위상수학, 정수론, 선형대수, 이산수학, 확률과 통계, 복소해석학, 미분기하학, 수학교육론. 전공 A, B 모두 열 과목씩 골고루 나온다. 전공에 따라 A, B를 나눈 것이 아니다. 2020학년도 임용시험부터 전공 문제의 유형과 문항수의 디테일이 약간 바뀌었는데 옆쪽의 표와 같다.

기입형 문항은 모두 2점짜리이며 답을 썼는지 아닌지로 평가한다. 풀이과정 일절은 채점 대상에 들어가지 않고 정답을 썼다면 2점, 그 외의 답을 썼다면 0점인 구조다. 서술형은 모두 4점짜리로 답과 풀이과정을 동시에 채점한다. 어떤 기준으로 채점하는지는 공개하지 않지만 공통된 채점 기준으로 여러 사람이 각자 채점한다고 설명되어 있다. 다음 쪽에 평가원 홈페이지에 공개된 채점 과정이 나와 있다.

2교시, 3교시는 각각 90분간 치러진다. 가장 중요한 주의 사항은 답안지를

현행 (2018년 말 시행 예정인 2019학년도 임용시험까지 적용)					조정안 (2019년 말 시행 예정인 2020학년도 임용시험부터 적용)					
시험 과목 및 유형			문항수	배점(모든 교과 동일)	시험 과목 및 유형			문항수	배점(모든 교과 동일)	
교육학	1교시 (60분)	논술형	1문항	20점	교육학	1교시 (60분)	논술형	1문항	20점	
전공	전공 A	2교시 (90분)	기입형	8문항	16점	40점	전공	전공 A	2교시 (90분)	기입형	4문항	8점	40점

실제 표 구조:

현행 (2018년 말 시행 예정인 2019학년도 임용시험까지 적용)					조정안 (2019년 말 시행 예정인 2020학년도 임용시험부터 적용)				
시험 과목 및 유형			문항수	배점(모든 교과 동일)	시험 과목 및 유형			문항수	배점(모든 교과 동일)
교육학	1교시 (60분)	논술형	1문항	20점	교육학	1교시 (60분)	논술형	1문항	20점
전공	전공 A / 2교시 (90분)	기입형	8문항	16점 → 40점	전공	전공 A / 2교시 (90분)	기입형	4문항	8점 → 40점
		서술형	6문항	24점			서술형	8문항	32점
	전공 B / 3교시 (90분)	서술형	5문항	20점 → 40점		전공 B / 3교시 (90분)	기입형	2문항	4점 → 40점
			2문항	10점					
		논술형	1문항	10점			서술형	9문항	36점
소계			22문항	80점	소계			23문항	80점
계(배점)			23문항	100점	계(배점)			24문항	100점

2020학년도 임용시험부터 적용되는 전공 문제의 유형과 문항 수

쓸 때 밀려 쓰는 등의 실수를 하지 말라는 것이다. 컴퓨터 사인펜으로 마킹하는 객관식 시험이라면 밀려 써도 답안지를 교체해 새로 작성하는 데 긴 시간이 걸리지 않는다. 큰 시험에서는 수정테이프로 수정하는 것도 가능하다. 하지만 임용시험은 모든 시험이 주관식이고 서술형 문제가 있다. 이 점을 고려한다면 시험 시간에 답을 잘못 쓰는 것은 가장 피해야 할 일이다. 임용시험 9번 답안지에 10번 답을 작성한다면 채점자가 그것을 봐줄까? 절대 '아니오'다. 임용시험 채점 규정상 9번 답에 작성한 답은 9번에 해당되는 채점 기준으로만 평가한다. 답안지에 적힌 9라는 문항 번호를 10으로 고친다면? 그래도 '아니오'다. 이 점에 대해 생각해본 적이 있는데 채점위원에게 가는 파일은 답안지 원본이 아니라 스캔한 파일이라서 그런 게 아닐까 싶다. 그것도 9번 채

▸ 공정하고 객관적이며 정확한 채점 업무 수행을 위한 채점시스템 운영

채점위원 워크숍	문항의 평가 목표, 채점 기준, 모범 답안 숙지
가채점	채점위원 간 동일 문항, 동일 답안에 대한 가채점 실시, 가채점 결과에 대해 채점위원들이 비교 협의하여 채점 기준의 일치도 제고, 채점위원간 신뢰도 확보
채점기준의 수정·보완	필요한 경우 정해진 절차에 따라 채점 기준을 수정·보완하여 채점위원 3인이 모든 답안지에 동일하게 적용
채점위원 3인의 독립 채점	확정된 채점 기준에 따라 하나의 답안에 대하여 3인이 독립적으로 채점 후 평균 점수 산출

□ **채점 절차**

채점위원 워크숍 ⋯> 가채점 ⋯> 채점기준의 수정·보완 ⋯> 채점위원 3인의 독립 채점

□ **모범답안 및 채점기준 비공개**

"공공기관의 정보공개에 관한 법률" 제9조 제1항 제5호의 규정과 "중등교사 신규임용전형공동관리위원회"가 한국교육과정평가원에 위탁한 사항에 따라 중등교사 임용시험 문항의 '모범답안'과 '채점기준' 은 비공개 원칙 준수

중등 임용 채점 과정

점 위원에게는 9번에 해당되는 부분만 잘라서 파일이 간다면 엄격하게 채점하는 것도 이해가 된다. 시험이라는 제한된 상황에서 밀려 쓰기, 답안 바꿔 쓰기 등 답안지에 하는 실수는 생각보다 쉽게 발생한다. 한번 밀려 쓰면 자신의 실수를 깨달을 때까지 시간을 두 배로 잡아먹게 된다. 밀려 쓰느라 사용한 시간과 다시 쓰는 시간을 모두 허비한다. 시험 후반부에야 밀려쓴 걸 깨닫는 경우가 대부분이라는 점에서 한번 밀려 쓴다면 그해의 시험은 완전히 어그러진 것이다. 수험생 시절을 떠올려보면 답안지에 답안을 쓰는 것도 생각 이상으로 섬세한 작업이었다. 시험지 여백에 문제를 풀고 그 내용을 깔끔하게

답안지로 옮겨 적는 것은 이중 작업이라는 생각이 들어서 이중 작업을 간략하게 하기 위해 나는 시험지에 풀이 계획을 정해두고 답안지에 풀이를 적을 때 한꺼번에 풀려고 노력했다. 이때 계산은 틀리지 않는지, 답안지 문항 번호는 맞게 쓰고 있는지 등을 중점적으로 확인했다. 실제로 내 친구 한 명은 답안지를 밀려 써서 첫해의 시험을 망쳤다. 물론 자신이 쓴 글씨 위로 줄을 두 번 그어 수정이 가능하지만 칸은 정해져 있다. 어느 정도 쓰고 깨달았다면 그 문제는 수정이 가능하지만 3줄 이상 쓴 상황에서 (전체 서술형 분량은 4줄이므로) 온전한 답을 쓰고 싶다면 답안지를 통째로 교체해야 한다. 어쨌거나 임용시험에서 서술형 4점은 상당히 소중한 점수다. 4점이면 합격의 당락을 가를 수 있는 것은 물론이고 어쩌면 수석을 노릴 사람이 합불을 걱정할 정도의 점수다. 아는 문제라면 답을 써야 한다. 하지만 답안지를 교체하다가 시간이 부족해 알던 문제들도 건드릴 수 없다면 어떻게 할까? 이런 문제를 고민하는 동안에도 시간은 흐른다. 결국 초조해져서 또다시 자신에게 손해다. 가장 좋은 방법은 애초에 실수하지 않는 것이다. 그러니 제발 답안지를 작성할 때 틀리지 않도록 조심하자.

대입이라는 인생일대 천왕을 이겨낸 게 엊그제 같은데, 벌써 찾아온 2대 천왕(취업) 임용고시. 수년간 달려온 결과가 하루 만에 대부분 결정되는 것은 부담스러운 일이지만, 위기 속에 기회가 있다. 1차 시험에서 중요한 유의 사항도 이미 조금 언급했는데, 관련해서 아래의 중등 임용에 관한 유의 사항들을 참고해 최대한 실수 없이 시험을 치르길 바란다.

합격자가 말해주는 임용시험 주의 사항

(1) 시험장에 미리 가보자

개인에 따라 차이가 있지만 1년에 한 번뿐인 시험이고 모두에게 간절한 기회이다보니 긴장된다. 시험장이 가본 곳이라면 이야기가 달라지지만 처음 가는 지역이고 부담 없이 다녀올 수 있다면 전날 미리 다녀올 것을 권한다(거리가 멀어 다녀오기 부담되면 로드뷰로 세세히 지형을 찾아보자). 익숙한 길의 100미터와 처음 가는 길의 100미터는 물리적으로 같을지언정 심리적으로 다르게 느껴진다. 불안감 등을 동반하기 때문이다. 또 의외로 교문이 구석에 있어 찾기 어려울 수 있고 횡단보도가 많아 걸어서 가는 데 시간이 오래 걸릴 수도 있다. 여러 돌발 상황과 그 대처 방안을 상상하면 시험 불안감을 해소하는 데 큰 도움이 될 것이다.

(2) 보온 장비는 많을수록 좋다

많은 수험생이 복장이나 필기구처럼 시험 치르는 환경을 최대한 공부하던 환경과 맞추려고 할 것이다. 하지만 수험생 마음대로 할 수 없는 것도 있다. 처음 사용하는 책상과 의자, 낯선 온도 등 가능한 한 원래의 환경과 맞추려 해도 한계가 있다. 수험생이 조심해야 하는 환경은 추위다. 사람마다 체감하는 기온이 다르기 때문에 모두 만족하는 난방 정도를 정할 수 없는 데다, 행여 정한다고 해도 따뜻한 바람을 바로 맞는지, 온도만 전해져 느끼는지에 따라 시험 기량에 영향을 주게 된다. 내가 추천하는 방법은 가능한 한 탈착이 자유로운 보온 도구를 충분히 가져가는 것이다. 속옷에 붙이는 보온팩, 손에 흔들며 쥐는 보온팩, 수면양말 등 체온을 유지할 수 있는 물건들을 챙겨가는 게 좋다(내복은 권하지 않는다. 더울 때 벗을 수 없어 난감하다). 논술형, 서술형 문항 위주의 시험이라 손을 쉴 틈 없이 놀려야 하는데 난방이 잘 안 돼 손이 얼어버려 기량을 맘껏 펼치지 못하면 억울할 것이다. 따뜻하면 사용하지 않으면 그만이니 충분하게 가져가자. 반대로 손에 땀이 많은 사람은 손수건을 챙겨가자.

(3) 쉬는 시간 40분이라고 생각하면 안 된다

앞서 언급했지만, '40분이면 특정 과목을 한 바퀴 돌리기에 충분한 시간이지!'라고 생각하면 낭패다. 앞 과목 답안지를 걷어가고 다음 시험을 위해 감독관이 입실하는 시간을 제외하면 20분 내외의 시간만 사용할 수 있다. 실제 시험장에서는 소지품 일체를 교실 앞쪽에 모아 비치하기 때문에 다른 사람들의 짐과 뒤섞여 자기 짐을 식별하기 어렵다. 또 다른 사람들의 짐이 쌓여 있어 자기 물건을 꺼내기 곤란한 상태라면 실제로 책을 펼쳐서 요약 정리를 할 수 있는 시간은 더 줄어들 것이다. 1교시가 시작되기 전에 모든 짐을 제출하게 되어 있는데 다시 꺼내기 좋은 위치에 가방을 놓길 권한다(그렇더라도 다른 수험생들이 꺼내기 불편하게 만들지 않도록 해야 한다).

(4) 화장실에 갔다 오면 재입실은 불가능하다

시험 중에 급한 화장실 용무가 생기면 어떻게 해야 할까? 수능에서는 다녀오는 것이 불가능하다고 공지된다. 하지만 실제 감독관에게는 '수험생과 동성인 감독관이 동행하여 수상한지 확인한 뒤 지정된 칸에서 사용하게 하라'고 교육한다. 아마도 인권 침해 소지가 있어 바뀐 것 같다. 임용시험에서도 이와 똑같이 다녀오는 것이 가능하리고 생각해서는 안 된다. 임용시험에서는 화장실 다녀오는 것이 불가능하다. 만약 정말 급박한 상황이어서 다녀오고 싶다고 한다면 갈 수는 있지만 재입실이 불가능하다. 재입실이 불가능하다는 것을 수험생에게 주지시킨 후 화장실에 데려다놓은 뒤 수험생 대기실로 인계한다. 화장실을 가고 싶다면 답안을 다 썼는지 확인하고 다녀오자. 하지만 경험상 1교시 60분과 2, 3교시 90분은 합격권 안에 들기 위해 꽉 채워 쓰기도 부족한 시간이다. 화장실을 다녀오면 합격에서 멀어졌다고 보는 게 맞다. 컨디션 조절도 실력이니 미리미리 연습하자.

(5) 답안지 쓸 때 실수하지 말자

앞에서도 얘기했지만 너무 중요해서 한 번 더 강조한다. 절대 답안을 밀려 쓰거나 하지 말자. 감독관 교육을 할 때도 이 점을 교육한다. '답안지 교체는 가능하지만 시험 시간이 다 되면 바로 답안지를 회수할 것'을 주지시킨다. 전공시험 90분 중에 첫 20분 즈음 실수를 한다면 많이 밀려 쓰지도 않았다는 뜻이고 바로잡기에도 아직 70분이라는 충분한 시간이 있지만 만약 시험 시작 후 70분 정도 지난 뒤 밀려 썼다는 것을 깨닫는다면 사태는 심각해진다. 9번 답안지에 10번 문제의 답안을 적었다고 해서 참작해서 채점해주지 않는다. 9번 답안지의 답은 오로지 9번에 대한 풀이로 채점될 수 있다. 서술형이니 논리적으로 채점 기준에 맞게 잘 쓰는 것도 중요하고 시험 시간을 투자해야 하는 일인데 밀려 쓴다면 지금까지 들인 시간이 수포로 돌아가는 것은 물론 남은 시간도 촉박해져 새로운 답안을 작성할 수도 없게 된다. 답안을 적을 때는 맞는 칸에 제대로 적고 있는지 꼭 확인하자. '이런 실수를 누가 하겠어'라고 생각하겠지만 매년 주변에서 몇 명은 이런 실수를 저질러 다음 시험을 기약하기도 한다. 아무래도 시험 상황이라는 긴장된 환경이 시야를 좁게 하는 것 같다. 본인이 그럴 수도 있다 여기고 주의해서 치르도록 하자.

그 외에 임용 필기 시험 당일 이미지 트레이닝하는 법

세상의 모든 시험, 면접에서는 이미지 트레이닝이 중요하다. 왜냐하면 시험은 실력순이 아니기 때문이다. 필기 시험 자체가 이미 문제를 잘 푸는 능력순으로 평가된다. 특히 '선별'의 성격이 강한 수능, 임용은 더 그렇다. 실력 없는 사람이 뽑힌다는 말이 아니라, 실력이 있어도 현장에서 제대로 발휘하지 못하면 좋은 평가를 받을 수 없다는 뜻이다.

그렇다면 현장에서 실력을 최대한 발휘하기 위해서는 어떻게 해야 할까? 여러 방법이 있지만, 그중 제일은 '현장에 대한 이미지 트레이닝'이다. 낯선 환경에서 더욱 집중력을 발휘하는 사람도 간혹 있지만, 대부분은 심리적 부담을 무의식중에 갖게 된다. 인간의 뇌는 낯선 환경에서 불편한 자극을 많이 받기 때문이다. 이런 이유로 나는 고3 학생들에게 수능 전날인 예비 소집일 날 시험장에 꼭 가볼 것을 권장한다. 길을 못 찾을까 봐 걱정하는 이유보다 '이미지 트레이닝'의 이유에서다. 이미지 트레이닝이란 결국 '낯선 곳을 덜 낯설게 하거나 익숙하게 하는 것'이라 할 수 있다. 물론 시험 전에 현장감 있게 시험 문제를 풀어보는 것도 중요하지만 이 글에서는 임용 현장의 모습을 그려보는 내용을 써보고자 한다. 최대한 시험장의 모습을 상상해보길 바란다.

- 이미지 트레이닝을 하는 가장 좋은 방법은 예비소집처럼 시험장을 찾아가보는 것이라고 생각한다. 학교에 찾아가 한번 둘러보면서 교통수단, 분위기, 동선을 미리 파악하면 마음이 조금 차분해질 것이다.
- 전체적인 분위기는 수능 시험장과 유사하다. 소소하게 다른 점이 있지만 시험장 분위기는 크게 다르지 않다.
- 식사 시간은 따로 없다. 간편한 요깃거리를 준비하는 게 좋다. 다른 사

람이 밥을 먹고 있더라도 '밥 싸올걸' 하고 생각하기보다는 자기 스타일대로 가자.

- 복장은 얇은 옷을 여러 벌 챙길 것을 권하지만 가장 좋은 것은 평소 공부하던 복장과 유사하게 입는 것이다. 공부하던 환경과 최대한 비슷한 환경이 도움이 될 것이다.

- 온도 조절에 대비해야 한다. 창가 자리, 복도 자리는 냉기가 조금 느껴질 수 있다. 추운 날에 손이 얼 수도 있으니 핫팩을 준비하자.

- 자리에 따라 감독관의 동선에도 예민해질 수 있다. 감독관의 움직임이 내 시야에 들어오는 자리일 수 있음을 염두하자.

- 각종 사고가 일어날 가능성도 있다. 감독관의 발소리, 냄새, 방송 사고, 다른 수험생의 발작, 기계음 울림, 대로변 엠뷸런스 소리…… 최상의 상황을 가정하지 말고 최악의 상황이 일어날 수도 있다는 것에 대비하자.

- 교실당 예정된 수험생은 20~24명이다. 교실마다 인원수는 다르지만 결시자가 없는 교실은 거의 없다.

- 달리 생각하면 한 교실에서 대략 1명 정도가 합격한다고 생각해볼 수 있는데, 이게 부담으로 작용하지 않길 바란다. 이 생각을 하다가 옆사람이 답안지를 열심히 쓰는 것에 영향받지 않길 바란다. 그냥 내 페이스대로 하자. 수능과 다르게 맨 뒷줄의 사람이 답안지를 걷을 수도 있다. 시험 종료 후 다른 사람의 답안지 분량이 눈에 들어올 수 있는데 여기에도 영향받지 않길 바란다. 빽빽한 답안지가 많다고 부담 느끼지 말고, 백지가 많더라도 안심하면 안 된다.

- 문제지는 걷어가지 않는다. 시험 이후에 같이 공부한 사람들과 가채점 해볼 수 있다.

- 내 책상 상태가 안 좋을 수 있다. 책상, 의자가 삐거덕거리거나 높이가 안 맞을 수 있으니 높이를 조절할 수 있는 종이 뭉치를 준비하자. 혹은 불량 책상, 의자를 결시자의 것과 바꾸자(물론 다른 수험생에게 방해가 안 되도록 조심한다).
- 감독관은 2명이다. 대체로 남녀 1명씩 맡는 경우가 많다.
- OMR 답안지를 먼저 나눠준 뒤 시험지를 나눠준다. 표지로 가려진 채 내 책상에 놓인 상태로 대기했다가 시작종과 함께 시작된다.
- 답을 적느라 주변에서 사각사각 소리가 들리기도 하고 한편으로는 포기한 사람도 많이 보인다.
- 임용시험은 허수 없는 시험이라고 알려져 있지만 답안지를 걷을 때 보면 꼭 맞는 말도 아닌 듯하다. 자신감을 갖고 임하자.
- 지역마다, 시험마다 차이가 있을 수 있는데, 당일 아침 응원하는 이가 많이 모일 수 있다. 보통 해당 학과의 저학년 학생들이 온다. 후배 얼굴을 보고 힘을 얻을 수 있으니 부담을 느끼지 말길 바란다. 반면 교직 이수, 교육대학원생 출신들은 응원해주는 이들이 없어도 주눅들지 말자.
- 대부분의 사람이 시험장에서 자기 실력을 온전히 발휘하지 못한다. 현장에서 부디 내 실력을 100퍼센트 또는 그 이상 발휘하길 바란다.

1차 시험 마치고

1차 시험을 마친 뒤 뭘 해야 할까. 1차를 본 사람들에게 앞으로 어떤 일이 있을까? 1차 시험 이후 열흘의 시간이 흐르는 동안 자신이 쓴 답안지는 채점 장소로 옮겨진다. 채점 장소, 인원, 채점 기준도 비밀이다. 많은 정보에 대해 비공개를 기본값으로 두고 진행하기 때문에 알기 힘들지만 각 교육청에서 전공 채점할 인원, 교육학 채점할 인원을 조금씩 모아 전국의 채점 인원이 한 장소에 모여 채점을 진행한다. 이곳에서 과목마다 다르지만 열흘 동안 채점한 뒤 행정 작업을 거쳐 12월 말 1차 시험 합격자를 발표한다. 1차 발표가 난 후 통상적으로 2주 뒤의 화, 수요일에 2차 시험이 잡힌다. 보통 1차 시험 후 한 달 뒤 발표, 1차 합격자 발표 후 보름 뒤 2차 시험, 2차 시험 후 보름 뒤 최종 발표가 나오는 편이다.

많은 시험이 그러하듯 임용시험 역시 1차 시험에 합격한 사람만이 2차 시험에 응시할 수 있다. 하지만 문제는 여기에 있다. 2차 시험을 치를 것인지 말 것인지를 가르는 1차 시험 합격자 발표가 너무 늦다는 것. 수험자 입장에서 이 점은 불편할 수밖에 없다. 1차 시험에서 낙방한 사실을 일찍 알게 되면 마음껏 놀거나, 사립 준비에 전력하거나, 내년을 기약하며 1차 준비에 다시 매진할 텐데, 1차 시험 합격자 발표를 2차 시험 보름 전에 알려준다. 2차 시험은 면접과 수업 실연으로 이뤄진다(과목에 따라 실기를 추가하기도 한다). 이 준비는 통상 6주면 넉넉하고, 4주면 적당하며, 2주면 매우 부족한 시간이다. 내가 아는 사람 중에는 본인이 1차 시험에서 떨어졌다고 생각해 해외여행을 갔다가 외국에서 합격 사실을 알고 급히 귀국해서 준비한 사례도 있다.

이렇게 혼란한 상태에서 1차 시험 직후 가장 먼저 할 일은 자신의 입장을 확립하는 것이고 그를 위한 가장 간단한 질문은 '내년 임용을 다시 볼 각오가 되어 있는가'다. 그럴 각오가 있다면 올해의 1차 시험 합불이 중요할 리가 없다. 1차 시험이 합격이라면 2차 시험 준비가 당연한 것이고 1차 시험이 탈락이더라도 내년에 시험을 응시할 것이라면 2차 시험 준비를 해둬서 나쁠 것이 없다. 2차 시험 준비는 단단할수록, 많이 할수록, 철저할수록 좋다.

혹자는 2차가 경쟁률은 낮으니까(1.5대 1을 기록한다. 세 명 중 한 명꼴로 탈락한다) 쉽게 준비해도 된다고 말하지만 이는 완전히 잘못된 생각이다. 1차 시험에서의 경쟁자들과 2차 시험에서의 경쟁자들은 질적으로 다르다. 2차 시험장에 있는 이들은 그 어렵다는 1차 시험 경쟁률을 뚫고 온 사람들이고 최종 합격을 하려면 그들과 겨뤄 뒤지지 않는 기량을 뽐내야 한다. 따라서 2차 시험도 1차 시험만큼 어렵고 통과하기 어렵다는 마음가짐으로 준비에 임해야 한다.

1년 동안 준비한 1차 시험 이후 긴장이 풀려 2차 시험에서 고전하는 사람을 자주 보는데, 1차 시험이 끝났다고 마음을 완전히 놓지 않도록 해야 한다. 최종 합격증을 받기 전까지는 수험생임을 잊지 말고 교단에 서는 날까지 최선을 다하자.

임용 1차 시험 이후 2차 준비를 해야 할까?

1차 시험을 치르고 난 시기에 가장 많이 하는 고민은 무엇일까? 아마 '2차 준비를 어떻게 할까?'가 아닌 '2차 준비를 해야 할까, 말아야 할까' 일 것이다. 1차 시험은 기입형, 서술형, 논술형이 섞인 주관식 시험이다. 시험이 고된 만큼 채점 역시 고된 업무로, 1차 시험 이후 6주가 지나서야 그 결과가 공개된다. 이때 채점 기준은 비공개인데 이런 특징 때문에 사람들이 2차 시험 준비를 해야 할지 말아야 할지를 고민한다. 2차 준비를 미루는 이유는 많다. 1차 시험 준비가 너무 고돼서 보상 심리로 놀고 싶다는 생각, 무엇부터 시작할지 막막해서 일단 미루자는 생각, 1차 시험에 합격할 가능성이 낮다고 판단한 나머지 내년 시험을 기약하기 위해 일단 쉬자는 생각 등이 있다. 1차 합격자 발표 후 약 3주가 지나면 2차 수업 실연, 면접을 치르는데 이 시간이 충분하다고 안일하게 생각하는 사람도 있을 것이다. 이렇게 2차를 준비할지 말지 고민하는 가장 근본적인 이유는 무엇보다 합격에 대한 불확실성일 것이다.

1차 시험에 응시한 모든 사람이 2차 시험에 응시한다고 생각해보자. 또는 자신의 1차 시험 합격이 확실시되는 상황이라고 가정해보자. 그러면 2차 시험을 준비하지 않는 게 매우 이상할 것이다. 아무리 피곤하고 방법을 모르며 2차 시험에서 합격하지 못할 것 같아도 무엇이든 하려 할 것이다. 결론을 말하면, 1차 시험에 응시한 당신은 2차 시험 준비를 지금 당장 시작해야 한다. 합격이 불확실해도 마찬가지다. 당신이 전공 답안지를 백지로 제출했더라도 결국 임용을 통해 교사가 되겠다는 마음이라면 2차 준비를 시작해야 한다. 조금만 고민하면 너무나 당연한 결론이다. 이번 시험이면 좋겠지만 이번이 아니더라도 결국 수업 실연과 면접은 언젠가 올라야 하는 산이다. 이번 시험에 합격한다면 지금의 2차 준비는 매우 유의미한 과정이 될 것이고, 이번 시험에 떨어지더라도 내년, 내후년에 있을 2차 시험에서 요긴하게 쓰일 것이다. 포기만 하지 않는다면 결국 끈질긴 사람이 원하는 결과를 이룰 수 있다. 지금의 2차 준비는 동기 부여도 되지 않고, 고된 데다 지루한 일이겠지만 결국 하기 싫은 일을 하는 것이 자신을 변화시킨다. 할까 말까 고민될 때는 하는 것이 맞을 확률이 높다. 그것이 2차 시험 준비라면 더더욱 그렇다.

2차 교직적성 면접 후기

때는 2016년 1월 13일 수요일. 서울공업고등학교에서 2차 면접을 봤다. 하루 전날인 12일 화요일에 지도안과 수업 실연을 치렀던 터라(2020학년도 중등 임용에서는 교직적성 면접을 먼저 보고 이튿날 수업지도안 작성 및 실연을 했다) 찾아가는 데 헤매거나 낯선 곳은 아니었지만 전날 난방이 되질 않아 크게 고생했던 기억이 있어 갖춰 입은 정장 위에 두꺼운 오리털 파카를 덧입고 등교했다. 물론 손난로도 충분히 챙겼다. 교내에서 내가 가야 할 고사 대기실을 확인하고 떨리는 마음으로 앉아서 대기했다. 시간이 되어 제비뽑기를 통해 면접 순서를 결정하고, 자리를 재배치한 뒤 대기 시간을 견뎠다. 어제처럼 난방은 거의 되질 않았고 양복도 불편할 뿐 아니라 무슨 문제가 출제될지 떨리는 마음으로 지금까지 공부한 면접 내용을 속으로 복기했던 것 같다. 시간이 흘러 내가 면접 구상실로 가야 할 차례가 됐다. 나는 구상실이라고 해서 따로 배정된 교실이 있으리라 생각했는데, 그렇지 않고 복도에 책상과 의자를 놓은 뒤 전기난로로 난방한 임시 장소였다. 아무래도 학교에 교실 수가 충분하지 않아 그랬을 듯싶다. 내가 추운 것도 추운 것이지만 하루 종일 그곳에 있는 감독 교사도 굉장히 추워 보였다.

구상실에서는 두 가지 면접 질문을 주었고 10분의 구상 시간이 배정됐다. 문제지를 받았을 때 처음 든 생각은 글씨가 굉장히 많았다는 것이다. 스터디에서 공부할 때는 서로 예상 문제를 만들고 출제했는데 그 문제가 "학생 자치 활동의 예시를 들고 중요성을 설명하시오" 정도였다면 실제 제시문에는 통계 자료, 뉴스 기사의 일부, 아리스토텔레스의 수사학 등 배경 지식을 풍부하고 자세히 준 뒤 물어보는 식이었다. 10분이라는 구상 시간 중에 꼼꼼히 읽는 데만 4분쯤 사용한 것 같다. 기억나는 대로 문제 내용을 간략히 적어보면 첫 번째 질문은 "무기력한 학생들이 늘어나고 있다는 내용이 요지인 통계 자료를 제시한 뒤 이런 학생들을 평가할 때 적합한 방법과 그 이유를 두 가지씩 말하라"였다. 다음 문제는 "A 교사와 B 교사가 갈등을 겪는 상황을 구체적으로 준 뒤, 자신이 A 교사라고 생각하고 면접관을 B 교사라고 생각해 아리스토텔레스의 설득의 3요소(로고스, 파토스, 에토스)를 갖춰서 설득하라"였다.

첫 번째 질문은 어느 정도 정답이 정해져 있었고 충분히 예상 가능한, 연습했던 문제여서 수월하게 구상해냈다. 문제 2번은 당황스러웠는데 '아리스토텔레스의 설득의 3요소'를 처음 접했기 때문이다. 맨 처음 제시문에서 '로고스, 파토스, 에토스'에 대해 설명하는데 머릿속에서 떠오른 생각은 '망했다'였다. 뭔지도 모르는 3요소를 갖춰서 설득하라니 너무 어려운 문제로 느껴졌다. A, B 교사가 겪는 갈등 상황도 충분히 이해했고 설득할 자신도 있었지만 설득의 3요소가 무엇을 뜻하는지 모르니 말을 뗄 수가 없었다. 하지만 제시문을 꼼꼼히 읽어보니 오른쪽 아래에 아주 작은 글씨로 '로고스, 파토스, 에토스'가 '논리성, 심리적 상태, 진실성'을 뜻한다고 설명되어 있어 '옳다구나!' 하고 성공적으로 구상했다.

2차 면접에서는 제시문이 생각보다 길게 나오더라도 당황하지 말라고 조언하고 싶다. 제시문은 길지만 꼼꼼히 읽어보면 그 속에 면접에서 답해야 하는 핵심이 분명 보일 것이고 그 핵심들을 빠짐없이 포함해 답변하면 고득점을 받을 수 있다. 2번 문제처럼 처음 보는 내용이 나오더라도 제시문을 자세히 읽으면 그 속에서 힌트나 실마리를 찾을 수 있으니 '망했다'고 생각하지 말자. 많은 수험생이 실수하는 것 중 하나가 답변 내용을 빠뜨리는 것이다. 제시문이 길고 요구하는 내용이 많으며 복잡하다보니 구상실에서 구상은 해두었지만 답변할 때 빼먹는데, 구상지에 하나씩 필기해둔 뒤 면접실에 들어가서 차례대로 읽으면 이런 실수를 줄일 수 있다. 구상지에서 질문하는 모든 문제에 대해 답변해야 고득점이 가능한데 심지어 1번 답변을 마치고 2번 답변을 하다가 1번에서 빠뜨린 답안이 생각났다면 2번 답안을 성실하게 마친 뒤 '1번에 추가로 답변드리겠습니다'라고 말한 뒤 답변을 보완하는 것도 가능하다.

2개의 구상형 문제에 대한 답변이 끝났을 때, 면접관이 답변을 마쳤는지 물었다. 내가 그렇다고 말하자 내 책상 위에 놓인 노란색 파일을 열어서 즉답형을 답하라고 지시했다. 대답 없이 파일을 여니 즉답형 두 문제가 보였다(참고로 그 후 2020학년도 면접은 즉답형이 두 문제가 아니다. 구상형 두 문항, 즉답형 한 문항, 추가 질문 두 문항이다. 이처럼 교과별, 연도별, 지역별로 세부 사항이 다른데, 교육청별 2차 시험 공고를 보면 자세히 알 수 있다. 교육청별 2차 시험 공고는 12월 말경 게시된다). 즉답형 1번은 "서울시 교육 시책 중 '교복 입은 시민'에 대해 간략히 설명한 뒤 학생 자치활동의 중요성과 예시 두 가지를 제시하라"였다. 이 문제는 2016학년도 서울시 교육 시책을 꼼꼼히 읽어두었던 덕분에 당황하지 않고 맥락을 잘 파악할 수 있었다. 사실 '교복 입은 시민'이라는 글자만 보면 이게 학생 자치활동을 의미하는 것인지 외부 시민이 학교에 들어와 활동을 하는 것인지 파악하기 쉽지 않다. 물론 전체적인 제시문을 읽으면 자치활동에 대해 이야기하면 된다고 눈치 챌 수 있지만 1초가 아쉬운 즉답형이라서 문제가 요구하는 바를 빠르게 파악한 것이 큰 도움이 되었다. 각 시도 교육청은 그해에 강조하는 교육 시책을 책으로 발간한다. 이 부분에서 중등 교육과정 및 실제 학교 현장과 밀접한 관련이 있는 내용들을 추려서 읽으면 면접 준비에 도움이 된다. 지역마다 차이가 있지만 대체로 심층면접 문제는 시도 교육청이 출제하기 때문이다.

즉답형 2번은 나의 교직관에 대해 묻는 것이었다. "교직에 대한 선호도는 높지만 교직에 대한 만족도는 떨어지는 편이다. 그 이유를 설명하고 해결 방안을 이야기하라. 자신이 교사로서 부족한 자질을 이야기하고 그 개선 방안도 함께 제시하라." 이것 역시 예상했던 질문이기에 요구 사항에 맞춰 빠짐없이 충분히 답변했던 것 같다. 즉답형에서의 고득점 비결 역시 빠짐없이 답변하는 것이다. 구상형이든 즉답형이든 한 문제당 10점 배점인데 한 문제에서 물어보는 내용이 굉장히 많기 때문에 하나하나 빠짐없이 답변한다는 느낌으로 해야 한다. 즉답형이라는 문제 유형의 취지는 수험자의 꾸며진 모습이 아닌 진솔한 대답을 들으려 하는 데 있다. 이런 유형에 대비하기 위해 더 많은 예상 질문을 준비하고 면접 책을 더 자주, 꼼꼼히 읽어 모범답안들을 내면화하는 과정이 도움이 되었다. 시간 관리도 많은 수험생의 고민인데 즉답형이라고 해서 바로 답변해야 하는 것은 아니다. 파일을 펼친 뒤 30초 내로 말해야 하는 것은 아니다. 충분히 고민하고 좋은 대답을 머릿속으로 정리한 뒤 답변해도 늦지 않다. 오래 고민한다고 해서 감점되거나 하지 않는다는 뜻이다. 다만 너무 오래 고민해 전체 답변 시간을 넘기는 일은 없도록 주의해야 한다. 2020학년도 서울 중등 임용 2차 교직적성 면접에서는 시간에 대해 아래와 같이 공고했다.

- 구상형 2문항에 대한 답변은 6분 이내로 하고 평가관의 추가 질문에 대한 답변을 3분 이내에 하며, 즉답형 1문항에 대한 답변은 3분 이내로 하고, 평가관의 추가 질문에 대한 답변을 3분 이내에 하며, 시간 관리는 응시자 본인의 책임입니다. 답변 방법은 문제는 말하지 않고 답변만 말하며, 심층면접 시작 시간부터 15분이 되는 시점에 종료하게 됩니다.

내가 받았던 4개 문제를 분석하면 이렇다.

	닫힌 질문	열린 질문
구상형	무기력한 학생들에 대한 평가 방법	A 교사가 되어 B 교사를 설득하기
즉답형	학생 자치활동의 중요성과 예시 두 가지	교직 만족도가 떨어지는 이유, 부족한 자질과 개선 방법

닫힌 질문은 정답이 어느 정도 정해져 있고 열린 질문이란 정답이 정해져 있기보다 평가관이 정성적으로 평가해서 답이 타당하다고 인정하면 점수를 받을 수 있는 항목이다. 즉, 교육학을 열심히 공부해서 정답을 말할 수 있는 질문과 교사로서 적성이 뛰어나 잘 답변할 수 있는 질문이 구상형과 즉답형에 골고루 배치되어 있다고 생각한다.

어쨌든 이렇게 즉답형도 모두 답변하니 평가관이 답이 끝났느냐고 물었고, 그렇다고 답하니 "수고하셨습니다"라고 인사해주었다. 약간 멋쩍은 상태로 면접실을 나와 개인 소지품을 챙겨 뒤도 안 돌아보고 학교를 빠져나왔다. 면접실을 나온 수험생들은 학교를 나설 때까지 어떤 말도 해서는 안 된다. 이렇게 해서 내 첫 임용시험을 마쳤다. 집에 오니 어느새 저녁 시간이었다. 최종 합격자 발표까지는 2주가 남아 있었다. 온갖 생각이 다 들었다. 내가 답한 게 맞는지 자꾸만 되돌아본 하루였다.

2차 수업 실연 후기

나는 2016년 1월 12일 화요일에 2차 시험 실연을 치렀다. 결과적으로 합격하고 교사가 되어서 이런 글을 쓰게 되었지만 만일 그때 2차 시험 기회를 놓쳤다면 지금 합격할 수 있을지 장담하기 어렵다. 교사가 된 나에게 같은 시험을 치르라고 했을 때 합격할 수 있는 성격의 시험인지 모르겠다. 나는 당시에 2차 시험도 처음 치르는 처지였다. 흔히 말하는 초심자의 행운으로 1차 시험을 통과했고 내가 얼마나 여유 있는 성적으로 1차 시험에 합격했는지 알 길도 없었다. 이듬해인 2017학년도 임용시험부터는 1차 결과 발표 때 1차 시험 합격선과 자신의 성적을 알려줬지만 내가 치른 2016학년도 임용시험에서는 최종 결과가 나올 때까지 결과를 알려주는 일이 없었다. 당시의 수험생들은 결과를 모른 채로 2차 시험을 준비해야 했다. 나는 어쩌다 운이 좋아 합격한 사람이었고(교수님의 표현을 빌리자면 "너도 합격했냐?"였다) 이번 행운을 놓치면 교사가 될 기회는 어쩌면 영영 없을 수도 있었다.

　1차 합격자 발표가 난 뒤 2주간 정말 열심히, 내 생애에 그렇게 열심히 살았던 적이 있나 싶을 만큼 모든 것을 통제한 상태에서 시험 준비를 했다. 기상, 자세, 생각, 말투, 수면 등등 모든 것을 면접과 실연에 가서 좋은 교사처럼 보이기 위해 최적화하고 시험 날에 이르렀다. 2016년 1월 12일 화요일, 시험 장소는 서울공고였다. 여러 과목의 2차 수험생들이 모여서 치르는 시험이었다. 1차 때는 수학, 영어 과목만 보는 사람들이 모여 바글바글했지만 2차 시험을 보러 온 사람들은 1차 시험을 통과한 소수만 모인 것이기에 긴장감이 돌았다. 이곳에 온 사람들 전부가 1차 시험을 통과한 실력자라고 생각하니 더 긴장할 수밖에 없었다. 2차 시험은 이론상 1.5대 1의 경쟁률이다. 최종 합격 인원의 1.5배수가 올라와서 면접과 실연으로 0.5배수의 사람만 탈락하는 구조다. 10대 1이 훌쩍 넘는 시험에 비하면 훨씬 쉽지 않냐고 반문할 수도 있지만, 어쨌거나 3명 중 1명이 탈락하는 구조에서 그 1명이 내가 아니리라는 보장은 없기에 그런 반문은 말이 안 된다. 또 임용시험의 성격상 1, 2차 구분 없이 허수가 적긴 하지만, 2차 시험 응시자들은 그 어렵다는 1차 시험을 통과하고 올라온 사람들이다. 어느 한 명 간절하지 않은 이가 없을 것이고 최종 합격을 움켜쥐기 위해 지난 2주간을 불태운 이들이 모인 장소다. 나는 그런 곳에서 3명 중 2명 안에 들기 위해 시험 장소에 온 것이었다.

　날씨는 살이 에일 정도로 추웠다. 며칠 전부터 예보를 보고 추울 것을 짐작해 따뜻하게 갖춰 입었지만, 그날 추위를 막기에는 부족했다. 내복을 입었다면 좋았겠지만, 설사 내복을 입었다 해도 그걸 뚫고 들어올 만한 추위였다. 수학 과목의 2차 시험은 이틀간 치러진다. 화요일에는 지도안 작성과 수업 실연을 평가하고 이튿날인 수요일에는 면접을 치른다. 시험 진행 방식이나 실연장, 면접장에 들어가는 방식 등은 수험생의 의견을 반영해서 매년 조금씩 바뀐다. 예를 들어 내가 2016년에 본 시험은 면접에서 호명을 한 명씩 하고 한 명씩 들어가는 구조였지만 2018년 시험의 후기들을 읽어보면 한 번에 두 명씩 부르고 두 명이 따로 다른 방에 들어가는 방식을 취했으며, 2016년엔 없던 면접 대기실도 마련했다고 한다. 그해에 섭외되는 학교 장소, 교실 수, 수험생의 인원수 등이 종합적으로 고려되어 바뀌는 것으로 추정된다. 추위에 벌벌 떨면서 종종걸음으로 고사장에 들어가니 나처럼 시험을 봐야 할 (다시 말해 고사장을 공유할) 사람들이 있었다. 내가 좀 일찍 간 편이라고 생각했지만 나보다 빨리 온 사람이 훨씬 더 많았다. 모두에게 중요한 시험이다보니 다들 일찍 온 듯했다. 오전 8시 30분이 되니 입실이 끝나고 시험 설명 후 9시부터 2차 시험의 첫 부분인 지도안 작성이 시작되었다.

　지도안 작성은 말 그대로 주어진 주제와 임무대로 지도안을 작성하면 되는 시험이다. 범위는 중등 교육 수학(중1~고3)이라고 명시되어 있지만 수학교육을 전공하는 사람들에게 범위를 이렇게 공지하는 것은 조금 답답한 일이다. 다음의 질문들이 따라붙기 때문이다. '교육과정은 언제 적 교육과정을 공부해야 할까? 2009 개정 교육과정? 2015 개정 교육과정(지금은 2015 개정이지만 이후 개정 교육과정이 나오게 된다면 그 과도기에 대해 고민하게 될 것이다)?' '교육과정에는 있지만 실제로 학교에서 가르치지 않는 기초수학이나 고급수학 같은 과목은 공부해야 하는 것일까?' '기하와 벡터는 공부 안 해도 된다는 말이 있는데, 진짜 안 해도 될까?' 등등의 질문이 생겼다. 이런 질문에 대한 본질적인 답을 구하려면 시험을 주관하는 기관인 각 시도 교육청에 물어보는 것이 맞다. 대체로 답변이 두루뭉술해 도움이 안 되므로 이전 시험 정보들을 모아서 추론하는 것이 현실적이다. 내가 느낀 결론은 이렇다.

- 교육과정이 바뀌는 기간에는 더 많은 학년에 적용되는 교육과정을 기반으로 양쪽을 다 공부하는 것이 맞다. 어쨌거나 이 시험은 2개월 뒤 당장 실전에 투입해서 가르칠 교사를 뽑는 것이다. 어느 교육과정을 맡게 되어도 능숙하게 잘하는 사람을 뽑아야 하고, 출제자들도 이 점을 모두 알고 있다. 이런 측면에서 2018학년도까지는 2009 개정 교육과정을 공부해야 하고 2015 개정 교육과정의 적용을 받는 학년이 더 많아지는 2019학년도부터는 2015 개정 교육과정을 중점적으로 공부하는 것이 적절하다.

- 고급수학(교과마다 분위기가 다를 수 있는데 수학의 경우로 언급하겠다) 같은 과목을 해야 하나? 고3 수학은 나오지 않는다는데 안 해도 될까? 이런 질문과 관련해서는 실제 학교에서 가르치는 과목으로 시험 준비를 해야 한다는 것이 중론이다. 통계상 봐도 고3 수학 단원을 물어본 적은 없었다. 단, 출제 범위에 명확히 들어가기 때문에 실제로 출제되었다 하더라도 논란의 여지는 없다. 여유가 되면 공부하는 것이 맞고 시간이 없다면 중1~고1 수학 위주로 공부해야 한다. 이건 어디까지나 중요성의 측면이고 실제로 어디에서 출제될지는 알 수 없다. 자신에게 남은 시간이 2주

뿐이라면 이것저것 다 쳐내고 가장 많이 나왔던 중학교 수학부터 공부해야 한다.

내가 받은 문제 단원은 중학교 3학년 대푯값과 산포도 단원이었다. 문제지를 받아들면 여러 상황을 제시해준다. 교실 상황, 조별 수업 여부, 인원수, 모둠 형태 등등을 전부 제시한다. 문제지를 받고 수험자가 명심해야 할 점이 있는데, 2차 시험은 아이러니하게도 지도안을 잘 쓰고, 수업을 잘하고, 면접에서 괜찮은 인상을 남기는 사람이 합격하는 시험이 아니다라는 것이다. 지도안, 수업 실연, 면접 모두 정해진 질문과 (어느 정도) 정해진 정답이 있어서 그 정답에 해당되는 대답을 해야 점수를 얻고 그렇게 쌓인 점수가 높아야 뽑히는 시험이다. 실제로 이렇게 민감한 시험에서 3명의 평가관이 응시생을 주관적으로 평가하지는 않는다. 공개되지 않는 채점 기준이 있고 수험자는 그 채점 기준을 '문제'를 통해 읽어내고 간파해서 점수를 획득해야 한다.

내가 받은 문제지에도 그런 내용이 곳곳에 숨어 있었다. 수업을 마무리하면서 학생에게 실제적인 통계를 조사할 수 있는 과제를 제시한다든지(나는 가족과 친구들의 발 치수를 조사해오라는 과제를 제시했다), 같은 자료를 두 가지 기준으로 정리하는 과정을 꼭 표현하라는(나는 이 과정에서 각 기준으로 정리했을 때의 장단점을 이야기해야 점수를 얻겠다고 생각했다) 등의 기준이 있었다. 문제지에 드러내라고 하는 상황이 있다면, 수험자는 상황을 읽고 무엇을 드러내야 하는지 간파하고, 실제 지도안과 실연지에 그 점을 드러내면 된다. 읽는 사람은 그것을 평가해서 점수를 부여하는 것이다! 실제로 대푯값과 산포도를 한 차시에 가르치는 것은 아주 어려운 내용이다. 이 내용을 한 차시에 집어넣으라는 것은 각 개념의 정의만 간략히 설명하고 나머지는 문제에 제시된 임무를 충실히 수행하라는 뜻이었다.

어쨌거나 그렇게 한 시간을 꼬박 지도안 작성에 쓰고 나면 제출한 뒤 조금 이르게 점심을 먹고 수업 실연을 위해 제비뽑기를 한다. 중차대한 국가시험이기 때문에 좀더 멋진 도구를 기대했지만(월드컵 조 추첨의 뽑기 볼 같은) 실제로는 그냥 주머니에 조악하게 숫자를 적은 종이를 두 번 접은 뒤 돌려서 뽑기를 했다. 이후 실연 순서대로 자리를 재배치하고 내 실연 순서를 기다렸다.

의지대로 조절되는 것은 아니지만 실연은 개인적으로 7~10번이 최고라고 생각된다. 너무 짧으면 지도안을 복기할 시간이 부족하고 그 이후의 번호라면 기다리는 시간이 너무 지루하다. 10번이라면 앞의 9명이 실연하는 시간을 기다려야 하는데 한 명당 20분씩 주어지고 사람과 사람 사이에 정비 시간이 필요하다는 점을 생각하면 10번 이후 사람은 3~4시간을 기다려야 한다. 이 시간 동안은 자신이 작성한 지도안을 토대로 온갖 수업을 다 시뮬레이션해보고 온갖 상황을 다 설정해서 돌발 상황에 대처하는 능력을 기를 수 있다. 어떤 지역은 책을 읽을 수 있게 한다고 들었지만 서울 지역에서는 그 무엇도 할 수 없다. 나도 그날 시험장에서 머릿속으로 다섯 번 연습을 하고 한 시간 잠을 청한 뒤 세 번 더 연습하고 시험장에 들어갔다. 내 번호는 12번이었다.

수업 실연장에는 이전 응시자들이 사용하고 남은 빨강, 노랑, 파랑 분필이 있고, 텅 빈 교실에 평가관 세 명이 앉아 있었다. 나중에야 안 사실이지만 이 세 명은 전부 수석 교사이거나 교육 경력이 많은 수학 교사, 교감 등이었다(어찌 생각하면 당연한 일이다). 앞사람이 수업 실연하는 20분 동안 대기실에서 내 수업 실연을 구상하는 시스템이다. 이런 시스템은 다음 날 면접에서도 그대로 적용된다.

서울 지역 수업 실연에서 가장 핵심은 시간 관리와 판서 그리고 발성이다. 이미 지도안을 통해 수업 계획도 어느 정도 정해져 있고 길디긴 대기 시간 동안 많은 수업 구상을 해온 사람들로서는 수업에서 차별화를 두기 힘들다.

즉, 진짜 수업으로서 차별화를 둘 수 있는 요소는 판서, 발성이다. 녹색 칠판에 가루 분필을 쓰는 연습을 충분히, 아주 충분히 해두어야 한다. 어떤 재질의 분필이 나오더라도 깔끔하게 글씨를 쓸 수 있다면 시험에서 결코 손해 보지 않는다. 시험의 채점 요소에서 득점을 충분히 갖췄다고 할 때 판서와 발성이 훌륭한 사람과 그렇지 못한 사람 중 누구를 뽑을지는 명확하다. 자신감 없는 목소리와 눈빛은 시험에서 드러나게 되어 있고, 판서는 2주간 꾸준히 연습한다면 누구나 금세 숙달될 수 있다. 시험을 준비하는 상황에서는 자신의 수업 모습을 녹화하고 다시 장단점을 파악하는 것이 주효했다. 장점은 더욱 살려 드러내려 했고 단점은 고치려고 노력했다. 발성, 판서의 구조화 등은 2주 내로 누구나 극복 가능한 요소다.

또 이 모든 수업 실연에서 시간을 넘기면 감점된다. 일찍 끝낸다고 해서 감점은 없지만 수업 실연에서 요구하는 요소를 모두 드러내기 위해 필요한 최소 시간이 있다. 학생들의 발문도 구현해야 하고, 교수자와의 상호작용을 역동적으로 드러내는 과정과 판서 과정을 전부 포함하면 15분 이상 걸린다. 그리고 수업 제한 시간은 20분이다. 내가 지금 재직 중인 학교 교감 선생님은 신규 교사 임용시험 평가관으로 자주 나갔는데 이런 말씀을 하셨다. "모두가 철저히 준비를 해오기 때문에 평가관 입장에서도 감점 요소를 찾기 굉장히 곤란할 때가 많다. 이런 상황에서 시간을 초과하는 등 정량적인 요소의 감점이 보이면 바로 감점할 수밖에 없다." 선생님의 말로 미루어봤을 때 시간을 잘 지켰는지 여부도 평가에서 중요한 역할을 한다고 할 수 있다.

2차 시험에서 '떨어지는 한 명이 설마 나겠어?'라는 생각을 하면 떨어질 수 있다. 임용시험은 더 간절한 사람이 붙을 확률이 높은 것 같다. 충분히 준비한다면 1차 시험 후 단점이라고 여겨지는 것들도 확실히 극복 가능한 방법이 보일 것이다.

임용시험의
과거와 현재

대입 제도, 교육과정 등과 같이 임용고시 또한 여러 차례 변화해왔다. 변화에는 나름의 이유가 있을 것이기 때문에 변화 과정을 이해하면 현재 시험의 목적성, 방향성을 이해하는 데 도움이 된다. 한편 시험이 아직 한참 남은 이들이라면 시험의 변화 가능성에 더 주목할 수 있을 것이다.

과거의 임용시험: 2013년도 이전

현재 진행하는 임용시험과 이전 시험의 큰 차이점 세 가지는 '3차 시험' '객관식' '가산점'이다. 세 요소 모두 지금으로서는 매우 생소하다. 1, 2차 시험은 다음처럼 진행했다.

전형별	시험 과목	문항 형식	문항수	시험 시간	문항 배점	총점	출제 비율(%)	
							교과 교육학	교과 내용학
제1차 시험	교육학 (공통)	선택형 (5지선다)	40 문항	70분	0.5점	20점		
	전공	선택형 (5지선다)	40 문항	120분	1.5점, 2점, 2.5점	80점	30 ~ 35	70 ~ 65
제2차 시험	전공	논술형 (Ⅰ)	2문항	120분	20점 ~ 30점	50점	35 ~ 55	65 ~ 45
		논술형 (Ⅱ)	2문항	120분	20점 ~ 30점	50점		

1차 시험은 10월 말에 진행해서 선발 예정 인원의 2배수를 선발했다. 이때 중요한 것은 1차 시험이 전부 오지선다였다는 점이다. 다시 말해 선택형 시험이었다. 지금과 비교해서 교육학과 전공 모두 문제 수가 더 많고 배점은 지금보다 더 적기 때문에 문항당 가치는 상대적으로 떨어졌다. 대신 문항 수는 80문제에 달하고 앞뒤 진행 시간까지 합쳐 4시간 넘게 이어졌다. 다시 말해 수험생들을 많이 지치게 하는 시험이었다.

2차 시험은 1차 시험 결과 발표가 있고 한 달 뒤에 진행했다. 모두 4문제이며, 논술형이다. 논술형이라 함은 지금 1차 시험의 교육학 논술형 시험처럼 서론, 본론, 결론을 갖춰 여러 문제에 대해 논리적으로 서술해야 함을 뜻한다. 문제의 배점은 20~30점으로 매우 컸다. 만약 2차 시험 문제에 공부하지 않은 부분에서 한 문항이라도 나온다면 20점을 그대로 깎이므로 재수를 결심해야 했다. 교과교육학과 교과내용학에 대한 비중은 나와 있지만 일반적으로 전공과 교과교육론에서 각각 두 문제씩 출제되었다고 보면 된다.

3차 시험은 교직적성 면접과 수업 실연으로 진행했다. 즉, 지금의 2차 시험과 거의 같다. 면접의 문제 수나 제한 시간, 수업 실연 시간, 주제 등에서 약간의 차이는 있지만, 전체적인 맥락은 지금과 같다. 합격의 비결은 심사위원이 생각하는 정답을 대답하고, 문제에서 요구하는 조건을 모두 지키는 데 있었다.

체육, 미술, 음악, 과학 교과 등은 실기시험을 1일 차 시험으로 진행했다. 지역별, 교과별 디테일은 다르지만 실기시험은 지금까지도 일부 교과에서 이뤄지고 있다. 2일 차 시험은 수업 실연, 3일 차 시험은 면접으로 진행했다(지금은 2020학년도 서울 임용의 경우 교직적성 면접을 먼저 봤다). 수업과 면접까지 진행하면 길었던 임용시험이 모두 끝난다. 1차 시험부터 3차 시험 발표까지 5개월이 걸리는 매우 긴 과정이었다.

지금의 시험과 크게 다른 점으로 가산점도 있었다.

구 분	내 용	배점
지역가산점	사범 계열대학 졸업자	2.0
복수·부전공 가산점	복수전공	1.0
	부전공	0.5
체육과 관련	입상 경력 및 지도 실적 가산점	1.0~6.0

그 지역 사범대학을 졸업하면 가산점을 준다거나, 복수전공이나 부전공이면 가산점이 있었다. 거꾸로 얘기하면 교직 이수를 한 사람은 가산점을 받지 못하고 불리한 위치에서 시작했던 것이다. 이 가산점 제도는 형평성에 관한 문제로 2015학년도 시험에서 사라지고 위 표의 가산점 중 현재는 체육 관련 입상에 관한 가산점만 남아 있다. 이런 것들을 보면 임용시험에 대한 설說 중에는 옛날 정보들이 있을 수 있어 무조건 정보를 수용할 순 없다는 것을 알게 된다. 또 중요한 것은 취업지원대상자(국가유공자 등), 취업보호대상자(의사

상자 등)의 가점 제도와 더불어 장애인 편의 부분에 대한 세부 사항이 점진적으로 개선되었다는 점이다.

과거의 임용시험: 2014년도 이후

2013학년도까지 임용시험의 가장 큰 문제는 지나치게 오래 걸린다는 것이었다. 10월 말에 1차 시험을 시작해 마지막 3차 시험의 발표는 2월이므로 시험 종료까지 5개월이 걸렸다. 수험생에게는 큰 부담이 아닐 수 없다. 이 점을 많이 개선한 것이 2014학년도 시험 이후의 임용시험이다. 우선 시험 횟수가 많이 줄었다. 기존의 1차 객관식, 2차 논술형을 한데 합쳐 1차 서술형 시험으로 일원화했다. 이전에는 1차에서 객관식 시험으로 2배수, 2차 논술형으로 1.5배수를 선발했지만 14학년도부터는 1차에서 서술형 시험으로 1.5배수를 선발하는 형태로 바뀌었다.

1차 시험이 바뀌면서 장점도 있었지만, 단점도 있었다. 이전에는 객관식에서 교육학 40문제, 전공 40문제로 다양한 문제를 수험생에게 물어볼 수 있었다. 평가에서 수험생에게 공부한 내용을 많이 물어보는 문항수는 중요하다. 시험의 객관도와 신뢰도에 영향을 미치기 때문이다. 하지만 바뀐 임용시험에서는 교육학 논술형 한 문제만 물어보게 되었다. 어떤 사람은 그 한 문제 속에서 여러 개념을 물어보니 수긍할 만하다 하겠지만, 그래봐야 4가지 개념과 글의 논리적인 구조를 평가할 뿐이다. 40문제를 풀어야 했던 객관식 시험과 비교해 객관도가 떨어지는 것은 당연하다.

공부해본 사람들은 모두 공감하겠지만 교육학은 사실 한 과목이 아니라 교직 과목에서 들은 여러 내용을 모두 합친 매우 복합적인 과목이고 공부해야 하는 양이 매우 많다. 이런 많은 내용 중에 콕 집어 하나의 내용만 물어봄으로써 시험의 신뢰도가 하락했다. 비단 교육학에 국한된 문제는 아니었다. 전공 과목에서도 단답형, 서술형, 논술형이 혼합되어 8~10문제를 출제하게 되면서 여러 문제를 객관식으로 출제할 때보다 문제 하나하나의 중요성이 높아지는 대신, 공부하지 않은 내용의 문제가 나올 경우 그해 시험을 망칠 위험도 높아졌다. 이후 진행하는 현행 2차 시험은 2013학년도 이전의 3차와 역할이 완전히 같다.

지금까지의 이야기를 표로 정리하면 아래와 같다.

2013학년도 이전				2014학년도 이후	
1차	교육학 객관식 40문항 전공 객관식 40문항	→	1차	교육학 논술형 1문항 전공 주관식 8~10문항	
2차	논술형 4문항				
3차	실기, 실연, 면접	→	2차	실기, 실연, 면접(이전과 동일)	

현재의 임용시험

2014학년도부터 2020학년도까지 미세한 변화가 있었다. 2014학년도에 있었던 대대적인 변화는 아니지만 2014~2020학년도 문제를 분석하면서 느낀 점은 평가원들이 알게 모르게 문제의 배점, 유형, 출제 경향을 조금씩 바꾸고 있다는 것이다. 문제를 배점순으로 나열하는지, 단원순으로 나열하는지, 페이지 분할을 어디서 어떻게 하는지, 한 과목에서 어떤 유형이 빈출되는지를 평가원에서 따로 공지한 적은 없지만 그 경향은 조금씩 변해왔다. 출제 시기에 각 과목 출제진에게 지침을 제시하긴 하지만 이런 세세한 부분에는 관여하지 않기에 세부 변화가 있는 것 같다. 하지만 2014학년도 부터 2019학년까지 여러 변화 속에서도 바뀌지 않는 것이 있다면 유형별 문항수였다.

그런데 2018년 6월, 평가원에서는 2020학년도 임용시험부터 문항수를 대폭 조정하겠다고 발표했다.[7] 적게는 10대 1, 많게는 30대 1의 경쟁을 뚫어야 하는 시험에서 문항수 조정에 따른 전략의 변화는 불가피하고, 전략 변화는 시험의 당락을 가를 수 있는 굉장히 큰 요소다. 아래 표는 평가원에서 발표한 2020학년도 중등 임용 1차 시험의 문항 유형 및 문항수 조정안이다.

현행 (2018년 말 시행 예정인 2019학년도 임용시험까지 적용)						조정안 (2019년 말 시행 예정인 2020학년도 임용시험부터 적용)					
시험 과목 및 유형			문항수	배점(모든 교과 동일)		시험 과목 및 유형			문항수	배점(모든 교과 동일)	
교육학	1교시 (60분)	논술형	1문항	20점		교육학	1교시 (60분)	논술형	1문항	20점	
전공	전공 A	2교시 (90분)	기입형 8문항	16점	40점	전공	전공 A	2교시 (90분)	기입형 4문항	8점	40점
			서술형 6문항	24점					서술형 8문항	32점	
	전공 B	3교시 (90분)	서술형 5문항	20점	40점		전공 B	3교시 (90분)	기입형 2문항	4점	40점
			서술형 2문항	10점					서술형 9문항	36점	
			논술형 1문항	10점							
소계			22문항	80점		소계			23문항	80점	
계(배점)			23문항	100점		계(배점)			24문항	100점	

2020학년도 임용시험부터 적용되는 전공 문제의 유형과 문항수

과목과 관계없이 적용되는 변화다. 이 변화를 분석해서 과목마다 다른 전략을 세울 수 있을 것이다. 발표를 2018년 6월, 시행을 2020학년도 시험 (2019년 말 시험)부터라고 하면 1년 반 정도 먼저 공고해준 것이다. 이처럼 임

용에서도 변화가 생각보다 빨리 나타날 수 있으니, 오래된 임용 후기를 참고할 때 유의해야 한다. 또한 항상 변화되는 임용 정보에 익숙해질 수 있어야 한다. 특히 2차 시험은 각 교육청의 주관하에 치러지므로 변화가 있는지, 변화가 있다면 어떤 변화가 있는지 각 시도 교육청 사이트 공지 사항을 자주 참조하는 것이 좋다. 아래는 수학 교과를 중심으로 2020학년도의 변화를 해석한 내용이다. 각 교과에서도 이런 분석을 할 필요가 있다.

수학 임용 응시생들은 최근 변화에 맞춰 어떤 것들을 고려해야 할까?
2020학년도 중등 임용고시에서의 주요한 변화는 다음 세 가지다.

(1) 기입형이 대폭 줄었다
기존에 기입형은 A형에만 8문제가 출제됐지만 2020학년도 임용시험에는 A, B형 모두 출제되고 총 8문항에서 6문항으로 줄어든다. 수학 과목에서 기입형에 많이 나오는 과목이라면 단연 미적분과 정수론, 이산 수학, 조합론이다. 이 과목들은 답을 알아내기까지의 과정이 길고 복잡하며 그 이론적 배경을 모두 서술하자면 끝이 없어서 그동안 주로 기입형 문제로 출제되었다. 새로 바뀔 문제에서 기입형 문항 수가 25퍼센트 감소한다는 것은 이들 과목의 중요성 역시 25퍼센트 감소한다는 뜻으로 보면 된다. 지금까지 기입형은 긴 풀이 과정을 실수 없이 푸는 게 중요했다면, 앞으로는 실수하지 않는 것은 물론이고 미적분, 이산 수학, 조합론에서 자주 나왔던 개념들을 위주로 공부하는 전략이 요구된다.

(2) 전공 논술형이 사라졌다

그동안 논술형이 남아 있던 것은 2013학년도 이전에 2차라고 부르던 시험에서 논술형 4문제를 평가하던 데 있었다. 그때의 흔적이 지금까지 이어져왔다. 하지만 2020학년도 시험부터 전공 논술형이 아예 사라졌다. 기존의 전공 B 논술형은 단 한 문제만 출제됐는데, 어디서 출제될지는 누구나 알고 있었다. 수학교육론(수교론)이다. 물론 넓디넓은 수학교육론이기에 이렇게 얘기하면 너무 추상적이지만, '수학교육신론' '교재연구와 방법론' '2015 개정 교육과정'을 외워서 공부하는 것은 모두에게 공통 사항이었을 것이다. 보통 논술형은 수학 교육 과목에서 나온다는 경험에 근거한 믿음이 있었고, 한 가지만 묻는 것이 아니라 특정 상황을 제시하고 이 상황에 대해 응시자들이 외운 수학 교육과정상의 주의 사항을 반영해 개선법을 제시한다거나 이론적 배경을 설명하는 문제였는데, 이런 문항이 사라졌다.

논술형이 없어졌다는 것은 수교론의 중요성이 '상대적으로' 떨어졌다는 뜻이지만 그렇다고 수교론을 얕봐서는 안 된다. 수교론은 '해대위정선이 확복미수교'라 부르는 전공 과목 10개 중 여전히 가장 많은 배점을 차지한다. 이는 점수를 가장 쉽게 올릴 수 있는 과목이라는 뜻이기도 하다. 논술형에서 사라진 10점을 고려해도 배점에서 여전히 가장 큰 비중을 차지한다.

(3) 그럼 어떤 유형의 비중이 올랐을까?

서술형의 비중이 올랐다. 5점짜리 서술형이 사라지고 4점짜리로 일원화됐지만 그럼에도 서술형이 문제 수로나 점수로나 가장 큰 비중을 차지한다. 서술형으로 자주 출제됐던 과목은 현대 대수, 해석학이다. 위상이나 복소해석학도 주요 과목이지만 서술형으로 풀이 과정을 밝혀야 한다는 점에서 상대적으로 중요도가 높아진 과목은 해석과 대수다(해석과 대수는 중등 수학을 가르칠 때 중요한 두 기둥이니 어찌 보면 당연하다).

이 시점에 서술형에서 가장 중요한 것은 쓰는 연습이다. 시험이 가까워질수록 실제 시험 상황과 가능한 한 똑같이 맞춰보는 것이 매우 중요하다. 내가 어떤 문제를 풀 줄 아는 것과 옆사람에게 풀이 과정을 설명할 줄 아는 것은 다른 능력이다. 이 시험은 후자를 요구한다. 시험지 답안란은 겨우 네 줄뿐이다. 수학 과목에서 네 줄 안에 풀이 과정을 모두 서술하라는 것은 가혹하지만 반드시 해내야 하는 일이다. 아는 것을 모두 적기보다는 출제자의 의도를 파악해 평가 기준을 예측하고, 그에 맞춰 쓸 수 있어야 한다.

더 나아가, 여태까지 임용 제도가 변화해왔듯 미래의 변화에도 주목해야 한다. 2020년 하반기, 교육부의 교원 임용시험 개정안을 두고 여론이 뜨겁다. 교육부는 임용 1, 2차 시험 성적의 합산비율, 2차 시험 방식 등을 시도교육청이 정하는 방안을 내놓았다. 교사 선발에 대한 교육감의 권한을 대폭 강화하겠다는 뜻이다. 나아가, 교대·사범대 통합 이야기까지 나오고 있다. 문제없이 개편되기는 쉽지 않아 보이지만, 언제든 변화는 찾아올 수 있으므로 이 논의 과정에 관심을 가져야 한다. 특히, 교육 주체로서 향후 임용 제도 변화에 의견을 낼 수 있어야 할 것이다.

서울 중등 임용 초수
합격자의 이야기

수학 1편

학과 및 자기소개를 부탁드립니다.

저자 황순찬과 함께 글을 쓰고 있는 이준건입니다. 저는 한양대학교 수학교육과를 졸업했고, 서울의 한 고등학교에서 수학을 가르치다가 2020년부터 대학원을 다니고 있습니다.

사범대 수학교육과에 진학한 계기는 무엇인가요?

비슷한 질문을 많이 들었어요. 처음 뵌 지도 교수님, 군대에 가서 만난 선임들, 멘토 멘티를 했을 때 후배들, 교육실습을 하면서 가르친 고등학생들, 교사를 장래희망으로 품는 학생…… 이런 질문을 하는 사람은 정말 많았죠. 어떤 특별한 사건이나 일화는 없었습니다. 다만 중학교 3학년 때 담임이 수학 선생님이었는데 그분의 평소 모습에 영향을 많이 받았고, 이후 수학 공부가 적성에 맞다는 것을 깨달았습니다. 고등학생이 되어 수학을 공부하면서 옆자리 친구보다 더 수월하게 학습한다는 것을 깨닫고 성적도 잘 나오면서 선생님들로부터 긍정적인 피드백을 받았습니다. 주변의 기대에 부응하기 위해 더 열심히 수학 공부를 하고 성적을 잘 받고 다시 기대치가 올라가는 선순환 과정을 거듭하면서 수학에 흥미를 붙여나갔습니다. 고등학교 3학년이 되어서 진로를 선택할 즈음엔 수학을 전공하지 않으면 안 되겠다고 생각했습니다. 제 강점을 '수학'이라 보고 이 강점을 펼칠 수 있는 학과를 골라 '수학과'와 '수학교육과'를 최종 선택지로 남겨두었는데, 교사라는 직업에 매력을 느껴 '수학교육과'를 선택했습니다.

임용을 결심한 것과 실제 준비를 시작한 것은 각각 언제인지요?

수학교육과에 입학한 1학년 때는 정말 행복했습니다. 지금 돌이켜보면 아무것도 몰랐기 때문에 그랬던 거죠. 실제 사범대 졸업생 중 4분의 1 정도만 임용시험에 응시한다는 사실을 알았다면 달랐을 거예요. 우리 과에는 아직 졸업생이 없었기에(한양대 수학교육과는 2007년에 신설돼 제가 입학한 2010학년도에는 졸업생이 없었습니다), 수학교육과 졸업생들이 뭘 하고 사는지 몰랐습니다. 수학 임용시험에서 적게는 10대 1, 많게는 20대 1의 경쟁률을 뚫어야 한다는 사실을 알았다면 마냥 행복하지만은 않았을 겁니다. 고등학생 때는 주변 사람들이 대학만 가면 모든 일이 잘 풀리는 것처럼 말했습니다. 모두가 명문대 합격증이 행복으로 가는 가장 빠른 길인 것처럼 말했고, 그 사실을 굳게 믿고 고등학생 시절을 보냈기 때문에 대학 1학년 시절을 행복하게 지낼 수 있었습니다.

시간이 지나 군대를 전역하고 학년이 올라가면서 제가 처한 상황을 직시하게 됐습니다. 공립학교 교사가 되려면 임용시험을 통과해야 한다는 것, 이

것이 내가 가진 학교의 이름값과 전혀 관계없는 시험이라는 점, 이렇게 힘들게 교사가 되어도 그 삶이 안정적인 것과 별개로 부나 명예와는 거리가 있는 삶이라는 게 마음에 걸렸습니다. 그렇다고 고민만 하면서 시간을 흘려 보낼 순 없어 2학년을 마칠 즈음 임용시험을 통과해 선생님이 되어야겠다고 결심했습니다. 다른 분야를 생각하지 않은 것은 아니지만 결국 그렇게 마음먹은 가장 큰 이유는 한 분야에서 최고가 되고 싶었기 때문입니다. 제가 이 과를 졸업하고 다른 분야로 취업할 수도, 복수전공을 신청해서 다른 직업을 선택할 수도 있지만, 제 주전공이 아닌 곳에서 최고가 되는 데는 한계가 있으리라 판단했습니다. 최고가 되려면 스무 살부터 배운 전공을 활용해야 했고 수학교육 전공을 배워 가장 평범하게 시작할 수 있는 길은 학교 선생이라는 판단하에 임용시험을 준비하게 됐습니다.

저와 같은 고민을 하고 있는 1학년생이라면 충분히 많은 고민을 하라고 말하고 싶습니다. 고민하고 방황하는 시간은 결코 낭비가 아닙니다. 오히려 견문을 넓히고 가치관을 정립할 기회가 됩니다. 게다가 이런 점들은 교사 외의 진로로 나가더라도 삶의 큰 자산이 됩니다. 다만 고민의 방향을 조금씩 정돈하면서 일관성을 가질 필요는 있겠지요.

'임용시험, 지금부터 준비해야 할까?' 이 고민을 한다는 것은 이미 교사가 되기로 마음먹었다는 뜻입니다. 빠르면 빠를수록 좋습니다. 지금 당장 선배들을 붙잡고 어디서부터 시작해야 하는지 물어보세요.

여유가 되면 여행과 대외 활동, 아르바이트를 하면서 세상을 겪어보기를 권합니다. 다양한 사람들의 가치관과 직접 부딪치다 보면 자신에 대한 이해도가 점점 높아지고 미래의 자신이 조금 그려질 겁니다.

첫 시험 합격을 기대했나요, 혹은 재수도 염두에 뒀나요?

초수 합격은 임용시험을 준비하는 수험생 대부분이 원하는 결과입니다. 주요 과목은 20대 1에 육박하는 경쟁률을 뚫어야 하기 때문에 '재수는 필수, 삼수는 기본'이라는 말이 있을 만큼 합격하기 힘듭니다. 시험 수준이 고시에 달한다고 해서 많은 수험생이 임용시험을 임용고시, 줄여서 임고라고 부릅니다.

첫 시험을 준비하면서 초수 합격을 기대하지 않는 사람이 있을까요? 다들 입 밖으로 내기 민망해하지만 간절히 바라는 마음은 똑같을 것입니다. 저 역시 그랬습니다. 첫 시험에 합격하는 것을 꿈꾸고 공부했습니다. 비록 이야기하고 다니지는 못했지만 내심 근거 없는 기대를 했습니다. 이렇게 평소 자신감 넘치게 생활하던 저였지만 통계상 확인되는 경쟁률로 인해 위축되는 것은 어쩔 수 없었습니다. 경쟁률이 10대 1에서 높은 지역은 20대 1을 넘기도 했고 전공 학점이 뛰어나다는 선배들도 임용시험을 떨어지는 것을 봤습니다. 그 선배들의 실력과 제 실력을 비교해봤을 때 저 역시 합격할 가능성이 낮다는 것을 알았고, 재수를 염두에 두지 않을 수 없었습니다. 임용시험을 준비하는 사람 중에 떨어지는 것을 염두에 두지 않는 사람이 있을까 싶습니다. 4학년 마지막 학기에 동기들과 수업을 들으면서 내년에는 어디서 공부할 것인지, 임용시험에 몇 번까지 도전할지 등의 얘기를 일상적으로 했습니다. 한 번에 합격할 수 있다고 되뇌는 것은 시험을 잘 보기 위한 자기최면이었지 내년에 합격해서 교사생활을 시작하겠다는 계획은 아니었습니다.

실제로 선배들이나 다른 대학의 통계를 볼 때, 서울 초수 합격 비율이 현저히 낮은데 이에 영향을 받은 것은 없었나요?

두 가지 형태로 영향을 많이 받았습니다. 첫째, 진로 선택에서 영향을 받았습니다. 임용시험을 준비하던 2, 3학년 선배들 누구도 임용을 권하지 않았습니다. 다른 길을 권하는 사람도 있었습니다. 이 과정에서 교사를 택하는 데 주춤거리며 걱정이 많이 앞섰습니다. 결과적으로는 이 길을 택해 빨리 끝냈지만, 지금 되돌아보면 중등교사 임용시험의 현실을 생각해봤을 때 당연한 얘기들이었다고 여깁니다.

둘째, 지역 선택을 고민했습니다. 보통 지역은 매우 복잡한 과정을 거쳐 결정하게 됩니다. 작년 시험의 경쟁률, 1차와 2차 시험의 합격선, 지역마다 조금씩 다른 2차 시험 유형, 근무 분위기와 형태, 거주지, 생활 지역, 개인 선호도 등이 종합됩니다. 물론 저는 서울에서 태어나 서울에서 거주하던 터라 서울 지역을 가장 선호했지만, 예나 지금이나 서울은 합격선이 가장 높게 형성되는 지역 중 하나입니다. 선호도가 높은 지역인 만큼 서울에서 응시하는 수험생들은 쟁쟁한 고수가 많다는 것이 중론이었습니다. 보통 초수생이 서울 응시를 하겠다고 하면 주변에서는 '처음엔 경험 쌓는 것도 중요하지'라는 반응을 보입니다. 즉, 합격을 크게 기대하지 않고 응시에 의의를 두는 것입니다. 지금은 충분히 이해되는 반응이지만 당시 저에게 이런 반응은 오히려 공부에 불을 지피는 계기가 되었습니다.

사범대에 다니면서 임고 공부를 했던 4학년 응시생으로서 여러 번 응시한 사람에 비해 어려웠던 점과 유리했던 점이 있다면요? 공부를 하면서 가장 힘들었던 점은 무엇인가요?

위에서도 간략히 적었지만 여러 번 응시한 사람에 비해 시험에 대해 덜 알고 있다는 점이 불리했습니다. 운이 됐든, 시험을 치르는 마음가짐이 되었든 간에 결국 많이 알고 있는 사람이 유리한 게 당연하기 때문입니다. 처음 공부하는 사람은 아무래도 여러 번, 여러 해를 공부한 사람에 비해 정보나 공부의 정도가 부족하다는 게 가장 큰 걱정이었습니다.

이런 절대적인 격차를 줄이기 위해 책상 앞에 앉아 있는 시간을 늘리려고 노력했습니다. 자투리 시간을 잘 활용하는 방법을 고민하기보다는 자투리 시간이 생기지 않도록 최대한 오랫동안 궁둥이를 붙이고 앉아 있는 방법을 고민했습니다.

또 불리했던 점은 임용시험을 한 번도 겪어보지 못했다는 것입니다. 어떻게 보면 매우 당연하지만 공부하면서는 이 부분이 꽤 큰 단점으로 작용했습니다. 가령 시험을 겪어서 시험장 분위기나 시험이 진행되는 방식을 알고 있는 사람들끼리 '작년에 ○○고등학교에서 점심시간에 다들 무엇을 먹었다'든지 '시험장에 언제쯤 도착해야 하는지' 등을 이야기할 때 한 번도 경험해본 적 없는 저로서는 막연히 상상만 해야 했습니다. 이 점은 2차 시험을 준비할 때 더 크게 와닿았습니다. 2차 시험을 준비할 때 지도안을 먼저 작성하는지, 수업 실연을 먼저 하는지, 분위기는 어떤지, 시야에 시계는 들어오는지, 칠판 크기는 어떤지, 분필은 준비해야 하는지 등을 경험자들은 지난해의 기억을 더듬어 돌이켜낼 수 있지만 저는 막연한 안갯속에서 허우적거리는 느낌이었습니다. 물론 선배들이 친절하고 자세히 설명해주어 도움이 되었지만 직접 경험과의 차이를 메우기엔 많이 부족했습니다.

불리한 점은 시험 기간과 교육실습(교생) 기간에도 두드러집니다. 시험 기간이나 교생 기간에는 진행되던 스터디나 개인적인 공부 계획도 중단하게 됩니다. 그렇게 의도한 것도 아닌데 보통 그렇게 되지요. 교육실습을 하고 나면 벌써 선생님이 된 듯한 느낌에 취하거나 뒤풀이 알코올에 취하거나, 피로에 휘청거려 취하거나 아무튼 취해서 공부할 수 없게 됩니다. 16시에 학교를 마치고 18시부터 공부할 수 있지 않을까 생각했지만 4주간의 교육실습 기간에 실제로 공부에 성공한 시간은 4시간이 채 되지 않을 겁니다.

반면 이미 졸업한 사람들은 이 기간을 온전히 공부에 쏟을 수 있습니다. 4주간의 교육실습이 4주를 넘어 부차적인 만남, 기억에서 벗어나기 위해 소모하는 기간 등으로 이어지는 것을 고려한다면 차이는 더욱 벌어집니다. 이런 면에서 임용시험을 준비하는 4학년은 확실히 불리합니다.

하지만 이런 불리한 점도 관점을 달리한다면 공부하기 위한 발판으로 삼을 수 있습니다. 재수생, 삼수생보다 지식의 양이 적기 때문에 열등감을 원동력으로 삼을 수 있습니다. 다른 사람은 알고 있다고 생각하고 넘어갈 수 있는 학습 내용을 처음 보는 초수생은 주의 깊게 보게 됩니다. 중요하지 않은 개념이라고 판단하고 넘어갈 수 있는 부분도 초수생은 이런 가치 판단을 할 수 없는 처지여서 자세히 들여다보게 되는데, 이 개념에서 시험이 출제될 수도 있습니다.

이런 장단점을 종합해서 봤을 때, 초수생이 재수생보다 유리하진 않지만, 마냥 불리하기만 한 것도 아니라고 생각합니다. 여러분이 4학년 임용시험 초수 준비생이라면 승산 없는 게임이라 여기지 말고 자신감을 갖고 준비하기를 바랍니다.

서울이 대체로 합격 컷이 높다고 하는데, 첫 응시임에도 불구하고 서울을 선택한 계기는 무엇인가요? 고민이나 반대는 없었나요?

반대와 고민 모두 있었습니다. 서울에서 응시하겠다는 이야기를 했을 때 부모님은 제가 합격하지 못할 거라고 예상해 반대하셨습니다. 상대적으로 쉽게 보였던 경기로 응시할 것을 여러 차례 권하셨지만 저는 제 고집대로 밀고 나갔습니다. 고집을 부릴 수 있었던 것은, 확고한 생각이 있었고 이를 기반으로 부모님을 설득할 수 있었기 때문이었습니다.

물론 저 역시 서울 응시에 한 번에 합격할 수 있다고 쉽게 생각한 것은 아니었습니다. 그저 '승산이 없진 않겠다' 정도의 마음이었고 합격을 확신하며 기대할 만한 수준은 결코 아니었습니다. 다만 미래에 대한 고민을 꾸준히 한 결과 서울로 응시할 결심을 굳힐 수 있었습니다.

제가 응시를 고민한 후보 중에는 충남, 세종, 경기 등이 있었습니다. 합격 가능 점수를 비교해서, 상대적으로 합격 컷이 낮고, 서울과도 지리적으로 어느 정도 가까워 자주 오갈 수 있으리라는 판단에서였습니다. 단순히 빨리 합격하기 위해 서울을 벗어나기에는 포기해야 할 게 너무 많았습니다. 가족이 다 서울에 살기 때문에 서울 밖에서 혼자 살아가는 것에 대한 막연한 두려움도 있었고, 서울의 편리한 교통, 문화생활, 몇 단어로 다 담을 수 없는 생활 인프라들을 포기하기 어려웠습니다. 재수에 대한 두려움은 있었지만, 반대하는 가족에게 서울에서 응시하는 이유를 적극적으로 설득하니 가족도 믿고 응원해주었습니다.

전공 수학, 수학교육론, 교육학 중 스스로 느끼기에 미진했던 과목과 완전했던 과목은 어떤 과목입니까? 출제 비중을 따져 효율적으로 공부한 부분이 있다면요?

다른 교과도 마찬가지겠지만 수학 과목에서 어느 누가 완벽하게 준비하고 임용시험을 치를 수 있을까요? 저 역시 마찬가지였습니다. 미진한 부분을 따진다면 전공, 수학교육론, 교육학 다 미진했습니다. 전공을 나누어 생각해봐도 해석, 대수, 위상, 복소, 미분기하학 등 저는 정확히 알고 문제를 풀 줄 아는 과목이 없었습니다. 공식을 외워 답만 겨우 쓸 정도의 지식을 간신히 갖추고 있었어요.

효율적으로 공부한 점이라고 한다면, 포기한 과목이 없었다는 것입니다. 수학 과목에서는 첫 시험을 치르는 사람이 모든 과목을 완벽히 준비하는 게 불가능하니까 특정 과목을 포기하고 시험장에 들어가는 이들이 종종 있습니다. 이렇게 '포기 대상'에 포함되는 과목은 보통 '비주요 과목' 또는 '서브 과목'으로 불리는 '이산수학' '선형대수'일 때가 많습니다. 이 과목들을 포기하지 않고 풀이 방법이라도 유형별로 한 번씩 보고 시험 본 것이 효과가 있었습니다. 점수로만 봤을 때는 미미하지만 모르는 내용을 한 번이라도 보는 것과 그러지 않는 것은 큰 차이를 만들어냅니다. 출제 빈도는 낮고 중요도 역시 낮지만 한 번이라도 봐서 답을 구하는 방법을 빠르게 습득할 수 있다면 결과는 크게 달라집니다. 출제 비중을 따져 효율적으로 공부한 것은 아니지만 적은 시간을 들여 비주요 과목에 대한 자신감을 얻고 짧은 시간에 큰 학습 효과를 낸 것이 좋은 결과로 이어진 것 같습니다.

수험생으로서 멘털 관리는 어떻게 했나요?

어떻게 보면 마음가짐이 시험 준비에 있어서 시작이자 끝입니다. 우리나라 속담 중 '마음먹기에 달렸다'라는 말이 있습니다. 장기적인 시험 준비만큼 이 속담이 잘 맞는 경우도 없습니다. 임용시험 준비는 단거리 달리기가 아닙니다. 한두 달 만에 준비해서 끝낼 수 있는 게 아니고, 짧으면 1년, 길게는 2, 3년 걸리는 긴 마라톤입니다.

임용시험을 본격적으로 준비하는 대학 4학년이 되면 자기 자신에 대한 전반적인 점검이 필요합니다. 장단점, 공부 패턴, 이 시험에 합격해야 하는 이유, 동기 부여에 대한 점검을 해야 합니다. 특히 마음가짐에 가장 크게 영향을 끼치는 부분은 바로 동기 부여입니다. 동기는 내면에 있을수록 강하게 발휘됩니다. '남들이 다 준비하니까 나도 해야지'라거나 '사범대에 왔으니까 임용시험 준비를 해야겠지'라는 일차원적 동기는 금세 휘발됩니다. 아직 이런 생각을 하고 있다면 하루쯤 진지하게 자신의 진로에 대해 고민하는 시간을 가져보길 바랍니다. 내가 임용시험을 준비하게 된 계기, 선생님이 되어야 하는 이유, 선생님이 되면 하고 싶은 버킷리스트를 적어보세요. 단순히 안정적인 직업을 갖고 싶고, 공무원이 되고 싶다는 이유도 나쁘지 않지만, 선생님이 되었을 때 학교 현장에서 해보고 싶은 수업을 생각해보거나, 사범대 학생이라면 고등학교 때 사범대로 진학하고자 한 이유를 떠올려보는 것도 도움이 됩니다.

또한 시험과 관련해서 자신의 성격과 환경상의 장단점을 확인해봐야 합니다. 문제에 대한 이해와 개념 이해 중 무엇이 자신 있는지, 계산에서 실수가 잦은지, 여러 전공 중 선호하는 과목은 무엇인지, 임용시험 범위의 과목 중 내가 대학에서 수강하지 않은 과목은 없는지 확인해볼 필요가 있습니다. 4학년에 올라가면서 저는 아래와 같이 스스로 점검한 장단점을 적어보았습니다.

장점	단점
·임용시험 범위에 들어가는 과목들의 학점이 나쁘지 않음 ·이해는 느리지만 꾸준히 공부해서 이해함. ·외부 영향을 적게 받고 심리가 크게 흔들리지 않는 편 ·계산 실수가 적음 ·선형대수, 현대대수 ·아침형 인간, 규칙적인 생활, 게임 안 함	·이해가 느리고 다른 사람과의 스터디에 쏟는 시간과 노력이 과함 ·이산수학 과목을 수강하는 학기에 교생 실습을 다녀와서 거의 알지 못함 ·계획이 한번 틀어지면 그날 하루를 거의 망치는 편임 ·교육학, 수학교육학 부분의 암기에 취약함 ·복소해석학 부분을 거의 알지 못함

그리고 이를 바탕으로 공부 형태를 그려나가야 합니다. 이것은 4월까지는 개념 정리, 7월까지는 문제풀이, 10월까지는 답안 작성 연습처럼 진도에 맞춰 큰 줄기를 그리라는 것과는 다른 맥락의 이야기입니다. 집중력이 올라가 공부가 잘되는 시간도 있고, 낮잠이 몰려와 날려 보내는 시간이 있을 수도 있습니다. 공부 유형도 스스로 설명하며 깨닫는 설명식 공부가 효

율적인 사람이 있고 혼자서 강의를 여러 번 보거나 노트 정리를 하는 편이 효율적인 사람이 있습니다. 저는 스스로 장단점을 분석한 뒤 여러 사람과 함께하는 공부가 제게 비효율적이라는 판단이 들어 구성원들에게 양해를 구한 뒤 과감하게 모임을 빠져나와 혼자서 공부를 시작했고, 이런 판단이 합격에 상당히 긍정적인 영향을 끼쳤습니다. 특히 이산수학은 교육실습 일정과 겹쳐서 거의 알지 못했던 탓에 인터넷 강의를 수강했고 복소해석학을 거의 알지 못한다는 판단이 들어서 시험에 나오는 부분 위주로 문제 풀이에 집중해 효율을 최대한 끌어올렸습니다. 외부 요인에 영향을 적게 받는다는 점은 장점이지만, 계획을 너무 지키려 하다보니 작은 것 하나라도 틀어지면 하루가 통째로 엉망이 된다는 사실을 잘 알고 있어서 이 점을 조심하고자 동선을 최대한 간단하게 만들었습니다. 사범대 도서관을 나와 집 앞 독서실을 다니고 다른 사람들과 만나는 시간을 줄여 계획에 되도록 변수가 발생하지 않도록 했습니다.

시험을 공부하는 1년 동안은 마음가짐이 자유분방했습니다. 어떤 날은 문제가 아주 잘 풀려서 1등으로 합격하는 게 아닐까 하는 쓸데없는 생각도 진지하게 했던 반면, 또 다른 날은 이해가 전혀 되지 않아 온종일 축 늘어진 채 독서실에서 내내 영화만 본 적도 있습니다. 쓸데없는 걱정을 하는 시간이 오래가지 않은 덕분에 원상태로 되돌아와 공부에 집중하기 좋았고 활력소가 되기도 했습니다. 그럼에도 하루를 망친 날은 이튿날에 영향을 끼치는 게 분명합니다. 사실 생각해보면 당연합니다. 어떻게 매일매일 공부가 잘될 수 있나요? 일이 잘 풀리는 날이 있으면 그만큼 잘 풀리지 않는 날도 있습니다. 관건은 잘 풀리지 않는 날이 왔을 때 빠르게 빠져나오는 것입니다. 슬럼프는 누구에게나 찾아오지만, 거기서 빠져나오는 것은 본인의 몫입니다. 사람마다 다양한 슬럼프 탈출법이 있을 텐데, 저는 단순한 문제를 푸는 것으로 극복했습니다. 미적분학이나 미분기하학에서 고민 많이 하지 않고 기계처럼 풀 수 있는 문제를 풀었어요. 문제 중에서 공식만 알면 쉽게 풀리는 문제들을 풀면서 자신감을 쌓았습니다. 이런 작업은 일시적으로 자신감을 올려주고 성취감도 빠르게 안겨줬기 때문에 하루 치 공부를 성공적으로 달성하는 데 도움을 주었습니다. 만약 이런 방법으로도 가라앉은 기분이 나아지지 않는다면 어떻게 할까요? 방법이 없습니다. 좋아하는 배달 음식을 시키고 집에 일찍 가서 쉬어야 합니다. 시간이 아깝다는 생각은 버리고 2보 전진을 위한 1보 후퇴라고 여깁시다. 공부가 안 되는데 억지로 붙잡고 있으면서 하루를 소모해버리기보다는 현실을 인정하고 내일 계획을 수정하며 나중을 기약하는 것이 전체적으로 효율을 높이는 길입니다. 단, 이 방법으로 결코 자신을 속여서는 안 됩니다. 정말 슬럼프가 온 것인지, 놀고 싶어서 슬럼프라고 스스로를 속이고 있는 것인지는 본인이 가장 잘 알 것입니다.

시간에 관해서는, 일반적으로 일과를 9시부터 23시라고 했을 때 공부 시간은 23-9=14시간이 나오지 않습니다. 멍하게 흘려보내는 시간과 식사 시간, 이동에 필요한 시간 등을 제외하면 하루 10시간을 만들기도 어려울 것입니다. 공부 시간은 일주일 기준으로 50시간이면 많은 편입니다. 다만 그 50시간이 효율적으로 구성되어야 합니다. 책상에 앉아 있는 시간이 모두 공부 시간은 아닙니다. 절대적인 시간도 중요하지만, 그보다 누가 더 효율적으로 시간을 보냈는지가 합격의 당락을 결정짓습니다. 모든 합격을 위한 공부가 그렇지만 불합격에 대한 두려움, 혼자 공부하는 외로움, 슬럼프와 같은 공부에 방해되는 여러 요소를 어떻게 제거하느냐가 합격 여부를 가릅니다.

관심 분야나 꿈은 무엇이며 어떤 노력을 하고 있나요?

교사로서는 아직 간신히 걸음마를 뗀 터라 뭐라고 말하기도 민망합니다. 대학 1학년 때 느낀 감정을 대학 4년 내내 느꼈습니다. 스무 살의 저는 수학에 꽤 자신 있다고 생각해서 수학교육과에 왔는데 막상 오고 나서는 정작 간신히 평균만 쫓아가는 정도라는 것을 깨달았습니다.

임용시험도 꽤 좋은 성적으로 합격했지만, 교사들 사이에서 이런 저는 아무것도 아니었습니다. 수업, 학급 운영, 업무, 사회생활 어느 면을 살펴봐도 1인분만 간신히 하는 수준입니다. 지금은 이 1인분 이상을 해내는 것에 관심이 있습니다. 남들이 보기에 n인분 이상 하는 사람이 되기 위해 노력 중입니다. 워낙 다방면으로 노력해야 해서 일일이 열거하기는 어려운데, 당장 내일의 수업, 오류 없는 문제 출제, 공정하고 객관도 높은 수행평가, 내실 있는 학생들의 생활기록부를 위해 많이 듣고 보고 배우는 중입니다.

수학, 수학교육을 더 공부해보겠다는 결심을 해 2020년부터는 대학원에서 공부 중입니다. 석사 학위를 비교적 간단히 취득하는 방법도 있지만, 학문으로서의 수학, 수학교육에 관심이 있어 일반대학원에 진학했습니다.

수학 중등 임용에 관한 정보를 얻을 수 있는 방법을 알려주세요.

가장 추천하는 것은 바로 전해에 시험을 치른 가까운 선배의 정보입니다. 인터넷 카페에도 좋은 정보들이 있지만 이런 곳은 사람이 많이 모여 가십이 많다는 느낌이 강합니다. 지난해 시험에 응한 선배에게 궁금한 점을 물어보는 게 가장 빠른 방법일 것입니다. 정보는 신뢰도가 기반이 되었을 때만 가치를 지닌다고 생각합니다. 제가 신뢰하는 사이트는 다음과 같습니다.

- 한국교육과정평가원(https://www.kice.re.kr)

임용 1차 시험 문제를 내는 기관입니다. 이곳에서 수시로 들어가면서 공지 사항, 묻고 답하기를 자주 읽는 습관을 들이면 좋습니다. 자신이 궁금해할 만한 내용은 다른 사람도 궁금해하기에 이미 올라온 질문일 때가 많습니다. 없다면 이곳에 적힌 번호로 전화를 걸면 친절하게 알려줍니다.

- 서울특별시 교육청(https://www.sen.go.kr)

각 시도 교육청 공지 사항도 자주 들여다봐야 합니다. 1차 필기 출제 기관은 교육과정평가원이지만 시행하고 선발하는 행정적인 작업은 교육청에서 하기 때문에 응시 접수, 시험 장소, 2차 시험 진행 방식 등은 이곳 공지 사항에 가장 많이 올라옵니다. 저는 응시 지역이 서울이었기에 서울시를 예로 든 것이고, 본인이 응시하고자 하는 각 시도 교육청 사이트에 접속해서 확인하면 됩니다. 사이트 내의 검색 키워드는 '중등교사'입니다.

- 박문각 임용(https://www.pmg.co.kr)

이 사이트의 유용한 점은 '지역별 경쟁률'을 한곳에서 확인할 수 있다는 것입니다(저는 이 사이트와 아무 관계가 없으니 오해 없기를 바랍니다). 각 시도 교육청은 자신의 지역 경쟁률만 공개하는데 수험생 입장에서는 다른 지역의 경쟁률 정보가 필요하기도 합니다. 경기와 서울 사이에서 응시 지역을 고민하는 이들이 대표적이겠습니다. 이럴 때 경기와 서울시 교육청을 둘 다 들어가면서 확인하기보다는 한눈에 비교하고 싶을 텐데, 이런 바람을 해결해주는 곳이 박문각 같은 학원 사이트입니다. 접수가 끝나면 지역별 경쟁률을 올려주어서 이듬해 수험생이 응시 지역을 고민할 때 크게 도움이 됩니다. 그 외에 다른 임용 정보도 제공해줍니다.

임용을 고민하고 있는 사범대생, 임용 공부를 하고 있는 사범대생, 그리고 사범대에 관심 있는 수험생에게 해주고 싶은 말이 있다면요?

제가 시험을 치르기 전 마지막 전공 수업에서 교수님이 4학년들에게 해주셨던 말로 대답을 대신할까 합니다.

"이제 여러분 모두 중요한 시험을 앞두고 있어요. 제가 해주고 싶은 말은 이거예요. 시험에 지지 마세요. 시험에 합격한다고 이기는 것도 아니고 합격하지 못한다고 해서 지는 것도 아닙니다. 여러분 인생을 길게 봤을 때, 겨우 몇 년 차이가 있을 뿐 포기하지만 않는다면 결국 선생님이 되고, 원하는 길을 걸을 수 있습니다. 시험은 단지 교사가 되기 위해 어쩔 수 없이 거쳐야 하는 관문이지 일생일대의 사건은 분명 아닙니다. 이 시험은 여러분의 가능성을 판별하지 못합니다. 그러니까 시험 따위, 이깟 시험에 패배하지 말고 여러분 실력을 마음껏 발휘하고 오세요."

수학 2편

자기소개와 더불어 사범대 수학교육과에 진학한 계기에 대해 얘기해주세요.

중등 수학 임용에 초수 합격하고 졸업을 앞두고 있는 수학교육과 학생입니다. 저는 언젠가부터 꿈 없이 공부를 했습니다. 제가 하고 싶은 일이 있어도 수능 점수에 따라 제가 할 수 있는 일이 정해져 있다고 생각했기 때문입니다. 그래서 수능 점수부터 잘 받자는 각오로 공부했습니다. 그렇게 수능이 끝나고 막상 진학할 과를 결정할 순간이 오자 많은 어려움이 있었습니다. 한 달이 채 안 되는 기간을 고민한 끝에 수학교육과에 진학하기로 마음먹었습니다. 이유는 단순했습니다. 저는 수학 문제 푸는 것을 좋아했고, 교사는 안정적이고 좋은 직업이라고 생각했기 때문입니다.

임용을 결심한 것과 실제로 준비를 시작한 것은 각각 언제인지요?

저는 대학에 입학하기 전부터 임용고시를 고민했습니다. 저 역시 '임용이 어렵다'는 말을 들으며 자라왔는데, 이 말 때문에 수학교육과에 진학할지 말지 결정하는 순간에도 많이 주저했습니다. 그렇지만 동시에 저는 취업 역시 어렵지 않나 하고 생각했습니다. 다시 말해 내가 어떤 길을 가든 겪어야 할 어려움이라고 여겼어요. 따라서 '할 수 있다'는 마음가짐으로 임용고시를 보기로 했고 수학교육과에 진학했습니다. 그래서 임용고시는 저에게 언젠가는 보게 될 당연한 시험이었습니다.

입학하고 4학년이 되기 전까지 임용 걱정을 하거나 고민을 하지는 않았습니다. 학교 수업을 듣고 과제를 하는 것만으로 벅찼기 때문입니다. 매 학기 주어지는 과제와 시험만으로도 바빠 시간을 따로 내서 임용시험 공부를 하지는 않았습니다. 학기마다 주요 과목과 좋아하는 과목들을 잘 이해하고 해결하고자 노력했습니다. 3학년 여름방학과 겨울방학 때는 동기들과 지난 학기에 배운 내용을 복습하는 스터디를 했지만 게으른 탓인지 매번 뒷부분까지 마치지 못한 채 마무리했습니다. 그렇게 4학년이 되어 1, 2월 두 달간 교육학 인터넷 강의를 듣고 현대대수학 스터디를 하는 것으로 임용시험 준비를 시작했습니다.

본격적으로 임용고시 준비에 들어간 것은 교육실습이 끝난 6월부터입니다. 이때부터 평소에 같이 공부하던 네 명이 스터디를 만들었습니다. 시험 준비에 늦었다고 생각해 계획을 촘촘하게 잡았습니다. 당시로서는 따라가지 못해 빈칸으로 남긴 계획도 여럿 있습니다. 이에 대해서는 이후 혼자 시간을 마련해 공부했고 그렇게 6월부터 1차 시험을 보기 전까지 스터디원들과 교육학, 수학교육학, 전공 수학 모든 과목을 함께 공부했습니다.

학부 때 배운 것이 임용고시와 큰 관련성이 있기에 단순히 6월부터 임용고시를 준비했다고 할 순 없지만, 임용시험 문제들의 출제 경향을 파악하고 이에 대비하기 위해 시작한 것은 6월부터입니다. 시험 문제 유형은 몇 가지 나오는 것이 정해져 있습니다. 매 학기 학교 수업을 열심히 들었다면 4학년 때부터 임용고시 고민을 시작해도 늦지 않다고 봅니다. 저는 6월부터 시작했지만 1월부터 열심히 준비했다면 좀더 자신감 있게 시험에 임하지 않았을까 생각합니다.

임용 외에 다른 진로를 고려해보거나 실제로 다른 분야로 나가기 위한 노력을 한 적이 있나요? 이와 관련하여 임용을 결심하게 된 계기는 무엇인가요?

공부하다가 잘 안 돼서 '시험에 떨어지면 과연 나는 무엇을 할 수 있을까'를 고민해본 적이 있습니다. 그런데 회사에 취직할 수 있을까 생각하니 제가 대학에 와서 학교만 열심히 다녔을 뿐 내세울 만한 스펙이 하나도 없더라고요. 가장 잘할 수 있는 것이 선생님이라고 여겨져 다시 공부에 집중했습니다.

초수 합격을 염두에 두고 공부했는지요? 이에 남다른 각오가 있었나요?

저는 당연히 재수할 거라 생각했습니다. 왜냐하면 입학 전부터 임용고시 합격이 어렵다는 점을 알았고 합격하더라도 첫 시험에 합격하는 이는 드물다고 들었기 때문입니다. 대학도 재수해서 왔기 때문에 재수에 대한 두려움은 없었습니다. 항상 저 자신이 교사가 되기에는 아직 부족한 게 많다고 여기기도 했습니다. 하지만 합격을 포기하지는 않았습니다. 워낙 자존심이 센 편이라 낮은 점수를 받고 싶지 않았습니다. 합격이 어렵고, 초수 합격은 더 어렵기 때문에 이번 시험에 합격은 못해도 괜찮지만 낮은 점수를 받으면 저 자신에게 실망할 듯해 11월까지 포기하지 않고 공부를 했습니다. 시험장에 갈 때는 만족스런 점수를 받고 싶다는 마음가짐으로 갔습니다. 결국 1차 필기에서 교육학 17점, 전공 과목 59점을 득점했습니다.

임용고시 준비생에게 연애나 게임 등의 취미생활은 어떤 의미를 가질까요?

모두 중요하고, 또 필요하다고 생각합니다. 저는 친구들과 노는 것을 좋아하는데 이를 통해서 학교에서 받는 스트레스, 시험에 대한 불안을 많이 해소할 수 있었습니다.

임용 공부 생활 중 생각나는 에피소드가 있다면요?

스터디를 했던 게 기억에 남습니다. 모르는 사람들이 아니라 제 동기, 선배들과 같이 공부했기 때문에 정말 많은 일이 있었습니다. 공부가 재미있든 없든 시험 준비하는 것 자체가 정서적으로 힘든 일인데 의지가 되었고 공감되는 사람들과 함께해서 행복했습니다. 가끔은 의견이 달라 티격태격했지만, 그렇게 이야기 나눈 것들은 절대 잊어버리지 않아 이마저도 도움이 됐습니다.

교수님의 문제 세트에 있던 것인데 한 번도 임용고시에 출제되지 않은 유형이라 공부하지 않았던 문제를 1차 시험에서 맞닥뜨려 후회했던 일도 기억에 남습니다.

수학 중등 임용에 관한 정보를 얻을 수 있는 방법을 알려주세요.

시험과 관련된 모든 정보를 동기나 선배들로부터 얻었습니다. 이 자리를 빌려 감사드립니다. 더불어 정보도 중요하지만 자신감을 갖고 매일 즐겁게 공부하면 좋은 결과가 있으리라 생각합니다.

대부분의 사람이 처음 교육학을 준비할 때 막막함을 느낄 텐데 교육학 준비는 어떻게 했나요? 지난 시간을 돌아봤을 때 그 방법이 효율적이었는지요?

저도 4학년이 되기 전까지는 알지 못했는데, 흔히 임용고시를 위한 교육학을 공부한다면 인터넷 강사들이 만든 500쪽짜리 두 권가량의 책을 통해서 개념 공부를 시작합니다. 이 두 권에 있는 내용만 공부해도 충분하다고 봅니다. 1, 2월에 개념 강의를 인터넷으로 들었지만 소홀히 했고, 6월부터 두 달간 개념을 공부했습니다. 같이 공부하는 동기, 선배 등 넷이서 교육학 스터디를 만들어 개념을 각자 공부해온 뒤 이해가 되지 않았거나 궁금한 점을 질문하고 의견을 공유했습니다. 9~10월은 같은 방식으로 한 번 더 공부하고 일주일에 두세 번 짧은 교육학 문제를 풀었습니다. 이후에 1차 시험 전까지는 교육학 모의고사를 풀고 스터디원들과 답안지를 바꿔서 채점해주는 과정을 통해 채점 기준을 익히고 어떤 내용이 답에 들어가면 좋을지 생각해보는 시간을 가졌습니다.

공부했던 방식이 효율적이거나 혹은 그렇지 않았다면 그 이유는 무엇일까요? 또 더 효율적으로 공부할 수 있는 방법으로는 어떤 것이 있을까요?

교육학은 공부해야 할 양이 많습니다. 따라서 되도록 일찍 시작하는 것을 권합니다. 그래야 시간에 쫓겨 의미를 이해하지 못한 채 글자만 암기하는 것을 피할 수 있습니다. 교육학은 글을 통해서 익히는 것만으로는 한계가 있습니다. 스터디원들과 서로 이야기하다보면 알지 못했거나 잘못 이해하고 있는 내용을 바로잡을 수 있습니다. 덕분에 저는 스터디를 통해서 많은 도움을 받았습니다.

전공 공부에서 주요 과목이 '해대위'(실해석학·현대대수·위상수학)에서 점차 변하는 추세라고 들었습니다. 이에 관해 이야기해주세요.

여전히 해석과 대수는 중요합니다. 제가 공부를 시작할 때 '이제는 해석, 대수, 미기(미분기하학)다'라는 말이 많았는데 이번 시험을 치르고 나니 그 말에 공감하게 됐습니다. 위상수학에서는 전형적인 유형의 문제 하나밖에 나오지 않았어요. 그래서 위상수학에 대한 전반적인 이해가 부족하더라도 그 유형의 문제를 해결할 수 있었다면 점수를 받았을 겁니다.

정선이확 같은 서브 과목은 어떻게 공부했나요? 포기한 과목은 없었나요?

저는 정선이확(정수론·선형대수학·이산수학·확률과 통계)은 7, 8월에 문제풀이 강의를 들으면서 같이 개념을 정리했습니다. 이후에는 모의고사 문제를 풀면서 연습했습니다. 이산수학과 선형대수는 하기 싫어서 미루고 미루다가 9, 10월에 공부했습니다. 과목 전체를 포기하지는 않았는데 많은 과목에서 빼놓고 지나간 부분이 있었어요. 아무래도 첫 시험이다보니 꼼꼼하게 볼 시간이 없었습니다. 그래서 중요하다고 여겼던 부분만 10월까지 공부했고, 중요한 것조차 다 보지 못해서 11월까지도 개념을 공부했습니다. 현대대수에서 갈루아 이론과 관련하여 꼭 한 문제씩 나오는데 제가 이 부분은 공부를 못했던 터라 시험 보기 2주 전에 갈루아 이론에 매달렸던 기억이 나네요. 시험 2주 전까지도 중요하다는 개념들은 다 보려고 노력했습니다.

가장 좋아했던 과목과 싫어했던 과목을 하나씩 꼽아주세요. 그 이유는 무엇인가요?

가장 좋아했던 과목은 해석학이고 싫어했던 과목은 현대대수학입니다. 해석학이나 복소함수론을 배울 당시에 학교 공부를 열심히 하기도 했고 교수님이 좋아서 재미있게 배웠던 기억이 있습니다. 현대대수학은 처음에는 재미있었는데 자꾸 개념을 잊어버리더라고요. 그런데 양이 너무 많아 다시 처음부터 훑는 것은 불가능해 임용시험 보기 2주 전까지 미뤘고, 결국 다 보지도 못했습니다. 그러다보니 싫어하는 과목이 돼버렸네요.

주요 과목과 서브 과목에 중요도를 부여는 어떻게 했고, 공부 시간은 어떻게 안배했나요?

저는 다 똑같이 공부하려고 했어요. 그러다보니 주요 과목과 서브 과목이 아니라 양이 많은 과목은 오래, 양이 적은 과목은 짧게 공부했어요. 그리고 하기 싫은 과목보다는 좋아하는 과목, 잘하는 과목 위주로 공부했어요. 미분기하학은 처음에 이해가 전혀 안 돼 공부를 안 하다가 위기의식이 들어 9월쯤 인터넷 강의를 한 번 보고 공부한 후로는 재미를 붙였습니다. 계획적으로 공부한 편은 아니었어요.

하루에, 또 한 주에 얼마나 공부했나요? 과외나 아르바이트도 병행했나요?

6월 전까지 하루에 3~4시간쯤 공부했고 일주일에 하루이틀은 7~8시간 공부했습니다. 6월부터는 개인 공부를 하루 평균 7~8시간쯤 했습니다. 그리고 일주일에 스터디 2~3회를 하면서 회당 2~3시간씩 공부했고요. 일주일에 한 번 정도는 놀았고, 과외나 아르바이트는 하지 않았습니다.

공부하면서 힘들고 지칠 때 견딜 수 있는 방법이 있었나요?

친구들과 대화하면서 많이 견뎠어요. 저는 얘기하는 걸 좋아해서 공부가 안 되면 늘 친구들한테 전화 걸어 하소연하고 친구들이 응원해주면 힘내서 다시 공부했어요. 그리고 9월에는 공부가 너무 하기 싫어서 동기 부여를 하려고 1차 시험 다음 주 일정으로 해외여행 비행기 표를 끊어두었습니다. 여행을 좋아해서 공부를 마치면 놀 수 있다는 생각을 하려고요. 공부하기 싫을 때마다 시험 이후 가게 될 여행지 사진을 보면서 그날을 기대하게 되고 다시 힘내서 공부하게 되더라고요.

초수 합격이면 교육실습 기간에 시간 관리하기가 힘들었을 텐데 교육실습 동안 공부요령을 알려주세요.

교육실습 동안 해석학 기본서를 공부하려고 계획했지만 실패했습니다. 이 기간에는 공부를 할 수 없었습니다. 저뿐만 아니라 아마 많은 초수생이 교생 기간에 자신이 계획했던 것만큼 공부하지 못할 겁니다.

한 번에 합격할 수 있었던 비결은 뭐라고 생각합니까?

저는 많은 게 부족했습니다. 늦게 시작한 데다 계획적으로 공부한 것도 아니었습니다. 하지만, 임용고시에 나오는 유형의 문제들을 어떻게 푸는지를 알고 시험장에 갔다고 생각합니다. 실제로 1차 시험을 치르면서 정말 정형화된 유형의 문제가 많이 나와서 놀랐습니다. 깊게 공부할 수 있는 시간은 없었지만 그래도 포기하지 않고 중요하게 생각하는 개념을 거의 다 확인하고 시험장에 간 것이 합격 비결인 것 같습니다. 또한 수학교육 문제에서 점수가 거의 안 깎인 것 같습니다. 『수학교육학신론』과 『수학교재연구』 두 권을 외우다시피 했습니다. 스터디원들과 세 번을 같이 읽었고 임용고시 일주일 전에 개념을 직접 백지에 써보는 연습을 많이 했습니다. 그렇게 하니까 수학 교육 문제는 바로바로 답을 적을 수 있더라고요. 수학 교육을 열심히 공부해서 높은 점수를 받을 수 있었지 않았나 싶어요.

1차 시험 치른 후 2차 준비는 언제부터 시작했나요? 공부 일정은 어떻게 정했나요?

1차 시험(11월 25일)을 본 후 4학년 2학기 전공 과목 기말고사가 있어서 그 시험을 공부했고 그다음 주(12월 4일)부터 학교에서 2차 준비 스터디가 진행됐습니다. 스터디 계획은 3주였는데 첫 주에 여행을 가느라 참석을 못 했습니다. 그래서 실제로 1차 합격자 발표가 나기 전까지 2차 준비를 2주(12월 11일~12월 22일)밖에 못했습니다. 발표가 12월 30일에 나고 1월 16일에 2차 시험이 있기까지 16일간 공부했습니다. 2차에서는 심층면접 36점, 수업 실연 35.4점, 지도안 작성 12.67점을 받았습니다.

초수여서 2차 준비도 처음이었을 텐데 그 때문에 곤란했던 점은 무엇인가요?

첫 시험이라서 합격에 대한 기대가 없었고, 1차 후 여행도 다녀왔기에 2차 준비를 제대로 못 했습니다. 붙을 거라는 기대가 없었기에 매일 아침 일찍 스터디에 나가는 것이 괴로워서 '불합격할 텐데 과연 2차 시험 스터디를 가야 하나'라는 고민도 했습니다. 그러다 1차 합격자 발표에서 덜컥 합격하고 나니까 겨우 16일밖에 남지 않아 시간이 크게 부족하더라고요. 다른 스터디원들은 지난달에 열심히 했는지 지도서에 있는 유의 사항들도 기억하고 수업도 곧잘 하는 모습을 보면서 많이 초조하고 불안했습니다. 다른 사람들 앞에 나서서 평가받기를 두려워했던 탓에 2차 준비는 하루하루가 힘들었습니다. 매일매일 평가받아야 했으니까요. 그래서 2차 준비는 육체적으로나 심적으로나 매우 힘들었던 기억으로 남아 있습니다.

2차 시험을 처음 준비할 때 미리 준비되면 좋을 것은 무엇인가요? (교과서별 지도안이나 정보 등)

좋은 예시를 많이 볼 수 있으면 좋겠다고 생각했습니다. 좋은 수업에 대해서 사람마다 의견이 다르므로 쉽지 않은 일이라고 생각하지만, 임용고시 합격을 위해서는 지도안을 어떻게 작성하는 것이 좋은지, 어떻게 수업하는 것이 좋은지 알 수 있는 지도안이나 수업 실연 영상 등이 있으면 좋겠다고 생각합니다.

2차 공부 방법은 어떤 식이었나요? 그 방법이 효율적이었나요? 더 효율적인 방법이 있다면 무엇일까요?

학교에서 스터디를 했습니다. 3~4명이 스터디를 구성해서 지도안 작성 문제를 만들어 와 한 시간 동안 지도안 작성하는 연습을 하고 이 지도안을 바탕으로 수업 실연을 한 뒤 피드백을 주고받았습니다. 면접 역시 스터디원들이 문제를 만들어 와서 이 문제를 가지고 답을 하고 피드백을 주고받았습니다. 저는 이 공부 방법이 효율적이라고 생각합니다. 실제로 제가 2차 시험을 보면서 연습했던 것과 같은 환경이라는 생각이 들었기 때문입니다. 물론 스터디원들은 익숙한 데다 내 수업을 들어주고 있다는 느낌이 들지만, 연습 때와 달리 실제 면접관들은 웃지도 않고 제 수업을 듣고 있지 않다는 느낌을 받아 당황하기도 했습니다. 이 점을 고려해서 실제 시험장처럼 환경을 만들어 준비하면 더 좋을 듯합니다.

지도안, 실연, 면접 중 무엇이 준비하는 데 비교적 수월했나요? 어려운 것은 무엇이었나요?

지도안 작성 준비가 소홀했던 편이에요. 스터디할 때는 지도안을 작성하고 바로 수업 실연을 했기 때문에 발화를 생각할 시간이 없어 거의 지도안을 안 쓰고 수업 실연을 구상했습니다. 그러다보니 막상 시험장에서 지도안 쓸 때 어떤 부분을 어떻게 구현해야 할지 잘 모르겠더라고요. 제가 지도안 작성에서 낮은 점수를 받았는데 그 이유는 학생과 교사의 구체적인 발화가 드러나지 않아서인 것 같습니다. 지도안, 실연, 면접 모든 게 어려웠습니다. 그중에서 실연을 가장 잘한다고 생각했는데, 교수님께서 제 수업 실연을 보시고는 자신감 없어 보인다고 하시더라고요. 다른 합격 수기를 읽어보면 2차에서 중요한 것은 자신감이라고 하던데 자신감이 없어 보인다는 피드백을 받으니 수업 실연마저 자신이 없어지더라고요.

시연, 면접 날 기억에 남는 에피소드를 말씀해주세요.

번호 추첨을 통해 수업 실연 순서와 면접 순서를 결정하는데 제가 바랐던 번호와 반대의 번호를 뽑았던 것이 기억납니다. 수업 실연은 최대한 늦게 하고 싶고 면접은 최대한 빨리 하고 싶었는데 수업 실연은 거의 앞쪽, 면접은 거의 뒤쪽 번호가 걸렸어요. 수업 실연을 두 번째로 하게 됐는데, 두 번째라는 사실만으로 크게 긴장되더라고요. 긴장해서 수업도 제대로 못했습니다. 면접은 세 시간을 대기한 뒤 했는데 오히려 그 긴 시간 동안 기다리다보니 긴장이 전혀 안 됐습니다. 그래서 면접은 편안하게 볼 수 있었어요.

현재 관심 분야나 꿈은 무엇이며 어떤 노력을 하고 있는지요?

학생일 때는 잘 가르치는 선생님보다 저한테 의미 있는 말을 많이 해주는 선생님들을 좋아했습니다. 교육실습을 하면서도 조회 시간에 어떤 말을 할까 많이 고민했습니다. 학생들에게 질문하고 같이 고민할 수 있는 선생님이 되고 싶습니다. 그래서 수학뿐만 아니라 다양한 책을 많이 읽으려고 노력 중입니다. 나아가 행복한 선생님이 되고 싶습니다.

영어편

자기소개를 부탁드려요.

2018년도 경기도 중등교원 임용고시에 합격한 영어 교사 김태현입니다. 저는 한양대학교 사범대학 교육학과에 11학번으로 입학했습니다. 대학 2학년까지 교육학 단일전공을 하다가 군 전역 후 3학년 2학기부터 뒤늦게 영어교육을 다중전공했습니다. 교육학 그리고 영어 교육 두 개의 전공 학점 이수, 남들보다 뒤늦게 시작한 다중전공, 또 남들보다 뒤늦게 떠난 해외 교환학생으로 인해 부족한 졸업 학점을 정신없이 채우며 학교를 다니다가 2018년도에 졸업하며 도전한 첫 임용고시에 너무나 감사하게도 합격했습니다. 경기도 이천시에 발령을 받아 첫 교직 생활을 시작했습니다.

사범대 교육학과에 진학하게 된 계기는 무엇인가요?

중학교 무렵부터 '영어교사가 되고 싶다'는 생각을 했습니다. 그러다 고3이 되고 대학 원서를 쓸 무렵 '입학하고 나서 전공 교과가 적성에 안 맞으면 어떻게 하지? 사범대까지 갔는데 교사하기 싫어지면 어떻게 하지?'라는 생각이 들었어요. 그래서 대학 원서는 '영어교육과'가 아닌 길이 좀더 열려 있을 법한 '영어영문학과'와 전공 교과의 선택 폭이 넓은 '교육학과'로 썼습니다. 결과적으로는 두 학과 모두 합격했는데, 그래도 교사의 꿈이 있었기에 사범대 소속인 교육학과로 진학하게 됐습니다.

교육학과에서 영어교육을 복수전공 하게 된 계기는 무엇인가요?

교육학과로 입학해 단일전공을 하면 교육학 교원자격증은 나오지만 임용고시에 응시할 수가 없어요. '교사'가 되고 싶었기 때문에 임용고시 응시를 위해 반드시 타교과 전공을 다중전공해야 했습니다. 교직의 꿈을 품은 동기들은 새내기 때부터 대부분 국어교육과 혹은 영어교육과, 극소수는 수학교육과나 사학과 다중전공을 고려하기 시작했습니다. 저는 어릴 때부터 영어를 좋아했고 자신 있는 교과였기 때문에 영어교육과 다중전공을 선택했습니다. 다른 동기들은 보통 2학년 때부터 시작하는데, 저는 학부 초기에 노는 데 집중하는 바람에 학점이 낮아서 영어교육과 학과장님에게 다중전공 거절을 당하는 굴욕(?)을 겪기도 했습니다. 그래서 군대를 다녀오고 이후 학점을 회복해 3학년 2학기가 되어서야 영교를 뒤늦게 다중전공하게 되었습니다.

임용을 결심한 것과 실제로 준비를 시작한 것은 각각 언제인지요?

임용을 보고 교사가 되겠다고 마음먹은 것은 대학 입학 전이었어요. 중2 때부터 영어 교사가 되겠다는 생각을 했고, 그때 교사가 되기 위해서는 임용고시에 응시하고 합격해야 한다는 것도 알고 있었거든. 임용고시를 실제로 준비한 것은 대학 3학년 2학기 무렵입니다. 앞서 말씀드렸다시피 영어 교육 다중전공을 너무 늦게 시작하는 바람에, 전공 교과에 대한 지식이 바닥이었습니다. 그렇기 때문에 이 시기부터 노량진에서 파는 시중 교재를 구입해 공부하기 시작했습니다. 이 시기 임용시험을 위해 공부를 3개월 정도 본격적으로 했어요. 그러다 4학년 1학기는 고작 한 학기 전공한 영어 교과를 가지고 교생 실습을 다녀왔습니다. 그렇게 4학년 1학기를 마친 뒤, 4학년 2학기는 캐나다 교환학생을 다녀왔습니다. 어차피 학점도 부족해서 제때 졸업도 못하게 생겼겠다, '영어'를 전공하는데 내 인생 통틀어 한 번도 본토에서 유학을 못해봤다는 것이 내심 콤플렉스겠다 해서 그냥 한 학기 제대로 놀고 와서 죽어라 공부하자는 심산이었죠. 이후 2017년 1월에 귀국해 이때부터 다시 본격적으로 임용을 준비했습니다. 시험을 겨냥해 본격적으로 준비한 기간은 총 10개월 남짓이네요.

'임용을 언제부터 준비해야 하는가? 그리고 얼마나 준비해야 하는가?'에 대한 고민은 교직을 꿈꾸는 모든 사범대생이 품을 만합니다. 하지만 야속하게도 누군가는 짧은 시간을 준비하고 합격하는 반면, 또 누군가는 몇 년 동안 준비해도 탈락의 고배를 마시는 시험이에요. 더구나 임용시험의 유형 역시 다섯 해를 넘기지 못하고 바뀝니다. 그러니 너무 일찍부터 임용을 겨냥하는 것은 에너지 소모가 아닐까 싶어요. 저 역시 신입생, 저학년 때는 다중전공 신청이 받아들여지지 않을 만큼 학점이 낮았어요. 그만큼 공부와는 거리가 멀었다는 뜻이겠죠. 대학 2학년 때까지는 많은 활동을 했습니다. 학부 내 동아리, 중앙동아리, 타대학 연합동아리까지 3개 동아리에 가입해 활동했고 방학 때마다 교육 봉사도 했습니다. 이처럼 시험이 아직 닥치지 않았을 때 좀더 많은 것을 경험하는 게 좋다고 생각합니다. 4학년 2학기가 되기 직전, 해외 교환학생을 가느냐 마느냐를 고민하고 있을 때 후배 한 명이 '선배가 그곳에서 보고 듣고 느끼고 경험한 것들이 나중에 교단에서 아이들 가르칠 때 좋은 밑거름이 될 거야'라고 했던 게 기억에 남네요. 그러니 임용을 준비하는 분들도 너무 '고시'에 중점을 두기보다는 대외 활동이나 동아리 활동 등 본인이 원하는 활동을 많이 한다면 더 풍부한 자질을 지닌 교사가 되지 않을까 싶습니다.

더불어 교육학과 출신으로 영어 임용을 보게 된 것에 대해 얘기해볼까 합니다. 사실 교육학과로 입학한 이상 교사가 되려면 꼭 타학과를 다중전공

해야 했어요. 저는 영어 교사가 되고 싶었기에 자연스럽게 영어교육과를 다중전공했습니다. 다만 영어교육과가 아니어서 애로 사항이 많았습니다. 일단 영교과나 국교과에 비해 교육학과는 임용을 준비하는 수험생 비율이 적습니다. 다중전공의 부담도 있고, 애초에 임용 생각 없이 입학한 사람이 많기 때문이죠. 자연히 합격생 수도 무척 적습니다. 교육학과 직속 선배 중 임용에 합격한 선배가 한 손에 꼽을 정도였고 게다가 초수나 재수로 합격한 선배는 더 적었던 터라 저 역시 많이 불안했습니다. 또한 영교과나 국교과로 입학한 이들에 비해 뒤늦게 전공을 시작하게 되니 전공 지식도 다소 부족할 수밖에 없었습니다. 이런 리스크를 안고 임용에 뛰어들어서 더 열심히 공부했던 것 같습니다.

임용 외에 다른 진로를 생각해보거나 다른 분야로 나아가기 위한 노력을 해본 적은 없는지요? 임용을 결심하게 된 계기는 무엇인가요?

교사가 되고 싶다는 생각이 커서 사범대에 왔으니 일단 임용고시를 봐야겠다고 생각했습니다. 과목마다 차이가 있겠지만 해가 갈수록 자꾸 줄어드는 티오를 보면서 '차라리 다른 걸 해볼까?' 하는 생각도 했어요. 그리고 임용을 본다 한들 전공과 교육학 외에 다른 분야를 공부하지 말란 법은 없다는 생각도 했습니다. 임용에 전적으로 몰입하기 전까지는 다양한 공부를 해봤습니다. 일본어 자격시험을 준비해 JLPT N2를 취득했고, 한문 공부를 해서 국가공인 한자 2급을 땄으며, 캐나다 유학을 준비하면서 프랑스어를 공부하기도 했습니다. 주위에서는 '영어 선생 한다면서 임용 공부 시작 안 하고 왜 굳이 다른 공부해?'라며 우려하기도 했지만, 그래도 임용에 '올인'하기 전에 다양한 분야를 접해보고 싶었어요. 이런 경험들이 언젠가 쓸모있을 거라 생각했거든요. 임용고시 첫 도전에 바로 합격해 다른 진로로 (일단은) 가지 않게 됐지만, 만약 고배를 마셨다면 교재 출판사나 외국계 회사 취업을 희망했을 겁니다.

초수 합격을 염두에 두고 공부했는지요? 여기에 남다른 각오가 있었나요? 재수도 염두에 두었는지 궁금합니다.

솔직히 말하면 재수는 생각 안 했어요. 이유는 크게 두 가지인데, 첫째, '후회 없이 독하게 공부해도 탈락한다면 두세 번 도전해도 결과는 같을 것이다'라고 판단했기 때문입니다. 모르는 게 많아서, 공부량이 부족해서 불합격했다면 아쉬운 마음에 몇 년 더 도전하고 싶었을 거예요. 그렇지만 '정말 확실히 공부하고 준비를 다해서 도전했는데도 안 됐다면 이 시험이 나와 맞지 않는 것이다'라고 판단했습니다. 그래서 정말 한 해 똑부러지게 공부하고 안 된다면 관두자고 생각했습니다. 둘째, 초수에 합격할 자신이 있었기 때문입니다. 공부를 3개월쯤 하고 나서 8개년 임용 기출 문제를 분석했습니다. 해보니 어느 정도 출제 흐름이 파악됐고, 시험이 무엇을 요구하는지 감이 잡혔습니다. 어느 부분을 강조하는지, 답안은 어떻게 쓰길 원하는지가 파악되자 '이대로만 밀고 나가면 붙겠다'는 느낌이 왔어요. 어떻게 보면 정말 근거 없는 자신감일 수도 있는데, 그래도 붙을 수 있다는 믿음으로 공부한 것이 결과적으로는 도움이 많이 됐습니다.

실제로 선배들이나 다른 대학 통계를 볼 때 초수 합격 비율이 현저히 낮은데 여기에 영향을 받진 않았나요?

예전에 어느 자료에서 봤는데, 최근 중등 임용 합격자 중 수험 공부 기간이 1년 미만인 사람, 즉 초수 합격생 비율이 약 15퍼센트라고 하더라고요. 경쟁률이 20대 1이 가뿐히 넘어가는 주요 과목들은 합격률 자체가 3~4퍼센트에 불과하니 초수 합격은 더더욱 적겠죠. 우리 대학에서도 임용 초수 합격생은 한 학번에 1명 나올까 말까 했어요. 공부하면서 '그게 내가 될 수 있을까?'라는 생각도 많이 들었죠. 사실 임용을 본격적으로 준비하기 전에는 많이 불안했습니다. 전설 속의 초수 합격생이라는 것을 감히 나 따위가 넘볼 수 있을까 싶었죠. 불안했지만 그래도 도전은 해봐야겠다고 마음먹었어요. 남들이 못했다고 나까지 못하라는 법은 없으니까요. 임용에 올인하기 시작한 수험 시절에는 귀를 닫고 살았던 것 같아요. 남들이 뭐라 하든, 뉴스에서 임용 티오 절벽이 어떻다고 떠들든 상관없이 제 페이스를 유지하며 불안감을 떨쳐냈습니다. 중요한 건 '초수' 합격이 아니라 초수 '합격'이었으니까요.

초수 합격의 가장 큰 원동력 세 가지를 꼽는다면요?

제 임용 합격 소식이 전해지자 주위에서 비결이 뭐냐고 많이들 물어봤어요. 저만의 비결을 세 개만 꼽자면 다음과 같습니다. 첫째, 심리 관리입니다. 많은 임고생이 티오 절벽, 응시 지역 고민, 경쟁률, 수험 생활의 부담감 등으로 인해 정신적인 고통을 호소합니다. 1년에 한 번밖에 시행되지 않는 이 시험을 준비하는 것은 마치 마라톤과 같습니다. 심리 관리를 잘하지 않으면 스트레스를 많이 받고 페이스가 무너지기 쉬워요. 따라서 저는 최대한 불안해하지 않고 스트레스를 받지 않으려고 노력했습니다. 간혹 공부의 성과가 잘 보이지 않더라도 낙담하지 않으려 했고, 공부가 되지 않을 때는 자책하기보단 공부를 적당히 놓고 휴식하기도 했습니다.

둘째, 시험 센스입니다. 이 부분은 전공 교과에 따라 차이가 있을 것입니다. 저는 단순히 책만 많이 읽으며 공부하기보다는, '임용시험'이란 콘텐츠를 많이 파고들었습니다. 공부량을 충분히 하는 것도 중요하지만 일단 채

639

점을 하고 소수 인원을 선발하는 시험이다보니, 이 시험에서 요구하는 것이 무엇인지 파악하려고 노력했습니다. 따라서 책만 쌓아두고 공부하기보다는 기출 문제를 많이 분석하며 출제 경향을 파악하고 채점자가 보기에 깔끔한 답안을 작성하려고 연습을 많이했습니다.

셋째, '마이웨이my way 정신'입니다. 앞서 말씀드렸다시피, 교육학과에서 임용에 합격하는 것, 그것도 초수 합격하는 경우는 거의 없었던 터라 불안한 마음도 들었습니다. 그래도 남들이 어찌 됐든 저는 저대로 공부하고 시험 본다는 마음으로 임했습니다. 시험이 가까워질수록 남들이 무슨 책을 본다더라, 몇 시간 공부한다더라, 어느 강사가 족집게라더라 등 많은 이야기가 들려오고 휩쓸리기 쉬워집니다. 이럴수록 그냥 제 페이스를 유지하며 공부하는 게 정답이라는 마음으로 흔들림 없이 공부에 임했습니다. '100명의 합격생이 있으면 100가지 다른 합격 수기가 있다'는 말이 있듯이 제게는 저만의 온도, 저만의 속도가 있다는 생각으로 자신을 믿고 공부한 것이 도움이 되었습니다.

사범대에 다니면서 학생회, 대외활동, 과외 등 임용 공부 외에 다른 것을 전혀 안 했나요?

임고를 본격적으로 공부한 것은 통틀어 1년이 안 됐어요. 그래서 임용을 목전에 둔 1년을 제하고는 학부 생활 때 다양한 활동을 했습니다. 군 입대하기 전까지는 교육 봉사, 과외, 학회 활동, 학내 중앙동아리 활동, 대학 연합동아리 활동을 하며 다양한 사람을 만나면서 대학 생활을 즐겼습니다. 군 전역 이후에는 캐나다 몬트리올로 교환학생을 다녀오기도 했고요.

사범대를 다니면서 임용 공부를 했던 초수 응시생으로서 N수 응시생과 비교해 어려웠

던 점은요? 혹은 반대로 유리했던 점이 있다면요? 또 공부를 하면서 가장 힘들었던 점은 뭐였어요?

장수생에 비해 초수생으로서 가졌던 어려움은 공부량과 정보력의 부족이었습니다. 1차 시험까지는 이제 겨우 열 달쯤 남았는데, 기본서는 무엇을 봐야 하는지, 스터디는 어떤 식으로 진행해야 하는지 감을 못 잡았어요. 장수생들은 연초부터 기본 개념을 다 정립했기 때문에 바로 기출 분석이나 문제풀이로 실전 감각을 익힐 수 있겠지만, 저는 초수생이었기 때문에 초여름까지는 기본서들을 소화하는 데만 해도 많은 에너지와 시간이 들어갔습니다. 그리고 스터디 가입도 어려웠어요. 물론 사람에 따라 다르겠지만, 아무래도 시험 경험이 많은 스터디원들을 구하는 팀이 다수여서 초수생은 기피하는 경향이 있었습니다. 또 한 가지 어려웠던 점은, 시험 경험이 없기 때문에 구체적으로 제 위치를 가늠하기가 어려웠다는 것입니다. 최근에는 임용고시에서 1차 성적을 발표하기 때문에 시험 경험이 있는 사람은 자신이 몇 점 정도의 수준인지 가늠할 수 있지만, 경험이 없었던 저는 제가 과연 어느 수준인지, 제대로 하고 있는 것인지에 대해 공신력 있는 피드백을 받아본 적이 없어 마음이 쓰였습니다.

전공영어, 영어교육론, 교육학 중 스스로 느끼기에 미진했던 부분은 뭐였어요? 반대로 완전했던 부분은요? 출제 비중을 따져 효율적으로 공부한 부분이 있다면요?

영어 임용의 출제 분야는 크게 '교육학'과 '전공영어'로 나뉩니다. 전공영어는 언어습득론과 교수법을 포함하는 '영어교육론', 소설과 시를 다루는 '영미문학', 영어로 된 긴 논설문이나 설명문을 다루는 '일반영어' 그리고 음성학, 통사론, 의미화용론, 학교 문법을 포함하는 '영어학'으로 이뤄져 있습니다. 두드러지게 자신 있거나 자신 없는 영역은 없었지만, 굳이 꼽자면 영어학 중 통사론이 어려웠습니다. 그리고 공통출제 영역인 교육학은 정말 좋아하고 스스로 자신 있기도 했는데, 실제로 받은 점수는 평균 정도였습니다. 출제 비중까지 고려하며 공부하진 않았지만, 시험이 가까워올수록 최대한 실제 시험과 비슷한 사이클로 했습니다. 오전에는 교육학을 공부하고 점심 즈음부터 전공 영어를 공부하는 식으로 스케줄을 짰습니다.

영어교육과가 아닌 교육학과 본전공생으로서 임용 공부에 어려운 점이 있었다면요? 또는 도움이 되는 점이 있나요?

아무래도 타학과생이다보니 정보를 얻는 데 한계가 있었습니다. 교육학과에서 임용을 준비하는 인원은 적은 편인 데다, 다중전공 교과도 상이해서 정보가 공유되기 힘든 환경이었거든요. 4학년이 되고 임용 공부를 시작하기 전까지 임용이 몇 시간, 몇 문제 출제되는지도 몰랐을 정도니까요. 영어과 임용을 준비하는데 필수로 봐야 하는 필독서들도 건너 건너 알게 됐어요. 반면 교육학과 주전공생으로서 좋은 점이라면 방대한 양의 교육학을 학부 때 훑을 수 있었다는 점이에요. 많은 사람이 임용에서의 교육학을 준비하면서 양이 압도적인 데다 내용도 암기할 것투성이라 힘들어하는데, 저는 학부 때 전공 수업에서 들어본 내용이 많아 오히려 교육학이 더 쉽고 편하게 느껴졌어요. 영어 원서를 읽는 게 지겨워질 때면 한글로 된 교육학을 보면서 쉴 정도였으니까요.

해당 응시 지역을 선택하는 데 있어 어떤 고민을 거쳤나요?

저는 경기도에서 태어나 계속 경기도에서 살았어요. 초·중·고 모두 성남시 분당구에서 나왔고, 1년 전부터 용인에서 살기 시작했어요. 대학은 서울에서 졸업했지만 집이 경기도에 있어 자연스럽게 경기도로 응시하려는 마음을 먹었습니다. 인구가 많은 만큼 비교적 티오도 많았고요. 그리고 응시 지역을 택할 때 가장 많이 고려한 요소 중 하나는 2차 시험의 특수성이었어요. 1차 시험은 전국적으로 똑같지만, 2차부터는 수업지도안이 있는 지역과 없는 지역, 면접 문항이 평가원 출제인 지역과 해당 교육청 자체 출제인 지역 등으로 달라집니다. 경기도의 경우, 타지역에는 없는 수업 나눔과 집단토의가 있기도 해요. 저는 학부 때나 교생 때 한 번도 수업지도안을 작성해본 적이 없었다는 점, 그리고 집단토의에 자신 있었다는 점 때문에 경기 지역을 택했습니다.

현재 관심 분야나 꿈은 무엇이며 어떤 노력을 하고 있는지요?

학부 때는 임용이라는 뚜렷한 목표를 가지고 열심히 공부했는데, 막상 임용에 합격하고 교직의 꿈을 이루고 나니 '이제 뭘 하며 살아야 하나' 하는 생각이 들었어요. 그래서 최근에는 또 다른 인생 목표들을 찾고 있습니다. 학부에서 배우던 것과 실제 교육 현장에서의 경험은 큰 괴리가 있어요. 스스로 유능하고 똑똑하다고 생각하며 자신 있게 살았는데, 막상 현장에 와보니 아무것도 모르는 초짜 교사인 티가 줄줄 흘러 당황했던 적이 한두 번이 아닙니다. 임용 합격이 끝이 아니라 시작에 불과했다는 것을 현직에 와서야 느꼈어요. 따라서 더 나은 교사가 되기 위해 최근엔 전공과 관련된 학회를 찾아보고 있습니다. 한국영어교육학회, 응용언어학회에서 발간한 학술지를 읽어보고 학술대회에도 참여했습니다. 또한 교사로서의 전문성을 기르기 위해 교내외에서 활발하게 열리는 전문적 학습 공동체, 영어 교사 모임에도 참여하고 있습니다. 나중에는 대학원 파견, 해외 교환교사 파견을 꼭 해보고 싶어요.

영어 중등 임용에 관한 정보를 얻을 수 있는 방법을 알려주세요.

영어과 임용을 준비하는 이들이 가장 많이 모인 카페는 다음의 'ET의 꿈'이라는 곳이에요. 영어 임용고시를 준비하는 예비 교사들뿐만 아니라 현직 영어 교사들도 많이 속해 있습니다. 영어 임용을 준비하는 사람들은 필수적으로 가입하고 정보를 공유하는 대규모 카페라 할 수 있겠네요.

교육학과에서 복수전공을 하거나 교직 이수를 통해 임용을 준비하는 학생들에게 해주고 싶은 말이 있다면요?

다중전공으로 임용고시를 준비한다는 일은 쉽지 않은 것 같아요. 정보를 얻기도 어렵고, 학점도 남들보다 곱절로 들어야 하는 데다 본과 전공생보다 뒤늦게 전공을 접하게 되니까요. 하지만 확실히 장점도 있습니다. 방대한 양의 교육학을 다루는 데 유리하고, 자기성장 소개서나 심층면접, 집단토의, 수업 나눔을 할 때도 남들과는 다르게 이야기할 거리가 생기거든요. 주변에서 다중전공으로 임용에 합격한 사례가 없다고 지레 겁먹지 않았으면 합니다.

임용을 고민하거나 현재 공부 중인 사범대생, 혹은 사범대에 진학하려는 수험생이나 그 외 모든 사범대생에게 해주고 싶은 말이 있다면요?

영어과 임용 카페에 가보면 '영어 임용은 답이 없다. 일찌감치 포기하고 교육행정으로 돌려라' 혹은 '다중전공으로 임용 티오 많은 교과로 응시해라. 아니면 상담대학원에 가서 상담교사 임용을 준비해라' 등등 비관적인 글을 어렵잖게 볼 수 있습니다. 교원자격증 남발 문제, 학생 인구 절벽, 백수 양성소 등 임용을 준비하는 사범대생들을 혼란스럽게 하는 말도 매스컴에 연일 보도되고 있는 현실입니다. 교직은 천직이라는 말이 있듯이, 교사가 되려는 이들은 그 어떤 직업보다 열정을 가지고 있기에 이런 것을 모두 극복하리라 봅니다. 비관적인 여론에 실망하거나 낙담하기보단, 나를 기다리고 있을 미래의 내 아이들, 교생 실습 때 나를 사랑해주던 아이들을 한 번 더 생각한다면 교직에 대한 꿈은 꺾이지 않을 것입니다. 우리나라의 미래를 책임질 교육을 하는 예비 교사라는 자긍심을 가지고 열심히 준비한다면 머잖은 미래에 교직에 있게 될 것입니다.

임용시험이
교직 생활에
주는 의미

2015년은 나(이준건)에게 어떤 의미였을까? 결국 내가 임용시험에 쏟은 기간은 어떤 의미였을까? 이런 글을 쓰고자 마음먹었을 때 첫 타자를 치기까지 많은 시간이 걸렸다. 2015년에 나는 난생처음 4학년이란 타이틀을 달았고, 난생처음 대학 졸업을 앞뒀다. 사범대 학생회 부회장 임기 중이었던 2014년과 달리 2015년에는 사람들을 거의 만나지 못했고, 시험 공부에 방해될까봐 만나려 하지도 않았다. 식사를 제때 챙겨 먹어도, 스트레스가 심해서 위장병을 달고 살았다. 소화 능력이 떨어져 밀가루는 입에 대려고도 하지 않았다. 학교에서는 가끔 와서 수업만 듣고 공부할 때 쓸 프린트물만 출력해 사라지는 사람이었다. 학교에 가지 않는 날에는 하루에 말을 단 한 마디도 안 해서 따로 시간을 내 혼잣말하는 시간을 가져야 했다. 공부를 마치고 집으로 돌아오는 시간은 늦은 밤이어서 아파트 단지 특유의 적막 속에서 여러 걱정이 머릿속을 채웠는데, 뭐니 뭐니 해도 가장 큰 걱정은 '내가 이번 시험에서 합격할 수 있을까'였다.

돌이켜봤을 때 이 모든 것이 당시에는 부정적이었지만 기억 속에서 좋게 미화된 것은 결국 내가 합격했기 때문이 아닐까 싶다. 물론 합격하지 않았더라도 그 후 나름의 가치와 의미는 찾았겠지만 말이다. 어쨌든 3학년이 정신없이 바빠서 내 최대 역량이 어디까지인가 테스트해보는 시기였다면, 이듬해인 4학년은 주변을 정리하면서 그렇게 기른 역량을 임용시험이라는 하나의 목표에 쏟아부었던 시기다. 당시로서는 꽤 큰 수입원이었던 그룹 과외를 정리했고, 졸업에 필요한 최소 수업만 남기고 수업을 줄였다. 1학기를 마치고부터는 1년 동안 다닌 사범대학 독서실에서도 나와 집 앞 독서실에 등록했다. 동선과 일정을 최대한 단순화 하고 싶었기 때문이다. 2015년은 모든 것을 정리하고 시험에 최적화된 사람이 된 기간이었다.

그렇다고 인내, 감내, 견딤이라는 키워드로 대변되는 2015년은 내게 마냥 안 좋은 기억일까? 이런 질문을 받는다면 단연코 '아니다'라고 답할 것이다. 이 기간이 있었기에 지금의 내가 있을 수 있었다. '수학을 왜 배우는가?' 수학교육론에서 수학 교육의 필요성을 물을 때 이에 대한 답은 크게 세 가지가 있다. 사람마다 다르겠지만 그중 내 마음에 가장 드는 대답은 정신 도야성이다. 간단히 말해 우리는 수학을 공부하면서 논리성, 합리성을 습득한다는 뜻이다. 내가 임용시험을 공부하면서 가장 크게 배운 것도 이런 맥락과 비슷하다. 그 기간에 공부한 내용도 큰 도움이 됐지만, 그 기간 동안 스트레스를 관리하는 커다란 능력을 익혔다.

이전에 준비했던 시험과는 비교도 안 되는 양을 학습하며 엄청난 스트레스에 짓눌리면서도, 나는 시간을 더 밀도 있고 무겁게 쓰는 요령을 배웠다. 불확실하며 갈피를 잡을 수 없는 시기였지만 꾸역꾸역 앞으로 나가는 능력을 배웠다. 나는 날마다 앉아 있었지만 그 매일은 미래를 향해 달려나가는 시간이었다. 편의점 도시락을 혼자 먹으면서 문득 '올해와 내년 시험도 떨어진다면' 하는 생각이 나를 휘감으면 한없이 우울해졌다. 그런 날에는 온종일 독서실에서 잠을 자면서 부정적인 생각을 애써 피하고 하루를 마칠 때 나쁜 생각이 끼어들 틈이 없도록 자신에게 후식을 선물해주는 등의 요령으로 극복해나갔다. 매일 조금씩 보완, 발전을 거듭하면서 한 해를 보냈다. 1년을 이렇게 보내고 최종 합격을 해냈을 때 생긴 자신감은 실제로 교직 생활에서 매우 큰 도움이 됐다. '내가 노력하면 바꿀 수 있구나. 그 어렵다는 임용시험을 한 번에 통과하고 나니 무엇이든 내 노력에 따라 해결할 수 있다'는 흔들림 없는 믿음이 생겼다. 이런 자신감과 믿음은 교단에 섰을 때 언어적, 비언어적 행동으로 드러났다. 반 아이들을 통솔하는 능력, 문제를 일으키는 학생이 있을 때 그 학생의 문제 행동을 반드시 교정할 수 있다는 자신감 등은 대학 강의실, 전공 교재에서는 결코 배울 수 없는 것이었다. 물론 대학 강의실, 교과 교육론 수업에서 배운 내용 역시 커다란 도움이 됐다. 그 시간이 없었다면 나는 허울만 좋은 교사가 됐을 것이다. 다만 내가 이 글에서 이야기하고 싶은 것은 시험을 준비하는 기간이 책 속에 존재하는 지식보다 더 많은 것을 배울 수 있는 소중한 시간이라는 것이다. 책 속에 있는 지식을 내 것으로 만들기 위해 고군분투하는 과정, 스트레스 관리 능력, 할 수 있다고 믿는 자기효능감 등은 책과 강의실에서 가르치지 않는다. 공부하면서 이 책을 읽고 있는 사람이 있다면 지금이 언제 끝날지 모르는 터널을 지나는 시간처럼 느껴질 것이다. 그런데도 오늘 하루 배울 수 있는 것들에 집중하면서 하루를 알차게 보낸다면 그 끝에는 좋은 결과가 기다리고 있을 거라고 말하고 싶다.

사립 중복 합격자의
임용고시 포기 계기

수학교육과는 수학 교사 양성을 기본 목표로 하는 학과다. 그렇다면 중·고등학교 수학을 배울까? 아니, 하나도 배우지 않는다. 수학은 오로지 대학 수학이다. 더군다나 중·고등학교 때 공부했던 수학은 수학이 아님을 깨닫는 '진짜 수학'을 공부하게 되면서 대부분은 저학년 때 커다란 괴리감을 느끼고 결국 그 고통을 극복하는 경험을 한다.

　나(황순찬)는 이렇게 고통스러운 것들을 배우면서 늘 고민했다. '이런 게 교직 생활에 얼마나 도움이 될까? 도움이야 되겠지만, 내 청춘을 쏟을 만큼의 효율성과 가치가 있을까? 지금 배우는 과목들은 학교 현장과 어떤 연관이 있을까?' 물론 이유는 나중에 발견될 수 있고, 그런 의문 때문에 도망치기는 싫어 학과 공부를 게을리하진 않았지만 말이다.

　내 안에서 위의 의문들은 몸집을 불려갔고, 결국 나는 임고 공부를 포기하게 됐다. 다른 사범대생들보다 조금 일찍 접었다. 사람마다 생각은 모두 다를 터, 내가 사범대에서 배우는 것들과 관련해 왜 임용시험을 포기했는지를 이야기하고자 한다.

사범대에서는 구체적으로 무엇을 배울까? 수학교육과에서 배우는 과목은 크게 다음 네 가지로 분류된다(비중순). 다른 학과는 수학을 해당 과목으로 바꾸면 될 것이다.

① 전공수학
② 수학교육론
③ 교육학
④ 기초 및 교양

①~③번은 임용 시험에 해당되는 과목이고 실제 졸업 때까지 듣는 과목 (약 130~150학점) 중 80~90퍼센트는 임용 과목과 직결되어 있다. 참고로 시험에서 ①~③번의 점수 비중은 대략 100점 만점에 각각 56점, 24점, 20점 정도다(참고로 임용 점수 비중, 실제 임고 준비 과정에서의 공부 비중, 학부를 졸업하기 위해 노력하는 비중은 다르다). 이제 하나씩 살펴보자.

(1) 전공수학

말 그대로 전공수학은 대학에서 배우는 수학이며, 수학과에서 배우는 수학과 많이 겹친다. 임용 과목으로 해석학(미적분학 포함), 정수론, 선형대수학, 확률과 통계, 이산수학, 미분기하학, 복소해석학, 현대대수학, 위상수학 9과목이 있다. 이외에 미적분학, 집합론, 기하학개론, 실변수함수론 등 학교와 교육과정에 따라 여러 과목이 더 있다. 참고로 수학교육과의 수학은 좀더 순수수학에 가까운 반면, 수학과의 수학 중에는 비교적 응용수학 성격이 강한 전공수학들이 더 있다. 앞서 언급했듯이, 전공수학을 하면서 많은 학생은 좌절과 고통을 맛본다. 고등학교에서 수학 꽤 잘하고 좋아해 수학교육과에 갔다고 해도, 정의-정리-증명 단계를 반복하는 대학 수학은 낯선 수학(정말 학문적인 수학)이기 때문이다. 그렇지만 사람은 적응의 동물인지라 대부분은 극복한다. 더욱이 과목 특성과 사범대 소수 인원 특성상 자연스레 '함께' 공부하고 서로 물어보고 알려주는 문화가 발달해 있다.

그렇다면 중·고등학교 수학을 가르치는 데 왜 대학 수학이 필요할까? 수학 교사로서 전공수학에 대한 이해를 바탕으로 중고등학교 수학을 가르치기 위해서다. 단순히 문제 푸는 요령만 가르친다면 전공수학을 알 필요가 없을지 모른다. 하지만 거시적으로 수학이라는 학문의 흐름, 수학적 개념들 간의 상관성에 대해 본질적인 이해가 돼 있어야(학사 수준에서 쓰기 민망한 표현이지만) 특정 개념을 더 잘 소개할 수 있을 것이다. 요약하자면, 수학이 무엇인지 알고 있는 상태에서 중·고등학교 수학을 가르치기 위함이다. 다른 교과에서도 똑같이 질문하고 답을 찾는 과정을 4년 동안 거친다.

대부분의 수학교육과 학생들은 중·고등학교 수학을 가르치기 위해 대학 수학을 배우는 것의 필요성에 공감한다. 하지만 공감의 크기는 모두 다르다. 대학수학을 공부하는 것이 ○○한 예비 교육자의 길인지에 대해서는, 각자 전공수학을 공부하면서 스스로의 가치관으로 빈칸을 채워나가도록 해야 할 것이다. 이 고민은 교사상을 확립하는 데 중요한 역할을 하며, 임용고시 응시 여부에 동기 부여가 되거나 또 다른 선택의 결정적 계기가 되기도 한다.

내 경우 대학 수학의 필요성은 인정했지만 '효율성'에는 크게 공감하지 않았다. 임용을 통과하는 일은 쉽지 않다. 그러니 대학 수학의 필요성에 크게 공감하지 못하면서 애쓰는 것이 예비 교육자의 길인지 스스로의 가치관에서 확신할 수 없었다. 내게는 대학 수학을 잘해서 아이들에게 막힘없이 설명해주고 여러 물꼬를 터주는 것보다 더 관심 가는 것이 있었다. 다양한 학생을 포용하고 그들과 소통하며 잠재력을 발현시키는 세상 경험이 많은 교사이고 싶었다. 수포자 기로에 서 있는 다수의 학생이 내 마음을 더 건드렸다. 실제로 현장에서는 그런 것이 더 시급하다고 생각했고(주관적 입장에서), 그런 것은 대학 수학으로 채워지지 않았다. 그래서 사범대 밖을 나가려고 무던히 애를 썼던 것 같다.

그런 까닭에 교사가 되기 위해 내 시간을 임용 준비에 다 쏟아붓는 것에 동기 부여가 되지 않았다. 나는 그 공부에 1~2년도 쓸 자신이 없었기에 3학년 올라갈 즈음 임용을 포기했다. 물론 입학 당시에는 임용을 그것도 초수로 합격하겠다는 굳은 결심이 서 있었지만 말이다. 나처럼 필요성에 수긍하지 못해도 교사가 되고자 꿋꿋이 노력해 시험을 통과하는 이들도 있었지만, 나는 가치관에 들어맞지 않는 행동을 잘 못했다. 누군가는 이를 도피로 볼 수도 있겠지만, 나는 스스로에 대한 이해가 확실한 상태에서 그런 결정을 내렸다.

물론 수학교육과 학생 대다수는 내 이야기에 공감하지 않는다. '다양한 활동을 하면서 다른 많은 것을 성장시켜나간다는데 무슨 소통이며 잠재력이고 경험인가. 일단 교사부터 돼야지.' 실제로 내가 한창 다양한 경험을 하며 수학교육 학회에서 '교사가 아닌 좋은 교사'의 슬로건으로 활동할 때, 임용 특강으로 학교에 찾아온 졸업생 선배가 '좋은 교사도 교사부터 돼야 한다'고 조언했다. 누구의 생각이 맞고 틀리고의 문제는 분명 아니다. 우선 좋은 교사도 결국 '교사'다. 임용고시의 관문을 통과하려면 임용 수학을 공부해야 한다. 그리고 수학 교사의 최고 기준은 수학 실력이라고 말하는 사람이 대다수다. 그 수학 실력은 아마 전공수학 실력을 말하는 것이며, 나 또한 실력이 중요하다고 생각한다(기본 실력이 중요하다 여겨 매 학기 성적우수장학금을 받고 조기 졸업, 수석 졸업을 할 수 있었다). 교사 자신의 뛰어난 실력으로 뛰어난 실력의 제자를 길러내면서 수학 인재를 키우는 것만큼 수학 교사에게 설레는 일이 있을까. 대부분의 수교과 학생들은 수학 실력이 중요하다는 데 동의하고 심지어 수학을 즐기기까지 하는 데 반해, 나는 다른 가치들을 포기할 각오가 서지 않았다.

(2) 수학교육론

수학교육론은 중·고등학교 수학을 어떻게 가르칠지에 대한 이론적인 내용으로 이뤄져 있다. 세부 과목으로는 수학교육론, 수학교재연구 및 지도법, 수학교육과정 및 평가, 수학교육논술, 수학교육과컴퓨터, 다문화수학교육 등이 있다(대학 및 교육과정에 따라 조금씩 다르다). 임용시험은 기본 이론과 중·고등학교 지도서를 기반으로 출제된다. 사람에 따라 견해가 다를 수 있지만 실제 현장에서 활용되는 경우는 전공수학보다 수학교육론이 더 많다. 중·고등학교 수학을 어떻게 가르칠지에 대한 내용이기 때문이다. 그래서 나는 수학교육론을 공부할 때 더 진지했던 것 같다. 특히 이론적인 부분보다 교육과정에 해당되는 내용이 더 와닿았는데, 가령 어떤 내용이 교육과정상 강조되는지 알 수 있다. 만약 현직 교사로서 이런 부분에 대한 감이 떨어져 있다면, 현실에서는 수학 교육 학습량이 크게 줄어들고 있는데도 단순히 '많이 알면 좋지'라는 논리로 옛날 교육과정을 그대로 답습하게 된다. 교육과정은 계속 바뀌기 때문에 교직 생활 중에도 지속적으로 관심을 가져야 한다. 임용고시 포기에 직접적인 영향을 미친 것은 아니지만, 그래도 수학교육론을 '시험 공부'로 한다는 것은 아득하게 여겨졌다.

(3) 교육학

교육학은 교육에 전반에 대한 것이다. 임용 과목에 해당되는 것은 교육과정, 교수학습, 교육평가, 교육행정, 교육심리, 생활 지도와 상담, 교육사회, 교육철학 8개 과목이다. 이외에도 교육학개론, 특수교육학개론, 학교폭력의상담

과실제, 교직실무, 교육실습 등이 있으며, 학교 및 교육과정마다 약간씩 차이가 있다. 다양한 관점에서 교육을 접할 수 있어 '교육' 자체에 관심이 있는 사람에게는 매번 새로움을 환기시켜줄 것이다. 나 역시 이런 과목에서 생각의 물꼬들을 텄다.

하지만 모든 사범대생이 듣는 이 과목은 생각보다 얕은 가르침을 주는데, 그도 그럴 것이 학생들이 더 깊이 들어가길 원치 않는 경향도 있다(왜 그럴까 생각해보자). 그래서인지 교육학과 학생들은 교육학을 배울 때 순수 교과 교육생과는 다른 것이 있다고 말한다. 교육학과 학생이 교육을 깊이 있게 이해한 뒤 교과 교육을 복수전공하는 경우 그들은 교과 교육의 내용을 여러 관점으로, 깊이 있게 이해하는 듯 보였다. 교육학에서 여러 사회적 교육 문제와 거시적, 미시적 현장에서의 교육 사례를 배우고 고민한 것들은 교사가 된 후에도 자양분이 된다.

교과교육론과 마찬가지로 임고 포기의 계기가 된 것까지는 아니지만, 교육학 또한 시험을 위해 공부한다면 재미가 완전히 반감될 것만 같았다. 제대로 임용 공부를 한 것은 아니지만, 만약 하게 된다면 내가 어떤 감정을 느낄지 선명하게 그려졌다.

(4) 기초 및 교양

학교마다 차이가 크지만 대체로 말하기, 쓰기, 토론, 영어 쓰기, 영어 말하기, 과학, 역사, 리더십, 봉사 관련 과목을 필수로 이수해야 한다. 임용과는 관련 없지만, 내게는 이런 수업들이 자양분이 되었다. 즉 '대학생'임을 실감하게 했던 과목들이었다. 교양과 상식이 쌓이는 기분으로 듣는다면 예비 교육자에게 의미 있는 과목이다. 그리고 대체로 이들 교양 과목은 어떤 교과이든 교직 생활에 도움이 될 수 있다. 가령 쓰기 수업을 통해 에세이, 소논문을 쓰는 법을, 말하기와 토론 등을 통해서 말하는 자신감을 배웠다. 영어의 활용성이야 말할 필요 없을 것이다. 리더십이나 봉사, 그리고 현대사회를 이해할 수 있는 여러 교양은 교사가 돼서 다시 듣기 힘든 과목이다. 또한 교양과목들을 통해 자신의 교육관을 고민할 수 있으며, 관심 분야를 좀더 파고들거나 취미를 만들 수도 있다. 나는 농구 수업을 들었고, 그것이 지금 (수학 교사이지만) 농구 스포츠클럽 운영을 하는 데 도움이 되고 있다. 경제, 환경 수업에서 세계적 이슈를 접하면서는 수학을 가르치는 것 이상으로 '어떤 학생'으로 길러야 할지에 대해 융합적, 인성적 측면도 고려해볼 수 있었다. 2015 개정 교육과정에 등장하는 경제수학 분야와 관련해서, 경제 이슈를 수학적 관점에서 바라볼 수 있었다. 스노보드 수업을 통해 스노보드라는 취미를 갖게 되었고, 교사가 된 후 겨울 스키캠프에서 보드 강사로서 학교 학생들을 가르치기도 했다.

임용 과목들이 더 중요한 것은 맞지만, 교사로서의 교양과 상식을 쌓는 작업도 필요하다. 어차피 들을 기초 교양과목, 예비 교육자의 관점에서 들으면 좋겠다. 사범대생을 위한 교양 수업은 아니지만, 스스로 그리는 교육자상에 도움이 되게 수업을 들을 수 있다. 고교학점제를 시행하게 된다면 교양 과목들이 교사들에게 실질적인 자산이 될지도 모른다. 나 역시 이런 측면 때문에 재직하는 사립학교에서 긍정적인 평가를 받을 수 있었다. 모든 과목을 통틀어 어쩌면 기초 및 교양 영역에서 교직 생활과 관련된 가장 큰 필요성을 느꼈는데, 이 영역은 임용과 상관없는 영역이어서 그만큼 더 임용시험에 거리감이 생겼던 것 같다.

결과적으로 나를 뚜렷이 이해하게 되면서 임용을 확실히 포기했다. 하지만 학과 공부는 무엇이든, 의문이 있든 없든 최선을 다했고, 이것이 모두 교직에 도움이 되고 있다. 한편 이런 생각도 해본다. 만약 내가 전공수학을 공부하면서 들었던 의문들을 품고도 계속 임용 공부를 했다면, 어느 정도까지 지구력을 발휘했을까? 만약 내 의문들을 떨쳐내고 임용에 합격했다면 더 많은 성장을 이뤄내진 않았을까? 어쨌든 나는 임용을 포기했고, 그 대신 얻어낸 것들로 사립학교에 채용될 수 있었다. 다음 장에서는 그 과정을 구체적으로 밝히고자 한다.

사립학교 정교사 시험은
어떤 과정으로
이뤄질까?

사립학교 채용은 학교마다 다르게 진행된다. 찬반 논란을 떠나서 학교와 재단의 재량으로 선발하고 있다. 근래에는 사립 위탁 전형이라 하여 1차 필기 시험을 임용고시로 치르도록 하는 비율이 점점 높아지고 있다(이 비율이 아주 높진 않지만 임용을 준비하는 이들에게 고무적이게도 매해 조금씩 느는 추세다). 더불어 임용에서 사립 지원을 한다 해도 결국 필기 전형 이후에는 각 사립학교에서 전형을 치르게 된다. 절차는 보통 3~5차에 걸쳐 진행된다. 대체로 1차 시험은 10~12월에 시작되고, 1월, 늦어도 2월 초까지는 모든 전형이 마무리된다.

- 사립 채용 과정의 예시
  ① 1차 필기 및 서류, 2차 교직인적성 면접 및 내용 면접, 3차 적성검사, 4차 수업 실연, 5차 이사장 최종 면접
  ② 1차 필기 및 서류, 2차 교직인적성 면접 및 수업 실연, 3차 이사장 최

종 면접

③ 1차 서류, 2차 필기, 3차 수업 실연, 4차 인성 면접, 5차 이사장 최종 면접

④ 1차 서류 및 기타 제출 자료, 2차 논술 및 인적성검사, 3차 전공구술, 인성면접, 4차 이사장 최종 면접

이외에도 토론을 하거나, 별도의 시험을 보는 등 다양한 형태로 전형을 치른다. 어쨌든 전반적으로는 필기 시험 및 서류 평가, 면접 및 실연, 최종 면접의 구조라 할 수 있다. 사립 채용 공지는 다음 사이트에서 확인할 수 있다.

• 다음 카페 전국기간제교사모임(전기모) 정, 기간제교사 게시판(http://cafe.daum.net/giganjedamoim)

기간제 교사로 일한 분들이 정교사 채용 과정에서 겪은 생생한 경험담, 합격 후기가 많다. 관련 온라인 커뮤니티 중 가장 현실감 있는 이야기를 들을 수 있다.

• 아이엠티처 웹 사이트(http://www.imteacher.kr)

게시판도 있고 이메일로 정교사 채용 공고를 제공하는 서비스도 한다.

• 각 교육청 구인 게시판

각 교육청 구인 게시판에는 해당 지역 사립학교 채용 공고가 올라오기도 한다.

• 해당 학교 홈페이지

관심 있는 학교, 근거리의 학교 등은 종종 들어가보자. 전년도와 비슷한 시기에 공고를 하니, 나만의 채용 달력에 일정을 기록해두자.

이 네 곳만 꾸준히 보면 충분하다. 채용과정이 투명한 학교일수록 다양한 곳에 공고를 올린다는 '설'이 있다. 대부분의 학교가 여러 곳에 공지를 올리지만 만약의 경우를 대비해 여러 루트를 상시적으로 확인할 필요가 있다.

사립학교 정교사
합격의 길

서류 전형

서류 전형은 보통 1차 전형에 있다. 서류를 내면서 동시에 필기시험 응시 자격이 주어지는 학교가 90퍼센트 이상이다. 어떤 학교는 서류로 거른 뒤(최소 10배수 이상) 필기시험을 치르기도 한다. 학교마다 미묘하게 차이는 있지만 일반적으로 서류 전형에서 제출하는 항목들을 살펴보자.

- 서류 제출 항목
  1. 이력서(응시 원서 혹은 지원서)
  2. 자기소개서
  3. 교원자격증, 졸업(예정증명서), 전 학년 성적증명서
  4. 각종 경력 및 자격증 사본
  5. 고등학교 생활기록부

6. 개인정보 수집 및 이용 동의서

(아래는 학교마다 다르다)

7. 종교 관련 증명서

8. 활동 자료 및 경력 내용 요약서 / 연구 및 활동 실적물

이력서와 자기소개서 등의 양식은 각 사립학교 홈페이지에 게시되어 있다. 보통 10~2월, 특히 11월 중순~1월 중순에 가장 많은 공고가 올라온다.

(1) 이력서(응시 원서 혹은 지원서)

자유 양식으로 이력서를 내는 곳은 한 곳도 없으며, 해당 학교 홈페이지에서 양식을 구할 수 있다. 공기업, 사기업에 비해 아직은 조금 보수적인 형태의 이력서 틀이다. 학교마다 다르지만 대체로 인적 사항, 사진, 학력, 전공, 학점, 수상 경력, 경력 사항, 교과지도 경력, 업무 경력, 특별활동 교육 역량, 종교, 병역 사항, 외국어, 컴퓨터, 자격증, 가족 사항, 봉사 활동, 학회 및 연구 활동, 취미, 특기 등이 이력서에 들어간다. 하나씩 살펴보자.

인적 사항

이력서에는 사진을 포함한 인적 사항이 들어간다. 사진은 물론 정장을 입고 스튜디오에서 취업용 사진을 촬영해야 한다. 수업 실연 등에서 정장을 입을 일이 많으니 미리 한 벌 사두자(경제적 형편이 안 되면 시도 사업이나 학교 지원 등으로 정장을 무료 대여해주는 곳을 활용하자). 더불어 사진을 직접 붙이도록 요구하는 학교가 꽤 많다. 지원할 학교의 수를 가늠하며 사진을 넉넉히 준비해둔다. 나이도 써야 하는데, 학교마다 다르지만 대체로 나이 대 경력 비율이 양호한 사람을 선호하는 듯하다. 만약 나이가 크게 영향을

미쳤다면, 보수적인 성향의 학교일 가능성이 높다.

학벌, 전공, 학점

대학과 전공이 기입된다. 다른 기업과 마찬가지로 대개 학벌을 눈여겨볼 것이다(학벌을 안 볼 수야 없겠지만 이것이 절대적 기준이 되어서는 안 될 것이다). 하지만 지역 간 격차가 있으며, 해당 학교의 학벌 선호가 어떤지는 모두 다르므로 정보를 잘 파악해야 한다. 위에 언급한 웹사이트나 지인을 최대한 활용해야 할 영역이다. 만약 두 학교 이상의 전형 일정이 중복되는데 선택해야 한다거나, 기간제 교사로 일을 시작할 때 해당 학교가 지원자의 학벌에 얼마나 민감한지 등을 고려하지 않을 수 없다.

학력은 학벌보다 영향력이 대체로 낮은 편이다. 여기서 학력은 대학원을 의미할 텐데 대부분은 일반대 졸업생이 교원자격증을 따기 위해 진학한 경우가 많기 때문이다. 교원자격증을 따기 위해 대학원을 진학한 것 자체로 긍정적 평가를 받는 경우는 드물다. 사범대를 졸업하고 학업, 연구 등을 목적으로 대학원을 진학한 경우가 있다면 도움이 될지 모르겠다. 실제로 강남권의 어떤 자사고는 서류 평가 우대 사항 중 하나로 석박사 학위 소지자가 있기도 하다. 하지만, 이는 다소 특수한 경우이며 일반화하긴 어렵다. 석사 학위가 있고 교육 경력이 아예 없는 지원자와 학사 학위이지만 유의미한 교육 경력이 꽤 있는 지원자를 보자면, 많은 학교가 후자를 선호할 것이다. 물론, 각자 사연이 있기에 교육 역량을 계발해온 과정을 어떻게 어필하느냐가 영향력을 가질 영역이다.

전공은 해당 전공으로, 복수전공, 다중전공, 부전공은 꽤 좋은 요소가 된다. 특히 복수전공으로 2개 이상 교과의 교원자격증이 있다면 더 유리하다. 사립학교는 교사 수급에 있어 탄력적이지 못할뿐더러(한번 채용되면 특별한 일이 없는 이상 계속 근무하기 때문) 최근 교육과정에서는 문이과 통합 교육, 고교학점제 등을 거론하고 있기 때문이다. 하지만 너무 걱정하지 않아도 된다. 실제로 복수전공으로 2개 이상의 자격증을 가진 이들이 그렇게 많진 않다. 하나만 하기도 힘든 것을 다들 알지 않나. 다만 이과 계열보다는 문과 계열 사범대 졸업생들이 복수전공자가 약간 더 많다고 한다. 어쨌든 사립학교 채용에서 복수전공을 했다면 그것의 가치를 높이 봐줄 학교가 어딘가 있을 것이다. 가령 수학교육 주전공에 경제학을 부전공했다고 하자. 2015 개정 교육과정에서 경제수학을 가르치는데, 해당 학교에서 경제수학 수요가 있고 이를 가르칠 만한 교사가 없다면 환영받을 수 있다(물론 경제수학을 하는 데 있어 경제학을 전공할 정도의 역량이 꼭 필요한 것은 아니다). 학교에 따라 복수전공 자체에 대해 큰 관심이 없을 수도 있다. 그런 까닭에 사립 채용은 자신에게 맞는 학교가 그해에 채용 공고를 내고 그 기회를 얻느냐 하는 운이 작용한다. 현재 사범대 저학년인데 관심 있는 분야가 있고 주전공 이상으로 욕심 내볼 만하다고 판단되면 복수전공을 하는 것도 권한다. 많이 배우면서도 지옥을 맛볼 것을 각오하면서.

학점은 학교, 교과, 평가위원마다 보는 기준이 달라 일반적으로 얘기하긴 어렵다. 하지만 대체로 일반 취업 시장과 다르지 않으며, 학점은 높을수록 좋다. 그러나 중시하는 정도가 달라 이 역시 정보전이라 할 수 있다. 학점의 유불리 '정도'에 대해 일반성을 갖고 언급하긴 어려우나, 공부를 가르쳐야 할 교사가 공부를 못한다는 것에 예민한 학교들이 그렇지 않은 학교들보다 대체로 많을 것이다. 하지만 약간의 학점 차이로 당락을 결정짓는다거나 하는 절대적인 요소는 아니다. 취업 시장과 마찬가지로 2점대는 부정적 영향을 받기 쉽고, 4점 초반이나 3점 후반이나 큰 차이는 없을 것이다. 주전공 과목의 성적이 극단적이지만 않길 바란다. 전공 학점이 취약하다면 그것을 보완할 수 있는 다른 무기가 분명히 있어야 할 것이다. 면접에서 자세히 언급하겠지만, 학점이 낮다고 해서 위기로만 생각하지 말고, 뻔한 예상 질문을 받을 수 있으므로 면접 준비만 잘하면 되는 기회로 여기길 바란다. 한편 학점이 너무 높거나, 너무 낮은 것이 아니라면 대체로 학점보다는 학벌이 더 영향력이 큰 듯하다.

수상 경력

경력이 없는 이들에게는 그나마 보완해줄 수 있는 영역이 수상 경력이다. 저경력의 젊은 교사가 '교직 생활 중에 수상'을 하는 일은 극히 드물다. 학교에서 교사에게 상을 안 줄 뿐 아니라, 상을 주더라도 순서와 이치에 맞게 주기 때문이다(고경력 선생님들이 많은 일을 했다는 것을 뜻하진 않지만 평균적으로 저경력 선생님들이 많은 것을 했다고도 보긴 어렵지 않을까). 경력이 많으면서 공헌을 많이 한 교사에게 수여한다는 뜻이다. 그렇다면 외부 상밖에 없을 텐데, 학술 분야나 다른 공모전에서 수상하는 것은 쉽지 않다. 반면 대학생들에게는 학부 시절 수상의 기회가 많다. 공부 잘해서 받는 성적우수상 외에도 교내 활동뿐만 아니라 다양한 대외 활동에서 수상할 기회는 분명 있다. 흔히 말하는 정기고사만을 위한 학업으로 대학 생활을 가득 채우면 그런 기회는 별로 없겠지만 말이다.

- 이력서에 작성했던 수상 내역(황순찬)
  - 졸업 성적우수상(수석 졸업 Summa Cum Laude, 성적 장학금 7회, 조기 졸업) 총장상
  - 한양대학교 졸업 공로상(사랑의 실천, 건학이념 실천) 총장상
  - 한양대학교 개교 75주년 자랑스러운 한양인 선정 사회봉사상(총장상)

-한양대학교 학술 연구프로그램(연구 주제, 고등학교 수학 동아리를 위한
융복합교육 프로그램 연구) '한양대학교 타우너' 우수상(총장상)
-전국 대학생 리더십 실천 사례 공모전 장려상(한양대학교 총장상)
-교육부장관 임명 2015 세계교육포럼 서포터즈팀 부문 대상
-LG 드림챌린저 주니어 멘토 우수활동상
-한국대학사회봉사협의회 26기 청년 해외 봉사단 부인솔자 감사장
-환경부 주관 2012 환경도서 독후감 공모전 입선

보통 수상 경력은 3~5칸 정도이기 때문에 자기 기준에 따라 중요한 수상을 우선순위에 맞게 작성해야 한다. 내가 평가관이라면 작성 순서에서 지원자의 가치관, 나아가 교직관까지 짐작할 것 같다. 지원자 대부분 수상 경력란을 공란으로 두거나 한두 개쯤 채우는 것이 현실이다.

경력 사항(교과지도 경력, 업무 경력, 학회 및 연구 활동, 연수 실적)
일반적으로 교직 경력, 즉 기간제 교사 경력을 묻는 것이다. 이 사항과 관련된 경력증명서를 첨부해야 한다. 예비 졸업생은 교직 경력이 없으므로 쓸 내용이 없다. 간혹 교생실습을 쓰는 사람도 있는데, 양식에 따라 본인이 잘 판단하길 바란다. 없는 채로 두는 게 나은지, 썼다가 오히려 풋내기로 보일지는 판단하는 사람마다 다르겠지만, 빈칸보다는 뭐라도 써야 하지 않을까 조심스레 생각해본다. 경력 사항란에 꼭 교직 경력만을 써야 했다면 '교직 경력'이라고 말하지 않았을까. 교직 경력 외에 현직 교사는 할 수 없는 대학생만의 뭔가가 있다면, 그 점만큼은 다른 교직 경력자에겐 없는 강점이 될지도 모르겠다.

교과지도 경력도 대체로 학교에서 몇 학년에게 어떤 내용을 어떤 교재

로 가르쳤는지 등을 채용자 측에서 알고자 쓰게 하는 것 같다. 즉 기간제 교사 재직 중의 경험을 듣고 싶다는 뜻이다. 다양한 학년의 경험이 있고, 고등학교라면 저학년 경험만 있는 것보다는 고학년 경험만 있는 게 더 낫다는 얘기도 있다. 교과서보다는 주로 부교재를 쓰는 학교라면, 다양한 형태의 교재로 가르쳐본 경험을 선호할 것이다. 이외에도 여러 복잡한 요소가 있다. 가령 학교에서 수학 논술을 지도할 사람이 필요하다면 관련 경력이 많아야 유리하다. 그래서 사립 채용은 이력이 많은 사람일수록 운도 따를 확률이 높다. 마찬가지로 교직 경력 자체가 없다면 교육 봉사나 학원, 과외 경험이라도 적어야 할 것이다. 기본적인 교과지도 경험과 더불어 현직 교사가 하기 어려울 만한 특별한 내용이 추가되어 있다면 호기심을 끌지도 모른다. 특히 교육 봉사 프로그램은 좀더 도전적이고 특별한 내용으로 구성돼 있는 경우가 많다.

업무 경력은 교직 중 어떤 부서에서 어떤 업무로 일해봤냐는 뜻이다. 마찬가지로 기간제 교사 재직 중의 경험을 듣고 싶어하는 부분이다. 학교에도 부서와 업무가 있다. 언젠가 깨닫겠지만, 교사에 따라 교과 수업 업무 비중이 전체의 50퍼센트를 넘지 않는 경우가 다수다. 교육부 차원에서는 교사가 담임을 맡으면 학년 업무에 집중하도록 '학년제'를 권고하고 있지만, 많은 사립학교는 현재 '학년제'가 아닌 '부서제'로 운영된다. 담임도 하면서 다른 과다한 업무도 할 수 있다는 뜻이다. 따라서 담임을 비롯해 다른 '핵심 업무'의 경험이 많을수록 좋다. 어떤 업무 경력을 선호하는지는 학교마다 다르다. 가령 대입에 몰두하는 고등학교가 현재 진로 진학계의 변화나 개선을 필요로 한다면 진로진학부의 경험을 선호할 수 있다. 반대로, 같은 업무라도 어느 학교에서 했는지의 차이가 있다. 학교폭력이 많이 일어나는 학교에서는 생활 지도가 비교적 어렵지 않은 학교(특목고, 자사고 등)

에서의 생활 지도부 경력보다는 학교폭력이 자주 발생하고, 교과지도 이전에 생활 문제가 크게 대두되는 험난한 학교의 생활 지도 경험이 있는 교사를 더 높게 평가하지 않을까? 마찬가지로 교직 경력이 없다면, 학교와 관련해서 일했던 경험을 뭐라도 쓰는 것이 낫지 않을까? 가령 학교의 어떤 프로그램에 보조 교사로 일했다든가, 동아리 활동을 같이 운영했다든가 말이다.

학회 및 연구 활동, 연수 실적은 교사 모임, 대학원 연구, 논문 및 저서, 각종 연수 등을 말한다. 사범대생들도 관련 경험은 쌓을 수 있지만 현직 교사에게 이런 '기회'가 더 많다. 하지만 현직이라고 예비 졸업생보다 무조건 유리하다고 볼 수도 없는 게 경력에 비해 이런 실적이 저조한 것도 한편으로는 부담이 될 수 있다. 다소 모순적일 수도 있는데, 사립학교 입장에서는 어쩌면 대외활동이 활발한 것을 좋아하지 않을 수 있다. 더 정확히 말하면 학교 일을 소홀히 하고 대외 활동에만 집중하는 것을 좋아하지 않는다. 활발한 활동 이력이 있는 사람일수록 학교 업무에도 충실할 수 있음을 강조할 필요가 있다. 대학생들도 다양한 활동을 통해 관련 활동을 할 수 있다. 내 경우 이 영역에서 사범대 재학 시절 나가사키 교육대학과의 교류 활동으로 참여했던 프로그램, 한국과학창의재단 교육 기부 연수, 인터넷 연수, 수학 교사연수 봉사 활동 등을 작성했다.

교직 경력과 관련하여 최근 공지된 강남권 모 자사고의 정교사 지원 우대 사항 예시는 다음과 같다.

- 우대 사항: 복수 자격 소유자, 진로·진학지도 경력자, 석·박사 학위 소지자, 영재 교육 지도 경력자, 특목고·자사고 경력자, 심화교과·논술·토론 수업 특기자, 영재 교육 지도 경력자

우대 사항을 보면 그 학교가 어떤 인재를 선호하는지, 나아가 학교의 교육철학이 얼마쯤 읽힌다. 대략적인 것은 비슷하나 학교마다 선호하는 인재, 현재 필요로 하는 인재는 조금씩 다르다. 위 학교는 체육 교과에서 검도 유단자를 우대 사항으로 추가했는데, 이처럼 자신의 특기 사항을 알아봐주는 학교를 만나는 운이 따라야 한다.

어떤 학교는 이력서 양식을 지나치게 경력자 중심으로 만들어두었다. 졸업 예정자나 교직 경력이 없는 사람 입장에서는 이력서상의 경력 사항이 교과지도 경력, 업무 경력 등으로 세분화되지 않는 것이 유리하다. 만약 이력서 양식이 경력과 관련하여 디테일하게 구성되어 있다면, 경력자를 선호한다는 뜻이다. 그러나 이력서 양식에 업무 경험이나 교과지도 경험의 세분화된 것들이 없더라도, 자소서나 면접 과정에서 경력의 부재는 확연히 드러날 가능성이 높다. 즉 경력부터 요구하는데, 막상 기간제를 시작하자니 큰 부담이 된다. 정교사 채용이 되지 않으면 임고를 봐야 할지, 기간제 교사로 시작해야 할지 고민이 될 수밖에 없는 이유다.

한편 경력자라면 계속 기간제 경력을 쌓을지, 공립 임용으로 전환할지 고민에 빠지게 된다. 사립학교에서 기간제 교사로 일하면서 임용 공부를 하는 것은 쉽지 않은 길이다. 그럼에도 공부를 하겠다는 각오는 사립학교에서 여러 이력을 쌓을 기회를 잃게 만들 수 있고, 돈도 벌면서 임용고시를 공부하자는 생각은 공부에 오롯이 집중을 못하게 만들 가능성이 크다. 교사 일이라는 게 그리 만만치 않으며, 특히 초임이면 더 그렇다. 자기에 대한 이해와 결단이 필요하다. 아니면 기간제 재직과 임용 공부, 둘 다 해낼 '각오'가 필요하다.

특별활동 교육 역량

특별활동 교육 역량이라는 표현은 학교마다 조금씩 다를 것이다. 요즘은 중학교에서 자유학년제(학기제)를 하고 있고, 고등학교에서는 생활기록부가 중요하다보니 다양한 활동을 하려 한다. 특별활동 교육 역량 대신 취미나 특기, 자격증 등으로 표현될 수 있다(물론 이것들은 모두 다른 것이다). 그래서 특별활동으로 어떤 것을 할 수 있는지는 관심의 대상이 된다. 내 경우도 취미와 특기로 농구, 스노보드를 썼고, 그 때문인지는 모르겠지만 (수학 교사인데도) 농구 스포츠클럽을 운영 중이고, 교내 스키캠프 스노보드 강사로도 활동 중이다. 취미, 특기라고 해서 꼭 독서 같은 것을 쓸 필요는 없고 정말 자신의 것을 쓰면 된다. 이외에 다양한 교육 봉사, 진로 멘토링 경력도 관심의 대상이었다. 대학생 신분으로 수십 개 학교의 현장에서 다양한 프로그램을 경험했기 때문이다. 흥미롭게도 면접까지 올라간 여러 학교에서 나의 레크리에이션 지도사 자격증(2급)을 무척 신기해했다. 지금도 가끔 동료 선생님들로부터 레크리에이션 자격증에 관련된 이야기를 듣곤 한다. 학교에서 학생들을 데리고 뭔가 재미있는 일들을 기획할 일이 많아서인 듯하다.

사실 학교 입장에서는 이런 이력들을 볼 때 '우리 학교에서 이 사람을 어떻게 써먹을 수 있을까?' 생각할 것이다. 지원자 입장에서는 자신이 그 학교에 부합하길 바랄 뿐이다. 그러니 지원자는 학교가 갈증을 느끼고 있는 영역을 고려해봐야 한다. 대체로 사립학교들은 여러 학교의 우수 사례들을 벤치마킹하고 싶어할 것이다. 만약 여러 학교, 여러 기관의 프로그램을 이해하고 접해본 경험이 있는 대학생 지원자라면 교직 경력이 없더라도 오히려 특정 학교 프로그램에 한정된 경험만 있는 지원자보다 더 우위로 평가할 수도 있을 것이다.

종교

사립학교의 재단은 종교 재단일 때가 종종 있다. 정도는 다르지만, 해당 학교의 교육적 목적 달성에 부합해야 하므로 지원자가 해당 종교를 갖길 원한다. 미션 스쿨은 관련 행사나 교육과정이 있기 때문에 교육적 의미를 갖는 종교 활동 이력도 관심 대상이 될 수 있다. 학교에 따라 관련 증명서를 제출하도록 요구하기도 한다. 무교이거나 해당 종교가 아니더라도 미션 스쿨에 지원해보길 권장한다. 많은 학교에 지원해보는 경험이 자신이 원하는 학교에 가는 데 도움이 되기 때문이다. 한편 조금 멀리 보면, 자신의 종교관과 신념이 뚜렷한 사람은 평생 일할 곳에서 그것을 실현할 기회라는 관점으로 바라봐도 좋을 듯싶다.

병역 사항

남성 지원자라면 당연히 군 복무에 특이 사항이 없는 사람을 선호할 것이다. 일반 기업들과 비슷한 사항이고, 특히 일부 사립학교는 이런 면에서 보수적이다.

외국어, 컴퓨터, 자격증

외국어는 해당 교과가 아닌 이상 절대적인 요소는 아니다. 특히 이과 계열은 더 해당되지 않으며, 학교에서 외국어를 잘하는 것이 필요치 않다. 다만 성실한 사람인지 등의 지표로 삼으려는 듯하다. 공인영어점수가 그런 용도가 될 수 있다. 관련 교과라면 공인 점수가 다양할수록 좋고 점수는 고고익선이다. 일부 특목고처럼 영어로 수업을 하거나, 원서를 사용하는 학교는 외국어를 잘하는 것을 선호하겠지만, 이는 드문 경우다.

컴퓨터 능력은 '어떻게 써먹을 수 있나'의 관점에서 매우 관심의 대상이 될 수 있다. 학교 업무의 대부분은 컴퓨터로 이뤄지는데, 엑셀이나 기타 컴퓨터 프로그램을 많이 쓴다. 한글, 워드, 엑셀, 파워포인트 등의 기본적인 문서 작업(수업 자료 제작, 시험지 편집, 부교재 제작, 회계 장부 관리, 명단 관리, 가정통신문, 공지문 제작, 수업계획서, 프로그램 기획서 작성 등)은 어떤 교사나 많이 하게 된다. 컴퓨터 실력이 일반인 수준을 뛰어넘는다면 학교 안에서 관련 비중이 높은 업무를 맡게 될 수도 있다. 특히 컴퓨터를 활용한 업무를 통해 다른 학교와 차별성을 띠게끔 공헌할 수 있다면 강력한 매력 포인트가 될 것이다. 그렇지만 학교에 채용돼서 업무 부담이 클 확률이 높다. 학교에서 해당 업무를 담당하게 될 가능성이 높고, 연장자인 선생님들은 컴퓨터 업무 도움을 요청하는 일이 흔하다. '일을 잘하면 일이 많아진다'는 말은 기업이나 학교에서나 비슷한 것 같다. 컴퓨터에 관심이 없는데 억지로 취득할 필요는 없겠지만, 컴퓨터를 잘하면 일하는 데 확실히 유용하고 편리하다.

자격증도 다다익선이지만, 절대적인 요소는 아니다. 운전면허조차 없어도 상관없다. 한국사의 경우, 임용고시에 응시하지 않더라도 따놓는 게 좋다(특히 문과 계열에서는). 기본적인 역사의식은 누구나 갖춰야 하니 이는 모든 사범대생이 취득하는 자격증이 아니던가.

내가 가진 레크리에이션 지도사 자격증(2급)은 여러 면접에서 늘 관심의 대상이었다. 수학교육과 학회 활동으로 KT&G 복지재단에서 협력동아리 협약을 맺어 활동한 적이 있는데, 동아리 지원금을 받고, 활동을 보고하고, 기관 관련 행사에도 참여할 기회를 얻었다. 그 기관에서 협력동아리에 대한 혜택으로 &터스쿨이라는 이름으로 레크리에이션 지도사 자격증 과정을 열어주었는데 이수 과정이 까다롭지 않았다. 나는 말하는 것에 재치가 없고 유머감각이 뛰어나지 못한 편이라 이를 개선하고 훗날 학생들

대상으로 레크리에이션 프로그램을 운영하고 싶다는 생각에 참여했다. 이후 여러 단체에서 게임을 하거나, 사회를 보거나, 학교에서 아이들을 데리고 프로그램을 운영할 때 도움이 됐다. 특히 나의 약점을 능동적으로 발견하고 개선해나간 경험 자체가 자산이 됐고, 여러 면접에서 관심을 끌었다.

봉사 활동

모든 학교가 요구하는 활동은 아니지만 종종 이력서 양식에 등장한다. 다다익선이지만 절대적이진 않다. 다만 봉사정신, 사랑 등의 이념을 갖고 있는 사립학교에서는 영향을 미칠 수도 있다. 나아가 교직은 봉사 활동에 가깝다고 할 수 있다. 일을 벌이고자 하면 한없이 힘든 일이 주어지는 직업이 교사이기에 어떤 선생님들은 봉사 활동을 하고 있다고 봐도 무방하다. 학생 한 명 더 챙긴다고 해서 급여가 늘어나진 않지만 많은 선생님은 이런 일을 자발적으로 떠맡는다. 봉사 활동 이력은 그 사람의 특성을 보여줄 수 있는 요소다. 위에서 언급했듯이, 여러 학교와 기관의 다양한 교육 봉사 활동을 해봄으로써 예비 졸업자가 강점을 얻을 수도 있다. 나는 7학기 동안 총 120일, 730시간의 봉사 활동을 했는데, 이 중 다양한 학교와 다양한 프로그램의 교육봉사가 채용자들의 이목을 끌었다.

이력서(지원서)를 당장 쓰는 게 아니라면 자신이 지원할 학교에서 어떤 인재를 원하는지 최대한 정보를 얻고 분석해서 선별과 부각의 작업을 잘할 필요가 있다. 무엇보다 내가 남들보다 학교에 더 기여할 수 있는 점이 무엇인지 강조할 필요가 있다. 그렇지만 '모든 학교에 나를 맞춘다'는 접근보다 자신만의 역량과 교육철학을 만들어가면서 이런 점을 알아봐줄 학교를 찾는 것이 더 의미 있을 것이다. 사범대(교직 이수 포함) 저학년이라면 대학 생활 중 자신의 관심 분야를 개척하면서 혹은 '어떤 교사가 되고 싶은지'를 고민하면서 사립학교와 관련된 이력을 쌓는 것을 염두에 두자. 일찌 감치 사립학교에 관심을 갖게 됐다면 남들과 다르게 관련 경험들을 해나 갈 수 있을 것이다.

(2) 자기소개서

거의 모든 사립학교는 서류 전형에서 자기소개서를 요구하는데, 사범대생 들은 자소서 쓰는 것을 무척 어려워한다. 막막함이 몰려온다. 하지만 일반 기 업의 취업 준비 코스를 밟지 않은 사범대생들이 자소서 쓰는 일에 서툰 게 당연하니 걱정하지 말자.

사립학교 자소서 양식은 교육청 구인 게시물이나 각 학교 공고문에 첨부되 어 있으니, 관심 있는 학교 게시물과 홈페이지에 들어가보자. 더불어 자소서 분량을 3쪽, 5쪽으로 한정 짓는 학교도 있고, 양식은 있되 분량 제한이 없는 학교도 있다. 체감상 분량 제한 있음과 없음의 비율은 3대 7 내지 4대 6 정도 되는 듯하다. 경력이 꽤 있다면 자소서의 영향이 적은 분량 제한이 있는 학교 가 유리하고, 경력이 적거나 없다면 그것을 뒤집을 여지가 있는 분량 제한이 없는 학교가 낫지 않을까 싶다. 예비 졸업생들은 분량 제한 없는 자소서에 한 탄하지 말고, 위기를 기회로 삼길 바란다.

자주 등장하는 자기소개서 문항

회사에서 요구하는 자소서는 다양한 문항으로 이루어져 있어 많은 취준생 이 괴로워한다. 지원하는 회사의 수만큼 각자 다른 자소서 파일이 만들어 진다고 봐야 할 것이다. 반면 사립학교들이 공고하는 자소서 양식의 문항 들은 다행히 거기서 거기다. 그러니 처음 몇 번만 잘 써놓으면 그 후에는 훨씬 수월해진다. 다음은 사립학교 자소서에 자주 등장하는 문항들이다.

- 성장 과정 / 생활신조 / 가치관
- 성격의 장단점
- 담당 교과목의 전문성 향상을 위한 노력과 경험 / 교내외 활동
- 경력 사항
- 특기적성 및 특별활동 지도에 자신 있는 영역, 취미 및 특기
- 지원 동기 및 교육관, 임용 후 계획(비전)
- 교과지도 계획, 생활 지도 계획

    80퍼센트 이상의 사립학교들은 위의 항목 내에서 자소서가 채워져 있으며, 대부분의 문항은 문장이 아닌 단어와 어구 중심으로 돼 있다. 학교에 따라 국가관, 신앙 지도, 신앙생활 등의 문항도 가끔 넣는다. 국가관을 물어본다는 것은 학교가 대체로 보수 성향일 확률이 높다. 물론 현재는 꽤 많은 학교가 그런 성향에서 벗어나긴 했다. 어쨌든 합격이 목표라면, 그런 학교에 지원할 때는 보수적인 쪽으로 작성하는 게 일반적이다. 유시민 전 보건복지부 장관도 사상 검증에 대한 면접관의 질문에 일단 거짓말하고 후에 비리를 발견하면 익명으로 고발하라고 조언한 바 있다.[8] 사상 검증을 하는 학교에서 애초에 근무하지 않는 게 낫지 않을까라고 생각하는 사람도 많다. 채용 전문가들은 균형있게 답변하길 권장한다고 하는데, 이에 대해서는 개인마다 견해가 다를 것이다. 내 경우에도 자소서 문항에는 없었지만 최종 면접에서 국정 교과서에 대해 물어본 학교가 있었다. 하지만 시대가 변하고 적폐 청산, 공정성의 키워드가 대중에게 자리 잡으면서 사립 채용에서 국정 교과서, 전교조 등의 구시대적 사상 검증의 의도를 가진 질문은 거의 나오지 않을 거라 기대한다.

    교육에 대한 가치관과 생각, 경험을 묻는 자소서 문항들도 있는데, 비율이

아주 높지는 않다. 예시는 다음과 같다.

- 자신이 생각하는 교사의 역할은 무엇인가?
- 본인이 생각하는 이상적인 학교상
- 본인이 육성하고자 하는 학생상
- 지원 교과에 대한 본인의 교육관과 교육 목표

또 최신 기업 트렌드를 조금이나마 따라가려는 문항으로 이런 것들이 있다.

- 본인이 한 일 중 실패했거나 곤경을 겪은 사례를 들고 이를 통해 무엇을 얻었는지 적으시오.
- 지원 학교에 본인이 기여할 수 있는 것을 과거의 경험, 경력, 활동을 토대로 설명하시오.
- 본인이 직장(학교)에서 성취를 이룬 사례를 들고 그 성취를 통해 무엇을 얻었는지 적으시오.
- 본인이 지금까지 한 일 중에서 가장 보람을 느끼는 일에 대해 구체적으로 쓰시오.
- 본인의 성격, 장점을 교직(교육관)과 연결하여 설명하시오.

이런 문항들에 글이 술술 써지는 사람과 막막함이 몰려오는 사람의 차이는 자신에 대한 이해도에서 기인한다고 본다. 예비 교육자로서 자신에 대한 이해도가 높은 사람일수록, 다시 말해 교육과 관련해서 다양한 경험을 하고 (단순히 가짓수를 말하는 것이 아니다) 일련의 과정에서 자신의 생각을 키워나가며 자신을 성장시킨 사람들은 위 문항들에 답하는 데 상대적으로 막막함을 덜 느낀다.

사립학교 자기소개서의 특징
자소서 문항들과 그 경향성, 그리고 이후의 전형을 고려했을 때 다음을 참조하길 바란다.

- 일반 기업과 비교했을 때, 사립학교 간의 자소서 양식은 차이가 크지 않다.
- 공기업, 사기업 채용 트렌드에 비해 대체로 올드한 문항이 많은 편이다. 그렇다고 해서 답변마저 올드할 필요는 없다.
- 누구의 것도 아닌 자신의 교육적 가치관이 있어야 한다. 교육, 교과, 교사에 대한 숱한 고민이 뒷받침되어야 한다.
- 사범대 재학 중 오로지 공부만 했을 때 자소서가 쉽게 쓰이지 않는 것은 당연하다.
- 교직 경력의 유무에 따라 자소서의 성격과 내용은 확연히 달라진다.
- 교직 인적성 면접에서 자소서 문항들의 내용은 반드시 언급된다.
- 결국 자기소개서는 자기소개를 하는 것보다 '우리 학교가 당신을 뽑아야 하는 이유'를 말해달라는 것이다. 대기업에 비해 규모가 작은 '학교'들에서 교사 개개인의 비중과 역할은 크다. 학교는 지원자를 교육적 동반자로도 보지만, '우리 학교의 현 실정에서 어디에 활용할 수 있는 사람인지'를 판단하려 할 것이다.

사립학교 자기소개서 작성 가이드
그렇다면 자소서는 어떻게 써야 할까?

① 비사범 계열의 자소서 특강을 듣거나, 취업 뽀개기 사이트에서 자소서 쓰는 방법을 참조해 '기초'부터 시작하자

    사범대생들은 비사범 계열에 비해 자소서를 정말 못 쓴다. '인자한 아버지와 사랑 많으신 어머님 밑에서 1남2녀 중 첫째로 자랐습니다'처럼 가족 소개로 자소서의 도입부를 채우는 사람도 있다. 취뽀 사이트나 유튜브에 자소서에 대한 정보가 많이 정리되어 있다. 비사범 계열 선배나 친구한테 도움을 청하자. 자소서 작성의 기초적인 맥락을 이해할 수 있을 것이다.

② 이상적인 이야기만 나열하지 말고 자신의 강점을 부각시키자

    이상적이고 추상적인 이야기만 나열하는 것은 큰 의미가 없다. 학교는 지원자를 '어디에 활용할 것인가'라는 관점으로 본다. 자신의 강점을 찾아내 그것을 부각시키자. 사립학교 취업은 운이 크게 작용한다. 자신이 부각시킨 강점이 마침 '우리 학교 현 실정에서 들어맞는 인재다'라고 판단되는 순간 합격에 가까워진다. 이상적이고 바른말만 계속 쓰기보다는 다소 단편적인 느낌이 들더라도 자신의 캐릭터와 장점을 돋보이게 하는 것이 합격 확률을 올리는 길이다. 달리 표현하면, '자신이 채용됨으로써 학교가 크게 발전할 것이다'라는 인상의 글귀는 매력적이지 않다는 뜻이다. 이상과 포부를 아예 안 담을 수는 없지만, 균형감 있게 제시하고 현실적인 측면에서 자기 강점을 드러내야 한다.

③ 어차피 교육은 늘 답이 없다

    교육 분야에 명쾌한 정답이 있다면 우리나라 교육이 이런 상태이겠는가? 교육에 있어서 무엇이 정답인지 고민하기보다, 내 삶을 돌아보고 거기서 내가 생각하는 교육을 끌어내보자.

④ 자기소개 말고 '난 이 학교에서 이렇게 공헌할 수 있는 사람이다'라고
   설득하라
   나를 소개하는 것은 자소서의 본질적인 목적이 아니다. 중요한 것은 '내
가 이런 사람이라서 이 학교에서 이런 역할과 공헌을 할 수 있다'라고 어필
하는 것이다.

⑤ 스토리텔링은 기본이다
   자신의 정체성과 개성을 확실히 보여주는 것은 교육 이론이나 이상적인
목표가 아닌 나만의 이야기다.

⑥ 위기는 곧 기회다
   예비 졸업생들은 교직 경력이 없다는 치명적인 약점을 갖고 있다. 그런
상황에서 사범대에서 배운 이상적인 교육 방법만 나열한다면 학교 입장에
서 교육 현장에 대한 현실감이 없다고 판단할 수밖에 없다. 이런 면을 패
기 있다고 보진 않는다. '내가 최신 교육 방법을 배웠으니 잘할 수 있다'고
우기는 게 아니라, 교직 경력이 없는 것에 대한 자신의 개선 의지와 생각을
어떤 형태로든 보여줘야 한다. 약점이 해소되었을 때 자신이 기여할 수 있
는 부분이 드러난다. '교직 경력은 없지만 교육, 입시, 대학 생활 등 최근 트
렌드에 대한 이해도가 높다'는 점 등을 강점으로 내세워야 한다.
   반대로 경력은 많지만 '젊은 교사'로서의 강점이 퇴색됐다는 생각이 들
때는, 그 부분에 대한 위기를 인식하고 약점을 해소시킨다면 스펙이 더 환
하게 드러날 것이다. 경력은 많은데 반대로 흔히 젊은 교사들이 갖는 장점
(최신 트렌드에 대한 이해, 패기, 이상적인 교육관 등)이 없다면 결점으로 인식
될 수 있다. 새내기의 마음이지만, 경력자의 노련함이 균형감 있게 돋보이

는 서술은 약점을 미리 방어하고 자신의 강점을 부각시킬 수 있을 것이다. 어떤 형태의 약점이든 그것은 위기를 기회로 만들 수 있다.

교사는 학생들에게 잠재되어 있는 것들을 꺼낼 수 있도록 돕는 사람이다. 이는 각 학생에 대한 이해를 전제로 한다. 다양한 학생과 다양한 삶을 이해하려면 적어도 나 자신과 내 삶을 이해하고 있어야 하지 않을까? 자소서를 지원서 접수의 과정으로만 생각하지 말자. 교사로 살아갈 긴 세월이 시작되기 전에 예비 교육자로 짧게 살았던 사범대(교직 이수) 생활을 정리하고, 향후의 교직관을 그려보는 등 성장의 기회로 남는다면 채용 과정을 통해서 자신에 대한 이해는 더 깊어질 것이다.

필기 전형

(임용 사립 위탁을 제외하고) '사립학교 전형은 임고를 안 보니까 좋다'는 생각이 들다가도, 사립학교의 필기 전형을 경험하고 나서는 전형에 합격하는 것의 어려움은 사립이나 공립(임용)이나 매한가지임을 실감하게 된다. 사실 사람의 성향 차이에 의해 공사립 전형의 어려움이 결정되는 것이지 난도를 일반적인 관점에서 비교·대조하긴 어렵다.

사립학교 정교사 채용 과정에는 필기 전형이 무조건 포함되어 있다(기간제 교사 채용은 필기 전형 없이 서류와 수업 실연, 면접으로 진행되기도 한다). 그렇다면 어떤 문제가 필기시험에 나올까? 그게 난관이다. 안타깝고 답답하게도, 정교사 채용 공고만 봐서는 무엇이 시험에 나오는지를 제대로 파악하기 어렵다. 심지어 객관식인지 서술형인지조차 파악이 안 되기도 한다. 그래서 늘 말해왔듯 사립 채용은 정보전이다. 사립 필기시험은 임용고시의 유형 및 내용과 동일할까? 그렇지 않다. 구체적으로 살펴보자. 사립 필기시험의 유형은 크게 두 가지로 나눌 수 있다.

- 사립학교 필기시험의 유형 및 내용
1. 객관식, 단답형, 서술형 중심의 시험(아래 세 유형 중 하나)
   1) 해당 교과 고등학교 (심화) 내용
   2) 해당 교과 고등학교 (심화) 내용 + 교과 전공(주로 기초) 내용
   3) 교과 전공 내용

2. 논술형 중심의 시험
   1) 교직 논술
   2) 전공 논술

대부분의 사립학교에서 수학을 포함해 대다수의 교과는 1번 유형(객관식, 단답형, 서술형 중심)으로 시험을 본다. 서술형이 없는 학교도 꽤 많고, 객관식으로만 내거나 혹은 굵직한 서논술형만 출제하는 학교도 간혹 있다. 시간은 대체로 50~60분 내외이며, 난도는 평이하지 않다. 개인적으로는 어려웠다. 1-1의 경우 가령 수학 과목에서 짧은 시간 안에 정말 난해한 문제들만 잔뜩 풀도록 돼 있다. 어디서 그런 문제들을 구해왔을까 싶을 정도다. 접근이 쉽지 않고, 계산이 복잡한 문제가 한가득이다. 수학 선생을 뽑는 것이니만큼 천하 제일의 수학대회 같은 느낌이었다. 간혹 서술형에서 풀이와 함께 '어떻게 설명할 것인가'를 요구하기도 한다. 국어도 시간이 부족하므로 작품을 많이 볼 필요가 있으며, 문학과 비문학은 수능 국어 영역에서 봤던 어려운 문제의 느낌

이다. 최근 수능 비문학이 어려워진 걸 감안하면 정교사 필기시험에서의 비문학들도 어려워질 수밖에 없을 것이다.

1-2는 고등학교 내용도 어려울뿐더러 만약 대학 수학까지 끼어 있으면 난감하다. 심지어 어떤 학교는 임용 수학의 범위가 아닌 '미분방정식' 같은 걸 내기도 한다. 임용고시를 제대로 공부하지 않은 사범대생들에게 그나마 다행스럽게도, 전공이 출제된다 해도 3, 4학년의 심화 내용보다는 주로 1, 2학년의 기초 내용이 더 많이 출제되는 듯하다. 나도 임용 공부를 따로 한 적은 없지만, 4년 동안 착실히 수업을 들은 것만으로도 끼적일 수 있었던 것 같다. 다른 교과도 양상은 비슷하며 국어는 맞춤법, 중세 국어, 한자 등이 나오기도 한다.

1-3은 임용고시를 준비했던 사범대생들에게 압도적으로 유리하다. 임용을 공부한 것도 그렇지만, 실제로 임용고시 준비생들은 고등학교 교과를 공부할 겨를이 없기 때문이다. 교과마다 성질이 약간씩 다르지만, 수학은 대학 수학을 아무리 잘해도 고교 수학을 한동안 안 하면 수능 문제에 대한 감을 잃기 쉽다. '웬 고등학교 수학 공부? 어차피 했던 거잖아' 정도의 만만한 수준이 아니기 때문에 수능을 본 지 오래된 임용고시생들이나 고등학생 학원, 과외 등의 경력이 없는 사범대생들은 고등학교 수학 문제도 풀기 쉽지 않다. 교과에 따라 임용고시 전공 내용과 고등학교 교과 내용의 분절성이 상대적으로 약한 교과는 상황이 조금 다를 수 있다.

그렇다면 사립학교들이 각 유형을 선택하는 비율은 어떻게 될까? 수십 곳의 필기시험을 치르며 체감한 수치는 다음과 같다.

1) 해당 교과 고등학교 (심화) 내용 → 약 50~70퍼센트

2) 해당 교과 고등학교 (심화) 내용 + 교과 전공(주로 기초) 내용 → 약

10~30퍼센트

3) 교과 전공 내용 → 약 5~15퍼센트

　즉 고등학교 내용으로 필기 시험을 치르는 학교가 대부분이라는 뜻이다. 임용고시 불합격 이후에 사립을 염두에 둔 학생들에게는 안타깝게도 교과 전공만으로 출제하는 학교는 많지 않다. 그래도 그들에게 고무적인 것은 사립 위탁으로 필기시험을 치르는 사립학교가 늘어나고 있는 추세라는 점이다. 사립 위탁이 아니더라도 교과 전공만으로 필기시험을 치르는 학교가 있긴 하니, 임용고시 준비생들은 그런 학교들을 알아둘 만한 가치가 있다. 특히 사립 필기시험에 나오는 전공 문제는 임용고시 문제보다는 대체로 쉬운 편이다. 기초 공부가 탄탄하게 된 지원자라면 자신의 실력을 충분히 보여줄 수 있을 것이다. 한편 내가 임용 공부를 안 한 채 기간제 교사로 재직하다가 그 학교 정교사에 도전해보는 전략을 택한다면 세 번째 유형의 학교는 피하는 것이 좋을 듯하다. 위 비율은 교과, 지역, 연도마다 차이가 있을 것이다. 어쨌든 이 수치는, 결국 현장에서는 대학교 문제보다는 고등학교 문제를 더 잘 푸는 사람을 필요로 함을 나타내는 것인지도 모르겠다. 물론 둘 다 잘하면 좋겠지만 말이다. 한편으로는 중·고교에서 대학 수준의 문제를 출제하는 것에 대한 부담도 작용할 것이라 짐작된다. 그래서 고교 문제는 수능에 비해 어렵게 출제되지만 전공 문제는 임용에 비해 쉽게 출제되는 것이 아닐까?

　2번 논술형 필기 시험은 주로 교직에 관한 내용을 물어본다. 임고 1차 필기에 나오는 교육학 논술과는 약간 거리가 있으며, 현장과 밀접한 실무, 교직관 중심의 내용이 주를 이룬다. 간혹 이론적인 내용이 나온다 해도, 결국 그것이 학교에서 어떻게 실현·발현되는지를 바라보는 문제들이 출제된다(물론 임고 교육학 논술도 이론을 통해 교수 학습 현상을 이해하고 대응하는 것이 자주 나오지만 그것보다 실제성이 높고 더 직접적이다). 추측건대 이는 교육학적 지식을 물어보기보다는, 인재상이 학교에 부합하는지를 확인하는 과정인 듯하다. 따라서 교직 논술이 있는 학교라면 그 학교의 특성과 방향을 이해하고 있어야 한다. 가령 다양한 시도와 혁신적인 교육과정 및 방법을 채택하는 학교에서 구시대적인 인권 교육과 강제 학습을 어필하는 논술을 쓴다면 별로 좋지 않을 듯싶다. 그 반대도 마찬가지다. 보수적인 학교에서는 혁신적이지만 결국 보수적인 글이 합격 자체에는 유리하지 않을까 싶다. 사상 검증의 의도로 교직 논술을 출제하는 것이 아닌가라는 의심이 들 법도 한데, 이는 학교마다 다를 것이다. 그것이 불편한 의미의 사상 검증인지, 아니면 해당 학교에 필요한 인재를 찾으려는 의도인지는 한 끗 차이인 듯하다.

학교마다 다른 사립 필기 시험. 그렇다면 사립 필기 시험에도 임용 전략이 있을까? 물론 있다. 그중 몇 가지는 되새길 만하다.

(1) 사립 필기 시험의 전략(단기적 관점)

① 기본적으로 정보전이다

사립학교마다 전형에 차이가 있으니 자신에게 맞는 학교를 잘 찾는 것이 가장 중요하다. 물론 현실은 잘 맞는지 여부를 따질 틈도 없이 '묻지마' 지원이 대부분일 것이다. 나 또한 그랬다. 그러다보면 전형들의 특성이 보이고, 전형이 내게 맞아떨어지는 운이 있다면 합격에 가까워지는 것 같다. 그렇다고 천편일률적으로 준비하기보다는 해당 학교의 필기 시험을 몇 달 앞둔 상태라면 그 학교의 필기 시험 방식에 맞게 공부할 필요가 있다. 아무리 못해도 출제 유형 정도는 파악한 뒤 연습하고 가야 하지 않을까? 지인을 활용하거나 전기모 카페와 같은 곳에서 시험 유형에 대한 정보를 얻을 수 있다.

② 수능 기출, 논술 기출 풀이가 시작이다

　　대부분의 고등학교가 입시에 관심을 보인다는 점을 잊지 말아야 한다. 입시 문제의 시작은 수능, 대입 논술 아니겠는가? 내가 시험을 봤던 학교 중에는 수능 기출 문제 중 숫자만 바꿔서 낸 곳도 있었다. 게다가 대입 논술을 공부하다보면 자연스레 서술형 문제나 전공 면접에서도 유리한 상황에 놓일 수 있다. 사실 무엇부터 공부해야 할지 잘 모른다는 점에서라도, 수능과 논술 기출부터 풀어보는 것이 사립 준비에 있어 실질적인 행동의 첫 단계가 될 것이다.

③ 사립 필기시험 문제를 복원하자

　　그렇지만 우리는 수능을 보는 게 아니다. 수능 기출보다 좋은 자료는 '사립 필기 기출'일 텐데, 이것은 쉽게 구할 수 없다. 선배에게 도움을 요청하는 것도 한계가 있을 테니 결국 발품을 파는 수밖에 없다. 나 또한 주변에 사립 경험이 있는 선배들이 거의 없어서 정보를 얻기 어려웠다. 그래서 여러 학교에 지원하면서 사립 필기시험에 대한 감을 키워나가고 최대한 문제를 머릿속에 저장해왔다. 수십 번 치르는 사립 필기시험에서 떨어지는 것은 흔한 일이니, 초심자는 합격을 바라기보다 '공부 자료를 얻으러 가자'는 마음으로 시험장에 가는 것이 바람직하다. 필기시험이 끝나면 자리에서 멀리 벗어나지 말고 문제를 최대한 기억해보자. 적어도 공부할 수 있는 '키워드'라도 적어 오는 게 좋다. 자신만의 소중한 공부 자료가 될 것이다.

④ 논술은 해당 학교의 특성, 최근 교육 이슈를 파악하고 대입 논술 기출을 활용하자

　　앞서 언급했지만, 교육에 관한 논술 문제가 해당 학교에 맞는 인재를 찾

고 교육자적 자질을 확인하려는 의도라면 당연히 해당 학교에 대한 이해가 선행되어야 한다. 학교 홈페이지만 들어가봐도 교내 교육 프로그램이나 각종 사업을 확인할 수 있다. 물론 실제와는 거리가 있을 수 있으니 현실적인 분위기를 알 수 있다면 더욱 좋다. 또한 최근 교육 이슈와 밀접한 연구 및 그것을 학교 현장에 적용하는 부분에서의 고민들이 필요할 것이다. 2010년대 중후반에는 중학교에서 자유학기제에 관한 문제가 자주 출제되었다. 2020년대 초라면 고등학교에서는 고교학점제와 같은 교육 이슈들이 자주 등장하지 않을까? 코로나19로 인한 온라인 수업 이후의 교육 패러다임 변화에 대해서도 관련 문제가 출제될 것이라 예상된다.

전공 논술 문제는 관련 교과의 경우(국영수과사) 주요 대학 대입 논술 기출을 살펴보는 것도 도움이 된다. 나도 전공 논술 문제로 뷔퐁의 바늘 문제(수학 교과에서는 클래식하게 유명한 수학 논술 문제다. 서강대 수학 논술로 출제된 적이 있다)를 만난 적이 있다.

(2) 사립 필기시험의 전략(중장기적 관점)

① 임용고시 스터디를 하듯 사립 스터디를 하자

임용 스터디만으로도 바쁜데 사립 스터디라고? 물론 대부분 임용 올인이 효율적일 것이다. 그러나 성향상 차선책을 둬야 한다든지(사립 전형을 위해서든 학원, 과외를 염두에 두든), 고등학교 내용에 대한 감을 유지하고 싶다든지 하는 이유가 있다면, 그리고 무엇보다 이런 동일한 필요성을 가진 사람이 있다면 함께 사립 스터디를 할 필요도 있다. 물론 모든 스터디가 그렇듯 망하는 길은 잘 피해야 한다. 사립 스터디를 만들어서 사립에 간 선배들에게 도움을 청하자. 선배가 없다면 인터넷에 있는 수많은 착한 선생님들의 도움을 받자. 과거에 겪었던 어려움을 잊지 않고 정보에 소외된 이들을 돕는 사람들이 꽤 많다. 사립은 정보전이라는 말을 여러 번 되풀이했다. 함께 모여 수능, 논술 기출도 같이 풀어보고, 가능하다면 사립 기출도 같이 풀어보자. 면접, 수업 실연까지 가면 임용 2차 스터디처럼 모의 면접과 수업 실연도 같이 해보자. 교직 경력이 있는 이들끼리는 사립 스터디 모임을 종종 하는 데 반해 재학생들이 사립 스터디를 하는 일은 드물다. 아직 주변에서 문화를 접하지 못했을 뿐이지, 도움이 안 돼서가 아니다. 잘만 운영되면 혼자 준비하는 것보다 함께 준비하는 것이 훨씬 더 유익하다.

② 전공 수업에 충실하자

임용고시와 똑같다. 임용 합격생들이 후기나 특강에서 자주 하는 말 중 하나는 바로 '학부 때 수업을 성실히 들을 것'이다. 물론 전공 수업을 듣는다 해서 임용 준비가 실질적으로 되는 것은 아닐뿐더러, 시간이 지나면 잊어버리게 된다. 하지만 4년 동안 수업을 건성으로 들으며 졸업 이수를 겨우 하는 사람이 임고를 시작하는 경우와 4년 동안 성실히 수업을 듣고 최소한의 학업 활동은 유지한 사람이 임용고시를 시작하는 경우, 두 부류가 마주하는 진입 장벽의 차이는 생각보다 크다. 사립도 비슷하다. 전공을 출제하는 경우 임용 준비를 따로 하지 않았더라도 4년 동안 착실히 공부한 사람은 어찌저찌 끄적일 만한 문제들도 종종 출제된다. 특히 전공의 경우 전공 심화보다는 전공 기초 내용이 상대적으로 더 많이 출제된다. 수학의 경우, 주로 저학년 때 배우는 미적분학, 확률과 통계 등이 사립 필기시험에서 큰 힘이 된다. 나는 조기 졸업을 위해 계획을 짜다보니 확률과 통계를 4학년 1학기 때 이수하게 됐는데, 그게 우연히 큰 도움이 되었다. 학부 시절 쌓는 전공 실력이 필기든, 면접이든, 자소서든, 수업 실연에서든 분명히 드러나게 되어 있다.

③ 교직 수업에 충실하고 나아가 다양한 교육 연구와 활동을 경험하자

교직 논술은 학교 현장에 적용하는 부분이 많으므로 관심 있게 다룰 필요가 있다(교직에서 큰 자산이 된다). 가령 교직 수업에서 생활 지도 수업을 잘 듣고, 고민해보고, 리포트 등의 사소한 활동도 성실히 수행하면 자신의 교육관, 교육철학의 자산이 될 수 있다. 더불어 실제로 교육 연구나 활동을 경험해본 것이 도움이 될 수 있다. 만약 내가 융합 교육을 해봤다면, 2015 개정 교육과정에서 문이과 통합 교육과정 내 융합 교육의 아이디어가 필요한 논술을 쓰는 데 분명 도움이 될 것이다. 실제적인 적용에는 최소한의 이론적 기반이 있어야 한다는 뜻이다.

필기시험은 선발 과정이긴 하지만 한편 성장의 기회이기도 하다. 결국 교과 전문성, 문제 풀이의 역량은 교사에게 기본이다. 이런 면을 키울 기회라 여기고 임한다면 좀더 발전적일 수 있지 않을까. 나는 대학 수학 공부의 효율성 측면에 잘 공감하지 못해 임용 공부에 동기 부여가 되지 않았고, 결국 임용 공부를 접었다. 하지만 어려운 문제들을 접하면서 고교 교과에 요구되는 전공의 필요성에 공감하게 되었다. 또한 무엇보다 고등학교 교과 내용은 결국 나와 학생들 모두에게 필요한 내용이고 나 스스로가 부족한 부분이라 여겼기 때문에(나는 공부보다 외부 활동을 좋아했다) 학습 의욕이 강하게 생겼다. 수학 공부를 하면서 내가 어떤 부분이 부족한지 체감했고, 앞으로 꾸준히 수학 공부를 해야겠다고 느꼈다. 특히 어떤 (수학) 공부를 하고 싶은지, 나아가 수학 교사로서 어떤 교사가 되고 싶은지에 대한 고민의 재료가 되기도 했다. 우리가 사범대에 와서 임용을 공부하고, 사립을 준비하는 것들은 모두 '준비된 교사'가 되기 위한 과정임을 잊지 않았으면 한다. 우리가 겪는 순간순간이 내가 원하는 교사가 되기 위한 과정인 것이다.

면접 전형

임용고시 2차 시험처럼 사립 또한 교직 인적성 면접, 수업 실연(시연 혹은 시강)이 진행된다. 대부분의 사립학교 정교사, 기간제 교사 채용에서 두 과정을 모두 거친다. 학교에 따라 한 번에 두 가지를 다 하거나 혹은 단계적으로 하기도 한다. 먼저 교직 인적성 면접(이하 면접)에 대해 자세히 이야기해보려 한다.

(1) 사립 교직 인적성 면접 전형의 특징

교직 인적성 면접은 대입 면접, 일반 기업 취업 면접과 비슷한 점 두 가지로 그 특징을 설명할 수 있다.

첫째, 자신의 전공과 밀접한 내용이 면접에서 언급되고, 이것이 실무와 어떻게 연결되는지에 대해 관심을 가져야 한다. 면접에서 교과 전공 관련 내용을 묻거나 교직 전반에 관해 묻기도 한다. 대체로 교직 전반에 관한 내용을 더 많이 물으며 그쪽에 무게를 더 싣는 듯하다. 예상컨대 서류 전형에서 스펙이 관찰되고, 필기 전형에서 교과 내용에 관한 실력은 검증되었을 것이기 때문이 아닐까 싶다. 실제로 대부분의 지원자 가운데 교과 지식 수준이 업무를 수행하기 어려울 정도로 미달인 사람은 많지 않다. 쉽게 말해 수학을 가르칠 수 없을 정도로 수학을 못하는 사람은 사실상 없다(단, 특목고, 자사고나 입시 중심의 학교에서는 이 부분이 강조될 수 있다). 이제 실력이 어느 정도 입증됐다면 관건은 교직 전반, 학교생활에 관한 부분이다. 실제로 이는 대부분의 취업 과정과 비슷하다. 특수직이 아닌 이상 대학 때 배운 지식들이 실무를 수행하는 데 얼마나 쓸모 있을까? 일반 기업에서도 서류 전형에서 실력은 충분히 걸러지고 면접에서는 그 사람이 얼마나 일을 잘하고 관계를 잘 맺는가에 더 주목하는 것과 비슷하다. 따라서 지원자가 학생을 얼마나 잘 다룰 수 있을지, 여러 업무가 주어져도 잘 수행할 수 있는지, 다시 말해 주어진 임무를 다 잘 해낼 수 있는지에 좀더 주목하겠다는 뜻이다. 만약 면접에서 개인의 역량, 잠재력을 학교에서 얼마나 발휘할 수 있을지, 교사 개인을 어떤 방향으로 성장시킬 수 있을지 주목하는 것 같다면, 꼭 가야 할 학교라는 뜻이다. 일반 기업 취업과 마찬가지다.

둘째, 위에서 무게가 더 실린다고 언급했던 '교직 전반'에 관한 내용은 서류 전형, 자기소개서에 자신이 작성한 내용과 떼놓을 수 없다. 대입 학생부종합전형 면접을 준비할 때, 자소서와 생활기록부(이하 생기부)를 기반으로 엄청난 분량을 읽어보며 준비하지 않는가? 취업 면접도 이력서와 자소서를 꼼꼼히 돌아보지 않는가? 사립 정교사도 마찬가지다. 많은 질문이 이력서와 자기소개서, 심지어 고등학교 생기부에서 나온다. 따라서 사립 면접 준비의 시작은 자신의 서류를 점검하는 일이다. 특히 해당 학교의 기간제 교사가 아닌 이상 초면인 사람일 확률이 지극히 높으므로 그 사람에 대한 질문은 이력서와 자소서에 의존할 수밖에 없다.

(2) 사립 교직 인적성 면접 전형 유형 및 내용

① 전공 면접

면접 전형에서 전공 내용을 종종 묻는다. 전공 내용을 묻는지 여부는 공고에서 꼭 확인하고, 그 여부를 알기 어렵다면 전기모 카페나 지인들을 활용해 해당 학교의 이전 면접에서는 어땠는지 알아두는 것이 필요하다. 전공 면접이 있다면 대부분은 구술 면접이므로 문제 풀이 과정을 상세히 보여주는 것보다는 구술로 대답할 만한 것들이 주로 나온다. 더욱이 교과교육론적 관점에서 해당 내용을 어떻게 가르칠 것인가와 연관 짓기도 한다. 모 학교 전공 구술의 예시다.

- 수학 난제, 알고 있는 것을 이야기해보라
- 지수의 확장과 지도 원리에 대해 이야기해보라
- 극한의 정의

이것은 예시일 뿐이며 수많은 사례는 경험자들로부터 듣는 게 가장 유용하다. 반복건대 사립은 정보전이고 운도 따라야 한다. 우리의 노력은 그 확률을 조금씩 높이는 것일 뿐이다.

② 교직 인적성(교직 전반) 면접
언급했듯이 전공 면접의 경우보다 훨씬 중요하다. 이 전형이야말로 복불복이 강한 전형으로 역설적으로 지원자의 '진짜' 내공이 드러날 수도 있다. 즉, 단기간 준비로는 어렵다는 뜻이다. 여태껏 삶에서 노력하고 쌓아온 것이 다양하고 깊을수록 자신감을 가져도 되는 전형이다. 그렇지만 내공이 있다 해도 아무 준비 없이 가면 난처한 상황에 빠지기 쉽다. 더욱이 해당 면접은 최종 이사장 면접과 면접관만 조금 다를 뿐 대체로 방향이 비슷하다.

면접관 구성
교직 인적성 면접의 면접관의 숫자는 학교마다 다르지만 주로 관리자(교장, 교감), 해당 교과 주임교사로 구성된다. 특히 해당 학원에 여러 학교가 있는 사립학교라면 각 학교의 교장, 교감만으로도 면접관 수가 채워질 때가 있다. 최종 이사장 면접의 면접관 구성은 여기에 이사장과 해당 학교 관련 주요 인사가 추가된다.

교직 인적성 면접 질문 예시

이는 교집합 없이 분류하는 것이 어려운데, (다소 중복될지 모르나) 거칠게 나눈다면 크게 세 가지로 볼 수 있다.

1. 이력서, 자소서, 생기부 기반 질문
2. 생활 지도, 교과교육, 교육관에 관한 질문
3. 기타 다양한 질문

답변을 하는 가장 일반적인 방식은 '두괄식 답변-동기-내용-결과' 순서다. 먼저 질문에서 묻는 것에 답하고 이를 설명하는 방식에서 자신의 경험을 끌고 와 이야기하는 것이다. 명료하게 질문 자체에 답한 후, 그 경험을 하게 된 동기, 경험의 내용, 경험을 통해서 배우고 느낀 점(이로써 내가 이 학교에 기여할 수 있는 점)을 구술하는 것이다. 단, 가장 중요한 것은 '결과'다. 여기서 말하는 결과는 물리적 성과나 변화보다는 해당 경험을 통해 성장한 내 모습과 그래서 내가 학교에 공헌하리라는 기대감을 주는 것을 말한다. 이런 구조의 답변으로 면접을 준비하는 것의 장점은 일단 자연스럽게 스토리텔링이 되어 전달력과 진정성을 모두 확보할 수 있다는 것이다. 또한 수십, 수백 가지가 되는 예상 질문을 목록화하기도 힘들뿐더러 그 모든 질문에 대해 답변을 준비하는 것은 어려운 일이다. 만약 준비했다 하더라도 면접 현장에서는 많은 것이 엉켜 헷갈리기 쉽다. 그리고 면접 현장에서는 반드시 '예상 못한' 질문이 등장한다. 그렇더라도 내가 경험한 내용을 동기-내용-결과의 구조로 정리해놓으면 현장에서 탄력적으로 대응이 가능해진다.

면접 질문의 유형 각각에 대해 면접 질문 예시를 통해 구체적으로 이야기해보겠다. 일반적인 관점에서 나를 표현하는 것 못지않게, 빈출 질문들의 사례를 수집해 준비하는 것도 필수적인 과정이기 때문이다.

1. 이력서, 자소서, 생기부 기반 질문

• 간단히 자기소개

가장 흔한 첫 질문이다. 짧지만 매력적으로 자기소개를 하는 것이다. 자신이 중요하게 여기는 것이 무엇인지 드러내는 거라고 생각하면 된다. 이 부분에 관한 한 일반 기업 취업의 면접 전략을 살펴보는 것도 좋은 방법이다. 사립학교 면접에 대한 정보는 흔치 않을뿐더러 사립도 기업처럼 '진취적이지만 결국 말을 잘 듣는 사람'을 원한다는 점에서 크게 다르지 않다. 보수적인 학교는 자기소개를 담백하거나 다소 밋밋하게 하는 것이, 특정 가치를 중요시하는 학교는 그 가치와 자신의 관련된 면모를 부각시키는 것이 좋다고 생각할 수 있지만 면접에서 정답처럼 이야기하기에는 부담스럽다. 면접은 가장 자신다워야 좋다고 생각한다. 꾸밀수록 어색해지며 면접관은 이를 금세 꿰뚫는다. 나의 어떤 점을 부각시킬지는 해당 학교의 특성을 파악하면서 고민해야겠지만, 거짓된 자신을 만드는 것은 결과적으로 좋을 리가 없다. 내 경우 어차피 꾸민 모습으로 학교에 들어가면 계속 가식의 허울을 쓰고 살아야 하니 힘들 거라 생각했고, 있는 그대로의 나를 뽑아준 학교라면 내가 그곳에서 즐겁게 생활할 것이라 여겨 나 자신의 생각에 충실했다. 그게 합격으로 가는 길이라고 장담할 수는 없지만 면접을 준비하는 입장에서는 생각보다 편한 길이었다. 더욱이 자신과 딱 맞는 학교를 만났을 때 비로소 자신의 가치를 빛낼 수 있는 전략이라고 생각했다.

더불어 조금 그럴듯한 면접관을 만난다면 1분 자기소개에서 언급한 내용을 듣고 역질문, 재질문을 하기도 한다. 1분 자기소개에서 드러나는 약점을 다시 질문하거나 부각시켰던 장점의 구체적인 사례와 방법 등에 관해 묻기도 한다. 이런 연유로 자신을 이야기하는 게 좋다는 것이다. 거짓은 거짓을 낳기 쉽다. 면접의 고수들은 자신의 답변에 면접관이 역질문, 재질문을 한다는 점을 고려해 자기소개로 면접을 자신이 원하는 방향으로 끌어나가기도 한다. 한편 영어과 등 외국어과에서는 종종 해당 언어로 자기소개를 한다.

- 학력, 학점, 전공(복수전공), 교직 이수, 편입 등에 관한 질문

학점이 나쁜데 이유가 무엇인지, 편입은 왜 했는지 등 이력서에 명시적으로 드러나 있는 것들에 관해 물어볼 수 있다. 주로 장점보다는 약점을 끄집어내곤 한다. 기업 면접과 비슷하며, 고칠 수 없는 부분이다. 흔히 말하는 압박 면접으로 여기고, '위기 속에 기회가 있다'고 생각하는 것이 바람직하다. 내가 어떤 부분에 약점이 있어 질문이 예상되는 만큼, 그 질문에 미리 대비할 수 있다는 뜻 아닐까? 이런 관점에서 오히려 약점이 없는 사람이 면접을 준비하기가 더 난해하다. 어떤 질문을 받을지 예상되지 않기 때문이다.

- 고등학교 때 해당 과목 성적이 안 좋은 것, 진로 희망이 교사가 아니었던 점 등 생기부에 관한 질문

사립학교 정교사 채용은 지원자의 고등학교 '생활기록부'를 본다는 것이 기업 채용에 비해 특이한 점이다. 그도 그럴 것이 중·고등학교 학생을 다루는 데 있어 그 사람이 고등학교 생활을 어떻게 했는지는 충분히 관심 가질 만한 영역이기 때문이다. 물론 오래전 자료이므로 지금의 모습과 일치된다고 보기 어려운 부분도 있는 것은 맞다. 여기서도 주로 장점보다는 약점을 짚는다. 한정된 면접 시간에 굳이 장점을 되물어 확인할 필요는 없기

때문이다. 더군다나 대체로 우수한 지원자가 많아 약점에 더 주목하는 경향이 있는 듯하다. 가령 내가 교과 수학인데 고등학교 수학 성적이 3년 내내 낮다면 이는 유력한 예상 질문 후보가 될 것이다. 또 한편 전 교과의 성적이 대체로 좋은 편인데 일부 과목이 8~9등급이라면 이에 대해 질문할 것이다. '교과 학습 포기'는 교사에게 매우 중요한 자질과 관련되므로 자신의 해당 교과만 잘한다고 해서 될 일이 아니다. 교과 성적뿐만 아니라 진로 희망, 학교생활, 출결 등 생기부의 다양한 영역에서 질문이 제기될 수 있다. 생기부는 고칠 수 없다. 위기의식이 느껴질 수 있겠지만 이 또한 '위기 속에 기회가 있다'고 생각하며 준비하자.

- 자격증에 관한 질문, 해당 자격증으로 무엇을 할 수 있는지에 대한 질문

많은 학교의 이력서에서 공인영어점수, 컴퓨터 활용 능력 등을 작성하게 하지만 특별한 경우가 아니라면 이에 관한 질문을 하지 않는다. 영어로 수학을 가르칠 일이 없는 평범한 학교의 수학 교사가 영어 실력이 '상'이건 '중'이건 당락을 결정짓는 요소가 아니기 때문이다. 물론 간혹 영어 실력을 중시하는 학교도 있다.

다만 학교 업무 특성상 컴퓨터 활용 능력이 필요하기 때문에 상중하 가운데 '상'으로 적었다면 후일을 감당할 각오가 돼 있어야 한다. 컴퓨터 잘하는 젊은 선생이라는 타이틀이 어떤 의미를 갖는지 생각해보라. 일반적인 워드나 엑셀, 파워포인트가 아닌, 급변하는 교육과정과 소프트웨어 교육 시대와 관련하여 특별한 장점이 있다면 매력적일 수 있다. 우리 학교에 컴퓨터를 매우 잘하는(전공을 조금한) 수학 선생님이 계시는데 진로 진학 프로그램을 개발·운영하고 관련 수업도 맡는다. 다른 학교에도 이런 사례가 종종 있다고 한다. 이 정도 되면 매력적일 수도 있겠다. 특히 코로나19로

인해 온라인 수업이 실시되면서 교육 소프트웨어 활용 능력과 크리에이터와 같은 재능은 더욱 중요해졌다고 할 수 있다.

서류 전형에서 강조했듯이 면접 전형 또한 대부분 '그래서 당신을 어느 부분에 활용할 수 있을까'의 관점에서 이뤄진다. 나는 레크리에이션 지도사 자격증 2급이 있다고 했는데, 여러 학교에서 관심 있게 '그래서 레크리에이션 할 수 있나?'라고 물었다. 내가 체감했던 건 뭔가 특수한 자격증이 있다면 면접관들이 호기심을 보인다는 것이다. 생각해보라. 취업과 상대적으로 거리가 먼 사범대 및 교직 이수생들이 운전면허, 한국사능력검정 외에 자격증을 얼마나 가졌겠는가? 나는 꾸밈없이 있는 그대로 이야기했다. "저의 진지하기만 하고 위트 없는 성격을 극복하고 개선하고 싶어 자격증을 땄고, 실제 레크리에이션은 대외 활동에서 이런저런 정도로 해봤다"고 답했다. 수년이 지난 지금도 레크리에이션 지도사 자격증은 여러 이름으로 회자된다. '황 선생님 응원단 경력 있으시죠? 애들이 할 때 같이 지도하면 되겠네요' 등등(실제로 응원단은 한 적 없다).

나는 대학 다닐 때 수학 관련 자격증이 없을까 찾아보다가 몇 해 전 국가 공인 실용수학 검정시험이 생긴 것을 알게 됐다. 마침 내가 좋아하는 '융합수학' '실용수학'에 관한 내용이라 도전해보고 싶었다. 그런데 외부 활동 때문에 결국 취득하지 못했다. 교과별, 취향별로 자기계발을 할 겸 자격증에 관심 가져보는 것도 괜찮다. 개인적으로는 스노보드 지도사 자격증 같은 것을 땄더라면 내 취미에 전문성을 좀더 확보할 수 있었을 텐데 하는 아쉬움이 남는다.

• 수상 경력에 관한 질문

나는 총장상을 다섯 번 수상하고 졸업했다. 좁은 이력서에 욱여넣은 그 이력을 구체적으로 질문받기도 했다. 학교라는 곳은 상을 참 좋아하는 것 같다. 학업이든 무엇이든 상 받을 기회가 있다면 받아놓자.

- 자기소개서, 이력서에 써놓은 이력, 업무에 대한 질문

기간제 경력이 있는 지원자에게 해당되는 질문인데, 어느 학교에서 일했는가 하는 점만큼이나 어느 업무를 해봤는지도 관심 대상이 될 수 있다. 왜 학교를 옮겨다녔는지 묻기도 한다. 면접관 입장에서 그것이 어떤 의미일지 생각해보자.

- 성격의 장단점, 성장 환경에 대한 질문

자소서에 흔히 등장하는 항목이므로 면접에서 자세히 물어볼 수 있다. 화목한 가정 환경에서 자랐다와 같은 스토리는 매력 없다. 가족 소개하다가 끝나지 말고 내가 어떻게 살아온 사람이라서 '결국 학교에서는 나를 이러저러하게 활용할 수 있을 것이다'의 방향으로 자소서를 쓰고 면접을 보자. 성격, 성장 환경 '그 자체로' 다른 지원자들과 다르게 평가를 받는다고 생각하면 얼마나 불합리한 일인가? 질문의 의도를 잊지 말자.

- 동아리 이력에 대한 질문

예전보다 학교에 훨씬 더 많은 동아리가 있고, 중학교는 자유학년제(학기제) 등으로 교사의 교과 외 특별활동 능력에 관심을 둔다. 즉, 고등학생 때나 대학생 때 활동했던 동아리, 기간제 교사로 재직하며 운영하던 동아리 등에 관심을 둘 만하다.

- 인생에서 가장 인상 깊은 경험에 관한 질문(행복한 것, 슬픈 것, 보람찬 것 등)

인생관을 알 수 있다. 하지만 잊지 말라. 궁극적으로 질문과 답변을 통해 '그래서 나는 이러저러하게 활용될 수 있는 사람입니다'로 이어져야 한다는 사실을. 어떤 경험을 말할지에 주목하기보다는 그 경험을 통해 나는 어떤 면에서 쓸모 있는 사람이라는 메시지가 담겨 있어야 한다.

2. 생활 지도, 교과교육, 교육관에 관한 질문

• 자는 아이들 어떻게 할 것인가? 수포자에 대한 해결책은?

사실 답이 없는 질문이다. 그러므로 자기 생각을 자신 있게 말하면 된다. 다만 어느 정도 이상과 현실, 진보와 보수의 균형감은 있어야 한다. 지나치게 이상적이고 이론적으로만 답하는 것은 현장에 대한 이해도가 떨어져 보이기 쉽다. 특히 저경력·무경력 지원자에게는 말이다. 학교마다 조금씩 다르겠지만 대부분의 면접관은 이런 질문에 대해 패기 있게'만' 답하는 지원자를 현실감 없게 본다. 학교는 꽃밭이 아니라 정글이기 때문이다. 균형감과 더불어 선생님들로부터 '배우겠다'는 의지가 표명되면 된다(실제로 현장에서 많은 선생님의 도움을 받는다).

나도 한번은 몹시 불편한 경험이 있었다. 답 없는 질문(답이 있었으면 진작 해결됐겠지)을 해놓고는 나름대로 답을 한 나에게 계속 어린아이 취급하며 '그래도 포기하는 애들이 있을 텐데 어쩔 건가요?'라고 꼬리를 물었다. 아마도 내심 떨어뜨릴 작정이었던 것 같다. 이런 처지에 놓이지 않으려면 균형감과 더불어 배우겠다는 의지 표명이 요구된다.

• 해당 교과교육의 중요성, 필요성에 대한 질문

'수학을 왜 배우는가'와 같은 질문을 통해 교과에 대한 생각과 교육관을 엿볼 수 있다. 더 나아가 지원자가 해당 학교에서 교과교육을 어떻게 해나갈 것인지가 그려지도록 하는 질문이다. 교과교육론에서 배우는 내용이긴 하지만 역시 이상적인 이야기만 하지 말고 균형감과 배우겠다는 의지 표명이 필요해 보인다. 수학교육론에서 수학을 배우는 세 번째 이유는 심미성이다. 심미성의 관점으로 답변하면 면접장 분위기가 어떨까? 면접관들의 '현장' 경험이 풍부하다는 것을 잊지 말아야 한다.

• 담임으로서 학급 운영 방안은?

담임을 시키겠다는 뜻이다. 담임 경력자들은 나름의 경험을 토대로 답하면 될 것이다. 담임 경험이 없다면, 역시나 균형감과 더불어 배우겠다는 의지 표명을 하는 것이 좋다. 자신의 강점을 드러내고 이를 통해 학교에 공헌 여부를 따져보는 수많은 질문 중 하나다.

• 우리 학교에서 일할 경우 각오는?

원하는 답이 있는 질문인 것 같다. 이런 질문에는 내용보다 비언어적 태도가 더 중요할 듯하다. 눈빛, 자신감, 말투, 표정, 성량 등이 중요하다. 내용 또한 추상적인 말들을 나열하기보다 내 경험의 동기-내용-결과로 답하는 것이 바람직할 것이다.

• 개정 교육과정, 고교학점이수제, 자유학년제 등 교육 이슈에 관한 질문

이건 기본이다. 어쩌면 이 부분은 그 제도가 시행되기 전에는 교사들보다 사범대생들이 훨씬 많이 알고 있을 것이다. 무경력자 예비 졸업생들은 이 부분을 더 어필해도 좋을 것 같다. 많은 학교는 교육과정, 교육제도의 변화 속도를 대체로 잘 따라잡지 못하고 있으며, 신선한 수혈이 필요한 시점일 수 있기 때문이다.

• 해당 교과와 관련해 잘하는 분야, 관심 있는 분야에 관한 질문

교과마다 다를 수 있는데, 자소서 기반 질문일 수도 있고, 정말 특징적인 것을 듣고 싶은 것일 수도 있다. 가령 수학은 수학 소프트웨어를 다룰 줄 안다거나, 융합수학, 경제수학 등 자신의 관심 분야를 이야기할 수 있을 것이다. 또 가령 음악이면 무슨 악기를 할 줄 아는지, 체육이면 무슨 운동을 잘하는지 등도 이에 속한다.

• 우리나라 교육의 문제점과 해결 방안

지식을 묻는 의도도 있겠지만, 지원자가 어느 부분에 관심 있는지를 파악할 수 있는 질문이다. 질문에 너무 집중한 나머지 이상적이고 추상적인 주제의 이야기만 하면 학교 현장에서 내가 어떤 쓸모가 있는지 어필할 기회를 잃는 셈이다.

• 학교폭력에 관한 질문, 학교폭력 가해자와 피해자를 어떻게 화해시킬 것인가?

학교폭력이 심한 학교일수록 이런 질문이 나올 확률이 더 높다고 보면 된다. 실제로 많은 학교가 이 문제로 엄청난 에너지를 소모하고 있다.

• 교복, 두발, 체벌 등 생활 지도에 관한 질문

다소 구시대적인 질문이라 이제는 거의 나오지 않겠지만, 만약 나온다면 답하기 어려운 질문 중 하나다. 학생 인권은 점점 보편화되었고, 사실상 학교 입장에서는 아무런 규제를 할 수 없기 때문이다. 그런 상황에서 나이 든 면접관을 상대로 요즘 세상은 이렇다고 답하기는 어려울 것 같다. 현실을 고려하고 더불어 본인의 생각을 적절히 말하는 것이 가장 좋을 듯하다.

• 존경하는 인물

가치관을 물어보는 질문이다. 인물만 간단히 답하고 끝내지 말고 '그래서 나는 이러저러하게 가치 있는 사람입니다'라는 메시지를 살짝 끼워넣어야 한다. 마찬가지로 경험의 동기-내용-결과의 구조로 답해도 좋다.

3. 기타 다양한 질문

• 학원 이력이 있는데 학원과 학교의 차이는?

학원 이력을 잘 활용한다면 (학교 경력이 있는 지원자와 비교해) 굳이 단점이라 보긴 어렵다. 학원에서 일하며 배운 것들, 그리고 그런 내가 어떻게 이 학교에 공헌할 수 있는지를 강조하면 된다.

• 임용고시를 봤거나 볼 예정인지?

이 질문의 의도는 여전히 모르겠다. '임용고시를 볼 예정인가?'라는 질문은 기간제 교사 채용에서 자주 나온다. 정교사 면접에서는 '예정 사항'보다는 과거 임용 응시 이력에 대해 물어볼 수 있다. 사립 임용에 집중했던 사람인지, 기간제를 하면서 임고를 공부했던 사람인지, 왜 그런 선택을 했는지 파악하려는 질문이거나 임용고시 합격 수준의 능력을 갖춘 사람인지를 파악하려는 질문일 것이다(실제로 우리 학교에는 최근 임용 최종 합격자, 올해 1차 합격자, 작년 1차 합격자 등의 선생님이 몇 분 오셨다).

• 타학교도 지원했는지?

거짓말할 필요는 없을 것이다. 지원자 입장에서 정교사 최종 합격이 어려운 것을 누구보다 잘 아는 이들이 면접관이기 때문이다. 기존에 기간제 교사로 일하던 학교의 정교사 면접에서 물어본 거라면 분위기가 조금 다를 수 있겠지만, 굳이 숨길 필요는 없을 것이다. 나 또한 면접 과정에서 이런 질문을 받아 다른 학교도 지원했음을 밝혔는데, 그러자 추가로 어느 학교의 어느 단계까지 갔는지를 다시 물어봤다. 돌이켜보면 그 질문은 지원자에게 '관심이 있을 때' 하는 것이었다. 나는 여러 학교에서 최종 면접까지 올라갔는데, 그 점이 오히려 매력적으로 보인 듯하다. 정교사 채용에는 중복 합격 건이 여럿 있다고 한다.

• 우리 학교에 대한 질문

보수적인 사립학교이거나 학교의 개성적인 특성이 강할수록 해당 학교의 교육관을 알고 있는지를 기본으로 확인한다. 물론 나름의 교육 철학이 있고 어떤 부분에서 유명한 사립학교들은 이 부분을 놓쳐서는 안 되지만, 지원자가 판단하기에 평범한 학교임에도 이런 것들을 물어본다면 보수 성향이 강한 학교일 가능성이 있다. 짧은 면접 시간에 교훈을 알고 있나 모르고 있나를 확인하는 것이 어떤 의미를 가질지는 직접 생각해보자. 나는 서울에서 사립학교에 지원할 때마다 그 학교의 교훈과 철학을 익혀갔지만 물어본 곳은 단 한 곳뿐이었다.

• 종교에 대한 질문

종교가 있는 학교가 많다. 그런 학교들이 종교를 어느 정도 중요시하는지는 저마다 다르다. 어떤 학교에서는 본인의 교육관에 부합하는 성경 구절을 묻기도 한다. 종교가 없는 대부분의 학교가 지원자의 종교에 대해 묻는다면 별로 유쾌한 의도는 아닐 것이다.

• 국정교과서에 대한 질문

딱 한 번 들은 적이 있다. 그것도 최종 면접에서 첫 질문으로. 아마도 나의 다양한 이력이 면접관들에게는 지나치게 진보적인 사람으로 비쳤던 듯하다. 나는 내 생각을 얘기했고 보기 좋게 떨어졌다. '면접관의 정치적 질문에 난감해할 취준생들을 위한 유시민의 조언'을 검색해보라.

• 가정이 중요한지, 학교가 중요한지? 가족계획에 대한 질문

폐급 질문 중 하나지만, 합격을 위해서는 오히려 어렵잖은 질문이라 할 수 있다. 그러나 이런 질문을 하는 학교에 정교사로 채용되는 것이 좋을지는 잘 모르겠다. 이런 허접한 질문을 하는 학교들은 예전보다 많이 줄어들고 있다고 믿고 싶다.

• 음주, 흡연 여부, 체육활동 여부

유쾌한 질문이 아니다. 요즘 시대에는 자주 나오지 않을 것으로 기대된다. 어떤 가치를 확인하는 질문인지 잘 모르겠다. 그냥 있는 그대로 답하라. 사회생활과 관련된 부분에 문제가 없음을 보여주면 된다.

• 전교조에 대한 생각

준비하는 입장에서는 질문에 답하는 것을 먼저 생각하기보다, 학교가 왜 이런 질문을 하는지를 먼저 생각하는 것이 좋다. 전교조를 싫어하는 학교가 있다. 반대로 가끔 전교조가 많고 권유하는 학교도 있다. 해당 학교가 어떤 성향인지는 알아둬야겠지만, 시대성이 뒤떨어지는 질문이다.

• 출근 교통편에 관한 질문

이런 질문을 한다는 것은 지원자에게 관심 있을 확률이 높다는 뜻이니

편안하게 답하라.

(3) 사립 인적성 면접의 전략(단기적 관점)

• 내 서류에 대한 이해가 필수다

내 서류에 대한 내용 숙지가 부족한 상태로 면접장에 들어가면 안 된다. 내 이력서와 자기소개서를 토대로 예상 질문을 뽑아보는 작업은 반드시 해야 한다. 내 서류상의 하나의 사실에 대해 사소하고 가벼운 질문부터 날카롭고 무거운 질문까지 여러 가지를 만들어봐야 한다. 면접관 입장에서 살펴보자. 내 서류를 보고 이 사람이 학교에 어떤 기여를 할 수 있을지에 관한 질문을 뽑아보자.

• 나의 모든 경험, 활동에 대해 각각의 동기-내용-결과의 이야기를 구성해 놓는다

앞서 언급했지만 기초적이면서 중요한 부분이라 반복한다. 단순히 예상 질문을 뽑고 그에 대한 답변을 준비해놓는 식의 면접 준비는 위험성이 있다. 준비한 질문이 나오더라도 현장에서 백지상태가 되면 더 당황하고, 아무리 예상 질문을 다양하고 세심하게 뽑더라도 생각지도 못한 질문이 나올 확률은 언제나 높다. 또한 지식에 대한 질문은 단기간에 준비해놓기도 어렵다. 면접 현장에서 탄력적인 대응이 가능하려면, 내가 했던 모든 활동을 동기-내용-결과의 이야기로 구성해놓아야 한다. 그 활동을 왜 했는지 유의미한 이유들을 정리하고, 무슨 활동인지 짧고 명료한 설명을 만들어놓는다. 무엇보다 중요한 것은 그것을 통해 어떤 것을 배우고 알게 되었으며, 어떤 것에 관심 갖게 됐고 결론적으로 '이 학교에 어떤 도움을 줄 수 있는지'가 강조되어야 한다. 이렇게 준비해두면 하나의 활동이라도 여러 질

문에 대응할 수 있으며, 지식에 대한 질문을 묻더라도 활동 기반으로 답할 여지가 생길 수도 있다.

• 내 강점을 파악한다

보통 면접 준비를 하면 내 약점을 어떻게 핑계 댈까에 매몰되곤 한다. 하지만 모든 사람은 약점이 있다. 결국 내 약점을 덮을 정도의 강점이 강조되면 해결되는 문제다. 면접에서 강조하고 싶은 내 강점을 정리하고 문장화할 필요가 있다. 또한 내 약점에 관한 예상 질문을 강점으로 덮을 수 있도록 답변을 준비해두자.

• 기본적으로 정보전이다

필기시험과 마찬가지로, 아니 그보다 더 면접은 정보전의 성격이 강하다. 공기업, 사기업 면접 준비를 할 때도 그곳에 대한 이해도가 높고 정보가 많을수록 유리하지 않은가. 이와 비슷한 맥락이다. '교육' 자체에 대한 일반적인 면접 준비를 넘어, 해당 학교의 분위기나 교육 방향 등에 대한 전반적인 이해가 반드시 필요하다. 사립학교는 특수성이 강하고, 그해 정교사 채용에서 필요한 인재상이 대부분 존재한다. 그 학교가 필요로 하는 인재, 갈증을 느끼고 있는 부분이 어디인지 잘 조사해보자.

• 면접 문항을 되새기자

필기시험과 마찬가지다. 해당 학교의 최신 면접 기출이 도움이 될 수 있다. 꼭 그 학교가 아니더라도 전반적으로 많은 질문을 미리 접해보는 것은 좋다. 선배에게 도움을 요청하는 것도 한계가 있을 테니 발품을 파는 수밖에 없다. 사립 면접에서 수십 번 떨어지는 것은 흔한 일이니, 초심자는 합

격을 바라기보다 '공부 자료를 얻으러 가자'는 마음으로 시험장에 가는 것
이 바람직하다. 필기시험과 마찬가지로 면접이 끝나면 자리를 멀리 벗어나
지 말고, 면접 문항을 최대한 되새겨보자. 적어도 면접에 대비할 수 있는
'키워드'라도 적어와라. 소중한 면접 준비 자료가 될 것이다. 특히 학교들이
원하는 인재상은 비슷하기 때문에 몇 군데 학교에서 면접을 보면 대략 파
악된다.

(4) 사립 인적성 면접의 전략(중장기적 관점)

• 임용고시 스터디를 하듯 사립 스터디를 하자

일반 취업에서는 면접 스터디가 자연스럽게 이뤄진다. 사립 또한 필기시
험과 마찬가지로 면접을 여럿이 함께 연습해보길 권장한다. 서로의 서류를
기반으로 예상 질문을 뽑아주는 것도 괜찮은 방법이다. 자신이 보지 못하
는 면으로 서로의 활동을 봐줄 수 있기 때문이다. 또한 면접은 현장에서의
자신감이 중요한데, 자신감은 수많은 경험에서 기인하므로 실제 경험을 대
신할 수 있는 것이 바로 실전적 트레이닝이다.

• 전공 수업에 충실하자. 교직 수업에 충실하고 나아가 다양한 교육 연구
와 활동을 경험하자

필기시험과 마찬가지의 맥락이다. 이론적 배경을 갖춘 만큼 내 경험이나
생각에 대한 구술에 힘이 실릴 수 있다. 경험치만큼 풍성하고 개성 있는,
그리고 그에 맞고 눈치 있는 답변이 나오게 된다. 또한 다양한 연구활동은
다양한 면접 질문에 대한 답변 소재로 활용 가치가 높다. 한편 전공 학점
이 너무 낮으면 면접의 기회조차 주어지지 않거나 면접에서 유의미한 질문
을 받을 확률이 떨어질 수 있다.

• 자신의 생각과 경험을 표현하는 연습을 많이 하자

평소 사람들과 말을 잘 못하는 성격이라면 면접 자체가 어려울 수밖에 없다. 나아가 친구들과의 시시콜콜한 일상 얘기뿐만 아니라, 교육과 삶에 대해서 진지하게 얘기할 기회가 많아야 면접장에서도 일상의 대화처럼 진행할 수 있다. 이런 것은 하루아침에 만들어지는 것이 아니며 면접관들도 오랫동안 내공을 쌓아온 사람은 잘 알아본다.

합격에 가까워지는 방법론이야 물론 있겠지만, 결국 중요한 것은 자기 자신을 알아가는 과정을 통해 색깔이 분명해지고, 이 색깔을 알아봐주는 학교가 분명히 존재할 거라는 점이다. 당연히 삶의 궁극적인 모습을 생각했을 때는 내 색깔을 좋게 봐주는 곳에서 일하는 게 좋다. 더욱이 스스로에 대한 이해도가 높은 사람이 자신과 맞는 학교를 만난다면 결국 합격도 어렵잖게 얻어낼 수 있다.

수업 실연 전형

수업 실연(시연 또는 시강) 전형은 면접 전형의 일환으로 진행 방식은 학교마다 조금씩 다르지만, 크게 다음과 같이 분류할 수 있다.

1. 교직 인적성 면접과 동시 시행 여부에 따른 분류
(면접관, 면접 장소는 교직 인적성 면접과 같거나 다를 수 있다)
• 같은 날 교직 인적성 면접 직전이나 직후에 진행되는 경우
• 양일에 걸쳐 하나씩 진행되는 경우(단계별 전형 또는 일괄 전형)

2. 수업 실연 주제를 주는 시점에 따른 분류

(지도안은 대부분 제출하는 것이 일반적이다)

- 해당 단원을 미리 공지해주고(혹은 자유 단원을) 준비해오게 하는 경우
- 당일 즉석에서 단원이나 주제를 알려주고 수업하게 하는 경우

(1) 사립 수업 실연 전형의 특징

임용 2차 수업 실연과 비교·대조하면서 사립 수업 실연 전형에 대해 살펴보자.

실연 시간

실연 시간은 임용 2차와 비슷하지만 학교마다 약간의 차이는 있다. 임용에서 60분 정도의 지도안 작성 시간을 주듯이 사립에서도 즉석에서 수업 실연 주제가 주어진다면 30~60분의 수업지도안 작성 및 구상 시간을 준다. 구상 시간에는 다른 자료를 참고하지 못하는 게 일반적이다. 극단적으로 5~10분의 구상 시간만 주는 경우도 있다. 시간이 짧을수록 경력자에게 유리할 테니 이는 경력자를 선호하는 것으로 해석할 수도 있겠다.

실연 시간은 짧으면 5분, 길면 20분 정도로 생각하면 된다. 실제 수업 시간(고등학교 50분, 중학교 45분)을 축약해서 하는 것이다(수업 실연 경험이 없는 고등학생이나 사범대 저학년들은 이게 어떻게 가능한지 이해 못 할 수 있는데, 학생 활동이 빠지고 약식으로 진행하면 충분히 가능하다). 수업 실연이 애초에 5분으로 공지되는 경우는 없지만 실제로 5분만 진행되기도 한다. 아마도 다른 매력적인 지원자가 있다거나 혹은 내가 전혀 매력적이지 않은 상황일 것이다. 나도 수업 실연을 공지받은 대로 10~15분 하는 줄 알고 갔는데 5분 안 돼서 끊긴 경험이 있다. 그 뒤에는 아니나 다를까 교직 인적성 면접에서 꼬투리를 계

속 잡았다. 혹은 애초에 수업 실연 자체를 그리 중시하지 않는 것일 수도 있다. 어차피 서류(스펙과 경력)와 필기를 통과하고 면접까지 올라왔다면 5분만 실연해봐도 학교 수업에 적합한지 여부를 판단할 수 있다는 것일지도 모르겠다. 실제로 공사립 관계없이 기간제 교사를 급히 뽑을 때는 수업 실연을 생략하는 학교도 있다.

논외로 얘기하자면, 임고 수업 실연 20분도 짧은데 사립 수업 실연 전형에서 20분보다 더 짧게 실연을 하는 것이 바람직한지는 잘 모르겠다. 더욱이 지원자마다 수업 실연 시간이 조금씩 차이가 나기도 하니 지원자 입장에서 볼 때 공정성은 임용이 더 나은 것은 말할 것도 없다. 회사에 면접을 보러 갔는데 나만 짧게 끝난다면 기분이 어떨까? 물론 시대가 변할수록 이런 일은 줄겠지만 여전히 발생하고 있다.

더불어 임고 수업 실연에는 학생들이 없지만, 일부 사립학교에서는 실제 학생들을 데리고 수업을 시키기도 한다. 이럴 때 수업 장악력이나 학생과의 호흡이 여실히 드러날 테니, 아마도 평소 수업 실연 시간보다 조금 길게 진행될 것이다. 학생이 있는지 여부를 미리 알려주지 않을 수도 있다. 사립은 정보전이다. 아마 여기에 참여하는 학생들은 대체로 리더 학생일 것이므로 반응을 잘해줄 테니 자신감을 갖고 수업 실연에 임하면 된다.

마지막으로, 수업 실연 시간에 대한 평가에서 임고 2차나 사립 수업 실연모두 엄격한 편이다. 즉, 시간을 초과하면 문제가 된다. 그러나 둘을 비교하자면 사립 수업 실연이 임용 2차에 비해 상대적으로 더 탄력적이다. 임용고시의 경우 수업 실연 시간에서 수업을 늦게 끝내면 감점되고(빨리 끝내는 게 오히려 낫다), 임용고시는 1~2점으로 당락이 좌우되기 때문에 더 중요하다고 할 수 있다. 그래서 연습할 때 시간에 맞춰 한다. 반면 사립은 '임용 2차만큼' 시간에 지나치게 예민한 것 같지는 않다. 물론 내용이 빈약하거나 시간이 과도하게 초과되면 문제가 될 것이다. 언급한 대로, 학교마다 다르겠지만 대개는 수업 실연을 지원자가 스스로 끝내기보다 면접관이 '자, 됐습니다'라는 말로 중간에 끝내는 일이 종종 있다.

수업 실연 단원

임용 2차 수업 실연은 즉석에서 수업 실연 단원이 주어진다. 사립 또한 임용과 비슷하게 지도안 작성, 구상이 끝나면 수업지도안을 제출하고 복사본을 받은 후 수업 실연을 한다. 경기도 지역 임용 2차처럼 지도안을 작성하지 않는 사립도 있다.

수학 중등 임용의 경우 고등학교보다는 중학교 수학 단원이 더 많이 출제되는 반면, 사립의 경우 고등학교는 고등학교 단원, 중학교는 중학교 단원으로 출제된다고 보면 된다. 여러 번 얘기했듯이 사립에서는 '지원자를 우리 학교에 어떻게 활용할 수 있는지' 현실적인 관점에서 바라보기 때문이다.

앞서 분류했던 것처럼 임용 2차와 다르게 사립학교에서는 '사전에' 수업 실연할 단원을 공지해주기도 한다. 이때 해당 부분을 더욱 철저히 독파해야 함은 두말할 필요가 없다. 이 상황에서는 지도안도 더 세밀하게 준비하는 것이 맞다. 대학교 교과교육론 시간에 작성했던 것만큼 이론적이면서 현실적인 부분을 반영해야 한다. 저경력자에게는 수업 실연 단원을 미리 공지해주는 것이 즉석에서 주는 것보다 낫다. 저경력자가 지도안에서 현실적인 부분을 반영하긴 어렵지만 이론적인 부분에서는 기간제 재직 교사(고경력자)보다 강할 것이다. 하지만 즉석 실연이라면 저경력자가 순발력 측면에서 고경력자, 특히 모든 학년을 다 경험해본 고경력자 선생님을 따라가기는 어렵다.

'자유' 주제를 미리 공지해주는 곳도 있다. 아마도 이 경우는 대체로 수업 실연의 중요도가 상대적으로 떨어질 것이다. 보통 지원자들에게 같은 단원을 주고 비교하는 식으로 전형을 진행할 텐데, 지원자들이 각자 다른 주제를 선택한다면 비교 평가에서 엄밀성이 떨어질 것이기 때문이다. 이런 의미의 연장선상에서, 자유 주제라면 단원 선택이 중요하다는 것을 알 수 있다. 어떤 단원을 선택하는지에 따라 교과목의 중요한 부분에 대한 지원자의 생각을 읽을 수 있다. 그 학교 상황에 좀더 중요한 단원이 '만약 있다면', 그 단원을 선택하는 게 유리할 것이다. 해당 학교에 어떤 교육 프로그램이 있는지, 교육과정은 어떻게 되어 있는지, 학력 수준은 어떤지 혹은 일반적으로 수능에서 학생들이 어려워하는 단원 등을 알아보면 단원 선정에 힌트를 얻을 수도 있다.

수업 실연에서의 각종 조건과 유의 사항(수업에서 드러나는 나)

임용 2차에서 단원만 달랑 주고 실연하라고 하지 않는다. 조건, 유의 사항과 함께 제시된다. 수업 상황에서의 여러 가정, 수업 모형의 반영, 특정 활동 등 각종 조건과 지도학습상 특히 더 유의할 점을 함께 제시한다. 이것은 채점 요소에 그대로 반영되므로 임용에서는 매우 중요하다. 사립 수업 실연에서는 이런 구체적인 상황이나 교과교육론적 이론을 반영하는 제한 사항과 조건이 대체로 없는 편이다. 그렇다고 하고 싶은 수업을 아무렇게나 해서는 안 된다. 내가 하고 싶은 수업을 했는데 학교가 좋아해준다면 이상적이겠지만, 그런 일은 잘 없다. 나는 일련의 전형 과정에서 '나'라는 캐릭터를 최대한 잃지 않으려 했고, '나를 알아봐주는 학교가 분명히 있을 것이다'라는 마음으로 했는데, 돌이켜보면 운이 좋았던 것 같다. 지금의 기억을 가지고 그때로 돌아간다면 내가 하고 싶은 수업을 할 수 있을까? 일단 사립 수업 실연은 임용 2차 수업 실연과 평가에서 차이가 있는데 다음을 이해해야 한다.

임용 수업 실연은 '주어진 조건에 맞춰 수업을 하고 있는가?' '틀리는 부분, 부족한 부분은 무엇인가?' 등 '교과교육론' 관점에서 항목별로 점수를 주는 분석적인 방식으로 채점한다. 한 수업 안에 '학생과의 상호작용이 잘 드러나도록 하라' '수업 마무리에 학생에게 실생활을 수학화할 수 있는 과제를 제시해라' 등 다양한 요구 사항이 있고 그 항목을 수행했으면 점수를 배당하는 식이다. 개성이 드러나는 도입이나 발문으로 추가 득점을 꾀하기보다는 요구하는 항목에서 충실히 점수를 받는 것이 유리하다. 가령 임고 해당 단원이 수능에서 중요하다고 여겨 실연에서 수능과의 연계나 기출 경향을 구구절절 이야기하지 않아도 된다.

반면 사립 수업 실연은 '우리 학교에서 수업을 잘할 수 있을까?' '이 사람이 우리 학교에 맞는가?' '이 사람은 어떤 스타일인가?' 등 학교의 현실적 관점과 개인의 특성을 파악하는 방향으로 주로 평가할 것이다. 물론 임고에서처럼 사립도 공식적이고 객관적인 지표가 필요하기 때문에 항목별로 체크하거나 부족한 부분을 감점하는 등 기본적인 방향은 있겠지만 말이다. 도입, 전개, 정리의 기본적인 구성이나(심지어 이것도 5~10분짜리 실연에서는 얼마나 구현하겠냐마는) 수업이 기본적으로 갖추고 있어야 하는 것들이 중요하지 않다는 얘기는 아니다. 다만 임용에 비해 학교 현실과 개인의 특성이 조금 더 반영된다는 점이다. 서류 평가, 교직 인적성 면접과 맥락을 같이하는 부분이 있다. 가령 자기소개서에서 소프트웨어를 활용한 교육 경험을 강조했다면, 수업 실연에서 관련된 부분이 드러났을 때 더 유심히 관찰할 것이다.

결국 해당 사립이 어떤 학교인지에 대한 정보가 반드시 필요하다. 가령 특목고, 자사고 등의 교육 경험이 없는 지원자가 특목고 수업 실연에서 기초 내용을 강조하는 수업을 하면, 분명 이와 관련된 공격적인 질문을 받거나 합격에서 멀어질 것이다. 반면 특목고나 자사고, 강남권 학교의 교육 경험이 있는 지원자가 학업 포기자가 많은 학교에 가서 심화된 교과 내용 중심으로 수업 실연을 하면 부합하지 않을 것이다. 또 가령 대부분의 교사가 소프트웨어나 각종 현란한 프로그램 및 기자재를 가지고 수업을 하거나 과정 중심 평가를 하는 학교에 가서 만약 학원 스타일로 지식 중심의 전통적 강의식 수업을 한다면 강점을 갖지 못할 확률이 높다. 물론 교육적으로 진보된 학교라도 상황에 따라 지식 중심의 수업을 잘 이끌어갈 교사를 찾고 있을 수도 있지만 말이다. 결과적으로 학교의 교육 프로그램과 교육과정, 실제적인 교육 방향, 분위기, 학교급, 학년, 학생들의 주요 특성 등을 고려해 수업 실연을 해야 한다. 나아가 사립 수업 실연 면접관들은 단순히 '수업을 잘한다'를 넘어서 학교라는 정글에서 지원자가 정말 장악력 있게 수업을 할 수 있을지, '우리' 학교 수업에서 지원자가 원만하게 수업을 진행할 수 있을지를 판단할 것이다.

임용은 경쟁률이 높은 1차 필기를 뚫으면 1.5~2배수 싸움이므로 실수 없는 수업이 요구된다. 반면 사립은 수업 실연까지도 여전히 3~10배수가 되는 상황에 놓이므로 최종 1명에 선발되려면 기본적인 것에다가 그 학교 인재상에 맞는 수업, 개인의 강점을 보여줄 수 있는 수업이 필요하다. 수업에서의 기본적인 것들도 있겠지만 결국 사립 수업 실연은 '수업에서 드러나는 나'가 중요하다. 일반 기업 취업처럼 사립학교도 나와 맞는 인연을 만나야 한다. 그렇다고 사립 수업 실연에서 개성 있는 게 '언제나' 좋다는 뜻은 아니다. 그 개성이 학교와 안 맞으면 더 독이 될 것이다. 다시 한번 강조하지만, 지금까지 언급한 것은 사립 수업 실연의 절대적 특성이라기보다 임용 2차에서의 수업 실연에 대한 상대적인 특성이다. 위 내용을 토대로 사립 수업 실연 전형의 전략에 관해 더 구체적으로 살펴보자.

(2) 사립 수업 실연의 전략(단기적 관점)

• 기본적으로 정보전이다

예컨대 수업 실연이 어떤 식으로 몇 분 동안 진행되는지, 면접관들은 어떤 직책인지, 수업 실연 전후로 어떤 추가 질문을 하는지, 어떤 수업을 하는 교사를 원하는지, 학교가 어떤 분위기인지, 고등학교라면 대학 진학률과 수시/정시 비율이 어떻게 되는지, 중학교라면 자유학년제(학기제)를 어떤 분위기로 시행하고 있는지, 특목고 진학률은 어느 정도인지 등 수업 설계에 도움이 될 만한 정보를 탐색할 필요가 있다. 정보 수집에 있어서 지인의 도움을 받거나 해당 학교 홈페이지, 전국기간제교사모임 다음 카페 등 인터넷 커뮤니티를 적극 활용하자. 무엇보다 스스로의 수업 실연 경험이 쌓이면 어떤 정보에 주목해야 할지 자연스레 알게 된다.

• 수업 실연 주제를 미리 정해주거나 자유 주제임을 사전에 공지해준다면 수업지도안 등을 더 철저히 준비해야 한다

'미리 알려주니 다행이다'라고 쉽게 생각해서는 안 된다. 특히 저경력자라면 더 긴장해야 한다. 면접관 입장에서 '미리 알려줬는데도 불구하고 이 정도밖에 안 되는가'라고 생각할 수 있다.

일단 수업지도안은 필수다. 그런 공지가 없더라도 '제출하지 마시오'라는 말이 없었다면 제출해야 된다고 생각하면 된다. 대부분의 즉석 실연에서 수업지도안을 작성하게 하지 않는가? 이는 수업 준비의 가장 기본적인 과정이자 성의 표시다. 지도안이 완성도 있는 만큼 수업 또한 완성도가 높아질 수 있다.

물론 수업지도안이 세안이면 위험한 게 하나 있다. 제출한 수업지도안과 다르게 수업을 했을 때 감점 요소가 될 수도 있으니 스스로 수업 실연을 연습할 때도 수업지도안대로 잘하고 있는지 살펴봐야 한다. 그렇지만 약안보다는 당연히 세안이 낫다. 사범대나 교직 이수를 해봤다면 알 것이다. 정밀한 수업지도안은 수업 유형과 방법 등의 수업 소개, 해당 단원의 특징

및 중요성, 지도(학습) 목표, 관련 교과교육 이론, 단원의 계통, 여러 교과서에서의 전개 방식, 지도상의 유의점, 지도안 본문, 참고자료 및 활동지 등의 내용이 포함된다. 힘든 과정이지만, 이런 과정들이 실력이 되어 누적된다. 면접 준비라기보다 나의 성장 과정이라 생각하자. 수업지도안 세안을 제대로 작성해보면 해당 단원을 가르칠 때, 수업의 질과 유연함이 뛰어남을 느낀다. 피가 되고 살이 되는 과정이다. 참고로, 수업지도안은 여유 있게 복사해서 제출하자. 면접관은 보통 다수다. 기본적으로 수업지도안 등 수업 실연에 공지 사항이 세부적으로 돼 있다면 그 공지를 잘 따라야 한다.

• 구상만 하지 말고 실제로 연습하고 피드백해야 한다

구상과 계획, 지도안 작성만 하지 말고 실제로 해보자. 나는 화이트보드를 집에 설치해 혼자 영상을 찍어가면서 연습했다. 영상을 보면 개선해야 할 부분이 더 확실히 보인다. 임용 2차처럼 스터디를 해도 좋겠지만 아직 사립 스터디 문화는 정착이 안 된 듯하다. 자기 주변에 마음 맞는 사람이 있어 같이 할 수 있다면 확실히 더 좋다.

• 면접(수업 실연)은 이미지 트레이닝이 필수다

수업 실연을 실제로 해보는 것은 좋다. 문제는 실연을 할 때(면접할 때도) 준비했던 것을 '꺼내는 것'에 급급하다는 점이다. 아무리 학생이 없는(반응이 없는) 수업 실연이라 해도 면접관의 인원수, 나이대, 그들의 눈빛과 표정, 그 장소의 인테리어와 사물, 시계의 유무와 위치, 공기와 분위기, 온도, 색감 등을 그려가며 최대한 이미지 트레이닝을 해야 한다. 즉, 연습할 때 구상한 걸 꺼내기 급급해하기보다 '내가 지금 이렇게 실연하고 있고 그 공간의 느낌은 이렇겠지?'라고 상상하는 훈련이 필요하다. 더욱이 극한의 상황을 염두에 둘 필요가 있다. 내가 열심히 준비했는데도 면접관은 하품하며 지루해할 수 있다. 생각해보라. 같은 수업을 몇 번이나 들으면 얼마나 지겹겠는가. 실연 장소가 더울 수도 있고, 판서가 잘 안 되거나 생소한 칠판일 수도 있다. '만약 이 상황에서 학생이 이런 질문을 한다면 어떻게 대답하겠는가' 등 매우 공격적인 질문을 할 수도 있다. 구체적인 정보를 얻을 수 있다면 가능한 대로 얻는 것이 좋고, 정보가 없으면 없는 대로 다양한 상황을 이미지 트레이닝할 필요가 있다. 당황스러운 상황이 연출되었을 때 유연하게 대처하는 모습도 매우 인상 깊게 바라볼 것이다. 실제 수업에서는 당황스러운 상황이 많이 연출되기 때문이다.

참고로 수업 실연 면접관은 보통 해당 교과 교사, 교장감 등 최소 3명인데, 많은 학교는 교과 교사 대부분, 부장급 교사까지 6~8명이 참여한다. 홈페이지에 들어가서 얼굴이라도 익혀가자. 수업 실연을 연습할 때 그들을 대상으로 수업한다고 상상해보자. 더불어 수업 실연을 갔더니 해당 학교의 기간제 교사가 지원자로 있다고 해서 낙담부터 하지 말자. 아는 사람이 면접관인 게 더 불편하고 어렵다. 일면식 없는 학교에 지원하는 사람 입장에서는 해당 학교의 기존 기간제 교사들은 자신을 내부자처럼 느껴지겠지만 실제로 많은 기간제 교사들은 스스로 학교 내부의 일원이라고 느끼기보다 소외감을 느낄 때가 더 많다. 심리적 부담은 기간제 교사들이 더 클 수도 있다.

• 도입에 좀더 신경 써라

단 5분의 수업 실연만 봐도 지원자의 수업 장악력을 느끼기에는 충분하다. 내용도 중요하지만 사립에서는 경력을 중요시하는 데서 알 수 있듯이, 수업 장악력, 자신감 등을 많이 관찰한다. 특히 교장, 교감 등 평가자가 해당 교과 교사가 아니라면 내용상의 평가에는 한계가 있기에 수업 장악력이 상대적으로 더 중요하다고 볼 수 있다. 그도 그럴 것이 필기시험, 서류 평가에서 일정 수준의 역량이 보장되었다면 내용이야 단기간에 준비 가능하지만, 수업 장악력은 단기간에 갖출 수 있는 능력이 아니다.

첫인상이 중요하다는 말이 있듯이 수업 장악력은 수업의 도입 부분에서 느껴지곤 한다. 수업이 다 끝나기도 전에 끊는 것은 이런 맥락에서인 듯하다. 다시 말해 도입에서 이미 많은 것이 판가름날 수 있다. 더욱이 지원자 간에 내용적·구조적 차이가 가장 많이 드러나는 것이 도입 아닌가. 특히 많은 지원자가 대체로 특별한 활동 없이 수업 실연을 무난하게 구성한다. 중학교보다 고등학교의 경우 전개 부분에서 다른 지원자보다 유달리 더 뛰어난 차이를 만들어내기가 어렵다. 그런 이유로 차이가 상대적으로 크게 나타나기 쉬운 것은 도입 부분이다.

지원자 개인의 관점에서도 시작이 잘 되면 자신감을 얻고 뒷부분을 어떻게든 헤쳐나가기 쉽다. 하지만 처음이 꼬여 스스로도 어색하거나 부족하게 느껴진다면 뒷부분이 매끄럽게 이어지기 어렵다. 수능 1교시 국어를 망쳤을 때 그 후 멘털을 잡는 것은 참 어렵다. 모든 시험과 면접이 그렇듯이 말이다.

따라서 교과서의 모든 단원을 살펴보되, 도입을 어떻게 하고 있는지를 좀 더 유심히 살펴보면 좋겠다. 특히 도입이 아쉽거나 뭔가 다른 도입이 있을 것 같다면, 여러 교과서를 비교해보라. 단원에 따라서는 교과서마다 도입이 다른 단원이 있다. 임용 2차 수업 실연에서도 합격자들이 많이 조언하는 것 중 하나로, 다양한 예시를 알아두면 좋다. 교과서를 쭉 살펴보는 것은 교직 생활에 피가 되고 살이 되니 채용이라기보다는 성장의 과정이라 생각하자.

- 실제적인 제약 사항, 고려해야 할 점을 파악하라

  수업을 설계하더라도 원하는 가정을 하고, 원하는 수업을 진행하는 것은 무리가 있다. 기자재로 수업을 하겠다고? 학교에 그런 기자재가 있을까? 수능을 준비하는 관점에서 이야기하겠다고? 수능 수학은커녕 수포자가 수두룩한 반이 많다면 어쩌겠는가? 지나치게 이론적인 관점에서 문제가 될 것을 파악하는 것보다는, 실제 수업 현장, 특히 '그 학교' 현장에서 학생들이 겪는 어려움 등을 고려해 수업 실연에 반영하는 것이 좋다.

- 수업에 따른 예상 질문을 준비하라(특히 교직 인적성 면접과 병행하여 수업 실연을 하는 경우)

  수업을 준비해보면, 내 수업에 대한 면접관의 예상 질문을 뽑아낼 수 있다. 만약 내가 어떤 단원의 개념과 예제를 다루고 후반부에 수능 경향과 기출을 언급했다고 하자. 만약 그 부분에서 면접관이 호감이나 비호감을 느낀다면 '왜 수능 경향을 다뤘는지' '그런 방식의 수업을 선호하는지' '학원이나 과외 이력은 있는지' 등 다양한 질문이 따라올 수 있다. 내 경우 '왜 그런 도입을 했나요?' '다양한 활동을 시도한 것은 좋은데, 이런 방식의 수업을 해도 못 따라가는 학생들이 있다면 어떻게 할 건가요?' 등의 질문을 받은 적이 있다. 수업지도안은 물론 자기소개서와 이력서(지원서)를 다시 살펴보면서 내 수업과 연계하여 질문받을 수 있는 것들을 예상해서 준비해보자.

(3) 사립 수업 실연의 전략(중장기적 관점)

- 대학 교과교육론 수업과 교직 수업에서 수업 실연을 되도록 많이 연습해보라

대학 강의에 보통 학생 수가 많다 보니 하나의 수업에서 모든 수강생이 수업 실연을 할 수 없다. 그래서 조를 편성해 수업 실연을 준비하곤 하는데, 조 대표 수업 실연을 되도록 자진해서 하라. 한번 해본 수업은 내 것이 된다. 가능하면 일반적인 팀플에서도 발표를 하는 역할을 많이 맡아보길 권장한다. 익숙해지기만 하면 제일 쉬운 역할이 바로 발표 담당이다. 모든 수업 실연에서 수업 장악력의 아우라를 가지려면 팀플에서 발표가 제일 쉽다는 느낌이 들 정도는 되어야 한다.

• 다양한 학년, 특히 고학년 단원의 수업을 많이 해보라

기간제 교사로 재직 중이라면 최대한 다양한 학년의 수업을 해보는 것이 좋다. 임용 2차에서는 주로 고등학교 고학년에 해당되는 단원보다는 중학교 범위나 고등학교 저학년 범위의 단원이 수업 실연 주제로 나올 때가 많다(교과마다 상황은 다를 수 있다). 하지만 사립학교에서는 해당 학교 급의 고학년 단원이 수업 실연 주제로 나오곤 한다. 실제로 같은 경력이라도 고등학교 1학년 수업 경력보다 3학년 수업 경력이 더 인정받기도 한다. 1대 1 과외도 물론 수업 역량을 키우는 데 도움이 되지만, 교실 수업과는 큰 차이가 있다.

• 고등학교의 경우 최신 수능 트렌드에 대한 이해도를 높이자

고등학교에서는 학생들의 수능에 대비해줘야 하기 때문에 수능 경향을 짚어줄 능력이 있다면 긍정적인 평가를 할 때가 많다. 개념 수업에서도 수능 경향까지 언급할 수 있는 부분들은 단원마다 충분히 있다. 간혹 어려운 문제를 풀이하는 수업(실제 고3 교실에서 많이 하는 수업)으로 수업 실연을 진행하는 학교들도 있다. 따라서 사립 고등학교 취업을 준비하려면 수

능 기출을 꼬박꼬박 풀어보고 분석해봐야 한다.

• 새 교육과정에 대한 이해를 항상 최신화하라

많은 사립학교에서 염려하는 부분이 바로 이것이다. 학교 현장에는 당장 해치워야 할 일들이 계속 밀려들기 때문에 다가올 새 교육과정에 대한 연구가 생각보다 부족하다. 새 교육과정에 대한 이해도가 떨어지고, 이로 인해 전체적인 교무 운영에서 교육과정의 취지를 살리지 못하며 각 수업에서 효과적이지 못한 교육활동이 나타나기 쉽다. 그런 까닭에 새로운 변화에 대비할 수 있는 차원에서 최신 교육과정에 대한 이해도가 높은 사람을 원한다. 고경력자를 선호하면서도 최신 트렌드에 밝은 사람을 원하는 것은 욕심이지만, 그게 현실이다. 과거 중학교 자유학년제(학기제)의 도입 시기에 그랬듯이, 사립을 염두에 두고 있다면 고교학점제에 대비해 내가 학교에서 어떤 수업을 할 수 있는 사람인지 고민하고 그에 맞는 역량을 키워나가야 한다.

지금까지 사립학교의 정교사 채용 과정에 대해 살펴봤다. 쉽지 않을 것이며, 정보를 구하기도 어렵다. 생각하고 신경 써야 할 부분은 임용고시보다 더 입체적이고 다양하다. 하지만 사립학교를 준비하는 과정을 '나에 대해 질문하고 답을 찾아나가며 나를 성장시키는 과정'으로 삼는다면 결국 원하는 바를 이룰 것이다.

세 곳의 사립학교 정교사 합격이 나에게 주는 의미

2015년 8월. 7학기를 마치고 졸업을 했다. 그날 친한 동생들이 깜짝 졸업 축하 현수막을 해줬다. 현수막에는 익살스러운 나의 사진과 '27 황순찬, 백수' 타이틀이 있었다. 보통 졸업 축하 현수막에는 취업을 축하하지 백수가 된 것을 노골적으로 표현하지는 않는데 말이다. 그런데 그날 나는 유쾌했고 행복했다. 백수가 되었다는 사실이 나를 압도하기보다는 내가 대학을 다니며 고생해서 많은 것을 이루고 성장했다는 느낌이 충만했기 때문이다. 그리고 그 끝에서 잠시 쉴 수 있고 의무감에 얽매이지 않아도 되는 상황에 놓여 좋았다. 당장 앞날이 어떻게 될지 몰라도 무엇이든 될 것 같다는 자신감이 뚜렷했다.

그렇게 난 백수가 되었다. 투르 드 프랑스 서포터라는 도전을 통해 얻은 것들을 만끽하고 있었다. 졸업 직후 특별한 것을 하진 않았지만 강렬한 기억을 공유했던 이들과의 만남을 지속하고, 중학생 대상 전공 알림 활동을 간간이 했다. 졸업 이후에 스페인 순례자 길을 오랫동안 다녀올까 생각했지만 주변 상황으로 인해 가지 못했다. 아니, 어쩌면 도전조차 나름 안정적인 틀 안에서 하려는 관성 탓에 순례자 길을 포기한 것인지도 모른다. 그때 순례자 길을 택했더라면 어떻게 됐을까? 사실 지금의 삶과 크게 달라졌을 것 같지는 않다. 아마 지금보다 자신감과 모험심이 조금 더 충만한 교사가 되지 않았을까? 어쨌든 더 큰 도전들을 계속하지는 않았다.

그런 마음에서 시작한 것이 공립고등학교 기간제 교사였다. 설령 나중에 다른 진로로 나가게 되더라도 그동안 사범대 다닌 것을 활용해 교직은 경험해봐야겠다는 생각이 들었다. 긴 기간제는 부담스러워 짧은 기간제가 있는지 교육청 구인 공고를 살펴봤다. 집 근처 고등학교에 한 달 반짜리 출산휴가 대체 기간제 자리가 있었다. 기왕 하는 거 잘해보려고 자소서 등에 힘을 기울였다. 그 덕에 기간제 교사가 되어 첫 교직 근무를 하게 되었다. 당시 신입이라 학교 출근은 몹시 피곤한 일이었다. 늘 긴장 상태였기 때문이다. 집에 오면 저녁 8시도 안 되어 잠들었다. 그래도 매 수업에 최선을 다하려 했고, 재미도 있었다. 수학을 거의 포기한 학생들을 대상으로 수학 방과후 특별 프로그램을 운영했던 것은 아직도 기억에 남는다. 콘텐츠를 짜느라 늘 애를 먹었지만 학생들에게 진정으로 도움되는 것이 무엇일까 가장 깊게 생각하던 시기이기도 했다.

4년 동안 고민해온 것이지만 교직 경험을 통해 교사라는 진로에 대해 더 구체적으로 생각해보게 되었다. 사범대를 다니면서 교사를 가장 염두에 두긴 했지만 다양한 경험을 하면서 '사람을 통해 세상을 바꾸는 사람'이 되는 길은 무궁무진하다는 것을 알았기에 무조건 교사가 되겠다고 계획한 것은 아니었다. 그러나 졸업 후 일련의 고민과 더불어 교육봉사, 각종 청소년 대외활동, 교생 등의 간접 체험이 아닌 '직접 체험'을 하니 교직에의 뜻이 더 뚜렷해졌다. 선배들을 보거나, 주변 사람들로부터 사립 정교사는 어렵다는 이야기를 오래전부터 익히 들었지만 그래도 정교사가 되어 '교육의 최전방'인 교실로 가고 싶다는 생각이 뚜렷해졌다. 적어도 정교사 시험에 응시라도 해보고 싶었다. 과연 내 경험과 역량을 가치 있게 봐줄 학교가 있을지, 그것을 긍정적으로 발현시켜줄 학교가 있을지 궁금했다. 어쩌면 취업이라는 생존 본능을 넘어서 독특하게 보낸 나의 사범대 생활이 괜찮았던 것인지 검증받고 싶은 마음도 있었던 듯하다. 아주 짧은 기간제가 끝날 때쯤 원래 계시던 선생님이 출산휴가를 연장한 덕에 교감 선생님이 직접 기간제 계약을 연장해달라고 말씀해오셨다. 하지만 정교사 채용에 더 박차를 가하기 위해 어쩔 수 없이 응하지 못했고, 내 정교사 채용 도전은 그렇게 시작됐다.

10월 즈음부터 공고가 나는 학교가 있었다. 수도권 또는 지방의 유명

한 사립학교들의 정교사 채용 공고가 올라오자마자 지원하기 시작했다. 1차 필기를 보러 다녔는데, 첫 시험이 충격적이었다. 1번 문제부터 너무 어려웠던 것이다. 많은 생각이 들었다. '내가 기본기를 다지지 않은 건가?' '확실히 나는 명석한 머리로 수학을 한 사람은 아니구나.' 그래도 그런 충격은 오래가지 않았다. '그래도 대학에서 수석 졸업을 했는데, 또 누구보다 다양하게 활동하며 역량을 키웠는데 내가 사립에 떨어지면 수학교육과 후배, 동기, 선배들에게도 심리적 영향을 미치지 않을까?'라는 괴상한 논리로 스스로를 다독였다. 멋모르는 자존감이 높았던 것 같다. 그리고 통계상 사립 정교사에 합격하는 사례가 적긴 하지만 없는 것도 아니기에 나라고 안 될 이유는 없다고 생각했다. 무엇보다 '필기만 통과하면 면접에서 나를 제대로 알아봐줄 학교가 한 군데는 있겠지'라고 자신감을 가지려고 했다. 그렇다고 자신감이 늘 있을 리는 없었다. '가지려고 했다'고 표현한 이유는 불안감도 함께 내재되어 있었기 때문이다.

첫 필기시험을 보고 온 날부터 문제를 복기해서 열심히 공부했다. 수능과 평가원 문제를 기반으로 어려운 문제를 찾아다가 풀었다. 11월까지 여러 번의 시험에 응하면서 합격을 바란다기보다 '학습 자료를 얻어오자'라는 마음으로 필기 시험장에 갔다. 시험 후에는 그 자료를 토대로 공부했고, 학습량을 늘려나갔다. 대여섯 학교의 필기시험에 떨어졌던가. 그리고 12월 즈음부터 필기시험에 붙기 시작했다. 기대한 대로 필기시험 이후의 전형에는 거의 떨어지지 않았다. 스스로 말하기 민망하지만 수업 실연과 교직 인적성 면접에서는 면접관들의 눈빛만 보고도 인정받았음을 느낄 수 있었다. 면접관들은 아마도 경력도 없는 젊은이가 여유가 있어 보인다고 생각했을 듯싶다. 수업 실연이나 면접에 불합격했던 것은 다른 학교 전형과 면접이 겹쳐서 응시를 못했다든가 아니면 면접에 불합격한 이유가 보였던 경우다. 가령 국정교과서에 관해 물으며 사상 검증을 하려 한다든가, 실력 있고 인정받은 기존 기간제 선생님이 채용된 경우라든가다. 어쨌든 그런 경우만 아니면 수업 실연과 면접에서 승승장구했다. 실제로 면접에서 나를 꼭 채용하고 싶어하는 교장 선생님도 계셨다. 질문과 눈빛에서 나를 '다양한 경험을 많이 한 쓸모 있는 사람'으로 여기는 듯하다는 것을 느낄 수 있었다.

학교마다 짧게는 3~4단계, 길게는 5단계까지 긴 전형을 마치고 1월 말즈음, 거의 2월이 다 돼서야 최종 합격을 처음 통보받았던 것 같다. 세 곳의 학교에서 최종 합격 소식을 알려왔다. 사실 그중 가장 가고 싶은 학교가 가장 늦게 발표가 나서 매우 불편했다. 최종 합격했던 학교에 계약 파기까지 하면서 불편함을 주었기 때문이다. 많은 학교에서 차순위자를 채용하지 않고 내년으로 채용을 넘긴다고 들었기에 마음이 무거웠다(사실 내부적으로는 합격자가 발표일보다 더 빨리 정해질 테니 지원자를 배려해 더 이르게 알려주면 어떨까). 어쨌든 정교사 채용에 관한 일련의 경험은 여러 의미에서 나의 평생 자산이 되었다.

(1) 교육자라는 타이틀을 달고 있는 현실주의자가 되지 않을 수 있었다

대학 시절에는 내 삶의 방식이 자신이 나름대로 결정한 답이라고 생각했다. 하지만 취업 시장에 던져지니 심판대에 놓인 기분이 들었다. 세상이 나에게 '좋은 교사가 되기 전에 일단 교사가 되어야 한다'고 말할 때 거기에 순응하지 않고 '좋은 교사'가 되기 위해 살아온 시간을 알아봐준 곳이 있음을 알게 되었다. 좋은 교사를 꿈꾸며 살아도 '교사가 되는 길'이 있다는 것이 놀라웠다.

이 사실만으로도 아이들에게 막연히 현실만 강요하는 교육자는 되지

말아야지 하는 마음을 지킬 수 있는 버팀목이 된다. 만약 내 방식대로 노력했던 대학 생활을 어디서도 인정받지 못하고 임용고시를 포기한 마음을 고쳐먹고 재수, 삼수해서 교사가 됐다면 어땠을까? 제자들의 대학 생활을 함께 그릴 때, 결국 교육자라는 타이틀을 달고 현실주의자로 아이들을 대하게 되진 않았을까? 또한 나도 후배들에게 '좋은 교사를 꿈꾸기 전에 먼저 교사부터 돼라'라는 말밖에 못하지 않았을까? 현실주의자가 나쁘다는 게 아니라 '현실적으로 살지 못했을 때 실패가 기다리고 있다'는 경험이 나를 염세적 현실주의자로 만들지 않았을까 싶다. 세상이 알려준 것과 다르게 살았는데, 결국 세상이 알려준 것'만'이 정답임을 깨달았을 테니 말이다. 나는 임용고시를 열심히 공부한 뛰어난 선생님들과는 경우가 조금 달랐다. 임용고시를 포기한 나와는 달리, 남다르게 대학 생활을 하면서도 착실히 임용 공부를 해서 초수 합격한 이준건은 나와는 다른 의미로 교육자적 가치관을 갖고 있다.

(2) 중요한 선택에서는 무엇보다 자신의 말에 귀 기울여야 한다는 것을 다시 한번 깨달았다

비관만 하는, 행동하지 않는, 알지도 못하는 사람들의 말에 쫓아서 '내 선택'인 듯하지만 결국 '남의 선택'을 하는 사람이 많다. 우리나라의 수많은 학생이 그럴 수밖에 없는 환경에 놓여 있고, 많은 어른 역시 그 관성에 젖어 있다. 꿈이 무너지는 이유는 현실의 벽보다 조언의 벽 때문인 경우가 훨씬 더 많다. 나 또한 사립학교 채용 가능성에 대해 사범대에서 좋은 얘기는 못 듣고 지냈던 듯하다. 부모 세대가 갖고 있는 사학 비리 이미지를 막연하게 지금의 젊은 세대도 갖고 있는 것 같다. 사립학교는 '돈 내야 들어갈 수 있어' '이사장 백그라운드가 있어야 해' '스카이 출신

이 아니면 안 돼', 그러니까 임용고시를 봐야 해 등등 주변의 말이 많았다. 사실 사립학교 채용 경험도 없는 사람들이 이런 말을 더 많이 했다. 어쨌든 나는 '옛날 일'에는 관심이 없었다. 직접 겪어보지 않은 이들의 말에 신빙성을 느끼지 못했고 스스로 직접 겪어보고 싶었다. 언젠가 교사가 된 내게 직접적으로 "1억 원 정도 돈을 내고 들어가는 것 아니냐?"고 물어본 사람(교육 관련자가 아님)이 있었는데, "그럼 나는 세 개 학교에 최종 합격했으니까 총 3억 원 냈겠네?"라고 답하고 말았다. 내 주변의 의외의 사람들이 나에 대한 뒷얘기를 하고 다니는 것 또한 충격적이었다. 내용인즉슨 내가 돈을 내고 사립에 들어갔다는 것이었다. 맞대응할 가치가 없어 하지 않았다. 논리적으로 말해도 믿지 않을 사람들이라 감정 소모를 할 필요를 못 느꼈고, 결과적으로 중대한 선택일수록 내 뜻과 경험이 중요하다는 것을 알았다. 즉 과연 현실의 벽인가, 조언의 벽인가를 구분해야 함을 새삼 느꼈다. 만약 소문과 주위 이야기만 듣고 사립 채용에 도전해보지 않았더라면, 지금의 나는 사립에 채용된 동기, 지인들을 보며 어떤 생각을 하고 있을까?

물론 사립학교 채용을 포함해 삶의 모든 과정에서 멘토와 같은 이들의 조언과 정보는 유익할 때가 많다. 하지만 만약 내가 경험하거나 행동하지도 않은 이들의 말에 따라 도전하지 않거나, 혹은 초기 불합격의 원인을 '비리가 만연한 탓이야'라고만 생각했다면 결국 채용되지 못했을 것이다. 물론 내가 괜찮은 학교들만 우연찮게 지원한 운이 좋은 경우일 수도 있다. 뉴스 보도가 나오는 것을 보면 여전히 사학 채용 비리는 분명 있을 것이다. 이때 사립학교를 준비하는 이로서 적절한 질문은 '돈 내고 들어간 거야?'가 아닌 '사학 비리가 있는 학교는 어디야?' '그런 학교가 얼마나 많아?'일 것이다. 우리는 그런 정보를 철저히 공유해야 할 것이다.

(3) 채용과정은 나 자신에 대한 이해의 과정이었다. 특히 나는 '선택'할
    때 행복한 사람이었다

나는 똑같은 일을 하더라도 '내가 선택해서 하는 일'을 '해야만 해서 하
는 일'보다 더 좋아한다는 것을 느꼈다(여담이지만, 교직에서 '해야만 하는
일'이 많다고 느낄 때 가끔 프리랜서들을 부러워하기도 했다). 어쨌든 임용을
포기한 것도 내 선택이고, 졸업하며 백수를 택한 것, 대학 생활과 졸업
전후까지 외부로 다닌 것 모두 내 선택이었고 그게 행복감을 안겨줬다.
우여곡절이 있었지만 사립학교 정교사 채용에 도전한 것이나 최종적으
로 학교를 택한 것도 내 결정이었다. 결국 사립 채용은 단순히 인생 사천
왕 중 하나를 깨야 하는 '취업의 관문'이 아니라 이 또한 나 자신을 이해
하는 과정이었다. 나 자신을 깊이 있게 알아가는 것뿐만 아니라 교육자
로서 부족한 것과 준비된 것들을 스스로 발견할 수 있었다.

7장

우리는
무엇을 위하고
있는가?

나는
어떤 사람이
되고 싶은가?

대학 진학을 위해 공부하는 고등학교 3학년 제자들에게 '꾸준함'을 강조하며 늘 해주는 말이 있다. "매일같이 꾸준한 태도로 공부해서 명문대를 가면 분명 좋을 것이다. 좋은 대학을 간 것 자체가 좋은 것이라고 말하려는 게 아니다. 그보다 처음에는 안 될 것 같던 일이나 못했던 것도 꾸준히 노력하다보면 해낼 수 있음을 느껴본 그 '경험'이 바로 '평생 자산'이 된다는 점을 말하려는 것이다. 삶을 바라보는 태도가 달라지고, 어떤 일을 시작하더라도 해낼 수 있는 자신에 대한 믿음이 뒤따른다. 뭔가를 꾸준히 하면서 스스로를 더 잘 알아나갈 기회가 성장을 도모할 강력한 힘을 얻게 해줄 것이다. 물론 너희가 좋은 대학에 진학해 기뻐하는 것도 바라는 바지만 나는 너희가 '항심'하며 나름 성장을 경험하고, 그 '평생 자산'을 갖고 졸업하길 간절히 바란다. 그러면 졸업 후 어느 대학을 가든, 또 무엇을 하든 잘해나갈 것이다. 너희라면 충분히."

그렇다면 대학에서는 어떤 평생 자산을 얻을 수 있을까? 대학생이 되면 고등학교 때보다 길이 다양하게 열려 있고, 훨씬 더 능동적인 태도로 생활하며 자신에 대한 이해를 도모하고, 짧게는 대학 생활을, 길게는 진로와 인생을 계획해야 한다. 고민의 깊이와 다양성이 기하급수적으로 커진다. 사범대생에게는 여기에 임용시험과 교사 진로의 고민이 필연적으로 동반된다. 고등학교 때와 뭔가 다른 것 같지만 어쩌면 상황은 같은지도 모르겠다. 지금만 열심히 해서 좋은 결과를 얻어내면 행복이 주어질 것처럼, 반면 그렇지 않으면 불행해질 것처럼 말한다. 사범대에 걸린 임용 합격자 현수막마저 그렇게 말하고 있는 것 같다. 그러나 누가 말해주지 않더라도, 그저 살다보면 대학이 모든 것을 결정하는 것도 아니고, 임용 합격과 취업만이 모든 것을 결정하는 게 아니라는 것쯤은 충분히 느끼게 된다. 중요한 것은 무엇일까? 대한민국 입시 시장의 기준으로 대학을 조금 못 갔더라도 고등학교 때 나름의 '평생 자산'을 얻고 졸업한 친구들은 결국 자기 길을 찾아나간다. 나는 고등학교 시절 얻을 수 있는 수많은 평생 자산으로 3학년에게는 '꾸준함'을 강조한다. 물론 대한민국에 살다보니, 그런 자산을 얻더라도 원하는 대학에 진학하지 못했을 때 겪는 20대 초반의 충격은 있겠지만, 그 또한 결국 그 사람을 더욱 빛나게 하는 과정이 돼준다. 대학으로 가보자. 내가 대학 후배들을 위해 걸어주었던 현수막의 멘트, '대학 생활의 성공은 취업 성공이 아니라 백수임에 쫄지 않음이다'는 어떤 평생 자산에서 나오는 말일까? 대학생 시절 얻을 수 있는 목표로 내가 강조하고 싶은 것은 '자신을 알아가는 것'이다. 내가 어떤 사람인지 깊이 있게 알고 졸업만 해도 나름의 길을 찾아간다. 오히려 취업 성공률이 높아질 수도 있고, 설령 당장은 백수가 된다 하더라도 위축되지 않을 수 있다. 하지만 이 나라에서 살다보면, 나에 대한 이해 없이 취업이 인생의 궁극적, 본질적 목표인 양 여기게 된다. 수많은 졸업 현수막과 취업 성공에 대한 주변의 시선은 취업을 이뤄내면 모든 것을 이뤄낸 것처럼 말하지만, 살다보면 그게 전부가 아님을 차차 느끼게 된다. 직장에서도 끊임없는 문제에 직면할 뿐 아니라 삶에는 더 깊고 더 복잡한 문제들이 나를 기다리고 있다. 왜 대기업을 다니는 수많은 사람이 몇 년 만에 퇴사하고 이직을 할까? 나는 자신의 길을 걸으며 행복하게 사는 청년을 여럿 봤다. 그들의 공통점은 자신에 대한 이해도가 높다는 것이었다. 이준건을 포함해 임용에 합격한 이들도 결국 자신에 대한 이해도를 끌어올린 사람들이었다. 또한 우리는 먼 혹은 가까운 미래에 어떤 삶을 살게 될지 모른다. 진로를 변경할 수도 있고, 좁아 보이는 교직에서도 세부적인 분야와 경험으로 발전해나갈 수도 있다. 이때 자신이 어떤 사람인지 찾아나가는 '평생의 힘'을 갖고 있는 이들은 새로운 자신과 인생을 설계해나갈 수 있다.

나를 알아가는 과정을 관통하는 핵심 질문은 '나는 어떤 사람이 되고 싶은가?'이다. '나는 어떤 교사가 되고 싶은가?'로 좁혀질 수도 있고, '나는 어떤 삶을 살고 싶은가?'로 넓혀질 수도 있다. 이 질문에 대한 답을 찾는 과정을 거친 이들은 삶의 까다롭고 복잡한 문제에 직면해도 그 후의 자신의 모습을 그리고 성장을 하며 극복해나간다. 그것이 바로 이 책이 독자들에게 궁극적으로 바라는 점이다. 임용시험에 합격하고 취업했다는 사실이 강력한 성취감이 되어 그 후 삶의 동력이 되어주기도 하지만, 그보다 영속적인 것은 '자신에 대한 깊은 이해를 통해 임용 걱정 없이 사범대를 다녀본 경험'이다. 그와 더불어 물리적인 성취까지 이뤄낸다면, 그것이 삶에서 갖는 영향력은 말할 것도 없다. 만약 그 에너지를 갖고 교직에 선다면, 아이들은 어떤 긍정적인 전이를 받게 될까? 교사가 아니더라도, 삶에서 많은 이에게 긍정적인 영향을 미칠 강력한 기반을 갖게 되리라 기대된다. 나는 어떤 사람이 되고 싶은가?

우리는
무엇을 위하고
있는가?

블로그에 처음 '사범대 다니면서 임용 걱정 없이'를 연재하기 시작한 것은 지극히 개인적인 이유에서였다. 좋은 교사가 되기 위해 사범대 생활을 해왔건만 막상 교직에 조금씩 익숙해지다보니 그동안의 경험들이 잘 발현되지 않는 듯한 느낌이 들었다. 경험과 시간들이 소멸되는 것 같고, 정체감도 찾아왔다. 교사 초년생을 지나 '어떤 30대가 될 것인가', 이제 초보 티를 벗은 이로서 '어떤 교사가 될 것인가'를 고민하며 20대 때 대학 생활에서 느꼈던 감정들과 스스로에게 질문하며 답을 찾아나갔던 과정들을 되새기고 싶었다. 소멸에 대한 두려움, 붙잡고 싶은 마음, 다시 나다움을 찾고 싶은 욕구, 미래의 나를 설계해나가고 싶다는 소망들이 뒤섞여 글을 쓰기 시작했다. 만약 이 과정을 통해 앞으로의 나라는 사람을 그려내지 못하더라도, 기왕 글을 쓰는 거 사범대생들이 겪었던 어려움이 무엇인지를 나누고 그들에게 도움을 주고자 공개적으로 쓰게 되었다. 글을 읽는 이들은 따로 있었지만, 어찌 보면 내 내면으로 향하는 글이기도 했다. 과거의 되새김, 현재에 대한 관찰과 분석, 미래의 상상이 뒤섞인, 나를 향한 글이었다. 실제로 이 글을 쓰는 순간은 예비 교사 시절에 좋은 교사를 꿈꾸던 나, 그리고 새로운 의미로 어떤 교사가 되고 싶은지 고민하는 나, 미지의 모습이지만 새로운 자신을 만들어가며 삶의 의미와 행복을 추구해가는 나, 이 셋이 만나는 시간이었다. 교직 초기의 열정과 비전을 좀더 균형 있게 만들어주고 질적인 차원을 높여주었다.

그러나 글을 쓰면 쓸수록 내면으로 향하던 생각과 경험들은 미시적 영역이라는 느낌이 들었다. 글을 쓰는 의미가 나 자신에게서 많이 나타났지만, 정작 '사람을 통해 세상을 바꾸겠다'던 내 꿈의 의미는 글쓰기 초반에는 얻지 못했다. 처음에는 현수막에 걸린 합격자들에게 쏠려 있던 시선이 책을 써갈수록 현수막에 없는 이들에게로 옮겨갔다. 이 블로그의 글들이 누적되고 블로그가 성장하면서 많은 예비 교육자와 소통하게 되었고, 생각보다 그들에게 도움이 되고 있다는 것을 느끼기 시작했다. 교사가 되는 길에서 정보의 소외를 느끼는 사범대생, 교직 이수생, 중·고등학생이 정말 많았다. 그들 중 많은 이가 교사를 간절하게 희망하고 있었지만 정보를 얻지 못했다(정보를 공유하는 차원에서 했던 여러 작업 중 하나로 이 책에 내 전공인 수학교육과에 대한 이해의 질을 높이는 자료, 무엇보다 양질의 중등 수학 임용대비 전략 자료를 포함시키려 했으나 범사범대적 측면에서 너무 디테일한 내용이라 블로그에만 올리기로 했다). 정보가 없는 경우보다 문제가 되었던 것은 물리적, 특히 심리적 지원을 받을 곳이 없는 이들이었다. 그런 사례가 정말 많았다.

어려운 환경을 이겨내고 교사가 된 이들도 많지만 한편 남들만 한 지원을 받지 못해 교사의 꿈을 포기하는 이들도 많았겠다는 생각이 들었다. 성적, 가정 환경, 정보의 소외, 응원받지 못하는 환경, 정서적 지원의 부재, 주변에 없는 성공 사례, 사교육비의 부담, 같은 길을 준비하는 사람들이 없는 환경, 교직을 준비하기 위해 갖춰야 할 역량을 기르는 데 제한적인 환경 등 다양한 문제 상황에 처한 이가 많았다. 사실 이런 것이 문제라는 생각을 하긴 했지만, 교사를 향한 강한 열망과 더불어 여러 요인에서 기인하는 불안감을 갖고 블로그를 찾아오는 이들을 보며 문제의식을 더욱 크게 느꼈다. 이렇게 교사에 뜻있는 사람들이 교사가 된다면 좋을 텐데, 임용 경쟁률이 새삼 원망스러웠다. 그렇기에 그들이 피상적인 것을 넘어 사회적 의미로 평등한 상태에서 교사가 되는 길을 밟을 수 있도록 의미 있는 글을 쓰고 콘텐츠를 제작해야겠다고 마음먹었다. 그러면서 동시에 결국 임용 합격 여부만으로 모든 게 결정되는 것이 아님을 보여주고 싶었다. 더욱이 이런 생각은 수많은 인터뷰 과정을 통해서도 느낀 것이었다. 내가 경험하지 못한 부분에 대해서는 여러 경험자와 인터뷰를 해 적극 활용했는데, 놀라운 점은 그들이 '도움을 준다'고 생각하지 않고, '자신의 가치를 발견해내는 일' 혹은 '열정 어린 많은 후학과 전체를 위한 일'로 여기며 기쁜 마음으로 응해줬다는 사실이다. 그들을 때문에라도 이 책은 개인적 차원을 넘어서야겠다고 강하게 느꼈다.

교사가 되었다, 혹은 다른 진로로 나아가게 되었다. 그것으로 끝일까? 우리는 무엇을 위해 진로를 고민했고, 무엇을 위해 임용 고민을 했으며, 무엇을 위해 공부하고 경험하며 노력했을까? 교사가 된 지금 우리는 무엇을 위하고 있을까? 이 책의 독자들이라면 교사가 돼서든, 다른 진로로 나가서든 미래를 꿈꾸는 모든 이에게 또 다른 힘이 되어주길 바란다. 세계에서 가장 능력 좋고 스펙이 좋은 교사 집단을 가진 나라가 우리나라다. 사범대 진학은 어렵고, 명문대 사범대 진학은 특히 더 어렵다. 임용시험에 합격하는 것은 그보다 더 어렵다. 그런데 사람들은 편한 직업이라고만 한다. 한편 이런 현상이 사회적으로는 무엇을 의미할지 고민해보게 된다. 사범대와 임용에서 겪는 현실의 벽이 너무 높은 나머지, 개인이 지녀야 할 삶의 철학과 사회적 문제를 가리고 있는지도 모르겠다. 혹시 모든 것이 개인의 역량 때문으로만 돌려지거나, 혹은 성취를 했더라도 그 성취자가 어디선가 또 한편 버려지고 있는 것은 아닌지 우리는 고민해야 할 것이다. 임용 현수막에 이름이 올라가는 방법만 이야기할 게 아니라, 그것만이 행복이나 삶의 절대적인 기준은 아니라는 것, 나아가 현수막이 존재하는 현실과 현수막에 없는 사람들, 무엇으로 그것이 나뉘게 되었는지 등에 대해서도 고민해야 할 것이다.

그런 의미에서 우리는 교사를 꿈꾸는 모든 이가 정보의 소외를 받지 않도록, 응원받고 그들의 가능성을 믿도록, 자신을 알아나갈 수 있도록 힘써야 할 것이다. 내 발길이 닿는 교실 현장을 넘어서 교육 현장에 관한 목소리도 내야 할 것이다. 그 외에도 수많은 방법과 그 근간을 이루는 철학에 관심을 가져야 할 것이다. 또, 내가 글을 쓰는 의미를 개인적 차원에서 벗어나 확장해서 바라보려는 것처럼 학생이나 사람들로 하여금 자신에 대한 이해를 토대로 결국 사회 일원으로서 가치 있는 삶을 살도록 해야 할 것이다. 임용 걱정 없이 사범대를 다닌 후에도 우리는 어떻게 살아가고 싶은지 끊임없이 질문하게 될 것이다. 임용 걱정 없이 사범대를 다녔던 우리가 이제 스스로에게 그리고 서로에게 해야 할 질문이 그려지는 듯하다. '자신에 대한 이해'를 위해서는 무엇을, 어떻게 해야 할지 각자의 삶 속에서 질문하고 찾아나가야 하듯이, 임용과 졸업 이후의 우리가 지금 '무엇을 위하고 있는가?' 질문하고 답을 찾아야 할 것이다. 왜 임용 걱정 없이 사범대를 다니고 싶었는가? 우리는 무엇을 위하고 있는가?

무인도에서
쓰는
에필로그

삶에는 고저가 있다. 가령 관계 형성에 몰입하는 때가 있고 관계 형성을 피하는 때도 있다. 사람을 만나러 온 건지, 사람으로부터 떠나려 온 건지, 여러 사람과 이카루스라는 무인도 탐방 프로그램에 와 있다. 지금은 아마도 사람들로부터 떠나려고 온 쪽에 가까운 듯싶다. 교직 초반을 갓 넘긴 지금은 관계 형성에 다소 피로감을 느끼는 터라 무인도에서 내가 느끼고 싶었던 고즈넉함을 놓치지 않으려고 했다. 그래서 왁자지껄하다가도 혼자 있는 시간을 갖고자 노력했다. 사범대생 시절에는 최대한 많은 사람을 만나고 경험하고 싶어서 새로운 이들과 만나 관계를 형성하는 것을 좋아했지만 말이다. 하지만 내게 언젠가 다시 새로운 관계 형성에 강한 갈증을 느끼고 능동적으로 사람을 찾아다닐 날이 올 것이다. 삶에는 고저가 있으니까.

이 책을 읽고 가슴 뜨겁게 반응할 수도 있고, 상당히 냉소적이고 비판적으로 반응할 수도 있다. 하지만 언젠가 그 반대로 생각하는 사람이 될 수 있고 또 언젠가는 원래처럼, 아니 원래보다 더 강한 속성으로도 돌아올 수 있다.

그렇기 때문에 지금 이 순간이 아니더라도 삶의 어느 순간 이 책이 마음속에 다가오길 바랄 뿐이다.

한편으로는 이 책을 읽고 생각이 많아질 수도 있겠다. 정확히 말하면 많은 정보와 새로 생긴 선택지에 수많은 변수를 대입해보고 계산하는 데 몰입할 수도 있겠다는 뜻이다. 하지만 그렇게 내가 숨 쉬는 삶의 순간마다 느껴지는 직관과 감정을 배제할 필요는 없다. 계획적이고 이성적으로 사전에 설계했던 내 행동의 의미는 향후에 어떻게 달라질지 모른다. 내가 겪었던 모든 의미는 내가 만들어가는 것이다. 내 본연에 충실해지는 무인도에서는 철저한 삶의 계획보다 오히려 직관이 더 힘을 발휘한다. 외부에서 다 이상하다고 해도, 이유는 잘 모르겠지만 내 마음이 정말 유독 진심으로 맞다고 말하고 있는 장면은 삶에서 아주 흔치 않다는 것을 알았으면 한다.

무인도라도 내일이 없는 것은 아니다. 지금 끼니를 채우면서 다음 끼니를 계획하게 된다. 뜨거움이 압도적인 나머지 직관과 감정에만 의존하지도 않았으면 한다. 그 모든 직관과 감정을 관통하는 나의 철학과 신념이 있길 바란다. 훗날 아이들도 그것을 통해 더 많이 배우게 된다.

고민하는 힘을 얻게 하고자 책을 썼지만 사실 깊고 오랜 사색으로 강력한 동기를 얻는 경우는 많지 않다. 어느 삶의 한 장면이 그 시점과 현시점의 나에게 강한 동기 부여를 해주고 특별한 의미가 되는 경우가 많다. 이 책을 접했던 순간이 그렇게 남았으면 한다.

무인도에서는 어쩌면 생각보다 행동이 더 의미가 있다. 걱정은 의미가 없다. 일단 생존을 위해서는 해보기라도 해야 하니까. 하다보면 길이 생기고 의미가 생기니까. 마음이 행동보다 지나치게 앞서지 않게끔 했으면 한다. 마음의 온도와 속도만큼 행동도 온도와 속도를 가졌으면 한다. 여러 이유가 나에게 충분히 자극되어 임고생이 되기로 마음먹었다면 걱정에 에너지를 소모하지 말고 예비 교육자의 길을 담담히 가자.

책을 끝맺으려니 참 많은 생각이 든다. 에필로그가 어려운 까닭은 집필 과정이 갖는 의미 또한 지금과 미래가 다르기 때문이지 않을까? 제목은 에필로그지만 여백을 그리는 작업을 하는 기분이다.

한편 내가 좀더 뜨거웠던 1년차 때 집필을 열심히 했더라면 글도 더 뜨거웠을까 싶다. 시간이 흘러 지금은 온도가 조금 내려갔지만 내 안에 있었던 뜨거움을 하나하나 뜯어보니 앞으로도 다이내믹하고 꿈이 넘치는 교직생활을 한동안 이어나갈 수 있을 듯싶다. 무인도에서 나 자신과 삶의 본연에 대해 고민하게 됐다. 왜 나는 그렇게 사범대 생활을 했을까? 어떤 의미인지 명료하게 말하는 순간 그 의미로만 한정될 것 같아 말하기에는 다소 어렵다. 하지만 '평생의 자산이 될 거다'라고 생각하며 이곳저곳 뛰어다니고 진심으로 대했던 사범대 대학 생활의 모습들은 분명히 앞으로도 나의 교직 생활의 어느 장면마다 나를 더 나답고 가치 있게 만들어줄 거라고 기대한다.

무인도에서 내 자신을 깊이 들여다보기도 했지만, 그동안 만나온 사람들을 그리기도 했다. 감사한 사람들이다. 대학 생활을 하며 내 성장에 영감이되어준 많은 사람은 물론이거니와 내가 선생님이라기보다 직장인이 되어가면서 꺼져가는 듯한 불씨를 다시 키워준 사람들이다. 특히 서울시 무중력지대에서 무중력실험실이라는 직장인 욜로 프로젝트로 만난 액션건축가 이슬기님을 통해 강한 영감과 에너지를 받아 이 책의 시초인 '사범대 다니면서 임용걱정 없이' 블로그가 시작되었다. 내 사범대 시절과 지금까지의 경험이 이 제목으로 표현된 것은 이슬기님의 저서 『좋아하는 일 하면서 돈 걱정 없이』 덕분이었다. 또한 내가 경험하지 못한 부분에 있어서 가장 큰 도움을 준 이준건과 더불어 번거로운 일이지만 자신의 경험을 선뜻 내놓으며 인터뷰에 응해준 수많은 분들 덕분에 내가 글을 쓰는 의미를 확장시킬 수 있었다. 자칫 성공자의 영웅담을 쓴 이의 허영심에 빠지지 않고 근원적 의미를 찾으면서 또다시 나 자신에게 질문하며 길을 나아갈 기회를 주신 많은 분께 너무나 감사하다. 나 또한 이렇게 누군가에게 영감을 주는 사람이었을까? 누군가에게 자신을 알아갈 기회를 제공해주는 사람이었을까? 누군가에게 잃어버린 불씨를 다시 키워준 사람이었을까? 앞으로도 계속 그런 사람이 될 수 있을까?

무인도의 고고한 파도 소리와 밝은 달이 나를 덮는다. 이제는 또다시 세상으로 나아가야 한다. 하지만 그 어디에서도 그 파도 소리와 밝은 달, 나의 본연에 집중했던 시간은 내 마음속에 남아 있을 것이다. 사람을 통해 세상을 바꾸는 행복한 교육자를 꿈꾸며 지냈던 대학 때처럼.

사범대 관련 정보처
사이트 모음

중등 임용
- 수학: 윤양동선생님을 사랑하는 사람들의 모임 http://cafe.daum.net/yoonsasa
  최석민 & 김양희 전공 수학 http://cafe.daum.net/sukminmath/FndN
  사범대 다니면서 임용 걱정 없이 블로그 https://blog.naver.com/ggoma8989
- 국어: 참사랑 국어 http://cafe.daum.net/truedu
- 영어: ET의 꿈 http://cafe.daum.net/joyce95
  유희태 박사 전공영어 팀 http://cafe.daum.net/YHT2S2R
  루이스 기출 분석 http://cafe.daum.net/teacherlouis
- 국영수: 북소년국영수전용카페 http://cafe.daum.net/northboyhistory1
- 과학: 물화생지 http://cafe.daum.net/S2000
  자신만만 과학교육 http://cafe.daum.net/sci.edu
- 사회: 북소년사회과카페 http://cafe.daum.net/northboyhistory
  임용고시 사회 http://cafe.daum.net/imyongsahoi
- 음악: 음악 임용고시촌 http://cafe.daum.net/mm77
  음악교육대학원 입시 및 임용고시 http://cafe.daum.net/musicsososo
  윤성원교수 전공음악 음악교사 되기 http://cafe.daum.net/goodssammusic
  서울대 서정팀 음악 임용고시 http://cafe.daum.net/seomj77
  박성선의 뮤직티처 http://cafe.daum.net/musicteacherpark
- 미술: 김선문 미술임용고시 http://cafe.daum.net/artksm7012
  서울조형 미술임용고시 since 1992 http://cafe.daum.net/artdessin
  미술임용고시 정샘 http://cafe.daum.net/artteach
- 체육: 김용호의 전공체육 http://cafe.daum.net/sportscience
  이채문 전공체육 http://cafe.daum.net/startteather
- 상업: 학교가자!—상업교육 http://cafe.daum.net/Teacher4u
- 보건: 김기영 전공보건교실 http://cafe.daum.net/kkynurse
  신희원-전공보건 http://cafe.daum.net/shwssam
  임수진과 보건교사들 http://cafe.daum.net/lsj-health
  임용고시_보건교사1004방_천사님들 모이세요 http://cafe.daum.net/1004NT
- 특수: 특수교사를 꿈꾸며 http://cafe.daum.net/imyongmidal
  국립특수교육원 http://www.nise.go.kr/main.do?s=nise
  에듀에이블 http://www.nise.go.kr/main.do?s=eduable
- 전문: 전기/전자/통신 임용고시 http://cafe.daum.net/qnxwk
  강교수의 전기전자통신임용고시 http://cafe.daum.net/gangedu

- 임용 면접: 수상한 임용 심층 면접 http://cafe.daum.net/heliosdek
- 임용 공고 및 일반: 한국교육과정평가원 https://www.kice.re.kr

  서울시교육청 교원임용시험 안내 https://goo.gl/LGGpBv

  경기도교육청 교원임용시험 안내 https://goo.gl/VaXvM5

  표시 과목별 평가 영역 및 평가 내용 요소 https://bit.ly/2IZbgM5

  박문각 임용 https://www.pmg.co.kr

  임준모 https://cafe.naver.com/schoolpub/2257

  한마음 교사 되기 https://cafe.naver.com/teacherexam2

전학교급(유치원, 특수 포함), 전교과 임용

- 교준모 https://cafe.naver.com/gyowonimyoung

초등 임용

- 정대준 블로그 https://blog.naver.com/wjdeowns0318

중등 수학 임용 합격 수기

- 2019 임용 합격 수기(1) https://blog.naver.com/sah00131/221462324405
- 2019 임용 합격 수기(2) https://www.dogdrip.net/217813252
- 교원대학교 초수 합격 https://blog.naver.com/buljt/221467876549

중등 수학 임용 연도별, 지역별 경쟁률

- 정현민 전공 수학 http://mathhm.synology.me/previous_test/html/rate_cut/year/2019.php

사립 정교사, 기간제 교사 채용

- 전국기간제교사모임 http://cafe.daum.net/giganjedamoim
- 서울시교육청 사립 정교사, 기간제 교사 채용 공고 https://goo.gl/GGb8DK
- 경기도교육청 사립 정교사, 기간제 교사 채용 공고 https://goo.gl/gqychu

교육부, 교육청

- 교육부 공식 블로그 https://blog.naver.com/moeblog
- 서울시교육청 http://www.sen.go.kr/
- 경기도교육청 http://www.goe.go.kr/

평가 관련
- 학생평가지원 포털(과목별 평가기준) https://stas.moe.go.kr/

교육대학원
- 교육대학원 준비생 http://cafe.daum.net/GraduateSofEdu

사범대 편입
- 사범대 편입을 준비하는 사람들 http://cafe.daum.net/enroll

학원 강사
- 학원강사모여라 http://cafe.daum.net/educationpark

공무원
- 구꿈사 http://cafe.daum.net/9glade

대외 활동 & 대학 생활
- 아웃캠퍼스 http://cafe.naver.com/outcampus
- 스펙업 http://cafe.naver.com/specup
- 대학내일 페이스북 https://www.facebook.com/UNIVtomorrow
- 신대장의 대학 생활노하우 페이스북 https://www.facebook.com/campusknowhow
- 오마이캠퍼스 페이스북 https://www.facebook.com/ohmycampus
- 한국과학창의재단 교육 기부 https://www.teachforkorea.go.kr/
- 한국과학창의재단 대학생 교육 기부단 페이스북 페이지 https://www.facebook.com/univ.dofe
- 한국대학사회봉사협의회 http://www.kucss.or.kr/

유학
- 고우해커스 https://www.gohackers.com/
- The GRAD CAFE https://www.thegradcafe.com/
- 미준모 https://cafe.naver.com/gototheusa

교수 임용
- 하이브레인넷 https://www.hibrain.net/

고교학점제

- 경기도교육청 고교학점제 https://goo.gl/CHnq2U
- 고교학점제 지원센터 http://www.hscredit.kr/common/greeting.do
- 교육부 공식 블로그 https://blog.naver.com/moeblog/221312974263

학과 정보

- 커리어넷-직업 학과 정보 http://www.career.go.kr/cnet/front/base/base/jobMain.do
- 워크넷-직업 진로·학과 정보 http://www.work.go.kr/consltJobCarpa/srch/schdpt/schdptSrch.do
- 대입 정보포털 어디가-대학/학과/전형-학과 정보 https://bit.ly/3dt5Tjr

직업 정보 및 진로 진학

- 커리어넷-직업 학과 정보 http://www.career.go.kr/cnet/front/base/base/jobMain.do
- 워크넷-직업 진로 http://www.work.go.kr/jobMain.do
- 대입 정보포털 어디가-진로정보-직업정보 https://bit.ly/3bj5DSy
- 한국직업전망 https://bit.ly/2SKDFIW
- 한국직업사전 https://bit.ly/2YJw6WJ
- 서울진로 진학정보센터 http://www.jinhak.or.kr/subList/20000000283

급여 관련

- 국가법령정보센터에서 '공무원 보수규정' 검색 후 별표/서식 [별표 11] https://goo.gl/6ZUPUc

각종 통계 자료(학생 수 등 각종 교육 관련 통계 확인)

- 한국교육개발원 교육통계서비스 https://kess.kedi.re.kr/index
- 한국교육개발원 교육통계서비스 블로그 https://blog.naver.com/kedi_cesi
- 한국교육개발원 교육이슈통계 https://kess.kedi.re.kr/content/issue/posts
- 교육통계 서비스 시도유초중등 통계 https://kess.kedi.re.kr/index
- 통계청, 국가통계포털 http://kosis.kr/index/index.do

주

프롤로그

1_ 교육부 공식 블로그, 2017 초·중등 진로교육 현황조사 결과 발표, 2017.12.26(https://blog.naver.com/moeblog/221171437721).

2_ 교육부 공식 블로그, 2019 초·중등 진로교육 현황조사 결과 발표, 2019.12.10(https://if-blog.tistory.com/9703).

1. 사범대 다니면서 임용 걱정 없이

1_ 박문각임용고시학원 공식 블로그, 2016 수학 중등 임용 최종합격선, 2016.02.12(https://blog.naver.com/seol1142/220624408452/); 2017~2019 수학 중등 임용 최종합격선, 2019.03.06(https://blog. naver.com/seol1142/221481088151).

2. 교직으로 가는 다양한 길

1_ 한양대학교 사범대학 공식 홈페이지, 교직 이수 이수 과정(비사범대) (http://education.hanyang.ac. kr/front/teaching/Bisabeomdae/application).

2_ 대입 정보포털 어디가, 대입 정보센터-대입전략자료실, 수시모집 교직 이수 개설학과(http://www.adiga.kr/PageLinkAll.do?link=/kcue/ast/eip/eis/inf/bbs/EipUnventRecsroom.do&p_menu_id=PG-EIP-07401).

3_ 김주환, '중등교원 자격증 장사 이제 좀 그만', 경향신문, 2017.09.18.

4_ 한국교육과정평가원 홈페이지, 열린마당-자주하는 질문, (재공지)10개 표시 과목(전기, 전자, 통신, 기계, 재료, 화공, 섬유, 상업, 항해, 기관) 교사 자격 기준 및 기본 이수과목의 평가 영역과 평가 내용요소 공개_시행시기조정, 2018.10.16.

5_ 서울특별시교육청 행정정보 교원임용시험안내, 2020학년도 서울특별시 공립(사립) 유치원·초등학교·특수학교(유치원·초등)교사 임용후보자 선정경쟁시험 시행 계획 공고, 2019.09.11.

6_ 서울특별시교육청 행정정보 교원임용시험안내, 2020학년도 서울특별시 공립(국립, 사립) 중등학교교사, 보건·사서·영양·전문상담·특수(중등)교사 임용후보자 선정경쟁시험 시행 계획 공고, 2019.10.11.

7_ 한국교원대학교 홈페이지, 학사정보-학사공지, 복수전공 이수자 추가 선발 알림, 매년 5~6월경.

8_ 교육부 홈페이지, 뉴스·홍보 보도자료, 중장기(2019~2030) 교원 수급계획 발표, 2018.05.01.

9_ 정대준 블로그, 초등 임용고시 카테고리 설명, 그리고 도움이 될만한 글 총정리, 2019. 01. 25(https://blog.naver.com/wjdeowns0318/221450479624).

10_ 교육통계서비스 교육통계, 2019 유초중등 학교급별 개황/고등학교 행정구별 설립별 현황, 2019.10.01.

11_ 한양대학교 사범대학 홈페이지 교직과 이수 과정(사범대), 교원자격 무시험검정 합격 기준(사범 대학).

12_ 서울특별시교육청 행정정보 교원임용시험안내, 2020학년도 서울특별시 공립(사립) 유치원·초 등학교·특수학교(유치원·초등)교사 임용후보자 선정경쟁시험 시행 계획 공고, 2019.09.11.

13_ 경기도교육청 인사/채용/시험 시험안내, 2020학년도 유치원·초등학교·특수학교(유치원·초 등) 교사 임용후보자 선정경쟁시험 시행 계획 공고, 2019.09.10.

3. 후회 없는 사범대 생활을 위하여

1_ 교육부홈페이지 뉴스·홍보 보도자료, 고교학점제 추진 방향 및 연구학교 운영계획 발표, 2017.11.27.

2_ 서울특별시교육청 중등교육과 홈페이지 담당업무안내, 2020학년도 서울형 고교학점제 기본 계 획, 2020.04.14.

3_ 선대인, 『일의 미래, 무엇이 바뀌고 무엇이 오는가』, 인플루엔셜, 2017, 142쪽.

4_ 선대인, 위의 책, 63쪽.

5_ 선대인, 위의 책, 138쪽.

6_ 선대인, 위의 책, 192쪽.

7_ KESS 교육통계서비스 통계간행물 2019년 교육통계 주요지표 포켓북, 학생수; 다문화 학생 수, 2019.

4. 누구나 생각하지만 누구도 속 시원히 답해주지 못하는 고민

1_ KESS 교육통계서비스 교육통계, 연도별 학생 수, 2017.08.

2_ KESS 교육통계서비스 교육통계, 연도별 교사 수, 2017.08.

3_ 선대인경제연구소 케네디언 블로그, '인구구조를 알면 미래가 보인다!', 2016.08.29(http://www. sdinomics.com/data/blog/6104).

4_ KESS 교육통계서비스 이슈통계, '향후 5년 뒤 교과목별 정년퇴직예정자는 몇 명일까?', 2018.05.21.(https://kess.kedi.re.kr/post/6665831?itemCode=03&menuId=m_02_03_03).

5_ 국가법령정보센터 공무원 보수규정, [별표11] 유치원·초등학교·중학교·고등학교 교원 등의 봉급 표(제5조 및 별표 1 관련), 2020.01.07.

6_ 한국교직원공제회 홈페이지, 장기저축급여(https://www.ktcu.or.kr/SV/SV-P010T01.dO).

7_ 관련 기사: '점수 조작·뒷돈은 기본, 사립학교 교사 채용 추태', 오마이뉴스, 2017. 8.23 (https://goo.gl/8wZr8Q).

6. 아무나 말해줄 수 없는 공립 임용과 사립 임용

1_ 서울특별시교육청 행정정보 교원임용시험안내, 2020학년도 서울특별시 공립(국립, 사립) 중등학교교사, 보건·사서·영양·전문상담·특수(중등)교사 임용후보자 선정경쟁 시험 시행 계획 공고, 2019.10.11.

2_ KESS 교육통계서비스 교육통계, 행정구역별 설립별 학교 수, 2019.04.01.

3_ 나무위키 '남녀공학' 항목(2020.04.19 기준).

4_ 국가법령정보센터, 교육공무원 임용후보자 선정경쟁 시험규칙, 2019.09.17(http://www.law.go.kr/lsInfoP.do?lsiSeq=210510#0000).

5_ 서울특별시교육청 행정정보 교원임용시험안내, 2020학년도 서울특별시 공립 중등학교 교사 임용후보자 선정경쟁시험 사전 예고 연기 안내(http://www.sen.go.kr/web/services/bbs/bbsView.action?bbsBean.bbsCd=23&bbsBean.bbsSeq=413); 2020학년도 서울특별시 공립 중등학교교사 임용후보자 선정경쟁시험 사전 예고(http://www.sen.go.kr/web/services/bbs/bbsView.action?bbsBean.bbsCd=23&bbsBean.bbsSeq=416).

6_ 서울특별시교육청 행정정보 교원임용시험안내, 2020학년도 서울특별시 공립(국립, 사립) 중등학교교사, 보건·사서·영양·전문상담·특수(중등)교사 임용후보자 선정경쟁시험 시행 계획 공고, 2019.10.11.

7_ 한국교육과정평가원, 열린마당-자주하는질문-중등교사임용시험, 2020학년도 중등 임용시험 문항유형 및 문항 수 조정 안내, 2018.06.27(http://www.kice.re.kr/boardCnts/view.dO?boardID=10011&bOardSeq=5023606&lev=0&m=040108&searchType=S&statusYN=W&page=1&s=kice).

8_ 장정일, '면접장에서는 생육신이 돼라', 한국일보, 2018.04.14(https://www.hankokilbo.com/News/Read/201804041430745753).

사범대
다니면서
임용
걱정 없이

초판 인쇄 2020년 10월 23일
초판 발행 2020년 11월 2일

지은이 황순찬 이준건
펴낸이 강성민
편집장 이은혜
편집 이여경
마케팅 정민호 김도윤
홍보 김희숙 김상만 지문희

펴낸곳 (주)글항아리 | 출판등록 2009년 1월 19일 제406-2009-000002호

주소 10881 경기도 파주시 회동길 210
전자우편 bookpot@hanmail.net
전화번호 031-955-8891(마케팅) 031-955-1936(편집부)
팩스 031-955-2557

ISBN 978-89-6735-833-4 03370

이 도서의 국립중앙도서관 출판예정도서목록(CIP)은 서지정보유통지원시스템
홈페이지(http://seoji.nl.go.kr)와 국가자료종합목록시스템((http://www.nl.go.kr/kolisnet)에서
이용하실 수 있습니다. (CIP제어번호 : CIP2020042454)

잘못된 책은 구입하신 서점에서 교환해드립니다.
기타 교환 문의 031-955-2661, 3580

www.geulhangari.com